# As estruturas elementares do parentesco

## FICHA CATALOGRÁFICA

|       | Lévi-Strauss, Claude, 1908- |
|-------|------------------------------|
| L644e | As estruturas elementares do parentesco; tradução de Mariano Ferreira. 7. ed. Petrópolis, Vozes, 2012. |

544p. Ilust. 23cm.

Do original em francês: Les structures élémentaires de la parenté.

Bibliografia.

3ª reimpressão, 2021.

ISBN 978-85-326-2858-9
1. Parentesco.  I. Título.  II. Série

CDD-301.442
CDU-301.185

76-0059

Claude Lévi-Strauss

# As estruturas elementares do parentesco

Tradução de
Mariano Ferreira

EDITORA VOZES

Petrópolis

© 1967, Walter de Gruyter GmbH & Co. KG Berlin.
Tradução realizada a partir do original em francês intitulado
*Les Structures Élémentaires de La Parenté*

© tradução:
1976, 2003, Editora Vozes Ltda.
Rua Frei Luís, 100
25689-900  Petrópolis, RJ
www.vozes.com.br
Brasil

Todos os direitos reservados. Nenhuma parte desta obra poderá ser reproduzida ou
transmitida por qualquer forma e/ou quaisquer meios (eletrônico ou mecânico,
incluindo fotocópia e gravação) ou arquivada em qualquer sistema ou
banco de dados sem permissão escrita da editora.

### CONSELHO EDITORIAL

**Diretor**
Gilberto Gonçalves Garcia

**Editores**
Aline dos Santos Carneiro
Edrian Josué Pasini
Marilac Loraine Oleniki
Welder Lancieri Marchini

**Conselheiros**
Francisco Morás
Ludovico Garmus
Teobaldo Heidemann
Volney J. Berkenbrock

**Secretário executivo**
João Batista Kreuch

*Diagramação*: AG.SR Desenv. Gráfico
*Capa*: Felipe Souza | Aspectos

ISBN 978-85-326-2858-9

Editado conforme o novo acordo ortográfico.

Este livro foi composto e impresso pela Editora Vozes Ltda.

À memória de
*Lewis H. Morgan*

*Entre os que desejarem dar-se ao trabalho de compreender os princípios gerais da religião primitiva, serão bem poucos, sem dúvida, os que voltarão algum dia a acreditar que se trata nesse assunto de fatos ridículos, cujo conhecimento não pode trazer nenhum proveito para o resto da humanidade. Longe dessas crenças e práticas se reduzirem a um acúmulo de resíduos, vestígios de alguma loucura coletiva, são tão coerentes e lógicas que, logo assim que começamos a classificá-las, mesmo grosseiramente, podemos aprender os princípios que regeram seu desenvolvimento. Vê-se, então, que esses princípios são essencialmente racionais, embora atuem sob o véu de uma profunda e inveterada ignorância... A ciência moderna tende cada vez mais a concluir que, se em algum lugar há leis, estas devem existir em toda parte.*

E.B. Tylor, **Primitive Culture**,
Londres, 1871, p. 20-22.

# Sumário

*Prefácio da primeira edição*, 15
*Prefácio da segunda edição*, 21

### INTRODUÇÃO
CAPÍTULO I
*NATUREZA E CULTURA*, 39

Estado de natureza e estado de sociedade. O problema da passagem de um ao outro. As "crianças selvagens". As formas superiores da vida animal. O critério da universalidade. A proibição do incesto como regra universal.

CAPÍTULO II
*O PROBLEMA DO INCESTO*, 49

Teorias racionalistas: Maine, Morgan; conclusões da genética. Teorias psicológicas: Westermarck, Havelock Ellis. Teorias sociológicas, I: McLennan, Spencer, Averbury. Teorias sociológicas, II: Durkheim. As antinomias do problema do incesto.

### PRIMEIRA PARTE
### A TROCA RESTRITA
*I. Os fundamentos da troca*
CAPÍTULO III
*O UNIVERSO DAS REGRAS*, 67

Consanguinidade e aliança. A proibição do incesto, "regra como regra". O regime do produto escasso: regras de distribuição alimentar. Passagem às regras matrimoniais: casamento e celibato.

CAPÍTULO IV
*ENDOGAMIA E EXOGAMIA*, 80

A poligamia, forma especial de reciprocidade. Endogamia verdadeira e endogamia funcional. Os limites do grupo social. O caso dos Apinagé. Exogamia e proibição do incesto.

CAPÍTULO V
*O PRINCÍPIO DE RECIPROCIDADE*, 91

O *Essai sur le Don*. A troca nas sociedades primitivas e nas sociedades contemporâneas. Extensão às leis do casamento. A noção de arcaísmo e suas implicações. Da troca dos bens à troca das mulheres.

CAPÍTULO VI
*A ORGANIZAÇÃO DUALISTA*, 108

Caracteres gerais das organizações dualistas. Distribuição. Natureza: clãs e classes. A organização dualista como instituição e como princípio. Discussão de três exemplos: Nova Guiné, Assam, Califórnia. Conclusão: a organização dualista reduz-se a um método para a solução de certos problemas da vida social.

CAPÍTULO VII
*A ILUSÃO ARCAICA*, 123

Origem da noção de reciprocidade. Dados da psicologia infantil. Sua interpretação. A criança e o primitivo segundo Freud e segundo Piaget. Crítica de S. Isaacs. O pensamento da criança representa uma experiência mais geral que a do adulto. O princípio de reciprocidade no pensamento infantil. A ampliação da experiência psicológica e social.

CAPÍTULO VIII
*A ALIANÇA E A FILIAÇÃO*, 137

Retorno à organização dualista. Relações entre a organização dualista e o casamento dos primos cruzados. Os postulados filosóficos das interpretações clássicas: a noção de relação. Sistemas de classes e sistemas de relações. Passagem à filiação: o problema da filiação bilateral. Os ashantis e os todas. A noção de dicotomia e suas analogias genéticas: o problema das gerações alternadas. O indígena e o teórico. Aplicação a alguns sistemas africanos e australianos. Filiação patrilinear e filiação matrilinear. O primado do princípio patrilinear.

CAPÍTULO IX
*O CASAMENTO DOS PRIMOS*, 159

Casamento dos primos cruzados e sistema classificatório. A união preferencial e a noção de estrutura. Proximidade biológica e proximidade social. Valor teórico do casamento dos primos cruzados. Sua origem: teses de Swanton, Gifford, Lowie. Discussão: o sistema de parentesco deve ser concebido como uma estrutura global. O casamento dos primos cruzados como estrutura elementar da troca.

## CAPÍTULO X
*A TROCA MATRIMONIAL*, 173

Exposição da concepção de Frazer e de seus limites: primos cruzados e primos paralelos; troca e mercado; papel da organização dualista. Diferenças com relação à concepção proposta.

### II. *A Austrália*

## CAPÍTULO XI
*OS SISTEMAS CLÁSSICOS*, 187

Importância dos fatos australianos: o problema da troca das irmãs. Classificação dos sistemas australianos; suas dificuldades. Dicotomia patrilinear e dicotomia matrilinear. Teses de Radcliffe-Brown, Lawrence, Kroeber. O exemplo dos marinbatas, ou a gênese de um sistema. Descrição do sistema Kariera. Descrição do sistema Aranda. Estes dois sistemas fornecem uma base insuficiente para uma classificação geral.

## CAPÍTULO XII
*O SISTEMA MURNGIN*, 209

Descrição. Caracteres anormais do sistema. Impossibilidade de toda redução a um sistema Aranda. Classes e graus. Hipótese sobre a natureza do sistema Murngin. Consequências teóricas. Definição da troca restrita. Definição da troca generalizada. Aplicação à nomenclatura Murngin; discussão da interpretação psicológica de Lloyd Warner. A estrutura do sistema Murngin; confirmação tirada do sistema Wikmunkan.

## CAPÍTULO XIII
*REGIMES HARMÔNICOS E REGIMES DESARMÔNICOS*, 237

Os sistemas ditos aberrantes: Karadjeri, Tiwi, Mara, Arabana, Aluridja, Southern Cross, Dieri, Wikmunkan. Comparação destes últimos sistemas com o sistema Mandchu. Difinição dos regimes harmônicos e dos regimes desarmônicos. Suas relações com as duas formas fundamentais da troca. Integração dos sistemas aberrantes numa classificação geral. A troca restrita, caso particular da troca generalizada.

## CAPÍTULO XIV
*APÊNDICE À PRIMEIRA PARTE*, 266

I. Sobre o estudo algébrico de certos tipos de leis de casamento (sistema Murngin), por André Weil, professor da Universidade de Chicago. II. Comentário; interpretação das lacunas aparentes do sistema Murngin. Endogamia e troca generalizada.

SEGUNDA PARTE
A TROCA GENERALIZADA
*I. Fórmula simples da troca generalizada*

CAPÍTULO XV
*OS DOADORES DE MULHERES*, 277

Da necessidade teórica da troca generalizada a seu estudo experimental. A descoberta de Hodson. O sistema Katchin. Nomenclatura de parentesco. Regra do casamento. *Mayu-ni* e *dama-ni*. O ciclo da troca. Hipótese de Granet. Discussão: as origens mitológicas da sociedade Katchin. Clãs, linhagens, casas.

CAPÍTULO XVI
*A TROCA E A COMPRA*, 299

Simplicidade aparente do sistema Katchin; seu caráter ilusório. A casuística da compra. Paternos e maternos. O problema dos termos de denominação. Interpretação destas dificuldades: especulação e feudalismo.

CAPÍTULO XVII
*LIMITES EXTERNOS DA TROCA GENERALIZADA*, 313

Outros sistemas de troca generalizada: Kuki, Aimol, Chiru, Chawte, Tarau. Estudo das formas alteradas pelo método do modelo reduzido: Mikir, Garo, Lakher. Mistura da troca restrita e da troca generalizada no Assam: sistemas Konyak, Rengma Naga, Lhota Naga, Sema Naga, Ao Naga, Angami Naga. Relação entre as organizações dualistas e as organizações tripartidas no Assam.

CAPÍTULO XVIII
*LIMITES INTERNOS DA TROCA GENERALIZADA*, 336

O sistema Gilyak: nomenclatura, organização social, regra do casamento. A interpretação de Sternberg; discussão. Comparação com o sistema Katchin; o papel da compra. O sistema Gold. Papel do tio materno nos sitemas simples de troca generalizada. A orientação matrilateral e a reação patrilateral. A contradição inerente aos sistemas de troca generalizada. Há um eixo birmano-siberiano?

*II. O sistema chinês*

CAPÍTULO XIX
*A TEORIA DE GRANET*, 357

Caracteres gerais da interpretação de Granet; aplicação ao sistema Chinês. O casamento dos primos cruzados na China Antiga. Passagem do casamento bilateral ao casamento unilateral. Construção de um sistema arcaico com oito classes. Suas impossibilidades.

CAPÍTULO XX
*A ORDEM TCHAO MOU*, 371

Análise da nomenclatura chinesa. Graus de parentesco e graus de luto.
Interpretação de Fêng. Problemas que levanta. A questão da ordem *tchao mou*; tese
de Granet; crítica de Hsu. Discussão geral: ordem *tchao mou* e gerações alternadas.

CAPÍTULO XXI
*O CASAMENTO MATRILATERAL*, 391

As indicações terminológicas em favor do casamento matrilateral. Sua interpretação
pela tecnonímia; discussão. O casamento com a filha do irmão da mãe na China
contemporânea. Suas implicações teóricas. Consequências do ponto de vista da
história do sistema Chinês. O casamento oblíquo; sua antiguidade; crítica de
Granet e de Fêng. Suas sobrevivências modernas.

CAPÍTULO XXII
*O CASAMENTO OBLÍQUO*, 404

Teoria do casamento oblíquo no sistema Miwok. A nomenclatura do parentesco.
Interpretação de Gifford. Linhagens e metades. O casamento oblíquo como
fenômeno de estrutura. Demonstração pelo método dos moldes reduzidos. Sistema
Chinês e sistema Miwok.

CAPÍTULO XXIII
*OS SISTEMAS PERIFÉRICOS*, 416

O sistema Tibetano; "parentes do osso" e "parentes da carne"; importância desta
classificação. O sistema Lolo. O sistema Tounguse; comparação com os sistemas
Katchin e Naga. O sistema Mandchu; caracteres gerais; organização social;
terminologia; interpretação; comparação com os sistemas siberianos. Quadro geral
dos sistemas do Extremo Oriente; problemas teóricos que levantam.

III. *A Índia*

CAPÍTULO XXIV
*O OSSO E A CARNE*, 439

Extensão da distinção entre "parentes do osso" e "parentes da carne"; seu valor
teórico. A troca generalizada na Índia: sistema Gond. Lugar da noção de casta num
sistema de troca generalizada. A hipergamia. O casamento dito "por dom". A
exogamia das sapindas; comparação com a ordem *tchao mou*. O casamento
matrilateral na Índia. Interpretação de Held.

CAPÍTULO XXV
*CLÃS E CASTAS*, 452

Teoria de Held; exposição e discussão. O bilateralismo hindu. Condições teóricas da existência de um sistema de classes matrimoniais. Casta e *gotra*; o *gotra* considerado como um antigo clã. Natureza verdadeira da exogamia do *gotra*: os dois tipos de *gotra*. Hipóteses sobre a estrutura social arcaica da Índia.

CAPÍTULO XXVI
*AS ESTRUTURAS ASSIMÉTRICAS*, 467

Considerações teóricas sobre a relação entre a troca restrita e a troca generalizada; caráter privilegiado da Índia para definir as relações entre os diferentes tipos do casamento dos primos cruzados. O casamento bilateral; sua raridade. O sistema Munda. O problema do tio materno; seu papel nos sistemas de casamento matrilateral. O privilégio avuncular.

CAPÍTULO XXVII
*OS CICLOS DE RECIPROCIDADE*, 481

Problemas teóricos do casamento dos primos cruzados; soluções propostas; discussão. Casamento matrilateral e casamento patrilateral; ciclos curtos e ciclos longos. Interpretação definitiva da troca generalizada.

*CONCLUSÃO*

CAPÍTULO XXVIII
*PASSAGEM ÀS ESTRUTURAS COMPLEXAS*, 501

A área das estruturas elementares. O eixo birmano-siberiano; limites da troca generalizada; difusão e limites da troca restrita. Relações definitivas entre troca restrita e troca generalizada. Considerações rápidas sobre a área aceano-americana; por que faz parte do estudo das estruturas complexas. Considerações rápidas sobre a África; o casamento por compra como forma complexa da troca generalizada. Considerações rápidas sobre o mundo indo-europeu; das formas simples da troca generalizada às formas complexas; e casamento moderno.

CAPÍTULO XXIX
*OS PRINCÍPIOS DO PARENTESCO* 521

A troca, base universal das proibições do casamento. Natureza da exogamia. O mundo do parentesco. Fraternidade e compadrio. A teoria de Malinowski e sua refutação; o incesto e o casamento. Síntese histórica e análise estrutural; o exemplo da psicanálise e o da linguística. O universo da comunicação.

# Índice das figuras

1. Retalhadura cerimonial de um búfalo na Birmânia..........................................72

2. Distribuição da carne entre parentes.......................................................73

3. Trocas matrimoniais na Polinésia........................................................104

4. Trocas cerimoniais nas Ilhas Salomão.......................................................106

5. Diagrama traçado pelos indígenas de Ambrym para explicar seu sistema de parentesco .....................................166

6. O casamento dos primos cruzados........................................................171

7. A noção de cruzamento ....................184

8. Regras do casamento Murimbata .....................................................195

9. Regras do casamento Kariera............197

10. Sistema Kariera .............................200

11. Ilustração do sistema Kariera ..........202

12. Filiação e residência no sistema Kariera ........................................................203

13. Regras do casamento Aranda..........204

14. Ilustração do sistema Aranda ..........205

15. Sistema Aranda................................206

16. Casamento entre primos descendentes de cruzados ......................................206

17. Estrutura do sistema Murngin ........211

18. Regras do casamento Murngin, segundo Warner.....................................212

19. Regras do casamento Murngin .......212

20. Sistema Murngin e sistema Aranda .............................................212

21. Regra do casamento Murngin em sistema normal ...................................213

22. Regra do casamento Murngin em sistema optativo ..................................213

23. Combinação do sistema normal com o sistema optativo.....................216

24-25. Esquema da troca generalizada .............................................220

26. Casais, ciclos e pares ......................221

27. Casamento matrilateral...................221

28. Trocas generalizadas entre quatro classes...........................................................222

29. Nomenclatura do parentesco Murngin.......................................................224

30. Expressão do sistema Murngin em termos de troca generalizada.............227

31. Filiação e residência na troca generalizada .............................................227

32. Diagrama definitivo do sistema Murngin.......................................................228

33. Ciclo com quatro classes ................231

34. Projeção plana de um sistema cíclico................................................................232

35. Sistema Karadjeri ............................237

36. Sistema Mara, segundo Warner.........239

37. Sistema Aluridja .............................242

38. Sistema Southern Cross ..................243

39. Sistema Dieri, segundo Elkin..........244

40. Expressão simplificada do sistema Dieri......................................................247

41. Evolução do sistema Dieri .............248

42. Sistema Wikmunkan, segundo U. McConnel .....................................250

43. Sistema Mandchu e sistema Wikmunkan ......................255

44. Classificação dos principais tipos de sistema de parentesco....................258

45. Sistema Katchin............................280

46. Ciclo feudal do casamento entre os Katchins.......................................293

47. Ciclos do casamento entre os Chirus, Chawtes e Taraus .................314

48. Sistema Lakher (modelo reduzido) ....................................318

49. Sistema Rengna Naga......................321

50. Sistema Lhota Naga (modelo reduzido) ....................................322

51. Outro aspecto do sistema Lhota Naga .................................323

52. Sistema Sema Naga (modelo reduzido) ....................................325

53. Sistema Ao Naga (modelo reduzido) ....................................329

54. Sistema Gilyak............................342

55. Troca generalizada com três clãs ........343

56. Troca generalizada com quatro clãs ............................................343

57. Sistema Chinês, segundo Granet.....366

58. Outro aspecto da hipótese de Granet............................................370

59. Quadro simplificado dos graus de luto...........................................377

60. Representação diagramática do sistema de parentesco Chinês .......................378

61. A ordem *tchao mou* .........................382

62. O templo ancestral, segundo Hsu...............................................384

63. Permutação dos antepassados na ordem *tchao mou*....................................385

64. Fileiras e colunas .............................386

65. Sistema das posições na ordem *tchao mou*....................................387

66. Regras do casamento Murngin comparadas com as regras chinesas, segundo Granet.................................388

67. Sistema Miwok (modelo reduzido) ....................................407

68. Sistema Miwok: correlações entre as genealogias e o modelo reduzido.......411

69. Sistemas Tibetano e Kuki .............417

70. Regras do casamento Tunguse........422

71. Regras do casamento Mao Naga.....423

72. Aspecto do sistema Mandchu..........428

73. Comparação entre os sistemas Mandchu e Ao Naga ......................432

74. Distribuição das formas elementares da troca no Extremo Oriente.............433

75. Aspecto do sistema Gond .............440

76. Sistema hindu, segundo Held........451

77. Proibições do casamento entre os Bais...........................................460

78. Os sete Mui ...................................461

79. Graus proibidos no norte da Índia ...........................................462

80. Sistema Munda...............................472

81. Casamento Munda transcrito em termos do sistema Aranda .................472

82. Irmã do pai e irmão da mãe...........475

83. O privilégio avuncular .....................477

84. Filha do irmão da mãe e filha da irmã do pai.............................................486

85a-b. Os ciclos de reciprocidade.........495

86. Contorno aproximado da área considerada o eixo da troca generalizada .....................................503

87. Sistema das oposições entre as formas elementares do casamento .................507

## Prefácio da primeira edição

Entendemos por estruturas elementares do parentesco os sistemas nos quais a nomenclatura permite determinar imediatamente o círculo dos parentes e os dos aliados, isto é, os sistemas que prescrevem o casamento com um certo tipo de parente. Ou, se preferirmos, os sistemas que, embora definindo todos os membros do grupo como parentes, dividem-nos em duas categorias: a dos cônjuges possíveis e a dos cônjuges proibidos. Reservamos o nome de estruturas complexas para os sistemas que se limitam a definir o círculo dos parentes e que deixam a outros mecanismos, econômicos ou psicológicos, a tarefa de proceder à determinação do cônjuge. A expressão "estruturas elementares" corresponde, portanto, neste trabalho, ao que os sociólogos chamam habitualmente casamento preferencial. Não pudemos conservar esta terminologia porque o objeto fundamental deste livro é mostrar que as regras do casamento, a nomenclatura, o sistema dos privilégios e das proibições são aspectos inseparáveis de uma mesma realidade, que é a estrutura do sistema considerado.

A definição precedente conduziria, por conseguinte, a reservar o nome de estrutura elementar aos sistemas que, como o casamento dos primos cruzados, procedem a uma determinação quase automática do cônjuge preferido, ao passo que os sistemas fundados sobre a transferência de riqueza ou sobre a livre escolha, como vários sistemas africanos e o de nossa sociedade contemporânea, entrariam na categoria das estruturas complexas. Atemo-nos, em suas grandes linhas, a esta distinção, mas entretanto impõem-se algumas ressalvas.

Primeiramente, não existe estrutura absolutamente elementar, no sentido de que um sistema, qualquer que seja sua precisão, não tenha finalmente como resultado – ou só tenha excepcionalmente – a determinação de um único indivíduo como cônjuge prescrito. As estruturas elementares permitem definir classes ou determinar relações. Mas, em regra geral, vários indivíduos são igualmente aptos a constituírem a classe ou a satisfazerem a relação, sendo frequentemente em grande número. Mesmo nas estruturas elementares, por conseguinte, há sempre uma certa liberdade de escolha. Inversamente, nenhuma estrutura complexa autoriza uma escolha absolutamente livre, consistindo a regra, não em que alguém possa casar-se com quem quiser relativamente ao sistema, mas que é possível casar-se com os acupantes das posições da nomenclatura que não são expressamente proibidas. O limite das estruturas elementares encontra-se nas possibilidades biológicas, que podem sempre fazer aparecer soluções múltiplas, em forma de irmãos, irmãs ou primos, para um problema dado. O limite das estruturas complexas está na proibição do incesto, que exclui, em nome da regra social, certas soluções que, entretanto, são biologicamente abertas. Mesmo na estrutura elementar mais rigorosa conserva-se certa liberdade de escolha, e mesmo na estrutura complexa mais vaga a escolha permanece sujeita a certas limitações.

Não é possível, portanto, estabelecer uma completa oposição entre as estruturas elementares e as estruturas complexas. Igualmente é difícil traçar a linha divisória que as separa. Entre os sistemas que indicam o cônjuge e aqueles que o deixam indeterminado, há formas híbridas e equívocas, quer porque privilégios econômicos permitem efetuar uma escolha secundária dentro de uma categoria prescrita (casamento por compra associado ao casamento por troca), quer porque haja várias soluções preferenciais (casamento com a filha do irmão da mãe e com a filha do irmão da mulher; casamento com a filha do irmão da mãe e com a mulher do irmão da mãe, etc.). Alguns destes casos serão examinados neste livro porque julgamos que podem esclarecer casos mais simples que eles. Outros, ao contrário, que marcam a passagem para as formas complexas, serão provisoriamente deixados de lado.

Propriamente falando, o presente trabalho constitui, pois, uma introdução a uma teoria geral dos sistemas de parentesco. Isto é certo, se considerarmos que, depois deste estudo das estruturas elementares, continua aberto o lugar para um outro, reservado às estruturas complexas, e talvez mesmo para um terceiro, consagrado às atitudes familiares que exprimem ou sobrepujam, mediante comportamentos estilizados, conflitos ou contradições inerentes à estrutura lógica, tal como se revela no sistema das denominações. Se nos decidirmos, contudo, a publicar este livro em sua forma atual foi essencialmente por duas razões. Acreditamos, primeiramente, que, sem ser exaustivo, nosso estudo é completo, no sentido em que trata dos princípios. Mesmo se devêssemos considerar o desenvolvimento de tal ou qual aspecto do problema a que nosso estudo é consagrado, não teríamos que introduzir nenhuma noção nova. Se o leitor desejar elucidar uma questão especial bastará que aplique ao caso considerado nossas definições e distinções, procedendo segundo o mesmo método.

Em segundo lugar, não esperamos, mesmo nos limites que nos impusemos, estar livres de inexatidões materiais e de erros de interpretação. As ciências sociais chegaram a um tal grau de interpenetração, e cada uma delas tornou-se tão complexa pela enorme massa de fatos e documentos sobre os quais repousa, que seu progresso só pode provir de um trabalho coletivo. Fomos obrigados a abordar terrenos para o estudo dos quais estávamos mal preparados, a aventurar hipóteses que não podíamos imediatamente verificar e também a deixar provisoriamente de lado, por falta de informação, problemas cuja solução teria sido contudo essencial para a nossa finalidade. Se nosso trabalho encontrar ressonância somente junto de poucas pessoas, entre elas quem, como etnólogo ou sociólogo, psicólogo ou linguista, arqueólogo ou historiador, participa, no laboratório, no gabinete de trabalho ou no terreno, do mesmo estudo do fenômeno humano, e se algumas das lacunas, de cuja extensão e gravidade somos nós os primeiros a ter consciência, podem ser preenchidas como consequência dos comentários daqueles especialistas e em resposta a suas objeções, então, sem dúvida, teremos tido razões para estabelecer um período de pausa em nossa pesquisa e propor seus primeiros resultados antes de procurar extrair suas mais longínquas implicações.

Atualmente, um estudo de sociologia comparada esbarra em duas dificuldades principais, a escolha das fontes e a utilização dos fatos. Nos dois casos o problema deriva, sobretudo, da abundância dos materiais e da imperiosa necessidade de estabelecer um limite. No que se refere ao primeiro ponto, não quisemos esconder que, tendo sido escrito nos Estados Unidos, pelo contato diário com nossos colegas norte-americanos, este livro estava exposto a ter de usar predominantemente fontes de língua inglesa. Se procurássemos ocultar esta orientação, incorreríamos na culpa de ingratidão com relação ao país que nos ofereceu generoso acolhimento e excepcionais possibilidades de trabalho; e em relação a nossos colegas franceses, interessados sobretudo nos recentes progressos de sua ciência no estrangeiro, teríamos malogrado na missão de informação que nos tinham tacitamente confiado. Ao mesmo tempo, e sem nos negarmos a apelar para as fontes antigas todas as vezes que nos eram absolutamente necessárias, procuramos renovar a base tradicional dos problemas do parentesco e do casamento, evitando limitar-nos a uma nova trituração de exemplos já fatigados pelas discussões anteriores de Frazer, Briffault, Crawley e Westermarck. A bibliografia de nosso trabalho revelará, de maneira não fortuita, uma elevada porcentagem de artigos e trabalhos publicados durante os últimos trinta anos. Esperamos assim que nos perdoem um empreendimento teórico, talvez em vão, devido ao acesso mais fácil, preparado por este livro, a fontes às vezes raras e sempre dispersas.

O segundo ponto constituía um problema mais delicado. Ao empregar seus materiais o estudioso da sociologia comparada está constantemente exposto a duas censuras, a saber, ou que, acumulando exemplos, desencarna-os e os faz perder toda substância e significação, porque os isola arbitrariamente da totalidade da qual cada um deles é um elemento, ou que, ao contrário, para conservar o caráter concreto dos fatos e manter vivo o elo que os une a todos os outros aspectos da cultura da qual foram tomados, o sociólogo seja levado a só considerar um pequeno número de fatos, sendo-lhe negado, por motivo desta base demasiado frágil, o direito de generalizar. Associa-se habitualmente o nome de Westermarck ao primeiro defeito, e o nome de Durkheim ao segundo. Mas, seguindo o caminho tão rigorosamente traçado por Marcel Mauss, é possível, segundo nos parece, evitar esses dois perigos. Neste livro concebemos os dois métodos não como procedimentos mutuamente exclusivos, e sim correspondendo a dois momentos diferentes da demonstração. Nas primeiras etapas da síntese defrontamo-nos com verdades tão gerais que a função da pesquisa consiste em suscitar a hipótese, guiar a intuição e ilustrar os princípios mais do que verificar a demonstração. Enquanto os fenômenos considerados são ao mesmo tempo tão simples e tão universais que a experiência vivida basta para fundamentá-los com relação a cada observador, é sem dúvida legítimo – uma vez que não se exige ainda que exerçam nenhuma função demonstrativa – acumular os exemplos, sem se preocupar demasiadamente com o contexto que dá a cada um sua significação particular. Porque, nessa fase, a significação, com poucas diferenças, é a mesma para todos, e o confronto com a experiência própria do sujeito, por sua vez membro de um grupo social, basta quase sempre para reconstituí-la. Os exemplos isolados e tomados de culturas muito diversas recebem mesmo, com este uso, um valor suplementar, o de atestarem, com uma força tirada do número e da surpresa, a presença do semelhante que se acha por debaixo do diferente. Seu papel é sobretudo alimentar a impressão e definir menos as próprias verdades do que a atmosfera e a cor que as impregnam no momento em que surgem nas crenças, nos temores e desejos dos homens.

Mas, à medida que a síntese progride e que se pretende atingir relações mais complexas, este primeiro método deixa de ser legítimo. É preciso limitar o número dos exemplos para aprofundar o sentido particular de cada um. Neste momento da demonstração, todo seu peso repousa sobre um número muito pequeno de exemplos cuidadosamente escolhidos. A generalização que se seguir permanecerá válida com a condição dos exemplos serem típicos, isto é, de cada um deles permitir realizar uma experiência que corresponda a todas as condições do problema, segundo a marcha do raciocínio permitir que sejam determinadas. Assim é que o progresso de nossa argumentação, em todo este trabalho, é acompanhado por uma mudança de método. Partindo de uma exposição sistemática, na qual exemplos ecléticos, escolhidos com a única preocupação de seu valor evocativo, têm por função principal ilustrar o raciocínio e levar o leitor a reviver em sua própria experiência situações do mesmo tipo, restringimos pouco a pouco nosso horizonte para permitir aprofundar a pesquisa, de tal modo que nossa segunda parte – excetuada a conclusão – apresenta-se quase como um grupo de três monografias, dedicadas respectivamente à organização matrimonial do sul da Ásia, da China e da Índia. Estas explicações preliminares eram, sem dúvida, necessárias para justificar o procedimento.

Este livro não poderia ter sido publicado sem o auxílio recebido, por diversas formas, de pessoas e instituições. Primeiramente, a Fundação Rockefeller, que nos deu os meios morais e materiais de empreendê-lo, em seguida, a New School for Social Research, que nos permitiu esclarecer e formular, graças à prática do ensino, algumas de nossas ideias, e enfim todos os nossos mestres e colegas com os quais pudemos, em contato pessoal ou por correspondência, verificar fatos e precisar hipóteses, ou que nos dispensaram encorajamentos. Contamos entre estes os senhores Robert H. Lowie, A.L. Kroeber e Ralph Linton, o Dr. Paul Rivet, Georges Davy, Maurice Leenhardt, Gabriel Le Bras, Alexandre Koyré, Raymond de Saussure, Alfred Métraux e André Weil, que teve a gentileza de acrescentar um apêndice matemático à primeira parte. Agradecemos a todos eles e muito particularmente a Roman Jakobson, cuja insistência amiga constrangeu-nos quase a levar a termo um esforço cuja inspiração teórica fica a dever-lhe ainda muito mais.

Ao dedicar nosso trabalho à memória de Lewis H. Morgan, fomos guiados por um tríplice objetivo: prestar homenagem ao grande iniciador de uma ordem de pesquisas em que, seguindo suas pegadas, modestamente nos empenhamos; inclinar-nos, através dele, diante dessa escola antropológica norte-americana que fundou e que durante quatro anos nos associou tão fraternalmente a seus trabalhos e debates; e também talvez tentar devolver-lhe em pequena extensão o serviço que lhe devemos, lembrando que essa extensão foi sobretudo grande numa época em que o escrúpulo científico e a exatidão da observação não lhe pareciam incompatíveis com um pensamento que não se envergonhava de se confessar teórico, e com um gosto filosófico audacioso. Porque a sociologia não progredirá de maneira diferente de suas predecessoras, e convém tanto menos esquecer esta observação no momento em que começamos a entrever, "como através de uma nuvem", o terreno no qual se realizará o encontro. Depois de ter citado Eddington: "A física torna-se o estudo das organizações", Kohler escrevia quase há vinte anos: "Neste caminho [...] ela encontrará a biologia e a psicologia"*. Este trabalho terá atingido seu objetivo se, depois de tê-lo terminado, o leitor sentir-se inclinado a acrescentar: e a sociologia.

Nova York,
23 de fevereiro de 1947.

---

* KÖHLER, W. La perception humaine. *Journal de Psychologie*, vol. 27, 1930, p. 30.

# Prefácio da segunda edição

Passaram-se dezessete anos desde a publicação deste livro, e mais de vinte depois que foi terminada a redação dele. Durante estes vinte anos apareceram tantos materiais novos, a teoria do parentesco tornou-se tão científica e complicada, que para atualizá-la seria preciso reescrevê-lo inteiramente. Quando o releio hoje, a documentação me parece coberta de poeira e a expressão antiquada. Se tivesse sido mais prudente e menos vacilante sob o fardo de meu empreendimento, sem dúvida teria percebido desde o começo que a enormidade dele incluiria fraquezas, sobre as quais os críticos maldosamente insistiram. Teria também compreendido melhor a discreta atitude de desconfiança dissimulada por trás do elogio, à primeira vista lisonjeiro, que Robert Lowie me fez quando me devolveu o manuscrito que tivera a bondade de percorrer. Disse-me, com efeito, que a obra era *in the grand style*... E, contudo, não renego nada quanto à inspiração teórica, ao método e aos princípios de interpretação. Isto explica a decisão que finalmente tomei de reduzir as correções e acréscimos estritamente no mínimo. Afinal, é um livro publicado em 1949, e não outro, que o editor desejou reimprimir.

Em primeiro lugar corrigi um certo número de enganos tipográficos [sic] nos quais espíritos pouco caritativos quiseram ver outros tantos erros por mim cometidos. É o caso do Sr. Lucien Malson, em seu excelente livrinho sobre *Les Enfants sauvages* (Union Générale d'Editions, collection 10/18, Paris 1964), onde me censura por informações de que não sou responsável, pois provêm de autores que cito e com os quais não está de acordo. Entretanto, dou-lhe razão quando considera que as duas ou três rápidas páginas consagradas ao problema que o interessa tinham pouca utilidade e que a solução, boa ou má, que adoto não acrescenta quase nada à demonstração.

Confesso ser um execrável leitor de provas, não sendo inspirado, em presença de textos terminados, nem pela terna solicitude de um autor nem pelas agressivas disposições que fazem os bons corretores. Uma vez terminado, o livro torna-se um corpo estranho, um ser morto incapaz de prender minha atenção e menos ainda meu interesse. Este mundo no qual vivi tão ardentemente fecha-se, excluindo-me de sua intimidade. Às vezes é com dificuldade que consigo compreendê-lo. A apresentação tipográfica da primeira edição é tanto mais incorreta quanto na época não podia me beneficiar de nenhuma ajuda. Para a segunda edição, renunciei completamente a reler as provas e expresso minha inteira gratidão à Sra. Noële Imbert-Vier e à Srta. Nicole Belmont que – sobretudo a última – tiveram a bondade de se encarregar dessa tarefa.

Sem dúvida eram inevitáveis erros de fato em um trabalho que, conforme meu fichário documenta, exigiu o escrutínio de mais de sete mil livros e artigos. Corrigi alguns desses erros que, na maioria das vezes, tinham escapado aos meus censores. Em compensação, estes encarniçaram-se com gosto sobre passagens cujo sentido exato não podiam alcançar por falta de familiaridade com a língua francesa. Censuraram-me, também, como erros etnográficos, testemunhos provenientes de afamados observadores que citava sem empregar aspas porque a referência à fonte era dada logo após. Sem dúvida teriam sido recebidos com mais atenção se não me fossem atribuídos.

Deixando de lado estas retificações de detalhes, não modifiquei substancialmente, nem desenvolvi o texto primitivo a não ser em três pontos, tomando sempre o cuidado de colocar entre colchetes retos as novas passagens, para assinalá-las à atenção do leitor.

Convinha, primeiramente, mesmo se eu próprio não fizesse, incluir um estudo de conjunto sobre os sistemas de descendência chamados "bilaterais" ou "indiferenciados", mais numerosos do que se acreditava na época em que escrevi meu livro, embora, por efeito de uma reação legítima, tenha havido talvez demasiada pressa em incluir nesses novos gêneros sistemas a respeito dos quais começamos agora a perceber que poderiam reduzir-se a formas unilaterais.

Em segundo e terceiro lugares, refiz todo o exame dos sistemas Murngin (capítulo XII) e Katchin (capítulos XV-XVII). Apesar das críticas que me foram feitas e que devia refutar, julgo que as interpretações por mim propostas em 1949, sem serem definitivas, nada perderam em validade.

Se deixei de modificar as secções II e III da segunda parte, consagradas à China e à Índia, a razão é completamente diferente, a saber, para atacar agora peças tão grandes não tenho mais nem a coragem nem o apetite que seriam necessários. Por volta de 1945 os trabalhos sobre os sistemas de parentesco da China e da Índia eram relativamente pouco numerosos. Podia-se sem demasiada presunção pretender abrangê-los todos, fazer a síntese deles e extrair sua significação. Hoje em dia isso não é mais permitido, porque os sinólogos e os indianistas prosseguem esses estudos apoiando-se em conhecimentos históricos e filosóficos que um comparatismo apressado não tem condições de dominar. É claro que as pesquisas magistrais de Louis Dumont e de sua escola sobre o parentesco na Índia tornaram de agora em diante este vasto conjunto um terreno especializado. Resignei-me portanto a manter as secções sobre a China e a Índia, rogando ao leitor que as aceite como aquilo que são, isto é, etapas ultrapassadas pelo progresso da etnologia, mas que os competentes colegas que tiveram a amabilidade de as rever, antes desta reedição – o próprio Louis Dumont e Alexandre Rygaloff –, com indulgência julgaram que ainda ofereciam algum interesse.

Sobre os problemas fundamentais tratados na introdução, muitos fatos novos e a evolução do meu pensamento fazem com que não me exprimisse mais hoje em dia nos mesmos termos. Continuo a crer que a proibição do incesto explica-se inteiramente por causas sociológicas, mas é certo que tratei do aspecto genético de maneira excessivamente ligeira. Uma apreciação mais justa da taxa muito elevada das mutações e da proporção das que são nocivas levaria a afirmações mais atenuadas, mesmo se as consequências deletérias das uniões consanguíneas não tiveram papel na origem ou na persistência das regras da exogamia. A respeito da causalidade biológica, limitar-me-ei agora a dizer, repetindo uma fórmula célebre, que, para explicar as proibições do casamento, a etnologia não tem necessidade dessa hipótese.

No que diz respeito à oposição entre natureza e cultura, o estado atual dos conhecimentos e o da minha própria reflexão (um, aliás, seguindo-se ao outro) oferecem em vários sentidos um aspecto paradoxal. Propunha traçar a linha de demarcação entre as duas ordens guiando-me pela presença ou ausência da linguagem articulada, e poder-se-ia pensar que o progresso dos estudos de anatomia e fisiologia cerebrais conferem a este critério um fundamento absoluto, porque certas estruturas do sistema nervoso central, próprias exclusivamente do homem, parecem governar a capacidade de denominar os objetos.

Mas, por outro lado, apareceram diversos fenômenos que tornam a linha de demarcação, senão menos real, em todo caso mais tênue e tortuosa do que se poderia imaginar há vinte anos. Processos complexos de comunicação, pondo em ação às vezes verdadeiros símbolos, foram descobertos nos insetos, peixes, aves e mamíferos. Sabe-se, também, que algumas aves e mamíferos, principalmente os chimpanzés no estado selvagem, sabem confeccionar e utilizar instrumentos. Nessa época cada vez mais recuada, quando teria começado o que convém chamar sempre o paleolítico inferior, espécies e mesmo gêneros diferentes de hominídeos, talhadores de pedras e de ossos, parecem ter coabitado nos mesmos lugares.

Somos assim levados a perguntar qual é o verdadeiro alcance da oposição entre a cultura e a natureza. Sua simplicidade seria ilusória se, em grande parte, tivesse sido obra de uma espécie do gênero *Homo* chamada por antífrase *sapiens*, que se esforçava ferozmente em eliminar formas ambíguas, julgadas próximas do animal, porque teria sido inspirada, há centenas de milhares de anos, pelo mesmo espírito obtuso e destruidor que a impele hoje em dia a aniquilar outras formas vivas, depois de tantas sociedades humanas falsamente repelidas para o lado da natureza, porque não a repudiavam (*Naturvölkern*). É como se ela tivesse primeiramente pretendido ser a única a personificar a cultura em face da natureza, e permanecer agora, exceto em casos nos quais pode submetê-la totalmente, a exclusiva encarnação da vida em face da matéria inanimada.

Nesta hipótese, a oposição entre cultura e natureza não seria nem um dado primitivo nem um aspecto objetivo da ordem do mundo. Seria preciso ver nela uma criação artificial da cultura, uma obra defensiva que esta última teria cavado em redor de si porque não se sentia capaz de afirmar sua existência e originalidade a não ser cortando todas as passagens adequadas a demonstrar sua conivência originária com as outras manifestações da vida. Para compreender a essência da cultura seria preciso, portanto, remontar até à fonte e contrariar-lhe o ímpeto, reatar todos os fios rompidos, procurando a extremidade livre deles em outras famílias animais e mesmo vegetais. Finalmente, poder-se-á talvez descobrir que a articulação da natureza com a cultura não se reveste da aparência interessada de um reino hierarquicamente superposto a outro, sendo irredutível a este, mas tem antes a aparência de uma repetição sintética, permitida pela emergência de certas estruturas cerebrais, dependentes da natureza, de mecanismos já montados mas só ilustrados pela vida animal em forma desconexa e que concede em ordem espalhada.

Entre os desenvolvimentos a que este livro deu lugar, o mais inesperado para mim foi sem dúvida aquele que acarretou a distinção, que se tornou quase clássica na Inglaterra, entre as noções de "casamento prescritivo" e "casamento preferencial". Tenho certo embaraço em discuti-la, tão grande é a dívida de gratidão que contraí com o autor dela, Rodney Needham, que soube, com muita penetração e vigor, tornar-se meu intérprete (e às vezes também meu crítico) junto do público anglo-saxão em um livro, *Structure and Sentiment* (Chicago, 1962), com o qual preferiria não exprimir um desacordo, mesmo se, como é o caso, este se refira a um problema limitado. Contudo, a solução proposta por Needham acarreta uma alteração tão completa do ponto de vista em que me tinha colocado que parece indispensável retomar aqui alguns temas que, por deferência para com meus colegas britânicos, tinha preferido apresentar primeiramente em sua língua e em seu país, porque foram eles que me ofereceram a ocasião de fazê-lo, ao me confiarem a *Huxley Memorial Lecture* para o ano de 1965.

Desde muito se sabe, e as simulações realizadas em computadores empreendidas por Kundstadter e sua equipe[1] acabaram de demonstrá-lo, que as sociedades que preconizam o casamento entre certos tipos de parentes não conseguem submeter-se à norma senão em um pequeno número de casos. As taxas de fecundidade e de reprodução, o equilíbrio demográfico dos sexos, a pirâmide das idades nunca oferecem a bela harmonia e a regularidade exigida para que, no grau prescrito, cada indivíduo esteja seguro de encontrar no momento do casamento um cônjuge apropriado, mesmo se a nomenclatura do parentesco é suficientemente extensa para confundir graus do mesmo tipo, mas desigualmente afastados, o que frequentemente acontece a ponto da noção de descendência comum tornar-se totalmente teórica. Daí a ideia de dar a estes sistemas a qualificação de "preferenciais". Acabamos de ver que esta qualificação traduz a realidade.

Mas existem sistemas que confundem vários graus em categorias matrimoniais prescritas, nas quais não é mesmo inconcebível que figurem pessoas que não são parentes. É o caso das sociedades australianas de tipo clássico, e de outras, mais frequentemente encontradas no sudeste da Ásia, onde o casamento se trava entre grupos que são chamados, e eles próprios assim se chamam, "tomadores" ou "doadores" de mulheres. A regra é que um grupo qualquer só pode receber mulheres de seus "doadores", dando-as a seus "tomadores". Como o número desses grupos parece sempre

---

1. KUNDSTADTER, P.; BUHLER, R.; STEPHAN, F.F. & WESTOFF, Ch. F. "Demography and Preferential Marriage Patterns". *American Journal of Physical Anthropology*, 1963.

muito elevado, existe uma certa liberdade de escolha para qualquer indivíduo, e nada obriga, de uma geração à outra, e mesmo para os casamentos contraídos por vários homens da mesma geração, a recorrer sempre ao mesmo "doador". De modo que as mulheres casadas com dois homens que pertençam a gerações consecutivas (por exemplo, o pai e o filho) podem, se descenderem de grupos "doadores" diferentes, não ter entre si nenhum laço de parentesco. A regra é, pois, muito maleável, e as sociedades que a adotam não encontram dificuldade séria em observá-la. Exceto casos excepcionais, fazem o que dizem dever ser feito. Tal é a razão pela qual foi proposto chamar "prescritivo" este sistema de casamento.

Em continuação a Needham, vários autores afirmam hoje que meu livro só se ocupa dos sistemas prescritivos, ou mais exatamente (porque basta percorrê-lo para se ter a certeza do contrário), que tal deveria ter sido minha intenção se não tivesse confundido as duas formas. Mas como, segundo os adeptos desta distinção, os sistemas prescritivos são pouco numerosos, o resultado, se tivessem razão, seria uma curiosa consequência: eu teria escrito um livro muito grosso que, desde 1952 (data da publicação do trabalho de J.P.B. de Josselin de Jong. *Lévi-Strauss's Theory on Kinship and Marriage.* Leiden, 1952), despertou todo tipo de comentários e discussões, quando se referia a fatos tão raros e se aplicaria a um domínio tão limitado que de modo algum se compreende o interesse que poderia oferecer para uma teoria geral do parentesco.

No entanto, a participação que Needham teve a amabilidade de exercer na edição inglesa deste livro, e que cria um título a mais em minha gratidão para com ele, mostra que não perdeu a seus olhos todo o interesse teórico. Como isso teria sido possível se apenas discutisse casos isolados? Seria preciso então dar razão a Leach, quando disse: *Since the "elementary structures" which he discusses are decidedly unusual they seem to provide a rather flimsy base for a general theory [Desde que as "estruturas elementares" são decididamente raras parecem oferecer uma base muito inconsistente para uma teoria geral* – N. do A.], e quando fala de *splendid failure* ["esplêndido malogro"] a este respeito. "Claude Lévi-Strauss – Anthropologist and Philosopher". *New Left Review*, 34, 1965, p. 20). Mas ao mesmo tempo fica-se perplexo diante dos motivos que levaram os editores a republicarem, um em francês, outro em inglês, uma obra que teria se encerrado com o insucesso, mesmo esplêndido, cerca de vinte anos depois de seu primeiro aparecimento.

Ora, se empreguei indiferentemente as noções de preferência e de obrigação, associando-as mesmo às vezes, conforme me foi objetado, na mesma frase, é porque no meu modo de entender não denotam realidades sociais diferentes, mas correspondem mais a maneiras pouco diferentes que os homens adotam para pensar a mesma realidade. Definindo os sistemas chamados prescritivos da maneira como acabamos de fazer, a exemplo de seus inventores, a conclusão que se impõe é que por este lado tais sistemas não prescreveriam grande coisa. Aqueles que os praticam sabem bem que o espírito desses sistemas não se reduz à proposição tautológica segundo a qual cada grupo obtém suas mulheres de "doadores" e dá suas filhas a "tomadores". Têm também consciência de que o casamento com a prima cruzada matrilateral (filha do irmão da mãe) oferece a mais simples ilustração da regra, a fórmula mais apropriada para garantir-lhe a perpetuação, ao passo que o casamento com a prima cruzada patrilateral (filha da irmã do pai) violaria a regra sem apelo. Porque o sistema falaria em termos de grau de parentesco, se estivesse no caso ideal em que o número dos grupos que fazem trocas, reduzido ao mínimo, proibisse abrirem-se ou fecharem-se provisoriamente ciclos secundários.

Não é novidade saber-se que existe uma distância entre este modelo teórico e a realidade empírica. Gilhodes, um dos primeiros observadores dos Katchin, acentuou isso várias vezes, ao descrever como se passavam as coisas, e mesmo os esquemas de Granet fazem destacar a pluralidade dos ciclos. Minha primitiva redação levava cuidadosamente em conta esta complexidade. Não resta dúvida, entretanto, que a realidade empírica dos sistemas chamados prescritivos só tem sentido quando é relacionada a um modelo teórico elaborado pelos próprios indígenas antes dos etnólogos, e este modelo não pode evitar recorrer à noção de grau.

Não é aliás o que Needham faz quando intitula um artigo "The Formal Analysis of Prescriptive Patrilateral Cross-Cousin Marriage" (*Southwestern Journal of Anthropology*, vol. 14, 2, 1958), mas confundindo ainda uma vez, segundo me parece, o plano do modelo e o da realidade empírica? Porque se alguém pretende demonstrar que nenhuma sociedade poderia pôr em prática de maneira durável a regra de casamento com a prima patrilinear, por motivo dos insuportáveis constrangimentos resultantes da inversão do sentido das trocas matrimoniais em cada geração, a não ser que se satisfaça com uma fraca proporção de casamentos regulares, nada acrescenta, ou só pouca coisa, às considerações do meu capítulo XXVII. Mas se quiser concluir que o modelo deste tipo de casamento é contraditório, então certamente se enganará. Com efeito, a causa não seria defensável (e mesmo assim com certas ressalvas), a não ser que as trocas matrimoniais se fizessem sempre entre clãs, hipótese que de modo algum é exigida, sendo arbitrariamente formulada. Começa-se, portanto, introduzindo uma condição impossível conforme eu tinha estabelecido ao mostrar (p. 553-554 da primeira edição) que o casamento com a prima patrilateral é sempre incapaz de "realizar uma estrutura global", e que "não existe lei" – pelo exclusivo prazer de voltar a encontrar esta impossibilidade. Mas, além de nada excluir *a priori* que sistemas patrilaterais possam manter-se em condições precárias, o modelo adequado de tais sistemas existe ao menos no espírito das numerosas populações que os proscrevem, devendo, portanto, fazer alguma ideia a respeito deles.

É melhor reconhecermos que as noções de casamento prescritivo e de casamento preferencial são relativas. Um sistema preferencial é prescritivo quando o consideramos no nível do modelo, um sistema prescritivo não poderia ser senão preferencial quando o consideramos no nível da realidade, a menos que não saiba acomodar a tal ponto sua regra que, se nos obstinarmos a dar-lhe a denominação chamada prescritiva (em vez de, conforme convém, considerar seu aspecto preferencial sempre dado), acabará por não significar nada mais. Porque de duas coisas uma: ou, ao mudar de grupo "doador", restabelece-se uma aliança antiga, e a consideração do grau preferido continuará sendo pertinente (por exemplo, a nova esposa será uma filha do bisneto do irmão da bisavó, por conseguinte prima matrilateral), ou será o caso de uma aliança inteiramente nova. Dois casos podem então apresentar-se, conforme esta aliança anunciar outras do mesmo tipo e, pelo mesmo raciocínio anterior, tornar-se causa de preferências futuras, exprimíveis em termos de graus, ou então não tem consequências, tornando-se simples efeito de uma escolha livre e sem motivo. Por conseguinte, se o sistema pode ser chamado prescritivo, é na medida em que primeiramente é preferencial, e, se não for também preferencial, o aspecto prescritivo desaparece.

Reciprocamente, um sistema que preconiza o casamento com a filha do irmão da mãe pode ser chamado prescritivo, mesmo se a regra for raramente obedecida, porque diz o que se deve fazer. A questão de saber até que ponto e em que proporção os membros de determinada sociedade respeitam a norma é muito interessante, mas diferente da questão do lugar que convém dar a esta sociedade em uma tipologia. Porque basta admitir, de acordo com a probabilidade, que a consciência da regra inclina, ainda que pouco, as escolhas no sentido prescrito e que a porcentagem dos casamentos ortodoxos é superior à que se verificaria se as uniões fossem feitas ao acaso, para reconhecer que está em ação nessa sociedade aquilo que se poderia chamar um "operador" matrilateral, desempenhando o papel de piloto. Certas alianças pelo menos entram pelo caminho que o operador lhes traça, e basta isso para imprimir uma curvatura específica ao espaço genealógico. Sem dúvida, haverá um grande número de curvaturas locais, e não uma só. Sem dúvida, estas curvaturas locais reduzir-se-ão frequentemente a esboços, e não formarão ciclos fechados senão em casos raros e excepcionais. Mas os esboços de estruturas que surgirão aqui e ali bastarão para fazer do sistema uma versão probabilista de sistemas mais rijos, cuja noção é inteiramente teórica, nos quais os casamentos seriam rigorosamente conformes com a regra que agrada ao grupo social enunciar.

Lounsbury tinha compreendido muito bem, ao fazer a resenha de *Structure and Sentiment* (*American Anthropologist*, 64, 6, 1962, p. 1.308), que o mal-entendido fundamental provém de se ter igualado a oposição entre "estruturas elementares" e "estruturas complexas" com a oposição entre "casamento prescritivo" e "casamento preferencial", e em seguida de apoiar-se nessa confusão para substituir uma à outra[2]. Sustento, ao contrário, que uma estrutura elementar pode ser indiferentemente preferencial ou prescritiva. O critério de uma estrutura elementar não se acha aí, mas reside inteira-

---

**2.** O mesmo pode dizer-se da equiparação da troca restrita à solidariedade mecânica, e da troca generalizada à solidariedade orgânica, admitida sem discussão por Homans e Schneider. Porque, se considerarmos a sociedade como um todo, tanto na troca restrita quanto na troca generalizada, cada segmento desempenha uma função idêntica à dos outros segmentos. Trata-se, portanto, de duas formas diferentes da solidariedade mecânica. Sem dúvida, eu próprio, várias vezes, utilizei os termos "mecânico" e "orgânico", mas numa acepção mais frouxa que a acepção que lhes foi dada por Durkheim e que houve quem pretendesse reconhecer.

mente no fato do cônjuge, quer preferido, quer prescrito, ser tal pela exclusiva razão de pertencer a uma categoria de afinidade ou de possuir com *Ego* uma certa relação de parentesco. Noutras palavras, a relação imperativa ou desejável é uma função da estrutura social. Entramos no domínio das estruturas complexas quando a razão da preferência ou da prescrição depende de outras considerações. Por exemplo, quando se explica pelo fato da esposa desejada ser loura, ou esbelta, ou inteligente, ou porque pertence a uma família rica e poderosa. Neste último caso trata-se sem dúvida de um critério social, cuja apreciação é relativa, não sendo estruturalmente definida pelo sistema.

Tanto no caso dos sistemas elementares quanto no dos sistemas complexos, por conseguinte, o emprego do termo "preferencial" não se refere a uma inclinação subjetiva, que levaria os indivíduos a procurar o casamento com um certo tipo de parente. A "preferência" traduz uma situação objetiva. Se tivesse o poder de fixar a terminologia, chamaria "preferencial" todo sistema no qual, na falta de uma prescrição claramente formulada, a proporção dos casamentos entre um certo tipo de parentes reais ou classificatórios (tomando esta palavra no sentido mais vago que o definido por Morgan), quer os membros do grupo o saibam ou ignorem, é mais elevada do que resultaria se fosse devida ao acaso. Esta proporção objetiva reflete certas propriedades estruturais do sistema. Se chegássemos a apreendê-las, estas propriedades se revelariam isomórficas das que nos são diretamente cognoscíveis em sociedades que ostentam a mesma "preferência", mas dando-lhe o aspecto de uma prescrição, e admitindo na prática obter exatamente o mesmo resultado, a saber, na hipótese do casamento com a prima cruzada matrilateral, assim como com mulheres provenientes de grupos exclusivamente "doadores", de um lado redes de aliança que tendem idealmente a se fecharem (embora não o façam necessariamente), de outro lado e sobretudo, redes relativamente longas em comparação com as que se poderia observar ou imaginar em sociedades onde o casamento fosse preferencial com a filha da irmã do pai, acarretando (mesmo na ausência de regra prescritiva) um encurtamento correlativo dos ciclos[3].

---

**3.** É verdade que, acompanhando Josselin de Jong, que já tinha feito uma observação do mesmo tipo há muito tempo (l.c.), Maybury-Lewis ("Prescriptive Marriage Systems". *Southwestern Journal of Anthropology*, 21, 3, 1965) acredita poder afirmar que o modelo teórico de um sistema patrilateral contém ciclos tão longos quanto o modelo matrilateral. A única diferença seria que os ciclos se invertem regularmente no primeiro caso, ao passo que conservam a mesma orientação no segundo. Mas, ao ler desse modo o diagrama, somos simplesmente vítimas de uma ilusão de ótica. Que os ciclos curtos, exprimindo o desejo do retorno tão rápido quanto possível da mulher dada em troca da mulher cedida à geração anterior (filha da irmã pela irmã do pai), constituem o traço característico do sistema patrilateral, é fato amplamente comprovado pela filosofia não somente daqueles que o aprovam, mas também daqueles, em número muito maior, que o condenam. E vale mais concordar com o julgamento universal dos interessados do que contradizer ao mesmo tempo os fatos e a si mesmo, afirmando simultaneamente que um sistema patrilateral forma ciclos longos porque os percebemos no diagrama, mas que sua natureza é tal que não consegue fechar mesmo os ciclos mais curtos. Raciocinando dessa maneira, confunde-se a realidade empírica não mais somente com o modelo, mas com o diagrama.

Em outras palavras, não contesto que entre as formas prescritiva ou preferencial de um tipo qualquer de casamento não se possa fazer uma distinção de ordem ideológica. Mas os termos extremos sempre admitem uma série contínua de aplicações intermediárias. Faço o postulado de que esta série constitui um grupo e que a teoria geral do sistema só é possível no nível do grupo e não no nível de tal ou qual aplicação. Não se deve dissolver o sistema, reduzi-lo pela análise às diversas maneiras pelas quais, aqui ou ali, os homens preferem representá-lo. Sua natureza decorre objetivamente do tipo de distância criada entre a forma que se impõe à rede de aliança de uma sociedade e a que se observaria nessa sociedade se as uniões fossem feitas ao acaso. No fundo, a única diferença entre o matrimônio prescritivo e o preferencial situa-se no plano do modelo. Corresponde à diferença que antigamente propus traçar entre o que chamava "modelo mecânico" e "modelo estatístico" (*Anthropologie Structurale*, p. 311-317), isto é, em um caso um modelo cujos elementos encontram-se na mesma escala que as coisas cujas relações são por ele definidas, classes, linhagens, graus. No outro caso, é preciso abstrair o modelo partindo de fatores significativos, dissimulados por trás das distribuições na aparência regidas pelo jogo das probabilidades.

Esta procura de uma estrutura significativa das trocas matrimoniais sobre as quais a sociedade considerada nada diz, quer diretamente por intermédio de regras, quer indiretamente graças às inferências que é possível tirar da terminologia do parentesco ou por qualquer outro meio, é possível quando se trata de um grupo pouco numeroso e relativamente fechado. Faz-se então as genealogias falarem. Mas, quando crescem a dimensão e a fluidez do grupo e até seus limites se tornam imprecisos, o problema complica-se singularmente. O grupo continua a dizer o que não faz, ao menos em nome somente da proibição do incesto. Mas como saber se, sem perceber, faz alguma coisa a mais (ou a menos) do que seria o caso se seus membros escolhessem o cônjuge em função de sua história pessoal, ambições e gostos? É nestes termos, segundo me parece, que se levanta o problema da passagem das estruturas elementares às estruturas complexas, ou, se preferirmos, da extensão da teoria etnológica do parentesco às sociedades contemporâneas.

Na ocasião em que escrevia meu livro o método a seguir parecia-me simples. Dever-se-ia decidir primeiramente reduzir as sociedades contemporâneas aos casos privilegiados do ponto de vista da pesquisa, que constituem os isolados demográficos com forte coeficiente de endogamia, nos quais é possível esperar obter cadeias genealógicas e redes de aliança que se entrecruzam várias vezes. Na medida em que uma determinável proporção de casamentos se produziria entre parentes, seria possível saber se estes ciclos são orientados ao acaso ou se uma proporção significativa depende mais de uma forma que da outra. Por exemplo, os cônjuges aparentados (frequentemente sem saberem) são tais em linha paterna ou em linha materna, e, em cada caso, descendem de uma relação entre primos cruzada ou paralela? Supondo-se que apareça uma orientação, seria possível então classificá-la em um tipo ao lado das estruturas análogas, porém melhor definidas, que os etnólogos já estudaram nas pequenas sociedades.

Entretanto, a distância entre sistemas indeterministas, que julgam ou desejam ser tais, e os sistemas bem determinados que designei com o nome de estruturas elementares, é demasiado grande para que a aproximação seja decisiva. Felizmente (pelo menos acreditava poder dizê-lo), a etnografia fornece um tipo intermédio, com sistemas que apenas proclamam impedimentos ao casamento, mas estendendo-os tão longe por efeito das coações inerentes à sua nomenclatura de parentesco, que por motivo do número relativamente fraco da população, não excedendo em geral alguns milhares de indivíduos, é possível esperar obter o inverso, a saber, um sistema de prescrições inconscientes que reproduziria exatamente, mas em cheio, os contornos do molde oco formado pelo sistema das proibições conscientes. Se esta operação fosse possível, teríamos à nossa disposição um método aplicável a casos nos quais a margem de liberdade torna-se maior entre o que é proibido fazer e o que se faz, tornando aleatória a obtenção do positivo de acordo com o negativo, que é o único a ser dado.

Os sistemas que acabamos de mencionar são conhecidos em etnografia pelo nome de sistemas Crow-Omaha, porque é nessas duas tribos da América do Norte que foram pela primeira vez identificadas suas variantes, respectivamente matrilinear e patrilinear. É por eles que em 1947-1948 propunha-me a abordar o estudo das estruturas de parentesco complexas, em um segundo volume, ao qual várias vezes faço alusão e que sem dúvida nunca escreverei. Convém, portanto, explicar por que abandonei este projeto. Embora convencido de que não se pode generalizar a teoria do parentesco sem passar pelos sistemas Crow-Omaha, fui progressivamente verificando que a análise deles levanta imensas dificuldades, que não são da alçada dos etnólogos, mas dos matemáticos. As pessoas com quem ocasionalmente discuti o problema, há dez anos, estão convencidas disso. Algumas declararam que o problema tinha solução, e outras não, por uma razão de ordem lógica que indicarei adiante. Em todo caso ninguém sentiu desejo de ocupar o tempo que seria necessário para esclarecer a questão.

Radcliffe Brown e Eggan ensinaram-nos muitas coisas a respeito desses problemas, mostrando que um dos caracteres essenciais deles consiste em fazer passar a situação de pertencer a uma linhagem à frente da relação de pertencer à geração. Mas, ao que parece, houve demasiada pressa em classificar os sistemas Crow-Omaha juntamente com outros, que também designam por um único termo vários representantes, masculinos ou femininos, de uma linhagem, embora relacionem-se com gerações consecutivas, e que, como os sistemas Crow-Omaha fazem subir ou descer de uma ou de duas gerações certos membros de duas linhagens, dispostas simetricamente de um e de outro lado de uma terceira linhagem, na qual o observador decide colocar-se. Com efeito, são numerosos os autores que classificam em conjunto as nomenclaturas Crow-Omaha e a das sociedades chamadas de casamento assimétrico, isto é, prescritivo ou preferencial com a prima cruzada matrilateral. Como a teoria desses sistemas não levanta nenhum problema, o mesmo aconteceria com os outros.

No entanto, uma curiosa anomalia deve chamar a atenção. É fácil desenhar o diagrama de um sistema assimétrico. Tem o aspecto de uma cadeia de ligações sucessivas, cuja orientação permanece a mesma em cada nível de geração, formando assim ciclos fechados superpostos que é possível traçar na superfície de um cilindro e projetar sobre um plano. Por outro lado, ninguém conseguiu ainda dar uma representação gráfica satisfatória de um sistema Crow-Omaha em um espaço de duas ou mesmo de três dimensões. À medida que as gerações se sucedem, surgem novas linhagens, cuja representação exige outros tantos planos mantidos de reserva. Na falta de informações genealógicas que completem as que são explicitamente fornecidas pelo sistema, só temos o direito, durante o lapso de três ou quatro gerações, de fazer uma única vez estes planos se recortarem. Como a regra vale para os dois sexos e uma linhagem inclui pelo menos um homem e uma mulher em cada geração (senão o modelo não estaria em equilíbrio), o resultado é que mesmo um diagrama limitado a algumas gerações exige muito mais dimensões espaciais do que é possível projetar no papel, acrescentando-se a elas uma dimensão temporal que não é levada em conta no modelo de um sistema assimétrico. Radcliffe Brown e Eggan contornaram a dificuldade, mas justapondo vários diagramas, cada um dos quais só ilustra um aspecto ou um momento dos sistemas, não sendo a totalidade expressa no conjunto.

Vejamos agora como um observador tão perspicaz quanto Deacon procedeu para descrever um sistema Crow da Melanésia. Entre os Seniang, diz ele, "a escolha de um cônjuge é determinada por numerosas proibições, mas não por prescrições", e acrescenta: "Ao menos em teoria, o casamento com uma mulher de determinado clã é impossível se, tanto quanto alguém se lembre, já houve um matrimônio do mesmo tipo durante as gerações anteriores" (MALEKULA. *A Vanishing People of the New Hebrides*. Londres, 1934, p. 134). Basta inverter estas duas fórmulas para obter uma definição inteiramente satisfatória do casamento assimétrico. Neste caso, com efeito, uma única prescrição basta para determinar a escolha do cônjuge, a prescrição feita ao indivíduo masculino de casar-se com uma filha do irmão da mãe ou com uma mulher proveniente de um grupo "doador". Ademais, o grupo "doador" é reconhecido pelo fato de imemorialmente alianças análogas já terem sido contraídas com ele.

Não é lícito concluir de quanto foi dito que todos os sistemas chamados Crow-Omaha se abstêm necessariamente de promulgar prescrições ou de enunciar preferências matrimoniais, nem que, no limite dos clãs autorizados, a liberdade de escolha seja total. Os Cherokee matrilineares proíbem somente dois clãs, os da mãe e do pai, e preconizam o casamento com uma "avó", isto é, com uma filha do clã do pai da mãe ou do clã do pai do pai. Entre os Hopi o casamento era teoricamente proibido com toda mulher proveniente de uma fratria que se relacionasse com o clã da mãe, do pai ou do pai da mãe. Se estas sociedades compreendessem somente quatro clãs ou fratrias, ou seja, uma para cada tipo de avós, seu sistema de casamento se aproximaria muito do sistema dos Kariera e dos Aranda da Austrália, onde, para encontrar um cônjuge conveniente, um indivíduo rejeita duas ou três linhagens e se dirige às restantes, que podem ser uma ou duas. Mas os sistemas Crow-Omaha contêm sempre mais de quatro linhas. Havia sete clãs entre os Cherokee, dez entre os Omaha, treze entre os Crow e sem dúvida mais outrora, doze fratrias e cerca de cinquenta clãs entre os Hopi, trinta a quarenta clãs entre os Seniang. Sendo o casamento lícito, em regra geral, com todos os clãs que não são objeto de proibição formal, a estrutura de tipo Aranda, para a qual tenderia todo sistema Crow-Omaha se o número dos clãs se aproximasse de quatro, ficará como afogada em uma onda de acontecimentos aleatórios. Nunca se cristalizará em forma estável. De modo sempre fugitivo e indistinto, unicamente seu espectro transparecerá aqui e ali em um meio fluido e indiferenciado.

Na maioria das vezes, aliás, o fenômeno nem mesmo se produzirá, se é verdade que a maneira mais cômoda de definir um sistema Crow-Omaha consiste em dizer que cada vez que se escolhe uma linha para obter dela um cônjuge, todos os seus membros ficam automaticamente excluídos do número dos cônjuges disponíveis para a linha de referência, e isso durante várias gerações. Como a mesma operação se repete por ocasião de cada casamento, o sistema permanece em um estado de turbulência que o opõe ao modelo ideal de um sistema assimétrico, onde o mecanismo das trocas é regularmente ordenado. Este assemelha-se mais a um relógio, com todas suas engrenagens incluídas em uma caixa[4]; o outro sistema assemelha-se mais a uma bomba aspirante e calcante, alimentada por uma fonte externa, em cuja bacia lança a água excessiva que não pode distribuir.

Nada seria, pois, mais enganador do que equiparar os sistemas Crow-Omaha aos sistemas assimétricos, sob o pretexto de que, nos dois casos, um dos tipos de primo cruzado é elevado uma geração e o outro é rebaixado. Porque se desprezaria uma diferença essencial. Os sistemas assimétricos fazem de um primo cruzado um "sogro", e do outro um "genro", ou seja, sempre um membro de uma linha com a qual posso contrair casamento ou que pode casar-se com a minha. Ao passo que, forçando ligeiramente as coisas, pode dizer-se que os sistemas Crow-Omaha transformam respectivamente estes mesmos indivíduos em "pai" e "filho", proclamando assim que o casamento tornou-se impossível entre nossas linhagens. Por conseguinte, um sistema assimétrico esforça-se por transformar parentes em afins, ao contrário de um sistema Crow-Omaha que procura transformar afins em parentes. Mas, assim procedendo, ambos visam a efeitos simétricos e inversos, a saber, tornar possível ou necessário que a aliança matrimonial se perpetue entre pessoas unidas por um grau de parentesco aproximado, ou tornar possível ou necessário que os laços de aliança e de parentesco passem a ser mutuamente exclusivos, exceto (e mesmo assim nada sabemos a este respeito) para os graus afastados.

---

**4.** Ou, levando em conta preciosas análises de Needham, vários relógios, cada um dos quais pode engrenar-se na peça conveniente de qualquer outra de suas rodas, mas todas contidas na mesma caixa e funcionando de tal maneira que haja sempre pelo menos um relógio andando, mesmo se porções inteiras de engrenagens de cada relógio permanecem temporariamente imobilizadas.

É neste sentido que os sistemas Crow-Omaha fornecem a dobradiça graças à qual as estruturas de parentesco elementares e as estruturas complexas podem articular-se. Estes sistemas dependem das estruturas elementares pelos impedimentos ao casamento que formulam em termos sociológicos e dependem das estruturas complexas pelo caráter aleatório da rede de alianças que resulta indiretamente de condições negativas, as únicas estabelecidas. Retomando uma distinção que já mencionamos, diremos que, como sempre acontece nas estruturas elementares, estes sistemas exigem um modelo mecânico no plano das normas, mas quando os observamos nas estruturas complexas contentam-se com um modelo estatístico no plano dos fatos.

Poderia alguém objetar-nos, sem dúvida, que a mesma coisa é verdade nas estruturas complexas, porque julgamos que a proibição do incesto oferece uma garantia suficiente para que uma rede de alianças, resultante pelos demais aspectos de escolhas livres, não comprometa a coesão social. Ora, a proibição do incesto persiste nas sociedades contemporâneas em forma de modelo mecânico. Há, no entanto, uma diferença: este modelo, do qual continuamos a nos servir, é muito mais tênue que o dos sistemas Crow-Omaha, que engloba linhagens inteiras, ao passo que o nosso apela para um pequeno número de graus muito aproximados. Por oposição, é possível supor que a distribuição das alianças gerada pelos sistemas Crow-Omaha oferece um caráter menos aleatório que a nossa, tratando-se de pequenas sociedades, nas quais a mistura consecutiva a proibições maciças não parece poder evitar que um certo parentesco apareça entre os cônjuges, desde que o sistema tenha regularmente funcionado durante o lapso de várias gerações. Será isso verdade, e, caso afirmativo, que forma tem este vestígio e qual é o afastamento médio do grau? Eis aí um certo número de questões de grande interesse teórico, mas difíceis de responder por motivos que devemos agora determinar com exatidão.

Quando se estudam os sistemas de classes matrimoniais (sem dar sentido demasiado técnico a esta noção), é sempre possível e geralmente fácil definir *tipos de casamento*. Cada tipo será representado pela união de um homem de uma classe determinada com uma mulher de uma classe igualmente determinada. Se convencionarmos designar cada classe por um índice (letra, número ou combinação de ambas), haverá, portanto, tantos tipos de casamento permitidos quantos pares de índices, com a condição de excluir previamente todos os que correspondem a alianças proibidas.

No caso das estruturas elementares, a operação é consideravelmente simplificada pelo fato de existir uma regra positiva que enumera ou permite deduzir os tipos. Com os sistemas Crow-Omaha as coisas complicam-se duplamente. Em primeiro lugar, o número das classes (se, por conveniência, decidirmos designar assim as unidades exógamas) eleva-se de maneira apreciável, podendo às vezes chegar a várias dezenas. Sobretudo, o sistema não prescreve (ou só prescreve rara e parcialmente), mas proíbe dois ou três tipos e autoriza todos os outros, sem nada nos informar quanto à sua forma e número.

É possível, entretanto, pedir aos matemáticos que traduzam, por assim dizer, os sistemas Crow-Omaha em termos de estruturas elementares. Convencionaríamos representar cada indivíduo por um vetor contando tantos índices quantas as relações pelas quais o indivíduo pertença a clãs, e que se tornam pertinentes devido as proibições do sistema. Todos os pares de vetores que não apresentam duas vezes o mesmo índice constituirão então a lista dos tipos de casamento permitido, os quais determinarão os tipos que se tornarão lícitos ou ilícitos para as crianças nascidas das uniões precedentes e para seus próprios filhos. Bernard Jaulin, chefe do Centro de Cálculo da Casa das Ciências do Homem, teve a amabilidade de tratar do problema, pelo que muito lhe agradeço. Com a ressalva das incertezas exclusivamente atribuíveis à maneira vaga e canhestra como um etnólogo apresenta seus dados, verifica-se que um sistema Crow-Omaha que promulgasse somente duas proibições, atingindo o clã da mãe e o do pai, autorizaria com isso 23.436 tipos de casamento diferentes, se o número dos clãs é igual a sete; 3.766.140 tipos se este número é igual a quinze; e 297.423.855 tipos se é igual a trinta. Com três proibições clânicas as coações seriam mais fortes, mas o número dos tipos permaneceria na mesma ordem de grandeza, 20.181, 3.516.345 e 287.521.515, respectivamente[5].

Estes números elevados dão motivo a várias reflexões. Primeiramente, é claro que com os sistemas Crow-Ohama estamos diante de mecanismos muito diferentes dos que ilustram as sociedades de classes matrimoniais, onde o número dos tipos de casamento não tem medida comum com os que acabam de ser citados. À primeira vista estes parecem ter mais relação com a situação que é possível esperar encontrar em certos setores das sociedades contemporâneas, caracterizadas por forte coeficiente de endogamia. Se as pesquisas nesse sentido confirmarem a aproximação, do ponto de vista exclusivamente numérico, os sistemas Crow-Omaha formariam, conforme supusemos, uma ponte entre as estruturas de parentesco elementares e as estruturas complexas.

Por sua extensão os recursos combinatórios dos sistemas Crow-Omaha lembram também os jogos complicados como os de cartas, o de damas e o xadrez, nos quais o número das possíveis combinações, teoricamente finito, é tão elevado que, para todos os fins úteis e colocando-se na escala humana, tudo se passa como se fosse ilimitado. Em princípio, estes jogos são indiferentes à história, porque as mesmas configurações sincrônicas (nas distribuições) ou diacrônicas (no desenrolar das partidas), poderiam reaparecer, mesmo que fosse depois de milhares ou milhões de milênios, desde que os jogadores imaginários se dedicassem a eles por um tempo suficientemente longo. Entretanto, tais jogos permanecem praticamente imersos no devenir, conforme se vê pelo fato de se escreverem obras sobre a história da estratégia do xadrez. Embora virtualmente presente a todo instante, o conjunto das possíveis combinações é demasiado grande para poder atualizar-se, a não ser graças a um tempo pro-

---

5. Esta última série de números foi também calculada por J.P. Schellhorn, a quem igualmente agradeço.

longado e somente por fragmentos. Da mesma maneira, os sistemas Crow-Omaha servem de ilustração do compromisso entre a periodicidade das estruturas elementares e seu próprio determinismo, que depende da probabilidade. Os recursos combinatórios são tão vastos que as escolhas individuais conservam sempre, inerente à estrutura, uma certa margem. O uso consciente ou inconsciente que dela é feito poderia mesmo desviar a estrutura, se revelasse, conforme sugerem algumas indicações, que esta margem de liberdade varia de acordo com a composição dos vetores que definem o lugar de cada indivíduo no sistema. Seria preciso dizer então que, com os sistemas Crow-Omaha, a história penetra nas estruturas elementares, embora tudo se passe como se a missão deles fosse anular seus efeitos.

Infelizmente, não se sabe como proceder para medir esta margem de liberdade e os limiares entre os quais é capaz de oscilar. Em razão do número muito elevado das combinações, deveríamos recorrer a simulações em máquinas. Mas para isso seria necessário determinar um estado inicial, a fim de começar as operações. Ora, arriscamo-nos a cair prisioneiros de um círculo, porque, no sistema Crow-Omaha, o estado dos casamentos possíveis ou proibidos é a todo instante função dos casamentos realizados durante as gerações precedentes. Para determinar um estado inicial que tivesse a certeza de não violar nenhuma regra do sistema, não haveria outra saída senão o regresso ao infinito. A menos que se fizesse a convenção de que, apesar da aparência aleatória, o sistema Crow-Omaha produz retornos periódicos, de modo que, partindo de um estado inicial qualquer, após algumas gerações uma estrutura de determinado tipo deveria necessariamente predominar.

Porém, mesmo na hipótese dos dados empíricos permitirem verificar *a posteriori* que as coisas se passam dessa maneira, o problema não estaria resolvido. Com efeito, é preciso levar em conta uma dificuldade de ordem numérica. Quase todas as sociedades dotadas de um sistema Crow-Omaha foram pouco numerosas. Os exemplos norte-americanos, melhor estudados, correspondem a população de menos de 5.000 indivíduos. Por conseguinte, em cada geração os tipos de casamento efetivamente celebrados não podiam representar senão uma proporção irrisória dos tipos possíveis. O resultado é que num sistema Crow-Omaha os tipos de casamentos não se realizam somente de maneira aleatória, levando em conta apenas as linhagens proibidas. Entra em ação um acaso à segunda potência, que escolhe, entre todos os tipos de casamentos virtualmente possíveis, o pequeno número daqueles que se tornarão atuais e que definirão, para as gerações que deles nasceram, um outro conjunto de escolhas possíveis, condenadas a ficarem virtuais por sua vez em larga maioria. Afinal de contas, uma nomenclatura muito rígida e regras negativas que operam mecanicamente combinam-se com dois tipos de acaso, um distributivo e outro seletivo, para criar uma rede de alianças cujas propriedades ignoramos. Esta rede de alianças provavelmente não é diferente daquela que é gerada pelas nomenclaturas do tipo chamado "Havaiano", que contudo dá prioridade aos níveis de geração sobre as linhagens, e que definem os impedimentos ao casamento levando em consideração mais os graus individuais de parentesco do que estabelecendo proibições para classes interinas. A diferença em relação aos sistemas Crow-Omaha provém de que os "sistemas havaianos" justapõem três técnicas heterogêneas, caracterizadas pelo emprego de uma nomenclatura restrita, cuja fluidez é corrigida por uma determinação mais exata dos graus proibidos, e por uma distribuição aleatória das alianças garantida por impedimentos que se estendem até o quarto grau colateral, e às vezes mesmo além, ao passo que os sistemas Crow-Omaha, que recorrem às mesmas técnicas, sabem dar-lhes uma expressão mais sistemática, integrando-as em um corpo de regras solidárias, que deveriam permitir melhor fazer a teoria desses jogos. Até que nasça essa teoria com a ajuda dos matemáticos, sem os quais nada é possível, os estudos do parentesco marcarão passo, apesar das engenhosas tentativas surgidas nos últimos dez anos, às quais porém, repelidas para a análise empírica ou para o formalismo, ignoram igualmente que a nomenclatura do parentesco e as regras do casamento são os aspectos complementares de um sistema de trocas, por meio do qual se estabelece a reciprocidade, que é mantida entre as unidades constitutivas do grupo.

*Paris, 23 de fevereiro de 1966*

# Introdução

*"Um parente por aliança é uma perna de elefante."*
Rev. A.L. Bishop, A Selection of Šironga Proverbs. *The Southern African Journal of Science*. Vol. 19, 1922, n. 80.

# CAPÍTULO I
## Natureza e cultura

De todos os princípios propostos pelos precursores da sociologia, nenhum sem dúvida foi repudiado com tanta firmeza quanto o que diz respeito à distinção entre estado de natureza e estado de sociedade. Não se pode, com efeito, fazer referência sem contradição a uma fase da evolução da humanidade durante a qual esta, na ausência de toda organização social, nem por isso tivesse deixado de desenvolver formas de atividade que são parte integrante da cultura. Mas a distinção proposta pode admitir interpretações mais válidas.

Os etnólogos da Escola de Elliot Smith e de Perry retomaram-na para edificar uma teoria discutível mas que, fora do detalhe arbitrário do esquema histórico, deixa aparecer claramente a profunda oposição entre dois níveis da cultura humana e o caráter revolucionário da transformação neolítica. O Homem de Neanderthal, com seu provável conhecimento da linguagem, suas indústrias líticas e ritos funerários, não pode ser considerado como vivendo no estado de natureza. Seu nível cultural o opõe, no entanto, a seus sucessores neolíticos com um rigor comparável – embora em sentido diferente – ao que os autores do século XVII ou do século XVIII atribuíam à sua própria distinção. Mas, sobretudo, começamos a compreender que a distinção entre estado de natureza e estado de sociedade[1], na falta de significação histórica aceitável, apresenta um valor lógico que justifica plenamente sua utilização pela sociologia moderna, como instrumento de método. O homem é um ser biológico ao mesmo tempo que um indivíduo social. Entre as respostas que dá às excitações exteriores ou interiores, algumas dependem inteiramente de sua natureza, outras de sua condição. Por isso não há dificuldade alguma em encontrar a origem respectiva do reflexo pupilar e da posição tomada pela mão do cavaleiro ao simples contato das rédeas. Mas nem sempre a distinção é tão fácil assim. Frequentemente o estímulo físico-biológico e o estímulo psicossocial despertam reações do mesmo tipo, sendo possível perguntar, como já fazia Locke, se o medo da criança na escuridão explica-se como manifestação de sua natureza animal ou como resultado das histórias contadas pela ama[2]. Mais ainda, na maioria dos casos, as causas não são realmente distintas e a resposta do sujeito

---

1. Diríamos hoje preferivelmente estado de natureza e estado de cultura.

2. Parece, com efeito, que o medo do escuro não aparece antes do vigésimo quinto mês. Cf. VALENTINE, C.W. "The Innate Basis of Fear". *Journal of Genetic Psychology*, vol. 37, 1930.

constitui verdadeira integração das fontes biológicas e das fontes sociais de seu comportamento. Assim, é o que se verifica na atitude da mãe com relação ao filho ou nas emoções complexas do espectador de uma parada militar. É que a cultura não pode ser considerada nem simplesmente justaposta nem simplesmente superposta à vida. Em certo sentido substitui-se à vida, e em outro sentido utiliza-a e a transforma para realizar uma síntese de nova ordem.

Se é relativamente fácil estabelecer a distinção de princípio, a dificuldade começa quando se quer realizar a análise. Esta dificuldade é dupla, de um lado podendo tentar-se definir, para cada atitude, uma causa de ordem biológica ou social, e, de outro lado, procurando por que mecanismo atitudes de origem cultural podem enxertar-se em comportamentos que são de natureza biológica, e conseguir integrá-los a si. Negar ou subestimar a oposição é privar-se de toda compreensão dos fenômenos sociais, e ao lhe darmos seu inteiro alcance metodológico corremos o risco de converter em mistério insolúvel o problema da passagem entre as duas ordens. Onde acaba a natureza? Onde começa a cultura? É possível conceber vários meios de responder a esta dupla questão. Mas todos mostraram-se até agora singularmente decepcionantes.

O método mais simples consistiria em isolar uma criança recém-nascida e observar suas reações a diferentes excitações durante as primeiras horas ou os primeiros dias depois do nascimento. Poder-se-ia então supor que as respostas fornecidas nessas condições são de origem psicobiológica, e não dependem de sínteses culturais ulteriores. A psicologia contemporânea obteve por este método resultados cujo interesse não deve levar a esquecer seu caráter fragmentário e limitado. Em primeiro lugar, as únicas observações válidas devem ser precoces, porque podem surgir condicionamentos ao cabo de poucas semanas, talvez mesmo de dias. Assim, somente tipos de reação muito elementares, como certas expressões emocionais, podem na prática ser estudados. Por outro lado, as experiências negativas apresentam sempre caráter equívoco. Porque permanece sempre aberta a questão de saber se a reação estudada está ausente por causa de sua origem cultural ou porque os mecanismos fisiológicos que condicionam seu aparecimento não se acham ainda montados, devido a precocidade da observação. O fato de uma criancinha não andar não poderia levar à conclusão da necessidade da aprendizagem, porque se sabe, ao contrário, que a criança anda espontaneamente desde que organicamente for capaz de fazê-lo[3]. Uma situação análoga pode apresentar-se em outros terrenos. O único meio de eliminar estas incertezas seria prolongar a observação além de alguns meses, ou mesmo de alguns anos. Mas nesse caso ficamos às voltas com dificuldades insolúveis, porque o meio que satisfizesse as condições rigorosas de isolamento exigido pela experiência não é menos artificial do que o meio cultural ao qual se pretende substituí-lo. Por exemplo, os cuidados da mãe durante os primeiros anos da vida humana constituem condição natural

---

3. McGRAW, M.B. *The Neuromuscular Maturation of the Humen Infant*. Nova York, 1944.

do desenvolvimento do indivíduo. O experimentador acha-se portanto encerrado em um círculo vicioso.

É verdade que o acaso parece ter conseguido às vezes aquilo que o artifício é incapaz de fazer. A imaginação dos homens do século XVIII foi fortemente abalada pelo caso dessas "crianças selvagens", perdidas no campo desde seus primeiros anos, as quais, por um excepcional concurso de probabilidades, tiveram a possibilidade de subsistir e desenvolver-se fora de toda influência do meio social. Mas, conforme se nota muito claramente pelos antigos relatos, a maioria dessas crianças foram anormais congênitos, sendo preciso procurar na imbecilidade de que parecem, quase unanimemente, ter dado prova, a causa inicial de seu abandono, e não, como às vezes se pretenderia, ter sido o resultado[4].

Observações feitas confirmam esta maneira de ver. Os pretensos "meninos-lobos" encontrados na Índia nunca chegaram a alcançar o nível normal. Um deles – Sanichar – jamais pôde falar, mesmo adulto. Kellog relata que, de duas crianças descobertas juntas, o mais moço permaneceu incapaz de falar e o mais velho viveu até os seis anos, mas com o nível mental de uma criança de dois anos e meio e um vocabulário de cem palavras apenas[5]. Um relatório de 1939 considera como idiota congênito uma "criança-babuíno" da África do Sul, descoberta em 1903 com a idade provável de doze a quatorze anos[6]. Na maioria das vezes, aliás, as circunstâncias da descoberta são duvidosas.

Além disso, estes exemplos devem ser afastados por uma razão de princípio, que nos coloca imediatamente no coração dos problemas cuja discussão é o objeto desta introdução. Desde 1811 Blumenbach, em um estudo dedicado a uma dessas crianças, o *Selvagem Peter*, observava que nada se poderia esperar de fenômenos desta ordem. Porque, dizia ele com profundidade, se o homem é um animal doméstico, é o único que se domesticou a si próprio[7]. Assim, é possível esperar ver um animal doméstico, por exemplo, um gato, um cachorro ou uma ave de galinheiro, quando se acha perdido ou isolado, voltar ao comportamento natural que era o da espécie antes da intervenção exterior da domesticação. Mas nada de semelhante pode se produzir com o homem, porque no caso deste último não existe comportamento natural da es-

---

4. ITARD, J.M.G. *Rapports et memories sur le sauvage de l'Aveyron*. Paris, 1894. • FEUERBACH, A. von. *Caspar Hauser* [trad. ingl. Londres 1833, 2 vols.].

5. FERRIS, G.C. *Sanichar, the Wolf-boy of India*. Nova York, 1902. • SQUIRES, P. "Wolf-children" of India. *American Journal of Psychology*, vol. 38, 1927, p. 313. • KELLOG, W.N. More about the "Wolf-children" of India. Ibid., vol. 43, 1931, p. 508-509; A Further Note on the "Wolf-children" of India. Ibid., vol. 46, 1934, p. 149. – Ver também, sobre esta polêmica, Singh, J.A.L. & ZINGG, R.M. *Wolf-children and Feral Men*. Nova York, 1942. • GESELL, A. *Wolf-child and Human Child*. Nova York, 1941.

6. FOLEY, Jr., J.P. The "Baboon-boy" of South Africa. *American Journal of Psychology*, vol. 53, 1940. • ZINGG, R.M. More about the "Baboon-boy" of South Africa. Ibid.

7. BLUMENBACH, J.F. *Beiträge sur Naturgeschichte*. Göttingen, 1811. In: *Anthropological Treatises of J.F. Blumenbach*. Londres, 1865, p. 339.

pécie ao qual o indivíduo isolado possa voltar mediante regressão. Conforme dizia Voltaire, mais ou menos nestes termos, uma abelha extraviada longe de sua colmeia e incapaz de encontrá-la é uma abelha perdida, mas nem por isso se tornou uma abelha mais selvagem. As "crianças selvagens", quer sejam produto do acaso, quer da experimentação, podem ser monstruosidades culturais, mas em nenhum caso testemunhas fiéis de um estado anterior.

É impossível, portanto, esperar no homem a ilustração de tipos de comportamento de caráter pré-cultural. Será possível então tentar um caminho inverso e procurar atingir, nos níveis superiores da vida animal, atitudes e manifestações nas quais se possam reconhecer o esboço, os sinais precursores da cultura? Na aparência, é a oposição entre comportamento humano e o comportamento animal que fornece a mais notável ilustração da antinomia entre a cultura e a natureza. A passagem – se existe – não poderia, pois, ser procurada na etapa das supostas sociedades animais, tais como são encontradas entre alguns insetos. Porque em nenhum lugar melhor que nesses exemplos encontram-se reunidos os atributos, impossíveis de ignorar, da natureza, a saber, o instinto, o equipamento anatômico, único que pode permitir o exercício do instinto, e a transmissão hereditária das condutas essenciais à sobrevivência do indivíduo e da espécie. Não há nessas estruturas coletivas nenhum lugar mesmo para um esboço do que se pudesse chamar o modelo cultural universal, isto é, linguagem, instrumentos, instituições sociais e sistema de valores estéticos, morais ou religiosos. É à outra extremidade da escala animal que devemos nos dirigir, se quisermos descobrir o esboço desses comportamentos humanos. Será com relação aos mamíferos superiores, mais especialmente os macacos antropoides.

Ora, as pesquisas realizadas há mais de trinta anos com os grandes macacos são particularmente desencorajantes a este respeito. Não que os componentes fundamentais do modelo cultural universal estejam rigorosamente ausentes, pois é possível, à custa de infinitos cuidados, conduzir certos sujeitos a articularem alguns monossílabos ou dissílabos, aos quais aliás não ligam nunca qualquer sentido. Dentro de certos limites, o chimpanzé pode utilizar instrumentos elementares e eventualmente improvisá-los[8]. Relações temporárias de solidariedade ou de subordinação podem aparecer e desfazer-se no interior de um determinado grupo. Finalmente, é possível que alguém se divirta em reconhecer em algumas atitudes singulares o esboço de formas desinteressadas de atividade ou de contemplação. Um fato notável é que são sobretudo os sentimentos que associamos de preferência à parte mais nobre de nossa natureza, cuja expressão parece poder ser mais facilmente identificada nos antropoides, como o terror religioso e a ambiguidade do sagrado[9]. Mas se todos estes fenômenos advogam favora-

---

8. GUILLAUME, P. & MEYERSON, I. Quelques recherches sur l'intelligence des singes (communication préliminaire); Recherches sur l'usage de l'instrument chez les singes. *Journal de Psychologie*, vol. 27, 1930; vol. 28, 1931; vol. 31, 1934; vol. 34, 1938.

9. KOHLER, W. *The Mentality of Apes*, [Apêndice à 2. ed.].

velmente por sua presença, são ainda mais eloquentes – e em sentido completamente diferente – por sua pobreza. Ficamos menos impressionados por seu esboço elementar do que pelo fato – confirmado por todos os especialistas – da impossibilidade, ao que parece radical, de levar esses esboços além de sua expressão mais primitiva. Assim, o fosso que se poderia esperar preencher por mil observações engenhosas na realidade é apenas deslocado, para aparecer ainda mais intransponível. Quando se demonstrou que nenhum obstáculo anatômico impede o macaco de articular os sons da linguagem, e mesmo conjuntos silábicos, só podemos nos sentir ainda mais admirados pela irreme-diável ausência da linguagem e pela total incapacidade de atribuir aos sons emitidos ou ouvidos o caráter de sinais. A mesma verificação impõe-se nos outros terrenos. Explica a conclusão pessimista de um atento observador que se resigna, após anos de estudo e de experimentação, a ver no chimpanzé "um ser empedernido no estreito círculo de suas imperfeições inatas, um ser 'regressivo' quando comparado ao homem, um ser que não quer nem pode enveredar pelo caminho do progresso"[10].

Porém, ainda mais do que pelos insucessos diante de tentativas bem definidas, che-gamos a uma convicção pela verificação de ordem mais geral, que nos leva a penetrar mais profundamente no âmago do problema. Queremos dizer que é impossível tirar conclusões gerais da experiência. A vida social dos macacos não se presta à formulação de nenhuma norma. Em presença do macho ou da fêmea, do animal vivo ou morto, do jovem e do velho, do parente ou do estranho, o macaco comporta-se com surpreen-dente versatilidade. Não somente o comportamento do mesmo sujeito não é constan-te, mas não se pode perceber nenhuma regularidade no comportamento coletivo. Tan-to no domínio da vida sexual quanto no que se refere às outras formas de atividade, o estimulante, externo ou interno, e os ajustamentos aproximativos por influência dos erros e acertos, parecem fornecer todos os elementos necessários à solução dos proble-mas de interpretação. Estas incertezas aparecem no estudo das relações hierárquicas no interior de um mesmo grupo de vertebrados, permitindo contudo estabelecer uma or-dem de subordinação dos animais uns em relação aos outros. Esta ordem é notavel-mente estável, porque o mesmo animal conserva a posição dominante durante perío-dos de ordem de um ano. E no entanto a sistematização torna-se impossível devido a frequentes irregularidades. Uma galinha subordinada a duas congêneres que ocupam um lugar medíocre no quadro hierárquico ataca no entanto o animal que possui a cate-goria mais elevada. Observam-se relações triangulares, nas quais A domina B, B domi-na C e C domina A, ao passo que todos os três dominam o resto do grupo[11].

---

**10.** KOHT, N. La Conduite du petit du chimpanzé et de l'enfant de l'homme. *Journal de Psychologie*, vol. 34, 1937, p. 531; e os outros artigos do mesmo autor: Recherches sur l'intelligence du chimpanzé par la méthode du "choix d'après modèle". Ibid., vol. 25, 1928; Les Aptitudes motrices adaptatives du singe in-férieur. Ibid., vol. 27, 1930.

**11.** ALLEE, W.C. Social Dominance and Subordination among Vertebrates. In: Leveis of Intégration in Biological and Social Systems. *Biological Symposia*, vol. VIII. Lancaster, 1942.

O mesmo acontece no que diz respeito às relações e gostos individuais dos macacos antropoides, entre os quais as irregularidades são ainda mais acentuadas. "Os primatas apresentam muito maior diversidade em suas preferências alimentares do que os ratos, os pombos e as galinhas[12]. No domínio da vida sexual, também, encontramos neles "um quadro que corresponde quase inteiramente ao comportamento sexual do homem [...] tanto nas modalidades normais quanto nas manifestações mais notáveis habitualmente chamadas "anormais", porque se chocam com as convenções sociais"[13]. Por esta individualização dos comportamentos, o orangotando, o gorila e o chimpanzé assemelham-se singularmente ao homem[14]. Malinowski está portanto enganado quando diz que todos os fatores que definem o comportamento sexual dos machos antropoides são comuns a todos os membros da espécie "funcionando com uma tal uniformidade que, para cada espécie animal, basta um grupo de dados e um só [...] as variações são tão pequenas e tão insignificantes que o zoólogo está plenamente autorizado a ignorá-las"[15].

Qual é, ao contrário, a realidade? A poliandria parece reinar entre os macacos gritadores da região do Panamá, embora a proporção dos machos com relação às fêmeas seja de 28 a 72. De fato, observam-se relações de promiscuidade entre uma fêmea no cio e vários machos, mas sem se poder definir preferências, uma ordem de prioridade ou ligações duráveis[16]. Os gibões das florestas do Sião viveriam em famílias monógamas relativamente estáveis. Entretanto, as relações sexuais ocorrem indiferentemente entre membros do mesmo grupo familiar ou com um indivíduo pertencente a outro grupo, confirmando assim – dir-se-ia – a crença indígena de que os gibões são a reencarnação dos amantes infelizes[17]. Monogamia e poligamia existem lado a lado entre os rhesus[18], e os bandos de chimpanzés selvagens observados na África variam entre quatro e quatorze indivíduos, deixando aberta a questão de seu regime matrimonial[19]. Tudo parece passar-se como se os grandes macacos, já capazes de se libertarem de um comportamento específico, não pudessem chegar a estabelecer uma norma num pla-

---

**12.** MASLOW, A.H. Comparative Behavior of Primates, VI: Food Preferences of Primates. *Journal of Comparative Psychology*, vol. 16, 1933, p. 196.

**13.** MILLER, G.S. The Primate Basis of Human Sexual Behavior. *Quarterly Review of Biology*, vol. 6, n. 4, 1931, p. 392.

**14.** YERKES, R.M. A Program of Anthropoid Research. *American Journal of Psychology*, vol. 39, 1927, p. 181. • YERKES, R.M. & ELDER, S.H. Œstrus Receptivity and Mating in Chimpanzee. *Comparative Psychology Monographs*, vol. 13, n. 5, 1936, sér. 65, p. 39.

**15.** MALINOWSKI, B. *Sex and Repression in Savage Society*. Nova York-Londres, 1927, p. 194.

**16.** CARPENTER, C.R. A Field Study of the Behavior and Social Relations of Howling Monkeys. *Comparative Psychology Monographs*, vols. 10-11, 1934-1935, p. 128.

**17.** Id. A Field Study in Siam of the Behavior and Social Relations of the Gibbon (*Hylobates lar*). *Comparative Psychology Monographs*, vol. 16, n. 5, 1940, p. 195.

**18.** Id. Sexual Behavior of Free Range Rhesus Monkeys (*Macaca mulatta*). *Comparative Psychology Monographs*, vol. 32, 1942.

**19.** NISSEN, H.W. A Field Study of the Chimpanzee. *Comparative Psychology Monographs*, vol. 8, n. 1, 1931, sér. 36, p. 73.

no novo. O comportamento instintivo perde a nitidez e a precisão que encontramos na maioria dos mamíferos, mas a diferença é puramente negativa e o domínio abandonado pela natureza permanece sendo um território não ocupado.

Esta ausência de regra parece oferecer o critério mais seguro que permita distinguir um processo natural de um cultural. Nada há de mais sugestivo a este respeito do que a oposição entre a atitude da criança, mesmo muito jovem, para quem todos os problemas são regulados por nítidas distinções, mais nítidas e às vezes imperiosas do que entre os adultos, e as relações entre os membros de um grupo simiesco, inteiramente abandonadas ao acaso e dos encontros, nas quais o comportamento de um sujeito nada informa sobre o de seu congênere, nas quais a conduta do mesmo indivíduo hoje não garante em nada seu comportamento no dia seguinte. É que, com efeito, há um círculo vicioso ao se procurar na natureza a origem das regras institucionais que supõem – mais ainda, que são já – a cultura, e cuja instauração no interior de um grupo dificilmente pode ser concebida sem a intervenção da linguagem. A constância e a regularidade existem, a bem dizer, tanto na natureza quanto na cultura. Mas na primeira aparecem precisamente no domínio em que na segunda se manifestam mais fracamente, e vice-versa. Em um caso, é o domínio da herança biológica; em outro, o da tradição externa. Não se poderia pedir a uma ilusória continuidade entre as duas ordens que explicasse os pontos em que se opõem.

Por conseguinte, nenhuma análise real permite apreender o ponto de passagem entre os fatos da natureza e os fatos da cultura, além do mecanismo da articulação deles. Mas a discussão precedente não nos ofereceu apenas este resultado negativo. Forneceu, com a presença ou a ausência da regra nos comportamentos não sujeitos às determinações instintivas, o critério mais válido das atitudes sociais. Em toda parte onde se manifesta uma regra podemos ter certeza de estar numa etapa da cultura. Simetricamente, é fácil reconhecer no universal o critério da natureza. Porque aquilo que é constante em todos os homens escapa necessariamente ao domínio dos costumes, das técnicas e das instituições pelas quais seus grupos se diferenciam e se opõem. Na falta de análise real, os dois critérios, o da norma e o da universalidade, oferecem o princípio de uma análise ideal, que pode permitir – ao menos em certos casos e em certos limites – isolar os elementos naturais dos elementos culturais que intervêm nas sínteses de ordem mais complexa. Estabeleçamos, pois, que tudo quanto é universal no homem depende da ordem da natureza e se caracteriza pela espontaneidade, e que tudo quanto está ligado a uma norma pertence à cultura e apresenta os atributos do relativo e do particular. Encontramo-nos assim em face de um fato, ou antes de um conjunto de fatos, que não está longe, à luz das definições precedentes, de aparecer como um escândalo, a saber, este conjunto complexo de crenças, costumes, estipulações e instituições que designamos sumariamente pelo nome de proibição do incesto. Porque a proibição do incesto apresenta, sem o menor equívoco e indissoluvelmente reunidos, os dois caracteres nos quais reconhecemos os atributos contraditórios de duas ordens exclusivas, isto é, constituem uma regra, mas uma regra que, única entre todas as regras sociais, possui ao mesmo tempo caráter de universalidade[20]. Não há praticamente necessidade de demonstrar que a proibição do incesto constitui uma regra. Bastará lembrar que a proibição do casamento entre parentes próximos pode ter um campo de aplicação variável, de acordo com o modo como cada grupo define o que entende por parente próximo. Mas esta proibição, sancionada por penalidades sem dúvida variáveis, podendo ir da imediata execução dos culpados até a reprovação difusa, e às vezes somente até a zombaria, está sempre presente em qualquer grupo social.

Com efeito, não se poderia invocar neste assunto as famosas exceções com que a sociologia tradicional se satisfaz frequentemente, ao mostrar como são poucas. Porque toda sociedade faz exceção à proibição do incesto quando a consideramos do ponto de vista de outra sociedade, cuja regra é mais rigorosa que a sua. Treme-se ao pensar no número de exceções que um índio paviotso deveria registrar a este respeito. Quando nos referimos às três exceções clássicas, o Egito, o Peru, o Havaí, a que aliás é preciso acrescentar algumas outras (Azande, Madagáscar, Birmânia etc.), não se deve perder de vista que estes sistemas são exceções relativamente ao nosso próprio, na medida em que a proibição abrange aí um domínio mais restrito do que entre nós. Mas a noção de exceção é inteiramente relativa, e sua extensão seria muito diferente para um australiano, um tonga ou um esquimó.

A questão não consiste portanto em saber se existem grupos que permitem casamentos que são excluídos em outros, mas, em vez disso, em saber se há grupos nos quais nenhum tipo de casamento é proibido. A resposta deve ser então absolutamente negativa, e por dois motivos. Primeiramente, porque o casamento nunca é autorizado entre todos os parentes próximos, mas somente entre algumas categorias (meia-irmã com exclusão da irmã, irmã com exclusão da mãe etc.). Em segundo lugar, porque estas uniões consanguíneas ou têm caráter temporário e ritual ou caráter oficial e permanente, mas neste último caso são privilégio de uma categoria social muito restrita. Assim é que em Madagáscar a mãe, a irmã e às vezes também a prima são cônjuges proibidos para as pessoas comuns, ao passo que para os grandes chefes e os reis somente a mãe – mas assim mesmo a mãe – é *fady*, "proibida". Mas há tão poucas "exceções" à proibição do incesto que esta é objeto de extrema susceptibilidade por parte da consciência indígena. Quando um matrimônio é estéril, postula-se uma relação incestuosa embora ignorada, e as cerimônias expiatórias prescritas são automaticamente celebradas[21].

---

**20.** "Se pedíssemos a dez etnólogos contemporâneos para indicar uma instituição humana, universal, é provável que nove escolhessem a proibição do incesto. Vários deles já a designaram formalmente como a única instituição universal." Cf. KROEBER, A.L. Totem end Taboo in Retrospect. *American Journal of Sociology*, vol. 45, n. 3, 1939, p. 448.

**21.** DUBOIS, H.M., S.J., Monographie des Betsiléo, *Travaux et Mémoires de l'Institut d'Ethnologie*, Paris, vol. 34, 1938, p. 876-879.

O caso do Egito Antigo é mais perturbador, porque descobertas recentes[22] sugerem que os casamentos consanguíneos – particularmente entre irmã e irmão – representaram talvez um costume espalhado entre os pequenos funcionários e artesãos, e não limitado, conforme se acreditava outrora[23], à casta reinante e às mais tardias dinastias. Mas em matéria de incesto não poderia haver exceção absoluta. Nosso eminente colega Ralph Linton observou-nos um dia que na genealogia de uma família nobre de Samoa, estudada por ele, em oito casamentos consecutivos entre irmão e irmã somente se refere a uma irmã mais moça, e que a opinião indígena tinha condenado como imoral. O casamento entre o irmão e a irmã mais velha aparece, pois, como uma concessão ao direito de primogenitura, e não exclui a proibição do incesto, porque, além da mãe e da filha, a irmã mais moça continua sendo um cônjuge proibido, ou pelo menos desaprovado. Ora, um dos raros textos que possuímos sobre a organização social do Antigo Egito indica uma interpretação análoga. Trata-se do papiro de Boulaq n. 5, que relata a história da filha de um rei que quer casar-se com seu irmão mais velho. A mãe pondera: "Se não tiver filhos depois desses dois, não é obrigatório casá-los um com outro?"[24] Também aqui parece tratar-se de uma fórmula de proibição que autoriza o casamento com a irmã mais velha, mas reprova-a com a mais moça. Veremos adiante que os antigos textos japoneses descrevem o incesto como união com a irmã mais moça, sendo excluída a mais velha, alargando assim o campo de nossa interpretação. Mesmo nesses casos, que poderíamos ser tentados a considerar como limites, a regra da universalidade não é menos aparente do que o caráter normativo da instituição.

Eis aqui, pois, um fenômeno que apresenta simultaneamente o caráter distintivo dos fatos da natureza e o caráter distintivo – teoricamente contraditório do precedente – dos fatos da cultura. A proibição do incesto possui ao mesmo tempo a universalidade das tendências e dos instintos e o caráter coercitivo das leis e das instituições. De onde provém então? Qual é seu lugar e significação? Ultrapassando inevitavelmente os limites sempre históricos e geográficos da cultura, coextensiva no tempo e no espaço com a espécie biológica, mas reforçando, pela proibição social, a ação espontânea das forças naturais a que se opõe por seus caracteres próprios, embora identificando-se a elas quanto ao campo de aplicação, a proibição do incesto aparece diante da reflexão sociológica como um terrível mistério. Poucas prescrições sociais preservaram, com igual extensão, em nossa sociedade a auréola de terror respeitoso que se liga às coisas sagradas. De maneira significativa, e que teremos necessidade de comentar e explicar mais

---

22. MURRAY, M.A. Marriage in Ancient Egypt, em *Congrès international des Sciences anthropologiques*, *Comptes rendus*, Londres 1934, p. 282.

23. AMELINEAU, E. *Essai sur l'évolution historique et philosophique des idées morales dans l'Egypte ancienne*, Bibliothèque de l'Ecole Pratique des Hautes Etudes. Sciences religieuses. Vol. 6, 1895, p. 72-73. • FLINDERS-PETRIE, W.M. *Social Life in Ancient Egypt*. Londres, 1923, p. 110ss.

24. MASPERO, G. *Contes populaires de l'Egypte ancienne*. Paris, 1889, p. 171.

adiante, o incesto, em forma própria e na forma metafórica de abuso de menor (conforme diz o sentimento popular, "da qual se poderia ser o pai"), vem a encontrar-se mesmo, em certos países, com sua antítese, as relações sexuais inter-raciais, que no entanto são uma forma extrema da exogamia, como os dois mais poderosos estimulantes do horror e da vingança coletivas. Mas este ambiente de temor mágico não define somente o clima no qual, ainda mesmo na sociedade moderna, a instituição evolui. Este ambiente envolve também, no plano teórico, debates aos quais, desde as origens, a sociologia se dedicou com uma tenacidade ambígua: "A famosa questão da proibição do incesto, declara Lévy-Bruhl, esta *vexata quaestio* de que os etnólogos e os sociólogos tanto procuraram a solução, não admite nenhuma. Não há oportunidade em colocá-la. Nas sociedades das quais acabamos de falar é inútil perguntar por que razão o incesto é proibido. Esta proibição não existe [...]; ninguém pensa em proibi-la. É alguma coisa que não acontece. Ou, se por impossível isso acontecesse, seria alguma coisa inaudita, um *monstrum*, uma transgressão que espalha o horror e o pavor. As sociedades primitivas conhecem a proibição da autofagia ou do fratricídio? Essas sociedades não têm nem mais nem menos razão para proibir o incesto"[25].

Não nos espantaremos em encontrar tanto constrangimento em um autor que não hesitou contudo diante das mais audaciosas hipóteses, se considerarmos que os sociólogos são quase unânimes em manifestar, diante deste problema, a mesma repugnância e a mesma timidez.

---

**25.** LÉVY-BRUHL, L. *Le Surnaturel et la Nature dans la mentalité primitive*. Paris, 1931, p. 247.

# CAPÍTULO II
## O problema do incesto

O problema da proibição do incesto apresenta-se à reflexão com toda a ambiguidade que, num plano diferente, explica sem dúvida o caráter sagrado da proibição enquanto tal. Esta regra, social por sua natureza de regra, é ao mesmo tempo pré-social por dois motivos, a saber: primeiramente pela universalidade, e, em seguida, pelo tipo de relações a que impõe sua norma. Ora, a vida sexual é duplamente exterior ao grupo. Exprime no mais alto grau a natureza animal do homem, e atesta, no próprio seio da humanidade, a sobrevivência mais característica dos instintos. Em segundo lugar, seus fins são transcendentes, novamente de duas maneiras, pois visam a satisfazer os desejos individuais, que se sabe suficientemente constarem entre os menos respeitosos das convenções sociais, ou tendências específicas que ultrapassam igualmente, embora em outro sentido, os fins próprios da sociedade. Notemos, entretanto, que se a regulamentação das relações entre os sexos constitui uma invasão da cultura no interior da natureza, por outro lado a vida social é, no íntimo da natureza, um prenúncio da vida social, porque, dentre todos os instintos, o instinto sexual é o único que para se definir tem necessidade do estímulo de outrem. Deveremos retornar a este último ponto. Não fornece uma passagem, por si mesma natural, entre a natureza e a cultura, o que seria inconcebível, mas explica uma das razões pelas quais é no terreno da vida sexual, de preferência a qualquer outra, que a passagem entre as duas ordens pode e deve necessariamente efetuar-se. Regra que abrange aquilo que na sociedade lhe é mais alheio, mas ao mesmo tempo regra social que retém, na natureza, o que é capaz de superá-la. A proibição do incesto está ao mesmo tempo no limiar da cultura, na cultura, e em certo sentido – conforme tentaremos mostrar –, é a própria cultura. Por enquanto, basta notar a dualidade de caracteres a que deve seu caráter ambíguo e equívoco. Em vez de explicar esta ambiguidade, os sociólogos preocuparam-se quase exclusivamente em reduzi-la. As tentativas que fizeram podem classificar-se em três tipos principais, que nos limitaremos aqui a caracterizar e discutir em seus traços essenciais.

O primeiro tipo de explicação – que aliás segue a crença popular em vigor em numerosas sociedades, inclusive a nossa – procura manter a dualidade de caráter da proibição, mesmo dividindo-a em duas fases distintas. Para Lewis H. Morgan e Sir

Henry Maine[1], por exemplo, a origem da proibição do incesto é realmente ao mesmo tempo natural e social, mas no sentido de resultar de uma reflexão social *sobre* um fenômeno natural. A proibição do incesto seria uma medida de proteção, tendo por finalidade defender a espécie dos resultados nefastos dos casamentos consanguíneos. Esta teoria apresenta um caráter notável, o de ser obrigada a estender, por seu próprio enunciado, a todas as sociedades humanas, até as mais primitivas, que, em outros terrenos, de modo algum dão prova de tal clarividência eugênica, o privilégio sensacional da revelação das supostas consequências das uniões endógamas. Ora, esta justificação da proibição do incesto é de origem recente, não aparecendo em parte alguma em nossa sociedade antes do século XVI. Plutarco que, de acordo com o plano geral das *Moralia*, enumera todas as hipóteses possíveis sem manifestar preferências por nenhuma, propõe três, todas de natureza sociológica, nenhuma das quais se refere a eventuais taras da descendência[2]. No sentido contrário, só é possível citar um texto de Gregório o Grande[3], que parece não ter suscitado nenhum eco no pensamento dos contemporâneos e dos comentadores ulteriores[4].

Invocam-se, é verdade, as diversas monstruosidades prometidas, no folclore de diversos povos primitivos, principalmente os australianos, à descendência de pais incestuosos. Mas, além do tabu concebido à maneira australiana ser provavelmente o que menos se preocupa com a proximidade biológica (acomodando-se, aliás, muito bem com uniões, tais como entre o tio-avô e a sobrinha-neta, cujos efeitos não podem ser particularmente favoráveis), bastará notar que estes castigos são habitualmente previstos pela tradição primitiva para todos aqueles que violam as regras, não sendo de modo algum reservado ao domínio específico da reprodução. A que ponto devemos desconfiar de observações apressadas, é coisa que bem ressalta do seguinte testemunho de Jochelson: "Os yakut disseram-me ter notado que as crianças nascidas de uniões consanguíneas não têm boa saúde. Assim, Dolganov, meu intérprete, refere, a propósito dos Iukaghir que praticam o casamento entre primos a despeito da proibição habitual chamada n·exi'iñi... que as crianças nascidas desses casamentos morrem ou que os próprios pais sofrem de moléstias frequentemente mortais".[5] Eis aí o que se pode dizer sobre as sanções naturais. Quanto às sanções sociais, são tão pouco fundadas sobre considerações fisiológicas que nos Kenyah e nos Kayan de Bornéu, que conde-

---

**1.** MAINE, Sir. H.S. *Dissertations on Early Law and Custom*. Nova York, 1886, p. 228.

**2.** PLUTARCO, *Questiones romanae*. In: *Œuvres* [Trad. Amyot, Lião 1615, t. 2, p. 369-370].

**3.** MULLER, H.P. A Chronological Note on the Physiological Explanation of the Prohibition of Incest. *Journal of Religious Psychology*, vol. 6, 1913, p. 294-295.

**4.** COOPER, J.M. Incest Prohibitions in Primitive Culture. *Primitive Man*, vol. 5, n. 1, 1932.

**5.** JOCHELSON, W. The Yukaghir and the Yukaghirized Tungus. Jesup North Pacific Expédition, vol. 9 (*Memoirs of the American Museum of Natural History*, vol. 13, 1926), p. 80. – Os nueres chamam o incesto "sífilis" porque veem em uma o castigo do outro. Cf. EVANS-PRITCHARD, E.E. Exogamous Rules among the Nuer. *Man*, vol. 35, n. 7, 1935.

nam o casamento com a mãe, a irmã, a filha, a irmã do pai ou da mãe, e a filha do irmão ou da irmã, "no caso das mulheres que se encontram relativamente ao indivíduo
na mesma relação de parentesco, mas, por adoção, estas interdições e os castigos que
as punem são – se tal é possível – ainda mais severamente aplicadas"[6].

Não se deve, aliás, perder de vista que desde o fim do paleolítico o homem utiliza
procedimentos de reprodução endogâmicos, que levaram as espécies cultivadas ou
domésticas a um crescente grau de perfeição. Como, portanto, supondo que o homem tenha tido consciência dos resultados desses métodos, e que, como também se
supõe, procedesse nesse assunto julgando de maneira racional, como explicar que tenha chegado no domínio das relações humanas a conclusões opostas às que sua experiência verificava todos os dias no domínio animal e vegetal, do qual dependia seu
bem-estar? Se o homem primitivo tivesse sido sensível a considerações dessa ordem,
como compreender sobretudo que tenha parado nas proibições e não tivesse passado
às prescrições, cujo resultado experimental – ao menos em certos casos – teria mostrado efeitos benéficos? Não somente não o fez, mas nos recusamos ainda a todo empreendimento dessa ordem e foi preciso esperar teorias sociais recentes – cujo caráter
irracional é aliás denunciado – para ver o homem preconizar para si a reprodução orientada. As prescrições positivas que mais frequentemente encontramos nas sociedades primitivas ligadas à proibição do incesto são as que tendem a multiplicar as
uniões entre primos cruzados (respectivamente nascidos de um irmão e de uma
irmã), por conseguinte, que colocam nos dois polos extremos da regulamentação social tipos de uniões idênticas do ponto de vista da proximidade, a saber, a união entre
primos paralelos (respectivamente nascidos de dois irmãos ou de duas irmãs) iguala-
da ao incesto fraterno, e a união entre primos cruzados, sendo esta última considerada como correspondendo a um ideal, apesar do grau muito estreito de consanguinidade entre os cônjuges.

É no entanto notável observar até que ponto o pensamento contemporâneo tem
repugnância em abandonar a ideia de que a proibição das relações entre consanguíneos ou colaterais imediatos seja justificada por motivo de eugenia. Isto deverá acontecer sem dúvida porque – conforme a experiência que tivemos durante os últimos dez
anos – é nos conceitos biológicos que residem os últimos vestígios de transcendência
de que dispõe o pensamento moderno. Um exemplo particularmente significativo é
fornecido por um autor cuja obra científica contribuiu em alto grau para dissipar os
preconceitos relativos às uniões consanguíneas. E.M. East mostrou, com efeito, mediante admiráveis trabalhos sobre a reprodução do milho, que a criação de uma linhagem endogâmica tem como primeiro resultado um período de flutuações durante o

---

6. HOSE, Ch. & McDOUGALL, W. *The Pagan Tribes of Borneo*. Londres, 1912, vol. 1, p. 73. – Conforme notam às autoras desta observação ela põe em evidência a *artificialidade* das regras referentes ao incesto (ibid., vol. 2, p. 197).

qual o tipo está sujeito a extremas variações, devidas sem dúvida ao ressurgimento de caracteres recessivos habitualmente mascarados. Depois, as variabilidades diminuem progressivamente, terminando em um tipo constante e invariável. Ora, em uma obra destinada a um auditório mais amplo, o autor, depois de ter lembrado estes resultados, tira a conclusão que as crenças populares relativas aos casamentos entre parentes próximos são grandemente fundadas. O trabalho de laboratório não faria senão confirmar os preconceitos do folclore. Segundo a expressão de um velho autor, "Superstition iz often awake when reezon iz asleep"[7]. E isto porque "os caracteres recessivos pouco desejáveis são tão frequentes na família humana quanto no milho". Mas este deplorável reaparecimento de caracteres recessivos só é explicável – excluídas as mutações – na hipótese em que se trabalha com tipos já selecionados, pois os caracteres que reaparecem são precisamente aqueles que o esforço secular do criador tinha conseguido eliminar. Esta situação não poderia encontrar-se no homem, porque – como acabamos de ver – a exogamia, tal como é praticada pelas sociedades humanas, é uma exogamia cega. Mas, sobretudo, East estabeleceu indiretamente com seus trabalhos que estes supostos perigos não teriam jamais aparecido se a humanidade tivesse sido endogâmica desde a origem. Neste caso nos acharíamos sem dúvida em presença de raças humanas tão constantes e definitivamente fixadas quanto as linhagens endogâmicas do milho, depois da eliminação dos fatores de variabilidade. O perigo temporário das uniões endógamas, supondo que exista, resulta evidentemente de uma tradição de exogamia ou de pangamia, mas não pode ser a causa dela.

Os casamentos consanguíneos, com efeito, apenas combinam genes do mesmo tipo, ao passo que um sistema no qual a união dos sexos fosse determinada exclusivamente pela lei das probabilidades ("panmixia" de Dahlberg) os misturaria ao acaso. Mas a natureza dos genes e seus caracteres individuais continuam sendo os mesmos nos dois casos. Basta que as uniões consanguíneas se interrompam para que a composição geral da população se restabeleça tal como se poderia prever com base na "panmixia". Os casamentos consanguíneos arcaicos, por conseguinte, não têm influência, não atuam senão sobre as gerações imediatamente consecutivas. Mas esta influência é função das dimensões absolutas do grupo. Para uma população de um volume dado, pode-se sempre definir um estado de equilíbrio no qual a frequência dos casamentos consanguíneos seja igual à probabilidade de tais casamentos em regime de "panmixia". Se a população ultrapassa este estado de equilíbrio, permanecendo a mesma a frequência dos casamentos consanguíneos, o número de portadores de caracteres recessivos aumenta. "O aumento do grupo acarreta o acréscimo de heterozigotismo a expensas do homozigotismo."[8] Se a população cai abaixo do estado de equilíbrio, permanecendo

---

7. EAST, E.M. *Heredity and Human Affairs*. Nova York, 1938, p. 156.

8. DAHLBERG, G. On Rare Defects in Human Populations with Particular Regard to Inbreeding and Isolate Effects. *Proceedings of the Royal Society of Edinburgh*, vol. 58, 1937-1938, p. 224.

"normal" a frequência dos casamentos consanguíneos com relação a esse estado, os caracteres recessivos reduzem-se segundo uma taxa progressiva: 0,0572% em uma população de 500 pessoas com dois filhos por família; 0,1697% se a mesma população cai a 200 pessoas. Dahlberg pôde por conseguinte concluir que, do ponto de vista da teoria da hereditariedade, "as proibições do casamento não parecem justificadas"[9].

É verdade que as mutações determinantes do aparecimento de uma tara recessiva são mais perigosas nas pequenas populações do que nas grandes. Nas primeiras, com efeito, as probabilidades de passagem ao homozigotismo são mais elevadas. Em compensação, esta mesma passagem rápida e completa ao homozigotismo, em prazo mais ou menos longo, deve assegurar a eliminação do caráter temido. É possível, portanto, considerar que, em uma pequena população endógama de composição estável, cujo modelo é oferecido por muitas sociedades primitivas, o único risco do casamento entre consanguíneos provém do aparecimento de novas mutações – risco que pode ser calculado, porque esta taxa de aparecimento é conhecida –, mas as probabilidades de encontrar no interior do grupo um heterozigoto recessivo tornaram-se mais fracas que as de ocorrência possível no casamento com um estranho. Mesmo naquilo que se refere aos caracteres recessivos que surgem por mutação em uma população dada, Dahlberg julga que o papel dos casamentos consanguíneos é muito fraco na produção dos homozigotos. Porque, para um homozigoto resultante de um casamento consanguíneo, há um número enorme de heterozigotos que, caso a população seja suficientemente pequena, serão necessariamente levados a se reproduzir entre si. Assim, em uma população de 80 pessoas, a proibição do casamento entre parentes próximos, inclusive primos em primeiro grau, não diminuiria o número dos portadores de caracteres recessivos raros senão de 10 a 15%[10]. Estas considerações são importantes porque levam em conta a noção quantitativa do volume da população. Ora, as sociedades primitivas ou arcaicas são limitadas, por seu regime econômico, a um volume populacional muito restrito, e é justamente para volumes desta ordem que a regulamentação dos casamentos consanguíneos só pode ter consequências genéticas desprezíveis. Sem chegar ao fundo do problema – para o qual os teóricos modernos só ousam fornecer soluções provisórias e muito matizadas[11] – é possível portanto considerar que a humanidade primitiva não se encontrava em uma situação demográfica tal que fosse capaz mesmo de recolher os dados do problema.

---

9. Id. Inbreeding in Man. *Genetics*, vol. 14, 1929, p. 454.

10. Id. On Rare Defects in Human Populations with Particular Regard to Inbreeding and Isolate Effects. Op. cit., p. 220.

11. BAUR, E. & FISCHER, P. Lenz, *Menschliche Erblichkeitslehre*, Munique, 1927. • DAHLBERG, G. Inzucht bei Polyhybridität bei Menschen. *Hereditas*, vol. 14, 1930. • HOGBEN, L. *Genetic Principies in Medicine and Social Sciences*. Londres, 1931. • HALDANE, J.B.S. *Heredity and Politics*. Londres, 1938. – Cf. também adiante, cap. VIII.

Um segundo tipo de explicação tende a eliminar um dos termos da antinomia entre os caracteres, natural e social, da instituição. Para um grande grupo de sociólogos e psicólogos, dos quais Westermarck e Havelock Ellis são os principais representantes, a proibição do incesto é apenas a projeção ou o reflexo no plano social de sentimentos ou tendências que a natureza do homem basta inteiramente para explicar. É possível notar importantes variações entre os defensores desta posição, alguns fazendo derivar o horror do incesto, postulado na origem da proibição, da natureza fisiológica do homem, enquanto outros o derivam das tendências psíquicas. Na verdade, limitam-se estes autores a retomar o velho preconceito da "voz do sangue", expresso aqui em forma mais negativa que positiva. Ora, o fato do pretenso horror do incesto não poder ser derivado de uma fonte instintiva está suficientemente estabelecido pela verificação de que se manifesta somente por ocasião de um conhecimento suposto, ou posteriormente estabelecido, da relação de parentesco entre os culpados. Resta a interpretação pelo estímulo – ou antes a falta de estímulo – atual. Assim, para Havelock Ellis a repugnância com relação ao incesto explica-se pelo papel negativo dos hábitos cotidianos sobre a excitabilidade erótica, ao passo que Westermarck adota uma interpretação do mesmo tipo, mas transposta para um plano mais estritamente psicológico[12].

Seria possível objetar a esses autores que confundem dois tipos de hábitos: o que se desenvolve entre dois indivíduos sexualmente unidos, sendo sabido que tal hábito acarreta geralmente o enfraquecimento do desejo, a ponto – declara um biologista contemporâneo –"de introduzir um elemento de desordem em todo sistema social"[13]; e o que reina entre parentes próximos, ao qual se atribui o mesmo resultado, embora o costume sexual, que desempenha o papel determinante no primeiro caso, esteja manifestamente ausente no segundo. A interpretação proposta reduz-se, pois, a uma petição de princípio, isto é, na ausência de qualquer verificação experimental é impossível saber se a suposta observação sobre a qual nos apoiamos – a menor frequência dos desejos sexuais entre parentes próximos – explica-se pelo hábito físico ou psicológico, ou como consequência dos tabus que constituem a própria proibição. Por conseguinte, pretendendo explicá-la, o que se faz é postulá-la.

---

12. HAVELOCK ELLIS. *Sexual Selection in Man*, Filadélfia, 1906. • WESTERMARCK, E. *The History of Human Marriage*, vol. 1, p. 250ss.; vol. 2, p. 207ss. – A posição de Westermarck apresenta curiosas flutuações. Tendo partido de uma interpretação de base instintiva – muito próxima da concepção de Havelock Ellis – na primeira edição de sua *History of Human Marriage*, iria evoluir para uma concepção mais psicológica, que se revela na segunda edição. No final de sua vida, contudo (WESTERMARCK. Recent Theories of Exogamy. *Sociological Review*, vol. 26, 1934), devia voltar, como reação contra B.Z. Seligman e Malinowski, não somente à sua posição de 1891, mas até à crença de que a origem última da proibição deve ser procurada em uma consciência confusa das consequências nocivas das uniões consanguíneas (E. Westermack, *Three Essays on Sex and Marriage*. Londres, 1934, p. 53ss.).

13. MILLER, G.S. The Primate Basis of Human Sexual Behavior. *Quarterly Review of Biology*, vol. 6, n. 4, 1931, p. 398. – Esta tendência inata do homem a se cansar de seu parceiro sexual é comum a ele e aos macacos superiores (ibid., p. 386).

Mas não há nada mais duvidoso que esta suposta repugnância instintiva. Porque o incesto, embora proibido pela lei e pelos costumes, existe, sendo mesmo, sem dúvida, muito mais frequente do que levaria a supor a convenção coletiva de silêncio. Explicar a universalidade teórica da regra pela universalidade do sentimento ou da tendência é abrir um novo problema, porque o fato admitido como universal não é tal de modo algum. Se quisermos então tratar as numerosas exceções como perversões ou anomalias será preciso definir em que consistem essas anomalias, no único plano no qual é possível invocá-las sem tautologia, isto é, o plano fisiológico, e isto será sem dúvida tanto mais difícil quanto uma importante escola contemporânea tomou, em relação a esse problema, uma atitude totalmente contraditória à de Havelock Ellis e Westermarck. A psicanálise descobre um fenômeno universal não na repulsão em face das relações incestuosas, mas, ao contrário, na procura delas.

Também não é certo que o hábito seja sempre considerado como devendo ser fatal para o casamento. Muitas sociedades pensam de outra maneira. "O desejo de mulher começa pela irmã", diz o provérbio Azande. Os Hêhê justificam a prática do casamento entre primos cruzados pela longa intimidade reinante entre os futuros cônjuges, verdadeira causa, segundo dizem, da atração sentimental e sexual[14]. E o próprio tipo de relações consideradas por Westermarck e Havelock Ellis como a origem do horror do incesto é aquele que os Chukchee esforçam-se por tornar o modelo do casamento exógamo: "A maioria dos casamentos entre parentes (isto é, primos) são combinados numa idade muito tenra, às vezes mesmo quando o noivo e a noiva acham-se na menor infância. Celebra-se a cerimônia e as crianças crescem brincando juntas. Um pouco mais tarde começam a se afastar, formando um grupo à parte. Naturalmente, desenvolve-se entre eles uma ligação mais profunda, às vezes mais forte que a morte. Se um morre, o outro morre também, de pesar, ou se suicida [...]. Os casamentos entre famílias unidas pelos laços de amizade, mas sem parentesco entre si, ajustam-se ao mesmo tipo. Estas famílias às vezes estabelecem um acordo sobre o casamento de seus filhos respectivos, antes mesmo de terem nascido"[15]. Mesmo entre os índios do Rio Thompson, na Colúmbia Britânica, onde o casamento entre primos em segundo grau é tratado como incesto e levado ao ridículo, esta hostilidade aos casamentos consanguíneos, mesmo afastados, não impede que os homens fiquem noivos de moças vinte anos mais jovens[16]. Os fatos deste gênero poderiam ser indefinidamente generalizados.

Mas existe, atrás da atitude que discutimos, uma confusão infinitamente mais grave. Se o horror do incesto resultasse de tendências fisiológicas ou psicológicas

---

14. GORDON BROWN, G. *Hehe-Cross-cousin Marriage*, em *Essays Presented to C.G. Seligman...* Londres, 1934, p. 33.

15. BOGORAS, W. *The Chukchee, Jesup North Pacific Expedition*, vol. 9 (*Memoirs of the American Museum of Natural History*, vol. 11, 1904-1909), p. 577.

16. TEIT, J. The Thompson Indians of British Columbia. *Memoirs of the American Museum of Natural History*, vol. 2, parte 4: Anthropology I, p. 321 e 325.

congênitas, por que se exprimiria em forma de uma proibição ao mesmo tempo tão solene e tão essencial que é encontrada em todas as sociedades humanas aureolada pelo mesmo prestígio sagrado? Não existe nenhuma razão para proibir aquilo que, sem proibição, não correria o risco de ser executado. Duas respostas podem ser dadas a este argumento: a primeira consiste em dizer que a proibição só se destina a casos excepcionais, quando a natureza falha em sua missão. Mas que proporção existe entre exceções, que a hipótese obriga a considerar como extremamente raras, e a importância da regulamentação de que são objeto? E, sobretudo, por que os hábitos nefastos seriam proibidos, ou, mais ainda, castigados em numerosas sociedades com o extremo rigor que conhecemos, se não fossem considerados como nocivos e perigosos? Se este perigo existe para o grupo, para os indivíduos interessados ou sua descendência, é nele – ou na realidade que lhe é atribuída – que é preciso então procurar a origem da proibição. Somos inevitavelmente reconduzidos à explicação precedente. Poder-se-ia, é verdade, invocar a comparação com o suicídio, que os costumes, e frequentemente também a lei, combatem por múltiplas sanções, embora a tendência à preservação seja natural no ser vivo. Mas a analogia entre o incesto e o suicídio é apenas aparente. Porque se, nos dois casos, a sociedade proíbe, esta proibição aplica-se no primeiro caso a um fenômeno natural, comumente realizado entre os animais, e no segundo caso a um fenômeno completamente estranho à vida animal, e que se deve considerar como função da vida social. A sociedade só proíbe aquilo que suscita. Em seguida, e sobretudo, a sociedade condena o suicídio porque o considera prejudicial a seus interesses, e não porque constitua a negação de uma tendência congênita. A melhor prova é que, enquanto toda sociedade proíbe o incesto, não há nenhuma que não conceda um lugar ao suicídio, reconhecendo a legitimidade dele em certas circunstâncias ou por certos motivos, justamente aqueles em que a atitude individual coincide acidentalmente com um interesse social. Resta, portanto, sempre descobrir as razões pelas quais o incesto causa prejuízo à ordem social.

As explicações do terceiro tipo têm em comum com a que acaba de ser discutida o fato de pretenderem, também elas, eliminar um dos termos da antinomia. Neste sentido, ambas se opõem às explicações do primeiro tipo, que conservam os dois termos, embora tentando dissociá-los. Mas, enquanto os partidários do segundo tipo de explicação querem reduzir a proibição do incesto a um fenômeno psicológico ou fisiológico de caráter instintivo, o terceiro grupo adota uma posição simétrica, mas inversa. Vê na proibição do incesto uma regra de origem puramente social, cuja expressão em termos biológicos é um aspecto acidental e secundário. A exposição desta concepção, mais diversificada conforme os autores, deve ser feita com maior número de detalhes que as precedentes.

Considerada como instituição social, a proibição do incesto aparece sob dois aspectos diferentes. Ora achamo-nos somente em presença da proibição da união sexual entre consanguíneos ou colaterais próximos, ora esta forma de proibição, fundada sobre um critério biológico definido, é apenas um aspecto de um sistema mais amplo, do qual parece estar ausente qualquer base biológica. Em numerosas sociedades a regra da exogamia proíbe o casamento entre categorias sociais que incluem os parentes próximos, mas, juntamente com eles, um número considerável de indivíduos entre os quais não é possível estabelecer nenhuma relação de consanguinidade ou de colateralidade, ou, em todo caso, só relações muito distantes. Neste último caso, é o capricho aparente da nomenclatura que equipara os indivíduos feridos pelo interdito a parentes biológicos.

Os partidários das interpretações do terceiro tipo dão principalmente atenção a esta forma ampla e socializada da proibição do incesto. Afastemos imediatamente certas sugestões de Morgan e de Frazer, que veem nos sistemas exógamos métodos destinados a prevenir as uniões incestuosas, isto é, uma pequena fração das uniões que de fato proíbem. O mesmo resultado, com efeito (o exemplo das sociedades sem clã nem metade é a prova), poderia ser obtido sem o incômodo edifício das regras exogâmicas. Se esta primeira hipótese dá uma explicação muito pouco satisfatória da exogamia, não fornece nenhuma sobre a proibição do incesto. Muito mais importante, de nosso ponto de vista, são as teorias que, dando uma interpretação sociológica da exogamia, ou deixam aberta a possibilidade de fazer da proibição do incesto uma derivação da exogamia, ou afirmam categoricamente a existência desta derivação.

No primeiro grupo incluiremos as ideias de McLennan, Spencer e Lubbock[17], no segundo, as de Durkheim. McLennan e Spencer viram nas práticas exogâmicas a fixação pelo costume dos hábitos de tribos guerreiras, nas quais a captura era o meio normal de obter esposas. Lubbock traça um esquema de uma evolução que teria consagrado a passagem do casamento de grupo, de caráter endogâmico, ao casamento exogâmico por captura. As esposas obtidas por este último procedimento, por oposição às precedentes, seriam as únicas que possuiriam o estatuto de bens individuais, fornecendo assim o protótipo do casamento individualista moderno. Todas estas concepções podem ser afastadas por uma razão muito simples: se não querem estabelecer nenhuma conexão entre a exogamia e a proibição do incesto são estranhas ao nosso estudo; se, ao contrário, oferecem soluções aplicáveis não somente às regras da exogamia, mas a esta forma particular de exogamia constituída pela proibição do incesto, são inteiramente inadmissíveis. Porque pretenderiam então fazer derivar uma lei geral – a proibição do incesto – de tal ou qual fenômeno especial, de caráter frequentemente anedótico, próprio sem dúvida de certas sociedades, mas cuja ocorrência não pode ser universalizada. Este vício metodológico, e alguns outros ainda, são comuns

---

17. McLENNAN, J.F. *An Inquiry into the Origin of Exogamy*. Londres, 1896. • SPENCER, H. *Principles of Sociology*, 3 vols. Londres, 1882-1896. • Sir LUBBOCK, J. Lord Averbury. *The Origin of Civilization and the Primitive Condition of Man*. Londres, 1870, p. 83ss. *Marriage, Totemism and Religion*. Londres, 1911.

com a teoria de Durkheim, que constitui a forma mais consciente e sistemática de interpretação por causas puramente sociais.

A hipótese levantada por Durkheim no importante trabalho que inaugura o primeiro volume do *Année Sociologique*[18] apresenta um tríplice caráter: primeiramente, funda-se na universalização de fatos observados em um limitado grupo de sociedades; em seguida, faz da proibição de incesto uma consequência longínqua das regras da exogamia. Finalmente, estas últimas são interpretadas em função de fenômenos de outra ordem. É a observação das sociedades australianas, consideradas como ilustração de um tipo primitivo de organização outrora comum a todas as sociedades humanas, que fornece, segundo Durkheim, a solução do problema do incesto. A vida religiosa dessas sociedades, conforme se sabe, é dominada por crenças que afirmam a identidade substancial entre o clã e o totem epônimo. A crença na identidade substancial explica as proibições especiais que afetam o sangue, considerado como o símbolo sagrado e a origem da comunidade mágico-biológica que une os membros de um mesmo clã. Este temor do sangue clânico é particularmente intenso no caso do sangue menstrual, e explica por que na maioria das sociedades primitivas as mulheres são, primeiramente por ocasião das regras, e depois de maneira mais geral, objeto de crenças mágicas e marcadas por especiais proibições. Os interditos referentes às mulheres e à sua segregação, tal como se exprime na regra da exogamia, não seriam portanto senão a repercussão longínqua de crenças religiosas que primitivamente não fazem discriminação entre os sexos, mas que se transformam sob a influência da aproximação que se estabelece, no espírito dos homens, entre o sangue e o sexo feminino. Em última análise, se, de acordo com a regra da exogamia, um homem não pode contratar casamento no interior de seu próprio clã, é porque, se agisse de outra maneira, entraria em contato, ou correria o risco de entrar em contato, com este sangue que é o sinal visível e a expressão substancial do parentesco com o seu totem. Esse perigo não existe para os membros de outro clã, porque o totem de outrem não sofre nenhum interdito, não é depositário de nenhuma força mágica, do que decorre a dupla regra do casamento interclânico e da proibição do incesto no interior do clã. A proibição do incesto, tal como a concebemos atualmente, seria portanto um vestígio, a sobrevivência deste conjunto complexo de crenças e proibições que mergulham suas raízes em um sistema mágico-religioso no qual reside, afinal de contas, a explicação. Assim, pois, seguindo uma marcha analítica, vemos que, para Durkheim, a proibição do incesto é um resíduo da exogamia, e que esta se explica pelas proibições especiais referentes às mulheres. Esses interditos encontram origem no temor do sangue menstrual, e essa proibição é apenas um caso particular de temor do sangue em geral, sendo que finalmente este último exprime somente certos sentimentos que decorrem da crença na consubstancialidade do indivíduo, membro de um clã, com seu totem.

---

**18.** DURKHEIM, E. La prohibition de l'inceste. *L'Année Sociologique*, vol. 1, 1898.

A força desta interpretação provém da possibilidade de organizar em um só e mesmo sistema fenômenos muito diferentes uns dos outros, cada um dos quais, tomado em si mesmo, parece dificilmente inteligível. A fraqueza da interpretação reside no fato das conexões assim estabelecidas serem frágeis e arbitrárias. Deixemos de lado a objeção antecipada tirada da não universalidade das crenças totêmicas. Com efeito, Durkheim postula esta universalidade, sendo provável que, diante das observações contemporâneas que de modo algum justificam, sem poder entretanto, e com razão, invalidar esta exigência teórica, mantivesse sua posição. Mas, mesmo colocando-nos por um instante nos quadros da hipótese, não se percebe nenhuma ligação lógica que permita deduzir as diferentes etapas partindo do postulado inicial. Cada etapa está ligada à precedente por uma relação arbitrária, sobre a qual não é possível dizer, *a priori*, que não tenha podido ocorrer, mas sobre a qual nada demonstra que tenha efetivamente se produzido. Tomemos, primeiramente, a crença na substancialidade totêmica. Sabemos que não opõe obstáculo à consumação do totem, mas apenas confere a este ato um caráter cerimonial. Ora, o casamento e, em muito numerosas sociedades, o próprio ato sexual apresentam caráter cerimonial e ritual, de modo algum incompatível com a operação suposta de comunhão totêmica que neles se quer discernir. Em segundo lugar, o horror do sangue, principalmente do sangue menstrual, não é um fenômeno universal[19]. Os jovens Winnebago visitam suas amantes aproveitando o segredo a que as condena o isolamento prescrito durante o período da menstruação[20].

Por outro lado, nos lugares em que o horror do sangue menstrual parece atingir o ponto culminante, não é de modo algum evidente que a impureza tenha predileções ou limites. Os Chaga são Banto que vivem nas encostas do Kilimanjaro. Sua organização social é patrilinear. Entretanto, as instruções fornecidas às moças durante a iniciação avisam-nas contra os perigos gerais do sangue menstrual e não contra os perigos especiais a que estariam expostos os depositários do mesmo sangue. Mais ainda, é a mãe – e não o pai – que parece correr o perigo mais grave: "Não o mostres a tua mãe, ela morreria! Não o mostres a tuas companheiras, porque pode haver entre elas uma maldosa, que se apodere do pano com que te limpaste, e teu casamento será estéril. Não o mostres a uma mulher má, que tomará o pano para colocá-lo no alto de sua cabana [...] de tal modo que não poderás ter filhos. Não jogues o pano no caminho ou no mato. Uma pessoa má pode fazer coisas ruins com ele. Enterra-o no chão. Esconde o sangue do olhar de teu pai, de teus irmãos e de tuas irmãs. Se deixares que o vejam é um pecado"[21].

---

**19.** WATERS, M. van. The Adolescent Gire among Primitive People. *Journal of Religious Psychology*, vol. 6, 1913.

**20.** RADIN, P. The Autobiography of a Winnebago Indian. *University of California Publications in American Archaeology and Ethnology*, vols. 16-17, 1920, p. 393.

**21.** RAUM, O.F. Initiation among the Chaga. *American Anthropologist*, vol. 41, 1939.

Um Aleuta não copula com sua mulher durante as regras, com medo de fazer má caça, mas se o pai vê a filha durante suas primeiras regras, a moça arrisca-se a ficar muda e cega. Os perigos são para ela e não para ele[22]. De maneira geral uma mulher é impura durante o período das regras, não somente para os parentes de clã, mas também para seu marido exogâmico, e em geral para todo o mundo. Este ponto é essencial, porque Durkheim pretende fazer derivar a exogamia de um conjunto de costumes e impedimentos – relativos às mulheres –, dos quais a exogamia de certo modo seria a consequência, e de dificuldades às quais traria solução. Ora, estas proibições não são suspensas pela aplicação da regra da exogamia e atingem, de modo indistinto, tanto os membros endogâmicos quanto os exogâmicos do grupo. Se, ademais, a regra da exogamia tivesse de ser inteiramente derivada dos preconceitos relativos ao sangue menstrual, como teria aparecido? A proibição das relações sexuais com a mulher durante as regras basta para prevenir o risco da poluição. Se os preceitos da exogamia não têm outra função, sua existência é supérflua e incompreensível, sobretudo quando imaginamos as inumeráveis complicações que introduzem na vida do grupo. Se estes preceitos tiveram começo é porque correspondem a outras exigências e desempenham outras funções.

Todas as interpretações sociológicas, tanto as de Durkheim quanto as de McLennan, Spencer e Lubbock, apresentam enfim um vício comum e fundamental. Procuram fundar um fenômeno universal sobre uma sequência histórica cujo desenrolar não é de modo algum inconcebível em um caso particular, mas cujos episódios são tão contingentes que se deve excluir inteiramente que tenha podido se repetir sem alteração em todas as sociedades humanas. Sendo a sequência durkheimiana a mais complexa, é ela que se encontra, ainda uma vez, principalmente atingida por esta crítica. Pode conceber-se que, em uma sociedade dada, o nascimento de determinada instituição particular se explique por transformações de caráter altamente arbitrário, conforme os exemplos fornecidos pela história. Mas a história mostra também que processos desse tipo conduzem a instituições muito diferentes segundo a sociedade considerada, e que, no caso em que instituições análogas nascem independentemente em diversas partes do mundo, as sequências históricas que prepararam seu aparecimento são muito diferentes. É o que se chama fenômeno de convergência. Mas se alguma vez nos encontrássemos (conforme acontece nas ciências físicas) em face de resultados sempre idênticos, procedentes de uma sucessão de acontecimentos imutavelmente repetidos, poderíamos concluir com certeza que estes acontecimentos não são a razão de ser do fenômeno, porém manifestam a existência de uma lei, na qual unicamente reside a explicação. Ora, Durkheim não propõe nenhuma lei que explique a passagem necessária, para o espírito humano, da crença na substancialidade to-

---

**22.** JOCHELSON, W. *Contes aléoutes*. Ms., em New York Public Library [Ed. por R. Jakobson, n. 34-35].

têmica ao horror do sangue, do horror do sangue ao medo supersticioso das mulheres, e deste último sentimento à instauração das regras exogâmicas. A mesma crítica pode ser dirigida às reconstruções fantasistas de Lorde Raglan. Mostramos, ao contrário, que não há nada mais arbitrário que esta série de passagens. Supondo que só elas estivessem presentes na origem da proibição do incesto teriam autorizado muitas outras soluções, algumas das quais pelo menos deveriam ter sido realizadas pelo simples jogo das probabilidades. Por exemplo, os interditos que atingem as mulheres durante o período de suas regras fornecem uma resposta muito satisfatória ao problema, e muitas sociedades poderiam ter se contentado com ela.

Por conseguinte, o equívoco é mais grave do que parece. Não se refere somente, nem principalmente, ao valor dos fatos invocados, mas à concepção que se deve fazer da própria proibição. McLennan, Lubbock, Spencer, Durkheim consideram a proibição do incesto uma sobrevivência de um passado inteiramente heterogêneo relativamente às condições atuais da vida social. Assim sendo, encontram-se colocados diante de um dilema: ou este caráter de sobrevivência esgota a totalidade da instituição, e como compreender então a universalidade e a vitalidade de uma regra da qual só se poderiam exumar aqui e ali vestígios informes; ou a proibição do incesto corresponde, na sociedade moderna, a funções novas e diferentes. Mas neste caso é preciso reconhecer que a explicação histórica não esgota o problema. Em seguida, e sobretudo, levanta-se a questão de saber se a origem da instituição não se encontra nessas funções sempre atuais e verificáveis pela experiência, mais do que em um esquema histórico vago e hipotético. O problema da proibição do incesto não consiste tanto em procurar que configurações históricas, diferentes segundo os grupos, explicam as modalidades da instituição em tal ou qual sociedade particular, mas em procurar que causas profundas e onipresentes fazem com que, em todas as sociedades e em todas as épocas, exista uma regulamentação das relações entre os sexos. Querer proceder de outra maneira seria cometer o mesmo erro que o linguista que acreditasse esgotar, pela história do vocabulário, o conjunto das leis fonéticas ou morfológicas que presidem o desenvolvimento da língua.

A decepcionante análise a que acabamos de nos entregar explica ao menos por que a sociologia contemporânea preferiu muitas vezes confessar sua impotência em vez de encarniçar-se numa tarefa em que tantos malogros parecem ter sucessivamente fechado as saídas. Em vez de admitir que seus métodos são inadequados se não permitem atacar um problema de tal importância, e em vez de empreender a revisão e o reajustamento de seus princípios, proclama que a proibição do incesto acha-se fora de seu domínio. Assim é que, em seu *Tratado de Sociologia Primitiva*, a que se deve a renovação de tantos problemas, Robert Lowie conclui, a propósito da questão que nos ocupa: "Não compete ao etnógrafo, mas ao biologista e ao psicólogo, explicar por que também o homem sente profundamente o horror do incesto. O observador de uma sociedade contenta-se com o fato do temor do incesto limitar o número das uniões biologicamente possíveis"[23]. Outro especialista escreve a respeito do mesmo assunto: "Talvez seja impossível explicar um costume universal e descobrir-lhe a origem. Tudo quanto podemos fazer é estabelecer um sistema de correlações com fatos de outro tipo"[24], o que coincide com a renúncia de Lowie. Mas a proibição do incesto representaria o único caso em que se exigiria das ciências naturais que explicassem a existência de uma regra sancionada pela autoridade dos homens.

É verdade que, pelo caráter de universalidade, a proibição do incesto toca a natureza, isto é, a biologia ou a psicologia, ou ainda uma e outra, mas não é menos certo que, enquanto regra, constitui um fenômeno social e pertence ao universo das regras, isto é, da cultura, e por conseguinte à sociologia que tem por objeto o estudo da cultura. Lowie apreendeu tão bem este aspecto que o Apêndice ao *Tratado* retorna à declaração citada no parágrafo anterior: "Não creio, contudo, como fazia outrora, que o incesto repugne *instintivamente* ao homem [...]. Devemos [...] considerar a aversão pelo incesto como uma adaptação cultural antiga"[25]. Do malogro praticamente geral das teorias não se pode estar autorizado a tirar uma conclusão diferente. Muito ao contrário, a análise das causas desse fracasso deve permitir o reajustamento dos princípios e dos métodos que unicamente podem fundar uma etnologia viável. Com efeito, como se poderia pretender analisar e interpretar regras se diante da Regra por excelência, a única universal e que assegura o domínio da cultura sobre a natureza, a etnologia devia confessar-se impotente?

Mostramos que os antigos teóricos que se dedicaram ao problema da proibição do incesto colocaram-se em um dos três pontos de vista seguintes: alguns invocaram o duplo caráter, natural e cultural, da regra, mas se limitaram a estabelecer entre um e outro uma conexão extrínseca, constituída por uma atitude racional do pensamento. Outros, ou quiseram explicar a proibição do incesto, exclusivamente ou de maneira predominante, por causas naturais, ou então viram nela, exclusivamente ou de maneira predominante, um fenômeno de cultura. Verificamos que cada uma dessas três perspectivas conduz a impossibilidades ou a contradições. Por conseguinte, só resta aberto um único caminho, o que fará passar da análise estática à síntese dinâmica. A proibição do incesto não é nem puramente de origem cultural nem puramente de origem natural, e também não é uma dosagem de elementos variados tomados de empréstimo parcialmente à natureza e parcialmente à cultura. Constitui o passo fundamental graças ao qual, pelo qual, mas sobretudo no qual se realiza a passagem da natureza à cultura. Em certo sentido pertence à natureza, porque é uma condição geral

---

23. LOWIE, R.H. *Traité de sociologie primitive*. Paris, 1935, p. 27. [Trad. de Eva Métraux].

24. SELIGMAN, B.Z. The Incest Taboo as a Social Regulation. *Sociological Review*, vol. 27, n. 1, 1935, p. 75.

25. LOWIE, R.H. Op. cit., p. 446-447.

da cultura, e por conseguinte não devemos nos espantar em vê-la conservar da natureza seu caráter formal, isto é, a universalidade. Mas em outro sentido também já é a cultura, agindo e impondo sua regra no interior de fenômenos que não dependem primeiramente dela. Fomos levados a colocar o problema do incesto a propósito da relação entre a existência biológica e a existência social do homem, e logo verificamos que a proibição não depende exatamente nem de uma nem de outra. Propomo-nos neste trabalho fornecer a solução dessa anomalia, mostrando que a proibição do incesto constitui justamente o vínculo que as une uma à outra.

Mas esta união não é nem estática nem arbitrária, e desde que se estabelece a situação total aparece completamente modificada. Com efeito, é menos uma união do que uma transformação ou passagem. Antes dela a cultura ainda não está dada. Com ela a natureza deixa de existir, no homem, como um reino soberano. A proibição do incesto é o processo pelo qual a natureza se ultrapassa a si mesma. Acende a faísca sob a ação da qual forma-se uma estrutura de novo tipo, mais complexa, e se superpõe, integrando-as, às estruturas mais simples da vida psíquica, assim como estas se superpõem, integrando-as, às estruturas, mais simples que elas próprias, da vida animal. Realiza, e constitui por si mesma, o advento de uma nova ordem.

## Primeira Parte
## A troca restrita

*"Tua própria mãe*
*Tua própria irmã*
*Teus próprios porcos*
*Teus próprios inhames que empilhaste*
*Tu não podes comê-los*
*As mães dos outros*
*As irmãs dos outros*
*Os porcos dos outros*
*Os inhames dos outros que eles empilharam*
*Tu podes comê-los".*
Aforismos Arapesh, citados por M. Mead,
Sex and Temperament. In: *Three Primitive Societies*.
Nova York, 1935, p. 83.

## 1. Os fundamentos da troca

# CAPÍTULO III
## O universo das regras

Se a raiz da proibição do incesto está na natureza, entretanto é apenas por seu termo, isto é, como regra social, que podemos apreendê-la. De um grupo a outro manifesta extrema diversidade, tanto no que se refere à forma quanto ao campo de aplicação. Muito restrita em nossa sociedade, chega a requintes quanto aos graus de parentesco mais afastados em certas tribos norte-americanas. É inútil acrescentar que, neste último caso, atinge menos a consanguinidade real, frequentemente impossível de estabelecer-se, embora não exista, do que o fenômeno puramente social pelo qual dois indivíduos sem verdadeiro parentesco acham-se classificados na classe dos "irmãos" ou das "irmãs", dos "pais" ou dos "filhos". A proibição confunde-se, então, com a regra da exogamia. Às vezes também subsistem conjuntamente. Conforme foi muitas vezes observado, a exogamia por si mesma não bastaria para proibir a aliança de uma mãe com seu filho, em uma sociedade de regime patrilinear, ou do pai com a filha, em uma sociedade matrilinear. Mas em muitos casos é a regra de exogamia ou o sistema de parentesco que decidem, sem levar em conta as conexões reais, postas de lado as do primeiro grau. A mesma lei, que, no casamento entre primos cruzados, equipara um grupo de primos coirmãos a irmãos e irmãs entre si, faz da outra metade desses mesmos primos coirmãos esposos potenciais. O mesmo sistema, e também outros, vê na aliança do tio materno com a sobrinha, e mais raramente da tia materna com o sobrinho, tipos de casamentos muito recomendáveis e às vezes prescritos, ao passo que uma pretensão análoga da parte do tio paterno ou da tia materna suscitaria o mesmo horror que o incesto com os pais, aos quais estes colaterais são igualados. Observou-se frequentemente que vários códigos contemporâneos tinham esquecido de inscrever um ou outro dos avós, e às vezes os dois, no registro dos graus proibidos. Esta lacuna explica-se pela grande improbabilidade de uniões desse tipo nas sociedades modernas, mas entre os australianos, tão minuciosos em outros aspectos, e em certas tribos da Oceania, este tipo de união não é inconcebível, embora outras, que implicam um parentesco menos aproximado, sejam especificamente proibidas. A proibição do incesto por conseguinte não se exprime sempre em função das regras de parentesco real, mas têm por objeto sempre os indivíduos que se dirigem uns aos outros empregando certos termos. Isto continua verdadeiro, mesmo nos sistemas da Oceania que permitem o casamento com uma "irmã" por classificação, mas distinguem imediatamente entre *kave maori* ou "irmã verdadeira" e *kave kasese*, "irmã diferente", *kave fakatafatafa*, "irmã posta de lado", *kave i take yayae*, "irmã de um outro lugar"[1]. É a relação social, situada além do vínculo biológico, implicado pelos termos "pai", "mãe", "filho", "filha", "irmão" e "irmã" que desempenha o papel determinante. Por este motivo, sobretudo, as teorias que tentam explicar a proibição do incesto pelas consequências nocivas das uniões consanguíneas (inclusive numerosos mitos primitivos que sugerem esta interpretação) só podem ser consideradas como racionalizações.

Considerada do ponto de vista mais geral, a proibição do incesto exprime a passagem do fato natural da consanguinidade ao fato cultural da aliança. Já a natureza atua, por si mesma, segundo o duplo ritmo de receber e dar, traduzido na oposição entre casamento e filiação. Mas se este ritmo, igualmente presente na natureza e na cultura, lhes confere de certo modo uma forma comum, não aparece, nos dois casos, sob o mesmo aspecto. O domínio da natureza caracteriza-se pelo fato de nele só se dar o que se recebe. O fenômeno da hereditariedade exprime esta permanência e continuidade. No domínio da cultura, ao contrário, o indivíduo recebe sempre mais do que dá, e ao mesmo tempo dá mais do que recebe. Este duplo desequilíbrio exprime-se respectivamente nos processos, entre si inversos e igualmente opostos ao precedente, que são a *educação* e a *invenção*. Não está certamente em nosso pensamento sugerir aqui que os fenômenos vitais devam ser considerados como fenômenos de equilíbrio. O contrário é manifestamente verdadeiro. Mas os desequilíbrios biológicos só aparecem como tais em sua relação com o mundo físico. Comparados aos fenômenos culturais mostram-se, ao contrário, sob as espécies da estabilidade, ao passo que o privilégio da síntese dinâmica passa aos fenômenos da nova ordem. Considerado desse ponto de vista, o problema da passagem da natureza à cultura reduz-se, portanto, ao problema da introdução de processos de acumulação no interior de processos de repetição.

Como é possível esta introdução com base nos dados naturais, por hipótese os únicos presentes? Segundo acabamos de acentuar, a natureza, do mesmo modo que a cultura, atua segundo o duplo ritmo de receber e dar. Mas os dois momentos desse ritmo, tal como é reproduzido pela natureza, não são indiferentes aos olhos da cultura. Diante do primeiro período, o do recebimento, expresso pelo parentesco biológico, a cultura é impotente, pois a hereditariedade de uma criança está integralmente inscrita no interior dos genes veiculados pelos pais. Tais sejam estes, tal será o filho. A ação momentânea do meio pode acrescentar sua marca, mas não poderia fixá-la independentemente das transformações desse mesmo meio. Consideremos agora a aliança. É tão imperiosamente exigida pela natureza quanto a filiação, mas não da mesma maneira nem na mesma medida. Porque, no primeiro caso, só é exigido o fato da aliança, mas – nos limites específicos – não sua determinação. A natureza atribui a cada indivíduo determinantes veiculados por seus pais efetivos, mas não decide em nada quais serão esses pais. A hereditariedade, portanto, considerada do ponto de vista da natureza, é duplamente necessária, primeiramente como lei – não há geração espontânea –, em seguida como especificação da lei, porque a natureza não diz somente que é preciso ter pais, mas também

---

1. FIRTH, R. *We, the Tikopia*. Londres, 1936, p. 265.

que tu serás semelhante a eles. Ao contrário, naquilo que se refere à aliança, a natureza contenta-se em afirmar a lei, sendo indiferente ao conteúdo dela. Se a relação entre pais e filhos é rigorosamente determinada pela natureza dos primeiros, a relação entre macho e fêmea só é determinada pelo acaso e pela probabilidade. Há, portanto, na natureza – deixando de lado as mutações –, um princípio de indeterminação, e um só, sendo no caráter arbitrário da aliança que se manifesta. Ora, se admitirmos, de acordo com a evidência, a anterioridade histórica da natureza em relação à cultura, somente graças às possibilidades deixadas abertas pela primeira é que a segunda pôde, sem descontinuidade, inserir sua marca e introduzir suas exigências próprias. A cultura tem de inclinar-se diante da fatalidade da herança biológica. A própria eugenia pode apenas pretender fazer uma manipulação desse dado irredutível, sempre respeitando suas condições iniciais. Mas a cultura, impotente diante da filiação, toma consciência de seus direitos, ao mesmo tempo que de si mesma, diante do fenômeno, inteiramente diferente, da aliança, o único sobre o qual a natureza já não disse tudo. Somente aí, mas por fim também aí, a cultura pode e deve, sob pena de não existir, afirmar "primeiro eu" e dizer à natureza: "Não irás mais longe".

Por motivos muito mais profundos que os já expostos, opomo-nos portanto às concepções que – tais como as de Westermarck e de Havelock Ellis – levam a crédito da natureza um princípio de determinação, mesmo negativo, da aliança. Sejam quais forem as incertezas a respeito dos costumes sexuais dos grandes macacos e do caráter monógamo ou polígamo da família entre os gorilas e os chimpanzés, é certo que estes grandes antropoides não praticam nenhuma discriminação sexual com relação a seus parentes próximos. Em compensação, as observações de Hamilton estabelecem que, mesmo entre os macacos, o hábito sexual embota o desejo[2]. Por conseguinte, ou não existe nenhum vínculo entre os dois fenômenos ou então a passagem do hábito à aversão, considerada por Westermarck como a verdadeira origem da proibição, produz-se no homem com caracteres novos. Como explicar esta particularidade se excluímos por hipótese a intervenção de toda atitude de origem intelectual, isto é, cultural? Seria preciso ver na suposta aversão um fenômeno específico, mas cujos mecanismos fisiológicos correspondentes procuraremos em vão. Consideramos que se a aversão constituísse um fenômeno natural manifestar-se-ia num plano anterior, ou pelo menos exterior, à cultura, sendo indiferente a esta. Mas nesse caso indagaríamos inutilmente de que maneira, e de acordo com que mecanismos, se realiza esta articulação da cultura sobre a natureza sem a qual não pode existir nenhuma continuidade entre as duas ordens. O problema esclarece-se quando admitimos a indiferença da natureza – corroborada por todo o estudo da vida animal – às modalidades das relações entre os sexos. Porque é precisamente a aliança que fornece a dobradiça, ou mais exatamente o corte, onde a dobradiça pode fixar-se. A natureza impõe a aliança sem determiná-la, e a cultura só a recebe para definir-lhe imediatamente as modalidades. Assim se resolve a aparente contradição entre o caráter de regra da proibição e sua universalidade. A universalidade exprime somente o fato da cultura ter sempre e em toda a parte preenchido esta forma vazia, assim como uma fon-

---

2. MILLER, G.S. L.c.

te jorrante preenche primeiramente as depressões que cercam sua origem. Contentemo-nos por ora com esta verificação, que a preencheu com o conteúdo que é a Regra, substância ao mesmo tempo permanente e geral da cultura, sem levantar ainda a questão de saber por que esta regra apresenta o caráter geral de proibir certos graus de parentesco, e por que este caráter geral aparece tão curiosamente diversificado.

O *fato da regra*, considerado de maneira inteiramente independente de suas modalidades, constitui, com efeito, a própria essência da proibição do incesto. Porque se a natureza abandona a aliança ao acaso e ao arbitrário, é impossível à cultura não introduzir uma ordem, de qualquer espécie que seja, onde não existe nenhuma. O papel primordial da cultura está em garantir a existência do grupo como grupo, e portanto em substituir, neste domínio como em todos os outros, a organização ao acaso[3]. A proibição do incesto constitui uma certa forma – e mesmo formas muito diversas – de intervenção. Mas, antes de tudo, é intervenção, ou, mais exatamente ainda, é a Intervenção.

Este problema da intervenção não se levanta somente no caso particular que nos ocupa. É levantado, e resolvido afirmativamente, todas as vezes que o grupo se defronta com a insuficiência ou a distribuição aleatória de um valor cujo uso apresenta fundamental importância. Certas formas de racionamento são novas para nossa sociedade e criam uma impressão de surpresa em espíritos formados nas tradições do liberalismo econômico. Por isso somos levados a ver na intervenção coletiva, que se manifesta com relação a comodidades que desempenham um papel essencial no gênero de vida próprio de nossa cultura, uma inovação ousada e um tanto escandalosa. Por que o controle da distribuição e do consumo tem por objeto a gasolina, acreditamos facilmente que sua fórmula pode justamente ser contemporânea do automóvel. Entretanto, não é nada disso. O "regime do produto escasso" constitui um modelo de extrema generalidade. Neste caso, como em muitos outros, os períodos de crise aos quais, até uma data recente, nossa sociedade estava tampouco habituada a enfrentar restauram somente, em uma forma crítica, um estado de coisas que a sociedade primitiva considera mais ou menos normal. Assim, o "regime do produto escasso", tal como se exprime nas medidas de controle coletivo, é muito menos uma inovação devida às condições da guerra moderna e ao caráter mundial de nossa economia do que o ressurgimento de um conjunto de processos familiares às sociedades primitivas, sem os quais a coesão do grupo estaria a todo o instante comprometida.

É impossível abordar o estudo das proibições do casamento se não nos penetrarmos, desde o início, do sentimento concreto de que os fatos desse tipo não apresentam nenhum caráter excepcional, mas constituem uma aplicação particular, a um domínio dado, de princípios e métodos encontrados todas as vezes que a existência física ou espiritaul do grupo está em jogo. Não são apenas as mulheres cuja distribuição o grupo controla, mas também todo um conjunto de valores, dos quais o mais facil-

---

**3.** Este ponto foi bem percebido por Porteus no que se refere à Austrália: PORTEUS, S.D. *The Psychology of a Primitive People*. Nova York-Londres, 1931, p. 269.

mente observável é o alimento. Ora, o alimento não é somente um outro bem, e sem dúvida o mais essencial. Entre as mulheres e o alimento existe um sistema inteiro de relações, reais ou simbólicas, cuja natureza só pode ser extraída progressivamente, mas cuja apreensão, mesmo superficial, basta para fundar esta aproximação: "A mulher alimenta os porcos, os parentes tomam-lhes e as aldeias os trocam pelas mulheres", observa em certo lugar Thurnwald[4]. Esta continuidade só é possível porque não se sai do domínio da especulação. O pensamento primitivo é unânime em proclamar que "o alimento é coisa para distribuir"[5], mas é porque o indígena, no curso das estações, vive de acordo com o duplo ritmo de abundância e de fome, passando através de toda a escala das sensações que vai da inanição à saciedade. De um regime a outro, dos "meses de fome" aos "meses de comezaina" a mudança é brutal e completa[6]. Estas observações não são verdadeiras somente para a África. Entre os Svanneta do Cáucaso, "se alguma família se decide a matar um boi, uma vaca ou a imolar algumas dezenas de ovelhas, os vizinhos acorrem de todos os lados [...]. Assim fartos, os svannetas jejuarão semanas inteiras, contentando-se em engolir um pouco de farinha diluída em água. Depois vem um novo festim [...]"[7]. Nessa incerteza radical, que poderia ser ilustrada com exemplos tomados no mundo inteiro, é normal que o pensamento primitivo não possa considerar o alimento "como uma coisa que o mesmo indivíduo produz, possui e consome. Durante a infância o alimento vem dos mais velhos, e durante todo o resto da vida é compartilhado com os contemporâneos"[8]. Esta partilha efetua-se de acordo com regras que é interessante considerar porque refletem, e sem dúvida também determinam com exatidão, a estrutura do grupo familiar e social.

O caçador Esquimó da Baía de Hudson que abate uma morsa recebe os dentes e um membro anterior. O que ajudou o primeiro tem direito ao outro membro anterior, o pescoço e a cabeça são dados ao seguinte, o ventre ao terceiro e cada um dos dois últimos recebe um dos membros posteriores. Mas, em período de escassez, todos os direitos de distribuição ficam suspensos, e a presa é considerada como bem comum da comunidade inteira[9].

Em outra parte deste trabalho descreveremos a organização matrimonial de certas populações da Birmânia. Basta que o leitor se transporte para elas[10] e compreenderá a que ponto as trocas matrimoniais e as trocas econômicas formam no espírito do indígena parte integrante de um sistema fundamental de reciprocidade. Os métodos de dis-

---

**4.** THURNWALD, R. Pigs and Currency in Buin. *Oceania*, vol. 5, 1934-1935.

**5.** RICHARDS, A. *Land, Labour and Diet in Northern Rhodesia*. Londres, 1939, p. 197.

**6.** Id. *Hunger and Work in a Savage Tribe*, Londres 1932, p. 165. • EVANS-PRITCHARD, E.E. *The Nuer*. Oxford, 1940, p. 83.

**7.** KOWALEVSKY, M. *Tableau des origines et de l'évolution de la famille et de la propriété*. Estocolmo, 1890, p. 53.

**8.** RICHARDS, A. *Land, Labour...*, p. 200.

**9.** BOAS, F. The Eskimo of Baffin's Land and Hudson Bay. *Bulletin of the American Museum of Natural History*, vol. 15, 1901, parte I, p. 116 e 372.

**10.** Segunda parte, caps. XV e XVI.

tribuição da carne em uso nessa região do mundo não revelam menor engenhosidade que os da distribuição das mulheres. Os primeiros foram objeto de atenta descrição feita por Stevenson. Conforme a importância da festa, os grupos que recebem pedaços variam, e os que recebem na série das festas *tsawnlam* não são os mesmos que os que comparecem por ocasião das danças de caça ou de guerra. O sistema das obrigações é ainda modificado nas festas fúnebres *Ruak hnah*, *Khan Tseh* e *Paul Thawn*:

| Pessoas que recebem | Festa *Khuang tsawi* | Animais mortos na caça | Funerais |
|---|---|---|---|
| Pai | + | + | – |
| Irmãos (class.) | + | + | + |
| Irmãs | + (6) | + | + (3) |
| Irmão da mãe | + | + | + |
| Irmão da mulher | + | + | + |
| Ego (como hóspede, caçador ou herdeiro) | + | + | + |
| *Rual* | + | + | + |
| Chefe | + | + | + |
| Ferreiro | + | + | + |
| Proprietário do fuzil | – | + | – |
| Batedores na caça | – | + | – |
| Hóspedes em festas anteriores | + | – | – |
| *Sangsuan* | – | + | – |
| Operários (de festas) | + | + | + |
| Assistente (de festas) | + | – | – |
| Proprietário de bambu Khuang | + | – | – |

Foram descritas em Samoa regras curiosamente semelhantes[11].

Nos casos que nos interessam, três búfalos (*Bos frontalis*) são sacrificados para a festa *Khuang tsawi* e retalhados da seguinte maneira:

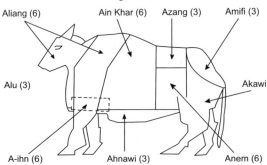

Figura 1
(Segundo Stevenson, *Feasting*, etc., op. cit., p. 19)

---

11. BUCK, P. Samoa Material Culture. *Bernice P. Bishop Museum Bulletin*, vol. 17, p. 119-127.

A distribuição é feita nos limites do grupo de parentesco, tal como é representado a seguir (Figura 2).

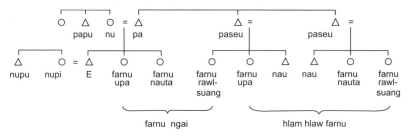

**Figura 2**

*Pá e nau* recebem três *alu* e três *amifi* (as cabeças são para os parentes mais próximos, as articulações são para os mais distantes).

 *farnu ngal*: um *akawng* cada um
 *hlam hlaw farnu*: um *ahnawi* cada um
 *nupu* e *papu*: dividem o *pusa*, ou vísceras
 *rual* (amigos rituais): um *azang* cada um

Os assistentes, chefes, ferreiros, etc., participam igualmente da distribuição.

Estas regras não são apenas formalmente do mesmo tipo que as determinantes da distribuição do preço da noiva. Acham-se organicamente ligadas a ela. Temos ao menos dois indícios deste fato. Um homem forma sempre um par com uma de suas irmãs, que é chamada sua *ruang pawn farnu*, "irmã parceira", do qual recebe o preço do noivado, e do marido da qual torna-se o *nupu*. Por outro lado, a generosidade demonstrada nas festas tem por efeito elevar o preço exigível para o casamento das moças[12].

A distribuição organizada dos produtos alimentícios aplicava-se sem dúvida outrora, entre os cafres, aos alimentos vegetais e ao leite, assim como à carne. Mas ainda hoje "o ato de retalhar um boi na praça central da aldeia, ou as presas mortas na caçada, dá às crianças uma dramática demonstração do papel das relações de parentesco e da série de obrigações recíprocas que acarretam"[13]. Os Thonga atribuem um quarto

---

**12.** STEVENSON, H.N.C. Feasting and Meat Division among the Zahau Chins of Burma. *Journal of the Royal Anthropological Institute*, vol. 67, 1937, p. 22-24. Podem ser encontrados outros esquemas de divisão em: SHIROKOGOROFF, S.M. *The Psychomental Complex of the Tungus*. Londres, 1935, p. 220; e LÉVI-STRAUSS, C. *La Vie familiale et sociale des Indiens Nambikwara*. Paris, 1948, Fig. 17.
**13.** KICHARDS, A. *Hunger and Work in o Savage Tribe*. Londres, 1932, p. 79. No mesmo sentido e depois de ter lembrado que toda a atividade de uma tribo australiana funda-se numa rede de relações pessoais estabelecidas sobre a base de um sistema genealógico, Radcliffe Brown acrescenta: "Quando um indígena vai caçar, a caça que traz não é somente para ele, mas também para sua mulher, filhos e outros parentes ainda, aos quais têm o dever de dar carne todas as vezes que a obtém" (RADCLIFFE-BROWN, A.R. On Social Structure, *Journal of the Royal Anthropological Institute*, vol. 70, parte l, 1940, p. 7). – Elkin exprime-se aproximadamente nos mesmos termos: "As regras do parentesco são igualmente a base da divisão dos bens, o que explica por que o indígena distribui tudo o que possui" (ELKIN, A.P. Anthropology and the Future of the Australian Aborigines. *Oceania*, vol. 5, 1934, p. 9).

traseiro ao irmão mais velho, um quarto dianteiro ao irmão mais moço, os dois outros membros aos filhos mais velhos, o coração e os rins às mulheres, o rabo e as ancas aos aliados, e um pedaço do filé ao tio materno. Mas, em certas regiões da África Oriental, as regras são infinitamente mais complicadas, pois variam conforme se trate de bois, carneiros ou cabras. Além dos parentes, o chefe e aqueles que ajudaram a trazer o animal têm direito a uma parte. Essa distribuição é feita de maneira menos ostensiva do que a divisão na praça da aldeia, cujo fim é "que os que comem e os que não comem possam ser vistos". No interior da família, a autoridade repousa com efeito sobre "a posse e o controle do alimento"[14].

É preciso finalmente citar a descrição, devida ao mesmo observador, da divisão de um grande antílope, entre vinte e dois adultos e vinte e sete crianças: "Enquanto se retalhava o animal reinava a mais intensa excitação [...] e a refeição foi precedida por murmúrios de cobiça. As mulheres amassavam no pilão com entusiasmo um suplemento de farinha 'para comer com toda esta carne! [...]' Imediatamente depois do festim, as mulheres reuniram-se não longe de mim. Conversavam ruidosamente e não se cansavam de escrever com êxtase como se sentiam fartas [...] Uma velha, muito alegre, exclamava, batendo no estômago: sinto-me ter voltado ao tempo de moça, tenho o coração tão leve [...]"[15]

Sem dúvida, tornamo-nos mais sensíveis desde alguns anos ao valor dramático de situações desta ordem. Em todo caso, não seria excessivo prevenir o leitor eventualmente inclinado a apreciá-las na perspectiva de nossa cultura tradicional, que se compraz em opor o patético do amor infeliz ao cômico da barriga cheia. Na imensa maioria das sociedades humanas os dois problemas são colocados no mesmo plano, porque, em um e outro terreno, a natureza deixa o homem em presença do mesmo risco: o destino do homem farto oferece o mesmo valor emotivo, e pode servir de pretexto para a mesma expressão lírica, que o do homem amado. A experiência primitiva afirma, aliás, a continuidade entre as sensações orgânicas e as experiências espirituais. O alimento está inteiramente impregnado de sinais e de perigos. O sentimento de "calor" pode ser um denominador comum de estados para nós tão diferentes quanto a cólera, o amor ou o empanturramento. Este último, por sua vez, impede as comunicações com o mundo sobrenatural[16].

Para admitir a equiparação das mulheres aos bens, de um lado escassos e de outro essenciais à vida do grupo, não é preciso evocar o vocabulário matrimonial da Grande Rússia, onde o noivo é chamado "o negociante" e a noiva "a mercadoria"[17]. A comparação parece menos chocante se tivermos presentes no espírito as análises de

---

**14.** Id. *Hunger and Work...*, p. 80-81.

**15.** Id. *Land, Labour...*, p. 58-59.

**16.** Id. *Hunger and Work...*, p. 167.

**17.** KOWALEVSKY, M. Marriage among the Early Slavs. *Folklore*, vol. 1, 1890, p. 480. O mesmo simbolismo encontra-se entre os cristãos de Mossul, onde o pedido de casamento reveste-se de uma expressão estilizada: "O senhor tem uma mercadoria para nos vender? [...] Realmente a sua mercadoria é excelente! Nós compramos" (KYRIAKOS, M. Fiançailles et mariage à Moussoul. *Anthropos*, vol. 6, 1911, p. 775).

A. Richards, que põem em evidência os sistemas de equivalências psicofisiológicas do pensamento indígena: "O alimento é a fonte das emoções mais intensas, fornece a base de algumas das noções mais abstratas e das metáforas do pensamento religioso [...] para o primitivo, o alimento pode tornar-se o símbolo das experiências espirituais mais altas e a expressão das relações sociais mais essenciais"[18].

Examinemos primeiramente o caráter de escassez. Existe um equilíbrio biológico entre os nascimentos masculinos e femininos. Exceto nas sociedades nas quais este equilíbrio é modificado pela intervenção dos costumes, todo indivíduo macho deve, portanto, ter uma possibilidade, que se aproxima de uma probabilidade muito alta, de encontrar uma esposa. Será possível, nessas condições, falar das mulheres como de um bem escasso, cuja distribuição exige a intervenção coletiva? É difícil responder a esta pergunta sem levantar o problema da poligamia, cuja discussão excederia demais os limites deste trabalho. Vamos nos limitar, portanto, a algumas considerações rápidas, que constituirão menos uma demonstração do que a indicação sumária da posição que nos parece ser a mais sólida nesta matéria. Desde alguns anos a atenção dos etnólogos, sobretudo dos que admitem a interpretação difusionista, foi atraída pelo fato da monogamia parecer predominante nas sociedades cujo nível econômico e técnico aparece, sob outros aspectos, como o mais primitivo. Desta observação, e de outras semelhantes, estes etnólogos tiraram conclusões mais ou menos aventurosas. Segundo o Padre Schmidt e seus alunos, seria preciso ver aí o sinal de uma maior pureza do homem nessas fases arcaicas de sua existência social. Segundo Perry e Elliot Smith, estes fatos atestariam a existência de uma espécie de Idade de Ouro anterior ao descobrimento da civilização. Acreditamos que se pode conceder a todos esses autores a exatidão dos fatos observados, mas que a conclusão a tirar é diferente. São as dificuldades da existência cotidiana e o obstáculo que criam para a formação dos privilégios econômicos (a respeito dos quais percebe-se facilmente que, nas sociedades mais evoluídas, constituem sempre a infraestrutura da poligamia) que limitam, nesses níveis arcaicos, o açambarcamento das mulheres em proveito de alguns. A pureza de alma, no sentido da Escola de Viena, nada tem a ver por conseguinte com o que chamaríamos de bom grado, em vez de monogamia, uma forma de poligamia abortada. Porque, tanto nessas sociedades quanto nas que sancionam favoravelmente as uniões polígamas e quanto na nossa própria, a tendência é no sentido da multiplicação das esposas. Indicamos acima que o caráter contraditório das informações relativas aos costumes sexuais dos grandes macacos não permite resolver, no plano animal, o problema da natureza inata ou adquirida das tendências polígamas. A observação social e biológica concorre para sugerir que estas tendências são naturais e universais no homem, e que somente as limitações nascidas do meio e da cultura são responsáveis pelo recalcamento delas[19]. Aos nossos olhos, portanto, a monogamia não é uma

---

**18.** RICHARDS, A. *Hunger and Work....* p. 173-174.
**19.** MILLER, G.S. L.c.

instituição positiva, mas constitui somente o limite da poligamia em sociedades onde, por motivos muito diversos, a concorrência econômica e social atinge forma aguda. O fraco volume da unidade social nas sociedades mais primitivas explica perfeitamente estes caracteres particulares.

Mesmo nessas sociedades, aliás, a monogamia não constitui regra geral. Os Nhambkwara seminômades do Brasil ocidental, que vivem da colheita e da apanha durante a maior parte do ano, autorizam a poligamia por parte de seus chefes e feiticeiros. O açambarcamento de duas, três ou quatro esposas por um ou dois personagens importantes, num bando que conta às vezes menos de vinte pessoas, obriga seus companheiros a fazer de uma coisa imposta e penosa uma ocasião de mérito e de virtude. Este privilégio basta mesmo para subverter o equilíbrio natural dos sexos, pois os adolescentes machos às vezes não encontram mais esposas disponíveis entre as mulheres de sua geração. Qualquer que seja a solução dada ao problema – homossexualidade entre os Nambkwara, poliandria fraterna entre seus vizinhos setentrionais, os Tupi-Cawahib –, a escassez das esposas nem por isso deixa de se manifestar menos duramente numa sociedade que é contudo de predominância monógama[20]. Mas, mesmo em uma sociedade que aplicasse a monogamia de maneira rigorosa, as considerações do parágrafo precedente conservariam seu valor, a saber, a tendência polígama profunda, cuja existência pode ser admitida em todos os homens, faz aparecer sempre insuficiente o número de mulheres disponíveis. Acrescentemos que, mesmo se as mulheres são, em número, equivalentes aos homens, nem todas são igualmente desejáveis – dando a este termo um sentido mais amplo que sua habitual conotação erótica – e que, por definição (conforme judiciosamente observou Hume em seu célebre ensaio)[21] –, as mulheres mais desejáveis formam uma minoria. Por conseguinte, a demanda de mulheres, atual ou virtualmente, está sempre em um estado de desequilíbrio e de tensão.

As considerações tiradas exclusivamente do estudo das relações entre os sexos em nossa sociedade não poderiam levar a compreender o caráter verdadeiramente trágico desse desequilíbrio nas sociedades primitivas. Suas implicações sexuais são secundárias. A sociedade primitiva, com efeito, mais ainda que a nossa, dispõe de múltiplos meios para resolver este aspecto do problema. A homossexualidade em alguns grupos, a poliandria e o empréstimo de mulheres em outros grupos, e finalmente quase em toda a parte a extrema liberdade das relações pré-maritais, permitiriam aos adolescentes conseguir facilmente uma esposa, se a função de esposa se limitasse às satis-

---

**20.** LÉVI-STRAUSS, C. La vie familiale et sociale des Indies Nambikwara, l.c.; The Tupi-Kawahib, em Handbook of South-American Indians, Bureau of American Ethnology, Smithsonian Institution, Washington, D.C., vols. 3-4, 1948.

**21.** HUME, D. La Dignité de la nature humaine, em *Essais moraux et politiques*, trad. franc. Amsterdã 1764, p. 189. Igualmente: "Se tudo neste mundo fosse excelente, não haveria nada excelente". DIDEROT. Le Neveu de Rameau. *Œuvres*. Paris, da Plêiade, 1935, p. 199.

fações sexuais. Mas, como foi frequentemente observado, o casamento, na maioria das sociedades primitivas (assim como também – mas em grau menor – nas classes rurais de nossa sociedade), apresenta uma importância completamente diferente, não erótica, mas econômica. A diferença entre a situação econômica do celibatário e a do homem casado em nossa sociedade reduz-se quase exclusivamente ao fato do primeiro dever mais frequentemente renovar seu guarda-roupa. A situação é inteiramente diversa nos grupos onde a satisfação das necessidades econômicas repousa inteiramente sobre a sociedade conjugal e sobre a divisão do trabalho entre os sexos. Não somente o homem e a mulher não têm a mesma especialização técnica, dependendo, portanto, um do outro para a fabricação dos objetos necessários às tarefas cotidianas, mas dedicam-se à produção de tipos diferentes de alimentos. Uma alimentação completa, e sobretudo regular, depende por conseguinte desta verdadeira "cooperativa de produção" que constitui uma família. "Quanto mais mulheres há, mais há o que comer", dizem os pigmeus, que consideram "as mulheres e as crianças como a parte mais preciosa do ativo do grupo familiar"[22]. Igualmente as mulheres Hotentote, durante a cerimônia do casamento, celebram em coro o noivo e os homens que, como ele, "procuram mulher, embora hoje tenham o suficiente para comer"[23].

Sobretudo nos níveis mais primitivos, onde o rigor do meio geográfico e o estado rudimentar das técnicas deixam ao acaso tanto a caça e a jardinagem quanto a apanha e a colheita, a existência seria quase impossível para um indivíduo abandonado a si próprio. Uma das impressões mais profundas que guardamos de nossas primeiras experiências no terreno é a do espetáculo, numa aldeia indígena do Brasil Central, de um jovem acocorado horas inteiras no canto de uma cabana, sombrio, malcuidado, terrivelmente magro e, ao que parecia, no estado de mais completa abjeção. Observamo-lo vários dias seguidamente. Raramente saía, exceto para caçar, solitário, e quando em redor das fogueiras começavam as refeições familiares teria quase sempre jejuado se uma vez ou outra uma parente não colocasse a seu lado um pouco de alimento, que ele absorvia em silêncio. Quando, intrigado com este singular destino, perguntamos finalmente quem era este personagem, a quem atribuíamos alguma grave doença, responderam-nos, rindo de nossas suposições: "é um solteiro". Tal era com efeito a única razão dessa aparente maldição. A mesma experiência renovou-se frequentemente desde então. O solteiro miserável, privado de alimento nos dias em que, depois de infelizes expedições de caça ou de pesca, o menu limita-se aos frutos da colheita e da apanha, às vezes da jardinagem, femininos, é um espetáculo característico da sociedade indígena. E não é somente a vítima direta que fica colocada em uma situação dificilmente suportável. Os parentes ou amigos de que depende, em casos semelhan-

---

22. SCHEBESTA, P. *Among Congo Pygmies*. Londres, 1933, p. 128. • *Revisiting my Pygmy Hosts*. Londres, 1936, p. 138-139.

23. SCHAPERA, I. *The Khoisan People of South Africa*. Londres, 1930, p. 247.

tes, para sua subsistência, suportam com mau humor sua muda ansiedade, porque cada família retira dos esforços conjugados do marido e da mulher frequentemente o mínimo necessário para não morrer de fome. Não é portanto exagerado dizer que nessas sociedades o casamento apresenta uma importância vital para cada indivíduo. Porque cada indivíduo está duplamente interessado não somente em encontrar para si um cônjuge, mas também em prevenir a ocorrência, em seu grupo, dessas duas calamidades da sociedade primitiva, a saber, o solteiro e o órfão.

Pedimos desculpas por acumular aqui citações. Mas é importante ilustrar, quando não a generalidade dessas atitudes, que ninguém sem dúvida contestará, pelo menos o tom de veemência e de convicção com o qual o pensamento primitivo as exprime por toda a parte: "Entre esses índios, escreve Colbacchini a propósito dos Bororo, entre os quais fizemos a observação citada no parágrafo precedente, o celibato não existe e nem mesmo é imaginado, porque não se admitiria sua possibilidade"[24]. Igualmente "os pigmeus desprezam os solteiros e zombam deles como de seres contra a natureza"[25]. Radcliffe Brown observa: "Um indivíduo foi-me assinalado como uma pessoa perigosa porque tinha recusado unir-se a uma mulher numa idade em que se considera conveniente para um homem casar-se"[26]. Na Nova Guiné, "o sistema econômico e as regras tradicionais da divisão do trabalho entre homem e mulher fazem da vida comum entre os sexos uma necessidade. Na verdade, todos devem alcançar este estado, exceto os doentes"[27]. "Entre os Chukchee da rena, ninguém pode levar uma vida suportável sem sua própria casa e uma mulher para tomar conta dela [...] Um adulto solteiro inspira geral desprezo. É um inútil, um preguiçoso, um vagabundo que vagueia de acampamento em acampamento"[28].

Gilhodes escreve a respeito dos Katchim da Birmânia: "Quanto ao celibato voluntário, parece que nem mesmo têm ideia do que seja. É uma grande glória para um katchim casar-se e ter filhos, sendo uma vergonha morrer sem posteridade. Pode-se, entretanto ver alguns raros solteirões e solteironas, mas são quase sempre fracos de espírito, ou pessoas de caráter impossível, e quando morrem fazem-lhes uma caricatura de enterro [...] São conhecidos alguns raros solteiros velhos de ambos os sexos. Durante a vida têm vergonha de sua condição, e no momento da morte fazem medo, particularmente às pessoas moças [...] Estas não tomam parte nas cerimônias funerárias, com receio de serem incapazes de estabelecer uma família [...] Os ritos são ob-

---

24. COLBACCHINI, A. *Os Bororos orientais* [Trad. portug. São Paulo, 1942, p. 51].
25. SCHEBESTA, P. *Revisiting...*, p. 138.
26. RADCLIFFE-BROWN, A.R. *The Andaman Islanders*. Cambridge, 1933, p. 50-51.
27. THURNWALD, R. Bánaro Society – Social Organization and Kinship System of a Tribe in the Interior of New Guinea. *Memoirs of the American Anthropological Association*, vol. 3, n. 4, 1916, p. 384.
28. BOGORAS, W. *The Chukchee*, p. 569.

servados sobretudo pelos velhos dos dois sexos, e de maneira ridícula [...] Todas as danças são executadas às avessas"[29].

Terminemos pelo Oriente esta visão geral: "Para um homem sem mulher não há paraíso no céu nem paraíso na terra... Se a mulher não tivesse sido criada não haveria nem sol nem lua, não haveria agricultura nem fogo". Tal como os judeus orientais e os antigos babilônios, os mandeano consideram o celibato um pecado. Os solteiros de um e outro sexo (especialmente os monges e as monjas) são entregues sem defesa ao comércio com os demônios, de que nascem os maus espíritos e os gênios maléficos que perseguem a espécie humana[30]. Os índios Navaho participam da mesma teoria, segundo a qual mesmo nos três primeiros dos quatro mundos inferiores subsistem a distinção dos sexos e suas relações, tão grande é a dificuldade que os indígenas têm de imaginar uma forma de existência, mesmo a mais baixa e miserável, onde não haja o benefício dessa distinção. Mas os sexos são separados no quarto mundo, e os monstros são fruto da masturbação a que cada sexo se acha reduzido[31].

Conhecem-se sem dúvida algumas exceções a esta atitude geral. O celibato parece ter certa frequência na Polinésia[32], talvez porque a produção dos alimentos nessa região do mundo não constitua um problema crítico. Em outros lugares, como entre os Karen da Birmânia e os Tungu[33], é mais consequência do rigor com que esses povos aplicam suas regras exogâmicas. Quando o cônjuge prescrito é objeto de uma determinação rigorosa, o casamento torna-se impossível na ausência de um parente que ocupe exatamente a posição requerida. Neste último caso pelo menos a exceção confirma verdadeiramente a regra.

Que aconteceria, com efeito, se o princípio da intervenção coletiva, afirmado do ponto de vista puramente formal pela regra que proíbe o incesto, sem consideração de conteúdo, não existisse? Seria possível esperar que se formassem privilégios no interior dessa aglomeração natural constituída pela família, em virtude da maior intimidade que devem apresentar aí os contatos interindividuais, como na ausência de toda regra social que tende a equilibrá-la e a limitá-la. Não sugerimos que cada família conservaria automaticamente o monopólio de suas mulheres. Seria isso afirmar a anterioridade institucional da família sobre o grupo, suposição que está distante de nosso pensamento. Postulamos apenas que no interior do grupo, e sem levantar a questão da precedência histórica de um com relação ao outro, a viscosidade específica da aglomeração familiar agiria nessa direção, e que os resultados de conjunto verificariam esta ação. Ora, tal eventualidade – segundo mostramos – é incompatível com as exigências vitais da sociedade primitiva, e mesmo da sociedade pura e simplesmente.

---

29. GILHODES, C. *The Kachins:* their Religion and Mythology. Calcutá, 1922, p. 255.

30. DROWE, E.S. *The Mandaeans of Iraq and Iran.* Oxford, 1937, p. 17 e 59.

31. REICHARD, G.A. *Navaho Religion:* a Study in Symbolism, ms., p. 662.

32. FIRTH, R. *We, the Tikopia.* Londres/Nova York, 1936, passim.

33. BOGORAS, W. *The Chukchee,* p. 570. • FRAZER, Sir J.G. *Folklore in the Old Testament.* Londres, 1919, vol. 2, p. 138.

# CAPÍTULO IV
## Endogamia e exogamia

Ao estabelecer uma regra de obediência geral – qualquer que seja essa regra – o grupo afirma seu direito de controle sobre o que considera legitimamente um valor essencial. Recusa-se a sancionar a desigualdade natural da distribuição do sexo nas famílias e estabelece, com base no único fundamento possível, a liberdade de acesso às mulheres do grupo, reconhecida a todos os indivíduos. Este fundamento, em suma, é o seguinte: nem o estado de fraternidade nem o de paternidade podem ser invocados para reivindicar uma esposa, mas esta reivindicação vale somente enquanto direito pelo qual todos os homens são iguais na competição por todas as mulheres, com suas relações respectivas definidas em termos de grupo e não de família.

Esta regra mostra-se ao mesmo tempo vantajosa para os indivíduos, porque, ao obrigá-los a renunciar a um lote de mulheres imediatamente disponíveis, mas limitado ou mesmo muito restrito, abre a todos um direito de reivindicação sobre um número de mulheres cuja disponibilidade é na verdade diferenciada pelas exigências do costume, mas que teoricamente é tão elevado quanto possível, sendo o mesmo para todos. Se objetarem que este raciocínio é demasiado abstrato e artificial para vir ao espírito de uma humanidade muito primitiva, bastará observar que o resultado, única coisa que importa, não supõe um raciocínio formalizado, mas somente a resolução espontânea de tensões psicossociais, que constituem dados imediatos da vida coletiva. Nestas formas não cristalizadas de vida social, cuja pesquisa psicológica ainda está por fazer, e que são tão ricas em processos simultaneamente elementares e universais, tais como as comunidades espontâneas formadas ao acaso das circunstâncias (bombardeios, tremores de terra, campos de concentração, bandos infantis, etc.), aprende-se rapidamente a conhecer que a percepção do desejo de outrem, o temor de ser despojado pela violência, a angústia resultante da hostilidade coletiva, etc., podem inibir inteiramente o gozo de um privilégio. E a renúncia ao privilégio não requer necessariamente para ser explicada a intervenção do cálculo ou da autoridade. Pode não ser senão a resolução de um conflito afetivo, cujo modelo já se observa na escala da vida animal[1].

---

1. ZUCKERMAN, S. *The Social Life of Monkeys and Apes*. Londres, 1932. • KÖHLER, W. *The Mentality of Apes*, 1925, p. 88ss., p. 300-302. • YERKES, R.M. Social Behavior in Infra-human Primates. In: *Handbook of Social Psychology*, cap. 21. • NISSEN, H.W. & GRAWFORD, M.P. A Preliminary Study of Food-sharing Behavior in Young Chimpanzee. *Journal of Comparative Psychology*, vol. 22, 1936, p. 383-420.

Mesmo assim retificada, esta maneira de levantar o problema conserva-se grosseira e provisória. Mais adiante teremos ocasião de determiná-la e aprofundá-la. Porém mesmo nesta forma aproximada basta para mostrar que não é preciso invocar uma aprendizagem que se estenda por milhares de anos para compreender – segundo a expressão vigorosa e intraduzível de Tylor – que no curso da história os povos selvagens devem ter tido constante e claramente diante dos olhos a escolha simples e brutal "between marrying-out and being killed-out"[2].

Mas para que a demonstração seja eficaz é preciso que se estenda a todos os membros do grupo. É a condição da qual a proibição do incesto fornece, em forma mais evoluída, a inelutável expressão. O casamento não aparece somente nas peças de operetas como uma instituição a três. Por definição, sempre e em toda a parte é isso. Desde que as mulheres constituem um valor essencial à vida do grupo, em todo casamento o grupo intervém necessariamente em dupla forma: a do "rival", que, por intermédio do grupo, afirma que possuía um direito de acesso igual ao do cônjuge, direito a respeito do qual as condições nas quais foi realizada a união devem estabelecer que foi respeitado; e a do grupo enquanto grupo, o qual afirma que a relação que torna possível o casamento deve ser social – isto é, definida nos termos do grupo – e não natural, com todas as consequências, incompatíveis com a vida coletiva, que indicamos. Considerada em seu aspecto puramente formal, a proibição do incesto, portanto, é apenas a afirmação, pelo grupo, que em matéria de relação entre os sexos *não se pode fazer* o *que se quer*. O aspecto positivo da interdição consiste em dar início a um começo de organização.

Poder-se-á sem dúvida objetar que a proibição do incesto não cumpre absolutamente uma função de organização. Não se acomoda, em certas regiões da Austrália e da Melanésia, com um verdadeiro monopólio das mulheres instaurado em benefício dos velhos, e, mais geralmente, da poligamia, cujos resultados nós mesmos acentuamos?

Mas estas "vantagens", se quisermos considerá-las como tais, não são unilaterais. A análise mostra, ao contrário, que admitem sempre uma contrapartida positiva. Retomemos o exemplo, citado acima, do chefe Nambikwara que compromete o equilíbrio demográfico de seu pequeno grupo monopolizando várias mulheres, que se teriam tornado normalmente esposas monógamas à disposição dos homens da geração seguinte. Seria arbitrário isolar a instituição de seu contexto. O chefe do bando tem graves responsabilidades, o grupo confia inteiramente nele para fixar o itinerário da vida nômade, escolher as etapas, conhecer cada polegada do território e os recursos naturais que aí se encontram em cada estação, determinar a localização e o trajeto dos bandos hostis, negociar com estes ou combatê-los, conforme a ocasião, e constituir, finalmente, reservas suficientes de armas e de objetos de uso corrente para que cada pessoa obtenha eventualmente dele aquilo de que precisa. Sem suas mulheres políga-

---

**2.** TYLOR, E.B. On a Method of Investigating the Development of Institutions... *Journal of the Royal Anthropological Institute*, vol. 18, p. 267.

mas, mais companheiras que esposas, e libertadas por sua posição especial das servidões de seu sexo, sempre prontas a acompanhá-lo e a assisti-lo nas expedições de reconhecimento e nos trabalhos agrícolas ou artesanais, o chefe não poderia fazer frente a todas as suas obrigações. A pluralidade das mulheres é, portanto, ao mesmo tempo, a recompensa do poder e o instrumento deste.

Levemos a análise um pouco mais longe. Se os Nambkwara tivessem combinado sua regra de casamento entre primos cruzados bilaterais[3] com estrita monogamia, encontraríamos entre eles um sistema de reciprocidade perfeitamente simples, simultaneamente do ponto de vista qualitativo e do ponto de vista quantitativo. Quantitativamente, porque o sistema garantiria aproximadamente uma esposa para todo homem, e qualitativamente, porque esta garantia geral resultaria de uma rede de obrigações recíprocas, estabelecida segundo o plano das relações individuais de parentesco. Mas o privilégio polígamo do chefe vem subverter esta fórmula ideal, dando em resultado, para cada indivíduo, um elemento de insegurança que de outro modo nunca teria aparecido. Qual é, pois, a origem do privilégio e qual é seu significado? Ao reconhecê-lo, o grupo trocou os *elementos de segurança individual*, que se ligam à regra monógama, pela *segurança coletiva*, que decorre da organização política. Em forma de filha ou de irmã, cada homem recebe sua esposa de outro homem, mas o chefe recebe várias esposas do grupo. Em compensação, oferece uma garantia contra a necessidade e o perigo, não certamente aos indivíduos particulares com cujas irmãs ou filhas se casa, nem mesmo àqueles que o exercício do direito polígamo, que detém, condena, talvez definitivamente, ao celibato, mas ao grupo considerado enquanto grupo. Porque é o próprio grupo que suspendeu o direito comum em seu proveito[4].

A poligamia não contradiz, portanto, a exigência da distribuição equitativa das mulheres, mas apenas superpõe uma regra de distribuição a outra. Com efeito, monogamia e poligamia correspondem a dois tipos de relações complementares, a saber: de um lado, o sistema de auxílios prestados e de auxílios recebidos que liga entre si os membros individuais do grupo; de outro lado o sistema de auxílios dados e recebidos, que liga entre eles o conjunto do grupo e seu chefe. Este paralelismo pode tornar-se tão transparente que nas Ilhas Trobriand, por exemplo, o chefe, recebendo uma mulher de todos os subclãs, é tratado como uma espécie de "cunhado universal". A finalidade política e a prestação do tributo não são mais do que um caso particular da relação especial que nessa região do mundo estabelece uma obrigação entre o irmão da mulher e o marido de sua irmã[5].

---

**3.** Para a definição desta regra do casamento e seu estudo teórico, veja adiante o capítulo IX.

**4.** LÉVI-STRAUSS, C. The Social and Psychological Aspect of Chieftainship in a Primitive Tribe: the Nambikwara of Western Mato Grosso. *Transactions of the New York Academy of Sciences*, séries 2, vol. 7, n. l, p. 16-32.

**5.** MALINOWSKI, B. *The Sexual Life of Savages in North-Western Melanesia*. Londres, 1929, p. 131-132.

Além disso, na proibição do incesto só consideramos o aspecto mais sumário, o da regra enquanto regra. Considerada por este ângulo, não fornece ainda a solução do problema, mas estabelece somente uma medida preliminar, por si mesma desprovida de fecundidade, a qual porém é a condição das medidas ulteriores. Em suma, afirma que não é com base em sua distribuição natural que as mulheres devem receber seu uso social. Falta, portanto, definir qual é essa base. Tomando de empréstimo uma expressão familiar à regulamentação moderna (mas de certo modo também eterna) do "produto escasso", a proibição do incesto tem logicamente em primeiro lugar por finalidade "imobilizar" as mulheres no seio da família, a fim de que a divisão delas, ou a competição em torno delas, seja feita no grupo e sob o controle do grupo, e não em regime privado. Este é o único aspecto que examinamos até agora, mas vê-se também que é um aspecto primordial, o único coextensivo à proibição inteira. Devemos mostrar agora, passando do estudo da regra enquanto regra ao de seus caracteres mais gerais, a maneira pela qual se realiza a passagem de uma regra de conteúdo originariamente negativo a um conjunto de estipulações de outra ordem.

Considerada como interdição, a proibição do incesto limita-se a afirmar, em um terreno essencial à sobrevivência do grupo, a preeminência do social sobre o natural, do coletivo sobre o individual, da organização sobre o arbitrário. Mas, mesmo nesta altura da análise, a regra aparentemente negativa já engendrou sua inversa, porque toda proibição é ao mesmo tempo, e sob outra relação, uma prescrição. Ora, a proibição do incesto, desde que a consideremos deste novo ponto de vista, aparece de tal maneira carregada de modalidades positivas que esta superdeterminação levanta imediatamente um problema.

Com efeito, as regras do casamento não fazem sempre senão proibir um círculo de parentesco. Às vezes também determinam um círculo no interior do qual o casamento deve necessariamente efetuar-se, sob pena de provocar um escândalo do mesmo tipo daquele que resultaria da própria violação da proibição. Devemos neste ponto distinguir dois casos. De um lado, a endogamia; de outro, a união preferencial, isto é, a obrigação de casar-se no interior de um grupo definido objetivamente no primeiro caso e, no segundo, a obrigação de escolher para cônjuge quem tem com o indivíduo uma relação de parentesco determinada. Esta distinção é difícil de fazer no caso dos sistemas classificatórios de parentesco, porque então, uma vez que todos os indivíduos apresentam entre si, ou com um sujeito dado, uma relação de parentesco definida, passam a ser constituídos em uma classe, e seria possível transitar assim, sem mudança acentuada, da união preferencial à endogamia propriamente dita. Assim, todo sistema de casamento entre primos cruzados poderia ser interpretado como um sistema endógamo, se todos os indivíduos, primos paralelos entre si, fossem designados por um mesmo termo, e se todos os indivíduos, primos cruzados entre si, fossem designados por um termo diferente. Esta dupla denominação poderia mesmo subsistir depois do desaparecimento do sistema matrimonial considerado e, como consequência, um sistema exógamo por excelência daria lugar a um novo sistema, que apresentaria, ao contrário, todas as aparências da endogamia. Esta conversão artificial de sistemas exogâmicos autênticos em sistemas ostensivamente endógamos pode ser observada no terreno. Veremos mais tarde as dificuldades que levanta para a interpretação de certos sistemas australianos[6].

Convém, portanto, distinguir dois tipos diferentes de endogamia: uma que é apenas o inverso de uma regra de exogamia e só se aplica em função desta; e a endogamia verdadeira, que não é um aspecto da exogamia, mas se encontra sempre dada conjuntamente com esta, embora não na mesma relação, e simplesmente em conexão. Toda sociedade, considerada deste último ponto de vista, é ao mesmo tempo exógama e endógama. Assim, os australianos são exógamos quanto ao clã, mas endógamos no que se refere à tribo. Ou a sociedade norte-americana moderna, que combina uma exogamia familiar, rígida para o primeiro grau, e maleável a partir do segundo ou do terceiro, com uma endogamia de raça, rígida ou flexível conforme os Estados[7]. Mas inversamente à hipótese que examinamos anteriormente, a endogamia e a exogamia não são aqui instituições complementares, sendo apenas do ponto de vista formal que podem aparecer como simétricas. A endogamia verdadeira é somente a recusa de reconhecer a possibilidade do casamento fora dos limites da comunidade humana, estando esta última sujeita a definições muito diversas, segundo a filosofia do grupo considerado. Um grande número de tribos primitivas chamam-se a si mesmas com um nome que significa somente, em sua língua, "os homens", mostrando com isso que a seus olhos um atributo essencial da humanidade desaparece quando se sai dos limites do grupo. É o que acontece com os Esquimó de Norton Sound, que se definem a si mesmos – mas exclusivamente – como o "povo excelente", ou mais exatamente "completo", e reservam o epíteto de "ovo de piolho" para qualificar as tribos vizinhas[8]. A generalidade dessa atitude dá certa verossimilhança à hipótese de Gobineau, segundo a qual a proliferação dos seres fantásticos do folclore, anões, gigantes, monstros, etc., se explicaria menos pela riqueza imaginativa que pela incapacidade de conceber os estranhos segundo o mesmo modelo que os concidadãos. Certas tribos brasileiras identificaram os primeiros escravos negros importados para a América a "macacos da terra", por comparação com as espécies arborícolas, as únicas conhecidas. Quando se perguntou pela primeira vez a certos povos melanésios quem eram, responderam: "homens", querendo dizer com isso que não eram nem demônios nem fantasmas, mas homens de carne e osso. Mas era porque não acreditavam que seus visitantes brancos fossem homens, e sim fantasmas ou demônios ou es-

---

**6.** Cf. cap. XIII.

**7.** Cf. JOHNSON, S. *Patterns of Negro Segregation*. Nova York, 1943.

**8.** RINK, H.J. *The Eskimo Tribes*. Londres, 1887, p. 333.

píritos marinhos"[9]. Quando chegaram às Novas Hébridas, os europeus foram a princípio tomados por fantasmas e receberam esse nome. Suas roupas foram chamadas peles de fantasmas e seus gatos ratos de fantasmas[10]. Lévy-Bruhl recolheu outras narrativas não menos significativas: cavalos tomados por mães de seus cavaleiros, porque os transportavam nas costas, em contraste com os missionários, que eram chamados leões por causa de sua barba clara, etc.[11]

Em todos esses casos trata-se somente de saber até onde se estende a conotação lógica da ideia de comunidade, que é função da solidariedade efetiva do grupo. Em Dobu considera-se o branco como "de outra espécie", não verdadeiramente um ser humano, no sentido indígena do termo, mas um ser dotado de caracteres diferentes. Estas difererenças, entretanto, não se estendem aos inhames, que são tratados como pessoas. A ordem das afinidades é, portanto, a seguinte: o grupo indígena, *tomot*; os inhames, que se reproduzem segundo seu exemplo, e cuja multiplicação permite ao mesmo tempo a sobrevivência; finalmente os brancos, que são colocados completamente fora desta comunidade. Mas é que a continuidade do grupo é função da continuidade das linhagens vegetais. Há jardins masculinos e femininos, cada um proveniente das sementes ancestrais, transmitidas hereditariamente do irmão da mãe ao filho ou à filha da irmã. Se uma "raça" de sementes se perde, a linhagem humana corre o risco de interromper-se. A mulher não encontrará marido, não educará filhos, que sucumbirão à sua miserável herança e partilharão o desprezo ligado à sua destituição. Quem se vê privado de suas sementes hereditárias não pode contar nem com a caridade nem com as sementes pedidas emprestadas fora: "Conheci mulheres que se encontravam nessa situação. Eram ladras – pescadoras ou buscadoras de *sago* – e mendigas"[12]. Os inhames são, pois, pessoas, porque ficar sem inhame é ser órfão. Afinal de contas, a estrutura econômica e social do grupo justifica a definição limitativa desse como uma comunidade de tubérculos e cultivadores. Mas, não nos enganemos, são considerações formalmente análogas, embora desta vez de ordem espiritual, que fundam a rigorosa endogamia dos mórmons. Vale mais para uma moça casar-se com seu pai se não encontrar em outro lugar um parceiro dotado deste atributo absolutamente necessário à definição de um ser humano, a saber, a posse da verdadeira fé[13].

Nos grupos que colocam muito alto os privilégios de posição e de fortuna, chega-se também a distinções do mesmo gênero. Mas em todos estes casos a endogamia exprime apenas a presença de um limite conceitual, traduz somente uma realidade

---

9. CODRINGTON, R.H. *The Melanesians*: Studies in their Anthropology and Folklore. Oxford, 1891, p. 21.

10. DEACON, A.B. *Malekula*: a Vanishing People in the New Hebrides. Londres, 1934, p. 637. – Também: RADCLIFFE-BROWN, A.R. *The Andaman Islanders*, p. 138.

11. LÉVI-BRUHL, L. *La Mythologie primitive*. Paris, 1935, p. 59-60.

12. FORTUNE, R.F. *Sorcerers of Dobu*. Nova York, 1932, p. 69-74 e 102.

13. Der sexuelle Anteil an der Theologie der Mormonen. *Imago*, vol. 3, 1914.

negativa. Unicamente no caso excepcional de sociedades altamente diferenciadas é que esta forma negativa pode receber um conteúdo positivo, isto é, um cálculo deliberado para manter certos privilégios sociais ou econômicos no interior do grupo. Mesmo esta situação é mais resultado de uma concepção endógama, e não poderia lhe dar origem. De maneira geral, a endogamia "verdadeira" manifesta simplesmente a exclusão do casamento praticado fora dos limites da cultura, cujo conceito está sujeito a toda espécie de contrações e dilatações. A fórmula, positiva na aparência, da obrigação de casar-se no interior de um grupo definido por certos caracteres concretos (nome, língua, raça, religião, etc.) é, pois, a expressão de um simples limite, socialmente condicionado, do poder de generalização. Fora das formas determinadas a que acabamos de aludir, exprime-se em nossa sociedade sob uma forma difusa, pois sabe-se que a proporção dos casamentos entre primos é em geral maior do que a resultante da hipótese dos casamentos serem feitos ao acaso[14].

Ao contrário, a outra forma de endogamia que distinguimos anteriormente, e que se poderia chamar "endogamia funcional", por ser somente uma função da exogamia, fornece o equivalente de uma regra negativa. No casamento entre primos cruzados, por exemplo, a classe dos cônjuges possíveis não se apresenta nunca – apesar das aparências que acentuamos acima – como uma categoria endógama. Os primos cruzados são menos parentes que devem casar-se entre si do que os primeiros, no grupo dos parentes, entre os quais o casamento é possível, desde o momento em que os primos paralelos são classificados como irmãos e irmãs. Este caráter essencial foi frequentemente ignorado, uma vez que o casamento entre primos cruzados era, em certos casos, não somente autorizado, mas obrigatório. É obrigatório, desde que possível, porque fornece o sistema de reciprocidade mais simples de conceber. Procuraremos, com efeito, mostrar mais adiante que o casamento entre primos cruzados é essencialmente um sistema de troca. Mas, enquanto neste caso bastam somente dois casamentos para manter o equilíbrio, um ciclo mais complexo, e por conseguinte mais frágil, cuja feliz conclusão é mais incerta, torna-se necessário quando a relação de parentesco entre os cônjuges é mais longínqua. O casamento entre estranhos é um progresso social (porque integra grupos mais vastos), mas é também uma aventura. A melhor prova de que a determinação dos primos cruzados resulta somente da eliminação da classe proibida (por conseguinte, que a endogamia neste caso é realmente uma função da exogamia, e não o contrário), é que não se produz nenhuma perturbação se o cônjuge potencial, apresentando o grau requerido de parentesco de primo, falta. É então substituído por um parente mais afastado. A categoria dos cônjuges possíveis em um sistema de união preferencial nunca é fechada. Tudo quanto não é proibido é permitido, embora às vezes somente em certa ordem e até certo ponto. No entanto, esta preferência

---

**14.** HOGBEN, L. *Genetic Principles...*, p. 152.

explica-se pelo mecanismo das trocas, próprio do sistema considerado, e não em razão do caráter privilegiado de um grupo ou de uma classe.

A diferença entre as duas formas de endogamia é particularmente fácil de fazer quando se estudam as regras matrimoniais de sociedades fortemente hierarquizadas. A endogamia "verdadeira" é tanto mais acentuada quanto mais elevado o nível ocupado pela classe social que a pratica. Assim, acontece no antigo Peru, nas Ilhas Havaí e em certas tribos africanas. Sabe-se, ao contrário, que se trata de endogamia "funcional" todas as vezes que a relação é invertida, isto é, que a endogamia aparente diminui à medida que nos elevamos na hierarquia. Os Kenyah e os Kayan de Bornéu são divididos em três classes desigualmente privilegiadas, e normalmente endógamas. Entretanto, a classe superior está obrigada à exogamia de aldeia[15]. Como na Nova Zelândia e na Birmânia, a exogamia define-se, pois, com precisão no vértice da hierarquia social, sendo função da obrigação que as famílias feudais têm de manter e ampliar suas alianças. A endogamia das classes inferiores é uma endogamia de indiferença, e não de discriminação.

Deve-se, finalmente, considerar o caso em que a união preferencial é determinada não diretamente por uma relação de parentesco, mas pelo fato de pertencer a um clã ou a uma classe matrimonial. Neste caso estamos em presença de grupos constituídos. As obrigações matrimoniais que ligam estes grupos dois a dois não equivalem à constituição de categorias endogâmicas "verdadeiras", cada uma delas constituída por uma equipe de dois clãs ou classes que praticam o intercasamento? Mas na realidade as coisas são menos diferentes do que parecem. As classes e subclasses australianas são menos grupos definidos em extensão do que posições, ocupadas alternativa ou sucessivamente pelos herdeiros de uma filiação ou pelos colaboradores de uma aliança. No caso dos índios Bororo, estudados por nós em 1936, a situação é menos clara, porque as preferências matrimoniais parecem ligar dois a dois diretamente os clãs e não as classes. Mas então são os clãs que, por seu caráter temporário, sua presença ou ausência em aldeias diferentes, pela possibilidade de divisão e subdivisão em subclãs, escapam à fixidez e à estrita delimitação das categorias endógamas. Poderíamos ser levados a ver nas preferências de clã não um esboço de endogamia "verdadeira", mas simplesmente uma técnica de ajustamento para assegurar o equilíbrio matrimonial no grupo, uma vez que o próprio clã se transforma continuamente em função das exigências deste equilíbrio[16].

A correlação existente entre as noções de endogamia e exogamia ressalta aliás de maneira particularmente clara de um exemplo vizinho, o dos índios Apinajé. Estes dividem-se em quatro grupos exogâmicos ou *kiyé* unidos por um sistema de união pre-

---

**15.** HOSE, Ch. & McDOUGALL, W. *The Pagam Tribes of Borneo*. Londres, 1912, vol. l, p. 71 e 74.

**16.** LÉVI-STRAUSS, C. Contribution à l'étude de l'organisation sociale des Indiens Bororo. *Journal de la Société des Américanistes de Paris*, vol. 38, 1936.

ferencial, tal que um homem A casa-se com uma mulher B, um homem B com uma mulher C, um homem C com uma mulher D, e um homem D com uma mulher A. Estaríamos, portanto, em face do que caracterizamos adiante como um sistema simples de troca generalizada[17], se a regra de filiação não conferisse ao sistema um caráter estático, cujo primeiro resultado é excluir os primos do número dos cônjuges possíveis. Com efeito, os rapazes e as moças seguem, com relação ao *kiyé*, o estatuto do pai ou da mãe, respectivamente. Todos os homens A e todas as mulheres B descendem, pois, de casamentos entre homens A e mulheres B, todos os homens B e todas as mulheres C de casamentos entre homens B e mulheres C, e assim por diante. A divisão aparente em quatro grupos exógamos oculta, pois, uma divisão disfarçada em quatro grupos endógamos, a saber: homens A e mulheres B, parentes entre si; homens B e mulheres C, parentes entre si; homens C e mulheres D, parentes entre si; homens D e mulheres A, parentes entre si. Em compensação, não há relação de parentesco entre a congregação masculina de parentes, de um lado, e a congregação feminina de parentes, de outro lado, cuja reunião forma o *kiyé*[18]. Em oposição a Lowie[19], acreditamos que este sistema não é excepcional, mas representa somente a aplicação particular de uma fórmula geral, cujos exemplos típicos encontram-se mais frequentemente do que parece[20]. Limitamo-nos aqui a esta rápida descrição, que basta para mostrar, em um caso definido, que categorias exógamas e endógamas não constituem entidades independentes e dotadas de existência objetiva. Devem ser consideradas mais como pontos de vista, ou perspectivas diferentes, mas solidárias, de um sistema de relações fundamentais, no qual cada termo é definido por sua posição no interior do sistema.

Em certos casos, contudo, a relativa reciprocidade das relações endógama e exógama aparece já no vocabulário. Assim, o termo Ifugao para "aliados", *aidu*, corresponde a uma raiz que se encontra em toda a área indonésia, com o sentido primitivo de "o outro grupo" ou "os estrangeiros", e os sentidos derivados de "inimigo" ou de

---

17. Cf. cap. XII.

18. NIMUENDAJU, C. *The Apinayé*. The Catholic University of America, Anthropological series, n. 8, Washington 1939, p. 29ss. – Nossa interpretação está de acordo com as de J. Henry (resumo crítico da obra precedente, *American Anthropologist*, vol. 42, 1940) e de A.L. Kroeber, The Societies of Primitive Man. In: *Biological Symposia*, vol. 8, Lancaster 1942.

19. LOWIE, R.H. American Culture History, *American Anthropologist*, vol. 42, 1940, p. 468.

20. WILLIAMS, F.E. Sex Affiliation and its Implications, *Journal of the Royal Anthropological Institute*, vol. 62, 1932; e os capítulos XXVI e XXVIII deste trabalho. [A frase acima foi qualificada por M. Maybury-Lewis ("Parallel descent and the Apinayé Anomaly", *Southwestern Journal of Anthropology*, vol. 16, n. 2, 1960) de "Startlingly specific remark" porque não leva em conta, diz ele, a diferença entre "descent" e "filiation" (p. 196). Haverá necessidade de acentuar que este livro considera exclusivamente modelos e não realidades empíricas, com relação às quais unicamente esta distinção, justamente criticada por Leach, merece que se diga ter sentido? Williams tinha perfeitamente apreendido, há mais de trinta anos, partindo de fatos melanésios, o princípio teórico da "parallel descent" escrevendo no artigo citado acima: "The essence of [sex affiliation] is that male children are classed with their father's group and female children with their mother's" (l.c. p. 51)].

"parente por casamento". Igualmente, *tulang*, "parentes da mesma geração" que o sujeito, adquire em outras línguas malaias o sentido de "indígena" (Formosa, Bugi), "irmão e irmã", "irmã", "mulher", por um lado, e de outro, "aliado" ou "esposa"[21]. É possível comparar com o japonês *imo* que designa ora a irmã ora a esposa[22]. Será possível afirmar, com Barton e Chamberlain, que esta ambivalência de certos termos arcaicos demonstra a antiga existência de casamentos consanguíneos? A hipótese não parece improvável quando se observa, como fizemos acima, que os antigos textos japoneses, ao limitarem a definição do incesto à união com a irmã mais moça, parecem legitimar, como o Egito e Samoa, o casamento com a mais velha. A preferência para o casamento com a prima matrilinear entre os Batak e em outras regiões da Indonésia, os indícios em favor da existência antiga do mesmo sistema no Japão[23], sugerem uma outra interpretação, que aliás não exclui a anterior. As mulheres da mesma geração que o sujeito, embora confundidas na mesma designação, seriam distintas, conforme o ponto de vista em que nos colocamos, em cônjuges possíveis e proibidos. Deve notar-se a este respeito que no vocabulário Batak o termo *tulang* é aplicado por um homem ao irmão de sua mãe e à filha deste que é o cônjuge preferido; ao passo que uma mulher dirige-se a uma estrangeira ou a um estrangeiro saudando-os com os nomes de "irmão do pai" e "irmão da mãe", respectivamente[24], isto é, com o nome da mulher do clã que se casa fora, ou do clã dos tios, com cujos filhos uma mulher não se casa.

Se o sentido mais geral de *aidu* é "estrangeiro", e os sentidos derivados "aliado" e "inimigo", é evidente que estes últimos sentidos representam duas modalidades distintas, ou mais exatamente duas perspectivas sobre a mesma realidade, a saber, entre os "outros grupos" alguns são meus afins, outros meus inimigos, e cada um deles é ao mesmo tempo, mas não para a mesma pessoa, um inimigo e um afim. Esta interpretação relativista, evidente neste caso, pode ser também facilmente aplicada ao primeiro sentido sem recorrer à hipótese de um casamento arcaico com a irmã. Basta considerar que, partindo do sentido geral de *tulang*, "filhas de minha geração", estas são ou "irmãs" ou "esposas". Assim como um grupo "aliado" é simultaneamente "inimigo de alguém", assim também uma "mulher casada" deve ser necessariamente – e para que eu a espose – uma "irmã de alguém".

Distinguimos deste modo uma endogamia "verdadeira", que é uma endogamia de classe (no sentido lógico, mas ao mesmo tempo, em numerosas sociedades que a praticam, no sentido social do termo classe), e uma endogamia funcional, que se

---

**21.** BARTON, R.P. Reflection in Two Kinship Terms of the Transition to Endogamy. *American Anthropologist*, vol. 43, 1941.

**22.** CHAMBERLAIN, B.H. *Translation of "Ko-Ji-Ki"*. Kobé, 1932.

**23.** Cf. cap. XXVII.

**24.** LOEB, E.M. Patrilineal and Matrilineal Organization in Sumatra; I: The Batak, *American Anthropologist*, vol. 35, 1935, p. 22 e 25.

pode chamar endogamia de relação. Esta é apenas a contraposição da exogamia. Sob forma positiva exprime o caráter aparentemente negativo desta última.

Mas, conforme acentuamos no começo deste capítulo, a endogamia complementar aí está para lembrar que o aspecto negativo é apenas o aspecto superficial da proibição. O grupo no interior do qual o casamento é proibido evoca imediatamente a noção de um outro grupo, com caracteres definidos (proibição do incesto acompanhada de um sistema exogâmico) ou vagos (proibição simples, sem exogamia) no interior do qual o casamento é, conforme o caso, simplesmente possível ou inevitável. A proibição do uso sexual da filha ou da irmã obriga a dar em casamento a filha ou a irmã a um outro homem e, ao mesmo tempo, cria um direito sobre a filha ou a irmã desse outro homem. Assim, todas as estipulações negativas da proibição têm uma compensação positiva. A proibição equivale a uma obrigação, e a renúncia abre caminho a uma reivindicação. Vê-se, pois, como é impossível, conforme frequentemente se faz, considerar a exogamia e a endogamia como instituições do mesmo tipo. Isto é verdade somente para a forma de endogamia que chamamos funcional e que é apenas a própria exogamia considerada em suas consequências. Mas a comparação só é possível com a condição de excluir a endogamia "verdadeira", que é um princípio inerte de limitação, incapaz de se superar a si mesmo. Ao contrário, a análise da noção de exogamia basta para mostrar sua fecundidade. A proibição do incesto não é somente, como o capítulo anterior tinha sugerido, uma interdição. Ao mesmo tempo que proíbe, ordena. A proibição do incesto, como a exogamia que é sua expressão social ampliada, constitui uma regra de reciprocidade. A mulher que nos recusamos e que nos é recusada já com isso se oferece. A quem é oferecida? Ora a um grupo definido pelas instituições, ora a esta coletividade indeterminada e sempre aberta, limitada somente pela exclusão dos próximos, como é o caso em nossa sociedade. Mas nesta fase de nossa pesquisa acreditamos ser possível desprezar as diferenças entre a proibição do incesto e a exogamia. Consideradas à luz das observações anteriores, seus caracteres formais são, com efeito, idênticos.

Mas há mais. Quer nos encontremos no caso técnico do casamento chamado "por troca" ou em presença de qualquer outro sistema matrimonial, o fenômeno fundamental resultante da proibição do incesto é o mesmo. A partir do momento em que proíbo a mim mesmo o uso de uma mulher, que com isso passa a ser disponível para um outro homem, há, em algum lugar, um homem que renuncia a uma mulher que, por esse fato, torna-se disponível para mim. O conteúdo da proibição não se esgota no fato da proibição. Esta só é instaurada para garantir e fundar, direta ou indiretamente, imediata ou mediatamente, uma troca. Como e por que, é o que se torna preciso agora mostrar.

# CAPÍTULO V
## O princípio de reciprocidade

As conclusões do admirável *Essai sur le don* são bem conhecidas. Neste estudo hoje em dia clássico, Mauss propôs-se mostrar primeiramente que a troca se apresenta nas sociedades primitivas menos em forma de transações do que de dons recíprocos, e em seguida que estes dons recíprocos ocupam um lugar muito mais importante nessas sociedades do que na nossa. Finalmente, que esta forma primitiva das trocas não tem somente, nem essencialmente, caráter econômico, mas coloca-nos em face do que chama, numa expressão feliz, "um fato social total", isto é, dotado de significação simultaneamente social e religiosa, mágica e econômica, utilitária e sentimental, jurídica e moral. Sabe-se que em muito numerosas sociedades primitivas, principalmente as das ilhas do Pacífico e as da costa do Pacífico ao noroeste do Canadá e do Alasca, todas as cerimônias celebradas por ocasião de acontecimentos importantes são acompanhadas por uma distribuição de riquezas. É assim que, na Nova Zelândia, a oferenda cerimonial de vestuários, joias, armas, alimentos e diversas provisões era um traço comum da vida social dos Maori. Faziam-se esses dons por ocasião dos nascimentos, dos casamentos, falecimentos, exumações, tratados de paz, delitos e culpas e "incidentes demasiado numerosos para serem enumerados"[1]. Igualmente, Firth, estudando as ocasiões em que ocorrem as trocas cerimoniais na Polinésia, enumera "nascimentos, iniciações, casamentos, doenças, mortes e outros incidentes da vida social ou fases do ritual"[2]. Para um setor mais limitado da mesma região, outro observador cita o noivado, o casamento, a gravidez, o nascimento e a morte. Descreve os presentes oferecidos pelo pai do jovem por ocasião da festa do noivado: dez cestos de peixe seco, dez mil cocos maduros e seis mil verdes, recebendo ele próprio em troca dois bolos de quatro pés quadrados por seis polegadas de espessura[3].

Estes presentes ou são trocados imediatamente pelos bens equivalentes ou recebidos pelos beneficiários que têm por obrigação proceder, em uma ocasião ulterior, a contrapresentes, cujo valor excede muitas vezes o dos primeiros, mas que por sua vez

---

1. BEST, E. The Whare Kohanga and its Lore. *Dominion Museum Bulletin*. Wellington, 1929, p. 36.

2. FIRTH, R. *Primitive Polynesian Economias*. Londres, 1939, p. 321.

3. HOGBIN, R.I. Sexual Life of the Natives of Ongtong Java. *Journal of the Polynesian Society*, vol. 40, p. 28. Ver também os números espantosos reunidos por FIRTH, R. *Primitive Economias of the New Zealand Maori*. Nova York, 1929, p. 317ss.

dão direito a receber mais tarde novos dons que superam a suntuosidade dos precedentes. A mais característica dessas instituições é o *potlatch* dos índios do Alasca e da região de Vancouver. No curso dos *potlatch* consideráveis valores são assim transferidos, podendo às vezes elevar-se a várias dezenas de milhares de cobertores entregues em natureza ou sob a forma simbólica de placas de cobre, cujo valor nominal cresce em função da importância das operações em que figuram. Estas cerimônias têm uma tríplice função: proceder à restituição dos presentes anteriormente recebidos, acrescidos de juros convenientes, que podem chegar a 100%; estabelecer publicamente a reivindicação de um grupo familiar ou social a um título ou a uma prerrogativa, e ainda anunciar oficialmente uma mudança de situação; finalmente, superar em munificência um rival, esmagá-lo, se possível, pela perspectiva de obrigações de retorno que se espera não poderá satisfazer, de maneira a arrancar do rival privilégios, títulos, categoria, autoridade, prestígio[4]. Sem dúvida, o sistema dos dons recíprocos só atinge tão vastas proporções entre os índios da costa do noroeste do Pacífico, estes virtuosos que dão prova de um gênio e de um temperamento excepcionais no tratamento dos temas fundamentais da cultura primitiva. Mas Mauss pôde estabelecer a existência de instituições análogas na Melanésia e na Polinésia. É certo, por exemplo, que as festas de alimentação de várias tribos da Nova Guiné têm por função principal obter o reconhecimento de um novo *pangua* por uma convenção de testemunhas[5], isto é, a mesma função que, segundo Barnett, dá base fundamental aos *potlatch* do Alasca. O mesmo autor vê na maior oferta um caráter particular às cerimônias dos Kwakiutl, e trata o empréstimo a juros como uma operação preliminar ao *potlatch* e não como uma de suas modalidades[6]. Há sem dúvida variações locais, mas os diversos aspectos da instituição formam uma totalidade que se encontra, de maneira mais ou menos sistematizada, na América do Norte e do Sul, na Ásia e na África. Trata-se de um modelo cultural universal, mesmo quando não igualmente desenvolvido em toda parte.

Mas deve insistir-se também sobre o seguinte ponto: esta atitude do pensamento primitivo a respeito da transmissão dos bens não se exprime somente em instituições nitidamente definidas e localizadas. Impregna todas as operações, rituais ou profanas, no curso das quais são dados ou recebidos objetos e produtos. Por toda parte encontramos a dupla suposição, implícita ou explícita, que os presentes recíprocos constituem um modo, normal ou privilegiado conforme o grupo, de transmissão dos bens, ou de certos bens, e que estes presentes não são oferecidos principalmente, ou em todo o caso essencialmente, com a finalidade de obter um benefício ou vantagens de natureza eco-

---

**4.** DAVY, G. *La Foi jurée*. Paris, 1922. MURDOCK, G.P. Rank and Potlatch among the Haida. *Yale University Publications in Anthropology*, n. 13, 1936. • BARNETT, H.G. The Nature of the Potlatch. *American Anthropologist*, vol. 40, 1938.

**5.** Ver mais além cap. VI.

**6.** BOAS, F. *The Social Organization and the Secret Societies of the Kwakiutl Indians*, Report of the U.S. Museum for 1895, Smithsonian Institution. Washington, 1897. • BARNETT, H.G. Op. cit., p. 351s.

nômica. "Após as festas do nascimento, escreve Turner sobre a requintada cultura de Samoa, depois de terem recebido e retribuído os *oloa* e os *tonga* (isto é, os bens masculinos e os femininos), o marido e a mulher não saem mais ricos que antes..."[7]

Hogbin observa que nem um nem outro dos parceiros retira dessas trocas qualquer benefício material verdadeiro. "Com efeito, em certos momentos os presentes trocados são da mesma natureza. Assim, pode acontecer que uma bola de fios trançados oferecida durante o cerimonial exija de volta uma bola da mesma espécie e importância, que será oferecida exatamente com o mesmo cerimonial. Igualmente, quando um embrulho de alimentos dado de presente é substituído por um presente devolvido, este é composto do mesmo embrulho do mesmo alimento, preparado segundo igual receita"[8]. Na costa sul da Nova Guiné os indígenas empreendem longas viagens para executarem uma operação que, do ponto de vista econônimo, parece totalmente destituída de significação. Trocam animais vivos[9]. Igualmente, nas trocas que acompanham o casamento Yukaghir os pais que receberam uma rena retribuem com outra[10]. É que, com efeito, a troca não produz um resultado tangível, como no caso das transações comerciais de nossa sociedade. O lucro esperado não é nem direto nem inerente às coisas trocadas, como são o lucro de dinheiro ou o valor de consumo. Ou melhor, não é tal de acordo com nossas próprias convenções. Porque, para o pensamento primitivo, há na verdade outra coisa no que chamamos um "bem", diferente daquilo que o torna cômodo para seu detentor ou para seu negociante. Os bens não são somente comodidades econômicas, mas veículos e instrumentos de realidades de outra ordem, potência, poder, simpatia, posição, emoção. O jogo sábio das trocas (onde frequentemente não há transferência real, assim como os jogadores de xadrez não dão um ao outro as peças que avançam alternativamente no tabuleiro, mas procuram somente provocar uma resposta) consiste em um conjunto complexo de manobras, conscientes ou inconscientes, para adquirir garantias e prevenir-se contra riscos no duplo terreno das alianças e das rivalidades.

Os infortúnios de Amundsen mostram o que custa perder o sentido da reciprocidade: "Dos generosos presentes que lhes fazia em resposta a suas doações, os esquimós rapidamente concluíram que tinham vantagem em oferecer todas as suas mercadorias em forma de presente. Foi preciso recusar rapidamente todo presente e recorrer ao comércio propriamente dito"[11]. Igualmente, Holm verifica que uma troca com um indígena abre uma pretensão geral, da parte de todos os outros, ao mesmo pre-

---

7. Apud MAUSS, M. Op. cit., p. 42.

8. HOGBIN, H.I. Polynesian Ceremonial Gift Exchanges. *Oceania*, vol. 3, n. 1, 1932, p. 13.

9. WILLIAMS, F.E. *Papuans of the Trans-Fly*. Oxford, 1936, p. 137. • ARMSTRONG, W.E. Svau-Tawala, Papua. *Anthropology Report*, n. 1.

10. JOCHELSON, W. *The Yukhagir...*, p. 96.

11. BOAS, F. *The Eskimo...*, op. cit., p. 374.

sente. "Os indígenas explicaram que davam sempre às pessoas tudo o que pediam". Mas é preciso definir o verdadeiro sentido desta declaração. "Quando alguém quer começar um *patukhuk*, leva um objeto qualquer ao *kaspin* (casa dos homens) e o dá àquele com o qual deseja travar relações de troca, dizendo: "É um *patukhuk*". O outro fica obrigado a aceitar o presente e a oferecer de volta um objeto de mesmo valor. O primeiro traz então outra coisa, e estas operações continuam às vezes até que os dois homens tenham trocado todos os seus bens, porque aquele que recebeu em primeiro lugar é obrigado a responder, até que o iniciador queira parar"[12]. Esta paixão do dom, acompanhada da obrigação ritual que o recebedor tem de aceitar e de retribuir, encontra-se na outra extremidade do continente americano, entre os Yaghan[13].

O problema levantado por Turner no texto acima citado, referente a uma cultura altamente desenvolvida, tem como correspondente uma observação de Radcliffe-Brown sobre as trocas de presentes em um povo que se encontra em um dos níveis mais primitivos conhecidos, os habitantes das Ilhas Andaman. "A finalidade é principalmente moral, tendo por objetivo produzir um sentimento amistoso entre as duas pessoas em questão [...]"[14] A melhor prova do caráter supraeconômico dessas trocas é que no *potlatch* não se hesita em destruir às vezes valores consideráveis, quebrando ou jogando no mar um "cobre", e que maior prestígio resulta da aniquilação da riqueza que de sua distribuição, apesar de liberal, mas que supõe sempre uma retribuição. O caráter econômico subsiste, entretanto, embora seja sempre limitado e qualificado pelos outros aspectos da instituição. "Não é a simples posse das riquezas que confere o prestígio, mas antes a distribuição delas [...] O indivíduo só amontoa riquezas para se elevar na hierarquia social". Com efeito, "a ideia de dom gratuito é completamente estranha à cultura de Malekula [...] um dom é no máximo uma aventura, uma especulação e uma experiência de retribuição". Contudo, "mesmo quando se trocam porcos por porcos ou alimento por alimento, as transações não perdem todo alcance econômico, pois impelem ao trabalho e estimulam a necessidade de cooperação a que deram nascimento"[15].

Mas não é somente na sociedade primitiva que parece reinar a ideia de haver uma vantagem misteriosa na obtenção das comodidades – ou pelo menos de algumas delas – por via de donativos recíprocos, e não pela via da produção ou da aquisição individuais. Os índios do Alasca distinguem os objetos de consumo ou provisões, que não saem do círculo da produção e do consumo familiar, das riquezas, que formam a propriedade por excelência, e que os Kawakiutl chamam "the rich food". Este com-

---

12. NELSON, E.W. *The Eskimo about Bering Strait*, 18th Annual Report, Bureau of American Ethnology, Smithsonian Institution. Washington, p. 309.
13. GUSINDE, M. *Die Feuerland Indianer*. Viena, 1937, p. 980s.
14. Apud MAUSS, M. Op. cit., p. 62.
15. DEACON, A.B. *Malekula...*, p. 199 e 202.

preende cobertas decoradas com brasões, colheres de chifre, tigelas e outros recipientes cerimoniais, roupas de solenidades, etc., todos esses objetos cujo valor simbólico excede infinitamente o do trabalho ou da matéria-prima, e que são os únicos a poder entrar nos ciclos rituais das trocas tribais ou intertribais. Mas esta distinção está sempre em vigor na sociedade moderna. Sabemos que existem certos tipos de objetos especialmente próprios, na maioria das vezes pelo caráter não utilitário, para serem dados como presentes. Em alguns países ibéricos, estes objetos só podem ser encontrados, com todo seu luxo e diversidade, em lojas instaladas em função desse destino privilegiado, as "casas de regalias" ou "casas de presentes", a que correspondem as "gift shops" do mundo anglo-saxão. Ora, não é preciso dizer que os presentes, assim como os convites, que não são exclusivamente, mas também distribuições liberais de alimentos e bebidas, "se retribuem". Estamos, portanto, também aqui em pleno domínio da reciprocidade. Tudo se passa, em nossa sociedade, como se certos bens, de valor de consumo não essencial, mas aos quais ligamos grande apreço psicológico, estético ou sensual, como as flores, os bombons, e os "artigos de luxo", fossem considerados como devendo convenientemente ser adquiridos em forma de dons recíprocos, e não em forma de troca ou de consumo individual.

Festas e cerimônias regulam também entre nós o retorno periódico e o estilo tradicional de vastas operações de troca. Na sociedade norte-americana, que parece muitas vezes procurar reintegrar na civilização moderna atitudes e procedimentos muito gerais das culturas primitivas, estas ocasiões tomam uma amplitude inteiramente excepcional. A troca de presentes de Natal, a que, durante um mês cada ano, todas as classes sociais se dedicam com uma espécie de furor sagrado, não é outra coisa senão um gigantesco *potlatch* envolvendo milhões de indivíduos, no final do qual os orçamentos familiares defrontam-se com duráveis desequilíbrios. Os "Christmas cards" ricamente decorados não atingem sem dúvida o valor dos "cobres", mas o requinte de sua escolha, singularidade e preço (que, mesmo modesto, não deixa de se multiplicar por motivo da quantidade), o número deles, enviado ou recebido, são a prova, ritualmente exibida na chaminé do recebedor durante a semana fatídica, da riqueza de suas ligações sociais e do grau de seu prestígio. Seria preciso também mencionar as técnicas sutis que regulam o embrulho dos presentes e que, todas elas, traduzem, à sua maneira, o vínculo pessoal que existe entre o doador e o dom, e a função mágica do presente: embalagens especiais, papéis e fitas consagradas, etiquetas emblemáticas, etc. Pela vaidade dos dons, cuja reduplicação frequente resulta da escala limitada dos objetos próprios para servirem de presente, estas trocas tomam também a forma de uma vasta e coletiva destruição de riquezas. Sem desenvolver aqui o tema folclórico moderno, contudo tão significativo, do milionário que acendia seus charutos com notas de dinheiro, há numerosos pequenos fatos para lembrar que, mesmo em nossa sociedade, a destruição das riquezas é um meio de prestígio. O comerciante hábil não sabe atrair a clientela fazendo segredo de que certas mercadorias de alto preço são por ele "sacrificadas"? O objetivo é econômico, mas a terminologia guarda um perfume misterioso.

É sem dúvida o jogo que fornece, na sociedade moderna, a imagem mais característica dessas transferências de riquezas, com o fim exclusivo de adquirir prestígio, e o jogo exigiria, por si mesmo, um estudo especial. Vamos nos limitar aqui a uma breve observação. Durante os últimos cem anos o jogo tomou um desenvolvimento excepcional todas as vezes que os meios de pagamento excederam consideravelmente as disponibilidades locais de bens. As fabulosas histórias de jogo do Klondyke ou do Alasca no momento da expansão mineira encontram eco nas da região amazônica na grande época da borracha. Tudo se passa, pois, como se o dinheiro, que estamos habituados a considerar como simples meio de obtenção de bens econômicos, recuperasse, no momento em que não pode esgotar-se nesse papel, uma outra função arcaica, atribuída outrora às coisas preciosas, a de instrumento de prestígio ao preço do dom e do sacrifício, efetivamente realizado ou simplesmente arriscado. Esta ritualização do uso dos "excedentes" corresponde à regulamentação, já estudada no capítulo III, do uso dos "produtos escassos". Entre esses dois extremos encontra-se uma espécie de zona de indiferença e de liberdade. Os estudos de Martius sobre os Aruak são conhecidos: "Embora tenham a ideia da propriedade individual, o que cada um possui é tão banal e fácil de obter que todos emprestam e tomam emprestado, sem se preocuparem demasiado em restituir"[16]. Os Yakut recusavam-se a crer que em algum lugar do mundo se pudesse morrer de fome, quando é tão fácil ir participar da refeição de um vizinho[17]. Os requintes da divisão ou da distribuição aparecem, portanto, com a urgência ou a ausência da necessidade.

Mas ainda aqui estamos em presença de um modelo geral. No domínio tão característico das prestações alimentares, de que os banquetes, os chás e as ceias comprovam o vigor moderno, a própria linguagem, que diz "dar uma recepção", mostra que entre nós, tal como no Alasca ou na Oceania, "receber" é dar. Este caráter de reciprocidade não é o único que autoriza a aproximar as refeições e seu ritual das instituições primitivas que evocamos. "Nas relações econômicas e sociais a expressão *fai te kai*, 'preparar o alimento', ouve-se frequentemente e se refere ao ato preliminar da abertura da relação, pois um cesto de alimento constitui o meio habitual de introduzir uma petição, de pagar multa por um dano causado ou de cumprir uma obrigação. Nas instruções indígenas que se referem à maneira de agir em um grande número de situações, as palavras 'vai a tua casa, prepara alimentos' aparecem frequentemente em primeiro lugar"[18]. "Oferece-se" um jantar a uma pessoa que se deseja homenagear, e este gênero de convite constitui o meio mais frequentemente usado para "retribuir" uma delicadeza. Quanto mais o aspecto social domina o aspecto estritamente alimentar mais se vê estilizar-se o tipo de alimento oferecido e sua apresentação. O serviço de

---

16. VON MARTIUS, C.F.P. *Beiträge zur Ethnographie...* Leipzig, 1867.
17. SUMNER, W.G. The Yakuts – Abridged from the Russian of Sieroshevski. *Journal of the Royal Anthropological Institute*, vol. 31, 1901, p. 69.
18. FIRTH, R. *Primitive Polynesian Economics...*, p. 372.

porcelana fina, a prataria, as toalhas bordadas, preciosamente guardadas nos armá-
rios e nos guarda-louças familiares são um notável equivalente das tigelas e colheres
cerimoniais do Alasca que, em ocasiões análogas, saem das arcas pintadas e decoradas
com brasões. As atitudes em face do alimento, sobretudo, são reveladoras. Para nós
também, parece que aquilo que se pode chamar, sem trocadilho, os "rich food", correspondem a uma outra função, diferente da simples satisfação das necessidades fisiológicas. Quando se "dá" um jantar, não se serve o menu cotidiano, e a literatura evocou copiosamente o salmão com maionese, o rodovalho com molho *mousseline*, as
geleias de *foie gras*, todo este folclore dos banquetes. Ainda mais, se as obrigações alimentares exigem certos alimentos definidos pela tradição, basta apenas seu aparecimento para uma retribuição significativa, o consumo em forma compartilhada. Uma
garrafa de vinho velho, um licor raro, um *foie gras*, convidam o outro a verrumar uma
surda reivindicação na consciência do proprietário. São iguarias que ninguém com-
praria e consumiria sozinho, sem um vago sentimento de culpabilidade. O grupo,
com efeito, julga com singular dureza aquele que "bebe sozinho". Por ocasião das
trocas e cerimoniais polinésios é prescrito que, na medida do possível, os bens não sejam trocados no interior do grupo dos parentes próximos paternos, mas se estendam
a outros grupos e a outras aldeias. Faltar a este dever chama-se *sori tana*, "comer de
seu próprio cesto". E nas danças da aldeia as convenções exigem que os dois grupos
locais não consumam cada qual o alimento que trouxe, mas troquem suas provisões,
e que cada qual coma o alimento do outro[19]. O ato do homem ou da mulher que,
como no caso da mulher do provérbio Maori *Kai kino ana te Arahe*, comesse em segredo os pratos de cerimônia sem oferecer uma parte deles[20], provocaria em seus parentes próximos sentimentos que poderiam ser, segundo as circunstâncias e as pessoas,
de ironia, de zombaria, desgosto, desprezo e mesmo eventualmente cólera. Mas, cada
qual em seu gênero, estes sentimentos despertam um eco enfraquecido de emoções
do mesmo tipo, que evocamos nos capítulos precedentes. Nesta realização individual
de um ato que normalmente exige a participação coletiva, parece que o grupo percebe confusamente uma espécie de incesto social[21].

---

19. Ibid., p. 311 e 321.

20. BEST, E. *The Maori*. Wellington, 1924, vol. 1, p. 425.

21. Cf. as versões grega e cambojana de *Pele de asno*, onde o rei apresenta sob uma forma simbólica seus
desejos incestuosos sobre sua filha: "Um homem tem um cordeiro que ele próprio criou e alimentou.
Vale mais que seja ele que o coma ou que seja um outro homem?" E na versão Khmer: "Convocando um
dia seus mandarins, perguntou-lhes se o homem devia comer ou vender os frutos da árvore que tinha
plantado" (COSQUIN, E. *Etudes folkloriques*, Paris, 1922, p. 9). – Inversamente, entre os baigas da Índia
Central, o incesto expia-se oferecendo grandes festins (ELWIN, V. A Note in the Theory and Symbolism
of Dreams among the Baiga. *British Journal of Medical Psychology*, 1939); e os indígenas das Ilhas Trobri-
and justificam sua indignada condenação do incesto entre pai e filha – que não é, no regime matrilinear,
uma infração da lei da exogamia e que não é sancionado pelas doenças rituais – dizendo: "É um grande
mal porque ele já se casou com a mãe, já se apropriou dos primeiros presentes" (MALINOWSKI, B. *The
Sexual Life...*, vol. 2, p. 530-531).

Mas o ritual das trocas não está somente presente nas refeições de cerimônia. A polidez exige que se ofereça o sal, a manteiga, o pão, e que se apresente o prato ao vizinho, antes de a pessoa servir-se. Frequentemente, observamos o cerimonial da refeição nos restaurantes baratos do sul da França, sobretudo nessas regiões onde, sendo o vinho a indústria essencial, é envolvido por uma espécie de respeito místico, que faz dele o "rich food" por excelência. Nos pequenos estabelecimentos onde o vinho está incluído no preço da comida, cada freguês encontra, diante do prato, uma modesta garrafa de um líquido na maioria das vezes indigno. Esta garrafa é semelhante à do vizinho, como são as porções de carne e de legumes que uma empregada distribui ao redor. Entretanto, manifesta-se imediatamente uma singular diferença de atitude com relação ao alimento líquido e ao alimento sólido, porque este último representa as servidões do corpo e o outro um luxo, o primeiro serve para alimentar, o outro para homenagear. Cada conviva come, se é possível dizer, para si, e a observação de um dano mínimo na maneira pela qual foi servido desperta a amargura com relação aos mais favorecidos e uma ciosa queixa ao dono do restaurante. Mas com o vinho dá-se coisa inteiramente diferente. Se uma garrafa for insuficientemente cheia o possuidor dela apela com bom humor para o julgamento de um vizinho. E o dono da casa terá de enfrentar não a reivindicação de uma vítima individual, mas a repreensão comunitária. Isto acontece porque, com efeito, o vinho, diferentemente do "prato do dia", bem pessoal, é um bem social. A pequena garrafa pode conter apenas um copo, que esse conteúdo será derramado não no copo do detentor, mas no do vizinho. E este executará logo a seguir um gesto correspondente de reciprocidade.

Que aconteceu? As duas garrafas são idênticas em volume e seu conteúdo de qualidade semelhante. Cada qual dos participantes desta cena reveladora afinal de contas não recebeu nada mais do que se tivesse consumido sua porção pessoal. Do ponto de vista econômico ninguém ganhou nem perdeu. Mas é que na troca há algo mais que coisas trocadas.

A situação de duas pessoas estranhas que se defrontam a menos de um metro de distância dos dois lados de uma mesa de restaurante barato (a posse de uma mesa individual é um privilégio pago e não pode ser concedido abaixo de certa tarifa) é banal e episódica. É entretanto eminentemente reveladora, porque oferece um exemplo, raro em nossa sociedade (mas que as formas primitivas da vida social multiplicam), da formação de um grupo para o qual, sem dúvida por motivo do caráter temporário, não se dispõe de uma fórmula já pronta de integração. O uso de nossa sociedade é ignorar as pessoas cujo nome, ocupações e categoria social não são conhecidos. Mas, no pequeno restaurante, tais pessoas acham-se colocadas durante duas ou três meias-horas em uma promiscuidade muito estreita, e momentaneamente unidas por uma identidade de preocupações. Um conflito, sem dúvida não muito agudo, mas real, o que basta para criar um estado de tensão, existe numa e noutra, entre a norma da solidão e o fato da comunidade. As pessoas sentem-se ao mesmo tempo sozinhas e em conjunto, obrigadas à reserva habitual entre estranhos, enquanto sua posição respectiva no espaço físico e sua relação com os objetos e utensílios da refeição sugere, e em certa medida exige, a intimidade. Estes dois estranhos acham-se expostos, por um curto espaço de tempo, a viver juntos. Sem dúvida, não por um tempo tão longo nem tão estreitamente quanto no caso de dividirem uma cabine de transatlântico ou um leito de trem noturno. Mas também por esta razão a cultura interessou-se menos em definir um protocolo. Nada poderia impedir uma imperceptível ansiedade de surgir no espírito dos convivas, com base na ignorância do que o encontro pode anunciar de pequenos aborrecimentos. A distância social mantida, mesmo se não for acompanhada de nenhuma manifestação de desdém, insolência ou agressão, é por si só um fator de sofrimento, no sentido em que todo contato social contém um apelo e este apelo é uma esperança de resposta. A troca do vinho permite a solução dessa situação fugaz, mas difícil. É uma afirmação de boa vontade, que dissipa a incerteza recíproca, substituindo um vínculo à justaposição. Mas é também mais que isso. O parceiro, que tinha o direito de se conservar reservado, é provocado a sair desse estado, o vinho oferecido atrai o vinho retribuído, a cordialidade exige a cordialidade. A relação de indiferença, desde o momento em que um dos convivas decide escapar a ela, não pode mais reconstituir-se tal como era. Daí em diante só pode ser de cordialidade ou de hostilidade, pois não se tem a possibilidade, sem insolência, de recusar seu copo ao oferecimento do vizinho. E a aceitação da oferta autoriza uma outra oferta, a da conversa. Assim, vai-se estabelecendo uma cascata de pequenos vínculos sociais, por uma série de oscilações alternadas, por meio dos quais adquire-se um direito ao oferecer, ficando obrigada ao receber, e, nos dois sentidos, sempre além daquilo que foi dado ou aceito.

Há mais ainda. Aquele que abre o ciclo adquire a iniciativa, e o maior desembaraço social de que deu prova passa a ser para ele uma vantagem. Porque a abertura traz consigo sempre um risco, o do parceiro responder à libação oferecida por um copázio menos generoso, ou, ao contrário, do parceiro praticar uma maior oferta e nos obrigar – não esqueçamos que a garrafa é mínima – ou a perder, em forma da última gota, nosso último trunfo, ou a fazer ao nosso prestígio o sacrifício de uma garrafa suplementar. Estamos, portanto, é verdade que em escala microscópica, em presença de um "fato social total", cujas implicações são ao mesmo tempo psicológicas, sociais e econômicas. Ora, este drama aparentemente fútil, a que o leitor talvez ache que concedemos uma importância desproporcionada, parece-nos ao contrário oferecer ao pensamento sociológico matéria para inesgotáveis reflexões. Já indicamos o interesse que apresenta para nós as formas não cristalizadas da vida social[22], com os agregados espontâneos resultantes de crises, ou (como o exemplo que acaba de ser discutido) simples subprodutos da vida coletiva. Temos talvez em mãos vestígios ainda frescos de experiências psicossociais muito primitivas, cujo equivalente procuraría-

---

**22.** P. 49ss.

mos em vão na escala, irremediavelmente inferior, da vida animal, ou na escala, muito superior, das instituições arcaicas ou selvagens. Neste sentido, a atitude respectiva dos estranhos no restaurante aparece-nos como a projeção infinitamente longínqua, dificilmente perceptível, mas contudo reconhecível, de uma situação fundamental, a saber, aquela na qual se encontram indivíduos ou bandos primitivos, que entram em contato pela primeira vez, ou excepcionalmente, com desconhecidos. Mostramos em outro lugar[23] os caracteres dessa experiência, entre todas angustiante, da vida primitiva. Os primitivos só conhecem dois meios de classificar os grupos estranhos: ou são "bons" ou são "maus". Mas a tradução ingênua dos termos indígenas não nos deve iludir. Um grupo "bom" é aquele ao qual, sem discutir, concede-se hospitalidade, aquele para o qual nos despojamos dos bens mais preciosos, ao passo que o grupo "mau" é aquele do qual se espera e ao qual se promete, na primeira ocasião, o sofrimento ou a morte. Com um luta-se, com o outro troca-se. É por este prisma que se deve compreender a lenda Chukchee dos "Invisíveis", na qual os bens, misteriosamente veiculados, trocam-se por si mesmos. Nada a esclarece melhor que a descrição de seus antigos mercados, aos quais se vinha armado, sendo os produtos oferecidos na ponta das lanças. Às vezes segurava-se um pacote de peles com uma das mãos e com a outra uma faca de pão, de tal modo o indivíduo estava pronto a entrar em luta à menor provocação. Por isso, o mercado era outrora designado com uma única palavra, *elpu'r.IkIn*, "trocar", que se aplicava também às vendetas. A língua moderna introduzia um novo verbo: *uili'uikIn*, "fazer comércio", correspondente ao koryak *uili'uikIn*, "fazer a paz". O autor a quem devemos estas observações acrescenta: "A diferença de sentidos entre o antigo e o novo termo é significativa"[24].

Ora, a troca, fenômeno total, é primeiramente uma troca total, compreendendo o alimento, os objetos fabricados e esta categoria de bens mais preciosos, as mulheres. Sem dúvida, estamos muito longe dos estranhos do restaurante, e talvez alguém leve um susto diante da sugestão de que a repugnância de um camponês meridional em beber seu próprio frasco de vinho forneça o modelo segundo o qual se construiu a proibição do incesto. Sem dúvida, esta última não provém daquela. Acreditamos, no entanto, que todas as duas constituem fenômenos do mesmo tipo, que são elementos de um mesmo complexo cultural, ou mais exatamente do complexo fundamental da cultura. Esta identidade fundamental é aliás aparente na Polinésia, onde Firth distingue três esferas de troca, em função da mobilidade relativa dos artigos que participam da operação. A primeira esfera compreende sobretudo o alimento, em todas as suas diversas formas. A segunda engloba a corda trançada e o tecido de casca; na terceira colocam-se os anzóis de escama e de concha, a amarra, os pães de turmeric e as piro-

---

**23.** LÉVI-STRAUSS, C. *La Vie familiale et sociale des Indiens Nambikwara.*
**24.** BOGORAS, W. *The Chukchee...*, p. 53-55.

gas. Acrescenta: "A essas três esferas de troca deve-se acrescentar uma quarta, quando se trata de bens cuja qualidade é individual. Assim, por exemplo, a transferência da mulher por um homem que não pode pagar sua canoa de outra maneira. As transferências de terra podem ser colocadas na mesma categoria. As mulheres e as terras são dadas em pagamento de obrigações individuais"[25].

Talvez alguém nos faça uma objeção prévia, que é indispensável dissipar antes de levar mais longe a demonstração. Dir-se-á que estão sendo aproximados dois fenômenos que não são da mesma natureza. Sem dúvida, o dom constitui uma forma primitiva de troca. Mas desapareceu precisamente em proveito da troca, exceto algumas sobrevivências, como os convites, as festas e os presentes, que foram abusivamente postos em relevo. Porque em nossa sociedade a proporção dos bens que são transferidos segundo estas modalidades arcaicas representa uma porcentagem irrisória relativamente aos que são objeto de comércio e de negócio. Os dons recíprocos são divertidos vestígios, que podem reter a curiosidade do antiquário, mas não é admissível fazer derivar de um tipo de fenômeno hoje em dia anormal e excepcional, de interesse puramente anedótico, uma instituição como a proibição do incesto, que é tão geral e importante em nossa sociedade quanto em qualquer outra. Dito diferentemente, podem objetar-nos, conforme nós próprios fizemos a McLennan, Spencer, Lubbock e Durkheim, que estamos derivando a regra da exceção, o geral do especial, a função da sobrevivência. Talvez se acrescente que entre a proibição do incesto e o dom recíproco só existe um único caráter comum, a repulsa individual e a reprovação social dirigidas contra o consumo unilateral de certos bens. Mas dir-se-á que o caráter essencial dos dons recíprocos, isto é, o aspecto positivo da reciprocidade, falta inteiramente no primeiro caso, de tal modo que nossa interpretação, a rigor, só poderia ser válida para os sistemas exogâmicos (e particularmente as organizações dualistas) que apresentam este caráter de reciprocidade, e não para a proibição do incesto tal como é praticada em nossa sociedade.

Começaremos pela segunda objeção, à qual já foi feita alusão no capítulo precedente. Afirmamos, com efeito, que a proibição do incesto e a exogamia constituem regras substancialmente idênticas, não diferindo uma da outra senão por um caráter secundário, a saber, que a reciprocidade, que se acha presente nos dois casos, é somente inorgânica no primeiro, ao passo que é organizada no segundo. Como a exogamia, a proibição do incesto é uma regra de reciprocidade, porque não renuncio à minha filha ou à minha irmã senão com a condição que meu vizinho também renuncie. A violenta reação da comunidade em face do incesto é a reação de uma comunidade lesada. A troca pode não ser – diferentemente da exogamia – nem explícita nem imediata. Mas o fato de que posso obter uma mulher é em última análise consequência do fato de um irmão ou um pai terem renunciado a ela. Apenas, a regra não diz em proveito de quem é feita a renúncia. O beneficiário, ou em todo caso a classe be-

---

**25.** FIRTH, R. *Primitive Polynesian Economics*, p. 344.

neficiária, é ao contrário delimitada no caso da exogamia. A única diferença consiste portanto em que na exogamia exprime-se a crença de que é preciso definir as classes para que se possa estabelecer uma relação entre as classes, enquanto na proibição do incesto basta a relação unicamente para definir, em cada instante da vida social, uma multiplicidade complexa e continuamente renovada de termos direta ou indiretamente solidários. Esta transformação levanta um problema que teremos de resolver. Iremos resolvê-lo mostrando que a exogamia e a proibição do incesto devem ser ambas interpretadas em função do modelo mais simples, fornecido pelo casamento entre primos cruzados. Mas, qualquer que deva ser a solução proposta, vê-se que a proibição do incesto não difere da exogamia e das trocas de obrigações de outra ordem.

A segunda objeção toca um ponto igualmente essencial, porque se trata de escolher entre duas interpretações possíveis do termo "arcaico". A sobrevivência de um costume ou de uma crença pode, com efeito, explicar-se de duas maneiras: ou o costume e a crença constituem um vestígio sem outra significação a não ser a de um resíduo histórico poupado pelo acaso, ou por motivo de causas extrínsecas; ou então sobreviveu porque continua, ao longo dos séculos, a desempenhar um papel, e este não difere essencialmente daquele pelo qual é possível explicar seu aparecimento inicial. Uma instituição pode ser arcaica porque perdeu a razão de ser, ou, ao contrário, porque esta razão de ser é tão fundamental que a transformação de seus meios de ação nem foi possível nem necessária.

Tal é o caso da troca. Seu papel na sociedade primitiva é essencial, porque engloba ao mesmo tempo certos objetos materiais, valores sociais e as mulheres. Mas, enquanto com relação às mercadorias este papel diminuiu progressivamente de importância em favor de outros modos de aquisição, no que se refere às mulheres, ao contrário, conservou sua função fundamental, de um lado, porque as mulheres constituem o bem por excelência, e justificamos no capítulo III o lugar excepcional que ocupam no sistema primitivo dos valores, mas sobretudo porque as mulheres não são primeiramente um sinal de valor social, mas um estimulante natural. São o estimulante do único instinto cuja satisfação pode ser variada, o único, por conseguinte, para o qual, no ato da troca, e pela apercepção da reciprocidade, possa operar-se a transformação do estimulante em sinal, e, ao definir por meio dessa medida fundamental a passagem da natureza à cultura, florescer em uma instituição.

A inclusão das mulheres no número das obrigações recíprocas de grupo a grupo e de tribo a tribo é um costume tão geral que não bastaria um volume inteiro para enumerar os exemplos. Observemos antes de tudo que o casamento por toda parte é considerado como uma ocasião particularmente favorável para a abertura ou o desenvolvimento de um ciclo de trocas. Os "presentes de casamento" de nossa sociedade incluem-se evidentemente no grupo de fenômenos que estudamos anteriormente.

No Alasca e na Colúmbia Britânica o casamento de uma moça é necessariamente acompanhado por um *potlatch*, a tal ponto que os aristocratas Comox organizam falsas cerimônias de casamento, onde aliás não há noiva, com a única finalidade de adquirir privilégios durante os ritos de troca[26]. Mas a relação que existe entre o casamento e os presentes não é arbitrária. O próprio casamento faz parte das obrigações que o acompanham, sendo somente o motivo central (Figura 3). Ainda há pouco tempo em nossa sociedade era uso "pedir" uma moça em casamento, e o pai da noiva "dava" sua filha em casamento. Em inglês continua-se a dizer "to give up the bride". Diz-se também da mulher que arranja um amante que "ela se dá". O termo "gift" nas línguas germânicas possui sempre o duplo sentido de "presente" e de "noivado". Igualmente, em árabe, *sadaqa* significa ao mesmo tempo a esmola, o preço da noiva, a justiça e o imposto. Sem dúvida, neste último caso, a assimilação pode explicar-se pelo uso do comprar as esposas. Mas o casamento por compra é uma instituição especial somente na forma, pois na realidade é uma modalidade do sistema fundamental analisado por Mauss, segundo o qual, na sociedade primitiva e, parcialmente ainda, na nossa, os direitos, os bens e as pessoas circulam no interior do grupo de acordo com um mecanismo contínuo de obrigações num e noutro sentido. Mesmo depois do casamento, Malinowski mostrou que nas Ilhas Trobriand o pagamento de *mapula* representa, por parte do homem, uma obrigação devolvida destinada a compensar os serviços fornecidos pela mulher em forma de satisfações sexuais. Esta parece ser ainda a função do anel do noivado em nossa sociedade, pois o uso é deixá-lo com a mulher em caso de divórcio e não incluí-lo na partilha da comunidade.

Menos importante ainda que as realizadas por ocasião dos funerais, as trocas matrimoniais ilustradas pela Figura 3 merecem reter a atenção por sua surpreendente complexidade. Esta exprime-se ao mesmo tempo no número de obrigações e no dos vínculos sociais que implicam. Na verdade, o casamento põe em questão cinco tipos diferentes de relações familiares e sociais. À direita da linhagem do marido reconhece-se, em primeiro lugar, a linhagem da mulher, e mais longe a linhagem do tio materno da mulher. O fato de ser distinta da precedente indica que a filiação é patrilinear, como acontece efetivamente no caso de Tikopia, de onde este exemplo foi tomado[27]. À esquerda da linhagem do marido, o grupo dos "cozinheiros" (ou, antes, daqueles que são convidados a desempenhar este papel na presente circunstância particular) subdivide-se igualmente, primeiramente em aliados pelo casamento com mulheres da linhagem do marido, e em seguida em aliados pelo casamento com mulheres aparentadas com esses próprios aliados. Por ocasião do casamento de um desses membros, a linhagem do marido é portanto escorada, se assim é possível dizer, por dois grupos de genros, os genros diretos e os indiretos, e sua ajuda se dirige a ele, e lhe são retribuídas por dois grupos de sogros, os sogros próprios e os sogros de seus sogros.

---

26. BARNETT, H.G. The Coast Salish of Canada. *American Anthropologist*, vol. 40, 1938, p. 133.
27. FIRIH, R. *We, the Tikopia*. Nova York, 1936, cap. XV.

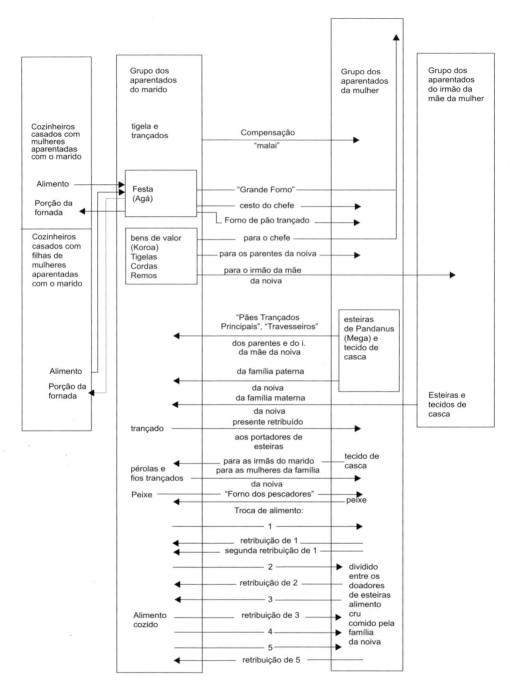

**Figura 3**
As trocas matrimoniais (segundo Raymond Firth. *Primitive Polynesian Economics*, op. cit., Figura 9, p. 323).

Encontraremos, no capítulo XVIII, este tipo de estrutura ligando cada linhagem, em um sistema de trocas orientadas, a seus "genros aproximados" e a seus "genros distantes", de um lado e, de outro, a seus "sogros próximos" e a seus "sogros afastados". O interesse da comparação está em mostrar que uma sociedade, cujo estudo evidencia certamente estruturas complexas de parentesco (porque Tikopia não conhece graus preferidos, sendo aí proibido o casamento dos primos), depende contudo dos nossos métodos de análise e pode ser definida, ao menos de maneira funcional, como uma sociedade de ciclo longo, no sentido que será dado a este termo no capítulo XXVII. Do ponto de vista mais geral, contentamo-nos em observar aqui que um novo casamento reanima todos os casamentos produzidos em outros momentos e pontos diferentes da estrutura social, de tal modo que cada conexão apoia-se sobre todas as outras e lhes dá, no momento em que se estabelece, uma renovação de atividade.

Finalmente, é preciso notar que "a compensação" (*te malai*), que inaugura as trocas matrimoniais, representa uma indenização pela abdução da noiva. Mesmo o casamento por captura não contradiz a regra da reciprocidade, sendo antes um dos meios jurídicos possíveis para pô-la em prática. A abdução da noiva exprime de maneira dramática a obrigação em que está todo grupo possuidor de moças de cedê-las. Torna manifesta a *disponibilidade* delas.

Seria, portanto, falso dizer que se trocam ou que se dão presentes, ao mesmo tempo que se trocam ou se dão mulheres. Porque a própria mulher não é senão um dos presentes, o presente supremo, entre aqueles que podem ser obtidos somente em forma de dons recíprocos. A primeira etapa de nossa análise foi justamente destinada a colocar em relevo este caráter de bem fundamental representado pela mulher na sociedade primitiva, e explicar as razões desse fato. Não devemos, portanto, nos espantar ao ver as mulheres compreendidas entre as alocações recíprocas, pois têm esse caráter em grau máximo, ao mesmo tempo que outros bens, materiais e espirituais. Esse caráter sincrético do laço conjugal e, para além do laço conjugal, e sem dúvida anterior a ele, da aliança, ressalta bem do protocolo do pedido de casamento entre os bosquímanos da África do Sul. Os pais da moça, solicitados por um intermediário, respondem: somos pobres, não podemos nos permitir entregar nossa filha. O pretendente visita então sua futura sogra e diz: vim falar com a senhora; se morrer, eu a enterrarei, se seu marido morrer, eu o enterrarei. A isso seguem-se imediatamente os presentes[28]. Não se poderia exprimir melhor o caráter total, sexual, econômico, jurídico e social, deste conjunto de obrigações recíprocas que é o casamento. Em Ongtong Java, uma ilha do arquipélago das Ilhas Salomão, as trocas cerimoniais realizam-se da maneira seguinte (Figura 4):

---

28. SCHAPERA, I. *The Khoisan People of South Africa*. Londres, 1930, p. 106.

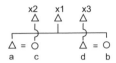

**Figura 4**

Seja $x1$ o chefe de grupo de $a$ e de $b$, a casou-se com $c$, cujo chefe de grupo é $x2$, e $b$ é casado com $d$, cujo chefe de grupo é $x3$. Em certa ocasião $a$ e seus irmãos dão peixe a $x1$, e $c$, e as mulheres dos irmãos de seu marido dão-lhe pães. Em troca, $a$ recebe pães e $c$ recebe peixe. Ao mesmo tempo, $d$ dá peixe a $x3$ e $b$ dá-lhe pães, e recebem o presente complementar. Em outra ocasião, $a$ dá a $x2$ peixe e $c$ dá-lhe pães, e cada um recebe o presente complementar em retribuição; simultaneamente, $d$ dá peixe a $x1$ e $b$ dá-lhe pães. Assim, "em uma troca, o chefe recebe peixe de seus consanguíneos masculinos e pães de suas afins femininas. Em outra recebe peixe de seus afins masculinos e pães de suas parentas. Nos dois casos guarda uma parte dos presentes e oferece a cada pessoa o presente complementar do que ele próprio recebeu"[29]. As trocas econômicas oferecem assim uma glosa ideal das transações matrimoniais.

Analisando uma relação de parentesco especial, sobre a qual voltaremos a falar, em vigor entre certos grupos da Nova Guiné, Seligman observa: "O povo de Beipaa engorda porcos e cria cachorros, mas estes porcos e estes cachorros não são para eles, e sim destinados à aldeia de Amoamo que é sua *ufuapie*, e em troca os porcos e os cachorros de Amoamo vão para Beipaa [...] O mesmo sistema funciona no que se refere aos casamentos. Segundo a regra admitida, uma jovem de uma aldeia não deve casar-se com homens que não entram no grupo dos *ufuapie*"[30]. Não somente, conforme se vê por esses exemplos, que seria fácil multiplicar quase ao infinito o sistema das obrigações *inclui* o casamento, mas é a *continuação* dele. No Alasca, a rivalidade dos *potlatch* desenvolve-se essencialmente entre o sogro e o genro, e nas Ilhas Andaman o genro é obrigado, muito depois do casamento, a homenagear especialmente seus sogros com presentes. Na Nova Caledônia o nome da irmã perpetua a lembrança dessas trocas, ao mesmo tempo que sua situação de mulher exógama garante-lhe a continuidade. É chamada *puneara*, "causa de alimento", e a expressão indica que todo irmão encontra seu prato feito no país onde sua irmã é casada[31].

Finalmente, o sistema das obrigações *conduz* ao casamento.

No momento da puberdade os rapazes Konyak Nagas começam a procurar moças do clã complementar do seu e trocam pequenos presentes cujo valor e natureza

---

[29]. HOGBEN, H.I. Tribal Ceremonies at Ongtong Java (Solomon Islands). *Journal of the Royal Anthropological Institute*, vol. 61, 1931, p. 47.
[30]. SELIGMAN, C.G. *The Melanesians of British New Guinea*. Londres, 1910, p. 364.
[31]. LEENHARDT, M. Notes d'ethnologie néo-calédonienne. *Travaux et mémoires de l'Institut d'Ethnologie*, vol. 8. Paris, 1930, p. 65.

são estritamente fixados pelo costume. Estes presentes têm tal importância que a primeira questão que o rapaz faz a uma moça, cujos favores procura obter, é a seguinte: "Queres aceitar meus presentes?" A resposta é ora "aceitarei" ou "recebi presentes de outro, não quero trocar contigo". O próprio texto destes preliminares é fixado pela tradição. Esta troca de presentes inaugura uma série de prestações recíprocas que conduzem ao casamento, ou melhor, constituem as operações inaugurais dele, a saber, trabalho do campo, refeições, bolos, etc.[32]

Os pequenos bandos nômades dos índios Nambkwara do Brasil Ocidental têm habitualmente medo uns dos outros, e evitam-se. Mas ao mesmo tempo desejam o contato, porque este lhes fornece o único meio de proceder a trocas e de conseguir assim produtos ou artigos que lhes faltam. Existe um vínculo, uma continuidade entre as relações hostis e a prestação de serviços recíprocos. As trocas são guerras pacificamente resolvidas, as guerras são o desfecho de transações infelizes. Este traço manifesta-se com plena evidência pelo fato da passagem da guerra à paz, ou pelo menos da hostilidade à cordialidade, realizar-se por intermédio de gestos rituais, verdadeira "inspeção de reconciliação". Os adversários apalpam-se reciprocamente, e com gestos que guardam ainda alguma coisa do combate, examinam os colares, os brincos, as pulseiras, os ornamentos de penas uns dos outros, com murmúrios de admiração.

E da luta passa-se com efeito imediatamente aos presentes, presentes recebidos, presentes dados, mas silenciosamente, sem regateio, sem expressão de satisfação e sem reclamação, e sem ligação aparente entre o que é oferecido e o que é obtido. Trata-se, portanto, realmente de dons recíprocos e não de operações comerciais. Mas pode ser atingido um estágio suplementar: dois bandos que chegaram assim a estabelecer relações cordiais duráveis podem decidir, de maneira deliberada, fundirem-se, instaurando entre os membros masculinos dos dois bandos respectivos uma relação artificial de parentesco, a de cunhados. Ou, levando-se em conta o sistema matrimonial dos Nambkwara, esta inovação tem por consequência imediata que todas as crianças de um grupo tornam-se cônjuges potenciais das crianças do outro grupo, e reciprocamente. Existe uma transição contínua da guerra às trocas e das trocas aos intercasamentos. E a troca das noivas é apenas o termo de um processo ininterrupto de dons recíprocos, que realiza a passagem da hostilidade à aliança, da angústia à confiança, do medo à amizade[33].

---

**32.** FURER-HAIMENDORF, Ch. von The Morung System of the Konyak Nagas, Assam. *Journal of the Royal Anthropological Institute*, vol. 68, 1938, p. 363.

**33.** LÉVI-STRAUSS, C. Guerre et commerce chez les Indiens de l'Amérique du Sud. *Renaissance*, vol. l, Nova York, 1943. • The Social Use of Kinship Terms among Brazilian Indians, *American Anthropologist*, vol. 45, 1943.

# CAPÍTULO VI
## A organização dualista

Este caráter fundamental do casamento considerado como forma de troca aparece de maneira particularmente clara no caso das organizações dualistas. Este termo define um sistema no qual os membros da comunidade – tribo ou aldeia – são distribuídos em duas divisões, que mantêm relações complexas, as quais vão da hostilidade declarada à intimidade mais estreita, e a que se acham habitualmente associadas diversas formas de rivalidade e de cooperação. Frequentemente, estas metades são exogâmicas, isto é, os homens de uma só podem escolher esposas entre as mulheres da outra, e reciprocamente. Quando a divisão em metades não regulamenta os casamentos, este papel é em geral assumido por outras formas de grupamento, quer se encontre uma nova bipartição do grupo, paralela ou perpendicular à anterior, quer as metades compreendam clãs, subclãs ou linhagens exogâmicas, quer, finalmente, as modalidades do casamento dependam de formações especializadas chamadas classes matrimoniais.

Excetuado este caráter de exogamia direta ou indireta, as organizações dualistas apresentam numerosos traços comuns: a descendência na maioria das vezes é matrilinear; dois heróis culturais, ora irmãos mais velho e mais moço, ora gêmeos, desempenham importante papel na mitologia. A divisão do grupo social continua frequentemente por uma bipartição dos seres e das coisas do universo, sendo as metades associadas a oposições características, a saber, o Vermelho e o Branco, o Vermelho e o Preto, o Claro e o Sombrio, o Dia e a Noite, o Inverno e o Verão, o Norte e o Sul ou o Leste e o Oeste, o Céu e a Terra, a Terra Firme e o Mar ou a Água, a Esquerda e a Direita, a Montante e a Jusante, o Superior e o Inferior, o Bom e o Mau, o Forte e o Fraco, o Primogênito e o Caçula. Acompanhando estas organizações dualistas, encontra-se às vezes a dicotomia do poder entre um chefe civil e um chefe religioso, ou um chefe civil e um chefe militar. Finalmente, as duas metades são ligadas uma à outra não somente pelas trocas de mulheres, mas pelo fornecimento de serviço e de retribuição de serviços recíprocos de caráter econômico, social e cerimonial. Estes laços exprimem-se frequentemente em forma de jogos rituais, que traduzem a dupla atitude de rivalidade e de solidariedade, que constitui o traço mais notável das relações entre as metades. É o que acontece nas corridas esportivas do Nordeste e do centro do Brasil e no jogo de bola encontrado, com a mesma função, na Austrália, na América do Norte, na América Central e na América do Sul. Estas semelhanças de detalhes sugeriram muitas vezes a hipótese de que as organizações dualistas difundiram-se a partir de um ponto de origem único. Acreditamos mais que repousam sobre uma base de reciprocidade, que oferece o caráter funcional e deve estar presente independentemente em inumeráveis coletividades humanas. Conforme procuraremos mostrar, o sistema dualista não dá nascimento à reciprocidade, mas constitui somente a organização desta. Esta organização deu lugar às vezes a uma descoberta local, ulteriormente imposta pela conquista, ou tomada de empréstimo por motivo de sua comodidade. Não teria nunca conseguido difundir-se se condições fundamentais não estivessem presentes em toda parte, condições que tornavam desejável adotá-la ou facilitavam sua imposição.

A distribuição das organizações dualistas apresenta, com efeito, caracteres que as tornam, entre todas, notáveis. Não são aparentes em todos os povos, mas encontram-se em todas as partes do mundo, e geralmente associadas aos níveis de cultura mais primitivos. Esta distribuição sugere, pois, menos uma origem única do que um caráter funcional próprio das culturas arcaicas. Há naturalmente exceções, mas é possível aduzir em apoio da opinião anterior que, em casos ainda mais numerosos, descobre-se, em forma de esboços ou de sobrevivências, a organização dualista nos vizinhos evoluídos dos grupos que a apresentam em forma mais acusada. Assim é que, na Indonésia, o vestígio de organizações dualistas pode ser encontrado entre os Sakai de Sumatra, na região de Macassar e nas Célebes centrais e meridionais, em Sumba, nas Ilhas das Flores, em Timor e nas Molucas. Na Micronésia sua existência presente ou passada é documentada ou sugerida nas Carolinas e nas Pelew. São encontradas na Nova Guiné, nas ilhas do Estreito de Torres e nas Ilhas Murray. Na Melanésia, Codrington, Rivers, Fox e Deacon estão de acordo em reconhecer, quase nos mesmos termos, que constituem a estrutura social mais arcaica. Vestígios e formas embrionárias foram observados, enfim, nas Ilhas Bank, nas Novas Hébridas, em Fidji (por Hocart), em Samoa, no Taiti, e talvez mesmo na Ilha de Páscoa: "As duas tribos ou *mata* dividem-se em dois grupos que, provavelmente, não são outra coisa senão confederações hostis", escreve A. Métraux a respeito da antiga organização social desta ilha. Entretanto, o mesmo autor indica, em outro caso, a crença numa dicotomia mítica, pela qual se explica a origem das próprias tribos[1] e descreve as formas de cooperação ritual entre *Tuu* e *Hotu-it*[2]. É supérfluo deter-se em considerações sobre a Austrália, porque é sabido que a divisão em metades exogâmicas é um traço frequente das culturas australianas e que em parte alguma este sistema é objeto de iguais requintes.

Já os autores do século XVI tinham assinalado formas de dualismo na América Central e no México, sendo fornecidas indicações semelhantes, na mesma época, a respeito do Peru. Na América do Norte as metades estão amplamente espalhadas em toda a zona oriental, principalmente entre os Creek, os Chickasaw, os Natchez, os Yuchi, os Iroquês, os Algonquin. São encontradas nas culturas das planícies, principalmente ou em forma de sobrevivência, entre os Sauk-Fox, os Menomini, os Omaha, os Kansa, os Osage e os Winnebago. E, em estado vestigial cada vez menos nítido, entre os grupos ocidentais. Faltam principalmente entre os Arapaho e os Cheyenne. Reaparecem nos

---

1. MÉTRAUX, A. La vie sociale de l'île de Pâques. *Anales del Institute de Etnografia Americana*. Universidad Nacional de Cuyo, 1942.

2. Id. Ethnology of Easter Island. *Bernice P. Bishop Museum Bulletin*, n. 160. Honolulu, 1940, p. 124-125.

níveis primitivos da Califórnia Central. Finalmente, foi só desde uma dezena de anos, mas com uma riqueza que tem toda a força de uma demonstração, que a organização dualista foi posta em evidência entre as culturas mais primitivas da América do Sul. Se a organização dualista, presente pelo menos em princípio entre os Nuer, nas tribos do ramo Lobi e nos Bemba da Rodésia Setentrional[3], parece contudo mais rara na África do que em outros lugares, seria possível mostrar que, mesmo nos casos em que está ausente, persistem certos mecanismos de reciprocidade que lhe são funcionalmente equivalentes. Assim, entre os Nuer do Nilo Branco, cujos clãs continuam ainda hoje a se dividirem em grupos exogâmicos, encontra-se o seguinte mito de origem: "Um tal Gau, descido do céu, casou-se com Kwong (sem dúvida, também ela chegada do céu em data anterior) [...] e teve com ela dois filhos, Gaa e Kwook, e um grande número de filhas. Como não dispunha de ninguém com quem casá-las, Gau designou várias de suas filhas para cada um dos dois filhos, e, a fim de evitar as calamidades resultantes do incesto, realizou a cerimônia de 'cortar em dois um bezerro no sentido do comprimento'[...] e decretou que os dois grupos poderiam casar-se entre si, mas nem um nem outro em seu próprio interior [...]"[4] O mito explica evidentemente a origem teórica dos pares exógamos. Ora, o mesmo autor diz-nos que entre os Bari, que não conhecem esta dicotomia, a mesma "splitting ceremony" é celebrada quando há incerteza sobre as relações de parentesco entre os dois noivos. Assim, pois, neste último caso, o risco teórico do incesto é afastado por uma reconstituição ideal de um par correlativo e antagonista. O sacrifício do boi ou da cabra para conjurar uma relação anormal entre os cônjuges é, aliás, extremamente difundido em toda a África, e encontraremos em outros lugares significativos equivalentes a ele.

Seria possível, é verdade, sermos acusados aqui de petição de princípio, pois parecemos postular a identidade fundamental da organização dualista e de costumes na aparência muito diferentes, o que deveria ser, ao contrário, o objeto de nossa demonstração. Ora, não há nada mais perigoso, do ponto de vista de um sadio método de pesquisa do que adotar, a respeito de uma instituição em exame, uma definição tão imprecisa e elástica que se torna difícil em seguida não encontrá-la em toda parte. Mais que qualquer outro, o estudo da organização dualista sofreu desse gênero de excesso.

A organização dualista acarreta com efeito um certo número de consequências em todos os lugares onde se realiza. A mais importante é que os indivíduos se definem, uns com relação aos outros, essencialmente segundo pertençam ou não à mesma metade. Este traço exprime-se da mesma maneira, qualquer que seja o modo de transmissão do nome da metade. Quer esta transmissão se faça pela linha feminina ou pela linha masculina, veremos sempre os colaterais da mãe classificados em uma categoria, e os do pai na outra. Um único termo servirá, portanto, habitualmente para

---

**3.** EVANS-PRITCHARD, E.E., *The Nuer*. Oxford, 1940. • LABOURET, H. Les Tribus du Rameau Lobi. *Travaux et Mémoires de l'Institut d'Ethnologie*, vol. 15. Paris, 1931. • RICHARDS, A.I. Reciprocal Clan Relationships among the Bemba of N.E. Rhodesia. *Man*, vol. 37, n. 222. • HAECKEL, L. Clan-Reziprozität und Clan-Antagonismus in Rhodesia (Zentralafrika) und deren Bedeutung fur das Problem des Zweiklassensystems. *Anthropos*, vol. 33, 1938.

**4.** SELIGMAN, C.G. & SELIGMAN, B.Z. *Pagan Tribes of the Nilotic Sudan*. Londres, 1932, p. 207.

designar a mãe e as irmãs, e um termo reunirá igualmente numa mesma denominação o pai e os irmãos deste último. Este sistema, que se apresenta em geral sob formas muito mais complexas, foi chamado "sistema classificatório de parentesco", e vê-se que a organização dualista explica muito facilmente seu caráter específico. Por essa razão Tylor e Frazer sugeriram que a organização dualista pode ser sempre postulada na origem do sistema classificatório. Como o sistema classificatório existe, ou pode ser encontrado, em quase todas as sociedades humanas, vê-se a gravidade dessa hipótese, que implica nada menos do que a universalidade da organização dualista. Julgamos que não é possível conservá-la em forma tão rigorosa, porque já indicamos que o fenômeno, aos nossos olhos essencial, não é a organização dualista mas o princípio de reciprocidade, do qual ela constitui de certo modo a codificação. Mas estamos de acordo em ver no sistema classificatório a prova da generalidade, senão da própria organização dualista, pelo menos de mecanismos que podem ser mais maleáveis e funcionar independentemente de um aparelho sistemático, mas que nem por isso deixam de comprovar o papel fundamental deste princípio de reciprocidade.

Onde começa e onde acaba a organização dualista? As metades têm de comum com os clãs o fato da filiação nelas ser sempre unilateral. Mas conhecemos sociedades divididas em clãs e sem organização dualista, conhecemos sociedades de clãs que se agrupam em metades, e enfim sociedades de metades não subdivididas em clãs. A principal diferença entre metades e clãs parece, portanto, ser que estas duas formas de grupamento dependem de ordens de grandeza diferentes.

Coloquemo-nos na hipótese mais simples que é, observemos, uma hipótese privilegiada: aquela em que os clãs e as metades são igualmente unidades exógamas. Uma distinção impõe-se imediatamente. Não basta que um clã seja exógamo para nos informar sobre as regras do casamento na sociedade considerada, mas saberemos somente que um indivíduo não pode procurar o cônjuge no mesmo clã que o seu. Mas a que clã deve dirigir-se? Quais são os graus de proximidade permitidos? Existem formas de união preferencial? Ignoramos. Os índios Crow dividem-se em treze clãs exogâmicos. Tudo o que isso nos informa é que, em cada treze mulheres, doze representam um cônjuge possível para um homem. Diferindo apenas quanto à ordem de grandeza, a regra do casamento é tão indeterminada quanto em nossa sociedade.

Uma outra situação completamente diferente se produziria em uma sociedade igualmente dividida em vários grupos unilaterais, mas onde cada um desses grupos mantivesse, com um ou vários outros, relações matrimoniais definidas. Seria possível supor, por exemplo, que o grupo A e o grupo B se casam sempre juntos e que o mesmo aconteça com o grupo C e o grupo D, o grupo E e o grupo F, etc. Ou ainda, que o grupo A dá mulheres ao grupo B, que dá as suas ao grupo C, que por sua vez dá as suas ao grupo D, etc. [...] ou qualquer outra combinação análoga. Em todos estes casos, o conjunto dos grupos constitui um sistema, o que já era verdadeiro na hipótese precedente, mas o sistema possui, desta vez, uma estrutura estável, podendo-se, para cada combinação, extrair uma lei do casamento que nos informa completamente sobre a natureza das trocas no grupo considerado. Reservaremos o nome de *clã* aos grupamentos unilaterais cujo caráter exogâmico admite uma definição puramente negativa, e daremos o nome de *classe*, ou mais exatamente de *classe matrimonial*, aos grupos que permitem uma determinação positiva das modalidades de troca.

A distinção entre as duas formas nem sempre é fácil. Existem clãs que não têm nenhum dos caracteres próprios das classes, assim por exemplo os clãs dos Tupi-Cawahib do Alto Madeira, cada um dos quais se compõe de uma ou várias aldeias que ocupam um território hereditário. Estes clãs são aproximadamente vinte e a regra do casamento limita-se à recomendação de casar-se fora. Deste modo, cada clã está obrigado a manter relações matrimoniais com vários outros, sem limite de número, sem constância nas alianças e sem preferência marcada por esta ou aquela combinação. Não se pode evidentemente dizer, num caso deste gênero, que o clã não é uma unidade funcional. Realmente é pelo simples fato de seu caráter exogâmico. Mas este papel funcional reduz-se ao mínimo, ao passo que os fatores que determinam o número de clãs, o aparecimento e o desaparecimento deles, sua localização geográfica e importância numérica são sobretudo de ordem histórica[5].

No caso dos Bororo, a que já fizemos alusão[6], a situação já é mais complexa. Os clãs são desiguais em número e em importância, sua distribuição e mesmo a estrutura interna variam de aldeia para aldeia. Entretanto, os clãs são sempre distribuídos entre duas metades exogâmicas e duas outras metades de caráter cerimonial. Além disso, os clãs parecem ligados dois a dois ou em combinações mais complexas por preferências matrimoniais, que contudo não têm caráter rigoroso. Estamos portanto em face de categorias sociais que participam ao mesmo tempo dos caracteres do clã e da classe, sem que esses caracteres se superponham completamente. Entre os Katchin da Birmânia, ao contrário, os grandes grupamentos que regulam o casamento são simultaneamente clãs e classes[7]. Finalmente, encontramos na Austrália classes matrimoniais que não são clãs, uma vez que os membros sucessivos de uma mesma filiação podem distribuir-se entre classes diferentes[8].

A distinção tem, no entanto, grande importância teórica. Porque se quisermos interpretar a organização dualista como um caso particular da organização clânica, e, mais precisamente, equiparar as metades a um sistema de $n$ clãs, para um valor de $n = 2$, encontraremos dificuldades insolúveis. Enquanto tínhamos $n > 2$, a noção de clã não se acompanhava de nenhuma determinação positiva, ou de determinações muito vagas. Mas, desde que o número de grupos cai a 2, tudo muda. As determinações negativas transformam-se em positivas. Em vez de saber que não é possível casar-se em um grupo, fica-se sabendo que é preciso casar-se em outro. De maneira geral, e para todos os atos da vida social regulados pela organização dualista, descobre-se de re-

---

5. LÉVI-STRAUSS, C. *The Tupi-Kawahib*, op. cit.

6. Cf. p. 57. – Os mundurucus têm igualmente metades exogâmicas compostas, uma (Metade Branca) de dezenove clãs, outra (Metade Vermelha) de quinze clãs. Segundo a lenda, esses clãs são antigas tribos rivais que se tornaram "irmãos". Existem além disso clãs que mantêm relações mais estreitas e são chamados *i-barip*, "parentes" (KRUSE, A. Mundurucu Moieties. *Primitive Man*, vol. 7, n. 4, 1934).

7. Cf. cap. XV.

8. Cf. cap. XI.

pente um *parceiro*. Daí o embaraço de Lowie, que tenta tratar as metades como espécies de cias: "A questão de saber ao que está ligada esta reciprocidade é muito embaraçosa"[9], e o fato de abandonar mais tarde esta posição[10].

Mas na verdade as metades não dependem da série "clã", e sim da série "classe". E não basta que o número dos clãs – como consequência da extinção demográfica ou por qualquer outra razão – seja reduzido a dois, para que surja uma organização dualista. Lowie cita justamente o caso dos Crow, que hoje só têm duas sociedades militares: as "raposas" e as "madeiras intumescidas". Na época em que Maximilien os visitou havia sete[11]. O pseudodualismo verificado nesta ocasião não tem por conseguinte significação do ponto de vista da organização dualista. Seria igualmente um falso dualismo se dois clãs, sobreviventes de uma organização mais complexa, procurassem, lado a lado, a aliança com outras aldeias ou outras tribos, conforme exemplos conhecidos na América do Sul. O problema tão discutido de saber se a organização clânica resulta da subdivisão das metades ou se, ao contrário, as metades formaram-se por aglomeração de clãs, é portanto desprovido de significação. Os dois métodos são possíveis, encontrando-se exemplos mais adiante. Não são esses, aliás, os únicos métodos possíveis, pois a organização dualista pode resultar do estabelecimento de laços orgânicos entre duas aldeias e mesmo entre duas tribos. Vimos esta última operação realizar-se diante de nossos olhos, entre duas tribos que não falavam a mesma língua, e desenvolver-se a tal ponto que só faltavam os nomes das metades para que nos encontrássemos em presença de uma organização dualista caracterizada e definitiva[12].

Estas considerações fornecem talvez uma resposta à recente polêmica sobre a origem, única ou múltipla, das organizações dualistas. Contra Olson, que sustentava a primeira interpretação[13], Lowie demonstrou que se confunde, sob o nome de organização dualista, instituições aparentemente heterogêneas[14]. Limitando-nos à América do Norte podemos dizer que os Iroquês têm metades exógamas compostas de vários clãs, os Hidatsa metades não exógamas, mas também compostas de vários clãs, os Fox e os Yuchi metades não exógamas e organizadas sem relação com os clãs, os Crow e os Kansa fratrias de caráter indeterminado, os Creek metades cerimoniais e não exogâmicas, os Kere e os Tewa metades cerimoniais de tendência endógama com passagem da mulher à metade do marido, quando primitivamente não pertencia a essa metade, etc. Em suma, o único caráter comum das metades seria apresentarem-se como duas. E esta dualidade é destinada a desempenhar papéis muito diferentes conforme os casos. Às vezes

---

9. LOWIE, R.H. *Traité de sociologie primitive*, p. 140.

10. Id. Some Moot Problems in Social Organization. *American Anthropologist*, vol. 36, 1934, p. 325.

11. Id. Resumo crítico de PERRY, W.J. The Children of the Sun. *American Anthropologist*, vol. 26, 1924, p. 87.

12. LÉVI-STRAUSS, C. The Social Use of Kinship Terms among Brazilian Indians. – Conforme vimos, a lenda atribui a mesma origem aos clãs mundurucus (cf. nota 152).

13. OLSON, R.L. Clan and Moiety in Native America. *University of California Publications in American Archaeology and Ethnology*, vol. 33, n. 4, 1933.

14. LOWIE, R.H. Op. cit.

regula os casamentos, as trocas econômicas e o ritual, outras vezes somente uma dessas atividades. Às vezes unicamente as competições esportivas. Estaríamos, pois, em presença de tantas instituições diferentes quantas são as modalidades que se podem distinguir. Lowie chega mesmo a tratar como verdadeiras "espécies" independentes os sistemas de metades patrilineares e os sistemas de metades matrilineares, os sistemas de metades exogâmicas e os sistemas de metades não exogâmicas[15].

O mestre americano tem sem dúvida razão em atacar certos abusos. Contudo, é preciso compreender a natureza deles. Olson e seus precursores – principalmente Perry[16] – cometeram um duplo engano. Definiram a organização dualista segundo a forma mais complexa e mais desenvolvida que a instituição é capaz de atingir; e todas as vezes que observaram um esboço ou um embrião de dualismo interpretaram este último como vestígio da forma complexa, cuja antiga presença ficava assim demonstrada. Por esse modo de ver, e como jocosamente Lowie um dia observou, a dualidade dos partidos políticos nos Estados Unidos poderia ser a sobrevivência de uma antiga organização dualista, na qual democratas e republicanos desempenhariam o papel das metades.

Mas se a organização dualista só excepcionalmente chega ao estágio de instituição, prende-se, contudo, às mesmas raízes psicológicas e lógicas que todas estas formas sumárias ou parciais, simples esboços às vezes, que são, do mesmo modo que ela (embora nem sempre tão sistematicamente), maneiras de estabelecer o princípio de reciprocidade. A organização dualista não é, pois, primeiramente uma instituição. Se quiséssemos interpretá-la desta maneira seríamos condenados a procurar sem esperança onde começa e onde acaba, e correríamos o risco de sermos lançados no atomismo e no nominalismo de Lowie. É, antes de mais nada, um princípio de organização, capaz de receber aplicações muito diversas e sobretudo mais ou menos avançadas. Em certos casos o princípio aplica-se somente às competições esportivas, em outros estende-se à vida política (e a questão de saber se o sistema dos dois partidos não constitui um esboço de dualismo pode ser colocada sem absurdo). Em outros casos ainda aplica-se à vida religiosa e cerimonial. É possível, enfim, estendê-lo ao sistema do casamento. Entre todas estas formas há diferenças de grau e não de natureza, de generalidade e não de espécie. Para compreender sua base comum é preciso invocar certas estruturas fundamentais do espírito humano e não esta ou aquela região privilegiada do mundo ou período da história da civilização.

Apela-se para a ignorância em que nos encontramos sobre a origem, a evolução e as formas de decomposição das organizações dualistas. Seria preciso, contudo, para ousar afirmar seu valor funcional conhecer o decreto que, em tal ou qual caso particular, as teria instituído? E inversamente a certeza de terem sofrido, em exemplos definidos, alterações devidas a acontecimentos contingentes – guerras, migrações, lutas internas, etc. – deve necessariamente levar à afirmação de sua origem histórica? Os etnólogos norte-americanos deleitaram-se em mostrar como interpretações demasia-

---

15. LOWIE, R.H. American Culture History. *American Anthropologist*, vol. 42, 1940, p. 427.
16. PERRY, W.J. *The Children of the Sun*. Londres, 1925.

do teóricas malogram em face da verificação de que certos sistemas variaram em um tempo relativamente curto quanto ao número e à distribuição de suas unidades exógamas. Concluíram que estruturas tão instáveis escapavam a toda análise sistemática[17]. Mas isso é confundir o princípio de reciprocidade, sempre em ação e sempre orientado na mesma direção, com os edifícios institucionais, frequentemente frágeis e quase sempre incompletos, que lhe servem em cada momento dado para realizar os mesmos fins. O contraste, diríamos, quase, a contradição aparente entre a permanência funcional dos sistemas de reciprocidade e o caráter contingente do material institucional que a história coloca à disposição deles, e que aliás remodela incessantemente, é mais uma prova do caráter instrumental dos primeiros. Sejam quais forem as mudanças, a mesma força está sempre em ação e é sempre no mesmo sentido que reorganiza os elementos que lhe são oferecidos ou abandonados.

Nenhuma discussão pode substituir a este respeito os três exemplos que examinaremos nas páginas a seguir. Foram tomados de três regiões diferentes e põem em evidência, o primeiro, a maneira como a organização dualista pode começar a existir, o segundo, as crises a que está exposta, e, o terceiro, as modificações específicas que traz a um sistema social capaz de ser observado independentemente de sua ação.

Os Motu e os Koita da Nova Guiné constituíam originariamente duas tribos diferentes. Tendiam, contudo, a aproximar suas aldeias, quer a nova aldeia fosse simplesmente formada de dois grupos de casas, quer as duas aldeias permanecessem distintas, embora contíguas. Em certos casos foram os Motu que penetraram em território Koita, em outros foi o fenômeno inverso que se produziu. Mas, de maneira geral, as trocas matrimoniais operam-se com tal frequência que dificilmente é possível encontrar "em toda a região oriental um número apreciável de Koita cuja genealogia tenha se mantido pura durante três gerações"[18]. Sobretudo, a estrutura social organiza-se de tal maneira que não se ousa mais distinguir o legado da história da finalidade consciente, ou inconsciente, do sistema. Assim, o centro de Poreporena compõe-se hoje em dia de quatro aldeias grupadas em duas subdivisões, compreendendo cada qual uma aldeia Koita e uma aldeia Motu:

| | | |
|---|---|---|
| Hohodai (K) | | |
| Hanuabada (M) | Hanuabada | |
| | | Poreporena |
| Tanobada (M) | | |
| Guriu (K) | Tanobada | |

Cada migração particular deve ter tido suas razões em circunstâncias demográficas, políticas, econômicas ou estacionais. O resultado geral demonstra, entretanto, a exis-

---

17. Lowie, R.H. Passim. KROEBER, A.L. Basic and Secondary Patterns of Social Structure. *Journal of the Royal Anthropological Institute*, vol. 68, 1938, p. 305-307.

18. SELIGMAN, C.G. *The Melanesians of British New Guinea*, p. 45s.

tência de forças de integração que não dependem de condições dessa ordem. Influenciada por elas, a história tende para o sistema.

Mais notável ainda é o exemplo dos grupos Mekeo, igualmente estudados por Seligman. A organização social desenvolve-se no plano de uma simetria sutil e complexa, tendo seus elementos constitutivos expostos a avatares históricos que não chegam nunca a desmentir-lhe o rigor. A lenda liga a origem dos Mekeo a migrações sucessivas, cuja causa primeira teria sido uma desavença relativa à natureza – oral, diziam uns, anal, pretendiam os outros – do riso do pássaro *ongoye*. Além das lutas de facções e das migrações a que esta lenda parece fazer alusão, Seligman lembra as guerras, vinganças e cessões de território. A história das aldeias inawis e inawaes está cheia de fatores desta ordem[19].

E, no entanto, as aldeias coincidem com unidades sociais cuja natureza, número e distribuição não podem ser somente resultado do acaso. Os Mekeo dividem-se em dois grupos, *ofa* e *vee*. Cada grupo é por sua vez subdividido em dois *ngupu*, "grupo de mesma descendência", que tem os nomes de Inawi e de Inawae para os *ofa*, e de Ngangai Kuapengi para os *vee*. Cada *ngupu* compreende, por sua vez, um, dois ou vários *pangua*, clãs ou grupos locais no interior da aldeia. Finalmente, o clã divide-se em secções, cada qual caracterizada por uma Casa dos Homens ou *ufu*.

São conhecidos até certo ponto os mecanismos pelos quais um *pangua* se subdivide e dá nascimento a novas unidades. Um *pangua* compõe-se normalmente de vários *ikupu* ou famílias ampliadas. Um grupo de *ikupu* pode adquirir personalidade jurídica proclamando-se "secção mais moça" (*ekëi*) de um *pangua*, sendo os outros *ikupu* conhecidos então como "secção mais velha" (*fäangiau*). Pode também separar-se completamente de seu clã e fundar um novo *pangua*. Há um terceiro processo de subdivisão, no qual o *pangua* dá nascimento a dois grupos, *fäa aui* ou *lopia aui,* de um lado, compreendendo o chefe político, e que é sempre uma fração da secção mais velha; e, de outro lado, *io aui*, compreendendo sempre o chefe de guerra, e que pode ser uma fração da secção mais moça. A pressão demográfica, as discórdias intestinas, as desigualdades econômicas, a ambição política ou o desejo de prestígio parecem ser os principais motivos desta operação de fissão, e Seligman relata exemplos detalhados[20].

Contudo, cada *pangua*, ou grupo de *ikupu* no interior do *pangua*, mantém relações de tipo particular com certos *pangua* ou grupos de *ikupu* no mesmo *pangua* ou em *panguas* diferentes. *Pangua* ou *ikupu* unidos entre si por este laço especial chamam-se *ufuapie*, ou "Casa dos Homens do outro lado da aldeia". Os *ufuapie* trocam entre si obrigações que podem ser, conforme os casos, econômicas, jurídicas, matrimoniais, religiosas e cerimoniais, podendo se dizer sem exagero que a vida social dos Mekeo tem como princípio regulador a relação de *ufuapie*. Em certo sentido, pois, a estrutura dos *ufuapie* atua como a causa final do sistema complexo dos *ngupu, pangua, ikupu* e *ufu*. Tanto isto é verdadeiro que, referindo-se à teoria indígena segundo

---

19. Ibid., p. 315-319.
20. Ibid., p. 328-346.

a qual a desordem e a aparente confusão dos grupos, considerados em seu estado atual, podem ser reduzidas a duas secções (*biofa* e *vee*), cada uma composta de dois *ngupu* que são *ufuapie* relativamente um ao outro, Seligman reconhece, no final de uma análise rigorosa, que "as condições atualmente existentes [...] são quase exatamente as requeridas pela hipótese fundada sobre a história indígena"[21].

Assim, a estrutura social dos Mekeo foi modificada por influência de dois fatores, a saber, de um lado movimentos migratórios que introduziram elementos alógenos, e, de outro, uma tendência interna. "Há, e provavelmente sempre houve, um movimento centrífugo que, na ausência de todo poder central solidamente estabelecido, favoreceu a formação de grande número de *panguas* por fissão dos grupos primitivos"[22]. A organização antiga dos Biofa e dos Vee, cada um dividido em duas metades exogâmicas obrigadas a serviços recíprocos, complicou-se e diversificou-se. Continua, no entanto, a se exprimir na relação dos *ufuapie*, cuja presença se explica menos como sobrevivência histórica do que como princípio regulador que, de modo sem dúvida imperfeito, conseguiu contudo subsistir.

Esta independência respectiva do princípio de reciprocidade e das instituições temporárias pelas quais este princípio se exprime em tal ou qual sociedade e num ou noutro momento de sua história sobressai também claramente no caso dos Naga do Assam. Seus representantes setentrionais e orientais, os Konyak, subdividem-se em dois grupos linguísticos, Thendu e Thenkoh, diferenciados também por particularidades do vestuário. Os dois grupos são endógamos, quer vivam na mesma aldeia?[23] ou em aldeias diferentes[24]. Mas cada aldeia possui uma Casa dos Homens ou *morung*. Algumas têm duas, e outras mais. Cada *morung* corresponde a um *khel* ou subdivisão da aldeia, e agrupa vários clãs hierarquizados, entre os quais o casamento é proibido. O *morung* funciona, pois, ao menos em certos casos, como uma unidade exogâmica. Entretanto, a exogamia de clã existe sem prejuízo da exogamia de *morung*, e em certas aldeias, por exemplo a de Wakching, os *morung* são grupados dois a dois para formar dois pares exógamos: *Oukheang* e *Thepong* de um lado, e *Balang* e *Bala*, de outro. O casamento faz-se por troca de presentes entre o noivo e seus sogros, "trocas que se repetem até a morte do genro e que, em certos casos, prolongam-se ainda além"[25]. Este sistema de prestações de serviços entre *morung* regulamenta toda a vida econômica e cerimonial das aldeias que o praticam. Assim, o *morung* é o centro da vida da aldeia, "o pilar de sua organização social e política. O sistema de *morung* determina as relações de cada homem e de cada mulher com os outros membros da comunidade e fornece um quadro à rede das obrigações recíprocas entre os indivíduos e os grupos. Re-

---

21. Ibid., p. 352.
22. Ibid., p. 367.
23. HUTTON, J.H. *The Angami Naga*. Londres, 1921, p. 114ss.
24. FURER-HAIMENDORF, C. von. The Morung System of the Konyak Nagas, Assam. *Journal of the Royal Anthropological Institute*, vol. 68, 1938.
25. Ibid., p. 362.

força o sentimento de unidade do grupo [...] encoraja ao mesmo tempo o espírito de emulação [...] e estimula também a vida da aldeia inteira"[26].

Ora, este sistema fundamental de direitos e deveres recíprocos está constantemente à mercê de conflitos e discórdias que impõem completa reorganização da estrutura. Conforme o costume, os rapazes Thepong tinham reconstruído o *Yo* (Casa das Moças) das moças Bala. Tinham assim adquirido um privilégio que lhes permitia cortejar as moças Bala em seu *Yo*. Perceberam que suas amigas recebiam igualmente rapazes Ang-ban, que não podiam contudo prevalecer-se do mesmo direito. Depois de censuras inúteis, os Thepong invadiram o *Yo* e derrubaram as plataformas de bambu que serviam de camas. As moças ultrajadas reclamaram então o pagamento de uma multa, coisa que os rapazes recusaram, a menos que também elas se submetessem à multa, por terem recebido ilegalmente os Ang-ban. Os ânimos excitaram-se de ambos os lados e finalmente as relações foram rompidas entre os rapazes Thepong e as moças Bala. Os dois grupos não cantam nem dançam mais juntos, vão separadamente aos campos e não trocam mais presentes. Nestas condições, é o clã Ang-ban – que soube manter boas relações com os Thepong assim como com os Bala – que se interpõe entre os dois e evita a interrupção do circuito das prestações de serviços. Por sua parte, os Bala e os Thepong abrem um novo ciclo de relações com outros *morung*[27].

Igualmente típico é um outro incidente que os narradores fazem remontar ao começo do século. Os homens do *morung* Bala tinham-se tornado insuportáveis por sua arrogância e espírito rixento. Um deles caiu um dia em uma armadilha de caça montada por um homem de Chingtang e morreu das consequências dos ferimentos. Embora se tratasse somente de um acidente, os Bala juraram tirar vingança. Os outros *morung* intercederam junto aos Bala para que se contentassem com uma pesada multa. Os Chingtang declararam-se prontos a pagar, os Bala recusaram-se, fizeram uma emboscada e mataram por engano uma mulher de Wanching em lugar de Chingtang que esperavam.

Os outros *morung* perderam então a paciência. Era preciso que os Bala entregassem os culpados aos Wanching, do contrário seria a guerra entre as duas aldeias. Mas os assassinos fugiram e os Bala preferiram satisfazer os Wanching comprando um escravo cuja cabeça serviria para vingar o assassínio.

O incidente poderia, portanto, parecer resolvido. Contudo, as relações entre Bala e Thepong foram piorando, e uma desavença sobre a propriedade de uma canção acabou em batalha. Os dois *morung* lutaram encarniçadamente, não *só* a golpes de pau, como é de hábito nos combates deste gênero, mas também a golpes de pedras. Os Bala atacaram mesmo seus adversários com lanças e feriram vários. Furiosos por esta violação das regras, um Thepong matou um Bala.

Toda esperança de paz estava desde então perdida. Os quatro *morung*, Oukheang, Thepong, Balang e Ang-ban, decidiram acabar de uma vez por todas com os au-

---

26. Ibid., p. 376.
27. Ibid., p. 364.

tores das perturbações. Mas, como é proibido destruir um *khel* de sua aldeia, dirigiram-se ao Ang de Chi para executarem a operação em lugar deles. Os Ang de Chi aceitaram, com a condição de que o povo de Wakching colocasse um jovem irmão de Chi à frente de seus próprios Ang. Foi nessas condições que o *khel* dos Bala foi incendiado e seus membros dispersos.

Entretanto, os Bala não desapareceram de todo. Alguns encontraram refúgio entre os Balang, embora estes tivessem participado da conjuração. Mas os Balang tinham atacado os Bala como um *morung* diferente do seu, e não como seus irmãos de clã no interior deste mesmo *morung*. Nesta última qualidade os Bala tinham direito à sua proteção e sabiam tão bem disso que se refugiaram somente nos *morung* com os quais lhes era proibido contrair casamento, e nunca junto de seus aliados. O *morung* Bala desapareceu, mas quase a metade de seus membros foram aceitos entre os Balang e tratados como tais. Somente quinze anos mais tarde o *morung* Bala foi reconstruído e reaberto[28].

Ninguém duvida que na maioria dos casos não se possa explicar o aspecto atual de uma estrutura social por acontecimentos do mesmo tipo. Mas seria preciso ser singularmente míope para não ver nada mais além disso. Apesar dos incidentes, conflitos e destruições, as estruturas consideradas permaneceram estruturas de reciprocidade. Sua verdadeira natureza está ligada aos fatores que as fazem subsistir como tais e não à história anedótica que lhes impõe um contínuo esforço de readaptação.

O exemplo dos Yokut e dos Mono ocidentais da Califórnia não é menos notável, pois estamos aqui em presença de um grupo em que somente certos elementos possuem a organização dualista, e estes mesmos não a conhecem todos no mesmo grau. Sobretudo, onde ela existe superpõe-se a uma forma mais geral de organização, que determina com precisão e desenvolve, sem contradizê-la ou substituí-la. Esta forma geral de organização consiste, por um lado, em um sistema de linhagens patrilineares, hoje em dia reconhecido como base da vida social das tribos californianas, e, de outro lado, consiste em um apelo contínuo às obrigações recíprocas entre pessoas, famílias, linhagens, aldeias ou tribos. "Em cada ocasião de alegria ou de luto [...] encontrava-se sempre um grupo de parceiros que prestavam serviço e traziam presentes, compensados por serviços em sentido oposto de valor equivalente, em forma de pérolas, cestos, ornamentos de plumas, peles ou alimento"[29]. Temos, portanto, no início e em forma frusta, de um lado grupos (ou mais exatamente parceiros, porque as relações de reciprocidade existem entre dois grupos, entre duas pessoas ou mesmo entre uma pessoa e um grupo, como no caso dos rituais propiciatórios dirigidos aos totens a que se referem os animais mortos na caça), e de outro lado uma rede de relações bilaterais entre esses parceiros. Ao mesmo tempo, o casamento é proibido entre

---

**28.** Ibid., p. 366-367.
**29.** GAYTON, A.H. Yokut and Western Mono Social Organization. *American Anthropologist*, vol. 47, 1945, p. 416.

todos os *ta'a'ti* ou parentes, compreendendo este termo todos os primos até o segundo e às vezes mesmo o terceiro grau.

Ora, o que acontece nas tribos Mono e Yokut que superpõem a esta organização geral uma divisão em metades? Nada é modificado, nada é suprimido, mas as metades acrescentam alguma coisa, e isto segundo três relações diferentes. Primeiramente, um tipo suplementar de oposições correlativas, funcionando de maneira análoga às precedentes. Em seguida, um princípio de sistematização, que permite agrupar e simplificar redes de relações anteriores. Finalmente, o meio de tratar segundo os mesmos métodos relações (tais como o casamento) que até então não tinham sido conscientemente igualadas à reciprocidade.

As metades são patrilineares, como as linhagens, e o agrupamento destas em metades não as impede de conservar seus totens respectivos. No entanto, os totens adquirem uma ordem, ou uma disposição, que do contrário lhes falta, porque também eles são divididos entre as duas metades. Assim, entre os Tachi a Águia, a Gralha, o Falcão, etc. ligam-se à metade *Tokelyuwiš* e o Urso, o Corvo, o Coiote, etc., à metade *Nutuwiš*. Um homem, cuja linhagem patrilinear possui como emblema a Gralha, é portanto ao mesmo tempo Gralha (quanto à linhagem) e *Jokelyuwiš* (quanto à metade). Respeita seu próprio emblema, como é normal, e demonstra, ao menos por conveniência, um certo respeito com relação aos outros emblemas de sua metade. Igualmente, as tribos dualistas classificam os produtos da colheita e da caça, por ocasião das cerimônias rituais, em *Tokelyuwiš* (sementes e cogumelos) e *Nutuwiš* (bagas, pássaros, caça). A metade "proprietária" de determinado alimento é encarregada da primeira colheita, cujo produto oferece à outra metade. É preciso que esta tenha recebido sua parte para que seja suspensa a proibição alimentar, que de outro modo seria imposta ao primeiro grupo. Nas tribos sem metades, as cerimônias para o resgate de um animal morto na caça são celebradas pela linhagem epônima. Nas tribos onde há metades, essas cerimônias competem a uma das duas divisões principais, não cabendo à família interessada senão um papel de oficiante[30].

Assistimos também a outras transformações. Os títulos oficiais ("chefes" e "mensageiros") são apanágio das estirpes da águia e do pombo nas tribos sem metades. Quando existem metades, a estirpe da águia (metade *Tokelyuwiš*) detém o primeiro lugar na hierarquia. Mas um segundo chefe, da linhagem do Coiote, aparece na metade *Nutuwiš*, e a dualidade Águia-Coiote torna-se característica da organização inteira. O comando adquire assim uma estrutura dualista, que de outro modo lhe falta. Mas, sobretudo, o sistema de casamento merece atenção. Não há ruptura completa com as regras anteriormente descritas. O casamento de primos cruzados continua proibido, sendo possível o casamento entre membros da mesma metade quando entre eles não existe relação de parentesco conhecida. Contudo, o termo *ta'a'ti* tende a aplicar-se a todos os membros da metade do indivíduo que fala, e a exogamia de metade, sem ser rigorosa, corresponde a uma tendência geral, 70 a 75% entre os Yokut. Os Yokut e os Mono ocidentais celebram seu ritual anual do Grande Luto em coope-

---

**30.** Ibid., p. 420-422.

ração com uma tribo vizinha, que desempenha o papel de parceiro para a troca das obrigações e das obrigações recíprocas. A tribo convidada não é necessariamente a mesma cada ano, mas nas tribos onde há metades o par de reciprocidade deve sempre construir-se com uma metade *Tokelyuwiš* da tribo que faz o convite e com uma metade *Nutuwiš* da tribo convidada, ou inversamente. No entanto, a reciprocidade não é global, não é uma metade que acolhe uma outra metade. Percebe-se mais um princípio geral que se aplica a todos os constituintes (famílias e pessoas) dos dois grupos respectivos. A família do chefe que convida acolhe a família do chefe convidado, e as famílias agrupam-se assim por pares de convidadores e de convidados, com base em suas relações particulares. Subsiste, portanto, o princípio segundo o qual a linhagem continua sendo a unidade social fundamental, que atua através do lugarejo, da aldeia, da tribo homogênea ou da tribo dividida em metades.[31]

Conforme diz com razão o autor destas observações, as metades californianas não são, pois, instituições cristalizadas correspondentes a noções rigorosamente definidas, mas traduzem antes um princípio de grupamento recíproco, segundo dois polos associados ou opostos, dos mesmos elementos encontrados nas populações sem metades da mesma região, indivíduo, família, linhagem ou tribo. A preponderância da linhagem patrilinear é geral. Quando existem metades, estas apenas intensificam e estendem os mecanismos de reciprocidade igualmente característicos da região inteira, sem prejuízo das formas de organização que lhes correspondem por toda parte[32].

Estes fatos, e ainda outros que teria sido possível acrescentar a eles, concordam em apresentar a organização dualista menos como uma instituição identificável por traços definidos do que como um método aplicável à solução de múltiplos problemas. Desta multiplicidade de conteúdo é que as organizações dualistas tiram sua aparente heterogeneidade. Mas seria um engano confundir a diversidade do fundo com a forma, simples e constante, que lhe é imposta. Pode-se, ao contrário, reconhecer a extrema generalidade desta última, sem cair nestas duas armadilhas das concepções puramente históricas, a história geral e o estudo monográfico.

Mesmo em sociedades nas quais o clã (no sentido definido acima) representa a forma de organização predominante, vemos aparecerem esboços de classes quando o sistema normal não fornece uma solução já pronta para problemas imprevistos. Poucas populações parecem tão afastadas da organização dualista quando os Ifugao das Ilhas Filipinas, que proíbem o casamento entre primos coirmãos e não o autorizam senão excepcionalmente entre primos de segundo e terceiro graus. Mesmo assim, neste último caso, é preciso celebrar o rito especial que começa por um combate simulado. A família do noivo ia armada à aldeia da noiva, ou esperava, igualmente armada, a família desta última. Os dois grupos entabulavam então uma desavença, mais ou menos nos termos que Barton pôde reconstituir:

---

31. Ibid., p. 420-424.
32. Ibid., p. 425.

*Grupo do noivo.* – Viemos buscar aquilo que vocês nos devem.

*Grupo da noiva.* – Que dívida? Não lhe devemos nada. Só tomamos de empréstimo a nossos parentes!

*Grupo do noivo.* – Vocês o perderam? Vocês o esqueceram?

*Grupo da noiva.* – Certamente, está perdido porque nada tomamos emprestado. Acabem com suas insolências, vão embora e voltem para suas casas!

*Grupo do noivo.* – O quê? Querem uma briga? Pois bem, combatamos!

Começava então um combate simulado, mas com armas verdadeiras, e embora não fossem nunca dirigidas contra tal ou qual indivíduo era melhor, relatam os indígenas, "abrir o olho para não receber um mau golpe". Ao cabo de um momento alguém gritava: "Basta, basta! Acomodemos isto por meio de um casamento ou então pobres de nós!" Celebravam-se os ritos de pacificação, seguidos de invocações aos deuses e aos antepassados. "Nós vos invocamos, antepassados, porque nós, que éramos inimigos, estamos fazendo a paz [...] Fazei com que as crianças que vão se unir pelo casamento (para pôr fim a esta hostilidade) não fiquem inválidas ou obesas, etc."[33] Assim, pois, para tornar possível o casamento no interior do grupo exógamo este é quebrado, ou pelo menos simula-se tal ruptura. Pensamos nas populações da Nova Bretanha, onde as metades são chamadas "fronteiras do casamento"[34], ou nas de Guadalcanal, divididas em metades exogâmicas, e nas quais o casamento entre membros da mesma divisão chama-se "quebrar a metade"[35]. Os mesmos mecanismos encontram na África, conforme vimos, um terreno muito geral de aplicação.

Este caráter funcional da organização dualista nem sempre é tão manifesto quanto no exemplo seguinte, tirado de uma região onde os casamentos se fazem habitualmente entre aldeias, e onde a aldeia inteira participa do pagamento do preço pelo casamento de algum de seus membros. Mas numa localidade onde casamentos no interior da aldeia tinham sido realizados, uma fileira de troncos dividia a aglomeração em duas metades. Estas duas metades comportavam-se entre si de acordo com as formas prescritas para as relações entre duas aldeias aliadas. Todas as vezes que se tratava de concluir um casamento fora, as duas metades esqueciam sua divisão e colaboravam, cada qual trabalhando para o sucesso dos empreendimentos da outra, colocando em comum todos os seus bens. Em compensação, continuavam a partilhar, para trocar em seguida entre si suas partes respectivas, quando o casamento se realizava no interior da aldeia[36]. Vê-se assim desprenderem-se, num plano puramente empírico, as noções de oposição e de correlação, de que o princípio dualista define o par fundamental, princípio este que é apenas uma modalidade do princípio de reciprocidade.

---

**33.** BARTON, R.F. The Religion of the Ifugaos. *Memoirs of the American Anthropological Association*, n. 65, 1946, p. 164-165.

**34.** TREVITT, J.W. Notes on the Social Organization of North-east Gazelle Península, New Britain. *Oceania*, vol. 10, 1939-1940.

**35.** HOGBIN, H.I. The Hill People of North-eastern Guadalcanal. *Oceania*, vol. 8, 1937-1938, p. 78.

**36.** FORTUNE, R.F. *Sorcerers of Dobu*, p. 61.

# CAPÍTULO VII
## A ilusão arcaica

Procuramos até agora delimitar, de maneira sem dúvida provisória e esquemática, certos quadros muito gerais da vida social aos quais pudéssemos ligar esta instituição universal que é a proibição do incesto e os diferentes sistemas de regulamentação do casamento que constituem as modalidades dela. Estamos ainda na fase da instalação e do esboço, não tendo ainda chegado o momento de trazer uma demonstração, que só se poderá procurar neste livro considerado como um conjunto, e julgar segundo o grau de coerência com que tivermos conseguido interpretar os fatos. Contudo, devemos deter-nos um instante e refletir sobre nossas premissas. Afirmar, como fizemos no último capítulo, que um estado histórico ou geográfico não poderia esgotar o problema da origem das organizações dualistas, e que se deve apelar, a fim de compreendê-las, para certas estruturas fundamentais do espírito humano, seria uma proposição sem sentido, se fôssemos incapazes de perceber em que consistem estas estruturas e qual o método que nos possibilita atingi-las e analisá-las. Sem querer empreender aqui um trabalho para o qual o sociólogo está ainda muito imperfeitamente preparado, acreditamos indispensável fazer nesta direção uma prospecção rápida, mas que será suficiente, se os primeiros resultados indicarem que o empreendimento não é completamente sem objetivo.

Em que consistem as estruturas mentais para as quais apelamos e cuja universalidade acreditamos poder estabelecer? São, parece, em número de três: a exigência da Regra como Regra; a noção de reciprocidade considerada como a forma mais imediata em que possa ser integrada a oposição entre o eu e o outro; enfim, o caráter sintético do dom, isto é, o fato de que a transferência consentida de um valor de um indivíduo para outro os transforma em parceiros, e acrescenta uma qualidade nova ao valor transferido. A questão da origem dessas estruturas será retomada mais adiante. A [questão] de saber se são suficientes para explicar os fenômenos só pode receber uma resposta dada pelo conjunto de nosso trabalho. Queremos somente pesquisar aqui se elas existem, captá-las em sua realidade concreta e universal. É com este fim, aliás, que até agora nos abstivemos de construir nossa hipótese com auxílio de exemplos excepcionais, ou que parecem tais, em razão do altíssimo grau de perfeição a que esta ou aquela sociedade indígena levou a realização deles. Ao nos referirmos, a fim de destacar certas estruturas fundamentais, à nossa própria sociedade e a incidentes aparentemente fúteis da vida cotidiana, já fornecemos um esboço de demonstração de sua generalidade.

Mas existe um domínio que nos coloca em presença de uma experiência ainda mais universal que a resultante da comparação dos hábitos e dos costumes. É o do pensamento infantil, que fornece, em todas as culturas, um fundo comum e indiferenciado de estruturas mentais e de esquemas de sociabilidade, do qual cada uma retira os elementos que lhe permitirão construir seu modelo particular. As observações da psicologia da infância revelam, em forma concreta e viva, mecanismos que temos certa dificuldade em atingir pela análise teórica, porque correspondem a exigências e formas de atividade muito fundamentais e, por essa razão, enterradas nos mais profundos recantos do espírito. A criança não os deixa perceber porque seu pensamento oferece a imagem de um suposto "estágio" da evolução intelectual, mas porque sua experiência, menos que a do adulto, sofreu a influência da cultura particular a que pertence. As observações de Susan Isaacs são, deste ponto de vista, especialmente preciosas.

Aquela autora começa por acentuar a força e o caráter premente do desejo, comum a todas as crianças pequenas, de ter a posse exclusiva, ou pelo menos a maior parte, de todo objeto que constitui um centro atual de interesse. "É uma profunda satisfação ter tudo para si e uma tristeza muito amarga verificar que os outros têm mais"[1]. Esta atitude não existe somente com relação aos objetos materiais, mas também atinge direitos imateriais, como por exemplo o de ouvir ou cantar uma canção. Por isso, não há lição mais difícil de aprender para as crianças de menos de cinco anos do que *esperar sua vez*: "A criança só sabe uma coisa, os outros 'têm' e ela 'não tem'. Alguns minutos de espera representam uma eternidade"[2].

Poucas análises etnográficas são tão apaixonantes quanto as da mesma autora, apresentando os mecanismos psicológicos pelos quais a noção de arbitragem ou de intervenção chega a impor-se ao espírito infantil. A propósito de um conflito entre duas crianças que pretendiam o uso exclusivo de um velocípede, S. Isaacs observa que nenhuma das duas crianças quis aceitar a arbitragem antes de ter feito a experiência da impossibilidade prática de chegar a seus fins pela própria vontade. Neste caso, acrescenta, as duas crianças podiam ensinar uma à outra uma lição, porque se defrontavam em força e em tenacidade. Eis a interpretação: "Se meu prazer, pensa a criança, deve ser limitado pelo de outrem, então é preciso ao menos que eu tenha tanto quanto ele. Se não posso ser superior, devemos ser iguais. Meu desejo de posse exclusiva é disciplinado pelo medo que tenho das intromissões do outro, e pela esperança de que, se admiti-lo como tendo o mesmo direito, não procurará possuir mais". Em outras palavras, "a igualdade é o menor múltiplo comum de todos estes desejos e de todos estes medos contraditórios"[3].

Se esta evolução psicológica é possível, é porque, conforme S. Isaacs percebeu profundamente, o desejo de possuir não é um instinto e jamais se funda (ou só muito raramente) numa relação objetiva entre o sujeito e o objeto. O que dá ao objeto seu valor é a "relação com o outro". Somente o alimento tem valor intrínseco para o faminto, mas poucos objetos oferecem um interesse constante em todo tempo e em todas as circunstâncias. O que é furiosamente desejado só é tal porque alguém o possui:

---

**1.** ISAACS, S. *Social Development in Young Children*. Londres, 1933, p. 221.
**2.** Ibid., p. 223.
**3.** Ibid., p. 223-224.

Um objeto indiferente torna-se essencial como consequência do interesse que alguém nele tenha. O desejo de possuir, portanto, é, antes de tudo, uma *resposta social*. E esta resposta deve ser compreendida em termos de poder, ou melhor, de impotência. Quero possuir porque se não possuir não poderei talvez obter o objeto, caso venha algum dia a ter necessidade dele. O "outro" o conservará para sempre. Não há, pois, contradição entre propriedade e comunidade, entre monopólio e partilha, entre *arbitrário* e *arbitragem*. Todos estes vocábulos designam modalidades diversas de uma tendência ou de uma única necessidade primitiva, a necessidade de segurança.

Pode-se, portanto, dizer que a capacidade de repartir, de "esperar sua vez", é função de um sentimento progressivo de reciprocidade, que por si mesmo resulta de uma experiência vivida do fato coletivo e de um mecanismo mais profundo de identificação com o outro[4].

Ora, uma das bases mais comuns e mais ingênuas da amizade entre crianças é a gratidão pelos presentes recebidos. Mas as crianças "não sentem tanto amor pelo *fato* dos presentes. Para elas o presente *é* amor. Seu amor é mais função do fato de dar do que do próprio donativo. Para elas, o ato de dar e a coisa dada são, simultânea e propriamente, amor"[5].

Dar e receber presentes é, pois, "o sinal mais claro, o menos equívoco, do amor. Cada criança mostra de cem maneiras que o sentido mais profundo da expressão 'ser amado' equivale para ela a receber um presente, como também 'ser odiada' quer dizer sobretudo ser excluída ou desprezada [...]" Além do valor intrínseco da coisa dada há o próprio dom, como sinal de amor; e, ainda além, o dom como sinal do fato de ser digno de amor: "A criança que se vê privada sente que tal lhe acontece *porque* é má, porque é, ou foi, hostil ao doador. É esta experiência que confere tão grande violência à gratidão da criança pelos presentes recebidos e tanta amargura ao sentimento de perda que experimenta quando foi esquecida. O presente não é somente sinal que o doador ama e não odeia. É também um sinal de que a criança que recebe é considerada cheia de amor, sem inimizade e sem ódio"[6].

Assim se explica o desejo da criança de dar presentes enormes, magníficos, "um urso branco verdadeiro", "uma grande locomotiva". É, antes de tudo, desejo de poderio: "Se temos grandes locomotivas para dar, é na verdade porque somos protegidos e temos méritos. Não somos mais a criança choramingas e impotente, inteiramente à mercê dos presentes dos outros e impelida por inúteis angústias à raiva e à inveja [...] É uma bênção maior dar do que receber, porque ser capaz de dar significa não estar passando necessidade".

Estes sentimentos não se limitam aos objetos, mas são encontrados também a propósito dos serviços. "Como as crianças apreciam calorosamente os serviços que lhes prestamos![...] Tommy[...] grita às crianças que estão carregando juntas um grande

---

4. Ibid., p. 276.
5. Ibid., p. 272.
6. Ibid., p. 273.

vaso de flores: não vão tão depressa, para que eu possa ajudar"! Tal é a intensidade "do grande desejo resultante do fato de ser bastante poderoso para não ser egoísta"[7].

Mas esta generosidade aparente é apenas a transposição de uma situação inicial que não deve ser perdida de vista. Ama-se, mas se odeia, ou, mais exatamente, ama-se porque se odeia: "Todas as crianças [...] veem nas outras crianças rivais atuais ou virtuais"[8]. As crianças oscilam perpetuamente entre o amor desvairado e o ódio encarniçado: "Não há sentimento equilibrado, não há atitude fixada". A relação de amizade estável só começa com o aparecimento de um ódio estável por alguma outra pessoa, de tal modo que se pode falar "da relação recíproca entre o amor de seus amigos e o ódio de seus inimigos". Mas a hostilidade continua sendo sempre a atitude primitiva e fundamental: "É a hostilidade que alimenta o drama na vida das crianças pequenas como na vida dos adultos"[9].

Para saber que não estamos aqui em plena digressão, não precisamos comparar esta atitude infantil com relação aos presentes com a dos xamãs esquimós, segundo os quais "os presentes dão a força"[10], nem evocar o hino indu do casamento: "Foi o amor que a deu, é ao amor que ela foi dada, etc.", que encontraremos mais adiante[11]. Porque todas as observações precedentes poderiam encontrar na pesquisa etnográfica uma glosa praticamente ilimitada. Apelo à regra para escapar aos intoleráveis sofrimentos do arbítrio. Necessidade extrema de segurança, que faz não nos empenharmos nunca excessivamente com relação ao outro, e que estejamos prontos a dar tudo para ganhar a certeza de não perder tudo, e de receber, quando for a vez. Personalização do Dom; oposição correlativa entre as noções de antagonismo e de reciprocidade; divisão dos seres entre amigos, aos quais nada é recusado, e inimigos, pessoas que "devo aproveitar a primeira ocasião para matar, com receio de que me matem"[12]; todas estas atitudes revelam uma analogia tão profunda – às vezes levada às últimas conclusões – entre a sociedade infantil e as sociedades chamadas primitivas, que não podemos, sem correr o risco de trágicos enganos, nos dispensar de procurar as razões de tais comportamentos.

O problema das relações entre pensamento primitivo e pensamento infantil não é, com efeito, novo. Foi estabelecido em termos quase imutáveis, por autores tão afastados sobre outros aspectos quanto os psicanalistas e alguns psicólogos como Blondel e Piaget. É tentador, na verdade, ver nas sociedades primitivas uma imagem aproximada de uma mais ou menos metafórica infância da humanidade, cujos está-

---

7. Ibid., p. 274.

8. Ibid., p. 231.

9. Ibid., p. 251-266.

10. BIRKET-SMITH, K. *The Eskimos*. Londres, 1936, p. 172.

11. Cf. cap. XXIX.

12. RADCLIFFE-BROWN, A.B. Three Tribes of Western Austrália. *Journal of the Royal Anthropological Institute*, vol. 43, 1913, p. 151. – Devemos comparar com as observações de M.N. Searl (Some Contrasted Aspects of Psychoanalysis and Education. *British Journal of Educational Psychology*, vol. 2) que descreve na criança a mesma dicotomia imperiosa que se aplica aos seres e às coisas.

gios principais seriam reproduzidos também, por sua parte e no plano individual, pelo desenvolvimento intelectual da criança. Freud foi seduzido em várias ocasiões por este esquema[13]. Alguns de seus discípulos adotaram-no categoricamente. "Freud mostrou que as teorias sexuais das crianças representam uma herança filogenética."[14] É conhecido o destino que Roheim deu a esta interpretação. A obra de Blondel confronta a consciência primitiva, a consciência infantil e a consciência mórbida, e trata-as constantemente como se essas realidades fossem intercambiáveis[15].

Piaget teve a este respeito uma atitude mais matizada, porém à qual falta muitas vezes clareza. Encontra no pensamento infantil a magia, o animismo e os mitos, e, a propósito do sacrifício, observa que a todo momento é possível encontrar analogias entre o pensamento da criança e o do primitivo[16]. Acredita, entretanto, que a ideia de participação, tal como é encontrada na criança, pode ser diferente da que os primitivos possuem[17]. Contudo, admite "um certo paralelismo entre ontogênese e filogênese", mas "jamais pensamos em ver no conteúdo do pensamento da criança um produto hereditário da mentalidade primitiva", porque "a ontogênese explica a filogênese tanto quanto o inverso". Piaget sustenta, contudo, que "o pensamento da criança tem uma outra estrutura, diferente da estrutura do adulto"[18], e em certos momentos a sedução filogenética parece levar a melhor: "Acreditamos [...] que chegará o dia em que o pensamento da criança será posto no mesmo plano, com relação ao pensamento do adulto, normal e civilizado, que a "mentalidade primitiva" definida por Lévy-Bruhl, que o pensamento autista e simbólico descrito por Freud e seus discípulos, e que a "consciência mórbida", supondo-se que este conceito, devido a Ch. Blondel, não se confunda um dia com o precedente". É verdade que acrescenta logo a seguir: "Mas evitemos esboçar aqui estes paralelos perigosos nos quais com facilidade se esquecem as divergências funcionais"[19]. Conselhos de sábia prudência, que gostaríamos de ver mais sistematicamente seguidos.

Toda tentativa aventurosa de assimilação chocar-se-ia, com efeito, contra a verificação muito simples de não existirem somente crianças, primitivas e alienadas, mas também – e simultaneamente – crianças primitivas e alienados primitivos. E há igualmente crianças psicopatas, primitivas ou civilizadas. Esta objeção é válida primeiramente contra os recentes estudos consagrados às crianças chamadas "primitivas", não

---

13. Cf., por exemplo, *Totem et Tábou*, caps. II e IV.

14. KLEIN, M. *The Psychoanalysis of Children*, Londres, 1932, p. 188; ver também p. 196. Do mesmo modo: "Schizophrenic logic is identical with primitive, magical thinking, that is, with a form of thinking that also is found in the unconscious of neurotics, in small children, in normal persons under conditions of fatigue, as "antecedents" of thought, and in primitive man". • FENICHEL, O. *The Psychoanalytic Theory of Neurosis*. Nova York, 1945, p. 421, cf. também p. 46ss.

15. BLONDEL, Ch. *La Conscience morbide*. Paris, 1914.

16. PIAGET, J. *La Représentation du monde chez l'enfant*. Nova Iorque/Londres, 1929, p. 88 e 138-140 [Trad. inglesa].

17. Ibid., p. 132.

18. PIAGET, J. Psycho-pédagogie et mentalité enfantine. *Journal de psychologie*, vol. 25, 1928, p. 38-40.

19. Id. *Le Jugement et le raisonnement chez l'enfant*. Paris/Neuchâtel, 1924, p. 338-339.

porque pertençam a sociedades diferentes da nossa, mas porque manifestam incapacidade de realizar certas operações lógicas. Estes trabalhos, aliás, fazem aparecer uma diferença, e não uma semelhança, entre as anomalias do pensamento infantil e do pensamento primitivo normal. "Diferentemente do pensamento mágico do homem primitivo, onde a conexão entre as ideias é tomada como conexão entre os fenômenos, as crianças estudadas tomam a conexão entre os fenômenos como conexão entre as ideias"[20].

Quanto às sociedades primitivas, é supérfluo assinalar que contêm, tal como a nossa, crianças e adultos, e que o problema das relações entre as duas idades não se apresenta aí de maneira diferente. As crianças primitivas diferem dos adultos primitivos do mesmo modo que estas diferenças existem entre os civilizados. A etnologia e a psicologia contemporâneas consagram-lhes estudos em número sempre maior[21]. Poderão ser encontrados exemplos particularmente sugestivos em uma admirável autobiografia indígena, que permite seguir passo a passo a laboriosa adaptação de uma criança Hopi às exigências de sua própria cultura[22].

Uma questão que continua sempre aberta à controvérsia é a de saber até que ponto o pensamento infantil normal difere, de modo irredutível, do pensamento adulto normal. Já se observou que uma criança de qualquer idade pode ser incapaz de perceber o caráter relativo de uma noção, embora sendo perfeitamente apta a perceber o mesmo caráter em uma noção diferente. Crianças pequenas demonstram frequentemente, de maneira indireta, a aquisição da noção de relação como tal, muito antes da idade de onze ou doze anos, indicada como limite por Piaget[23]. A relação de oposição parece espontaneamente adquirida desde o oitavo ou nono ano, e uma criança em cada duas é capaz de formá-la no quinto ano[24]. Inversamente, foram repetidas as experiências de Piaget em indivíduos de dezenove anos e os resultados obtidos foram idênticos aos fornecidos por sujeitos de seis ou sete anos[25]. Mesmo Buhler, que se declara disposto a uti-

---

**20.** VYGOTSKY, L.S. The Problem of the Cultural Development of the Child. *Journal of Genetic Psychology*, vol. 36, 1929, p. 425.

**21.** DENNIS, W. Infant Reaction to Restraint... *Transactions of the New York Academy of Science*, 1940. • Does Culture Appreciably Affect Patterns of Infant Behavior? *Journal of Social Psychology*, 1940. • The Socialization of the Hopi Child. In: *Culture and Personality, Essays in the Memoir of E. Sapir*. Menasha, 1941. • GRIAULE, M. *Jeux Dogons*. Travaux et Mémoires de l'Institut d'Ethnologie. Paris, vol. 32, 1938. • KLUCKHOHN, C. Theoretical Bases for an Empirical Method of Studying the Acquisition of Culture by Individuals. *Man*, vol. 39, 1939, n. 89. • The Use of Personal Documents in History, Anthropology and Sociology. *Social Science Research Council. Bulletin 53*. Nova York, 1945. • *Children of the People* (em colaboração com Dorothea Leighton). Cambridge, 1946.

**22.** *Sun Chief*, publicado por L.W. Simmons. New Haven, 1942.

**23.** DESHAIES, L. La Notion de relation chez l'enfant. *Journal de Psychologie*, vol. 34, 1927, p. 113 e 131.

**24.** KREEZER, G. & DALLENBACH, K.M. Learning the Relation of Opposition. *American Journal of Psychology*, vol. 41, 1929.

**25.** ABEL, Th. M. Unsynthetic Modes of Thinking among Adults. A Discussion of Piagets-Concepts. *American Journal of Psychology*, vol. 44, 1932.

lizar a linguagem infantil para a reconstrução da história da linguagem humana[26], limita a suas justas proporções o alcance filosófico de tal empreendimento, quando diz: "Foi exagerada (a ação da lógica arcaica) e atribuiu-se a ela um lugar que não lhe compete na evolução do indivíduo e da humanidade. Minha opinião é que a etnologia atual, apoiada em alguns dados da psicologia da criança e em algumas considerações gerais bastante sólidas [...] estaria em condições de demonstrar que a teoria que começa por esta frase: 'No começo florescia pura e intacta a lógica *arcaica*, comete o erro do *hysteron proteron*'"[27]. As conclusões de Wallon, com pequenas diferenças, são semelhantes[28], assim como as de Guillaume: "Não se deve crer em não sei que misteriosa necessidade interna que faria a evolução individual voltar a passar por todos os caminhos tortuosos da história [...] A 'repetição' ontogênica é uma falsa história, sendo mais uma seleção de modelos oferecidos pela língua em seu estado atual [...]"[29]

Sem dúvida, Piaget sempre procurou defender-se de eventuais censuras deste tipo, mas seu esquema geral de interpretação não está à prova da crítica. Uma citação recente, que julgamos não poder abreviar, resume perfeitamente o equívoco. Afirmando a existência de convergências "mais numerosas do que parece", entre "o pensamento propriamente conceitual da criança e o das sociedades primitivas ou antigas", Piaget escreve: "É possível invocar as notáveis semelhanças entre o começo do pensamento racional na criança de sete a dez anos e entre os gregos: a explicação por identificação de substâncias (os astros que nascem do ar ou das nuvens, o ar e a terra que provêm da água, etc.), por um atomismo derivado dessa identificação graças aos esquemas da condensação e da rarefação, e até a explicação exata de certos movimentos pelo choque de retorno do ar ἀντιπερίστασιζ, de que se servia Aristóteles. Será preciso então admitir que os 'arquétipos' que inspiraram o começo da física grega encontram-se hereditariamente na criança? Parece-nos infinitamente mais simples nos limitarmos a supor que os mesmos mecanismos genéticos que explicam o desenvolvimento do pensamento da criança aplicaram-se já ao desenvolvimento de espíritos que, como os primeiros présocráticos, mal estavam se destacando do pensamento mitológico e pré-lógico. Quanto ao esquema da 'reação ambiental', parece não ter sido Aristóteles que o construiu, tendo-o tomado das representações correntes, que podiam ser tão espalhadas em uma civilização anterior ao maquinismo quanto são nas crianças de hoje em dia".

"Em suma, onde há convergência entre o pensamento da criança e as representações históricas é muito mais fácil explicar estas últimas pelas leis gerais da mentalidade infantil do que invocar uma hereditariedade misteriosa. Por mais que se remonte na história ou na pré-história, a criança sempre precedeu o adulto, e é possível além disso supor que, quanto mais primitiva é uma sociedade, mais duradoura é a influência do

---

26. BUHLER, K. Langage de l'enfant et évolution, *Journal de Psychologie*, vol. 23, 1926, p. 607.

27. Id. L'Onomatopée et la fonction du langage. In: *Psychologie du langage*. Paris, 1933, p. 118-119.

28. WALLON, H. Le Réel et le mental. *Journal de Psychologie*, vol. 31, 1934.

29. GUILLAUME, P. Le Développement des éléments formels dans le langage de l'enfant. *Journal de Psychologie*, vol. 24, 1927, p. 229.

pensamento da criança sobre o desenvolvimento do indivíduo, porque a sociedade não está então em condições de transmitir ou de constituir uma cultura científica."[30]

Toda esta passagem constitui uma crítica da hipótese do Inconsciente Coletivo de Jung. Mas interessa-nos por outro aspecto. O A. afirma que as sociedades primitivas estão mais próximas da mentalidade infantil do que a nossa. Os fatos que citamos no começo deste capítulo aparentemente confirmam esta maneira de ver. Mas julgamos que é necessário interpretá-los de outra maneira.

Longe do pensamento lógico da criança ser irredutível ao do adulto, S. Isaacs verifica que "as aptidões cognoscitivas das crianças pequenas, mesmo em idade pouco avançada, são afinal de contas muito próximas das nossas [...]". A noção de maturação, para a qual Piaget constantemente apela, "é estritamente confinada a estes aspectos particulares do desenvolvimento, a respeito dos quais não se pode provar que sejam função da experiência"[31]. Encontramos a mesma conclusão em Basov: "As estruturas mais baixas servem, sem dúvida, para formar as mais altas. Mas isto não exclui de modo algum que estas estruturas baixas formem-se como tais e permaneçam nesse estado sem ulterior modificação. Se o meio não coloca a criança em condições que exigem a formação de estruturas mais elaboradas, poderia acontecer que as mais baixas continuem sendo as únicas que a criança seja capaz de produzir"[32]. É interessante ver os psicólogos criticarem independentemente, mas da mesma maneira, a tese da "mentalidade primitiva", da qual Piaget no fundo apenas formulou um equivalente formal. Entre pensamento primitivo e pensamento civilizado há sem dúvida diferenças, mas estas devem-se unicamente ao fato do pensamento ser sempre "situacional". As diferenças desaparecem desde que os estímulos (sociais, econômicos, técnicos, ideológicos, etc.) se modifiquem[33].

S. Isaacs censura Piaget por ter utilizado – com o nome de "estrutura" irredutível do pensamento infantil – a noção de maturação sem suficientes precauções, tendo chegado assim "a explicar pela maturação certos fenômenos que se podem mostrar serem na verdade função da experiência"[34]. Em condições convenientes, crianças muito pequenas podem manifestar os sintomas de fases de desenvolvimento associadas por Piaget a uma idade mais avançada. Mas, sobretudo, Piaget deixa sem resposta a questão, essencial para o sociólogo, da origem do desenvolvimento social. Sabemos que distingue, *grosso modo*, quatro fases de desenvolvimento da criança: primeiramente, o período do autismo, depois o do egocentrismo, em terceiro lugar a vida social propriamente dita, que começa aproximadamente aos sete anos, durante a qual a criança aprende a

---

**30.** PIAGET, J. *La Formation du symbole chez l'enfant*. Neuchâtel/Paris, 1945, p. 211.

**31.** ISAACS, S. *Intellectual Growth in Young Children*. Londres, 1930, p. 57.

**32.** BASOV, M. Structural Analysis in Psychology from the Standpoint of Behavior. *Journal of Genetic Psychology*, vol. 36, p. 288.

**33.** LURIA, A.R. The Second Psychological Expedition to Central Asis. *Journal of Genetic Psychology*, vol. 44, 1934.

**34.** ISAACS, S. Op. cit., p. 58.

adaptação ao outro e adquire o conhecimento de seus próprios processos mentais. A chave desse desenvolvimento seria o aparecimento, acerca do sétimo ou do oitavo ano, dos "instintos sociais". Mas, conforme observa S. Isaacs, este aparecimento constitui um verdadeiro *mistério*, e Piaget não dá nenhuma interpretação psicológica da gênese deles. Freud mostrou-se mais clarividente a este respeito, porque não se pode duvidar que os "instintos sociais" tenham uma história individual e uma origem psicológica, cujas raízes mergulham não somente na experiência do mundo social, mas também na pressão exercida pelo mundo físico e que suscita uma curiosidade apaixonada – e muito positiva – por parte das crianças de menos de cinco anos[35].

Se o espírito da criança é egocêntrico e pré-causal, é, pois, mais em razão de sua ignorância e da insuficiência de suas experiências organizadas do que o contrário: "A criança não possui ainda o sistema de conhecimento capaz de prevenir as regressões ao mundo das fantasias e do egocentrismo, abaixo do nível do pensamento racional"[36]. Duas conclusões podem tirar-se dessas observações. Primeiramente, que o pensamento da criança não funciona de maneira substancialmente diferente do pensamento do adulto, e em segundo lugar que todos os elementos da vida social acham-se dados desde o início da vida infantil: "Os fios do desenvolvimento social podem ser seguidos para frente e para trás, e embora a imagem que deles é possível fazer de acordo com crianças de idade, por exemplo, de seis ou sete anos, seja diferente por muitos aspectos da que é oferecida por crianças com a idade de dois anos, não é de maneira alguma essencialmente nova"[37].

Não é por conseguinte devido ao fato das crianças se diferenciarem dos adultos no duplo ponto de vista de sua psicologia individual e de sua vida social, que oferecem excepcional interesse para o psicólogo e para o sociólogo. Ao contrário, é porque, e na medida em que, se assemelham aos adultos. Sem dúvida, a criança não é um adulto. Não é tal nem em nossa sociedade nem em nenhuma outra, e em todas está igualmente afastada do nível de pensamento do adulto, de tal modo que a distinção entre pensamento adulto e pensamento infantil recorta, se é possível dizer, na mesma linha, todas as culturas e todas as formas de organização social. Não é possível estabelecer nunca coincidência entre os dois planos, mesmo quando se escolhem exemplos tão afastados quanto quisermos no tempo e no espaço. A cultura mais primitiva é sempre uma cultura adulta, e por isso mesmo incompatível com as manifestações infantis que se pode observar na mais evoluída civilização. Igualmente, os fenômenos psicopatológicos no adulto são próprios do adulto, sem nada de comum com o pensamento normal da criança. Os exemplos de "regressão", aos quais a psicanálise deu tanta atenção, segundo nosso modo de entender devem ser considerados por um prisma diferente.

---

**35.** Ibid., p. 79-80.
**36.** Ibid., p. 94.
**37.** ISAACS, S. *Social Development*..., p. 388.

Estes exemplos, os que nós mesmos citamos no começo deste capítulo e também aqueles sobre os quais Jung fundou sua teoria do Inconsciente Coletivo, são impossíveis de interpretar, e só podem conduzir a hipóteses inacreditáveis ou contraditórias se não reconhecermos que o pensamento do adulto e o pensamento da criança diferem pela extensão mais do que pela estrutura. Admitamos, de uma vez para sempre, que uma criança não é um adulto, mas mantenhamo-nos fiéis a esta afirmação e não cheguemos, de maneira insidiosa, como parecem ter feito tantos psicólogos e psiquiatras, a desmenti-la, insinuando que o pensamento da criança civilizada assemelha-se ao do adulto primitivo, ou da criança normal ao do adulto alienado. Todo pesquisador de campo, que tenha adquirido experiência concreta das crianças primitivas, estará sem dúvida de acordo conosco em considerar que a proposição inversa estaria mais perto da verdade, e que as crianças primitivas dão provas, por muitos aspectos, de um espírito mais amadurecido e positivo que as nossas, o que as aproxima mais do adulto civilizado. Mas a questão não reside aí.

Porque a distinção entre a criança e o adulto uma vez estabelecida – e vimos que não se deve superestimar sua natureza –, em que consiste a relação fundamental que é possível estabelecer entre suas manifestações mentais respectivas? É que o pensamento do adulto constrói-se em torno de um certo número de estruturas, que determina com precisão, organiza e desenvolve pelo simples fato dessa especialização, estruturas que constituem somente uma fração das que são inicialmente dadas, de maneira ainda sumária e indiferenciada, no pensamento da criança. Dito em outras palavras, os esquemas mentais do adulto divergem segundo a cultura e a época a que pertencem, mas todos são elaborados partindo de um fundo universal, infinitamente mais rico do que aquele de que cada sociedade particular dispõe, de tal modo que cada criança ao nascer traz consigo, em forma embrionária, a soma total das possibilidades dentre as quais cada cultura e cada período da história escolhem algumas, para conservá-las e desenvolvê-las. Ao nascer, cada criança traz, em forma de estruturas mentais esboçadas, a totalidade dos meios de que a humanidade dispõe desde toda a eternidade para definir suas relações com o mundo e com o Outro. Mas estas estruturas são exclusivas. Cada uma delas só pode abranger certos elementos, entre todos aqueles que são oferecidos. Cada tipo de organização social representa portanto uma escolha, que o grupo impõe e perpetua. Relativamente ao pensamento do adulto, que escolheu e rejeitou de acordo com as exigências do grupo, o pensamento da criança constitui, pois, uma espécie de substrato universal, em cuja etapa não se produziram ainda as cristalizações, permanecendo ainda possível a comunicação entre formas incompletas solidificadas.

Será esta hipótese susceptível de demonstração? Contentamo-nos em indicar em que direção, segundo nosso modo de ver, seria possível verificá-la. A primeira fase teria ainda um valor negativo. É que, desde os primeiros anos de vida, o pensamento da criança aparece com caracteres completa e integralmente humanos, que cavam um fosso entre eles e a atividade animal. São conhecidas as dificuldades encontradas por Brainard quando quis repetir com sua filhinha as experiências feitas com macacos por Kohler, por exemplo, colocar um chocolate na beirada exterior de uma janela para ver se a criança descobrirá o meio de alcançá-lo. Mas a experiência é irrealizável porque a criança reage de maneira social. Em lugar de tentar fazer, protesta: *Hi! Daddy, get it!...* A atitude do pai é julgada perversa, e só mais tarde é que o problema teórico pode ser resolvido. Como diz Brainard, "a diferença essencial provém de que a criança apresenta um grau muito alto de desenvolvimento social, sobretudo com o uso da linguagem e a capacidade de pedir aos outros para fazerem as coisas para ela". De fato, todas as experiências transformam-se em *discussões*: "não posso", "podes sim", "é muito difícil", etc. Quando a criança consegue, diz ao pai: "eu te venci!" (*I'm fooling on you*)[38].

Se lembramos estes fatos é porque a aprendizagem da linguagem coloca-nos em presença dos mesmos problemas que encontramos a propósito dos inícios infantis da vida social, e porque estes problemas receberam a mesma solução. A diversidade dos sons que o aparelho vocal pode articular é praticamente ilimitada. Cada língua só conserva entretanto um número muito pequeno entre todos os sons possíveis. Ora, durante o período do balbucio, anterior ao início da linguagem articulada, a criança produz a totalidade dos sons realizáveis na linguagem humana, dos quais sua própria língua só conservará alguns. Assim é que toda criança soube, desde os primeiros meses de vida, emitir sons, alguns dos quais lhe aparecerão mais tarde extremamente difíceis de reproduzir, malogrando em imitá-los de maneira satisfatória quando aprender línguas muito afastadas da sua própria[39]. Cada língua opera, pois, uma seleção, e de certo ponto de vista essa seleção é regressiva. Desde o momento em que se instaura, as ilimitadas possibilidades que estavam abertas no plano fonético ficam irremediavelmente perdidas. Por outro lado, o balbucio não tem sentido, ao passo que a linguagem permite aos indivíduos comunicarem-se entre si, de tal modo que a expressão está na razão inversa da significação.

Assim também a multiplicidade de estruturas, cujo esboço no domínio das relações interindividuais nos é oferecido pelo pensamento e atitudes da criança, não tem ainda valor social, porque essas estruturas constituem materiais brutos, aptos para a construção de sistemas heterogêneos, nenhum dos quais pode conservar senão um pequeno número, para atingir um valor funcional. É pela incorporação da criança à sua cultura particular que se produz esta seleção.

Se tal interpretação é exata, deve-se admitir que o pensamento infantil representa uma espécie de denominador comum de todos os pensamentos e de todas as culturas. É o que Piaget frequentemente expressou ao falar do "sincretismo" do pensamento da criança, mas a expressão parece-nos perigosa, porque admite duas interpretações diferentes. Se entendermos por sincretismo um estado de confusão e de indiferenciação, no qual a criança tem dificuldade em distinguir entre ela própria e outrem, entre as pessoas e os objetos e entre os próprios objetos arriscamo-nos a permanecer numa apreensão muito superficial das coisas, deixando escapar o essencial. Porque esta "in-

---

**38.** BRAINARD, P. The Mentality of a Child Compared with that of apes. *Journal of Genetic Psychology*, vol. 37, 1930.

**39.** JAKOBSON, R. Kindersprache. *Aphasie und allgemeine Lautgesetze*. Upsala, 1941.

diferenciação primitiva" aparente é menos uma ausência de diferenciação do que um sistema de diferenciação diferente do nosso e mais ainda o resultado da coexistência de vários sistemas e da contínua passagem de uns a outros. Mas os sistemas existem. Quanto mais penetramos nos níveis profundos da vida mental, mais esta nos apresenta estruturas, cujo número diminui ao mesmo tempo que cresce o rigor e a simplicidade delas. Por essa razão, preferiríamos falar do "polimorfismo" do pensamento infantil, dando a este termo um sentido vizinho daquele em que a psicanálise o emprega quando descreve a criança como um "perverso polimorfo". Que se entende por isso, com efeito? Que a criança apresenta, em forma rudimentar e de maneira coexistente, todos os tipos de erotismo entre os quais o adulto procurará sua especialização no plano normal ou patológico. Considerando a relação entre as atitudes sociais da criança e os diferentes tipos de organização realizados pelas sociedades humanas, preferiríamos dizer, da mesma maneira, que a criança é para o etnólogo um "social polimorfo".

Quando comparamos o pensamento primitivo com o pensamento infantil e vemos aparecerem tantas semelhanças entre ambos, somos, portanto, vítimas de uma ilusão subjetiva, que se reproduziria sem dúvida para os adultos de qualquer cultura que comparasse suas próprias crianças com adultos pertencentes a uma cultura diferente. O pensamento da criança, sendo menos especializado que o do adulto, oferece, com efeito, sempre a este não somente a imagem de sua própria síntese, mas também a de todas as que se podem realizar em outros lugares e sob outras condições. Não é surpreendente que, nesse "panmorfismo", as diferenças nos chamem a atenção mais do que as semelhanças, de modo que, para uma sociedade qualquer, são sempre suas próprias crianças que oferecem o ponto de comparação mais cômodo com os costumes e as atitudes estrangeiras. Os costumes muito afastados dos nossos aparecem-nos sempre, e muito normalmente, como pueris. Já mostramos a razão deste preconceito, que aliás não mereceria este nome senão na medida em que nos recusássemos a compreender que, por motivos também válidos, nossos próprios costumes devem manifestar-se com a mesma aparência aos que os observam de fora.

As analogias entre o pensamento primitivo e o pensamento infantil não se fundam, portanto, sobre um pretenso caráter arcaico do primeiro, mas somente na diferença de extensão que faz do segundo uma espécie de ponto de encontro, ou centro de dispersão, para todas as sínteses culturais possíveis. Compreendemos melhor as estruturas fundamentais das sociedades primitivas comparando-as com as atitudes sociais de nossas próprias crianças. Mas os primitivos não deixam de empregar o mesmo procedimento e de nos comparar com as crianças deles. É que, de fato, as atitudes infantis oferecem, também para eles, a melhor introdução ao conhecimento de instituições estrangeiras, cujas raízes se misturam, somente nesse nível, com as suas próprias. Consideremos, por exemplo, a seguinte observação, na qual vemos o indígena aplicar ao branco o mesmo método de assimilação infantil, que empregamos tão frequentemente com relação a ele:

"Na família Navaho a aprendizagem do ofício de tecelão ou de joalheiro faz-se pelo exemplo. Para o jovem indígena, olhar é aprender [...] Daí a completa ausência de uma maneira de ser tão frequente entre nós, mesmo entre os adultos [...] refiro-me ao hábito de fazer perguntas tais como 'e isso, é para fazer o quê?' ou então 'e depois disso, que é que o senhor vai fazer?' Mais do que qualquer outro, este hábito contribuiu para dar aos indígenas a estranha opinião que fazem a respeito dos brancos, porque o índio está penetrado da convicção de que o branco é um pateta."[40]

Para o primitivo as atitudes do civilizado correspondem, pois, ao que chamaríamos atitudes infantis, exatamente pela mesma razão que nos leva a achar em nossas próprias crianças esboços de atitudes que encontram na sociedade primitiva uma imagem completa e desenvolvida. Vê-se, por conseguinte, a importância dos estudos de psicologia infantil para o etnólogo. Tais estudos permitem-lhe ter acesso, em forma mais fresca, a este capital comum de estruturas mentais e de esquemas institucionais que constituem o investimento inicial de que o homem dispõe para lançar seus empreendimentos sociais. Que haja necessidade de se situar neste nível muito elementar para penetrar a natureza de instituições na aparência singular, mas na realidade muito simples e universais, ao menos quanto ao princípio, é coisa que podemos provar pela notável observação comunicada, no final de um de nossos cursos, por uma aluna que pela primeira vez ouvia falar de organização dualista:

Johnny A., de quatro anos de idade, de Alexandria (Egito), vive em dois países imaginários, *Tana-Gaz* e *Tana-Pé*, onde tudo é magnífico. *Tana-Gaz* está acima de *Tana-Pé*, sendo melhor que este último. A mãe de Johnny mora em *Tana-Gaz* e o pai em *Tana-Pé*. Quando o mar está calmo e Johnny pode tomar banho, o mar está em *Tana-Gaz*, mas quando está mau e o banho é proibido o mar está em *Tana-Pé*. As pessoas também deslocam-se de um país para o outro. No começo, os dois países eram bons, mas depois *Tana-Gaz* continuou bem enquanto *Tana-Pé* ficou ora inferior a *Tana-Gaz*, ora indiferente, ora francamente mau.

Quando Johnny chegou aos sete anos perguntou-se a ele se ainda se lembrava de *Tana-Gaz* e de *Tana-Pé*. Tomou então uma atitude constrangedora e disse que tinha esquecido.

O interesse desta observação não reside somente na reconstituição de um sistema dualista por uma criança de quatro anos, com a bipartição das coisas e dos seres em duas categorias, a desigualdade das metades, a criação estilística das denominações, tão evocadora da onomástica melanésia, e mesmo a curiosa sugestão da exogamia. Se Johnny tivesse sido um pequeno australiano teria podido elaborar a mesma fantasia, mas não teria vergonha mais tarde. A fantasia teria se fundido progressivamente no dualismo oficial de seu grupo. As exigências lógicas e as atitudes sociais, a que a organização dualista fornece a expressão, teriam sido normalmente satisfeitas em uma atividade institucional aproximadamente semelhante ao modelo infantil. Mas Johnny cresceu num grupo que não utiliza estruturas bipolares para traduzir fenômenos de

---

**40.** REICHARD, G.A. *Navaho Religión...*, op. cit., vol. 4, p. 674.

antagonismos e de reciprocidade, ou só as emprega superficial e transitoriamente. O modelo proposto pela fabulação infantil não pode adquirir aí valor instrumental, e ainda mais, por muitos aspectos acha-se em contradição com o modelo selecionado, e por essa razão deve ser abandonado e recalcado.

Nessas condições, é fácil compreender por que etnólogos, psicólogos e psiquiatras foram tentados, cada qual partindo de seu ponto de vista particular, a estabelecer paralelos entre o pensamento primitivo, o pensamento infantil e o pensamento patológico. Na medida em que a psiconeurose pode definir-se como a forma mais alta de síntese mental dada no plano de uma consciência puramente individual[41], o pensamento do doente assemelha-se ao pensamento da criança. Estas formas de pensamento já não se conformam mais, ou ainda não se conformam, com a estrutura seletiva do grupo particular de que dependem. Uma e outra dispõem então de relativa liberdade para elaborar sua própria síntese. Esta síntese está condenada sem dúvida a permanecer instável e sempre precária, porque se realiza num plano individual e não nos quadros do meio social. Mas é em todo caso uma síntese, ou, se preferirmos, um redemoinho caleidoscópio de sínteses, esboçadas ou deformadas. De toda maneira, não é jamais a ausência de síntese (exceto talvez no caso especial da hebefrenia). A "regressão" aparente não é por conseguinte o retorno a um "estágio" arcaico da evolução intelectual do indivíduo ou da espécie, mas a reconstituição de uma situação análoga à que domina somente no início do pensamento individual. Pensamento patológico e pensamento primitivo opõem-se ao pensamento infantil na medida em que são pensamentos de adultos. Mas pensamento patológico e pensamento infantil oferecem por sua vez um caráter comum que os distingue do pensamento primitivo. Este último é um pensamento tão completo e sistematicamente socializado quanto o nosso, ao passo que os primeiros correspondem a uma relativa independência individual, explicando-se, está claro, por motivos diferentes nos dois casos.

---

41. DELAY, J. *Les Dissolutions de la mémoire*. Paris, 1942, p. 123. A ressalva formulada abaixo quanto à hebefrenia perde muito do valor que continha depois da publicação do trabalho da Sra. Sécheraye (*La Réalisation symbolique*. Berna, 1947).

# CAPÍTULO VIII
## A aliança e a filiação

Voltemos ao estudo dos fenômenos que acompanham a organização dualista quando esta aparece em sua forma mais explícita. Quer o modo de filiação seja matrilinear ou patrilinear, os filhos do irmão do pai e os da irmã da mãe são colocados na mesma metade que o sujeito, ao passo que os filhos da irmã do pai e os do irmão da mãe pertencem sempre à outra metade. Em um sistema exogâmico eles são portanto os primeiros colaterais com os quais é possível o casamento. Este traço notável exprime-se de várias maneiras. Primeiramente, os primos originados do irmão do pai ou da irmã da mãe, que, pela mesma razão que os irmãos e irmãs (pelo fato de pertencerem à mesma metade), não podem casar-se, são designados pelo mesmo termo que estes últimos. Em segundo lugar, os primos descendentes do irmão da mãe ou da irmã do pai, que pertençam à metade oposta, são chamados por um termo especial, ou mesmo pelo termo que significa "esposo" ou "esposa", pois é em sua divisão que o cônjuge deve ser escolhido. Finalmente, o irmão do pai e a irmã da mãe, cujos filhos são chamados "irmãos" e "irmãs", são eles próprios chamados "pai" e "mãe", ao passo que o irmão da mãe e a irmã do pai, cujos filhos constituem cônjuges potenciais, são denominados por termos especiais ou por um termo que significa "sogro" ou "sogra". Este vocabulário, do qual apenas traçamos as linhas principais, satisfaz todas as exigências de uma organização dualista com metades exogâmicas. Na verdade, poderia ser a tradução, em termos de parentesco, da organização social em metades. Mas a mesma relação pode exprimir-se de maneira diferente. Com efeito, a terminologia dicotômica que acabamos de descrever coincide também com uma outra instituição muito difundida na sociedade primitiva, a saber, o casamento preferencial entre primos cruzados. Acabamos de ver que esta terminologia classifica juntos, como "parentes", o irmão do pai e a irmã da mãe (tio e tia paralelos), e que distingue destes últimos a irmã do pai e o irmão da mãe (tio e tia cruzados), designados por termos especiais. Os membros de uma mesma geração acham-se igualmente divididos em dois grupos: de um lado os primos (qualquer que seja seu grau), parentes por intermédio de dois colaterais do mesmo sexo, e que se chamam entre si "irmãos" e "irmãs" (primos paralelos) e, de outro lado, os primos descendentes de colaterais de sexos diferentes (qualquer que seja seu grau), que são chamados por termos especiais e entre os quais o casamento é possível (primos cruzados). Como existe perfeita harmonia entre a organização dualista, o sistema de parentesco que acabamos de descrever e as regras do casamento entre primos cruzados, poder-se-ia igualmente dizer, portanto, invertendo a proposição anterior, que é a organização dualista que constitui, no plano das instituições, a tradução de um sistema de parentesco que resulta de certas regras de aliança. Os sociólogos preferiram geralmente a primeira interpretação. Assim Tylor, Rivers e Perry, que escreveram a respeito do casamento dos primos cruzados: "Esta forma de casamento provém provavelmente da organização dualista do grupo, tal como é possível defini-la pelo ângulo sociológico". Por que então? O mesmo autor continua: "Parece que só é possível encontrá-la no caso em que a organização dualista existe ou existiu no passado". É verdade que acrescenta imediatamente esta prudente reserva: "Mesmo a respeito deste último ponto não possuímos certeza absoluta"[1]. Com efeito, porque não acreditamos que seja em forma de simples derivação que a relação entre as duas instituições possa ser razoavelmente interpretada. Se a maioria dos autores foram de opinião diferente, isto acontece, ao que nos parece, por duas razões.

Primeiramente, o sistema de casamento de primos cruzados aparecia, à luz de nossas próprias ideias sobre os graus proibidos, como profundamente irracional. Por que estabelecer uma barreira entre primos provenientes de colaterais do mesmo sexo e os descendentes de colaterais de sexo diferente, se a relação de proximidade é a mesma nos dois casos? Entretanto, a passagem de um a outro estabelece a diferença entre o incesto caracterizado (os primos paralelos sendo equiparados aos irmãos e irmãs) e não somente as uniões possíveis, mas até as recomendadas entre todas (porque os primos cruzados são designados com o nome de cônjuges potenciais). A distinção é incompatível com nosso critério biológico do incesto. Não havendo nenhuma razão intrínseca que derive da relação particular de primos cruzados, concluiu-se daí que a instituição inteira devia ser consequência indireta de fenômenos de outra ordem.

Em segundo lugar, ficamos impressionados pelo fato de a mitologia indígena descrever frequentemente a instituição das metades como uma reforma deliberada (o que sem dúvida não forneceria uma razão suficiente para crer que realmente tenha acontecido assim). Além disso, em certos casos, pelo menos, este caráter parecia atestado pelos testemunhos mais autorizados. É o que sugerem, por exemplo, Howitt para a Austrália, e documentos antigos para os Huron da América do Norte[2]. Deduziu-se daí que a instituição dualista tinha sido concebida como meio de impedir o incesto, meio parcialmente, quando não totalmente, eficaz. Com efeito, o sistema de metades evita sempre o incesto entre irmãos e irmãs, e também o incesto entre pai e filha em um regime patrilinear, e o incesto entre mãe e filho em um regime matrilinear. O caráter irracional da divisão dos primos em dois grupos é considerado então como um defeito do sistema.

Estas próprias imperfeições davam aos defensores da teoria um sentimento de segurança, porque dificilmente teriam concebido povos bárbaros chegando a uma solução perfeita de seus problemas. Se, pelo contrário, tivéssemos querido partir da distinção dos primos para chegar até a organização dualista, primeiramente não teria sido possí-

---

1. PERRY, W.J. *The Children of the Sun*, p. 281.
2. BARBEAU, M. Iroquois Clans and Phratries. *American Anthropologist*, vol. 19, 1917.

vel, ou pelo menos seria muito difícil, deduzir as proibições na ordem inversa, em seguida e, sobretudo, o casamento entre primos cruzados, por seu caráter sistemático e pela coerência com a qual a maioria dos grupos desenvolveram todas as suas consequências, dá prova de uma potência lógica e capacidade teórica, privilégio esse que estamos tanto menos dispostos a conceder ao primitivo quanto, no caso, parecemos ser incapazes de apreender a razão do sistema. A escola difusionista de G. Elliot Smith e de Perry afirma a prioridade das organizações dualistas sobre o casamento entre primos cruzados por motivos completamente diferentes, que é inútil discutir nesse momento, porque consideramos menos a organização dualista em sua forma codificada do que certos mecanismos fundamentais, que julgamos estarem universalmente subjacentes.

O leitor sem dúvida terá percebido que a hipótese do caráter secundário do casamento entre primos cruzados, tal como nos esforçamos em enunciá-la, implica certos postulados que desempenharam considerável papel nas ciências do homem durante a segunda metade do século XIX e no início do século XX. Estes postulados podem ser resumidos da seguinte maneira: Uma instituição humana só pode provir de duas fontes, a saber, ou de uma origem histórica e irracional, ou de um propósito deliberado, por conseguinte de um cálculo do legislador; em suma: ou de um acontecimento ou de uma intenção. Se, portanto, não se pode atribuir nenhum motivo racional à instituição do casamento entre primos cruzados é porque resulta de uma série de acontecimentos históricos, que são por si mesmos destituídos de significação. A antiga psicologia não raciocinava de outra maneira. Segundo seu modo de ver, ou as noções matemáticas demonstravam a essência superior e irredutível do espírito do homem, constituindo propriedades inatas, ou então era preciso admitir que seriam inteiramente construídas a partir da experiência, pelo jogo automático das associações. Esta antinomia foi resolvida no dia em que se percebeu que um ser tão indigno quanto uma galinha era capaz de apreender relações. Nesse dia o associacionismo e o idealismo foram postos de lado sem dar razão a nenhum dos dois[3]. Com efeito, as mais complexas reconstruções históricas deixaram de ser necessárias para explicar a origem de noções na realidade primitivas. Mas ao mesmo tempo compreendia-se que este tipo de noções não formava de modo algum o coroamento do edifício, mas constituía o fundamento dele, o humilde material dos alicerces. Tinha-se acreditado que só havia a escolha entre a aceitação da origem transcendente do conceito e sua impossível reconstrução a partir de peças e pedaços. Esta oposição esvaiu-se diante da descoberta experimental da imanência da relação.

A mesma mudança de atitude começa a produzir-se no estudo das instituições humanas. Também elas são estruturas em que o todo, isto é, o princípio regulador, pode ser dado antes das partes, isto é, este complexo conjunto constituído pela terminologia da instituição, por suas consequências e implicações, pelos costumes graças

---

3. KOHLER, W. *La Perception humaine*, op. cit., p. 7.

aos quais se exprime e as crenças a que dá lugar. Este princípio regulador pode possuir um valor racional sem ser concebido racionalmente. Pode exprimir-se em fórmulas arbitrárias sem ser privado de significação. É à luz de considerações dessa ordem que se deve definir as relações entre as organizações dualistas e o casamento de primos cruzados. Não propomos inverter simplesmente a hipótese da prioridade das primeiras sobre o segundo, mas acreditamos que ambos encontram sua origem na apreensão pelo pensamento primitivo de estruturas absolutamente fundamentais, nas quais reside a própria existência da cultura. Neste sentido é possível dizer, mas somente é possível dizer, que o casamento de primos cruzados e a organização dualista correspondem a dois estágios diferentes da tomada de consciência dessas estruturas, e que a prática do casamento entre primos cruzados, apresentando mais o caráter de tentativa que de sistema codificado, constitui, unicamente deste ponto de vista psicológico, um procedimento que não requer uma tomada de consciência tão completa e definitiva quanto a instituição das organizações dualistas. Mas não temos de modo algum intenção de levantar problemas de anterioridade, que perdem grande parte de sua importância quando damos atenção menos às instituições consideradas em si mesmas do que à realidade comum que é subjacente a ambas.

A difusão do casamento de primos cruzados apresenta de comum com a do sistema dualista o fato de, sem ser universal, estender-se, entretanto, a quase todas as partes do mundo. Mas a frequência da primeira instituição é muito maior do que a das metades exogâmicas. Conforme mostramos, um sistema de metades exogâmicas autoriza necessariamente o casamento entre primos cruzados. Além disso, este último existe em numerosos grupos que não são divididos em metades. Rivers mostrou que na Melanésia são exatamente as tribos que não possuem organização dualista as que praticam esta forma de casamento. Teremos ocasião de retornar a este fato. A extensão maior do casamento entre primos cruzados pode interpretar-se de duas maneiras: ou constitui o sistema mais fundamental, e a organização dualista apareceu, como desenvolvimento secundário, somente em alguns pontos de sua área de dispersão; ou então é o casamento entre primos cruzados que constitui o fenômeno derivado, e a extensão mais fraca da organização dualista explica-se nesse caso por seu caráter arcaico. Ambas as interpretações estão evidentemente impregnadas de evolucionismo, preocupando-se essencialmente em saber qual dos dois fenômenos é anterior ao outro. Julgamos, ao contrário, que as duas instituições não devem ser consideradas pelo ângulo de sua hipotética sucessão, mas pelo de sua estrutura. Deste ponto de vista o casamento entre primos cruzados apresenta uma estrutura menos organizada, porque constitui somente uma tendência, ao passo que a organização em metades exogâmicas é mais coerente e rígida. Esta afirmação exige ser explicada com minúcias, porque seria possível objetar que o contrário é verdadeiro, a saber, a organização dualista autoriza o casamento no interior de uma categoria mais vasta que inclui os "verdadeiros" primos cruzados, mas também parentes de grau mais afastado. Ao contrário, a obrigação do casamento entre primos cruzados, definidos no sentido mais estrito, é às vezes um caráter notável de outro sistema matrimonial.

A organização dualista define, pois, uma classe muito geral no interior da qual é lícito procurar o cônjuge, enquanto – pelo menos em certos casos – o sistema de casamento de primos cruzados determina com a maior precisão o indivíduo com o qual uma pessoa deverá obrigatoriamente casar-se. Mas a diferença não é exatamente essa, porque a organização dualista define uma classe que possui limites rigorosamente fixados, ao passo que o sistema de primos cruzados prende-se a uma relação entre indivíduos, sendo esta relação capaz de sofrer sucessivas reinterpretações. Mesmo entre os Toda e os Vedda, que dão extrema importância à relação de parentesco, um indivíduo destituído de primo cruzado poderá contrair um outro casamento, ficando entendido que os casamentos possíveis serão ordenados em uma ordem preferencial, segundo a maior ou menor conformidade com o modelo ideal. O fato de somente 30% dos casamentos nas Ilhas Fidji, analisados por Thomson, terem correspondido à definição rigorosa dos primos cruzados, estabelece o mesmo caráter[4]. Exatamente a mesma coisa acontece na Austrália[5]. Por conseguinte, se o sistema dos primos cruzados define mais rigorosamente a relação entre os indivíduos deixa estes próprios indivíduos em uma indeterminação maior. Com a organização dualista dá-se o contrário, porque deixa a relação num plano vago, mas delimita rigorosamente a classe e os indivíduos compreendidos por extensão nessa classe. O que resulta dessa análise? É que a organização dualista aparece como um sistema global, abrangendo o grupo em totalidade. Ao contrário, o casamento entre primos cruzados apresenta-se muito mais como um procedimento especial, constituindo menos um sistema do que uma tendência. Entre os Hotentote, refere-nos Hoernlé[6], não parece que o casamento entre primos cruzados tenha sido objeto de uma obrigação positiva, mas é somente o casamento entre primos paralelos que era rigorosamente proibido. Contudo, acrescentamos, é raro encontrar um sistema de parentesco tão impecavelmente construído em redor da dicotomia dos primos e do intercasamento das duas classes do que o sistema Hotentote. Na América do Sul, onde encontramos sistemas de parentesco que apresentam igual rigor, por exemplo, entre os Nambkwara, a mesma verificação se impõe.

Vê-se, pois, qual é, a nossos olhos, a relação teórica entre a organização dualista e o casamento entre primos cruzados. Ambos são sistemas de reciprocidade, ambos conduzem a uma terminologia dicotômica, cujas grandes linhas são as mesmas nos dois casos. Mas, enquanto a organização dualista com metades exogâmicas dá uma definição vaga do conjunto real, determina da maneira mais rigorosa o número e a identidade dos possíveis cônjuges. Em outros termos, é a fórmula altamente especializada de um sistema do qual o casamento entre primos cruzados estabelece o esboço, e do qual constitui a expressão ainda mal diferenciada. O casamento entre primos

---

**4.** THOMSON, B. *The Fijians*: a Study of the Decay of Custom. Londres, 1908, p. 187.

**5.** RADCLIFFE-BROWN, A.R. Three Tribes of Western Austrália. *Journal of the Royal Anthropological Institute*, vol. 43, 1913, p. 158.

**6.** HOERNLÉ, A.W. The Social Organization of the Nama Hottentots. *American Anthropologist*, vol. 27, 1925.

cruzados define uma relação e constrói um modelo perfeito ou aproximativo da relação em cada caso. A organização dualista delimita duas classes, aplicando uma regra uniforme que garante que os indivíduos distribuídos, ou a nascer, nas duas classes estarão sempre entre si na relação compreendida em seu mais amplo sentido. O que se perde em exatidão ganha-se em automatismo e simplicidade.

As duas instituições opõem-se como uma forma cristalizada a uma forma maleável. A questão da cronologia é completamente estranha a esta distinção. Nada exclui que certos grupos tenham podido chegar logo à fórmula global, e que em alguns outros esta fórmula tenha sido adotada como resultado da tomada de consciência da lei estrutural do casamento dos primos cruzados, até o único praticado. Nada igualmente impede que o mesmo grupo tenha podido passar da organização dualista ao casamento dos primos cruzados, que tem o mesmo valor funcional fundamental, mas que sua ação num plano mais profundo da estrutura social defende melhor contra as transformações históricas.

A relação que acaba de ser sugerida entre a organização dualista e o casamento entre primos cruzados explica de maneira satisfatória a observação de Rivers sobre as instituições melanésias, a saber, que é justamente nos lugares em que falta a organização dualista que se vê aparecer (ou reaparecer) o casamento entre primos cruzados. Como seu valor funcional (estabelecer um sistema de reciprocidade) é idêntico, compreende-se, com efeito, como a ausência da primeira possa ser suprida pela presença do segundo.

As considerações precedentes devem servir para precaver-nos contra uma interpretação formalista cuja ameaça tem crescido durante os últimos dez anos, pondo em risco o progresso dos estudos de sociologia primitiva, e da sociologia pura e simplesmente. Foi a propósito da interpretação do casamento entre primos cruzados e das relações deste com a organização dualista que tal ameaça se manifestou mais recentemente. Pedimos permissão, portanto, para insistirmos sobre uma questão que só na aparência é julgada previamente. Porque a resposta que lhe é dada implica a tomada de posição fundamental sobre todos os problemas que este livro tem o propósito de examinar.

Durante muito tempo os sociólogos consideraram que entre a família, tal como existe na sociedade moderna, e os grupos de parentesco – clãs, fratrias e metades – das sociedades primitivas existia uma diferença de natureza. A família reconhecia a filiação pela linha materna, assim como pela linha paterna, enquanto o clã ou a metade só levam em conta o parentesco segundo uma única linha, que é ora a do pai, ora a da mãe. Diz-se então que a filiação é patrilinear ou matrilinear. Estas definições eram entendidas no sentido mais estrito, conforme a observação dos fatos convidava, aliás, frequentemente a fazer. Um regime de filiação matrilinear não reconhece nenhum vínculo social de parentesco entre uma criança e seu pai. E no clã de sua mulher – do qual seus filhos fazem parte – ele próprio é um "visitante", um "homem de fora" ou um "estranho". A situação inversa prevalece no regime de filiação patrilinear.

Esta regulamentação parece tão esquemática e tão arbitrária que alguns autores – que consciente ou inconscientemente aceitaram-na como a imagem da realidade –

concluíram que costumes tão pouco naturais não teriam podido nascer espontaneamente, em regiões e em épocas diferentes, mas deviam antes ligar-se a uma grande transformação cultural que teria se produzido num momento definido e em único ponto do mundo. Por conseguinte, teriam se espalhado por difusão. Contudo, desde 1905 Swanton observava que, mesmo nas tribos aparentemente mais unilineares, a outra linhagem nunca era completamente ignorada. Por outro lado, a família conjugal goza de um reconhecimento às vezes limitado, mas sempre efetivo, mesmo quando não se exprime nas instituições. E, ainda, a linhagem apagada desempenha habitualmente um papel que lhe é próprio e que o costume indiretamente reflete[7].

O florescimento dos estudos monográficos durante os últimos trinta anos confirmaram plenamente as considerações de Swanton. Sabemos hoje que sociedades tão matrilineares quanto os Hopi reservam um lugar ao pai e à sua linhagem, e que o mesmo acontece na grande maioria dos casos. Além disso, conhecem-se sociedades cujo caráter unilinear é mais aparente do que real, porque a transmissão das funções e dos direitos realiza-se em parte segundo uma das duas linhagens e em parte também segundo a outra. Assim, fomos levados a inverter as conclusões da sociologia tradicional e considerar que sociedades rigorosamente unilineares, supondo-se que existam, só podem ser exceção, pois o bilinearismo oferece, ao contrário, no meio das modalidades mais diversas, uma fórmula de extrema generalidade[8].

A verdade parece-nos ser mais complexa, porque se designa pelo nome de bilinearismo fenômenos muito afastados uns dos outros. Se quisermos dizer que todas as sociedades humanas reconhecem que existe um laço, quando não jurídico, ao menos psicológico e sentimental entre a criança e cada um de seus pais, estamos de acordo. Tem-se também de admitir facilmente que o reconhecimento desse duplo laço traduz-se, sempre e em toda parte, em hábitos espontâneos, e mesmo nas formas não cristalizadas da vida social. Finalmente, existem certamente sociedades para as quais estas flexíveis estruturas fornecem base suficiente para edifícios institucionais destinados a permanecer em um estado de grande simplicidade, conforme se verifica entre os Andaman, os Fuegiano, os Bosquímano, os Semang e os Nambkwara. Muito mais raros são os grupos que fundam sobre o reconhecimento das duas linhagens um aparelho jurídico complexo sistemático.

[Em 1935 Radcliffe-Brown só considerava um único caso, o do direito germânico, que considerava como uma exceção[9]. No entanto, outros exemplos iriam bem depressa aparecer, tal como o dos Abelam do rio Sepik, entre os quais a filha, na ausência de filho, herda os bens imóveis e, na falta da filha, o filho da irmã[10]. Na primeira edição

---

7. SWANTON, J.R. The Social Organization of American Tribes. *American Anthropologist*, vol. 7, 1905. • A Reconstruction of the Theory of Social Organization. In: *Boas Anniversary Volume*. Nova Iorque, 1906.

8. MURDOCK, G.P. Double Descent. *American Anthropologist*, vol. 40, 1942.

9. RADCLIFFE-BROWN, A.R. Patrilineal and Matrilineal Succession. *Iowa Law Review*, vol. 20, n. 2, 1935.

10. KABERRY, P.M. The Abelam Tribe, Sepik District, New Guinea. A Preliminary Report. *Oceania*, vol. 11, 1940-1941. • Law and Political Organization in the Abelam Tribe. New Guinea. *Oceania*, vol. 12, 1941-1942.

deste livro acrescentava: "Seja como for, a lista não seria muito longa" (p. 135). Devemos reconhecer hoje em dia que esta avaliação era errônea. Em seguida a Murdock, numerosos autores verificaram, sobretudo na Polinésia (região sobre a qual os primeiros trabalhos de Firth já tinham chamado a atenção), mas também na Melanésia e na África, a existência de sistemas cognáticos, isto é, fundados sobre o igual reconhecimento das duas linhas, chamados também por Davenport "sistemas não unilineares" (*American Antropologist*, vol. LXI, n. 4, 1959). Estes sistemas são certamente mais frequentes do que se suspeitava por volta de 1940, e alguns etnólogos acreditam que representam ao menos um terço dos sistemas de filiação atualmente recenseados. Mas, mesmo se esta proporção viesse a ser confirmada, não nos parece que nossos princípios de interpretação sofram seriamente com este fato. Em 1947, sugeríamos deixar de lado tais sistemas, porque pensávamos, do mesmo modo que Radcliffe-Brown, que estes sistemas constituíam uma exceção. Embora isto não pareça mais exato hoje em dia, a atitude reservada que mantínhamos continua fundada. Mesmo frequentes, estes sistemas não precisam ser considerados aqui, porque não dependem das estruturas elementares. Conforme indicava já Goodenough em seu artigo "Malayo-Polynesian Social Organization" (*American Anthropologist*, vol. LVII, n. 1, 1955), esses sistemas, ao contrário do que Murdock parece implicitamente admitir em seu estudo "Cognatic Forms of Social Organization" (*Social Structure in South-East Asia*, editado por G.P. Murdock, Viking Fund Publications in Anthropology, n. 29, 1960), não dependem da mesma tipologia que os sistemas aos quais damos o nome de estruturas elementares do parentesco. Com efeito, neles intervêm uma dimensão suplementar, porque todos estes sistemas definem, perpetuam e transformam o modo de coesão social com relação não mais a uma regra estável de filiação, mas a um sistema de direitos imobiliários. A diferença entre as sociedades onde se manifestam e as sociedades nas quais reina somente a descendência unilinear é aproximadamente do mesmo tipo que a existente entre artrópodes e vertebrados. Em um caso, o esqueleto da sociedade é interno. Consiste em um encaixamento sincrônico e diacrônico de posições pessoais, no qual cada posição particular é rigorosamente função de todas as outras posições. No outro caso, o esqueleto é externo. Consiste em um encaixamento de posições territoriais, isto é, em um regime imobiliário. Estes *status* reais são exteriores aos indivíduos, que podem, por isso, e dentro dos limites impostos pelas coações, definir seu *status* familiar e social com uma certa margem de liberdade. Para justificar a comparação precedente, notaremos que são exatamente os organismos dotados de exoesqueleto os que possuem o privilégio de mudar de forma durante a existência individual, que tem várias etapas morfológicas. Daí se segue que os sistemas cognáticos diferem também dos sistemas unilineares por um segundo aspecto: neles, diacronia e sincronia, em certa medida, são dissociadas pela liberdade de escolha que tais sistemas concedem a cada indivíduo. Permitem às sociedades que os possuem atingir a existência histórica na medida em que as flutuações estatísticas que reúnem as escolhas individuais podem estar orientadas em uma determinada direção.]

Mas, sobretudo, estas formas difusas ou nítidas de bilinearismo devem todas ser diferenciadas de uma outra, com a qual tem-se a tendência a confundi-las. Nos exemplos citados no parágrafo precedente o reconhecimento das duas linhagens significa que são ambas aptas a desempenhar o mesmo papel na transmissão dos mesmos direitos e obrigações. O indivíduo pode receber o nome, o estado social, os bens e as prerrogativas simultaneamente do pai e da mãe, ou indiferentemente de um ou de outra. A cada linhagem não é atribuído um papel especial, tal que se certos direitos se transmitem sempre e exclusivamente em uma linha, outros se transmitem sempre e exclusivamente na outra linha. Ora, este segundo sistema foi observado em numerosas regiões do mundo, principalmente na África Ocidental, na África do Sul, na Índia, Austrália, Melanésia e Polinésia. Mas vê-se imediatamente que esta fórmula é muito diferente da anterior, parecendo-nos indispensável distingui-la na terminologia. Chamaremos os sistemas nos quais as duas linhagens são substituíveis, e nos quais podem eventualmente confundir-se para somar sua ação, sistemas de *filiação indiferenciada*. Reservamos o nome de *filiação bilinear* aos sistemas muito rigorosamente definidos, dos quais encontraremos exemplos adiante, que se caracterizam pela justaposição de duas filiações unilineares, cada uma delas governando exclusivamente a transmissão de direitos de um certo tipo.

Entre filiação unilinear, bilinear e indiferenciada não há sem dúvida uma parede estanque. Todo sistema possui este coeficiente de indiferenciação difusa resultante da existência universal da família conjugal. Além do mais, um sistema unilinear reconhece sempre, em certa medida, a existência da outra linhagem. Inversamente, é raro encontrar um exemplo de filiação rigorosamente indiferenciada. Nossa sociedade, que foi muito longe nessa direção (herda-se tanto do pai quanto da mãe, recebe-se a posição social e tira-se prestígio das duas linhagens, etc.), mantém um desvio patrilinear no modo de transmissão do nome de família. [Seja como for, a importância dos sistemas indiferenciados para a teoria etnológica é hoje certa. Provam que a linha divisória entre as sociedades tradicionalmente chamadas "primitivas" e as sociedades ditas "civilizadas" não coincide com a linha divisória entre "estruturas elementares" e "estruturas complexas". Entre as sociedades denominadas primitivas, compreendemos melhor que existam tipos heterogêneos e que a teoria de alguns deles ainda está por fazer. Reconheçamos, portanto, que um certo número de sociedades denominadas primitivas prendem-se de fato a estruturas de parentesco complexas. Entretanto, como este livro limita-se a tratar da teoria das estruturas elementares, consideramos que é permitido deixar de lado provisoriamente os exemplos relacionados com a filiação indiferenciada.]

Por outro lado, é menos aos sistemas indiferenciados do que aos sistemas bilineares que se recorreu recentemente para renovar a interpretação clássica, feita pelo dualismo, do casamento de primos cruzados; mas o dualismo é desta vez redobrado. A explicação da origem do casamento de primos cruzados pela divisão, atual ou antiga, do grupo em metades exogâmicas, chocava-se com efeito contra uma séria dificuldade. A organização dualista explica a dicotomia dos primos em cruzados e paralelos, e explica por que os primeiros são cônjuges possíveis e os segundos cônjuges proibidos. Mas não permite compreender por que, como frequentemente acontece, os primos cruzados são preferidos a todos os outros indivíduos que, como eles, pertencem à metade oposta à do sujeito. Um homem encontra na metade oposta à sua mulheres que possuem não somente a condição de "primas" cruzadas, mas também – entre outras – a condição de "tias" cruzadas e de "sobrinhas" cruzadas. Todas têm a mesma qualidade de mulheres exógamas. O que é então que determina o caráter de cônjuge privilegiado das primeiras?

Suponhamos agora que à primeira dicotomia unilateral da organização dualista se acrescenta uma segunda, igualmente unilateral, mas seguindo a outra linhagem. Seja, por exemplo, um sistema de metades matrilineares A e B, e uma segunda divisão, desta vez patrilinear, entre dois grupos, X e Y. Cada indivíduo receberá de sua mãe uma condição A ou B e de seu pai uma condição X ou Y. Cada indivíduo, portanto, será definido por dois índices: AX, AY, BY ou BX. Se a regra do casamento é que os cônjuges possíveis diferem ao mesmo tempo quanto ao índice materno e quanto ao índice paterno, é fácil verificar que somente os primos cruzados satisfazem esta dupla exigência, ao passo que os tios ou as tias, os sobrinhos ou as sobrinhas cruzados diferem somente por um índice. Para uma demonstração detalhada, rogamos ao leitor recorrer ao capítulo XI. Vamos nos limitar aqui a alguns exemplos.

A organização dualista dos Ashanti, talvez também a dos Gã, dos Fanti e mesmo a dos negros do Suriname[11], repousaria sobre a superposição de um fator patrilinear, ou *ntoro*, ou "espírito", por um fator matrilinear chamado ora *mogya*, "sangue", ora *abusua*, "clã". De fato, dizem os indígenas, *abusua bako mogya bako*: "um clã, um sangue". É o *ntoro* do homem, misturado com o *mogya* da mulher, que produz o filho[12]. A terminologia acentua a correlação entre este sistema e o casamento dos primos cruzados nas equações:

> *asc*: mulher do irmão da mãe = mãe do cônjuge;
>
> *oyere*: filha do irmão da mãe = esposa;
>
> *akonta*: filho do irmão da mãe = cunhado[13].

Os Toda da Índia distribuem-se, de um lado, em mod, grupos exogâmicos patrilineares, e de outro lado em *polioil*, grupos exogâmicos matrilineares. Graças a esta dicotomia, as duas grandes classes endógamas que formam as principais unidades sociais desta tribo encontram-se subdivididas da seguinte maneira: Os Toda em cinco grupos (*polioil*) exogâmicos, e os Touvil em seis. O casamento dos primos cruzados parece, portanto, resultar da proibição do casamento entre indivíduos cuja relação de parentesco se estabelece em linha materna ou em linha paterna exclusivamente[14]. Encontra-se uma organização do mesmo tipo entre os Yakö da Nigéria, divididos em grupos patrilineares exogâmicos, os *yepun*, e em grupos matrilineares menos estritamente exogâmicos, os *yajima*. Os direitos e as obrigações estão distribuídos entre os

---

**11.** HERSKOVITS, M.J. *The Social Organization of the Bush Negroes of Suriname*. Proceedings of the 23rd International Congress of Americanists. Nova York, 1928.

**12.** Id. The Ashanti Ntoro: a Re-examination. *Journal of the Royal Anthropological Institute*, vol. 67, 1937.

**13.** MEAD, M. A Twi Relationship. *Journal of the Royal Anthropological Institute*, vol. 67, 1937.

**14.** EMENEAU, M.B. Toda Marriage Regulations and Taboos. *American Anthropologist*, vol. 39, 1937, p. 104.

dois grupos, sem conflito possível de atribuições: "Come-se no *kepun* e herda-se no *lajima*", afirma o ditado indígena. Como os graus proibidos definem-se pela exogamia de *kepun* e de *lajima*, param praticamente nos primos paralelos em linha materna. Mas se a exogamia de *lajima* fosse tão rigorosa quanto a outra, todos os primos paralelos estariam evidentemente excluídos[15]. Finalmente, os Herrero têm uma predileção positiva pelo casamento dos primos cruzados, que poderia resultar da coincidência de vinte clãs aproximadamente, patrilineares, patrilocais e exogâmicos, *otuzo*, com seis a oito clãs matrilineares não localizados, *canda* (plural *omaanda*)[16].

Seríamos facilmente levados a concluir desses exemplos, e ainda de outros, que sempre e por toda parte o casamento dos primos cruzados explica-se por uma dupla dicotomia do grupo social, conscientemente expressa nas instituições ou agindo como mola inconsciente das regras consuetudinárias.

Não temos a intenção de contestar que às vezes possa acontecer tal caso. Mas não acreditamos que seja possível extrapolar, partindo de exemplos exatos e limitados, nem invocar uma dicotomia cuja existência não é frequentemente confirmada nas instituições e na consciência dos indígenas, para explicar um sistema tão geral quanto o casamento dos primos cruzados. Que relação existe, pois, entre os dois fenômenos?

Antecipemo-nos aos exemplos australianos, a cujo exame são inteiramente consagrados os últimos capítulos desta primeira parte. Não hesitamos em interpretar os sistemas Kariera ou Aranda partindo de uma dupla dicotomia, às vezes até mais complexa. Mas toda a questão reside em saber se a Austrália apresenta um caso privilegiado, no qual se desvenda a natureza última das regras do parentesco e do casamento, tal como existem de maneira universal, ou se não estamos em presença de uma teoria local (da qual conhecem-se em outros lugares exemplos isolados), desenvolvida pela consciência indígena para pôr em forma seus próprios problemas, constituindo uma espécie de racionalização dos fenômenos. Chocamo-nos aqui com o problema fundamental da explicação nas ciências sociais. Porque, se é verdade – conforme Boas com razão acentuou – que os fenômenos sociais de todas as espécies (linguagem, crenças, técnicas e costumes) apresentam o caráter comum de ser elaborados pelo espírito no nível do pensamento inconsciente[17], a mesma questão se levanta sempre a propósito de sua interpretação. O aspecto pelo qual são apreendidos pela consciência dos homens reflete a verdadeira maneira que lhes deu nascimento, ou devemos ver nele somente um procedimento de análise, cômodo para explicar o aparecimento do fenômeno e seus resultados, mas não correspondendo necessariamente ao que de fato aconteceu? Convém definir com maior exatidão nosso pensamento sobre este ponto.

---

15. FORDE, C.D. Kinship in Umor – Double Unilateral Organization in a Semi-Bantu Society. *American Antropologist*, vol. 41, 1939; ver também, do mesmo autor: Government in Umor. *Africa*, vol. 12, 1939.

16. LUTTIG, H.G. *The Religious System and Social Organization of the Herrero*. Utrecht, 1934, p. 85-86.

17. BOAS, F. *Handbook of American Indian Languages*. Bureau of American Ethnology. Bulletin 40. Washington, 1911; Introdução, p. 67ss.

Conhece-se um outro terreno em que as situações individuais são interpretadas em função de uma dicotomia simples ou complexa, e no qual o conjunto dos caracteres físicos de um indivíduo dado é tratado como resultado das combinações entre certos caracteres elementares herdados dos pais. Este terreno é o da genética. Se considerarmos, por exemplo, os caracteres veiculados pelos genes sexuais, a analogia com os fenômenos descritos acima é impressionante. Porque a fêmea transporta dois genes sexuais idênticos entre si, e o macho um gene semelhante aos precedentes mais um outro, que constitui o caráter diferencial da masculinidade, ou seja, um duplo índice matrilinear XX e um duplo índice patrilinear XY. Cada indivíduo recebe necessariamente um índice materno e um índice paterno. Como os filhos devem possuir o caráter diferencial masculino, seu índice paterno será Y e seu X virá sempre da mãe, ao passo que as filhas terão o X paterno mais um qualquer dos dois X maternos[18]. Todos os caracteres veiculados pelos genes sexuais serão, portanto, distribuídos entre os descendentes de acordo com a dialética desta dupla dicotomia[19].

Mas, no caso da genética há rigorosa correspondência entre o processo de análise e seu objeto. Tudo se passa como se houvesse cromossomos e genes. O exame microscópico das células reprodutoras mostra que tal é efetivamente o caso. A ideia mendeliana segundo a qual as características hereditárias dos indivíduos resultam de uma combinação, perpetuamente renovada, de partículas elementares não somente fornece um cômodo método de previsão estatística, mas oferece a imagem da realidade. Da mesma maneira, os "elementos diferenciais", para os quais apela o linguista fonólogo, a fim de explicar os caracteres do fenômeno, possuem existência objetiva do tríplice ponto de vista psicológico, fisiológico e mesmo físico[20].

Consideremos, ao contrário, o matemático que procura a solução de um problema pelo método algébrico. Também ele – segundo a regra do *Discurso* – dividirá a dificuldade "em tantas partes quantas sejam exigidas para melhor resolvê-la". E o valor do método será julgado pelo grau maior ou menor de conformidade do resultado com os fatos. Mas a análise da dificuldade em "incógnitas" não implica que a cada uma delas corresponda uma realidade objetiva. Noutras palavras, esta análise é puramente ideológica, e sua legitimidade mede-se mais pelo resultado do que pela fidelidade com a qual o espírito do matemático reproduz o processo real de que a situação estudada representa o termo final. Veremos mais adiante que, para determinar os caracteres de um sistema australiano com oito classes matrimoniais, A. Weil opera par-

---

18. JENNINGS, H.S. *Genetics*. Nova York, 1935.

19. [Na *Critique de la raison dialectique*, p. 744, Sartre acentuou esta fórmula onde denuncia uma confusão entre razão dialética e razão analítica. Mas a questão é que não temos a mesma concepção de Sartre sobre a razão dialética. Segundo nosso modo de ver, a atitude dicotômica não é de modo algum incompatível com o pensamento dialético, muito ao contrário. Ver a este respeito *La pensée sauvage*, capítulo IX.]

20. JAKOBSON, R. Observations sur le classement phonologique des consonnes. In: *Proceedings of the Third International Congress of Phonetic Sciences*. Gand, 1938. • LÉVI-STRAUSS, C. L'analyse structurale en linguistique et en anthropologie. *Word*, vol. 1, n. 2, Nova York, 1945.

tindo de dezesseis unidades elementares, que são os tipos de casamento[21]. Certamente tem razões para assim proceder, porque este método permite-lhe desentranhar certas consequências do sistema que tinham passado desapercebidas aos observadores no terreno. Mas podemos estar persuadidos que, ao elaborar este sistema, o espírito indígena nunca apelou para essas dezesseis categorias. Ainda mais, mostraremos que as oito classes representam uma elaboração secundária, e que a gênese do sistema explica-se de maneira muito satisfatória por uma divisão, atualmente inconsciente, em quatro categorias[22]. Todas as vezes que nos encontramos em face de sistemas desse tipo, isto é, nos quais a posição do indivíduo na estrutura social parece resultar da combinação de vários caracteres elementares, a questão que se levanta é a de saber se o sociólogo, e às vezes também o indígena, agiram como o geneticista ou como o matemático. Estes caracteres são uma propriedade objetiva da estrutura social ou um processo cômodo para verificar algumas de suas propriedades? Há sempre três possíveis respostas a esta questão.

Em certos casos as unidades elementares existem. Há clãs matrilineares, secções patrilineares, uns e outros definidos pela terminologia, pelas regras de transmissão dos direitos e das obrigações e por certos outros aspectos do costume e das instituições. Quando os fatos são objeto de um exame minucioso e crítico que conduz a uma conclusão positiva, não há oportunidade de pôr em dúvida o papel dos mecanismos correspondentes. Mas, na maioria dos casos, não se encontra nada disso. É o sociólogo que, para explicar uma complicada lei de distribuição dos cônjuges possíveis e dos cônjuges proibidos, inventa uma hipotética divisão do grupo em classes unilaterais, dotadas dos caracteres exigidos para que o sistema de casamento possa ser interpretado como resultado de sua interação. Este método de análise pode ser cômodo, como etapa da demonstração. Mas ficamos em dúvida quando nos referimos aos trabalhos desse tipo que conduzem a esquemas tornados suspeitos por sua própria complicação[23]. Mas, sobretudo, estes trabalhos infringem um princípio bem conhecido pelos lógicos, a saber, que a existência de uma classe definível em extensão não pode nunca ser postulada. Verifica-se a presença de uma classe, mas não se deduz a classe.

Há, porém, situações mais embaraçosas. O artifício de método que censuramos no sociólogo às vezes é o indígena o culpado dele. Com efeito, algumas culturas procederam, em suas próprias instituições sociais, a um verdadeiro trabalho de distribuição em categorias. Fizeram o sistema destas, sem que este sistema possa pretender, a pretexto de sua origem indígena, representar fielmente uma realidade que sua natureza incons-

---

21. Cap. XIV.

22. Cap. XII. [Vê-se, pois, que, contrariamente à censura feita a nós algumas vezes por autores que evidentemente não nos leram (Berndt, Goody), excluíamos antecipadamente qualquer interpretação do tipo da exposta por Lawrence.]

23. Assim os dois artigos de B.Z. Seligman: Bilateral Descent and the Formation of Marriage Classes, *Journal of the Royal Anthropological Institute*, vol. 57, 1927, e Asymmetry in Descent with Special Reference to Pentecost. Ibid., vol. 58, 1928.

ciente e coletiva pode tanto furtar à análise do sujeito quanto a do observador. A Austrália oferece notáveis exemplos desta situação. O sociólogo a quem inspirasse escrúpulos deveria lembrar-se de que não é o primeiro a tê-los. A Lógica da Escola foi obra de homens que pensavam e acreditavam descobrir as leis a que obedecia seu próprio pensamento. Ora, o fato de, em certos casos, o pensamento desenvolver-se de maneira ajustada aos modelos da lógica clássica, e o fato de ser possível dar de qualquer operação intelectual uma interpretação que satisfaça a suas exigências, não impede – conforme sabemos hoje – que, na grande maioria dos casos, o pensamento proceda segundo leis muito diferentes, que uma observação mais atenta permitiu determinar. Os gramáticos de Port-Royal também julgaram chegar às verdadeiras leis do discurso. E viemos a saber mais tarde que a sintaxe e a morfologia repousam sobre uma infraestrutura que tem poucos pontos comuns com os quadros da gramática tradicional.

O fato de haver classes em outro lugar diferente do espírito do sociólogo tem portanto o mesmo valor – e não mais – que a existência de silogismos fora do lógico. Nos dois casos, deve admitir-se a existência dessas formas quando são confirmadas pela experiência e pela observação. Daí não se conclui que, sempre e em toda parte, sejam a razão de ser de fenômenos análogos aos que produzem quando são efetivamente dadas. Proporemos uma demonstração que nos parece tópica, quando abordarmos o problema das gerações alternadas. Veremos que este fenômeno, que concorda tão perfeitamente com a dupla dicotomia patrilinear e matrilinear, a ponto de geralmente não se pôr em dúvida que esta seja a causa daquele fenômeno, aparece também em condições inteiramente diferentes, determinadas pela realização de ciclos muito curtos de reciprocidade[24].

Quando se examina um pouco mais de perto a tese segundo a qual o casamento dos primos cruzados resultaria de uma dupla dicotomia do grupo, percebe-se que – exceto em alguns casos precisos e determinados – os fatos não resistem à análise. Os Wa-Nyanja da África portuguesa são divididos em grupos matrilineares exogâmicos *kamu*, recortados por grupos patrilineares, igualmente exogâmicos, *chilawa*. Como era de se esperar, este sistema exclui os primos paralelos do número dos cônjuges possíveis, mas não faz dos primos cruzados cônjuges preferidos[25]. Forde foi levado a apresentar uma ressalva semelhante a propósito dos Yakö, cuja organização social foi anteriormente descrita[26].

Uma análise pouco atenta dos fatos Ashanti mostra até que ponto devemos desconfiar da tese bilateral, mesmo quando parece firmemente estabelecida. Conforme observou com razão Seligman[27], a dialética do *ntoro* e do *abusua* não acarretaria o casamento dos primos cruzados bilaterais, a não ser que cada categoria compreendesse dois

---

24. Cap. XIII e XXVII.
25. BARNES, Rev. H. Marriage of Cousins in Nyasaland. *Man*, vol. 22, n. 85, 1922.
26. FORDE, C.D. Marriage and the Family among the Yakö in South-Eastern Nigéria. *Monographs on Social Anthropology*. Londres, n. 5, 1941, p. 15, n. 1.
27. SELIGMAN, B.Z. Cross Cousin Marriage. *Man*, vol. 25, n. 70, 1925.

grupos exógamos, e somente dois. Ora, certamente não é esse o caso dos Ashanti, que possuem um número indeterminado de clãs e de *ntoro*. A estrutura de seu sistema não implica, pois, que os netos reproduzam automaticamente as filiações, patrilinear e matrilinear, de seu avô. Este ponto é essencial, porque Rattray julgou poder explicar o casamento dos primos cruzados e sua relação particular com a organização social dos Ashanti por crenças metafísicas[28]. O casamento dos primos cruzados é necessário porque, em um sistema bilinear, o neto reproduz o avô e o reencarna no que diz respeito à posição social. Permite, portanto, a cada alma reintegrar-se a seu clã e a seu *ntoro*, após o eclipse de uma geração. Esta dialética das gerações alternadas será examinada mais adiante, por isso não nos demoraremos aqui em tratar de suas implicações teóricas. Observemos somente que em caso de multiplicidade indeterminada dos grupos exogâmicos, patrilineares e matrilineares, a regra da dupla exogamia não basta para tornar todos os casamentos conformes com o modelo ideal da união entre primos cruzados bilaterais. O casamento com a filha do irmão da mãe (prima cruzada matrilateral) estabelece um obstáculo absoluto à reprodução das gerações alternadas (com efeito, os descendentes preservam indefinidamente o grupo, patrilinear ou matrilinear, de seu ascendente masculino ou feminino, segundo o sexo, e adquirem indefinidamente um novo grupo alterno). Finalmente, se a exigência metafísica da reencarnação por gerações alternadas é a razão de ser do sistema, como afirma Rattray, dada a organização social concomitante, só pode ser satisfeita na hipótese do casamento com a filha da irmã do pai (prima cruzada patrilateral), como observou com razão B.Z. Seligman[29].

As razões teóricas deste fenômeno aparecerão mais adiante[30]. Mas, limitando-nos ao caso considerado, duas observações se impõem. Os negros do Suriname, descendentes de escravos evadidos que desenvolveram nas Guianas uma civilização autônoma, cujos empréstimos tomados às culturas europeia e indiana não chegam a dissimular o fundo africano, possuem uma organização social que lembra ainda a dos Ashanti, isto é, o clã é matrilinear, mas os filhos herdam do pai os *tcina*, conjunto de proibições alimentares hereditárias, cuja violação pode provocar a lepra. Entretanto, as proibições do casamento atingem somente a linha materna. É possível facilmente casar-se na linhagem do irmão do pai e na da irmã do pai[31]. Devemos então concluir que as moças e os rapazes herdam indiferentemente as *tcina* do pai, conforme o texto de Herskovits faz supor?[32] Tal é, talvez, o caso entre os negros do Suriname. No que diz respeito aos Ashanti, pelo contrário, temos um testemunho formal. Bosman escrevia em 1795: "O filho nunca come o que é proibido ao pai, e nesse assunto a filha

---

28. Cf. CLARK, E. The Sociological Significance of Ancestor Worship in Ashanti. *Africa*, vol. 3, 1930.

29. SELIGMAN, B.Z. Op. cit., p. 119.

30. Cf. Cap. XXVII.

31. HERSKOVITS, M.J. Op. cit.

32. "[...] the children inherit personal food taboos...". Ibid., p. 719; e, mais adiante, a passagem inteira consagrada ao apego pessoal que o filho ou a filha podem ter pelo pai. Ibid., p. 720.

segue o exemplo da mãe"[33]. Haveria assim não duas, mas três formas diferentes de transmissão hereditária, a saber, os filhos e as filhas seguiriam o *ntoro* do pai, os filhos e as filhas igualmente seguiriam o clã da mãe, mas os filhos seguiriam a *tcina* do pai e as filhas a *tcina* da mãe, respectivamente.

Seria possível objetar que esta terceira forma de filiação não influi sobre as regras do casamento, sendo portanto inútil levá-la em conta. A objeção seria fundada se a dicotomia dos sexos não fosse tão frequentemente característica de um sistema de casamento unilateral, precisamente porque, em tal sistema, os irmãos e as irmãs não seguem o mesmo destino matrimonial. No sistema de casamento com a prima cruzada patrilateral, o filho reproduz o casamento de sua mãe e a filha o do seu pai. É por conseguinte compreensível que cada um receba do outro genitor esta fração de posição social – os deveres pessoais – que não tem relação com o casamento. Encontraríamos, assim, o casamento com a filha da irmã do pai, cuja existência já tinha sido sugerida pelas crenças metafísicas. O leitor para quem esta análise pareça demasiado esquemática poderá consultar o capítulo XXVI, onde o mesmo equívoco é objeto de um estudo mais aprofundado, desta vez a propósito de um exemplo indiano.

Certamente não temos a intenção de pretender que o casamento Ashanti seja, na realidade, conforme com o modelo sugerido. Nossa única finalidade consiste em mostrar que, em todos os lugares onde a existência de formas de grupamento de tipo tal que produzem automaticamente uma dupla dicotomia não é categoricamente documentada, a explicação do casamento dos primos cruzados pela "dupla filiação" é uma explicação preguiçosa.

Devemos nos admirar com isso? Mesmo nos lugares em que organizações de classes matrimoniais existem com caracteres muito precisos e explícitos – por exemplo, as metades australianas – ficamos impressionados ao ver que estas classes são concebidas muito menos em extensão, como grupos de indivíduos designados por seus caracteres objetivos, do que como um sistema de posições, em que somente a estrutura permanece constante, e onde os indivíduos podem se deslocar, e mesmo trocar suas respectivas posições, desde que as relações entre eles sejam respeitadas.

Entre os indígenas do sul da Austrália o costume chamado *kopara* parece ter por função manter em equilíbrio o balanço das trocas entre os grupos, quer se trate de bens materiais, quer de mulheres, vidas humanas, ofensas ou rituais iniciáticos. O *kopara* é uma dívida que deve ser objeto de regulamento, de acordo com uma fórmula estabelecida, variando segundo a natureza do dano, presente não restituído, mulher não fornecida em troca de uma moça do clã, morte que permanece sem vingança ou iniciação não compensada. Neste costume o que nos interessa particularmente é que um assassínio ou uma "dívida" de iniciação são normalmente saldados pelo dom de uma mulher. Além disso, realiza-se uma troca temporária de mulheres para celebrar o

---

33. Apud HERSKOVITS. Ibid., p. 719, n. 14.

acerto de contas de cada *kopara*, e nesta ocasião homens e mulheres do mesmo grupo exógamo podem ter relações sexuais, excluídos os parentes próximos. "Assim [...] os maridos da metade Tiniwa enviam suas mulheres (que pertencem à metade Kulpuru) aos homens Kulpuru, e reciprocamente"[34]. Da mesma maneira, os membros de uma vendeta pertencem normalmente à metade do defunto, mas podem obrigar os homens da outra metade a ajudá-los emprestando-lhes suas mulheres. Isto corresponde a dizer novamente que as relações sexuais, neste caso, são permitidas entre membros da mesma metade. Esta situação é análoga, mas inversa, à que se encontra em Guadalcanal, onde a expressão "comer os excrementos de tua irmã" representa o mais grave dos insultos, que tem de ser lavado no sangue do agressor. Mas se este pertence à metade oposta, é a própria irmã que deve ser morta, e o autor do insulto, por sua vez, deve matar uma irmã sua se quiser restabelecer sua situação[35]. Este testemunho indígena relaciona-se talvez com o mito, mas corresponde a observações muito próximas feitas por Warner entre os Murngin[36].

Estes fatos são essenciais por vários aspectos. Primeiramente, acentuam que a troca matrimonial é apenas um caso particular dessas formas de troca múltiplas, que englobam os bens materiais, os direitos e as pessoas. Estas mesmas trocas parecem intercambiáveis, pois uma mulher substitui como pagamento um crédito, cuja natureza era primitivamente diferente, um assassínio ou privilégio de ritual. A supressão de uma mulher substitui uma vingança, etc. Porém há mais. Nenhum outro costume pode ilustrar de maneira mais significativa a questão, segundo nosso modo de ver crucial, do problema das proibições do casamento. É que a proibição define-se de maneira logicamente anterior ao seu objeto. Se existe, não é porque este objeto apresente em si mesmo tal ou qual caráter que o exclui do número dos possíveis. Não os adquire senão na medida em que é incorporado a um certo sistema de relações antitéticas, cujo papel consiste em fundar inclusões por exclusões, e reciprocamente, porque aí se encontra justamente o único meio de estabelecer a reciprocidade, que é a razão de todo o empreendimento. O mesmo acontece com o costume chamado *ausan* na Nova Bretanha, o qual prescreve combates rituais com distribuição de alimento entre aldeias potencialmente hostis, "para fornecer uma ocasião de liquidar agravos e esvaziar contendas"[37].

Entre os indígenas estudados por Elkin, o antagonismo das metades não se funda sobre nenhum caráter intrínseco a cada uma delas, mas unicamente – e aí como sempre – sobre o fato de serem duas. "Os indígenas desta região não têm o desejo de exterminar os outros clãs, porque isso seria enfraquecer a tribo inteira, e, além do mais – como eles mesmos dizem –, de onde então obteriam mulheres e filhos?"[38] Inversa-

---

34. ELKIN, A.P. The Lopara: the Settlement of Grievances. *Oceania*, vol. 2, 1931-1932, p. 194.

35. HOGBIN, H.I. The Hill People of North-eastern Guadalcanal. *Oceania*, vol. 8, 1937-1938, p. 68.

36. WARNER, W.L. Morphology and Functions of the Australian Murngin Type of Kinship (2ª parte). *American Anthropologist*, vol. 33, 1931.

37. TODD, J.A. Redress of Wrongs in South-west New Britain. *Oceania*, vol. 6, 1935-1936, p. 406.

38. ELKIN, A.P. Op. cit., p. 197.

mente, em Orokaiva faz-se a pergunta: "Se uma moça se casasse com um homem de seu próprio clã, de onde viria o pagamento ou o preço da noiva?[39] Do mesmo modo que a metade, a mulher, que dela recebe seu estado civil, não possui caráter específico ou individual – antepassado totêmico, ou origem do sangue que circula em suas veias – que a torne objetivamente imprópria para o comércio com os homens que têm o mesmo nome. A única razão é que ela é *mesma* ao passo que deve (e por conseguinte pode) tornar-se *outra*. Logo que se torna *outra* (por ter sido atribuída aos homens da metade oposta), encontra-se apta a desempenhar com relação aos homens de sua metade o mesmo papel que foi primitivamente o seu junto aos parceiros daqueles homens. Nas festas de alimento, os presentes trocados podem ser os mesmos. No costume do *kopara* as mulheres dadas em troca podem ser as mesmas que foram primitivamente oferecidas. Não é preciso, a uns e a outros, senão o *sinal da alteridade*, que é consequência de certa posição em uma estrutura, e não depende de um caráter inato. "A troca dos presentes (realizada por ocasião da periódica liquidação dos agravos entre os grupos) não é um negócio comercial, nem uma operação de mercado, mas um meio de exprimir e cimentar a aliança"[40]. O gesto define seu veículo.

Mas este caráter aparentemente formal dos fenômenos de reciprocidade, expresso pela primazia das relações sobre os termos que unem, não deve jamais fazer esquecer que estes termos são seres humanos, que estes seres humanos são indivíduos de sexos diferentes e que a relação entre os sexos nunca é simétrica. O vício essencial da interpretação criticada nos parágrafos precedentes reside, segundo nossa opinião, no tratamento puramente abstrato de problemas que não podem ser dissociados no conteúdo. Ninguém tem o direito de fabricar à vontade classes unilineares, porque a verdadeira questão consiste em saber se estas classes existem ou não. Não se poderia atribuir-lhes gratuitamente um caráter patrilinear ou matrilinear, a pretexto de que isso dá no mesmo para a solução do problema considerado, sem pesquisar qual é efetivamente o caso. Sobretudo, na elaboração de uma solução, não se pode substituir grupos matrilineares por patrilineares, e inversamente, porque, deixando de lado o caráter comum de classes unilineares, as duas formas não são equivalentes, exceto de um ponto de vista puramente formal. Na sociedade humana não ocupam nem o mesmo lugar nem a mesma categoria. Esquecer este aspecto seria desconhecer o fato fundamental de serem os homens que trocam as mulheres, e não o contrário[41].

Este ponto, na aparência evidente, apresenta uma importância teórica maior do que se poderia crer. Em sua penetrante análise do *buwa*, isto é, do costume de Trobriand segundo o qual um homem deve à sua amante pequenos presentes, Malinowski

---

**39.** WILLIAMS, F.E. *Orokaiva Society*. Oxford, 1930, p. 131-132.

**40.** ELKIN, A.P. Op. cit., p. 197-198.

**41.** [Seria possível, sem dúvida, invocar o exemplo de certas tribos do sudeste da Ásia que oferecem uma imagem aproximada da situação inversa. Entretanto, não caberia dizer que, nessas sociedades, são as mulheres que trocam os homens, mas no máximo que os homens nessa sociedade trocam outros homens *por meio* de mulheres. Cf. mais adiante, p. 155.]

observa que este costume "implica que as relações sexuais constituem [...] um serviço prestado ao homem pela mulher". Pergunta então qual é a razão de um uso que não lhe parece "nem natural, nem evidente". Esperaria antes ver as relações sexuais tratadas "como uma troca de serviços em si mesmos recíproca". E este funcionalista, cuja obra inteira proclama que tudo nas instituições sociais corresponde a uma finalidade, conclui com singular leviandade: "É que o costume, arbitrário e inconsequente neste caso, como em outros, decide que se trata de um serviço prestado aos homens pelas mulheres, e que os homens devem pagar para obter"[42]. Será preciso, portanto, defender os princípios do funcionalismo contra seu autor? Nem nesse caso nem nos outros o costume é inconsequente. Mas para compreendê-lo não devemos nos limitar a considerar o conteúdo aparente e a expressão empírica. É preciso desentranhar o sistema de relações do qual o costume manifesta somente o aspecto superficial.

Ora, as relações sexuais entre homem e mulher são um aspecto das prestações totais, das quais o casamento oferece um exemplo, ao mesmo tempo em que dá ocasião para elas. Estas prestações de serviço totais, conforme vimos, referem-se a bens materiais, a valores sociais, assim como a privilégios, direitos e obrigações e às mulheres. A relação global de troca que constitui o casamento não se estabelece entre um homem e uma mulher como se cada um devesse e cada um recebesse alguma coisa. Estabelece-se entre dois grupos de homens, e a mulher aí figura como um dos objetos da troca, e não como um dos membros do grupo entre os quais a troca se realiza. Isto é verdade, mesmo quando são levados em consideração os sentimentos da moça, como aliás habitualmente acontece. Aquiescendo à união proposta, a moça precipita ou permite a operação de troca, mas não pode modificar a natureza desta. Este ponto de vista deve ser mantido com todo rigor, mesmo no que se refere à nossa sociedade, onde o casamento toma a aparência de um contrato entre duas pessoas. Porque o ciclo de reciprocidade que o casamento abre entre um homem e uma mulher, do qual a função do casamento descreve os aspectos, é apenas um modo secundário de um ciclo de reciprocidade mais vasto, que afiança a união de um homem e uma mulher, filha ou irmã de alguém, mediante a união da filha ou da irmã deste homem, ou de um outro homem, com este mesmo alguém. Se tivermos esta verdade presente no espírito, a aparente anomalia assinalada por Malinowski explica-se muito simplesmente. No conjunto das obrigações recíprocas de que uma mulher faz parte há uma categoria cuja execução depende em grau máximo da sua boa vontade. São os serviços pessoais, quer sejam de ordem sexual, quer doméstica. A falta de reciprocidade que parece caracterizá-los nas Ilhas Trobriand, como na maioria das sociedades humanas, é apenas a compensação de um fato universal: o laço de reciprocidade, que funda o casamento, não é estabelecido entre homens e mulheres, mas entre homens por meio de mulheres, que são somente a ocasião principal.

A primeira consequência desta interpretação deve ser evitar um erro que poderia ser cometido se estabelecêssemos um paralelismo demasiado rigoroso entre os regi-

---

**42.** MALINOWSKI, B. *The Sexual Life of Savages...*, vol. 2, p. 319.

mes de direito materno e os de direito paterno. À primeira vista, o "complexo matrilinear", como foi chamado por Lowie, cria uma situação inédita. Existem sem dúvida regimes de filiação matrilinear e de residência matrilocal permanente e definitiva, como o dos Menangkabau de Sumatra, onde os maridos recebem o nome de *orang samando*, "homem emprestado"[43]. Mas, além de nesses regimes – quase não há necessidade de lembrar este fato – ser o irmão ou o filho mais velho da mãe de família que possui e exerce a autoridade, os exemplos são extremamente raros. Assim, Lowie só menciona dois (Pueblo e Khasi), fazendo mesmo uma ressalva a respeito do segundo[44]. Em todos os outros casos a filiação matrilinear acompanha a residência patrilocal em prazo mais ou menos curto. O marido é um estranho, "um homem de fora", às vezes um inimigo, e contudo a mulher vai viver com ele, em sua aldeia, para procriar filhos que nunca serão seus. A família conjugal é quebrada e de novo quebrada incessantemente. Como uma tal situação pode ser concebida pelo espírito, como pôde ser inventada e estabelecida? É impossível compreender isso sem ver no caso o resultado do conflito permanente entre o grupo que cede a mulher e o que a adquire. Cada um conquista a vitória, alternadamente ou segundo os lugares, a saber, filiação matrilinear ou patrilinear. A mulher é sempre o símbolo de sua linhagem. A filiação matrilinear é a mão do pai ou do irmão da mulher que se estende até à aldeia do cunhado.

A correlação estabelecida por Murdock entre as instituições patrilineares e os níveis mais altos de cultura[45] não altera em nada a primazia absoluta que se deve reconhecer-lhes sobre as instituições matrilineares. É verdade que em sociedades nas quais o poder político tem precedência sobre as outras formas de organização não se pode deixar subsistir a dualidade que resultaria do caráter masculino da autoridade política e do caráter matrilinear da filiação. As sociedades que atingem o estágio da organização política têm, pois, a tendência a generalizar o direito paterno. Mas é porque a autoridade política, ou simplesmente social, pertence sempre aos homens, e esta prioridade masculina representa um caráter constante, quer se ajuste a um modo de filiação bilinear ou matrilinear, na maioria das sociedades mais primitivas, quer imponha seu modelo a todos os aspectos da vida social, conforme acontece nos grupos mais desenvolvidos.

Tratar a filiação patrilinear e a matrilinear, a residência patrilocal e a matrilocal como elementos abstratos que podemos combinar dois a dois em nome do simples jogo das probabilidades é, portanto, desconhecer totalmente a situação inicial, que inclui as mulheres no número dos objetos sobre os quais incidem as transações entre os homens. Os regimes matrilineares existem em número comparável (e sem dúvida superior) aos patrilineares. Mas o número dos regimes matrilineares que são ao mes-

---

**43.** COOLE, F.C. Family, Clan and Phratry in Central Sumatra. In: *Essays presented to A.L. Kroeber*. Berkeley, 1936, p. 20.

**44.** LOWIE, R. The Matrilineal Complex. *University of California Publications in American Archaeology and Ethnology*, vol. 16, n. 2, 1919, p. 35.

**45.** MURDOCK, G.P. Correlation of Matrilineal and Patrilineal Institutions. In: *Studies in the Science of Society Presented to A.G. Keller*. New Haven, 1937.

mo tempo matrilocais é extremamente pequeno. Por trás das oscilações do modo de filiação, a permanência da residência patrilocal comprova a relação fundamental de assimetria entre os sexos, que caracteriza a sociedade humana.

Se fosse preciso convencer-se desse fato bastaria considerar os artifícios para que uma sociedade matrilinear e matrilocal, em sentido rigoroso, tem de apelar a fim de criar uma ordem aproximadamente equivalente ao de uma sociedade patrilinear e patrilocal. O *taravad* dos Nayar de Malabar é uma linhagem matrilinear e matrilocal, proprietária dos bens imobiliários e depositária dos direitos sobre as coisas e as pessoas. Mas, para realizar esta fórmula, é preciso que o casamento seja seguido, três dias depois, do divórcio. Daí em diante a mulher só tem amantes[46]. Não basta, pois, dizer, como faz o autor que acabamos de citar, que "em toda sociedade humana encontra-se uma diferença fundamental entre o estatuto dos homens e o das mulheres"[47]. O extremo unilateralismo materno dos Nayar não é simétrico do extremo unilateralismo paterno dos Cafre, conforme o autor também sugere[48]. Não somente os sistemas rigorosamente maternos são mais raros que os sistemas rigorosamente paternos, mas os primeiros nunca são uma pura e simples inversão dos segundos. A "diferença fundamental" é uma diferença orientada.

Vamos nos arriscar, então, a propor uma sugestão fundada sobre as considerações precedentes, e que oferece talvez a explicação de um singular fenômeno, a saber, por que as organizações dualistas são mais frequentemente matrilineares que patrilineares? Se estes regimes oferecessem a imagem de rigorosa simetria o problema muito dificilmente poderia ser resolvido sem que fossem invocadas hipóteses difusionistas. Mas acabamos de ver que o número das sociedades caracterizadas pela filiação matrilinear e a residência matrilocal é muito restrito. A alternativa limita-se, portanto, aos regimes patrilineares e patrilocais, de um lado, e, de outro, os matrilineares e igualmente patrilocais. É possível equiparar a estes últimos os casos excepcionais dos regimes matrilineares e matrilocais, que estão em conflito com a relação assimétrica entre os sexos. Ora, se o funcionamento dos primeiros levanta poucos problemas práticos, já o mesmo não acontece com os segundos. Os etnógrafos sabem bem disso, porque para eles o estudo de uma sociedade matrilinear representa a promessa de uma organização social complicada, rica em instituições singulares, impregnada de uma atmosfera dramática, muito diferente a este respeito do que se pode esperar de uma sociedade de direito paterno. Ora, estes caracteres privilegiados – do ponto de vista do especialista – só em parte se explicam pelas diferenças maiores que separam estas sociedades da nossa. Em larga medida, dependem de sua estrutura específica, e não foi por acaso que as monografias que tiveram grande repercussão tratassem, quase todas, das sociedades matrilineares.

---

**46.** RADCLIFFE-BROWN, A.R. Patrilienal and Matrilineal Succession. *Iowa Law Review*, vol. 20, 1935, p. 291.

**47.** Ibid., p. 292.

**48.** Ibid., p. 295.

Porque uma sociedade matrilinear, mesmo patrilocal, sem classe matrimonial, tem de resolver singulares problemas. Sua exogamia só pode ser de clã localizado ou de aldeia. Isto é, a mulher irá viver na aldeia do marido, às vezes muito longe dos seus, ao passo que ela mesma e seus filhos serão sempre estrangeiros no interior do grupo ao qual entretanto se acham associados. Se a sociedade é simultaneamente matrilinear e matrilocal, de maneira permanente ou temporária conforme às vezes acontece, o marido pertencerá à classe desprezada "daqueles que estão aí por força do casamento" ou "homens do outro lado", por oposição aos "proprietários da aldeia", que lhe farão sempre sentir a precariedade de seu título de residência junto de sua mulher e filhos[49]. É fácil conceber que, sob a pressão dos conflitos psicológicos e sociais ligados a tais sistemas, os grupos afetados por eles resolvam, mais facilmente que outros, liquidar a oposição entre regra de filiação e regra de residência pela justaposição local das unidades que participam de uma troca, os antigos clãs ou antigas aldeias. Citamos uma evolução desse tipo precisamente em uma sociedade cuja estrutura parece condená-la a antagonismos que de outro modo seriam insolúveis[50]. Ora, a organização dualista oferece uma solução muito simples dos problemas com que se defrontam as sociedades como as dos Dobu ou a dos Kiriwina, em um sentido diferente. A aproximação geográfica das unidades sociais elimina as diferenças inerentes à residência. Esta pode permanecer patrilocal, ou mesmo matrilocal, sem que a sociedade conjugal seja perpetuamente quebrada. E a Casa dos Homens, reunindo em uma colaboração ritual e política os maridos e os cunhados, resolve o conflito entre "proprietários" e "estrangeiros", relegando à categoria dos mitos a lembrança do "Reino das Mulheres", isto é, talvez mais simplesmente, de uma época em que os homens não tinham chegado a resolver a antinomia, que ameaça sempre aparecer, entre seu papel de tomadores de mulheres e de doadores de irmãs, fazendo deles ao mesmo tempo os autores e as vítimas de suas trocas.

---

**49.** FORTUNE, R.F. *Sorcerers of Dobu*. Nova York, 1932.
**50.** P. 96ss.

# CAPÍTULO IX
## O casamento dos primos

A natureza do princípio de reciprocidade permite-lhe agir de duas maneiras diferentes e complementares: ou pela constituição de classes que delimitam automaticamente o grupo dos cônjuges possíveis ou pela determinação de uma relação, ou de um conjunto de relações, que permitem dizer em cada caso se o cônjuge considerado é desejável ou excluído. Os dois critérios são dados simultaneamente, mas sua importância relativa varia. A classe fornece o primeiro meio de abordagem nas organizações dualistas ou de classes matrimoniais. A relação é, ao contrário, utilizada primeiramente – em forma negativa – com a proibição do incesto simples.

Mas há um caso privilegiado em que os dois aspectos do princípio de reciprocidade coexistem, ou melhor, têm a mesma importância relativa, em que se superpõe exatamente e somam seus efeitos. É o do casamento entre primos cruzados. Neste caso, mais que em qualquer outro, a classe e o grupo de indivíduos determinados pela relação são coextensivos. Por isso Morgan, Tylor e Frazer puderam observar que a organização dualista tinha a mesma terminologia de parentesco que os sistemas de casamento de primos cruzados, e que os primos cruzados distribuíam-se como se pertencessem a metades diferentes. Com efeito, o casamento dos primos cruzados distingue-se da proibição do incesto no sentido de que esta utiliza um sistema de relações negativas, enquanto o primeiro emprega um sistema de relações positivas. Uma diz com quem não se pode casar, a outra quais são os cônjuges preferidos. Ao mesmo tempo, o casamento dos primos cruzados distingue-se da organização dualista na medida em que esta última utiliza um procedimento automático (a filiação unilinear) para dividir os indivíduos em duas categorias, enquanto a outra emprega um processo de discriminação aplicado separadamente a cada candidato. Finalmente, o casamento dos primos cruzados é o único tipo de união preferencial que possa funcionar de maneira normal e exclusiva, dando a todo homem a possibilidade de encontrar uma prima cruzada com a qual se case, e a toda mulher um primo cruzado, em toda parte onde a terminologia do parentesco distribui todos os indivíduos da mesma geração, e do outro sexo, em duas categorias aproximadamente iguais, os primos cruzados (reais ou classificatórios) e os irmãos ou irmãs (incluindo os verdadeiros e os primos paralelos). Segundo nosso modo de pensar, os sociólogos têm, portanto, cometido a falta de mostrar a importância e o lugar reais do casamento entre primos cruzados quando o reuniram, sob o nome geral de união preferencial, com outros sistemas tais como o levirato, o sororato ou o casamento avuncular. Estes últimos não são *uniões preferenciais*, porque não podem, em nenhum grupo, e por motivos evidentes, constituir o modo exclusivo, ou mesmo preponderante, do casamento. Preferiríamos chamá-los uniões *privilegiadas*, porque supõem outros modos de união, sobre os quais elas próprias se enxertam.

Tomemos, por exemplo, os Miwok da Califórnia. Gifford sustentou a tese segundo a qual nesse grupo o casamento entre primos cruzados representa uma aquisição recente, e que a forma antiga de casamento era com a filha do irmão da mulher. Não discutiremos aqui o primeiro ponto. O fato do sistema matrimonial refletir-se, ou não, na terminologia do parentesco (e Gifford comprova que não se reflete) não pode, em nossa opinião, ser legitimamente invocado em favor da anterioridade ou da posterioridade de um sistema[1]. Mas é certo que o casamento com a filha do irmão da mulher nunca constituiu o modo normal do casamento, pela simples razão de que para casar-se com a filha do irmão da mulher é preciso ter já uma mulher, e esta não pode, sem círculo vicioso, atender à mesma definição. Este modo de casamento, por conseguinte, nunca pôde constituir senão uma forma de união privilegiada, e duplamente privilegiada. Primeiramente porque é um privilégio para um homem casado, cuja mulher tem um irmão, e cujo irmão tem uma filha, poder reivindicar esta filha para segunda esposa. Em seguida, porque este sistema tem a propriedade, que tanto impressionou Gifford, de se refletir em doze formas diferentes de denominação.

Mas, para que seja possível invocar este último fato em favor da anterioridade e generalidade do sistema, seria preciso que, como em nossa sociedade, os indivíduos nunca sejam unidos entre si senão por uma única relação de parentesco. Ora, isto raramente acontece nas sociedades que utilizam o sistema classificatório, e nunca se dá nos grupos com fraca densidade relativa de população, nos quais os casamentos ocorrem no interior de um círculo restrito. Em tais sociedades os indivíduos devem escolher entre os múltiplos laços de parentesco que unem cada um deles a todos os outros[2]. Nada exclui, por exemplo, que a irmã do pai seja ao mesmo tempo a mulher do irmão da mãe, se casa com seu primo cruzado, uma avó (se o irmão da mãe do pai possui um privilégio matrimonial sobre a filha da irmã), uma sogra (se o indivíduo se casa com a filha da irmã do pai) e uma esposa (se a pessoa possui um privilégio matrimonial sobre a viúva do tio materno). O sistema autoriza, pois, cinco denominações diferentes que se aplicam ao mesmo indivíduo. Nessas condições, que coisa então determina a designação escolhida? Pode ser a antiguidade ou a generalidade de uma forma de casamento, mas talvez também seu caráter excepcional, ou porque os detentores do privilégio desejam consagrar o princípio dele, fixando no uso a denominação correspondente, ou porque o grupo inteiro se divirta em acentuar uma singularidade maliciosa, proveniente do conflito entre uma forma excepcional de casamento e a forma normal.

Assim, a maioria dos sistemas de parentesco das tribos sul-americanas que praticam o casamento entre primos cruzados estabelece a identificação entre os avós e os sogros. Este uso explica-se facilmente pela prática do casamento avuncular, a saber, quan-

---

**1.** Cf. Segunda parte, cap. XXII.

**2.** R. Firth desenvolveu observações análogas a propósito das sociedades polinésias. Cf. FIRTH, R. Marriage and the Classificatory System of Relationship. *Journal of the Royal Anthropological Institute*, vol. 60, 1930. • *We, the Tikopia*, op. cit., p. 266ss.

do uma moça se casa com seu tio materno seus sogros e seus avós se confundem. Mas esta perspectiva puramente feminina deveria, do ponto de vista masculino, acarretar simetricamente a assimilação dos sogros à irmã e ao cunhado. Ora, isso não acontece. Por um motivo que é possível interpretar de muitas maneiras diferentes é a perspectiva feminina que se impôs ao grupo. Por outro lado, o casamento entre primos cruzados fundamenta um terceiro sistema de identificação, geralmente adotado, que agrupa o tio e a tia cruzados sob a mesma denominação que o pai e a mãe do cônjuge.

Os Nambkwara dispõem de um único termo para o avô, o irmão da mãe e o pai do cônjuge, e de um único termo para a avó, a irmã do pai e a mãe do cônjuge. Que se deve concluir daí? Certamente não que o casamento avuncular seja na América do Sul mais antigo que o casamento entre primos cruzados, ou o contrário, e sim que, segundo os casos e os grupos, foi esta ou aquela a solução possível para os conflitos de denominação que venceu outras soluções igualmente aceitáveis. Talvez seja preciso mesmo interpretar o acolhimento da perspectiva feminina, que equipara os avós aos sogros, como uma reação da terminologia dos primos cruzados sobre a do casamento avuncular. O *status* dos primos cruzados e paralelos permanece intacto se transportarmos para a geração superior as desordens terminológicas que resultam do casamento avuncular. Isto, porém, não aconteceria se esta terminologia assimétrica estivesse em uso na geração em que relações recíprocas ligam entre si os cônjuges potenciais, os cunhados e as cunhadas. Se esta interpretação é exata, daí resulta que o sistema de denominação próprio do casamento avuncular não somente nada prova em favor da prioridade desta forma de casamento na América do Sul, mas traduz, por suas modalidades particulares, a existência de uma forma concomitante e oposta.

Mas a importância excepcional do casamento entre primos cruzados não provém somente, segundo nosso modo de ver, da posição única que ocupa na encruzilhada das instituições matrimoniais. Também não se limita a este papel de "instituição que permite diferentes escolhas", graças ao qual este tipo de casamento estabelece uma conexão entre a proibição do incesto e a organização dualista. O interesse do casamento entre primos cruzados reside, sobretudo, no fato da divisão que estabelece entre cônjuges prescritos e cônjuges proibidos recortar uma categoria de parentes que, do ponto de vista do grau de proximidade biológica, são rigorosamente intercambiáveis. Este ponto foi frequentemente invocado para provar que as proibições matrimoniais não têm nenhum fundamento biológico, mas parece-nos que seu pleno alcance nunca foi claramente percebido.

Justamente porque abstrai do fator biológico, o casamento de primos cruzados deve permitir não somente estabelecer a origem puramente social da proibição do incesto, mas também descobrir qual é a natureza dela. Não basta repetir que a proibição do incesto não se funda em razões biológicas. Em que razões se funda então? Esta é a verdadeira questão, e, enquanto não a tivermos respondido, não se poderá pretender ter resolvido o problema. Ora, esta resposta é em geral muito difícil de dar, porque os graus de parentesco proibidos correspondem, em conjunto, a uma maior proximidade biológica que os graus permitidos. Subsiste, portanto, sempre uma dúvida quanto à questão de saber que coisa do grau biológico ou do grau social funda a instituição. Esta dificuldade não é completamente afastada senão no caso do casamento entre primos cruzados, porque se chegarmos a compreender a razão pela qual graus de parentesco equivalentes do ponto de vista biológico são contudo considerados totalmente desiguais do ponto de vista social, poderemos pretender ter descoberto o princípio não somente do casamento entre primos cruzados, mas da própria proibição do incesto.

Este método parece-nos impor-se de modo tão evidente que é possível perguntar por que não foi imediatamente utilizado, e por que o casamento entre primos cruzados foi considerado como um sistema matrimonial que devia ser colocado no mesmo plano dos demais, em vez de reconhecer nele, como propusemos fazer, um fenômeno de ordem completamente diferente. A resposta é simples. Os sociólogos caíram na armadilha de sua própria argumentação. Pelo fato do casamento entre primos cruzados constituir uma regulamentação arbitrária do ponto de vista biológico, passaram à afirmação de que era arbitrário de maneira absoluta, e de qualquer ponto de vista em que nos coloquemos. Ou então, o que dá no mesmo, quiseram reduzi-lo ao papel de consequência secundária de instituições heterogêneas, assim como certos autores explicam a proibição de comer carne de porco entre os judeus e os muçulmanos pelo perigo de deterioração dessa carne nas velhas civilizações sem higiene. Não se admite que a instituição possa encontrar nela mesma sua razão de ser, e procura-se reduzi-la a uma série de conexões contingentes, na maioria das vezes derivadas da organização dualista e da prática da exogamia.

Esta posição intelectual é especialmente visível em um dos últimos autores que, com espírito tendencioso muito acentuado, é verdade, consagrou uma análise atenta ao casamento dos primos cruzados. W.J. Perry declara com efeito: "A primeira forma de exogamia, isto é, a organização dualista, tem todos os sinais possíveis do artifício. Alguns grupos de parentes são entre si cônjuges possíveis, enquanto outros são excluídos. Os filhos respectivamente nascidos de um irmão e de uma irmã, isto é, os primos cruzados, podem casar-se entre si, ao passo que os descendentes de dois irmãos ou de duas irmãs não podem. Uma regra desta natureza não pode fundar-se em nenhuma forma de proibição do incesto. Constitui, evidentemente, uma derivação secundária de uma outra regra, esta mesma concebida com outra intenção"[3]. Compreendemos bem que, com esta afirmação, Perry procura somente fundar um sistema preconcebido, e que este é impregnado de historicismo, mais ainda que os de seus antecessores. Mas não há mal em tomar uma citação de um autor, o qual geralmente concorda em admitir que pratica um abuso extravagante do método histórico. Porque, do ponto de vista que nos interessa, precursores ilustres, como Tylor e Morgan, não são culpados de um menor erro de método, porque este os conduziu a uma conclusão análoga. Perry identifica o casamento entre primos cruzados e a organização dualista, e pretende explicar ambos pela história. Mas Morgan e Tylor não procederam diferentemente quando, analisando o casamento dos primos cruzados, quiseram ver nele um simples resíduo dos costumes da exogamia e da organização dualista. Era preciso, ao contrário, tratar o

---

3. PERRY, W.J. *The Children of the Sun*. Op. cit., p. 381.

casamento dos primos cruzados, as regras da exogamia e a organização dualista como outros tantos exemplos de recorrência de uma estrutura fundamental. Era preciso procurar interpretar esta estrutura por seus caracteres globais, em lugar de desagregá-la em peças e pedaços, cuja justaposição pode depender de uma interpretação histórica, mas permanece desprovida de significação intrínseca. Era preciso, sobretudo, perceber que, dos três tipos de instituições, é o casamento entre primos cruzados que possui o maior valor significativo, valor que faz da análise desta forma de casamento o verdadeiro *experimentum crucis* do estudo das proibições matrimoniais.

Se o casamento entre primos cruzados não é consequência da organização dualista, qual é sua verdadeira origem? Swanton sugeriu que esta origem pode encontrar-se no desejo de conservar no interior da família os bens mais preciosos[4]. Mas como estender uma explicação desta natureza, concebível para as tribos da Colúmbia Britânica ou da Índia, aos bandos seminômades dos Nambkwara do Brasil Ocidental, cujos membros são igualmente desprovidos de bens materiais e de prestígio social para transmitir a seus descendentes? Alguns autores, é verdade, não veem razão para tratar como um único e mesmo fenômeno práticas matrimoniais que se verificam em sociedades profundamente diferentes. Assim é que Lowie conclui sua análise por estas palavras: "O casamento de primos cruzados, segundo toda probabilidade, é um fenômeno que não evoluiu a partir de uma causa única, mas que se originou independentemente em pontos diversos e por motivos diferentes"[5].

Não haveria motivo para excluir a multiplicidade das origens se não houvesse outra coisa, atrás da instituição dos primos cruzados, senão uma forma altamente especializada de união preferencial, por exemplo, o casamento de primos cruzados frequentemente se encontra em forma de união preferencial com a filha do tio materno. E não é certo *a priori* que este tipo de união, em todos os lugares onde se encontra, deva explicar-se por uma causa única. Rivers explicou-o, de maneira plausível mesmo que não seja indubitável, para as Ilhas Bank, em forma de um privilégio matrimonial em relação às moças do grupo transmitido ao filho da irmã pelo irmão da mãe. De maneira plausível também, embora igualmente incerta, Gifford explicou-o entre os Miwok como um privilégio com relação à filha do irmão da mulher transmitido a seus filhos pelo pai. Mas não é absolutamente assim que se propõe a questão. Ao lado do casamento com a filha do irmão da mãe há – é verdade que menos frequentemente – o casamento com a filha da irmã do pai. Há sobretudo, na grande maioria dos casos, o casamento com a filha da irmã do pai, que *é ao mesmo tempo* a filha do irmão da mãe (quando a irmã do pai casou-se com o irmão da mãe). Em toda parte onde o casamento entre primos cruzados não existe, há inúmeros casos em que, entretanto, os

---

**4.** SWANTON, R.J. Contribution to the Ethnology of the Haida. *Memoirs of the American Museum of Natural History*, vol. 8, 1905-1909. No mesmo sentido: WEDGWOOD, C.H. "Cousin Marriage". In: *Encyclopaedia Britannica*. • RICHARDS, J.F. Cross Cousin Marriage in South India. *Man*, vol. 14, n. 97, 1914.

**5.** LOWIE, R.H. *Traité de sociologie primitive*, op. cit., p. 43.

filhos do irmão da mãe e os da irmã do pai são classificados em uma categoria comum, distinguindo-se dos filhos do irmão do pai e dos da irmã da mãe, chamados irmãos e irmãs. Há os casos, ainda mais frequentes, em que termos especiais, ou uma denominação comum, isolam o irmão da mãe, de um lado, e de outro lado a irmã do pai, dos tios e tias paralelos geralmente equiparados ao pai e à mãe. Há casos simétricos – mas não sempre – em que os sobrinhos e sobrinhas, descendentes de um irmão ou de uma irmã do mesmo sexo daquele que fala, são chamados filhos e filhas, ou simplesmente distintos dos sobrinhos e sobrinhas nascidos de um parente do sexo oposto, enquanto estes são designados por termos diferentes. Há os privilégios matrimoniais do tio materno sobre a filha da irmã, e mais raramente do filho do irmão sobre a irmã do pai. Finalmente, mesmo na ausência de toda preferência e privilégio matrimoniais, e às vezes, quando uns e outros são expressamente excluídos, há uma escala inteira de relações de caráter especial entre primos cruzados, entre tias e tios e sobrinhos e sobrinhas cruzados, quer estas relações se caracterizem pelo respeito e pela familiaridade, quer pela autoridade ou licenciosidade.

Sem dúvida, cada um desses traços pode possuir sua própria história, e esta pode ser diferente para cada um dos grupos onde o traço apareceu. Mas vê-se, ao mesmo tempo, que cada traço não constitui uma entidade independente e isolável de todas as outras. Cada qual aparece, ao contrário, como uma variação sobre um tema fundamental, como uma modalidade especial que se desenha sobre um pano de fundo comum, e é unicamente aquilo que há de individual em cada qual que pode ser explicado por causas particulares ao grupo ou à área cultural consideradas. Qual é, portanto, esta base comum? Só é possível encontrá-la na estrutura global do parentesco, mais ou menos completamente refletida em cada sistema, mas da qual, porém, todos os sistemas que apresentam um qualquer dos traços enumerados no parágrafo precedente participam, embora em graus diferentes. Como no mundo há muito menos sistemas dos quais todos estes traços estejam rigorosamente ausentes do que sistemas que possuem ao menos um deles, e frequentemente vários, e como, por outro lado, os sistemas que correspondem a este critério espalham-se em toda a superfície da terra, não há região do mundo que esteja absolutamente desprovida deles, e assim pode considerar-se que esta estrutura global, sem possuir a mesma universalidade que a proibição do incesto, constitui, entre as regras do parentesco, aquela que, logo após a proibição do incesto, mais de perto se aproxima da universalidade.

A ideia de que o parentesco deve ser interpretado como um fenômeno de estrutura e não como resultado de simples justaposição de termos ou de costumes não é, aliás, nova. Foi afirmada por Goldenweiser, quando observou que devia necessariamente haver uma via de abordagem dos estudos do sistema de parentesco que eliminasse sua impossível complicação aparente, tendo esboçado a análise estrutural de um exemplo definido[6]. Leslie Spier mostrou não somente que devia ser esse o ponto

---

6. GOLDENWEISER, A.A. Remarks in the Social Organization of the Crow. *American Anthropologist*, vol. 15, 1913.

de vista do sociólogo, mas que podia ser o dos próprios indígenas. "É com todo direito que se emprega a palavra sistema para designar o conjunto dos termos que servem para descrever as relações de parentesco. Verificamos claramente que os próprios maricopas concebem essas relações em forma de um sistema bem definido". Acrescenta que sua informadora "não precisava conhecer senão o sexo e a idade relativa dos irmãos e irmãs a partir dos quais as linhagens deviam ser reconstruídas para fornecer, sem a menor hesitação, os termos empregados entre qualquer par de parentes pertencentes às gerações seguintes, qualquer que fosse o grau de afastamento"[7].

"De fato, ao menos em parte, é em forma de princípios teóricos que os indígenas transportam o sistema das subsecções de uma tribo para outra", diz Stanner a respeito dos Murinbata da Austrália. E acrescenta: "Quem põe em dúvida a capacidade dos indígenas para o raciocínio abstrato nunca os ouviu expor a seus companheiros o modo como funcionam as *ninipun* (subsecções), aplicando deduções teóricas ao caso considerado. É desta maneira que uma abstração se transforma em realidade, em ser de carne e osso". O mesmo autor deu uma sugestiva descrição do modo como um complexo sistema de classes matrimoniais pode ser tomado de empréstimo, e ensinado, em forma teórica: "A tribo considera um ou dois de seus membros mais inteligentes como peritos em matéria de novas modas. Cada um deles é um viajante, que percorreu em todas as direções os territórios situados além das fronteiras tribais, às vezes até grandes distâncias. Seguiu cursos em tribos estrangeiras, até ter aprendido perfeitamente os exemplos do mecanismo das subsecções. Um deles descreveu-me um dia como tinha permanecido sentado, dia após dia, sobre as ribanceiras infestadas de mosquitos do Rio Victoria, e como seus amigos Djamindjung o tinham instruído pacientemente [...] Seus professores tinham traçado sinais na areia ou indicado por meio de pedaços de pau a subsecção de vários homens. Tinham-lhe apresentado um determinado homem como seu *kaka*, outro como seu *notan* (irmão) e uma mulher, cujo nome não devia nem mesmo ser sussurrado, era sua *pipi ninar*. Cada um era esta ou aquela 'pele', a qual por sua vez gerava uma outra 'pele'. Foi assim que aprendeu. As novas fórmulas são verdadeiramente um código de regras"[8].

O testemunho de Deacon contribui para colocar em evidência o caráter teórico da concepção que os indígenas fazem de seu próprio sistema matrimonial. Sua descrição é tanto mais significativa quanto o sistema de seis classes de Ambrym, a que se refere, é um dos mais complexos atualmente conhecidos[9]. Em duas ocasiões diferentes os indígenas deram a Deacon uma demonstração fundada sobre o emprego de diagramas. Uma vez um informador colocou no chão três pedras brancas equidistantes, cada qual representando uma linhagem ligada às outras duas por uma relação de casamento unilateral. Outro informador desenhou no chão três longas linhas (B, E, F), cada qual representando um homem de uma das três linhagens.

---

7. SPIER, L. *Yuman Tribes of the Gila River*. Chicago, 1933, p. 209.
8. STANNER, W.E.H. Murinbata Kinship and Totemism. *Oceania*, vol. 7, n. 2, 1936-1937, p. 202ss.
9. O sistema de Ambrym será estudado e discutido em um outro trabalho.

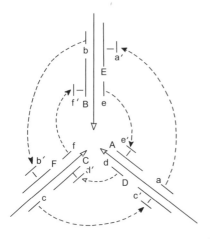

(Segundo Deacon, *The Regulation of Marriage in Ambrym*, op. cit., p. 331). Os traços longos representam os homens, os traços curtos as mulheres. As flechas separam as "linhas" no mesmo grupo bilateral (bwelen).

**Figura 5**

O casamento de cada um deles e os filhos dele nascidos eram figurados por linhas de comprimento diferente, colocadas à esquerda da linha principal para o cônjuge, e à direita para os filhos. Os rapazes e as moças eram diferenciados pelo comprimento do símbolo linear atribuído a cada um. Os dois ciclos matrimoniais foram indicados por dois circuitos que se fechavam em direções opostas. E todo o funcionamento do sistema foi demonstrado com o auxílio deste esquema, de uma maneira que concorda perfeitamente com as hipóteses que se pode fazer partindo do sistema teórico. "É perfeitamente claro que os indígenas (ao menos os mais inteligentes) concebem seu sistema como uma mecânica bem ordenada, que podem representar por meio de diagramas [...] Com base nesses diagramas tratam os problemas de parentesco de maneira inteiramente comparável à que se pode esperar de uma boa exposição científica realizada em uma sala de aula"[10].

Este autor emprega as mesmas expressões para descrever suas experiências em Malekula, nas Novas-Hébridas, acrescentando: "Os homens idosos explicaram-me seu sistema matrimonial com perfeita lucidez. Eu próprio não poderia explicá-lo melhor [...] É uma coisa notável que um indígena seja capaz de representar completamente, em forma de diagrama, um complexo sistema de classes matrimoniais [...] Em Malekula pude também recolher vários casos de extraordinária capacidade dos indígenas para o raciocínio matemático. Espero poder provar [...] que os primitivos são capazes de pensamento abstrato em grau muito adiantado"[11].

Esta parece ser também a opinião de Bateson sobre os indígenas da Nova Guiné. "É possível dizer que, em grande extensão, a cultura do grupo é entregue à guarda de homens que colocam à disposição dela sua erudição e talento dialético". Exercitam-se

---

10. DEACON, A.B. The Regulation of Marriage in Ambrym. *Journal of the Royal Anthropological Institute*, vol. 57, 1927, p. 329-332 e nota, p. 329.
11. Id. *Lettre à Haddon*, apud HADDON, A.C., prefácio de Deacon, Malekula..., op. cit., p. 23.

em controvérsias, tais como a que se refere às relações entre a metade do Sol e a metade da mãe. Tratava-se de saber qual dessas duas grandes unidades sociais podia pretender possuir a Noite. Uns pretendiam que a Noite era uma realidade em si, cuja apropriação é livre. Outros definiam-na, ao contrário, como a negação do Dia, consequência da ausência do totem Sol, do que resultava que a reivindicação apresentada pela metade do Sol era uma contradição em termos[12].

Esta agilidade lógica reflete-se finalmente na terminologia. O estudo dos vocabulários do parentesco mostra que, no espírito indígena, os fenômenos de parentesco são concebidos menos como uma coleção de estados do que como um sistema de relações. Veremos adiante como Radcliffe-Brown foi levado a interpretar os sistemas de parentesco australianos por meio de uma análise cujos elementos fundamentais são relações e não termos, a saber, "pares", "ciclos" e "casais"[13]. Mas foi antecedido nesta descoberta pela teoria indígena. Os Canaque possuem termos especiais para designar os conjuntos formados respectivamente por:

o marido e a mulher (casal) : *duawe*,
o pai e o filho (par)        : *duanoro*,
a mãe e a filha (ciclo)      : *duaduwe*;

e mesmo relações, cujas propriedades conservam-se ainda obscuras para o teórico:

o avô e o neto (gerações alternadas)              : *duaeri*,
o tio materno e o sobrinho (relação avuncular) : *duarha*[14].

O sistema fidjiano possui igualmente nove termos duais, cada um dos quais exprime uma relação específica entre duas pessoas ou dois grupos de pessoas, em vez de designar estas próprias pessoas: pai e filho; mãe e filho, irmãos e irmãs; o irmão e a irmã; o avô e o neto; a avó e o neto; o tio e o sobrinho; os primos do mesmo sexo; os primos de sexo diferente; o marido e a mulher[15]. É possível acrescentar a esta lista o termo *venigaravi*, "aqueles que ficam em frente uns dos outros", que exprime a relação de parceiros implicada por todo ritual, entre o deus e o fiel, a vítima e o sacrificador, o ministro e o oficiante, o rei e o sacerdote, etc.[16]

O pensamento primitivo por conseguinte não é incapaz de conceber estruturas complexas e apreender relações. Lowie apelava implicitamente para essas aptidões quando, em um artigo atualmente clássico[17], tentava discutir a interpretação de Rivers sobre o casamento de primos cruzados nas Ilhas Bank, substituindo a explicação local e histórica deste último por um apelo à função permanente da exogamia. Acreditamos que este apelo, no presente caso especial, é muito discutível, mas não é aqui o

---

**12.** BATESON, G. *Naven*. Cambridge, 1936, p. 227-231.

**13.** Cf. cap. XI.

**14.** LEENHARDT, M. *Notas d'ethnologie néo-calédonienne*, op. cit., p. 59.

**15.** HOCART, A.M. Lau Islands. Fiji. *Bernice P. Bishop Museum Bulletin 62*. Honolulu, 1929.

**16.** Id. *The Process of Man*. Londres, 1933.

**17.** LOWIE, R.H. Exogamy and the Classificatory Systems of Relationship. *American Anthropologist*, vol. 17, 1915.

lugar para abrirmos um debate sobre este problema. Seja como for, a orientação geral dada por Lowie ao estudo dos problemas do parentesco era justa, e tinha razão ao mostrar que a exogamia, considerada como princípio regulador, independentemente de suas modalidades históricas ou locais, é sempre capaz de atuar em duas direções, de um lado a confusão entre as linhas diretas e colaterais, e de outro a confusão das gerações. Nesse mesmo espírito é que se deve chamar a atenção para uma terceira orientação estrutural, que não se limita à exogamia – embora a acompanhe necessariamente –, mas se encontra igualmente presente em um grande número de sistemas que ignoram o clã e a organização dualista. Queremos referir-nos à distinção entre colaterais do mesmo grau, conforme o parentesco seja estabelecido por intermédio de um parente do mesmo sexo ou de sexo diferente. Em outros termos, é a ideia de que a relação *irmão/irmã* é idêntica à relação *irmã/irmão*[18], mas que uma e outra diferem da relação *irmão/irmão* e da relação *irmã/irmã*, sendo estas duas últimas semelhantes entre si. Ainda mais resumidamente, é o princípio segundo o qual consideráveis diferenças de posição social prendem-se à estrutura simétrica ou assimétrica (do ponto de vista do arranjo dos sexos), das relações colaterais.

Atingimos, assim, a fórmula mais geral dos fenômenos a cujo estudo nos dedicamos nos capítulos precedentes. Um tio não tem, para seus sobrinhos, a mesma situação se é irmão do pai, que para ele é um irmão; ou irmão da mãe, que para ele é uma irmã; e o mesmo acontece com a tia. Os sobrinhos e as sobrinhas distinguem-se se são filhos de minha irmã, sendo eu homem, ou de meu irmão, sendo eu mulher, ou se são filhos de meu irmão de quem sou irmão, ou de minha irmã de quem sou irmã. Finalmente, uma prima ou um primo nascidos de um irmão do irmão, ou de uma irmã da irmã, são para mim como um irmão ou uma irmã, ao passo que se somos parentes no interior de uma estrutura assimétrica – irmão da irmã ou irmã do irmão – ele, ou ela, torna-se outra coisa e talvez mesmo o que há de mais afastado de um parente, isto é, um cônjuge. *Consequências que podem ir de simples variação de terminologia até a transformação de todo o sistema dos direitos e das obrigações ligam-se, em um grande número de sociedades, ao fato de que o indivíduo muda ou não de sexo para passar da linha direta à linha colateral.* Repetindo ainda uma vez: sem dúvida, este princípio e todas as consequências dele decorrentes coincidem prefeitamente com a organização dualista. Entretanto, não podem ser explicados como resultado deste tipo de organização social. Primeiramente, como vimos, uma interpretação deste gênero conduziria a fazer do casamento dos primos cruzados um resultado da organização dualista, e nem os fatos nem a análise dos caracteres teóricos respectivos das duas instituições não autorizam uma conclusão deste gênero. Em segundo lugar, esta distinção das relações entre linha direta e linha colateral, conforme reproduzam estruturas simétricas ou assi-

---

**18.** Salvo nos sistemas mais endogâmicos, onde o casamento com a irmã (mais velha) não é permitido porque as duas relações não são recíprocas. Cf. acima cap. I.

métricas, encontra-se em sociedades que não praticam o casamento dos primos cruzados e não conhecem a divisão em metades[19].

Nada adiantaria apelar para o levirato ou o sororato, cuja vasta difusão é conhecida, porque estas instituições, do mesmo modo que os traços acima enumerados, constituem elementos de um complexo original a que devem sua existência, mas não poderiam fundar, rigorosamente, senão alguns caracteres dele. Supondo, portanto, que se pretenda explicar certos caracteres do complexo por uma instituição, outros aspectos por outra instituição, e assim por diante, até esgotá-los todos, restaria ainda mostrar como o complexo pode apresentar o caráter de estrutura, sobre o qual insistimos, e como esta estrutura pode ser ao mesmo tempo mais simples e mais rica em possibilidades do que os elementos isolados, para os quais se reivindica a primazia. Antes das instituições, e como condição delas, há na verdade a apreensão de uma relação, ou mais exatamente a apreensão da oposição entre duas relações, concernentes ambas à linha direta e à linha colateral. A diferença deriva de que as duas linhas podem ser ligadas por intermédio de parentes do mesmo sexo ou por intermédio de parentes de sexos diferentes. Por que esta diferença é concebida como uma oposição?

O que caracteriza, com efeito, o casamento dos primos cruzados não se reduz somente à existência de uma barreira social entre graus biológicos idênticos. Também não é a presença de um limite puramente negativo, que se restrinja a excluir do casamento os primos paralelos, mas é uma inversão de direção. A antipatia manifestada com relação aos primos paralelos não desaparece somente em presença dos primos cruzados, mas se transforma no seu contrário, isto é, em afinidade. Não basta, pois, explicar isoladamente a proibição dos primos paralelos, e de nada serviria também dar uma interpretação separada da inclusão dos primos cruzados na categoria dos possíveis cônjuges. O fenômeno positivo e o negativo em si mesmos não são nada, mas constituem elemento de um todo. Se nossa concepção de conjunto é exata, é preciso admitir que os primos cruzados são recomendados *pela mesma razão* que faz os primos paralelos serem excluídos.

Estas dificuldades esclarecem-se quando vemos no casamento entre primos cruzados a fórmula elementar do casamento por troca, e na troca a razão de ser do sistema de oposições, cujo caráter estrutural acentuamos nos parágrafos anteriores. Todas as obscuridades que envolvem o problema do incesto e o estudo das proibições matrimoniais não têm outra origem, segundo nossa opinião, senão a tendência que nos impele, em função de nossas próprias instituições, a pensar o casamento em forma de um ato unilateral de transferência e de uma instituição assimétrica, quando na realidade (e mesmo ainda entre nós) é um ato bilateral e uma instituição simétrica. A única diferença está em que nas sociedades primitivas, e de maneira preponderante, a estrutura simétrica da instituição põe em jogo dois grupos, ao passo que nas sociedades modernas os elementos de simetria são, de um lado, uma classe, que tende a reduzir-se a um indivíduo, e de

---

**19.** Comparando a relação de reciprocidade entre os azandés, onde se estabelece entre primos cruzados, e entre os pawnees, que a colocam entre pai e filho, Hocart viu que as duas formas derivam de uma relação fundamental entre indivíduo macho e indivíduo fêmea (HOCART, A.M. Convenants. *Man*, vol. 35, n. 164, 1935).

outro lado uma classe que se amplia até se confundir com o grupo social considerado em conjunto. Já encontramos uma fórmula análoga para explicar o casamento polígamo e a relação de reciprocidade entre o chefe e seu bando[20]. A este respeito, o fundamento jurídico do matrimônio moderno aparece como a generalização, ou a democratização, de um modelo de aplicação mais restrita. Comecemos, porém, por determinar a verdadeira natureza do casamento entre primos cruzados.

Suponhamos dois grupos familiares, patrilineares e patrilocais, A e B, aliados pelo casamento de uma moça *b* com um homem *a*. Do ponto de vista do grupo A, a mulher *b* representa uma aquisição, enquanto para o grupo B constitui ao contrário uma perda. O casamento traduz-se, portanto, para o grupo A beneficiário pela passagem a uma posição devedora, e para o grupo B, diminuído de um membro feminino em proveito do grupo A, pela aquisição de um crédito. Igualmente, o casamento de cada um dos homens do grupo B e do grupo A constitui um ganho para seu respectivo grupo e coloca, portanto, o grupo em geral, e a família considerada, em particular, na posição de devedor. Ao contrário, o matrimônio de cada uma das mulheres *a* ou *b* representa uma perda, e reclama, por conseguinte, um direito compensador. As mulheres parentes são mulheres perdidas, as mulheres aliadas são mulheres ganhas. Cada família descendente destes casamentos encontra-se, pois, afetada por um sinal, determinado para o grupo inicial conforme a mãe dos filhos for uma filha ou uma nora. As famílias derivadas de uma filha e de um genro resultam do emprobrecimento do grupo e possuem – do ponto de vista do grupo inicial – um crédito em seu favor. As que provêm da união de um filho e de uma nora são as famílias da aquisição e, como ganharam, devem retribuir. Muda-se de sinal ao passar do irmão à irmã, porque o irmão adquire uma esposa, ao passo que a irmã está perdida para sua própria família. Mas também se muda de sinal passando da geração precedente à geração seguinte. Conforme, do ponto de vista do grupo inicial, o pai tenha recebido uma esposa ou a mãe tenha sido transferida para fora, os filhos têm direito a uma mulher ou devem uma irmã. Sem dúvida, esta diferença não se traduz, na realidade, pela condenação ao celibato da metade nos primos masculinos, mas exprime, em todo caso, a seguinte lei, a saber, que um homem não pode receber uma esposa a não ser do grupo do qual uma mulher é exigível, porque na geração superior uma irmã ou uma filha foi perdida. Em compensação, um irmão deve ao mundo exterior uma irmã (ou um pai, uma filha), porque na geração superior uma mulher foi ganha.

Um esquema servirá para ilustrar esta análise. Atribuamos a cada casal um sinal (+) ou (−), conforme esse casal resulte da perda ou da aquisição de uma mulher pelo tronco inicial A ou B. O sinal muda quando se passa para a geração seguinte, todos os membros da qual são primos entre si. No que diz respeito ao casal inicial, formado de um homem *a* casado com uma mulher *b*, este possui evidentemente os dois sinais, conforme o consideremos do ponto de vista de A ou de B, e a mesma coisa é verdade no que diz respeito a seus filhos. Basta agora considerar a geração dos primos para verificar que todos aqueles que se acham na relação (++) ou (−−) são paralelos, ao passo

---

**20.** Cf. acima, cap. IV, p. 82.

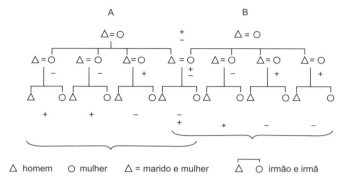

**Figura 6**
*Os primos que estão na relação (+ −) são cruzados, os
que estão na relação (+ +) ou (− −) são paralelos.*

que todos os que estão na relação (+−) ou (−+) são cruzados. A noção de reciprocidade permite, pois, deduzir imediatamente a dicotomia dos primos. Noutras palavras, dois primos masculinos, que estejam ambos em posição credora em face do grupo de seu pai (e devedora em relação ao grupo de sua mãe), não podem trocar suas irmãs, assim como também não poderiam dois primos masculinos em posição credora com relação ao grupo de sua mãe (e devedora com relação ao grupo do pai). Este arranjo íntimo deixaria de fora em algum lugar, de um lado, um grupo que não restituiria, e, de outro, um grupo que não receberia nada, e o casamento permaneceria, num e noutro, em forma de transferência unilateral. O casamento entre primos cruzados exprime portanto, somente, em última análise, o fato de que em matéria de casamento é preciso sempre dar e receber, mas que só se pode receber de quem tem obrigação de dar, e que é preciso dar a quem possui o direito de receber. Porque o dom mútuo entre devedores conduz ao privilégio, assim como o dom mútuo entre credores conduz à extinção.

Nada impede supor, em nosso esquema teórico, que a troca já se tenha produzido na geração dos pais. Neste caso, todos os casamentos serão conformes ao casal básico, isto é, entre homens *a* e mulheres *b* ou entre homens *b* e mulheres *a*, e os filhos serão cruzados ou paralelos, simultaneamente na linha paterna e na materna, em lugar de serem tal em uma das duas somente, permanecendo a mesma estrutura geral. É possível também supor que a troca inicial haja ocorrido entre os avós, sendo a avó *a* irmã do avô *b*, e inversamente. Neste caso, a geração seguinte (a dos pais) será composta já de primos cruzados entre si, e a geração dos filhos terá a mesma estrutura que no caso precedente, porque a troca das irmãs ou das filhas, em qualquer momento em que se produza, fabrica primos cruzados. Os filhos de primos cruzados são cruzados entre si. Os filhos nascidos de uma troca de irmãs entre homens sem relação de parentesco são cruzados entre si. Finalmente, mesmo as crianças descendentes de uma troca entre primos paralelos são cruzadas.

É possível observar que nos colocamos na hipótese daquilo que se poderia chamar, a fim de não prejulgar as instituições, uma perspectiva paterna. Com efeito consideramos a mulher casada com um membro do grupo como adquirida, e a irmã, fornecida em troca, como perdida. A situação poderia ser muito diferente em um regime de filiação matrilinear e de residência matrilocal, isto é, na qual os filhos pertencem ao grupo da mãe e na qual este vale-se dos serviços do marido. Mas, qualquer que seja o sistema considerado, encontramo-nos sempre em face do mesmo fenômeno, embora este possa exprimir-se de maneira mais ou menos complexa. De fato, as vantagens ou perdas resultantes do matrimônio raramente se distribuem com a simplicidade que supusemos para a clareza do esquema. Cada grupo perde e ganha ao mesmo tempo, segundo a maneira como os direitos se distribuem. É possível que uma pessoa ganhe a filiação perdendo a residência, ou o contrário, e os bens materiais e os títulos sociais não se transmitem necessariamente de maneira homogênea. O essencial é que toda aquisição de direito acarreta uma obrigação concomitante, e toda renúncia exige uma compensação. No casamento por troca estas renúncias e aquisições afetarão sempre as duas uniões de maneira simétrica, mas inversa. Se quiséssemos mesmo supor um regime matrimonial – de existência muito hipotética – no qual seja o homem e não a mulher que desempenha o papel de bem trocado, bastaria inverter todos os sinais do esquema e a estrutura global não seria modificada.

Mas, no caso teórico em que nos colocamos, não é necessário postular nenhum tipo determinado de instituição. E se este caso teórico corresponde a um caso real, é na verdade o de bandos primitivos compostos de famílias biológicas justapostas em estreita continuidade, ou, ao contrário, sem contatos regulares, e ainda a um estágio de organização muito elementar. Nosso esquema de interpretação não implica, com efeito, nem a existência de instituições estáveis, nem o estabelecimento de uma regra particular de filiação ou de residência. Implica somente que as mulheres sejam consideradas como valores – atitude psicológica suficientemente documentada pela imensa maioria das sociedades primitivas e pelas relações entre os sexos no estágio da vida animal – e a apreensão, pela consciência individual, de relações recíprocas do tipo: A está para B assim como B está para A. Ou ainda: se A está para D assim como D está para C, C deve estar para D assim como B está para A, isto é, as duas fórmulas de troca das irmãs e do casamento dos primos cruzados. A aquisição da capacidade de apreender estas estruturas levanta um problema, mas é um problema psicológico e não sociológico. Voltaremos mais tarde a este assunto. Desde agora sabemos que estruturas deste tipo, na verdade, são concebidas pelo pensamento primitivo.

# CAPÍTULO X
## A troca matrimonial

Deve-se reconhecer a Frazer o mérito de ter sido o primeiro a chamar a atenção sobre a semelhança de estrutura entre o casamento por troca e o casamento entre primos cruzados, tendo estabelecido a conexão real existente entre as duas instituições. O ponto de partida de sua demonstração é a observação de que, em certos sistemas de parentesco que admitem o matrimônio preferencial somente com uma das primas cruzadas (habitualmente a filha do irmão da mãe), encontra-se contudo a dupla identificação do irmão da mãe com o sogro e da irmã do pai com a sogra. Esta segunda identificação não se compreenderia, no entanto, senão na hipótese do casamento com a filha da irmã do pai. Esta dificuldade esclarece-se, observa Frazer, se supusermos que as duas primas cruzadas se confundem, isto é, se a filha do irmão da mãe é ao mesmo tempo a filha da irmã do pai[1], situação que se acha automaticamente realizada no caso em que os primos cruzados descendem de irmãos que trocaram suas irmãs. Ora, esta ligação entre o casamento entre primos cruzados e o casamento por troca é muito claramente concebida em certos casos. "Assim, em Mandla e em Bastar um homem julga que possui um direito sobre a filha de sua irmã para seu filho, fundando-se no princípio de que sua família deu uma filha à família do marido desta última, e que, por consequência, esta família deve retribuir uma filha em troca. Esta combinação é conhecida pelo nome de "Dūdh Iantāna" que significa: devolver o leite".[2] De fato, entre os mesmos Gond "o dinheiro do leite", isto é, uma compensação pela prima cruzada, é devido se esta casar-se com outro homem que não seja o primo prescrito. E os Marātha Brâman têm este provérbio: "Na casa da irmã a filha do irmão é nora". Entre os Katchin da Birmânia, que proíbem o casamento entre todos os parentes próximos, exceto entre a filha do irmão da mãe e o filho da irmã do pai, que são cônjuges obrigatórios sob pena de multa, o casamento por troca funciona como substituto do casamento entre primos cruzados quando os parentes prescritos faltam.

Mas é sobretudo na Austrália que se pode observar a notável coincidência do casamento por troca com o casamento entre primos cruzados. "É possível afirmar com toda segurança, como um princípio de larga aplicação, que entre estes selvagens uma mulher é normalmente obtida pela troca de uma parenta [...] A prática mais comum

---

1. FRAZER, Sir J.G. *Folklore in the Old Testament*, op. cit., vol. 2, p. 104.
2. RAO, C.H. The Gonds of the Eastern Ghauts, India. *Anthropos*, vol. 5, 1919, p. 794; apud FRAZER, op. cit., vol. 2, p. 121.

é a troca das filhas por seus respectivos pais em forma de esposas para seus filhos, ou, em algumas tribos, a troca das irmãs e de outras parentas pelos jovens diretamente"[3]. Curr e Lumholtz forneceram testemunhos análogos. Entre os Narrinyeri, diz um outro autor igualmente citado por Frazer, é considerado humilhante para uma mulher não ser "dada em troca", e uma esposa adquirida por outro procedimento é colocada em uma categoria que pouco difere da atribuída a uma prostituta em nossa sociedade. Por outro lado, é um fato geral, na Austrália, que um homem não pode esperar obter mulher se não tem uma irmã, uma filha ou uma afilhada para dar em troca. R. Brough Smyth traça um impressionante quadro da condição, próxima do desespero, a que é reduzido na sociedade australiana o homem solteiro contra sua vontade. "Um homem privado de parenta que possa trocar por uma jovem de uma outra tribo leva uma vida miserável. Não somente tem de prover suas próprias necessidades e compartilhar do desconforto dos bairros reservados aos celibatários, mas é também ao mesmo tempo objeto de contínuas suspeitas da parte dos homens mais velhos, que podem ter duas ou três mulheres jovens que vigiar [...] o incômodo e a insegurança ligados a esta espécie de existência fazem dele um triste companheiro, um amigo irascível e um inimigo terrível [...]"[4] Com efeito, o celibatário "pobre e desesperado", como diz Frazer, que não pode obter uma esposa pela via normal da troca, fica reduzido a levar a vida de um fora da lei, porque suas únicas probabilidades residem no rapto de uma mulher de seu grupo ou na captura de uma mulher estrangeira. E nos dois casos o grupo se voltará contra ele, ou por solidariedade com o membro lesado, ou pelo temor de complicações internacionais. Nos dois casos também a questão ansiosamente discutida no conselho dos anciães será a mesma, a saber, onde encontrar uma mulher para fornecer em troca daquela que foi raptada ou capturada, para apaziguar o primeiro possuidor? Todas estas observações lembram muito exatamente outras, que apresentamos a propósito de diferentes sociedades[5].

Não somente a análise teórica a que nos entregamos, mas também os fatos reunidos por Frazer mostram a notável coincidência da troca das esposas e do casamento dos primos cruzados. Como se explica, nessas condições, que a hipótese formulada pela primeira vez por Frazer não tivesse encontrado imediatamente larga aceitação? Como aconteceu que sua profunda teoria, explicando o casamento dos primos cruzados pelo casamento por troca, não tenha sido imediata e definitivamente aceita, e ainda mais, que pareça hoje em dia abandonada em favor de outras explicações?[6] Em

---

3. HOWITT, A.W. On the Organization of Australian Tribes. *Transactions of the Royal Society of Victoria*, 1885, p. 115-116; apud FRAZER, op. cit., vol. 2, p. 195.

4. Apud FRAZER. Ibid., p. 197-198.

5. Cf. cap. III.

6. Cf. por exemplo os artigos "Cousin Marriage" e "Exchange Marriage", por C.H. Wedgwood, na *Encyclopaedia Britannica*. O argumento apresentado por este autor, segundo o qual Frazer seria desmentido pelo exemplo das populações do Estreito de Torres e da Nova Guiné, que trocam as esposas, mas proíbem o casamento dos primos cruzados, é falso. Porque do fato do casamento dos primos cruzados ser um casamento por troca não se segue que todo casamento por troca se realize entre primos cruzados.

nossa opinião, Frazer percebeu claramente a direção na qual convinha enveredar, mas não soube ir até o extremo do caminho que ele próprio abriu. Reuniu os fatos com uma lucidez que nada deixa a desejar, e contudo a interpretação que deu desses fatos permanece singularmente estreita e decepcionante, relativamente às possibilidades apresentadas à reflexão.

O estabelecimento da relação entre o casamento entre primos cruzados e o casamento por troca deveria ter conduzido à descoberta da estrutura universal, ao mesmo tempo permanente e fundamental, do casamento. Em vez disso, Frazer viu no matrimônio dos primos cruzados uma forma histórica de matrimônio, e na troca uma outra forma histórica. Preocupou-se em estabelecer entre essas formas, e entre estas e outras, tais como a organização dualista e o sistema classificatório, relações de sucessão temporal e de conexão causal. Tentou interpretar no interior da história cultural aquilo que para nós é o meio de sair da história cultural. Procurou analisar como momentos da evolução social aquilo em que vemos a condição da sociedade. Parece, entretanto, que Frazer teve a intuição das possibilidades abertas por sua teoria, mas não as menciona senão para logo após repeli-las com terror. A propósito das classes matrimoniais australianas, sempre encontradas em número par, escreveu com efeito: "Isto sugere o que todos os fatos tendem a confirmar, isto é, que estes grupos resultam de uma bissecção voluntária e repetida da comunidade, dividida primeiramente em dois, depois em quatro, e finalmente em oito grupos ou classes exogâmicas praticando o intercasamento. Porque ninguém, tanto quanto eu saiba, ousou ainda pretender que a sociedade esteja submetida a uma lei física, em virtude da qual as comunidades humanas tenderiam, como os cristais, a se integrarem e a se desintegrarem automática e inconscientemente, segundo regras matemáticas rígidas, em elementos rigorosamente simétricos"[7]. Certamente não passa pela nossa cabeça comparar as sociedades aos cristãos. Mas se é verdade – como procuramos demonstrar aqui – que a passagem do estado de natureza ao de cultura se define pela aptidão, por parte do homem, em pensar as relações biológicas sob forma de sistemas de oposições, a saber, oposição entre os homens proprietários e as mulheres apropriadas, oposição, no meio destas últimas, entre as esposas, mulheres adquiridas, e as irmãs e filhas, mulheres cedidas, oposição entre dois tipos de laços, os de aliança e os de parentesco, oposição, nas linhagens, entre as séries consecutivas (compostas de indivíduos do mesmo sexo) e as séries alternadas (onde o sexo muda ao passar de um indivíduo ao seguinte), se é verdade, finalmente, que a troca é o resultado imediato desses pares de oposições e que a dicotomia dos primos é a reflexo da troca, então, não se poderá sem dúvida dizer que "as comunidades humanas tendem automática e inconscientemente a se desintegrarem, segundo regras matemáticas rígidas, em elementos rigorosamente simétricos", mas será preciso talvez admitir que a dualidade, a alternância, a oposição e a simetria, quer se apresentem em formas definidas ou vagas, constituem não fenômenos que se trata de explicar, mas os dados fundamentais e ime-

---

7. FRAZER, op. cit., p. 231.

diatos da realidade mental e social, e que se deve reconhecer neles os pontos de partida de toda tentativa de explicação.

O primeiro vício da interpretação de Frazer reside, com efeito, na dissociação que introduz no íntimo do casamento dos primos cruzados entre dois problemas que, segundo ele, ligam-se somente por uma conexão contingente, isto é, a questão de saber por que os primos cruzados podem se casar não tem para ele absolutamente nada a ver com a questão de saber por que os primos paralelos não podem. Estas questões, para ele, são tão nitidamente distintas que as estuda em dois capítulos separados, apelando, para explicar a preferência e a proibição, para dois tipos diferentes de interpretação. Frazer não hesita em universalizar as constatações fornecidas pela sociedade australiana. "É razoável supor que, em todas as tribos australianas que permitiram ou favoreceram o casamento entre primos cruzados, este tipo de casamento nasceu como consequência direta da troca das irmãs, não tendo outra explicação. É razoável também supor que a troca das irmãs decorre diretamente da necessidade econômica de pagar uma esposa em espécie, noutros termos, de retribuir uma mulher pela mulher que o próprio indivíduo recebeu em casamento". Como o casamento por troca é dado em conexão com o casamento dos primos cruzados em numerosas outras sociedades, como por exemplo os Madiga e os Idiga de Missure, várias tribos de Barwani e do distrito de Almora, nas Províncias Unidas da Índia, e também em várias tribos do Assam e do Beluchistão, e como, por outro lado, o casamento unicamente por troca é uma instituição largamente espalhada entre os indígenas das ilhas ocidentais do Estreito de Torres, entre os Mowat, os Banaro da Nova Guiné, em Buin, entre os Pededarimu de Kiwai, os Santal de Bengala, os Senufo e os Mossi do Sudão, em Sumatra, e finalmente na Palestina moderna, pode-se concluir que, do mesmo modo que entre os Kariera da Austrália, entre os quais a conexão é particularmente manifesta, "o casamento dos primos cruzados decorre de maneira simples e direta, e por um encadeamento muito natural, da troca das irmãs em vista dos intercasamentos"[8].

Mas como pode ter acontecido que Frazer, tendo assim estabelecido o princípio fundamental de explicação, logo em seguida o abandone a pretexto de que este princípio é insuficiente? Declara, com efeito: "Encontramos uma resposta à questão de saber por que o casamento dos primos cruzados tão frequentemente é considerado com uma disposição favorável. Mas resta-nos sempre encontrar a resposta à questão de saber por que o matrimônio dos primos paralelos é tão frequentemente proibido"[9]. Ora, conforme veremos, esta segunda resposta não somente nada tem a ver com a primeira, mas parece mesmo que, ao propô-la, Frazer fechou-se em uma rede de contradições e perdeu todo o terreno que a atitude precedente lhe tinha feito conquistar de maneira tão vitoriosa. Mas indaguemos primeiramente por que a troca, que nos pareceu permitir a

---

8. Ibid., p. 209.
9. Ibid., p. 221.

dedução imediata da dicotomia dos primos, parece a Frazer referir-se exclusivamente aos primos cruzados, e nada ensinar a respeito dos primos paralelos.

Há duas diferenças fundamentais entre a concepção que Frazer tem da troca e a que propomos. Estas diferenças resultam ambas do fato de, para nós, a troca ser somente um aspecto de uma estrutura global de reciprocidade que é objeto (em condições que falta ainda determinar com exatidão) de uma apreensão imediata e intuitiva por parte do homem social, ao passo que para Frazer a troca é uma instituição que se inclui entre outras no interior de uma série evolutiva. Expliquemos melhor este último ponto. O casamento por troca, para Frazer, não é uma instituição primitiva, mas foi precedida por outras formas de casamento, tais como a promiscuidade, o casamento consanguíneo e o casamento de grupo. Pode mesmo somente aparecer quando "a sociedade afastou-se progressivamente do casamento de grupo ou de formas ainda mais relaxadas de comércio entre os sexos para se aproximar do casamento individual"[10]. Em segundo lugar, Frazer concebe a troca das esposas como uma solução cômoda do problema econômico de saber como se pode obter uma mulher. Afirma várias vezes que a troca das irmãs e das filhas "foi por toda parte, na origem, uma simples operação de permuta" ("a simple case of barter")[11]. Descreve o indígena australiano, em sua miséria, perguntando como vai poder obter uma mulher quando não dispõe de nenhum bem material que lhe permita comprá-la, e descobrindo na troca a solução deste problema aparentemente insolúvel. "Os homens começaram a trocar suas irmãs porque este era o meio mais barato ("the cheapest way") de encontrar uma esposa"[12]. Esta concepção econômica da troca decorre ainda da conclusão de Frazer, porque é em última análise a universalidade das leis econômicas que para ele funda o reconhecimento da conexão necessária entre a troca e o casamento dos primos cruzados. "Porque é de maneira idêntica que, sob a crosta da selvageria ou da civilização, as forças econômicas atuam com a mesma uniformidade que as forças da natureza, das quais são aliás somente uma manifestação particularmente complexa"[13].

Mostramos constantemente neste trabalho que longe da troca ser uma modalidade de compra, é a compra que constitui uma modalidade de troca. É porque Frazer se contentou em atribuir ao seu homem primitivo a mentalidade do *Homo Oeconomicus* dos filósofos do século XIX que fracassou completamente em ver a solidariedade que une a preferência pelos primos cruzados com a proibição dos primos paralelos. "Considerado do ponto de vista puramente econômico, diz ele sobre os dois tipos de primas, não há diferença"[14]. Mas justamente a troca não deve ser considerada de um ponto de

---

10. Ibid., p. 203.
11. Ibid., p. 220.
12. Ibid., p. 254.
13. Ibid., p. 220.
14. Ibid.

vista econômico. Frazer estabelece em primeiro lugar a existência de bens econômicos, entre os quais inclui as mulheres. Verifica que, do ponto de vista econômico, vem a dar exatamente no mesmo trocar irmãs entre primos cruzados e entre primos paralelos. Sem dúvida, mas com isso chega assim a um impasse. Nós, ao contrário, postulamos primeiramente a consciência de uma oposição: oposição entre dois tipos de mulheres, ou antes, entre dois tipos de relações em que o indivíduo pode estar no que se refere a uma mulher, quer seja irmã ou filha, isto é, mulher cedida, quer seja esposa, isto é, mulher adquirida; mulher parente ou mulher aliada. Mostramos como, partindo dessa oposição primitiva, constrói-se uma estrutura de reciprocidade segundo a qual o grupo que adquiriu deve devolver, e o que cedeu pode exigir. Comprovamos também que, em qualquer grupo, os primos paralelos entre si descendem de famílias que se encontram na mesma posição formal, que é uma posição de equilíbrio estático, ao passo que os primos cruzados descendem de famílias que se acham em posições formais antagonistas, isto é, umas em relação às outras em um desequilíbrio dinâmico, que é herança do parentesco, mas que só pode ser resolvido pela aliança. A relação de troca, por conseguinte, é dada anteriormente às coisas trocadas, e independentemente destas. E se os bens considerados isoladamente são idênticos, deixam de o ser quando os situamos no lugar que lhes pertence na estrutura de reciprocidade.

Frazer encontra-se assim diante de uma dificuldade insolúvel, quando depara com um sistema matrimonial como o de Buin, nas Ilhas Salomão, onde a troca de mulheres em lugar de substituir a compra ao contrário superpõe-se a ela. Invoca, é verdade, o fato de que sendo de valor idêntico os bens transferidos, as duas compras neutralizam-se, tudo se passando como se não existissem. "Se dois tomens pagam um ao outro meia coroa, o resultado líquido é o mesmo que se não tivessem pago nem recebido nada."[15] Mas em Erromanga e em várias regiões da Ásia Central e Oriental, onde as trocas de mulheres se realizam entre distritos e não entre famílias, não são somente bens de mesmo valor que são objeto da dupla transação, mas são os mesmos objetos que acompanham na ida e na volta a transferência das esposas. Achamo-nos aqui em face de uma operação que não somente é nula do ponto de vista econômico, mas absurda. Torna-se, porém, muito clara quando se admite que aquilo que tem importância é a troca e não as coisas trocadas. Conforme diz Frazer em outra ocasião, "o aspecto estritamente mercantil, para não dizer mercenário, dessas transações matrimoniais repousa somente na superfície"[16]. Mas é possível ir ainda mais longe, porque a hipótese de Frazer é contraditória. Pretende, com efeito, provar a alta antiguidade do casamento dos primos cruzados supondo que a troca de mulheres deve ter tido origem em grupos tão primitivos que as mulheres representavam aí as únicas riquezas disponíveis. "No estado de pobreza geral que caracteriza um nível muito baixo de selvageria um homem não tinha praticamente nenhum outro meio legal de obter

---

15. Ibid., p. 220, n. 1.
16. Ibid., p. 218.

uma mulher."[17] E conclui que o casamento dos primos cruzados iniciou-se em um regime "de extrema ignorância e pobreza, senão mesmo de absoluta miséria"[18]. Estamos de acordo, e mesmo muito mais do que isto, sobre esta extrema primitividade do casamento por troca. Mas como, nessas condições, fazer da troca um substituto da compra, uma vez que se começa por supor uma humanidade tão elementar que não possui nenhum meio de pagamento? De onde lhe viria a própria noção de compra? Com efeito, Frazer imagina um indivíduo abstrato, dotado de consciência econômica, e depois transporta-o ao longo das idades, para uma época longínqua na qual não existe nem riqueza nem meio de pagamento, e nesta situação paradoxal leva-o a descobrir, por uma visão profética, na mulher um substituto antecipado de seu próprio preço. Mas na realidade na troca das mulheres nada existe que se assemelhe à solução racional de um problema econômico (embora possa receber esta função em sociedades que já aprenderam, em outra parte, o que é a compra e a venda). É um ato de consciência, primitivo e indivisível, que faz apreender a filha ou irmã como um valor oferecido e, reciprocamente, a filha e a irmã de outrem como um valor exigível.

Esta falsa interpretação da origem da troca provém, conforme dissemos, do fato de Frazer ver na troca um fenômeno derivado, proveniente do cálculo e da reflexão. E é esta mesma perspectiva estreitamente histórica que devia levá-lo a procurar, fora da troca, a origem da proibição do casamento entre os primos paralelos. Esta origem, segundo ele, encontra-se na organização dualista, "praticamente universal" na Austrália e "suficientemente prevalecente" na Melanésia para que se possa admitir, também para esta região, a intervenção dela. Lembramos, com efeito, que em um sistema de metades exogâmicas os primos paralelos pertencem necessariamente à mesma metade, e os primos cruzados a metades diferentes. No que diz respeito à Ásia, África e América, Frazer não hesita em deduzir a existência antiga da organização dualista, comprovada, segundo ele, pela ampla difusão nessas regiões da exogamia totêmica e do sistema classificatório de parentesco[19]. Admitamos que, conforme sugere, a organização dualista tenha outrora se estendido "pelo menos à metade, senão mesmo mais, da parte habitável do globo"[20]. Qual é sua origem? É, responde Frazer, impedir as uniões consanguíneas, primeiramente entre irmãos e irmãs (primeira divisão do grupo em duas classes), depois entre pais e filhos (segunda divisão do grupo em duas classes), e finalmente entre primos cruzados (sistema Aranda da Austrália, com divisão do grupo em oito classes matrimoniais). Não há dúvida de que o sistema dualista termina por colocar os irmãos e as irmãs na categoria de cônjuges proibidos, de que a organização em quatro classes matrimoniais dá o mesmo resultado para o sistema dos dois pais (o pai em regime matrilinear e a mãe em regime patrilinear) que não é atingido pela proibição em um sistema de duas classes. Finalmente, que a organização em oito classes

---

17. Ibid., p. 245.
18. Ibid., p. 221.
19. Ibid., p. 222-223.
20. Ibid., p. 223.

estenda aos primos cruzados a proibição que afeta os primos paralelos. Toda esta série de afirmações funda-se no seguinte princípio: "Em todo caso, estas consequências estão certamente incluídas no número dos resultados produzidos pelas bipartições sucessivas, sendo legítimo inferir as intenções a partir dos resultados"[21].

O mínimo que é possível dizer desse princípio é que constitui uma conversão singularmente radical ao finalismo sociológico, mas esta conversão parece-nos ir tão além do que é possível admitir, quanto a atitude estreitamente histórica da argumentação precedente tinha nos parecido permanecer aquém. Para que se possa legitimamente inferir as intenções a partir dos resultados, é preciso ao menos que haja uma certa adequação entre os resultados verificados e as intenções supostas. Assim, é possível que a divisão do grupo em quatro classes matrimoniais tenha origem na tomada de consciência, clara ou confusa, de um novo sistema de oposições, que substitui termos precedentemente concebidos em uma relação de identidade.

Mas como aplicar o mesmo raciocínio à proibição do casamento entre irmãos e irmãs e à primeira bipartição do grupo (a mais difundida também) em duas metades exogâmicas? Porque neste caso a intenção suposta corresponde somente a uma parte muito pequena do resultado, e se quisermos exprimir o resultado em termos de intenção é preciso supor que esta foi bem diferente.

A organização dualista traduz-se pela bipartição dos colaterais em duas categorias, aqueles com os quais é possível contrair casamento e aqueles com os quais é impossível. Esta última categoria compreende, ao mesmo tempo, os irmãos e as irmãs e os primos paralelos. É portanto arbitrário decidir que a finalidade da instituição consiste em impedir o casamento entre os irmãos e as irmãs, e que a proibição dos primos paralelos aparece somente no quadro como um acidente. O contrário poderia ser igualmente verdadeiro, e se tivesse havido o desejo de proibir somente o incesto dos irmãos e irmãs, bastaria proibi-lo simplesmente, em vez de edificar uma instituição prodigiosamente incômoda e que só consegue eliminar um, dois ou três cônjuges indesejáveis com a condição de proibir, na mesma ocasião, aproximadamente a metade dos homens ou das mulheres disponíveis. Se verdadeiramente a organização dualista, que me proíbe de casar-me com a metade das mulheres do meu grupo, só foi instituída para evitar meu casamento com minha irmã, é preciso reconhecer que, no espírito daqueles que a conceberam, uma singular incoerência misturou-se com a clarividência que lhes é reconhecida tão generosamente. Na realidade, ou a organização dualista não serve para nada – o que é uma tese defensável – ou serve precisamente para aquilo a que conduz, e serve a tudo isto. Pretender, por um lado, que a organização dualista foi conscientemente desejada e concebida, e, por outro lado, foi somente desejada e concebida para uma pequena fração dos resultados que acarreta (quando esta fração poderia tão facilmente ter sido assegurada por outros meios, e de fato assim aconteceu em numerosos grupos), representa uma posição inaceitável, tanto do ponto de vista do encadeamento

---

21. Ibid.

histórico das instituições quanto do ponto de vista de uma vontade legisladora. Mas, se a organização dualista, conforme acreditamos, tem por função produzir as consequências que são efetivamente as suas, então é preciso admitir que esta função não consiste em eliminar um grau de parentesco demasiado próximo. Os irmãos e as irmãs são mais próximos que os primos paralelos, com os quais são confundidos, e os primos paralelos são tão próximos quanto os primos cruzados, dos quais contudo se distinguem. Se a organização dualista tem uma razão de ser, esta não pode encontrar-se senão numa *qualidade comum* dos irmãos e das irmãs e dos primos paralelos, pela qual esses dois grupos se opõem, *da mesma maneira*, ao grupo dos primos cruzados. Esta qualidade comum não pode ser a proximidade biológica. Encontramos esta qualidade comum no fato dos irmãos e irmãs, assim como os primos paralelos, se encontrarem orientados da mesma maneira, e afetados pelo mesmo sinal, no interior de uma estrutura de reciprocidade, o que de alguma maneira, portanto, os faz se neutralizarem, enquanto os primos cruzados são afetados de sinais opostos e complementares. Para conservar a mesma metáfora poderíamos então dizer que se atraem.

Deixaremos o próprio Frazer ter o cuidado de expor a maior fraqueza de seu sistema. "Encontramos a causa geral das modificações sucessivas dos costumes matrimoniais em uma crescente aversão com relação ao casamento entre pessoas estreitamente ligadas por relações de consangüinidade [...] Mas não me aventurarei aqui a procurar a origem dessa aversão, porque este é um dos problemas mais obscuros e difíceis de toda a história cultural [...]"[22]. Em resumo, o casamento dos primos cruzados e o casamento por troca, segundo ele, têm origem na proibição do incesto. A troca das irmãs e a preferência consecutiva pelos primos cruzados teriam aparecido como uma prática cada vez mais geral, resultante da condenação difusa do matrimônio entre irmãos e irmãs. A proibição dos primos paralelos teria resultado imediatamente da instituição da organização dualista, a qual por sua vez é decretada para sancionar o sentimento crescente do público. As origens imediatas da preferência e da proibição seriam, portanto, diferentes. Uma derivaria da moral e a outra da lei. Mas a origem longínqua seria a mesma, porque, nos dois casos, tratar-se-ia de responder "à crescente reprovação" que o matrimônio consanguíneo suscita no grupo. Não insistiremos no fato da hipótese do casamento consanguíneo, enquanto instituição social, ser puramente hipotética, como aliás a do casamento de grupo, que Frazer invoca para explicar o sistema classificatório de parentesco, porque toda esta reconstrução repousa na realidade sobre um círculo, a saber, o casamento por troca apareceu para acabar com o casamento de grupo; o casamento dos primos cruzados estabeleceu-se como consequência do casamento por troca; a organização dualista veio consagrar a prática do casamento dos primos cruzados; e finalmente "o sistema classificatório de parentesco decorre diretamente da organização da sociedade em duas classes exogâmicas". Contudo, quando levantou a questão da origem do sistema classificatório,

---

**22.** Ibid., p. 245-246.

Frazer tinha respondido com extrema precisão: "Parece ter encontrado origem em um sistema de casamento de grupo, que reflete como um espelho"[23].

Mas, sobretudo, a interpretação proposta por Frazer permanece suspensa a um enigma. Porque se o casamento dos primos cruzados foi uma primeira tentativa para eliminar as uniões incestuosas, nada explica por que estas uniões incestuosas apareceram como um mal que deveria ser suprimido. Frazer apela somente, em várias ocasiões, para um "sentimento crescente", que se desenvolveu contra este tipo de uniões. É este "sentimento crescente", inexplicável e inexplicado, que constitui em definitivo a pedra angular do sistema. Por nossa parte, ao contrário, sustentamos que a análise rigorosa do casamento dos primos cruzados devia permitir atingir a natureza última da proibição do incesto.

Mas tivemos o cuidado de eliminar toda especulação histórica, toda procura relativa às origens, assim como qualquer tentativa de reconstruir uma ordem de sucessão hipotética das instituições. Atribuindo ao casamento dos primos cruzados o primeiro lugar em nossa demonstração, não postulamos nem sua universalidade antiga, nem sua anterioridade relativa com referência a outras formas de casamento. Assim, não acreditamos que nossa afirmação sobre a existência de uma conexão entre o casamento dos primos cruzados e a troca das esposas dê margem às críticas que foram dirigidas à concepção, ao menos na aparência análoga, de Frazer. Contra este último foi invocado o fato de o casamento por troca coincidir frequentemente com uma proibição do casamento entre os primos de todas as ordens. Frazer teve razão, segundo nosso modo de ver, de fazer uma advertência contra os casos em que o casamento dos primos cruzados parece excluído. Os recentes desenvolvimentos das pesquisas sociológicas na América do Sul provam, conforme Frazer tinha previsto, que a extensão do casamento dos primos cruzados é ainda mais vasta do que se havia suposto. São muitas vezes os grupos mais mal conhecidos sobre os quais foram feitos testemunhos negativos, sendo estes às vezes contraditórios. Por isso é prudente, como recomenda Frazer, em presença de documentos relativos a determinado grupo, alguns dos quais afirmam que o casamento é proibido entre primos, enquanto outros declaram expressamente que este tipo de matrimônio é autorizado, ter presente no espírito a hipótese segundo a qual certos observadores antigos teriam somente prestado atenção à proibição do casamento entre primos paralelos, ao passo que outros só teriam visto a prática concomitante da união entre primos cruzados. Para uma teoria como a nossa, que faz da apreensão de uma certa estrutura lógica a base fundamental dos costumes matrimoniais, não é indiferente notar que esta estrutura é muitas vezes visível, mesmo em sistemas onde não se materializou concretamente.

Mais perturbadores poderiam ser os casos, que o próprio Frazer observou, nos quais existe o casamento por troca e onde contudo os primos classificam-se indistin-

---

23. Ibid., p. 230.

tamente entre os graus proibidos. Em certas ilhas do Estreito de Torres e na Nova Guiné encontra-se também a troca das esposas associada à proibição dos primos. Mas, ainda uma vez, estes fatos podem ser usados contra Frazer, que faz do casamento por troca um momento histórico da evolução do matrimônio, do casamento dos primos cruzados um outro momento histórico dessa mesma evolução e que estabelece entre os dois uma relação de causa a efeito. Tem-se razão, portanto, de perguntar por que, se o casamento dos primos cruzados é consequência do casamento por troca, encontra-se um deles sem que o outro lhe seja necessariamente associado. Mas não afirmamos nada disso. Vimos na troca, considerada não pelo aspecto técnico da instituição chamada "casamento por troca", mas pelo aspecto geral de fenômeno de reciprocidade, a *forma universal* do casamento, e estudamos o casamento dos primos cruzados não como expressão primitiva, arcaica, relativamente antiga ou recente desta forma, mas como um *caso privilegiado* que permite perceber, de modo particularmente claro, por trás do casamento a onipresença da reciprocidade. Justificamos este caráter do casamento dos primos cruzados colocando-nos em um duplo ponto de vista, a saber, primeiramente mostrando que a dicotomia dos primos entre cônjuges designados e cônjuges proibidos pode deduzir-se imediatamente da relação entre duas ou várias famílias, partindo do momento em que esta relação é concebida em forma de estrutura de reciprocidade. Em segundo lugar, acentuando que, por seus caracteres lógicos, a instituição do casamento dos primos cruzados ocupa um lugar excepcional, de certo modo na bifurcação que conduz a dois tipos extremos de reciprocidade, a organização dualista e a proibição do incesto.

Mas nada absolutamente exige que este caso privilegiado tenha sido o primeiro a aparecer, nem que se tenha realizado, num ou noutro momento, em toda parte. O físico que formula uma lei sabe que ela não será jamais rigorosamente verificada, exceto em seu laboratório, e que a natureza só fornece ilustrações aproximadas dela. Neste ponto o sociólogo é mais feliz que o físico, ocasião tão rara que seria um erro senão tirasse dela o maior partido possível. Porque a experiência social produz frequentemente, em forma muito pura, o casamento dos primos cruzados, e estes aparecimentos são tão numerosos que bastaria esta frequência para justificar a surpresa. Se o casamento dos primos cruzados não tivesse sido praticado por nenhum povo da terra teria havido sem dúvida maior dificuldade em determinar a lei de reciprocidade que se encontra na origem das regras matrimoniais. Mas, supondo que se tenha chegado até aí, não haveria nenhuma dificuldade em deduzir *a priori* a fórmula do casamento dos primos cruzados, como sendo aquela que fornece a expressão mais simplesmente concebível da lei. O fato dessa fórmula não ter sido descoberta por nenhuma sociedade humana teria sido facilmente explicado pelo fosso que separa a teoria da humilde realidade, e ninguém chegaria a perguntar como populações grosseiras e primitivas deixaram de conceber um método tão simples e ao mesmo tempo tão exato. Sem dúvida, é possível admirar o grande número de sociedades que chegaram a elaborar esta expressão rigorosa, mas não espantar-se com o fato de outras não terem jamais conseguido fazê-lo.

A concepção que propomos apresenta a vantagem de explicar não somente a dicotomia dos primos, mas também todos os outros sistemas de identificação ou de dissociação que habitualmente a acompanham. O princípio de reciprocidade explica ao mesmo tempo a distinção dos tios e das tias, dos primos e das primas, e finalmente dos sobrinhos e sobrinhas em cruzados e paralelos, em lugar de interpretar – como somos habitualmente obrigados a fazer – a dissociação que aparece na geração precedente e na seguinte à do indivíduo como consequência da dissociação que realiza no interior de sua própria geração. De fato, o princípio de reciprocidade atua simultaneamente nas três etapas. Consideremos primeiramente a geração que precede a do sujeito. Na estrutura de reciprocidade o irmão do pai ocupa a mesma posição que o pai (ambos adquiriram esposas e cederam irmãs), e a irmã da mãe ocupa a mesma posição que a mãe (ambas foram, ou podem ser, adquiridas como esposas e cedidas como irmãs). Mas o irmão da mãe ocupa uma posição inversa da posição da mãe, porque, qualquer que seja o sistema de filiação, um é aquele que cede ou adquire e a outra é aquela que é adquirida ou cedida. A relação é a mesma entre o pai e a irmã do pai (embora não rigorosamente, conforme veremos em outro lugar). Retomando, portanto, a fórmula da figura 6, é possível dizer que o sinal continua o mesmo, quer seja um sinal (+) ou um sinal (–), quando se passa do pai ao irmão do pai ou da mãe à irmã da mãe, ao passo que o sinal muda quando se passa da mãe a seu irmão ou do pai a sua irmã. Os primeiros são identificáveis em uma terminologia fundada num sistema de oposições, enquanto os segundos devem ser distinguidos. Já mostramos como as oposições de sinais e os paralelismos aparecem todos invertidos na geração seguinte, enquanto a estrutura geral permanece a mesma. Esta configuração constante, quando se passa da geração precedente à geração do sujeito, continua, evidentemente, à custa de nova inversão de sinais, quando se passa da geração do sujeito à geração dos sobrinhos, conforme se vê no exemplo (Figura 7) segundo o qual Ego tem direito sobre a filha de sua irmã, porque concedeu à mãe de sua sobrinha o título de irmã, enquanto deve ceder sua própria filha, porque adquiriu a mãe de sua filha como esposa.

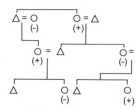

**Figura 7**

Se tivéssemos tomado como sujeito não Ego mas o tio materno de Ego, a estrutura geral teria permanecido a mesma, invertendo-se entretanto todos os sinais, como é fácil de verificar.

## II. A Austrália

# CAPÍTULO XI
## Os sistemas clássicos

Compreendemos sob o nome de troca restrita todo sistema que divide o grupo, efetiva ou funcionalmente, em um certo número de pares de unidades de troca, tais que, em um par qualquer X – Y, a relação de troca seja recíproca, isto é, que um homem X casando-se com uma mulher Y, um homem Y deve sempre poder casar-se com uma mulher X. A forma mais simples de troca restrita é dada pela divisão do grupo em metades exogâmicas, patrilineares ou matrilineares. Se supusermos que a uma dicotomia fundada sobre um dos dois modos de filiação se superpõe uma dicotomia fundada sobre o outro, teremos um sistema com quatro secções, em lugar de duas metades. Se o mesmo procedimento se repetir, o grupo compreenderá oito secções em vez de quatro. Assistiremos, portanto, a uma progressão regular, mas nada há que se assemelhe a uma mudança de princípio ou a uma brusca inversão. Consideramos os primeiros estágios desse processo em nossa análise das relações entre a filiação unilinear e a bilinear[1].

Já então fazíamos uma observação que deve agora ser desenvolvida. A passagem de um sistema com duas metades a um sistema com quatro classes não modifica necessariamente as regras do matrimônio. De maneira mais estrita e limitativa em um caso, de maneira mais vaga e tolerante em outro, o cônjuge preferencial tende a se definir como uma ou outra prima cruzada (filha da irmã do pai ou filha do irmão da mãe), que pode ser ao mesmo tempo (e que provavelmente é) uma e outra. Está claro que nem sempre há coincidência entre um sistema de classes e as regras do casamento. Os Dieri, que possuem uma organização dualista, aplicam as mesmas proibições matrimoniais que os Aranda, que reconhecem oito subsecções. É também o caso de certos grupos que possuem um sistema de quatro classes. Deixamos, de momento, inteiramente de lado a discussão desse problema, que levou Radcliffe-Brown a negar a intervenção das classes na regulamentação do casamento. Subsiste o fato que, em um sistema de oito classes do tipo Aranda, o casamento é automaticamente impossível entre os primos cruzados, enquanto em um sistema de quatro classes nada (exceto eventuais proibições matrimoniais e o sistema de parentesco) o proíbe. Deste ponto de vista negativo, o sistema de duas classes e o sistema de quatro classes são, pois, equivalentes. Nos dois casos o sistema de classes, considerado em si mesmo, proíbe os mesmos tipos de colaterais (irmãs e irmãos e primos paralelos) e deixa os mesmos

---

1. Cap. VIII.

na categoria dos cônjuges autorizados pelo sistema (primos cruzados e pessoas equiparadas a estes). A troca restrita levanta, portanto, um problema teórico muito inquietante, a saber, qual é a relação entre os sistemas de duas metades e os sistemas de quatro classes? Como pode acontecer que ao passar de um ao outro não se veja nenhuma dicotomia dos cônjuges possíveis, e, mais particularmente, como acontece que os sistemas de troca restrita não levam em conta a dualidade existente no meio dos primos cruzados entre patrilaterais e matrilaterais?

A Austrália é um terreno privilegiado para o estudo destas questões, e isso por dois motivos. De um lado, oferece, em forma eminentemente exata e explícita, os diferentes tipos de sistemas de troca restrita, isto é, a organização dualista, o sistema de quatro secções e os sistemas de oito subsecções. De outro lado, algumas tribos australianas praticam a distinção entre primos cruzados patrilaterais ou matrilaterais, que entretanto não parece resultar de nenhum dos tipos precedentes. É o caso de várias tribos do norte da Austrália, principalmente os grupos da Terra de Arnhem estudados por Warner e por Webb. Estes grupos possuem uma organização de oito classes matrimoniais, às vezes mascarada como organização de quatro classes, mas somente, ao que parece, porque as subsecções não são sempre mencionadas.

Uma razão especial deve atrair nossa atenção para essas formas, geralmente designadas pelo nome de sistema Murngin. Este sistema foi muitas vezes diferenciado dos outros sistemas australianos como excluindo a troca das irmãs. Ora, toda nossa interpretação dos sistemas de parentesco funda-se sobre a noção de troca, que constituiria sua base, ao mesmo tempo comum e fundamental. A existência do sistema Murngin no continente que parece, por outro lado, ser o mais favorável a nossa tese, estabelece um problema essencial que não poderíamos nos dispensar de examinar.

A imensa obra realizada nestes últimos anos na Austrália por Radcliffe-Brown e a admirável equipe da *Oceania* forneceu sobre os sistemas de parentesco australianos dados precisos de incomparável riqueza, que, em grande extensão, podem emancipar o sociólogo das pesquisas frequentemente obscuras de pioneiras tais como Howitt, Mathews, Spencer e Gillen, etc. Porém, mesmo entre os pesquisadores modernos, nenhum pretenderia que a tipologia dos sistemas seja perfeitamente clara, nem que as relações entre eles tenham sido definitivamente estabelecidas. A este respeito a situação parece antes ter-se complicado nos últimos quinze anos. Em 1931 Radcliffe-Brown tinha proposto a seguinte classificação geral:

1) Sistema de duas metades exogâmicas matrilineares.
2) Sistema de duas metades exogâmicas patrilineares.
3) Sistema de quatro secções:
   a) com metades matrilineares especificadas;
   b) com metades patrilineares especificadas;
   c) sem metade especificada.
4) Sistemas com oito subsecções.
5) Sistemas com quatro semimetades patrilineares especificadas.

6) Sistemas com duas divisões endógamas alternativas.

7) Sistemas sem divisão especificada[2].

Alguns anos mais tarde, contudo, Lawrence concluía que existiam onze sistemas distribuídos em dois grupos principais: de um lado os sistemas sem classes matrimoniais, abrangendo cinco tipos, e de outro, os sistemas de classes matrimoniais com seis tipos, divididos em três categorias:

I. Sistemas sem classes:

a) casamento unilateral sem troca de irmãs;

b) sistemas sem classe nem dicotomia matrilinear;

c) sistemas de clãs matrilineares;

d) sistemas sem clã matrilinear;

e) sistemas com gerações alternadas.

II. Sistemas com classes:

A) Sistemas com oito classes:

a) oito subsecções especificadas;

b) quatro secções especificadas divididas em oito subsecções não especificadas;

c) quatro semimetades patrilineares divididas em oito subsecções não especificadas.

B) Sistemas com quatro classes:

a) quatro secções;

b) duas metades patrilineares divididas em quatro secções não especificadas.

C) Sistemas com duas classes:

a) duas metades matrilineares[3].

Essas diferenças prendem-se a divergências de interpretação referentes a dois pontos fundamentais, a saber, as respectivas relações entre filiação patrilinear e filiação matrilinear de um lado, e entre sistemas com classes e sistemas sem classes, de outro.

Radcliffe-Brown mostrou claramente que a unidade fundamental da sociedade australiana é o grupo local, ou "horda". A horda compõe-se de um grupo de homens, irmãos entre si, seus filhos, suas filhas e as filhas de seus filhos não casadas. Suas mulheres e as mulheres de seus filhos, embora participando da existência da horda, provêm, na realidade, de uma horda vizinha, por motivo da lei de exogamia, e continuam a pertencer ao grupo de seu pai e seus irmãos. A horda pode assim ser definida como um grupo patrilinear, explorando um certo território sobre o qual possui direitos exclusivos. Não existe nenhuma unidade política que se superponha à horda. A tribo é definida de maneira puramente linguística e inclui todas as hordas que falam

---

**2.** RADCLIFFE-BROWN, A.R. The Social Organisation of Australian Tribes. *Oceania*, vol. 1, 1931.

**3.** LAWRENCE, W.E. *Alternating Generations in Australia*. In: *Studies in the Science of Society Presented to A.G. Keller*. New Haven, 1937.

aproximadamente o mesmo dialeto, mas sua realidade não vai além da consciência de uma comunidade de linguagem. Não possui organização política nem direitos territoriais. Se é possível falar realmente de um território tribal, é somente na medida em que "o território tribal é o total dos territórios das hordas constituintes"[4].

Assim, a base da sociedade australiana seria territorial e patrilinear. Neste sentido, a Srta. Pink pôde falar dos Aranda do norte como sendo "proprietários de terras, entre os quais o "patrimônio totêmico ancestral" e a linhagem patrilinear pela qual se transmite ao mesmo tempo que o ritual, desempenham um papel capital na vida coletiva e na vida individual: "Não une somente as famílias, dando a esta palavra o sentido mais limitado, mas também o clã inteiro"[5]. É para sua análise das relações de reciprocidade entre diferentes clãs totêmicos que devemos nos voltar, para responder às objeções formuladas por Thomson, que afirmava a prioridade do clã sobre a horda. Esta, disse ele, compõe-se de todos os membros masculinos do clã. É preciso acrescentar suas mulheres, que são membros da horda mas não do clã, e subtrair as filhas e irmãs casadas, que são membros do clã, mas abandonaram a horda. "É claro, por conseguinte, que embora a horda seja o grupo que faz a guerra, é o clã, e não a horda, o grupo proprietário. Um clã é uma unidade estrutural estável e permanente, mas a horda é instável, sendo uma entidade sociológica cuja composição varia sem cessar"[6]. Opõe-se assim a solidariedade do clã, fundada sobre a filiação, o culto totêmico e o território, à solidariedade da horda, fundada sobre o casamento, a família, a divisão sexual do trabalho e a guerra. Realmente, a importância da relação chamada *kutunula* entre os Aranda do norte, entre um homem e o filho da irmã de seu pai, mostra bem que não há antagonismo entre os dois tipos de organização.

A questão não consiste tanto em saber se são membros da horda ou do clã que devem ser considerados como o verdadeiro grupo proprietário, mas antes em saber se é o grupo patrilinear – horda ou clã – que forma a base da organização social. Todos os observadores contemporâneos estão de acordo em comprovar a presença e a ação de duas dicotomias, a patrilinear e a matrilinear, nas sociedades australianas. Radcliffe-Brown exprime-se a este respeito de maneira igual à de Lawrence, mas divergem de opinião sobre a questão da prioridade. Lawrence propôs uma sequência hipotética: clãs totêmicos matrilineares sem metade – metades acompanhadas de clãs matrilineares – secções acompanhadas ou não de clãs matrilineares – subsecções[7], sequência que está pouco de acordo com o papel fundamental atribuído por Radcliffe-Brown à horda patrilinear. Não parece haver dúvida, no entanto, que "a grande maioria, e talvez a totalidade, das populações australianas tenham sido primitivamen-

---

4. RADCLIFFE-BROWN, A.R. Op. cit., p. 36.

5. PINK, O. The Landowners in the Northern Division of the Aranda tribe. Central Australia. *Oceania*, vol. 6, 1935-1936, p. 303.

6. THOMSON, D.F. The Joking Relationship and Organized Obscenity in North Queensland. *American Anthropologist*, vol. 37, 1935, p. 462-463, n. 4.

7. LAWRENCE, W.E. Op. cit., p. 346.

te organizadas com base em hordas patrilineares e patrilocais"[8]. A regra de filiação (patrilinear ou matrilinear) seria, pois, secundária com relação à regra de residência.

Do ponto de vista que nos interessa, a oposição reduz-se a uma questão de método. Quando Radcliffe-Brown, partindo da observação concreta dos grupos, afirma a generalidade da horda e sua realidade sociológica e psicológica, dificilmente se pode pôr em dúvida o valor de sua observação. Lawrence coloca-se num ponto de vista mais formal e adota a noção de troca das irmãs como base comum de todos os sistemas australianos. Sendo assim, é a dicotomia matrilinear, considerada como a forma constante de dicotomia (porque as secções locais podem ser mais ou menos numerosas), que lhe parece essencial. Lawrence tem fundamento para tomar a noção de troca como ponto de partida de sua análise, mas interpreta-a exclusivamente em termos de troca restrita, o que torna o sistema Murngin ininteligível para ele, conforme demonstra o seguinte trecho, a propósito das regiões que praticam o casamento "unilateral" (isto é, exclusivamente com a filha do irmão da mãe): "Estas últimas foram recentemente descobertas e são ainda mal compreendidas. Em cada caso particular o relatório de que se dispõe é insuficiente e não oferece nenhuma explicação da maneira como o ciclo dos casamentos se fecha entre as hordas. Não se encontra também articulação satisfatória da nomenclatura do parentesco, seja com os clãs patrilineares, seja com as divisões que se assemelham a classes. Estas áreas dispersas revelam constantemente divisões que têm a aparência das classes em uso nos grupos vizinhos que praticam a troca das irmãs. Seria fácil concluir que estes sistemas têm uma certa antiguidade, havendo sido modificados ulteriormente por empréstimos. Todo comentário parece prematuro enquanto não possuirmos descrições mais exatas"[9].

Mas é a concepção que Lawrence tem da troca das irmãs que é defeituosa, e não as descrições do sistema Murngin. Procuraremos mostrar que este sistema funda-se, também ele, sobre a troca e para isso seremos obrigados a ampliar consideravelmente a definição da troca, entendida em sentido restrito, à qual Lawrence quis se limitar. Ao mesmo tempo ver-se-á que a troca, em forma generalizada, pode processar-se tanto entre hordas patrilineares como entre metades matrilineares, e que do ponto de vista da análise formal a questão da prioridade é secundária. Kroeber fez a este respeito uma observação que só podemos subscrever parcialmente. Quando estamos em face de sistemas com quatro ou oito classes, diz ele, "as noções de 'patrilinear' ou 'matrilinear' tornam-se inteiramente inutilizáveis, exceto quando os nomes de metades subsistem ademais dos nomes de secções ou de subsecções, o que em geral não acontece. Em suma, quando há quatro secções ou oito subsecções, as metades patrilineares ou matrilineares reduzem-se a vestígios históricos, deixando de ser unidades sociais dotadas de realidade funcional"[10]. Conclui que a exogamia, a organização dualista, os clãs e o totemismo são formações secundárias, epifenômenos com relação a es-

---

8. KROEBER, A.L. *Basic and Secondary Patterns of Social Structure*, op. cit., p. 302-303.
9. LAWRENCE, W.E. Op. cit., p. 345.
10. KROEBER, A.L. Op. cit., p. 305.

truturas de base, na primeira categoria, das quais coloca as regras de residência[11]. Toda a conclusão merece ser citada: "Admito que ao lado da filiação unilateral uma boa parte das instituições sociais dos povos primitivos representa ensaios inconscientes e brinquedos em moda, mais do que a verdadeira substância de sua cultura. Em certos casos, como na Austrália, podem ser o ponto culminante de sua civilização, do mesmo modo que um brinquedo e experiências sobre abstrações, palavras e formas plásticas levaram ao ponto culminante da civilização grega, e que a ciência, a tecnologia, o controle e a exploração da natureza são o ponto culminante da nossa. Mas os pontos culminantes são resultados e não bases de partida"[12]. Kroeber retomou a mesma ideia em um recente estudo, onde compara as formas complexas de organização social em certas sociedades primitivas a "brinquedos de criança aplicados"[13].

Há neste texto – um dos mais importantes que se pode encontrar para ilustrar certas atitudes intelectuais da sociologia contemporânea – uma estranha mistura de clarividência e timidez. Porque se a filiação patrilinear ou matrilinear, a organização dualista, etc., são de fato em certo sentido (contra a opinião da sociologia tradicional) fenômenos secundários, não o são com relação a outros fenômenos que se deveriam considerar como primários, mas correspondendo às relações que os unem entre si. Estas, e somente estas, podem pretender ser as verdadeiras "matérias-primas" da vida social. Também nós comparamos a organização dualista aos brinquedos das crianças[14], mas não para relegá-la a um lugar insignificante e secundário. Muito ao contrário, assim fizemos para mostrar que por trás da organização dualista, considerada como uma instituição limitada em suas formas e distribuição, existe um certo número de estruturas lógicas, cuja recorrência na sociedade moderna e em diferentes idades da vida prova seu caráter ao mesmo tempo fundamental e universal.

A questão da prioridade respectiva da dicotomia patrilinear ou matrilinear na Austrália é, portanto, segundo nosso modo de ver, muito menos importante do que o fato de poder, conforme o ponto de vista adotado, preferir uma ou outra perspectiva. A interpretação "localista" de Radcliffe-Brown tem pelo menos a grande vantagem de tornar visível o fato da propriedade territorial não ser incompatível com formas primitivas de vida e de organização[15]. Mas, de nossas observações anteriores, não se segue que a perspectiva lógica e a perspectiva histórica sejam intercambiáveis, pois o fato de adotar uma ou outra acarreta, para a interpretação do sistema, consequências que se tornam irrevogáveis depois que a escolha foi feita[16]. Veremos, nos capítulos seguintes, que a passagem da concepção restrita da troca à concepção generalizada

---

11. Ibid., p. 307.

12. Ibid., p. 309.

13. KROEBER, A.L. *The Societies of Primitive Man*, op. cit.

14. Cf. cap. VII.

15. Cf. sobre este ponto DAVIDSON, D.S. The Family Hunting Territory in Australia. *American Anthropologist*, vol. 30, 1928.

16. Cf. cap. XIX, um desenvolvimento deste ponto de vista a propósito da evolução do sistema chinês.

elimina esta aparente contradição, e que a análise lógica e a análise histórica tornam-se igualmente possíveis a partir do grupo local, considerado como o elemento fundamental dos sistemas australianos.

É preciso tratar segundo o mesmo método a outra questão indicada no começo deste capítulo, a saber, as organizações sem classe são mais ou são menos primitivas que as organizações com classes? O estudo da distribuição geográfica sugeriria facilmente a primeira possibilidade. As tribos sem metade nem secção ocupam seis áreas costeiras, isto é, periféricas, ao norte, a oeste e ao sul do continente australiano. Seria fácil concluir daí que os sistemas sem classe representam a forma mais arcaica[17]. Entretanto, as áreas sem classe matrimonial não são homogêneas e as regras do matrimônio nelas praticadas frequentemente são as mesmas que as resultantes da existência de classes ou de secções. Radcliffe-Brown considera-as, pois, como tardias, formas modificadas de um sistema de base Kariera[18]. Howitt também acreditou nisso, mas por uma razão menos legítima. Para ele a ausência de classe implicava o matrimônio individual, que pensava ser derivado do casamento de grupo[19].

Retomaremos a fundo este problema a propósito do sistema Mara[20]. De momento limitamo-nos a uma observação geral, isto é, uma resposta demasiado dogmática ao problema desprezaria alguns notórios caracteres do desenvolvimento dos sistemas australianos. Nada prova que este desenvolvimento tenha sido estendido durante séculos ou milênios, nem que se deva atribuir aos sistemas sem classes aos sistemas com classes uma posição absoluta no tempo. Conduzem ao mesmo resultado, mas com métodos diferentes, ora fundados na noção de classe, ora apoiados no conceito de relação. Mas é perfeitamente concebível que um mesmo grupo, embora conservando um sistema de reciprocidade fundamentalmente estável, tenha oscilado um número considerável de vezes no curso dos tempos entre um e outro método. A ausência de classe não é um caráter negativo, mas o resultado da preferência por um outro procedimento, cujo valor funcional é o mesmo. Trata-se aí de caracteres superficiais, ou, no sentido de Kroeber, secundários. Estas concepções não são puramente teóricas. Conhecem-se casos em que tribos de oito classes retornam a um sistema de quatro classes, tribos de quatro classes que passam a duas, e tribos de duas classes que adotam uma nova regulamentação do casamento entre clãs da mesma metade[21]. E sobretudo algumas observações recentes colocam-nos em presença da difusão rápida de sistemas matrimoniais de um grupo para outro, e dos esforços de adaptação – que supõem boa parte de invenção original – entre sistemas diferentes.

---

17. DAVIDSON, D.S. The Basis of Social Organization in Australia. *American Anthropologist*, vol. 28, 1926. • *The Chronological Aspects of Certain Australian Social Institutions as Inferred from Geographical Distribution*, 1928. • LAWRENCE, W.E. Op. cit., p. 345-346.

18. RADCLIFFE-BROWN, A.R. Op. cit., p. 368.

19. HOWITT, A.W. Australian Group Relationship. *Journal of the Royal Anthropological Institute*, vol. 37, p. 284.

20. Cf. cap. XIII.

21. LAWRENCE, W.E. Op. cit., p. 346.

O caso dos Murimbata da costa norte oferece, a este respeito, um sugestivo exemplo da maneira pela qual devem ter nascido e se espalhado os sistemas australianos (e sem dúvida também muitos outros). Atualmente, os Murimbata aplicam um sistema caracterizado pela divisão em oito subsecções, grupos totêmicos matrilineares e o casamento preferencial com a filha do filho da irmã. Radcliffe-Brown considera esta forma de casamento como uma particularidade própria da costa noroeste da Austrália[22]. Observaremos, no entanto, que coincide com as condições teóricas do casamento em sociedades de oito subsecções. Se minha irmã casou-se de acordo com este tipo de casamento (isto é, na segunda geração ascendente), minha esposa preferencial será ao mesmo tempo filha do filho de minha irmã e filha do filho do irmão da mãe do pai. No que diz respeito aos Murimbata, contudo, Stanner mostrou que todo o sistema foi tomado de empréstimo, e sua descrição da atmosfera psicológica na qual evoluem sistemas que poderiam parecer puras abstrações merece permanecer clássica.

As tribos que vivem nos bordos das organizações com subsecções sofrem um sentimento de inferioridade por não terem subsecções e não compreenderem seu mecanismo. A ideia de que se casam *wadzi*, "incorretamente", implantou-se no espírito dos indígenas, e o imponente aparelho das subsecções, das regras do casamento e das formas correspondentes de totemismo aparece-lhes confusamente superior a seu sistema tradicional. Os Murimbata e os Nanbiomeri admitem francamente que seu novo sistema continua sendo ainda misterioso para eles. "As informações recentes são constantemente verificadas e corrigidas com base em outras informações. Os indígenas que são mais ignorantes que os "chefes" procuram desajeitadamente seguir os *nulu* totêmicos, que são matrilineares, em linha paterna, e têm também a tendência a pensar as subsecções em termos de filiação patrilinear indireta, em lugar de filiação matrilinear indireta"[23]. Os Murimbata principalmente têm dificuldade em compreender que os totens *nulu* possam ser possuídos por membros das duas metades patrilineares, teoria tomada dos Djamindjung durante os últimos vinte anos. Um indígena, libertado da prisão e tendo voltado ao seu grupo depois de uma ausência de dez anos, encontra-se em uma situação quase patética. Não compreende nada da nova ordem, todo o mecanismo dos *nulu* (totens) e dos *ninipun* (subsecções) lhe é incompreensível e por esta razão é ridicularizado pelos "jovens turcos" reformadores. E já, contudo, afirma-se a semelhança física entre os membros de um mesmo clã totêmico[24].

O sistema primitivo[25] era do tipo Kariera, exceto o fato dos primos cruzados verdadeiros serem considerados como cônjuges proibidos e chamados "mãe" e "irmão da mãe". Os primos cruzados classificatórios constituíam, portanto, os únicos cônjuges ortodoxos, e só eram reconhecidas duas linhagens patrilineares, como no sistema Kariera, a do pai da mãe (*thamun*) e a do pai do pai (*kangul*). O problema que se

---

**22.** RADCLIFFE-BROWN, A.R. Op. cit., p. 53.

**23.** STANNER, W.E.H. *Murinbata Kinship and Totemism*, op. cit., p. 186-196.

**24.** Ibid., p. 202.

**25.** O leitor sem grande familiaridade com a teoria dos sistemas australianos fará bem em suspender o estudo do exemplo murimbata até que tenha terminado a leitura do capítulo.

apresenta aos indígenas é, portanto, o de fazer funcionar um sistema de oito classes, acompanhado das regras matrimoniais e totêmicas concomitantes, em um sistema que as torna, ao menos em parte, supérfluas. A questão de saber se as subsecções são primeiramente grupos totêmicos ou classes matrimoniais é desprovida de sentido, "porque as subsecções se difundem sob a forma específica de grupamentos matrimoniais [...] e como uma nova regulamentação do casamento"[26]. As coisas passam-se, pois, conforme tínhamos suposto ao nos colocarmos em um ponto de vista teórico.

O primeiro procedimento para realizar esta adaptação é um ajuste progressivo do vocabulário ao sistema, o que só teve um êxito parcial. Têm-se com efeito o sistema seguinte de subsecções:

**Figura 8**
*Maiúsculas: subsecções masculinas. Minúsculas: subsecções femininas.*
*As flechas indicam a filiação matrilinear indireta,*
*o sinal = indica os casamentos preferenciais.*

No novo sistema, um Tjanama deve considerar uma *nauola* como a única esposa possível (ganha de passagem a filha do filho de sua irmã, que será habitualmente *nauola*). Ao mesmo tempo continua a considerar uma prima cruzada classificatória (neste caso *nangala*), como cônjuge apropriada. Da mesma maneira um Tjalyeri hesitará entre uma *namira* e uma *nabidjin*. Parece, pois, que nos dirigimos para uma poligamia fundada sobre a acumulação das alianças antigas (primas cruzadas classificatórias) com as alianças novas (filha do filho da irmã, filha da filha da filha do irmão da mãe). Daí resultam dificuldades que apaixonam os indígenas e que lhes parecem, conforme Stanner observa a propósito de outro fenômeno, "como enigmas dos quais só outros possuem a solução"[27]. Assim, em um sistema de oito subsecções normal, o neto reproduziria a subsecção do pai de seu pai pelo casamento com a filha da filha do irmão da mãe da mãe. A hesitação dos Marimbata entre o sistema tradicional e a nova ordem leva praticamente a identificar, como cônjuge possível, a filha do irmão da mãe e a filha da filha do irmão da mãe da mãe, isto é, que para Tjanama:

*nangala = nauola*

Assim um homem Tjimij casa-se com uma mulher *namij*. O pai pretende que sua filha é *nalyeri* (o que é a subsecção "conveniente"). Contudo, uma mulher *namij*, que

---

26. STANNER, W.E.H. Op. cit., p. 198.
27. Ibid., p. 204-205.

pode ser, do ponto de vista da relação de parentesco, uma filha do filho de irmã *purima*, "esposável", é uma "irmã" em termos de subsecções, tendo por conseguinte uma filha *nabidjin*, segundo a regra indígena formulada em linguagem matrilinear: "*namij* produz *nabidjin*". Daí o conflito sobre o fato de saber se as subsecções são patrilineares ou matrilineares.

A atitude geral dos indígenas, diz Stanner, é que os problemas se resolverão por si mesmos. "O esforço para tratar as subsecções como grupos patrilineares não conseguirá sem dúvida implantar-se como prática geral, mas temos sólidas razões para crer que os Murimbata conseguirão formular, em forma de regra teórica, as variações relacionadas com o sistema das subsecções que aparecem em outras tribos como resultado de um sistema de casamento optativo"[28], isto é, um ciclo patrilinear de cinco gerações. Este fenômeno será estudado com detalhes no capítulo seguinte. A noção de ciclo já está presente no espírito indígena. "Os informadores têm satisfação em demonstrar como uma subsecção 'reaparece', seguindo-a ao mesmo tempo em linha paterna e em linha materna. Os Warramunga conseguem isso com base em suas próprias genealogias, mas os Nangiomeri e os Nurimbata devem contentar-se com recitar os exemplos aprendidos nas tribos vizinhas. Não possuem o sistema de subsecções desde um tempo suficientemente longo para poder dar uma demonstração genealógica de tal sistema"[29].

Enquanto se espera que um novo sistema permita integrar as exigências do sistema tradicional com as do sistema tomado emprestado, inventam-se artifícios provisórios para "corrigir" as irregularidades. Assim, os Murimbata decidiram, em um caso concreto, que uma *nangala*, filha de Tjanama e da *nangari* (o que é incorreto) esposaria um homem Tjamira ou Djabidjin, e que seus filhos seriam considerados como Tulana e *nauola*, em lugar de Tjalyeri e *nalyeri*, como deveria resultar da subsecção da mãe. Mas os indígenas dizem que esta filha *nangala* é "apesar de tudo *nangari*", ou, empregando o *pitgin* de um informador, "she no more come up nothing herself". Porque ela é filha de Tjanama, e, recusando levar em conta o fato de ser *nangari* pela relação com a mãe, é classificada na subsecção *nangari* ou *nalyeri* na qual se encontraria se seu pai tivesse se casado corretamente[30]. A solução é procurada, portanto, no tratamento patrilinear da filiação (de acordo com as ideias antigas), embora o sistema atual seja matrilinear.

Vê-se bem por este exemplo, a que poderíamos acrescentar outros[31], que os sistemas não devem ser tratados como objetos isolados, adornados com seus caracteres particulares como outros tantos atributos que lhes são indissociavelmente ligados. Por trás dos sistemas concretos, geograficamente localizados e evoluindo através do tempo, há relações mais simples que eles, que permitem todas as transições e adapta-

---

**28.** Ibid., p. 207.
**29.** Ibid., p. 210.
**30.** Ibid., p. 214.
**31.** ELKIN, A.P. Sections and Kinship in Some Desert Tribes of Australia. *Man*, vol. 15, 1940, n. 24, p. 22.

ções. Só queremos considerar aqui os grupos na medida em que oferecem exemplos privilegiados para atingir, analisar e definir estas relações elementares, das quais fornecem uma ilustração. Foi o que Radcliffe-Brown fez ao distinguir dois tipos fundamentais, que chama respectivamente I e II, resultantes da existência de organizações complexas que coincidem ao mesmo tempo com a horda e a tribo. Estas organizações, ora em número de duas, ora quatro e até oito, são geralmente designadas pelo nome de "classes matrimoniais". Radcliffe-Brown propôs o uso de termos mais especializados: "metades", quando há somente duas divisões no grupo; "secções", quando estas divisões são em número de quatro; e finalmente "subsecções", quando chegam a oito. As metades podem ser matrilineares, como na Austrália Oriental ou Ocidental, ou patrilineares, como no centro da região de Victoria. Nos dois casos são regidas pela regra de exogamia, isto é, os homens de uma metade só podem casar-se com mulheres da outra metade, e reciprocamente. Várias vezes acentuamos que em todo lugar onde existe, este sistema de metades leva a classificar os irmãos, as irmãs e os primos paralelos numa única e mesma categoria, que abrange a mesma metade que a do sujeito, ao passo que os primos cruzados pertencem necessariamente à metade oposta. Isto não implica que os primos cruzados se tornem, por esse fato, cônjuges autorizados ou prescritos, embora este seja o caso mais frequente. Contudo, os Dieri da Austrália do Sul têm um sistema de metades e proíbem o casamento dos primos cruzados. Mesmo entre eles, no entanto, é a noção de primos cruzados que serve para determinar o cônjuge possível. Em lugar dos primos cruzados são os filhos de primos cruzados que se casam. Qualquer que seja a regra do matrimônio, é possível dizer que o sistema das metades conduz necessariamente à dicotomia dos primos e que o cônjuge preferido deve obrigatoriamente encontrar-se, no que diz respeito ao sujeito, em uma relação de parentesco que equivale à relação de primo cruzado, ou que deve estabelecer-se por intermédio desta.

Encontramos, ao mesmo tempo, no oeste e no leste da Austrália, um sistema que distribui os membros do grupo tribal em quatro secções. Assim é que os Kariera pertencem a uma ou outra das seguintes secções:

Banaka,
Karimera,
Burung,
Palyeri.

Banaka casa-se necessariamente com Burung, e Karimera com Palyeri. A regra de descendência é que os filhos de um homem Banaka e de uma mulher Burung são Palyeri, enquanto os filhos de um homem Burung e de uma mulher Banaka são Karimera. Da mesma maneira, os filhos de um homem Karimera e de uma mulher Palyeri são Burung, e, se os sexos foram invertidos, as classes permanecendo as mesmas, são Banaka. Este sistema pode resumir-se na figura 9:

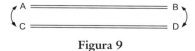

Figura 9

na qual o sinal ═══ junta as secções que se casam entre si e as flechas recurvadas unem a secção da mãe à secção de seus filhos. Pode-se, portanto, conceber três tipos de relações entre as secções, aos quais Radcliffe-Brown deu denominações especiais. As secções dos esposos constituem um *casal*. A secção do pai e a secção de seus filhos constituem um *par*. Finalmente, a secção da mãe e a de seus filhos formam um *ciclo*. Há sempre quatro casais: AB e CD, BA e DC; quatro pares: AD, BC, CB e DA; finalmente, quatro ciclos: AC, BD, CA, DB. Como cada um desses tipos funda-se sobre a combinação de quatro termos somente, poder-se-ia simplificar, reduzindo a dois casais, dois pares, dois ciclos. Veremos adiante por que motivo preferimos a fórmula desenvolvida.

Isto posto, é possível formular a lei de filiação do sistema de quatro secções, a saber, um homem pertencendo a uma secção dada, seus filhos pertencerão necessariamente à secção alterna de seu próprio par.

Basta analisar esta fórmula para ver qual é a relação que une um sistema de tipo Kariera à organização mais simples em metades matrilineares. Os homens das secções A ou C só podem casar-se com mulheres das secções B ou D. Por outro lado, uma mulher, suas filhas, as filhas de suas filhas, etc. alternar-se-ão indefinidamente entre as secções B e D, se a mãe era B ou D, ou entre A e C, se a mãe era A ou C. Noutras palavras, os ciclos AC e BD comportam-se respectivamente como duas metades matrilineares. Que coisa o sistema Kariera acrescenta a esta divisão em duas metades matrilineares? Uma divisão diferente, perpendicular à precedente, em metades patrilineares. Um homem, seus filhos, os filhos de seus filhos, etc., oscilarão indefinidamente entre as secções B e C se o pai for B ou C. Os pares AD e BC comportam-se, portanto, respectivamente como duas metades patrilineares, recortando as duas metades matrilineares AC e BD. A descoberta do fato que uma divisão em metades matrilineares está sempre subjacente a um sistema de classes matrimoniais, mesmo se estas metades matrilineares não são explicitamente designadas por nomes, constitui uma das mais preciosas aquisições da sociologia da Austrália durante estes últimos anos[32].

Perguntemos agora que instituições matrimoniais correspondem a este sistema de quatro classes. Radcliffe-Brown mostrou que a classe não conduz automaticamente à determinação do cônjuge. "As classes dos Kariera constituem grupos de parentes. A regra segundo a qual um homem de determinada classe somente pode casar-se com uma mulher de alguma das outras classes resulta desta lei, mais fundamental, segundo a qual um homem somente pode casar-se com uma mulher que está para ele em uma relação de consanguinidade, a saber, a filha do irmão de sua mãe. O casamento é regulamentado pela consanguinidade e só pela consanguinidade"[33]. O mesmo autor insiste no fato de numerosas tribos que possuem um sistema de quatro secções aplicarem as mesmas proibições matrimoniais que os grupos que, com suas oito subsecções, são obrigados a proibir duas vezes mais possíveis cônjuges do que seria teoricamente necessário com quatro secções: "Duas tribos podem ter em comum o mesmo sistema de quatro sec-

---

**32.** RADCLIFFE-BROWN, A.R. Op. cit., p. 39.

**33.** Id. Three Tribes of Western Austrália. *Journal of the Royal Anthropological Institute*, vol. 43, 1913, p. 158.

ções, às vezes até com os mesmos nomes, e contudo distinguirem-se por sistemas de parentesco diferentes e regulamentações do matrimônio muito diversas"[34].

Assim, encontra-se a mesma regulamentação do matrimônio (de tipo Aranda) entre os Dieri, que têm uma organização com duas metades, os Talaindji, que têm quatro secções, os Waramanga, de oito subsecções, e os Mara, de quatro semimetades. Por outro lado, duas tribos, idênticas quanto à sua organização social em quatro secções, têm, uma (ngaluma) um sistema Kariera e a outra (mardudhunara) um sistema Aranda. Veremos, contudo, que no que se refere ao sistema Mara, estas afirmações não parecem rigorosamente exatas. Há na regulamentação do casamento diferenças que coincidem com as da estrutura social. Por outro lado, não resulta do fato da coexistência de uma mesma estrutura social com nomenclaturas de parentesco e regulamentações do casamento diferentes, que qualquer nomenclatura ou qualquer regulamentação possa coincidir com qualquer estrutura. Desses três tipos de fenômenos, a estrutura é sempre o mais simples. Consiste em um conjunto simbólico que pode exprimir diferentes significações, sem que seja possível por esse motivo negar a existência de uma correlação funcional sempre entre o significante e o significado. Há casos em que esta correlação é tão estrita, e em que, de maneira tão completa, "a inclusão nas subsecções corresponde ao grupamento classificatório dos pais", que "os nomes das subsecções podem ser empregados como termos de designação entre parentes, e os indígenas utilizam espontaneamente os nomes de subsecções ao discutir a regulamentação do casamento e o sistema de parentesco"[35].

Warner fez a mesma observação a propósito dos Murngin. "Frequentemente o indígena confunde o termo de parentesco e o nome da subsecção nas linhas do pai da mãe e do irmão da mãe da mãe. O fato de haver dois termos para cada um desses dois parentes (o termo de parentesco e o nome da subsecção) mostra que o indígena concebe-os como fazendo parte de sistemas distintos e independentes, mas a confusão dos termos prova ao mesmo tempo que são considerados mais ou menos como a mesma coisa e que desempenham as mesmas funções"[36]. Elkin observa que "no grande número de tribos onde os sistemas de secções ou de subsecções acham-se em uso desde um tempo suficientemente longo – e mesmo se estes sistemas foram, ou são sempre, de natureza e de função originariamente totêmicas – os termos de parentesco foram postos em relação com eles"[37].

Nós próprios tentamos, neste trabalho, definir dois métodos de determinação do cônjuge, a saber: o método das classes e o método das relações[38]. Mostramos então que nunca há rigorosa coincidência entre os dois métodos, e que, mesmo no sistema mais simples, por exemplo, o das metades exogâmicas, era sempre necessário levar

---

34. Id. *The Social Organization...*, op. cit., p. 58.

35. SHARP, L. Semi-moieties in North-western Queensland. *Oceania*, vol. 6, 1935-1936, p. 161-162.

36. WARNER, W.L. Kinship Morphology of Forty-one North Australian Tribes. *American Anthropologist*, vol. 35, 1933, p. 81.

37. ELKIN, A.P. Op. cit., p. 21-22.

38. Cf. cap. VIII.

em consideração as relações interindividuais. Entretanto, o simples fato das classes existirem prova, segundo nos parece, que não são totalmente inúteis e que deve haver pelo menos um certo grau de equivalência entre os dois sistemas. Todos os membros da classe não são cônjuges possíveis, e mesmo entre os cônjuges possíveis e os preferidos há diferenças, que somente podem se traduzir em termos de relações de consanguinidade, ao passo que se apagam em termos de classe. Contudo, nenhum cônjuge possível poderia encontrar-se fora da classe, e basta isto para indicar que do ponto de vista das regras do casamento a classe possui uma função. Esta função é simples e grosseira quando o número das classes é pequeno, mas se requinta e se torna precisa, sem nunca atingir a perfeição (porque o número dos parentes é teoricamente ilimitado, enquanto um sistema de classes demasiado numerosas se tornaria inutilizável por sua complicação), quando este número se eleva. Mas em todos os casos a função é a mesma, a saber, realizar uma triagem de orientação para a determinação do cônjuge. Deste ponto de vista pode-se dizer que o sistema Kariera (incluindo a divisão em quatro secções e o sistema de parentesco) constitui um modelo lógico particularmente satisfatório, porque os primeiros parentes selecionados pelo método das classes constituem ao mesmo tempo os cônjuges preferidos segundo o método das relações. Parece, aliás, que é por esta razão que Radcliffe-Brown fez do sistema Kariera o protótipo de seu sistema de parentesco, designado por ele como tipo I.

Os Kariera, com efeito, preconizam o casamento com a filha do irmão da mãe (prima cruzada matrilateral) que pode ser, ou não, porém mais frequentemente é (tornando-se com isso prima cruzada bilateral), a filha da irmã do pai, porque os Kariera praticam a troca das irmãs. Chega-se portanto ao seguinte esquema, que manifesta a coincidência, ao menos parcial, do sistema das classes e do sistema de parentesco (Figura 10).

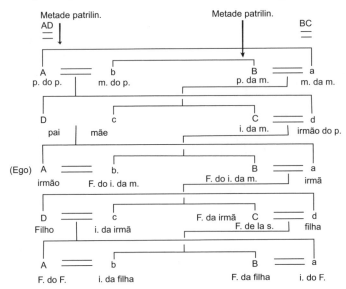

**Figura 10**
*Sistema Kariera*

É nesse momento que se apresenta um problema, segundo nosso modo de ver, capital. Porque se considerarmos a estrutura geral anexa, percebe-se que não difere, tanto quanto se poderia esperar, da estrutura de um grupo dividido em duas metades. Neste caso também o casamento ocorreria principalmente entre primos cruzados, que seriam habitualmente primos bilaterais. A superposição de uma dicotomia matrilinear à dicotomia patrilinear nada mudou, do ponto de vista das regras do matrimônio entre primos. No entanto, era de se esperar coisa muito diferente. Se a primeira divisão do grupo em duas metades tem como resultado imediato separar as mulheres em dois grupos, um incluindo as esposas possíveis e o outro as esposas proibidas, isto é, dividir por dois o número dos cônjuges, seria natural que uma segunda divisão repetisse a mesma operação, isto é, dividisse novamente por dois o número dos cônjuges mantidos como possíveis ao final da primeira dicotomia[39]. Dever-se-á, portanto, admitir que a introdução de um sistema de quatro classes é estranha à regulamentação do casamento? Se assim não for, em que afeta esta regulamentação?

Dissemos há pouco que a instauração de um sistema de quatro classes resulta da superposição de uma dicotomia matrilinear a uma dicotomia patrilinear. Mas estas regras dicotômicas não funcionam da mesma maneira na determinação da filiação. Um sistema de quatro classes reconhece-as ambas, mas não na mesma relação, pois cada qual possui sua aplicação própria. Enquanto a regra matrilinear é seguida no que se refere à filiação, a regra patrilinear entra em jogo para determinar a residência, ou mais exatamente a origem local. Lembramo-nos, com efeito, que o grupo local, ou horda, é constituído sobre uma base patrilinear. Os sistemas de duas metades não levam em conta este grupo local para a determinação da filiação, uma vez que só a metade matrilinear tem importância. Ao contrário, os sistemas de quatro secções apelam para dois elementos, conservando a metade da mãe, mas tomando também em consideração o grupo do pai. É a introdução deste novo elemento que realiza a passagem de um sistema de duas classes para um sistema de quatro classes.

Um exemplo servirá para ilustrar esta transformação. Suponhamos todos os habitantes da França divididos entre duas famílias, os Dupont e os Durand, e admitamos que, ao contrário do que ocorre nesse país, os filhos tomem sempre o nome da mãe. Teremos assim um sistema que se assemelhará de modo aproximado a uma organização em metades matrilineares, que serão também exogâmicas se acrescentarmos a lei de que todos os Durand casam-se com os Dupont, e todos os Dupont com os Durand. O resultado de tal sistema, ao cabo de um certo número de anos, será que todas as cidades da França compreenderão um determinado número de Dupont e

---

39. É supérfluo notar que não consideramos aqui senão as regras do casamento entre pessoas da mesma geração e que negligenciamos provisoriamente o caso – que será considerado mais tarde – onde a organização dualista permite o casamento com uma "mãe" ou uma "filha" classificatórias. Este caso é sempre teoricamente possível e encontra-se muitas vezes realizado num sistema de metades, mas é rigorosamente excluído num sistema de secções. Contudo, julgamos que os fenômenos ditos de "obliquidade" levantam problemas de outra ordem, que serão abordados na nossa segunda parte. Kroeber, por outro lado, acentuou a raridade do casamento plural com mãe e filha (KROEBER, A.L. Stepdaughter Marriage. *American Anthropologist*, vol. 42, 1940).

um determinado número de Durand. Nenhuma regra dirá se estes Dupont e estes Durand devem casar-se entre si na mesma cidade ou se devem procurar seus cônjuges em cidades diferentes da sua.

Admitamos agora que os chefes de duas cidades, por exemplo, Paris e Bordéus, tenham previamente decidido estabelecer entre suas cidades laços de colaboração. A fim de solicitar esses laços, promulgaram a lei segundo a qual os Dupont somente se casam com os Durand, e reciprocamente, estipulando ainda que os Dupont de uma cidade só podem se casar com os Durand da outra cidade, regra também válida, é inútil dizer, para os Durand: Já admitimos que o nome de família se transmite em linha materna, mas se o uso anterior exigia que as mulheres fossem viver na localidade de seu marido, o nome de família se acrescentará a uma designação da origem, esta última transmitida em linha paterna, porque é a residência do pai que determina a residência da família. Assim, pois, os parceiros abrangidos pelo tratado são em número de quatro, a saber, os Dupont de Paris, os Dupont de Bordéus, os Durand de Paris e os Durand de Bordéus. Examinemos agora as consequências dos possíveis casamentos, aplicando a dupla regra de que os filhos recebem da mãe o nome de família e do pai a designação da origem. Teremos as seguintes combinações:

| *Se um homem:* | *casa-se com uma mulher:* | *os filhos serão:* |
|---|---|---|
| Durand de Paris | Dupont de Bordéus | Dupont de Paris |
| " de Bordéus | " de Paris | " de Bordéus |
| Dupont de Paris | Durand de Bordéus | Durand de Paris |
| " de Bordéus | " de Paris | " de Bordéus |

Aplicando os símbolos A, B, C, D, respectivamente, aos Durand de Paris, Dupont de Bordéus, Durant de Bordéus, Dupont de Paris, encontramos assim a representação esquemática da fórmula Kariera (Figura 11):

$$\left( \begin{array}{l} \text{Durand de Paris (A)} === \text{(B) Dupont de Bordéus} \\ \text{Durand de Bordéus (C)} === \text{(D) Dupont de Paris} \end{array} \right)$$

**Figura 11**

As quatro classes não são pois outra coisa senão as quatro combinações possíveis entre dois pares de termos opostos no interior de seu par respectivo: um par de termos nominais e um par de denominações de origem, admitindo-se por hipótese que os termos nominais se transmitem em linha materna e as denominações de origem em linha paterna. Cada secção dissocia-se em dois elementos unidos, um termo nominal e uma denominação de origem, ou seja, portanto, a cômoda fórmula empregada por W.E. Lawrence[40], na qual A e B representam os nomes de metades e X e Y as designações de origem de acordo com a horda.

---

40. LAWRENCE, W.E. Op. cit.

**Figura 12**

Compreende-se, pois, facilmente qual é a alteração realizada pela passagem de um sistema com duas metades a um sistema com quatro secções. Sem dúvida, nada de novo se produz quanto à relação de parentesco dos possíveis cônjuges. Num caso e noutro serão primos cruzados. Mas, enquanto no primeiro caso esses primos cruzados, respectivamente Durand e Dupont, arriscam-se a se casarem – exclusiva ou principalmente – entre si, pessoas de Paris, ou entre si, pessoas de Bordéus, no novo caso um primo cruzado de Paris esposará necessariamente uma prima cruzada de Bordéus, e reciprocamente. Isto é, ao simples laço estabelecido pela divisão em metades entre Dupont e Durand, superpõe-se um novo laço, que não somente continuará a unir, como no passado, os Dupont e os Durand, mas além disso ligará Paris e Bordéus. À dialética da filiação acrescentar-se-á, desmultiplicando e estreitando ao mesmo tempo os vínculos sociais, uma dialética da residência. É o que se exprime no fato de entre os Kariera um grupo local nunca compreender senão membros de duas secções, alguns grupos sendo Banaka-Palyeri e os outros Burung-Kariera. Um casamento estabelece, por conseguinte, necessariamente uma relação ao mesmo tempo entre os membros de duas metades e os membros de dois grupos. Em lugar de acumular a vantagem de três tipos diferentes de vínculos sociais, a filiação, a aliança e a contiguidade espacial, esses vínculos são utilizados para fins diferentes. Tinha-se no começo dois grupos (as metades matrilineares) unidos por três espécies diferentes de laços. Tem-se agora quatro grupos (as metades matrilineares mais os grupos locais de descendência paterna) colocados, uns com relação aos outros, numa relação tal que um grupo acha-se unido a outro ao menos por dois vínculos, a saber, filiação mais aliança, aliança mais contiguidade ou contiguidade mais filiação. Os vínculos são menos numerosos, mas a quantidade das coisas ligadas aumentou.

Convém interpretar da mesma maneira as organizações mais complexas com oito subsecções. A diferença essencial consiste em que, em lugar de estabelecer uma relação entre duas metades e dois grupos, os sistemas com oito classes estabelecem uma conexão entre duas metades e quatro grupos. Isto se exprime no fato, posto em evidência por Spencer e Gillen, que entre os Aranda, por exemplo, o grupo local não abrange jamais senão os membros de duas subsecções, constituindo em conjunto um par patrilinear. Para que um ciclo completo possa se fechar no interior do sistema quatro grupos devem, portanto, entrar em ação. Guardando os mesmos símbolos precedentes para a designação das secções e atribuindo a cada uma das duas subsecções resultantes da dicotomia da primitiva secção os sinais 1 e 2, chega-se à seguinte fórmula:

| Se um homem da subsecção: | casa-se com uma mulher da subsecção: | os filhos pertencerão à subsecção: |
|---|---|---|
| A1 | B1 | D2 |
| A2 | B2 | D1 |
| B1 | A1 | C1 |
| B2 | A2 | C2 |
| C1 | D1 | B1 |
| C2 | D2 | B2 |
| D1 | C1 | A2 |
| D2 | C2 | A1 |

que constitui a aplicação da lei: um homem, pertencendo a uma secção dada, terá filhos que pertencerão à subsecção alterna do mesmo par, conservando o sentido técnico da palavra "par" definido na página 203. Tudo isto pode traduzir-se no seguinte esquema (Figura 13).

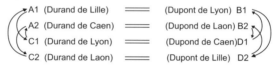

Figura 13

Sejam oito casais: A1-B1, A2-B2, C1-D1, C2-D2; B1-A1, B2-A2, D1-C1, D2-C2, que é possível reduzir a quatro não levando em consideração a orientação; oito pares, igualmente redutíveis a quatro com a mesma condição: A1-D2, A2-D1, B1-C1, B2-C2; D2-A1, D1-A2, C1-B1, C2-B2; e finalmente dois ciclos, cada um dos quais abrangendo as quatro subsecções de uma metade matrilinear, a saber: A1-C1-A2-C2, e depois volta a A1; e B1-D2-B2-D1, e depois volta a B1. Observa-se que num sistema de oito subsecções o paralelismo com um sistema de quatro secções existe para os casais e os pares (com esta única diferença de haver duas vezes mais), mas este paralelismo termina nos ciclos, que são em número de dois nos dois sistemas, a diferença sendo que os ciclos no sistema de oito subsecções compreendem o dobro de elementos. A estrutura do ciclo transformou-se, portanto, ao passo que a dos casais e dos pares permaneceu a mesma.

Esta estrutura pode ser ilustrada da maneira que já nos serviu para o sistema Kariera. Retomemos as duas famílias Dupont e Durand, obrigadas pela regra de exogamia a praticar o intercasamento, e transmitindo o nome por filiação matrilinear. Suponhamos, por outro lado, quatro cidades, Caen, Laon, Lille, Lyon. Depois do casamento as mulheres vão viver na residência do marido. A dupla condição da transmissão do nome de família em linha materna e da residência em linha paterna dá as seguintes combinações:

|  Se um homem: | casa-se com uma mulher: | os filhos serão: |
|---|---|---|
| Durand de Caen | Dupont de Laon | Dupont de Caen |
| " de Laon | " de Lille | " de Laon |
| " de Lille | " de Lyon | " de Lille |
| " de Lyon | " de Caen | " de Lyon |
| Dupont de Caen | Durand de Lyon | Durand de Caen |
| " de Laon | " de Caen | " de Laon |
| " de Lille | " de Laon | " de Lille |
| " de Lyon | " de Lille | " de Lyon |

que podem ser facilmente representadas no esquema teórico do sistema Aranda da página 204.

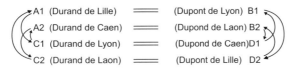

Figura 14

Já observamos que a passagem de um sistema com duas metades a um sistema com quatro secções não acarreta, *por si mesma*, nenhuma inovação no que diz respeito aos graus de parentesco autorizados ou proibidos pelo matrimônio. O mesmo não acontece quando se passa de um sistema de quatro secções a um sistema com oito subsecções. Aqui, as consequências são importantes e podem deduzir-se imediatamente da consideração do sistema. Ainda uma vez, convém repetir que, neste caso como nos precedentes, o mecanismo das classes não determina automaticamente o cônjuge (porque a mesma classe pode conter simultaneamente o cônjuge prescrito e cônjuges proibidos). Contudo, o sistema das classes permite pelo menos determinar automaticamente um certo número de proibições matrimoniais. Colocando-nos neste ponto de vista nossa afirmação equivale a dizer que a consideração de um sistema com quatro subsecções não permite excluir maior número de cônjuges possíveis do que acontece no caso – na mesma geração – do regime das metades. Ao contrário, o mecanismo de um sistema com oito subsecções exclui automaticamente duas vezes mais cônjuges possíveis do que as metades ou as secções. Construamos, com efeito, o sistema de parentesco correspondente às estruturas com oito subsecções e examinemos a posição dos diferentes parentes com relação a essa estrutura (Figura 15).

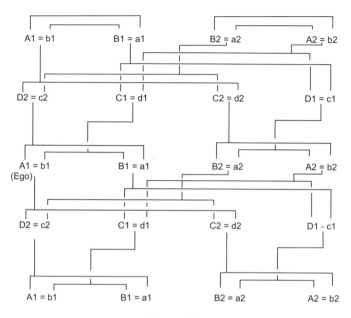

**Figura 15**
*Sistema Aranda*

É fácil ver que nesse sistema os primos cruzados, unilaterais ou bilaterais, não podem nunca encontrar-se em classes que constituem casais (isto é, que praticam o intercasamento), ao passo que o inverso produz-se automaticamente no caso dos primos descendentes de cruzados. Isto não significa que os primos nascidos de cruzados tornem-se, só por este fato, cônjuges prescritos, mas quer dizer, ao menos, que o cônjuge preferido (no caso a filha da filha do irmão da mãe da mãe) pertence à classe dos primos descendentes de cruzados (Figura 16).

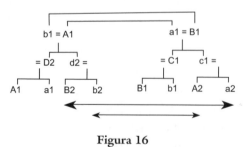

**Figura 16**

Podemos agora resumir o estado da questão das relações entre classes matrimoniais e sistemas de parentesco. Não decorre do mecanismo das classes matrimoniais que estas tenham por fim, ou mesmo como resultado, determinar automaticamente o cônjuge prescrito. O contrário é mesmo certo, porque uma classe pode conter ao mesmo tempo cônjuges autorizados e proibidos. É, pois, em última análise, a relação de consanguinidade que atua no papel principal, enquanto o fato de pertencer à classe desempenha, ao menos na prática, uma função secundária. Contudo, isto só é verdadeiro se considerarmos a fase positiva da escolha do cônjuge. Porque todos os testemunhos concordam em reconhecer que, do ponto de vista negativo, a classe desempenha um papel também importante. A relação de consanguinidade vale mais que a classe para determinar o cônjuge, mas a violação da exogamia de classe é considerada pelos indígenas com o mesmo horror que o casamento com um parente que apresenta uma relação de consanguinidade proscrita. Se as classes não permitem ir tão ao fundo do problema quanto a consideração dos graus de consanguinidade, sua função não é entretanto substancialmente diferente, embora a relação existente entre as duas ainda deva ser definida.

Mas é a determinação desta relação que levanta um problema de extrema dificuldade. Notamos várias vezes que todo sistema de classe conduz à dicotomia dos membros do grupo em cônjuges permitidos e cônjuges proibidos. Em um sistema sem classes, teoricamente nenhum cônjuge é proibido, exceto aqueles sobre os quais incide a proibição do incesto. Um sistema de metades exogâmicas não divide somente o grupo em duas metades, mas divide igualmente todos os homens e todas as mulheres em cônjuges possíveis e cônjuges ilícitos, divisão que se exprime na dicotomia dos primos entre cruzados e paralelos. Um sistema com oito subsecções, conforme acabamos de ver, diminui ainda uma vez de metade o número dos cônjuges disponíveis, porquanto opera uma nova dicotomia entre os primos cruzados de primeiro grau e os primos cruzados de segundo grau. Mas nada de semelhante corresponde ao sistema com quatro secções. Noutras palavras, se considerarmos somente a geração do sujeito verifica-se que o sistema de metades divide por dois o número de cônjuges possíveis, que este número é dividido novamente por dois num sistema de oito subsecções, mas é deixado intacto em um sistema de quatro secções. Interpretamos este fenômeno mostrando que um sistema com quatro secções apelava para duas vezes mais elementos, a fim de definir a posição do indivíduo no grupo familiar. O efeito da duplicação das classes é, portanto, anulado pela duplicação dos fatores.

No entanto, com isso o problema não fica resolvido. Se considerarmos não mais os sistemas de classes matrimoniais, mas as dicotomias sucessivas de cônjuges, perceberemos que o processo dicotômico salta por cima de uma etapa que, entretanto, se mostra logicamente necessária, a saber, o sistema das metades divide todos os primos do primeiro grau entre cruzados e paralelos. O sistema de oito subsecções divide os primos cruzados entre primos de primeiro grau e primos de segundo grau. Mas deveria haver uma fase intermédia, a divisão dos primos cruzados entre matrilaterais e patrilaterais. Porque, assim como há duas espécies de primos, há duas espécies de primos cruzados (filhos do irmão da mãe e filhos da irmã do pai). Deveríamos, portanto, esperar encontrar o seguinte processo: a primeira dicotomia distingue os primos entre cruzados e paralelos, e exclui estes últimos. A segunda dicotomia divide os primos cruzados entre matrilaterais e patrilaterais, e exclui um dos dois grupos. Finalmente, a terceira dicotomia separa todos os primos cruzados entre cruzados e descendentes de cruzados, e exclui os primeiros. Ora, o primeiro e o segundo estádio só se realizam em um sistema de classes matrimoniais, o primeiro pelas metades, o terceiro pelas subsecções. Falta o segundo estádio, e falta porque as secções a que deveriam teoricamente corresponder não realizam por si mesmas nenhuma dicotomia na geração do sujeito. Temos, por conseguinte, de responder a uma dupla questão: como acontece que o sistema com quatro secções não realiza uma dicotomia entre os primos? E como explicar que, no processo dicotômico correspondente à série: duas metades – quatro secções – oito subsecções, nenhum estádio corresponda à distinção dos dois tipos de primos cruzados?

# CAPÍTULO XII
## O sistema Murngin

Estas questões provavelmente teriam ficado sem resposta caso não se tivesse descoberto na extremidade norte da Austrália, na Terra de Arnhem, que confina a oeste com o Golfo de Carpentaria, tribos que praticam precisamente esta dicotomia dos primos cruzados. Assim, os Murngin estudados por Lloyd Warner[1] prescrevem o casamento com a filha do irmão da mãe e o proíbem com a outra prima cruzada, filha da irmã do pai. É por conseguinte essencial saber como a organização dos Murngin se situa com relação aos sistemas clássicos, metades secções, subsecções. Mas é aqui onde começam as dificuldades.

Com efeito, o sistema de classes dos Murngin não está de acordo com nenhum dos tipos da série clássica. Ora foi interpretado como um sistema Kariera (isto é, de quatro classes), mas então não foi possível encontrar nele, assim como também no sistema Kariera, a distinção entre os dois tipos de primos cruzados; ora foi concebido como um sistema Aranda (isto é, com oito subsecções), mas sem levar em conta diferenças consideráveis que o separam deste último. Por isso a maioria dos autores concordam em classificar o sistema Murngin como um sistema aberrante ("off pattern", como diz W.E. Lawrence)[2]. É possível então perguntar como uma regra de casamento (a dicotomia dos primos cruzados) que aparece como termo logicamente necessário de determinada série, pode não decorrer dos sistemas que constituem a série, resultando de um outro sistema que sentia irredutível. Ou a série está mal construída ou o sistema Murngin foi insuficientemente analisado.

O sistema Murngin assemelha-se ao sistema Kariera porque possui quatro secções, e ao sistema Aranda porque estas quatro secções são divididas em oito subsecções. Mas diferem de um e de outro pelo fato dessas subsecções existirem sempre, embora nem sempre sejam mencionadas. Por outro lado, as subsecções não funcionam como no sistema Aranda. Em lugar de conduzir à eliminação dos primos cruzados do número dos possíveis cônjuges, elas os conservam. Isto é, o sistema Murngin difere do sistema Kariera porque possui oito classes e do sistema Aranda porque estas oito classes funcionam como se fossem apenas quatro.

Deixemos de lado os grupos nos quais as subsecções, embora reais, não são denominadas, e consideremos aqueles, descritos por Webb, onde as subsecções são ob-

---

1. WARNER, W.E. Morphology and Function of the Australian Murngin Type of Kinship. *American Anthropologist*, vol. 32 e 33, 1930-1931.

2. Ver mais acima, p. 191.

jeto de explícita designação. As tribos da Terra de Arnhem oriental dividem-se em duas metades patrilineares, *yiritcha* e *dua*, ficando bem entendido que cada horda relaciona-se exclusivamente com uma ou outra[3]. Cada uma dessas metades é dividida, por sua vez, em quatro subsecções, formando, pois, um total de oito subsecções. Para maior simplicidade desprezaremos o fato de existirem duas denominações para cada subsecção, uma delas empregada no masculino e a outra no feminino, porque este detalhe não tem influência no sistema. Conservando apenas a denominação masculina encontramos a seguinte lista:

| *Metade yiritcha:* | *Metade dua:* |
|---|---|
| Subsecções: ngarit | Subsecções: buralang |
| bulain | balang |
| kaijark | karmarung |
| bangardi | warmut |

Até agora a situação parece normal. Mas logo assim que examinamos as regras do casamento encontramos uma anomalia que caracteriza todos os sistemas da região, a saber, em lugar de um homem ter necessariamente de procurar esposa em uma subsecção, e numa só, da outra metade, pode escolher entre duas subsecções que constituem as subsecções de uma mesma secção. Por exemplo, um homem ngarit pode casar-se ou com uma mulher balang ou com uma buralang; um homem bulain pode escolher entre uma mulher buralang e uma mulher balang; um homem kaijark casa-se ou na subsecção warmut ou então na subsecção karmarung, etc. Seja qual for o tipo de casamento praticado, os filhos pertencem à mesma secção (alterna da do pai na mesma metade), mas, no interior da secção, a uma ou outra subsecção. Assim, um homem ngarit, casando-se com uma mulher balang, terá filhos bangardi, ao passo que se a mulher é buralang os filhos serão kaijark. Um marido bulain terá, de uma mulher buralang, filhos kaijark e, de uma mulher balang, filhos bangardi, etc. Existe, portanto, uma relação fixa entre a subsecção dos filhos e o tipo de casamento do pai, e uma relação igualmente fixa entre a subsecção dos filhos e a subsecção da mãe, mas não entre a subsecção do pai e a subsecção dos filhos. Com efeito, somente a subsecção dos filhos conserva uma relação fixa com a secção do pai, dependendo a subsecção do tipo de casamento praticado. Isto pode exprimir-se dizendo que existe uma relação estável entre os casais e os ciclos, e uma relação estável entre os casais e os pares, mas não entre os ciclos e os pares. Webb interpreta este fato como prova de que a filiação é matrilinear nas subsecções. Mas o fenômeno foi mais exatamente descrito por Elkin, como um caso de filiação patrilinear indireta. Elkin distingue com efeito os dois tipos de casamento possíveis em tipo normal e tipo optativo, e formula então a seguinte lei, que explica de maneira satisfatória este sistema complexo: "No caso em que o sistema é optativo (*alternate*) os filhos per-

---

**3.** WEBB, T.T. Tribal Organization in Eastern Arnhem Land. *Oceania*, vol. 3, 1933.

tencem à subsecção da metade do pai em que figurariam se sua mãe tivesse se casado de acordo com o tipo normal (*regular*). Assim, o pai não é levado em consideração no que se refere à subsecção"[4]. Convém aliás notar que a mulher optativa provém sempre da mesma secção que a mulher normal (Figura 17).

| | | Homem = | Mulher = | Criança = |
|---|---|---|---|---|
| | | I: Yiritcha | Dua | Yiritcha |
| Metade matrilin. M | A1 | Ngarit (Ngarit) | Balang (Buralang) | Bangardi Kaijark |
| | A2 | Bulain (Bulain) | Buralang (Balang) | Kaijark (Bangardi) |
| | D1 | Kaijark (Kaijark) | Warmut (Karmarung) | Ngarit Bulain |
| | D2 | Bangardi (Bangardi) | Karmarung (Warmut) | Bulain Ngarit |
| Metade matrilin. L | | II: Dua | Yiritcha | Dua |
| | B1 | Balang (Balang) | Ngarit (Bulain) | Karmarung Warmut |
| | B2 | Buralang (Buralang) | Bulain (Ngarit) | Warmut Karmarung |
| Metade matrilin. M | C1 | Warmut (Warmut) | Kaijark (Bangardi) | Balang Buralang |
| | C2 | Karmarung (Karmarung) | Bangardi (Kaijark) | Buralang Balang |

**Figura 17**
(Segundo Theodor Webb, *Tribal Organization in Eastern Arnhem Land,* Oceania, vol. 3, 1933).

Por esta razão, foi às vezes julgado que as subsecções não desempenhavam nenhum papel na regulamentação do casamento, e que tudo se passava no sistema Murngin como se as secções, e não as subsecções, fossem ligadas por casais. É o que Warner sugere em seu esquema teórico do sistema Murngin (Figura 18)[5], que revela,

---

**4.** ELKIN, A.P. Marriage and Descent in East Arnhem Land. *Oceania*, vol. 3, 1933.
**5.** WARNER, W.L. Op. cit., segunda parte.

segundo nossa opinião, o espírito do sistema. O fato importante não é que cada sistema, normal ou optativo, conduza separadamente aos mesmos resultados, mas

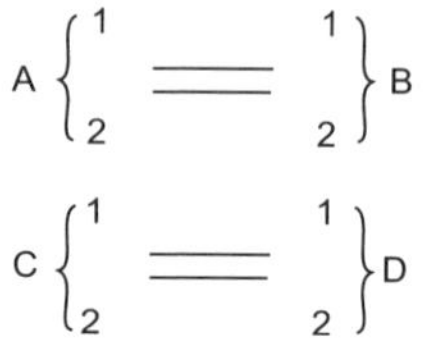

$$A \left\{ \begin{matrix} 1 \\ 2 \end{matrix} \quad = = \quad \begin{matrix} 1 \\ 2 \end{matrix} \right\} B$$

$$C \left\{ \begin{matrix} 1 \\ 2 \end{matrix} \quad = = \quad \begin{matrix} 1 \\ 2 \end{matrix} \right\} D$$

**Figura 18**

que sejam em número de dois. Desprezar esta dualidade é ver-se privado de todo meio de compreender sua razão de ser.

Construamos, portanto, independentemente dois esquemas, um correspondendo ao sistema normal e outro ao sistema optativo (Figura 19).

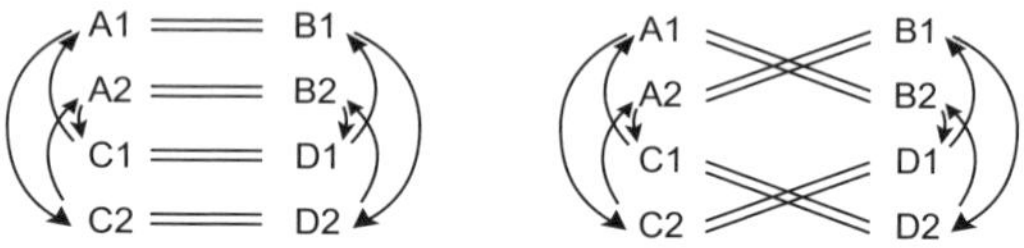

Sistema normal.          Sistema opcional.

**Figura 19**

Basta compará-los para ver que a analogia do sistema Murngin com o sistema Aranda, tal como é representado na Figura 13, é puramente aparente. Com efeito, a direção das flechas não é a mesma. Enquanto as flechas do lado direito dos dois esquemas Murngin são orientadas como as do lado direito do esquema Aranda, as flechas do lado esquerdo são orientadas de modo inverso. Elkin viu muito bem esta diferença de estrutura que faz no sistema Murngin "o ciclo de um homem, qualquer que seja sua subsecção, nunca está terminado antes que, por casamento e filiação, as oito subsecções tenham sido percorridas e antes que, por filiação só, as quatro subsecções de sua própria metade tenham sido percorridas"[6]. Ao contrário, em um sistema clássico de oito sub-

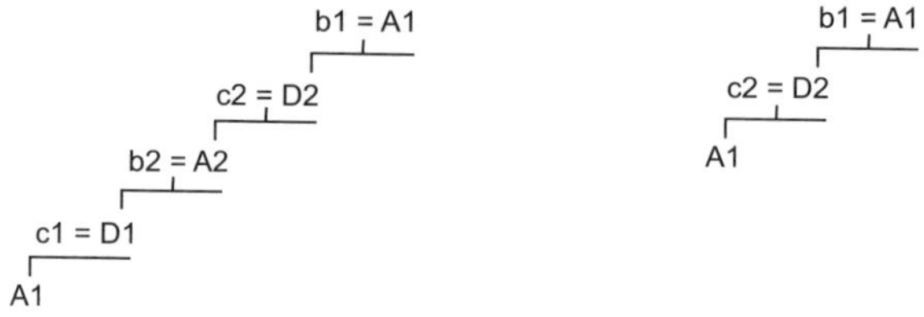

Sistema Murngin (normal).          Sistema Aranda.

**Figura 20**

---

6. ELKIN, A.P. Op. cit., p. 413.

secções do tipo Aranda, o ciclo fecha-se em quatro subsecções por descendência e casamento, e por descendência somente, apenas em duas subsecções, da metade do homem considerado. Esta diferença é posta em evidência na Figura 20, que deve ser interpretada da seguinte maneira: no sistema Aranda um homem recai sempre na mesma classe que seu avô (pai de seu pai) e encontra sempre seu neto (filho de seu filho) na mesma classe que ele. No sistema Murngin, ao contrário, um homem recai na mesma classe somente ao cabo de cinco gerações, isto é, estão na mesma classe um homem, o pai do pai do pai de seu pai e o filho do filho do filho de seu filho.

Existe uma relação entre esta diferença de estrutura no sistema das classes e a regra do casamento segundo a qual um homem somente se casa com a filha do irmão de sua mãe, e não com a filha da irmã de seu pai? Elkin acreditou que o alongamento do ciclo da descendência masculina no sistema Murngin explicava diretamente a regulamentação especial do casamento. Insistindo, com razão, sobre a importância – subestimada por Lloyd Warner – do sistema das subsecções, declarou com efeito: "Na verdade, este sistema é tão importante que foi cuidadosamente elaborado a fim de se harmonizar com a regulamentação do casamento com a filha do irmão da mãe. Teoricamente, a coisa foi considerada impossível, e de fato é, se nos conformarmos à fórmula típica do casamento e da filiação em um sistema de subsecção. Mas os indígenas dessa região não estavam presos a opiniões teóricas, e sim colocados diante de um problema prático, que parece terem resolvido da maneira mais engenhosa, redobrando o comprimento normal do ciclo"[7]. Examinemos, pois, se existe realmente um laço entre a reduplicação do ciclo e a regulamentação do casamento, e, caso afirmativo, qual é.

Coloquemo-nos primeiramente na hipótese do sistema normal e investiguemos quais são nesse sistema os cônjuges autorizados e os excluídos (Figura 21).

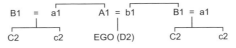

Figura 21

Como no sistema normal D2 e C2 formam um casal vê-se que uma e outra prima cruzada incluem-se na classe em que Ego pode obter esposa. Isto é, o sistema de classes não justifica a distinção, feita pelas tribos da terra de Arnhem, entre a prima cruzada matrilateral e a prima cruzada patrilateral.

Que acontece agora no sistema optativo (Figura 22)?

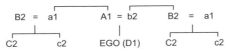

Figura 22

---

7. Ibid., p. 416.

Como, no sistema optativo, D1 e C2 formam um casal, vê-se que, do mesmo modo que no sistema normal, as duas primas cruzadas não se distinguem uma da outra, ambas incluem-se igualmente na classe dos cônjuges possíveis.

Não existe, pois, relação direta entre o caráter específico do sistema Murngin (o redobramento do ciclo masculino), e a regulamentação do casamento, que proíbe a prima patrilateral e prescreve a prima matrilateral. Na realidade, a reduplicação do ciclo tem realmente uma consequência que lhe é própria, mas é inteiramente diferente. Consiste em restituir as duas primas cruzadas (ou a prima cruzada bilateral) ao número dos cônjuges possíveis quanto à classe, isto é, anular o efeito específico de um sistema de oito subsecções organizado segundo o modelo clássico. É fácil perceber a razão disso. A reduplicação do ciclo equivale à divisão por dois do número de classes. Sendo o ciclo duas vezes mais comprido, tudo se passa como se as classes fossem em número de quatro, em vez de oito. Do ponto de vista da regulamentação do casamento, o sistema Murngin, considerado isoladamente, reconstitui pura e simplesmente as condições do sistema Kariera. Qualquer que seja aquele dos dois tipos de casamento autorizados pelo sistema Murngin, tipo normal ou tipo optativo, o primeiro parente que satisfaz as suas condições de classe exigidas para ser um cônjuge possível é a filha do irmão da mãe ou a filha do irmão do pai, ou a prima cruzada, que é ao mesmo tempo uma e outra.

Dever-se-á, pois, em face do sistema Murngin, reconhecer a completa ausência de conexão entre o sistema das classes e a regulamentação do casamento? Esta última estabelece, aparentemente por si só, uma distinção fundamental que se reflete em todo o sistema. Veremos, dentro em pouco, que o casamento preferencial com a filha do irmão da mãe confere ao sistema de parentesco Murngin caracteres inteiramente excepcionais, sem equivalentes na maioria das tribos australianas. Contudo, diante de um traço tão fundamental, o sistema das classes permanece por assim dizer mudo, não ensina nada nem serve para nada. As duas primas cruzadas entram na mesma classe, que é a dos cônjuges possíveis. Ora, somente uma das duas pode ser desposada. A determinação do cônjuge preferido dependerá, inteira e exclusivamente, do grau de parentesco?

Antes de aceitar esta conclusão negativa, formulemos uma observação e tentemos extrair dela as consequências. Os Murngin distinguem-se dos outros grupos que possuem sistemas com oito subsecções, ao mesmo tempo pelo funcionamento das subsecções e pela regulamentação do casamento. Mesmo se as duas ordens devem ser reconhecidas como heterogêneas, nem por isso deixa de se impor a verificação de que uma diferença no interior de uma das ordens é acompanhada por uma diferença no interior da outra. Não pudemos descobrir uma relação entre o mecanismo das classes e a preferência matrimonial. Mas o problema pode ser proposto de outra maneira. Uma vez que uma diferença no mecanismo das classes é dada simultaneamente com uma diferença nas preferências matrimoniais, não será possível estabelecer uma conexão entre essas próprias diferenças? Porque seria verdadeiramente surpreendente que, de modo absolutamente independente, uma anomalia se desenvolvesse no sistema das classes e uma outra anomalia na regulamentação do casamento, sem que existisse entre as duas um certo grau de correlação. Por outro lado, se esta correlação existe então não há autonomia completa da regulamentação do casamento com relação ao sistema das classes.

Em que consiste a diferença na regulamentação do casamento? Na dicotomia dos primos cruzados. Em que consiste a diferença no sistema das classes? É dupla, a saber, existem primeiramente duas fórmulas de casamento, em vez de uma; e, em seguida, cada uma dessas fórmulas funciona como se o sistema contivesse quatro classes em lugar de oito. Não possuímos infelizmente nenhuma indicação sobre as condições nas quais os indígenas utilizam essas duas fórmulas. Tanto Webb quanto Warner limitam-se a dizer que um homem de determinada subsecção casa-se em uma subsecção determinada da metade oposta, e que pode também casar-se com uma mulher de uma outra subsecção, de acordo com a fórmula do casamento optativo. Mas coloquemo-nos na hipótese teórica de acordo com a qual essas duas fórmulas seriam utilizadas alternativamente, tanto na linha direta quanto na linha colateral. Isto é, que, se meu pai se casou de acordo com o tipo optativo, meu filho se casará de acordo com o tipo normal, o filho de meu filho de acordo com o tipo optativo, e assim por diante. Por outro lado (o que, conforme se verá, é consequência imediata do que precede), suponhamos que, se me casei de acordo com o tipo normal, minha irmã se casará de acordo com o tipo optativo, e inversamente. Então, resulta desta simples regra, e a presença das duas fórmulas basta para sugerir a hipótese, mesmo na falta de indicação positiva, que a filha do irmão da mãe inclui-se automaticamente na classe do cônjuge prescrito, e a filha da irmã do pai, automaticamente também, na classe oposta. Há, portanto, uma relação entre a anomalia do sistema das classes (presença de duas fórmulas para ajuntar as classes) e a anomalia do casamento (dicotomia dos primos cruzados). Ao mesmo tempo, a singularidade do funcionamento do mecanismo das classes fica esclarecida. Dissemos que as classes do sistema Murngin eram oito, como no sistema Aranda, mas funcionavam como se fossem quatro, imitando o sistema Kariera. Nada haveria a tirar dessa singularidade se houvesse somente uma fórmula. Mas se há duas e se as duas funcionam alternativamente, o resultado será que o sistema acumulará as características dos dois tipos, ou melhor, que estabelecerão uma composição. Elkin percebeu pelo menos um aspecto dessa lei quando observou que, no caso em que um casamento optativo sucede a um casamento normal, retornava-se ao sistema clássico de sucessão das classes na linhagem patrilinear. Mas, de fato, não se retorna, porquanto que vantagem haveria, uma vez que somente se teria passado de um sistema que permite sem discriminação as duas primas cruzadas a um sistema que elimina ambas? Na realidade chega-se a um intermediário entre o sistema das quatro classes e o sistema das oito classes. O sistema, que primitivamente funcionava como sistema de quatro classes, começa a funcionar como sistema com oito classes em um sentido (isto é, eliminando a prima cruzada patrilateral), e continua a desempenhar a função de sistema com quatro classes em outro sentido (mantendo a prima cruzada matrilateral na classe dos cônjuges possíveis). É o que deixa claro a Fi-

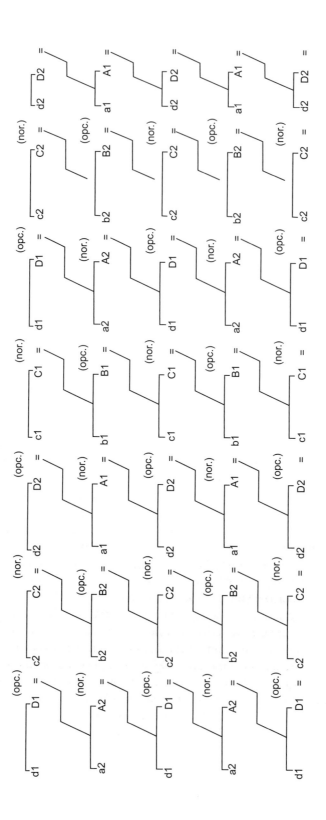

Figura 23

gura 23, a qual mostra igualmente que se a lei da alternância entre fórmula normal e fórmula optativa é aplicada em linha direta, estende-se automaticamente à linha colateral, e inversamente.

Como se vê, todos os casamentos fazem-se com a filha do irmão da mãe, ao passo que a filha do irmão do pai é automaticamente eleminada pela aplicação alternativa das duas fórmulas. Não há necessidade de insistir no fato que, sejam quais forem as modalidades deste uso alternativo, é sempre a prima matrilateral que será conservada e sempre a prima patrilateral que será excluída. Noutras palavras, o sistema está inteiramente orientado em um sentido e a orientação inversa é impossível. Daremos no capítulo XXVII a razão desse fenômeno.

A ligação entre a regulamentação do casamento e o mecanismo das classes, própria do sistema Murngin, é portanto clara. Não é menos verdade, porém, que esta ligação só foi estabelecida ao preço de uma extrema complicação e da elaboração de um sistema penoso e incômodo. Para chegar à dicotomia dos primos, intermédia entre a resultante de um sistema de metades e a que é própria de um sistema com oito subsecções, poder-se-ia dizer que tudo se passou como se tivéssemos procedido da seguinte maneira: primeiramente adotar o sistema de oito subsecções. Em seguida modificá-lo de maneira a funcionar como um sistema mais simples. E finalmente reduplicá-lo a fim de obter uma fórmula de dicotomia intermédia entre a do sistema simples e a do sistema complexo. Parece que se chegou de uma só vez à fórmula mais complicada, e que esta fórmula complicada tenha sido ainda complicada para poder funcionar como fórmula mais simples. Este procedimento sugere fortemente que o sistema Murngin não é uma codificação direta da regra de casamento própria desse grupo, mas resulta antes de uma espécie de compromisso entre uma regra de casamento preexistente e um sistema de classes introduzido de fora em sua forma mais desenvolvida.

Esta hipótese está de acordo com as observações de Stanner sobre o sistema matrimonial dos Nangiomeri, que vivem há várias centenas de quilômetros da Terra de Arnhem. Recentemente ainda os Nangiomeri não tinham nem secção nem metade, nem nenhuma outra forma de classes matrimoniais. O casamento fazia-se então com as duas primas cruzadas bilateral. Há alguns anos estes indígenas tomaram emprestado das tribos que viviam ao sul e ao sudoeste um sistema complexo de subsecções totêmicas matrilineares e uma nova forma de casamento com a filha do filho da irmã (com a condição de não ser filha da própria filha, que pode casar-se com o filho da irmã). A analogia com o funcionamento das subsecções no sistema Murngin é ressaltada pela seguinte observação de Stanner: o pai do pai do Ego acha-se na mesma subsecção que o filho do filho do Ego, enquanto em um sistema clássico o pai do pai do Ego inclui-se na mesma subsecção que o próprio Ego. Ao contrário, entre os Nangiomeri, o Ego inclui-se em uma subsecção intermédia, sendo o filho de seu filho que fecha o ciclo. Tal como entre os Murngin, o ciclo é pois reduplicado. Stanner comenta: "Os indígenas reconhecem francamente que não compreendem ainda este novo sistema [...] e que este lhes foi ensinado pelas tribos de Fitzmaurice e de Victoria River"[8]. Em outro trabalho sobre o mesmo grupo o autor exprime-se da seguinte maneira: "Produziu-se em larga escala a mesma coisa que foi relatada por Warner relativamente à Terra de Arnhem. Os Nangiomeri estão em vias de tentar aplicar – e conseguem isso muito engenhosamente – a um tipo Kariera de organização social um sistema de subsecções elaborado por uma sociedade muito mais complexa, pertencente provavelmente ao tipo Aranda. Isto é, uma sistematização de um sistema de parentesco de tipo Aranda espalhou-se até eles, sem que o sistema sobre o qual era fundada tenha sido adotado. Contudo, os Nangiomeri pretendem que foi ao mesmo tempo que adotaram o sistema de subsecções e o casamento com a filha do filho da irmã"[9].

Esta última observação de Stanner deixa intacta a questão da relação final entre o sistema de classes dos Nangiomeri e sua regulamentação do casamento. Porque mesmo se, conforme foi sugerido, tomaram de empréstimo simultaneamente um e outra, seria preciso saber ainda em que condições os dois tipos de fenômenos vieram a coexistir entre seus primeiros possuidores. Se fosse possível remontar até a origem primeira os sistemas Murngin e Nangiomeri, parece-nos com toda certeza que se encontraria na fonte um grupo que se esforçou por fazer coincidir um sistema matrimonial original com um mecanismo de oito subsecções tomado de outro lugar.

Se esta hipótese é exata acarreta importante consequência, a saber, embora tenha se conseguido fazê-los funcionar juntos de maneira satisfatória, o sistema das classes Murngin não constitui a lei do casamento Murngin, no sentido em que o físico emprega a palavra lei. Se entendermos por esta palavra, com efeito, não a regra concebida pelo legislador (porque, neste caso, é evidente que o sistema das classes é uma lei), mas uma relação constante entre variáveis, então apresenta-se a questão de saber se as modalidades do casamento Murngin – relativamente mais simples que as do casamento Aranda – não podem ser expressas por uma fórmula mais simples também do que a fórmula Aranda, em vez de uma fórmula mais complicada, como aparentemente é o caso. O fato dos indígenas não terem consciência dessa lei, cuja existência neste momento postulamos, não deve ser invocado como argumento contra a pesquisa dela. Porque não temos necessidade de ser consciente das leis linguísticas para falar, nem das leis da lógica para pensar. Estas leis nem por isso deixam de existir, e o teórico procura justamente descobri-las. A este respeito, não pode ser outra a atitude do sociólogo. Conforme observa Shirokogoroff, a respeito de um povo que oferece somente uma ilustração particular de um fenômeno geral:

"Da descrição e da análise das ideias e atitudes Tungus com relação a fenômenos referentes à sua própria organização social e às relações entre grupos, é possível concluir que os Tungus tratam-nas no mesmo plano que os outros fenômenos naturais. Observam fatos alguns dos quais são conhecidos, enquanto outros escapam

---

**8.** STANNER, W.E.H. A Note upon a Similar System among the Nangiomeri. *Oceania*, vol. 3, 1933, p. 417.
**9.** Id. The Daly River Tribes: a Report of Field Work in North Australia. *Oceania*, vol. 3, 1933, p. 397-398.

à sua atenção [...] Os fenômenos sociais podem existir e atuar sem serem objetos de conhecimento."[10]

Por outro lado, a descoberta da lei do casamento preferencial com a filha do irmão da mãe apresenta uma importância que excede de muito a discussão exclusiva do problema Murngin. Os povos que praticam o casamento dos primos cruzados manifestam em grande maioria preferência pela prima matrilateral. Como fizemos da análise do casamento dos primos cruzados a experiência crucial do problema da proibição do incesto, não podemos nos dispensar de explicar uma singularidade tão notável. Finalmente mostramos que a série australiana clássica das dicotomias sucessivas entre cônjuges preferidos e cônjuges proibidos contém uma lacuna, e devemos procurar se a lei do casamento preferencial com a prima cruzada matrilateral não fornece o termo que falta, cuja posição na série as anomalias dos sistemas clássicos revelam, mas são por si mesmos incapazes de definir.

Consideremos os três sistemas clássicos australianos, metades, secções, subsecções. Estes três sistemas apresentam uma estrutura fundamental, que permanece a mesma apesar da diferença do número das classes. Este caráter comum, peculiar aos três sistemas, pode ser formulado da seguinte maneira: quer a classe considerada seja uma metade, uma secção ou uma subsecção, nela o casamento se processa sempre de acordo com a regra, a saber, se um homem de A pode casar-se com uma mulher de B, um homem de B pode casar-se com uma mulher de A. Há, portanto, reciprocidade entre os sexos no interior das classes. Ou, se preferirmos, as regras do casamento são indiferentes ao sexo dos cônjuges. O que é verdade quanto às regras do casamento não é evidentemente válido para as regras de filiação, mas não temos necessidade de examinar estas últimas neste momento.

Chamamos os sistemas que apresentam este caráter, seja qual for o número das classes, sistemas de troca restrita, indicando com isso que estes sistemas só podem fazer funcionar mecanismos de reciprocidade entre parceiros cujo número é dois ou múltiplo de dois.

Daí resulta imediatamente que um sistema de duas metades exogâmicas deve ser sempre um sistema de troca restrita. Com efeito, se nos limitamos a dois grupos A e B, e se o casamento é impossível no interior de cada grupo, a única solução para A é procurar cônjuge em B, e para B, reciprocamente, procurar cônjuge em A. Mas o que é verdade para um sistema com duas classes deixa de sê-lo num sistema com quatro classes. Em um sistema com quatro classes exogâmicas temos com efeito a escolha entre duas possibilidades teóricas. A primeira é realizada pelo sistema Kariera, isto é, as classes são distribuídas em dois pares, cada qual regido por uma lei de troca restrita. O laço entre os dois pares é assegurado pela filiação, visto que os filhos de pais que são do domínio de um dos pares pertencem sempre à secção do outro par. Um ho-

---

10. SHIROKOGOROFF, S.M. The Psychomental Complex of the Tungus, p. 104.

mem A casa-se com uma mulher B (par n. 1), os filhos são D (par n. 2); um homem B casa-se com uma mulher A (par n. 1), os filhos são C (par n. 2).

Mas existe uma segunda possibilidade, que satisfaz simultaneamente as exigências da exogamia de classes e a da divisão, formulada ou não formulada, em metades. Esta possibilidade pode exprimir-se pela fórmula: se um homem A casa-se com uma mulher B, um homem B casa-se com uma mulher C. Neste caso o vínculo entre as classes exprime-se, ao mesmo tempo, pelo casamento e pela descendência. Propomos chamar os sistemas que realizam esta fórmula sistemas de troca generalizada, indicando assim que estes sistemas podem estabelecer relações de reciprocidade entre um número qualquer de parceiros. Contudo, estas relações são relações orientadas: se um homem B depende, para casar-se, da classe C colocada depois da sua, uma mulher B depende de uma classe A colocada antes.

Um sistema desta espécie pode ser ilustrado pela Figura 24, onde as flechas representam casais com sentido único (indo do homem para a mulher), ao passo que o mesmo sistema gira de maneira simétrica, mas inversa, quando nos colocamos do ponto de vista do outro cônjuge (Figura 25).

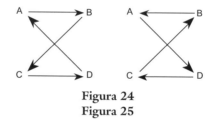

**Figura 24**
**Figura 25**

Examinemos este sistema do ponto de vista dos casais, dos pares e dos ciclos. Admite primeiramente quatro tipos de casamento possíveis: A com B, B com C, C com D e D com A (ou, colocando-se do ponto de vista da mulher, B com A, C com B, D com C e A com D, o que vem a dar no mesmo). Temos, portanto, de acordo com a terminologia de Radcliffe-Brown, quatro casais, mas estes casais não têm o mesmo caráter que no sistema de troca restrita. Nestes sistemas a noção de casal implica uma dupla relação matrimonial. Assim, para o casal AB, a de um homem A com uma mulher B, e a de um homem B com uma mulher A. Ao contrário, em um sistema de troca generalizada os casais são unívocos em lugar de serem recíprocos, isto é, unem somente os homens de uma das secções com as mulheres da outra secção. Conforme vimos, é este caráter de reciprocidade dos casais que permite reduzi-los a dois em um sistema Kariera. A este respeito a diferença é que, num sistema do tipo que estamos descrevendo, temos quatro casais unívocos ou orientados.

Consideremos agora os pares. Qualquer que seja a relação que una a secção do pai à secção dos filhos, os pares continuam os mesmos. A mesma observação pode ser feita a respeito dos ciclos, isto é, a relação entre a secção da mãe e a dos filhos não têm influência sobre a regra do casamento. Em outros termos, a regra de aliança e a regra de descendência não são funcionalmente ligadas. A primeira – segundo a qual um homem A casa-se com uma mulher B, um homem B casa-se com uma mulher C, um homem C com uma mulher D e um homem D com uma mulher A – continua a mesma, quer se decida que os filhos de um homem A incluam-se nas secções A, quer nas secções B, C ou D. A única condição é que, uma vez escolhida a regra de descendência, seja sistematicamente aplicada.

Suponhamos, por exemplo, que os filhos pertençam à secção imediatamente consecutiva à da mãe. Esta fórmula é particularmente cômoda porque implica, nas figuras precedentes, que duas flechas consecutivas indicam para a mesma família conjugal, uma a regra de casamento e a outra a regra de descendência. Encontramos quatro tipos de relações entre a secção do pai e a dos filhos, a saber, AC, BD, CA e DB. Finalmente, há quatro ciclos, BC, CD, DA e AB. É fácil ver que os ciclos têm a mesma estrutura que os casais, isto é, uma estrutura rotativa, enquanto os pares têm uma estrutura diferente, de tipo oscilatório (Figura 26).

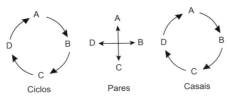

**Figura 26**

Isto vem a ser primeiramente verificar que em um sistema de troca generalizada com quatro classes há sempre duas metades patrilineares, explícitas ou implícitas, mas não há metade matrilinear. Vê-se em seguida que nesse sistema a estrutura rotativa aparece duas vezes (nos casais e nos ciclos) e a estrutura oscilatória uma só vez (nos pares). Se aplicarmos a mesma análise ao sistema Kariera verificamos que a estrutura rotativa está inteiramente ausente, sendo os casais, os pares e os ciclos construídos todos três segundo o tipo oscilatório, ao passo que no sistema Aranda a estrutura oscilatória aparece duas vezes (nos dois ciclos) e a estrutura rotativa igualmente duas vezes (nos casais e nos pares). Do ponto de vista da análise formal, o sistema de troca generalizada com quatro classes acha-se, portanto, em uma posição intermédia entre os dois sistemas de troca restrita de quatro e de oito classes. Verifiquemos se o mesmo igualmente acontece no que diz respeito à regulamentação do casamento.

Basta construir um modelo para perceber a fórmula matrimonial autorizada por um sistema de troca generalizada com quatro classes (Figura 27).

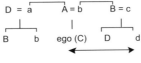

**Figura 27**

A regra do casamento admitindo que um homem C espose uma mulher D, vê-se que Ego pode casar-se com a filha do irmão da mãe, que se encontra sempre na classe imediatamente seguinte à sua, mas não com a filha da irmã do pai, que se encontra sempre na classe imediatamente anterior. Esta estrutura característica inverte-se quando se passa da irmã ao irmão, de tal modo que Ego não pode casar-se com sua prima cruzada patrilateral, mas o irmão da prima cruzada patrilateral (que também é B) pode casar-se com a irmã de Ego (que é C). Com efeito, a irmã de Ego é a prima cruzada matrilateral de seu primo patrilateral. Em um sistema deste tipo, as relações matrimoniais apresentam-se, portanto, sempre como uma cadeia teoricamente indefinida: meu primo cruzado patrilateral esposa minha irmã, eu esposo minha prima cruzada matrilateral, o irmão desta casa-se com sua prima cruzada matrilateral, e assim por diante. Na verdade, bastam quatro famílias para fechar o ciclo, porque há quatro classes, ou um múltiplo qualquer de quatro (Figura 28).

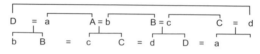

**Figura 28**

Vê-se, por conseguinte, que um sistema de troca generalizada com quatro classes constitui o modelo teórico do casamento preferencial com a filha do irmão da mãe. Exprime, da maneira mais simples, a lei da dicotomia dos primos cruzados[11]. Atingimos, assim, a fórmula teórica do casamento Murngin, e ao mesmo tempo encontramos um termo, que falta na série clássica, o qual é possível ser inserido entre o sistema das metades e o sistema das oito subsecções, no lugar falsamente ocupado pelo sistema de quatro secções do tipo Kariera, para explicar a passagem da proibição dos primos paralelos à proibição de todos os primos de primeiro grau. Este termo intermédio é o sistema de quatro secções, mas com troca generalizada, cuja função consiste em eliminar uma metade dos primos cruzados.

---

11. Na hipótese da existência anterior de uma divisão em metades patrilineares, claro está. Do contrário, bastam três classes. [O simbolismo adotado nas figs. 26, 27 e 28 conduziu J.P.B. de Josselin de Jong a me atribuir a ideia – que, com razão, considera estranha – segundo a qual o sistema Murngin derivaria de quatro classes, com designação do filho para a classe da mulher do irmão da mãe (LÉVI-STRAUSS.Theory of Kinship... *Mededelingen van het Rijksmuseum voor Volkenkunde*, n. 10. Leiden, 1952, p. 37 e 39-40). Na realidade, não suponho nada disso, porque: 1°) não se trata ainda aqui do sistema Murngin, mas de um modelo hipotético da troca generalizada; 2°) foi somente por convenção, e para simplificar a leitura, que estabeleci – conforme acha-se explicado na p. 207 – a regra segundo a qual as crianças pertencem à classe consecutiva à da mãe. Por conseguinte, a Figura 30 não representa um *estado do sistema* (como parece crer Josselin de Jong), mas uma regra de *conversão* de um estado em outro; é um simples procedimento operatório e não a imagem de uma sociedade. Josselin de Jong, é verdade, contesta esta liberdade que tomei de escolher uma regra de conversão em virtude unicamente de sua simplicidade, porque se oporia à noção – a que aliás recorro – de descendência unilinear (o.c., p. 40). Mas, conforme indiquei várias vezes, e como meu eminente crítico reconhece, defini a descendência unilinear de maneira puramente formal, a saber, qualquer que seja o elemento da condição pessoal considerado, a descendência unilinear, relativamente a este elemento, implica somente uma relação invariante quanto ao mesmo elemento da condição dos dois pais, ou de um deles.]

Será possível, então, atribuir ao sistema de troca generalizada um outro valor, diferente de uma fórmula teórica? Sem dúvida, os Murngin não parecem ter consciência da existência desse sistema. Mas acreditamos que é possível primeiramente mostrar que certas singularidades do sistema Murngin de parentesco são ininteligíveis se não postularmos a ação, subjacente ao sistema explícito, de um sistema implícito correspondente à definição da troca generalizada. Em segundo lugar, é possível explicar por que motivo o sistema de troca generalizada permaneceu subjacente, e a que causas se deve o fato do sistema explícito ser formulado em termos muito diferentes.

O sistema Murngin de parentesco exige o concurso de sete linhagens patrilineares unidas entre si pelo casamento do filho da irmã do pai com a filha do irmão da mãe. Apela igualmente para cinco gerações, duas ascendentes, acima daquela a que pertence Ego, e duas descendentes, abaixo. A segunda geração ascendente é chamada a "cabeça" do sistema de parentesco, a segunda geração descendente é o "pé" e as linhagens são os "caminhos". Vê-se que a extensão do sistema nos dois sentidos é enorme. Warner, que se espanta com esta extensão, confessa que lhe parece "inexplicável, e quase fantástica"[12]. Com efeito, o casamento com o primo cruzado unilateral só apela teoricamente para três linhagens, a do Ego, a da mãe do Ego e a do marido da irmã.

Depois destas três linhagens indispensáveis dever-se-ia encontrar um sistema simétrico, como é o caso do sistema Kariera[13]. Contudo, o sistema se prolonga à direita, além da linhagem materna, por duas linhagens suplementares (linhagem *mari-mokul-marelker* e linhagem *momelker-natchiwalker-arndi-gawel*), e à esquerda por duas linhagens suplementares igualmente além da linhagem do cunhado (linhagem *kutara-gurrong* e linhagem *dumungur-waku*). Convém notar imediatamente, aliás, que nas duas direções a última linhagem é uma espécie de reflexo, de eco, da antepenúltima. Warner mostrou muito claramente que *dumungur* é um diminutivo de *due* (enquanto *waku* repete *waku*), que *momelker* é um diminutivo de *momo*, *natchiwalker* de *nati* (enquanto *arndi* repete *arndi*, e *gawel*, *gawel*).

Este problema da enorme extensão do sistema de parentesco Murngin, Warner procura resolvê-lo mediante considerações psicológicas. Segundo ele, as duas linhagens suplementares são acrescentadas nas duas extremidades para resolver tensões que, sem isso, se produziriam no grupo. Sendo dado o casamento com a prima cruzada matrilateral, o filho da irmã (*waku*) depende com efeito do irmão da mãe (*gawel*) para obter esposa. Acha-se com relação a ele na posição de solicitador, que é uma posição psicológica fraca. Ao contrário, a posição do irmão da mãe, pai da prima cruzada, é uma posição forte. Se o sistema de parentesco fosse limitado às três linhagens centrais, teoricamente as únicas essenciais, o grupo social estaria em estado de desequilíbrio psicológico. A estrutura terminaria numa extremidade na pessoa de um *gawel*, isto é, de um indivíduo colocado na posição forte, e na outra extremidade na pes-

---

12. WARNER, W.L. Op. cit., p. 181.
13. Ibid., p. 182.

soa de um *waku*, isto é, de um indivíduo que se acha na posição fraca. Esta situação é corrigida pelo acréscimo de uma linhagem suplementar nas duas extremidades do sistema. O *kutara* (filho da filha da irmã) está para o *waku* (filho da irmã) assim como o *waku* está para o Ego, e, simetricamente, o Ego não está, com relação a seu *gawel* (irmão da mãe), em uma situação mais fraca que este com relação ao *mari* do Ego (irmão da mãe da mãe). Assim, pois, "por intermédio da relação *mari-kutara* estabelece-se um vínculo entre *gawel* e *waku*, de tal maneira que se institui uma sólida relação entre o *mari* da segunda geração ascendente e a segunda linhagem colateral à direita do sujeito, e o *kutara* na segunda geração descendente e a segunda linhagem colateral à sua esquerda". Com efeito, o *mari* que desempenha com relação ao Ego o papel de amigo fiel é o *gawel* do *gawel* do Ego: "a relação recíproca *mari-kutara* estabelece um equilíbrio no interior da estrutura de parentesco, compensando a desigualdade inerente à relação recíproca *gawel-waku*"[14]. Warner pretende explicar mediante um argumento do mesmo tipo as duas linhagens seguintes, acrescentadas uma à direita da linhagem do *mari*, a outra à esquerda da linhagem do *kutara*: "*momelker* e *natchiwalker* são importantes, porque o primeiro é a mãe da sogra do sujeito, e o último porque é o irmão desta última. *Dumungur*, que é o recíproco desses termos, conserva uma grande importância afetiva, porque, do ponto de vista de *momelker* e de *natchiwalker*, é a pessoa que julgam submetida à proibição dos sogros"[15].

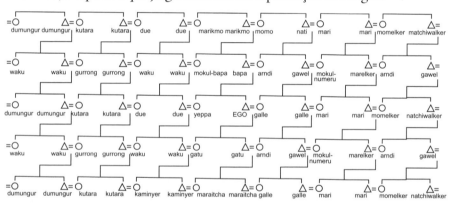

**Figura 29**

Esta interpretação parece-nos entrar pelo caminho de um finalismo sociológico arbitrário e perigoso, porque conduz, em última análise, a explicar os fundamentos inconscientes da vida social por superestruturas conscientes ou semiconscientes, e os fenômenos primários por outros, secundários e derivados. Todos os especialistas da Austrália acentuaram a importância do sistema de parentesco, mostrando que as rela-

---

14. WARNER, W.L. Op. cit., p. 179.
15. Ibid., p. 182.

ções de parentesco permitem definir a posição social respectiva dos indivíduos no interior do grupo e os direitos e deveres de uns com relação aos outros. Esta observação geral perderia todo sentido se fosse preciso admitir, como propõe Warner, que são exigências psicológicas que determinam a existência ou a não existência de certos graus de parentesco. Porque então ficaríamos encerrados num círculo, o sistema de parentesco provocando as atitudes e as atitudes modificando o sistema de parentesco. Mesmo se as relações de *kutara* e de *mari*, de *momelker* e de *dumungur* não existissem na terminologia, haveria sempre alguém que ocuparia o lugar do qual estes termos são a simples denominação. A função de equilíbrio, desempenhada pelo *kutara* e pelo *mari*, nem por isso deixaria de estar assegurada, num sistema cuja estrutura e terminologia seriam simplesmente diferentes. Inversamente, se acrescentarmos indefinidamente colunas suplementares, uma função determinada apareceria no sistema para cada nova relação de parentesco assim criada[16]. Para justificar o acréscimo das classes suplementares Warner raciocina, conforme vimos, como se o sistema Murngin pudesse funcionar somente com três linhagens, mas como, neste caso, é evidente que o sistema terminaria de maneira abrupta dos dois lados, Warner inclui uma hipótese que não é nem necessária nem suficiente. Não é necessária porque teoricamente, e levando-se em conta a existência das metades, não são três linhagens que se tornam exigidas para assegurar o funcionamento do sistema, mas quatro. Por outro lado, a hipótese psicológica não é suficiente, porque, invocada para evitar que o sistema termine em uma situação instável, não garante nada disso. Com quem se casa *natchiwalker* e quem casa com *dumungur*? As indicações dadas por Warner sobre este ponto são obscuras. "Este tipo de casamento assimétrico com um dos primos cruzados é a causa de um parente masculino da terceira coluna patrilinear à direita do Ego não ter cônjuge (no sistema de parentesco), a menos que se proceda ao acréscimo sem fim de linhagens para tentar realizar uma estrutura simétrica. Mas, à medida que se acrescentar uma nova linhagem, outra seguinte será necessária, a menos que seja criado um procedimento especial para permitir que a nova linhagem entre no interior do sistema de parentesco. É isto que os indígenas fizeram. *Natchiwalker* esposa *mari* (não uma *mari* que seja a mãe da mãe); *gawel* esposa uma *mokul* afastada, e, à esquerda do Ego, *dumungur* casa-se com uma outra *kutara* e *waku* com um outro *gurrong*"[17].

[Esta passagem pode interpretar-se de diversas maneiras. Ou estamos em face de uma simples extensão da nomenclatura, e os termos em questão não têm outra função senão diferenciar "aliados", de um lado, e "aliados de aliados" de outro lado, isto é, li-

---

16. [Leach (*Rethinking Anthropology*. Londres, 1961, p. 77) protestou desde 1951 contra minha crítica de Warner, afirmando que a interpretação psicossociológica deste autor era perfeitamente estrutural, e que a tornava sua. Contudo, para perceber o caráter artificial desse gênero de argumento basta constatar que Warner hesita, para construir um modelo em equilíbrio, entre 5 e 7 linhas, ao passo que Leach – que pretende adotar a interpretação de Warner – utiliza apenas 4 (que aliás não são as mesmas escolhidas por Warner). O que confirma minha tese que essas reconstruções "funcionalistas" têm caráter tautológico. É possível propor uma quantidade bastante grande para que uma qualquer seja boa.]

17. Ibid., p. 211.

nhagens segundo pertençam a uma ou a outra metade, ou então referem-se a reais en-cerramentos do ciclo das trocas matrimoniais. Neste último caso seria preciso, para po-der interpretar exatamente as indicações de Warner, confirmadas por Elkin (1953) e Berndt (1955), possuir informações demográficas – que nos faltam – sobre a estrutura empírica dos ciclos de troca entre os Murngin. Porque o modelo teoricamente circular, suposto pela regra do casamento com a prima matrilateral, na prática pode ser ou de-composto em vários ciclos ou indefinidamente prolongado. Voltaremos a este assunto mais adiante. Enquanto não possuirmos informações mais exatas sobre as modalidades empíricas dos ciclos matrimoniais, estaremos reduzidos a hipóteses sobre a estrutura em-pírica do sistema, e é com esta ressalva que são apresentadas as observações seguintes.]

Vimos que o sistema de parentesco Murngin apela para sete linhagens, enquanto que o sistema Aranda contenta-se com quatro (a do pai do pai, que é a linhagem do Ego; a do pai da mãe; a do irmão da mãe do pai; e a do irmão da mãe da mãe), e o sis-tema Kariera contenta-se somente com duas (a do pai do pai, que é a linhagem do Ego, e a do pai da mãe). Esta proporção conserva-se no número de termos de paren-tesco utilizados em cada sistema. Enquanto o sistema Kariera apela para vinte e um termos de parentesco diferentes, o sistema Aranda emprega quarenta e um e o siste-ma Murngin setenta e um. Como acontece que o sistema Murngin, que realiza uma dicotomia intermediária entre a do sistema Kariera e a do sistema Aranda, exige um número de termos de parentesco quase duplo do número do sistema mais complexo?

Encontramo-nos aqui em presença de uma dificuldade exatamente análoga à que encontramos ao comparar os diferentes sistemas de classes. Verificamos nesse mo-mento que o sistema Aranda parecia resultar do desdobramento do sistema Kariera, e que, entretanto, um estádio necessário da dicotomia progressiva dos cônjuges era saltado quando se passava de um a outro. Agora, verificamos que existe também uma relação entre o grau de dicotomia realizado e o número de termos de parentesco utili-zados. O sistema Aranda, que divide em dois a divisão dos cônjuges operada pelo sis-tema Kariera, tem também duas vezes mais termos que este último. Logicamente, portanto, o sistema Murngin, cuja dicotomia é intermediária entre os dois, deveria também possuir um número de termos de parentesco intermediário. Ora, possui se-tenta e um, ou seja, um número consideravelmente superior ao que a análise teórica permitiria prever. Esta dificuldade é insolúvel enquanto procurarmos fazer do siste-ma Murngin uma modalidade do sistema Aranda, a menos que invoquemos argu-mentos psicológicos do tipo dos propostos por Warner, que repousam sobre consi-derações estranhas à estrutura do sistema. Ao contrário, o problema fica esclarecido desde que se distingue, por trás do sistema explícito (duplo sistema de troca restrita com oito classes), o que chamamos acima sistema implícito (sistema de troca genera-lizada com quatro classes), que constitui para nós a lei do sistema Murngin. Com efei-to, façamos a reprodução da estrutura do sistema de parentesco, substituindo os ter-mos de parentesco pelas classes nas quais se incluiria cada parente em um sistema de troca generalizada (Figura 30).

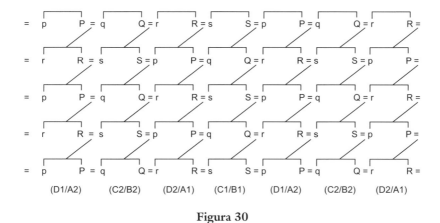

**Figura 30**

Para facilitar a comparação com a Figura 23, que mostra a distribuição das classes pelo uso alternado do sistema normal e do sistema optativo das oito subsecções, a Figura 30 reproduz, na base de cada linhagem, o par patrilinear que a caracteriza na figura precedente. Vê-se que há completa coincidência entre as duas fórmulas, como resulta da seguinte lista das equivalências entre os pares patrilineares em uma e em outra:

| *Troca generalizada* (Quatro classes) | | *Troca restrita* (Uso alternado de dois sistemas de oito classes) |
|---|---|---|
| PR | corresponde a | D1-A2 |
| QS | corresponde a | C2-B2 |
| RP | corresponde a | D2-A1 |
| SQ | corresponde a | C1-B1 |

Este sistema de equivalências permite realizar decisivo progresso na demonstração. Não somente demonstra que o sistema de troca generalizada coincide em todos os pontos com o sistema de troca restrita, do qual fornece uma expressão ao mesmo tempo mais simples e melhor inteligível. Fornece também a explicação da razão pela qual, e dos meios pelos quais, faz-se a passagem de um a outro.

**Figura 31**

Com efeito, dois pares idênticos, mas inversos, no sistema de troca generalizada, correspondem sempre a dois pares diferentes no sistema de troca restrita. Temos assim PR = D1-A2, e RP = D2-A1; e, de outro lado, QS = C2-B2, mas SQ = C1-B1.

Este fato pode exprimir-se da seguinte maneira: a inversão dos termos de um par de secções em um sistema generalizado corresponde à alternância das subsecções de um mesmo par, sem inversão das secções, em um sistema restrito. Se desprezássemos, com efeito, as subsecções, teríamos PR ou RP = DA, e QS ou SQ = CB.

Se, em vez de estabelecer a equivalência entre os pares, procurarmos estabelecê-la entre os termos que compõem os pares, verificaremos que a cada termo do sistema generalizado correspondem sempre dois termos do sistema restrito:

| P | corresponde a | D1, A1 |
| Q | corresponde a | C2, B1 |
| R | corresponde a | A2, D2 |
| S | corresponde a | B2, C1 |

porque a mudança de posição de um termo em um sistema corresponde à mudança de termo, sem mudança de posição, no outro. Isto significa que as subsecções do sistema restrito são simplesmente resultado do desdobramento das secções primitivas do sistema generalizado. Por que este desdobramento?

Quando realizamos a análise formal do sistema de troca generalizada com quatro classes, observamos que tudo se passa, nesse sistema, como se o grupo fosse dividido em duas metades patrilineares sem dicotomia matrilinear.

Suponhamos agora que este grupo toma a decisão de acrescentar uma divisão em metades matrilineares (explícitas ou implícitas) à divisão existente (explícita ou implícita) em metades patrilineares. Esta transformação exprimir-se-á primeiramente, de modo necessário, pelo desdobramento de cada secção em duas subsecções relacionadas com uma ou outra das metades matrilineares, que chamaremos $x$ e $y$. Em lugar das quatro secções P, Q, R, S, teremos, portanto, oito subsecções Px, Py, Qx, Qy, Rx, Ry, Sx, Sy.

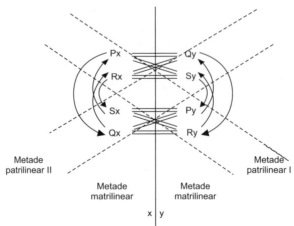

**Figura 32**

Admitamos, agora, que a correspondência referida na página precedente, entre *uma* secção do sistema generalizado e *duas* subsecções do sistema restrito, se explique pelo desdobramento das secções por influência da nova dicotomia matrilinear. Teremos o seguinte sistema de equivalências:

Metade patrilinear I:

$$Px = A1 \qquad Py = D1 \quad Rx = A2 \qquad Ry = D2$$

*Metade patrilinear* II:

$$Qx = C2 \qquad Qy = B1 \quad Sx = C1 \qquad Sy = B2$$

E a fórmula do casamento e da filiação, no sistema de troca generalizada, será estabelecida conforme mostra a Figura 31, cujas convenções são as mesmas que as das Figuras 24 e 25. Isto pode também exprimir-se em um esquema do tipo dos que utilizamos para o sistema Murngin, colocando cada subsecção x ou y do sistema de troca generalizada no lugar da subsecção correspondente do sistema de troca restrita (Figura 32).

Aplicando a dupla lei da exogamia da metade patrilinear e da exogamia da metade matrilinear, temos por conseguinte:

| | | |
|---|---|---|
| Um homem Px | casa-se com uma mulher Qy | os filhos são Ry |
| Um homem Rx | casa-se com uma mulher Sy | os filhos são Py |
| Um homem Sx | casa-se com uma mulher Py | os filhos são Qy |
| Um homem Qx | casa-se com uma mulher Ry | os filhos são Sy |

e:

| | | |
|---|---|---|
| Um homem Py | casa-se com uma mulher Qx | os filhos são Rx |
| Um homem Qy | casa-se com uma mulher Rx | os filhos são Sx |
| Um homem Ry | casa-se com uma mulher Sx | os filhos são Px |
| Um homem Sy | casa-se com uma mulher Px | os filhos são Qx |

fórmula que estabelece a identidade definitiva do sistema de troca generalizada, desdobrando pela introdução da dicotomia matrilinear, com o sistema Murngin, com oito subsecções, tal como foi descrito anteriormente. Esta identidade está de agora em diante perfeitamente clara e ao mesmo tempo encontramos a razão da justaposição dos dois sistemas, que chamamos respectivamente normal e optativo, e a verificação da lei – que tínhamos proposto como hipótese de trabalho –, segundo a qual o casamento preferencial com a filha do irmão da mãe implica o uso alternado dos dois sistemas. O princípio de troca generalizada deixa, com efeito, sua herança ao novo sistema. Esta herança reside no fato do novo sistema continuar a ser um sistema orientado, no qual as direções são irreversíveis. Os casais não se constituem da mesma maneira conforme a perspectiva em que são considerados: lendo de x para y, os casais estão de acordo com o sistema normal; lendo de y para x, os casais estão de acordo com o sistema optativo. Isto é, como tínhamos postulado, um casamento em cada dois está de acordo com um dos sistemas e um casamento em cada dois com o outro. Em lugar da verdadeira simetria dos sistemas Kariera e Aranda, encontramos uma pseudossimetria que se reduz, na realidade, a duas estruturas assimétricas superpostas.

É nesta estrutura, não simples, mas desdobrada, que é preciso procurar a razão da dificuldade assinalada no começo deste capítulo. Observamos a enorme extensão do sistema de parentesco Murngin coincidindo com um número de termos de parentesco quase igual ao dobro do que se encontra nos sistemas mais complexos do tipo Aranda. Estas particularidades explicam-se se admitirmos ver no sistema Murngin uma estrutura primitivamente assimétrica, e ulteriormente reproduzida, se assim é possível dizer, em dois exemplares grudados, para satisfazer as exigências de uma lei de simetria. Este ponto talvez apareça mais claramente se utilizarmos a seguinte imagem, que, está claro, tem apenas o valor de metáfora. Podemos considerar um sistema de troca generalizada com quatro classes como uma estrutura em um espaço geométrico de três dimensões, porque o ciclo se realiza de P a Q, de Q a R, de R a S, e finalmente volta a P pela direção oposta àquela de que se partiu. Exatamente, em suma, como se pode ir de Paris a Moscou, de Moscou a Xangai, de Xangai a Nova York, e finalmente de Nova York voltar a Paris. Retorna-se pelo oeste ao ponto de que se tinha partido pelo leste. Ao contrário, um sistema de troca restrita pode ser figurado em um espaço geométrico somente de duas dimensões. Qualquer que seja o número das classes, nunca há mais de dois pontos ligados diretamente entre si por um itinerário fixo, que se pode percorrer nos dois sentidos.

Quando o acréscimo das metades matrilineares transforma o sistema primitivo de tipo generalizado, para lhe dar ao menos a aparência de um sistema de troca restrita, surge um problema de figuração bem conhecido pelos geógrafos, a saber, como representar no plano o aspecto exterior de um corpo com três dimensões? Os cartógrafos dispõem para isso de diversos métodos de projeção, nenhum dos quais, aliás, oferece uma solução perfeitamente satisfatória. Assim, em lugar de mostrar somente uma metade da superfície terrestre, juntam-se dois hemisférios que se fundem no ponto de junção, um deles representando o mundo oriental e o outro o mundo ocidental. A parte situada mais a oeste de um hemisfério e a parte mais a leste do outro, que na realidade coincidem, são representadas com o máximo afastamento.

Para remediar esta dificuldade, faz-se às vezes intervir um artifício suplementar. A fim de que a continuidade entre as regiões representadas na extremidade direita do mapa e as representadas na extremidade esquerda fique perfeitamente clara, repete-se à direita uma parte dos territórios representados à esquerda, e inversamente. Os países que ocupam o meio do mapa são portanto figurados uma única vez, mas os que ficam nos lados aparecem duas vezes, a saber, uma vez "de verdade", e uma outra vez "para lembrar". Acreditamos que um artifício análogo explica o excepcional desenvolvimento do sistema de parentesco Murngin. Não queremos dizer que os indígenas tenham efetuado este desdobramento de modo consciente e voluntário, pois a complicação resultante é demasiado grande e demasiado inútil para que nos detenhamos nesta hipótese. O desdobramento explica-se mais pela dificuldade lógica em que os indivíduos se encontraram, depois da introdução das metades matrilineares, de conceber o sistema simultaneamente sob a forma de troca restrita e sob a forma de troca generalizada. Tudo se passou como se o espírito indígena tivesse procurado em vão figurar simultaneamente uma mesma estrutura no espaço a três dimensões e no plano, e imaginá-la na dupla perspectiva da continuidade e da alternância. Que se produziu então?

Representemos as secções do sistema de troca generalizada no equador de uma esfera (Figura 33).

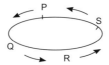

**Figura 33**

Partindo de R é evidentemente possível voltar a S por duas direções. Mas estas duas direções não são equivalentes para o sujeito. Porque seguindo o itinerário S – P – Q – R, caminha, se é possível dizer, no sentido da rotação do sistema. Está constantemente voltado para a direção que deve ter adotado na procura de uma esposa. Ao contrário, seguindo o itinerário Q – P – S – R, o indivíduo caminha em sentido contrário. É obrigado a voltar-se e virar-se para a direção na qual não ele, mas sua irmã, se dirigiu para encontrar um cônjuge. Ao procurar representar no plano esta estrutura orientada no espaço, o pensamento indígena, portanto, naturalmente desdobrou, à direita e à esquerda do sujeito, estes dois itinerários, que se revestem de significações tão diferentes. Partindo da secção do sujeito, R, ele percorreu para a direita a curva S – P – Q, obtida seguindo o sentido prescrito pelo sistema, e à esquerda a curva Q – P – S, que corresponde ao sentido proibido. O ciclo patrilinear do sujeito (C1-B1 para o Ego da secção R) é, pois, representado uma única vez, ao passo que os três outros ciclos são representados cada um duas vezes, uma vez para a direita e outra vez para a esquerda. Temos assim à direita as linhagens sucessivas D1-A2, C2-B2 e D2-A1, e para a esquerda as linhagens idênticas que se sucedem em ordem inversa e de certo modo para trás: D2-A1, C2-B2, D1-A2. A estrutura no espaço foi projetada no plano, de tal maneira que ao ponto da estrutura no espaço ocupado pela secção do sujeito corresponde um ponto, e um só, da projeção plana, ao passo que a cada um dos três pontos da estrutura no espaço ocupado pelas três outras secções correspondem, a cada vez, dois pontos, simétricos e opostos.

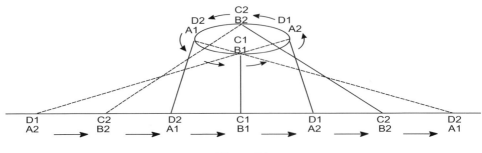

**Figura 34**

Os três grupos centrais D2-A1, C1-BI, D1-A2 não são afetados pela transformação e constituem a base comum e imutável do sistema generalizado e de sua transposição em forma restrita. O grupo C2-B2, que, no sistema generalizado, tinha por função fechar o ciclo fornecendo esposas a D1-A2 e esposos a D2-A1, foi desdobrado em dois grupos C2-B2, situados à direita e à esquerda do conjunto fixo constituído pelos três grupos centrais. Finalmente, para além de C2-B2, cada um dos grupos estáveis D2-A1 e A1-B2 refletem-se, um na extrema-direita e outro na extrema-esquerda do sistema. Do ponto de vista de sua função no sistema, os três grupos centrais são, portanto, grupos "verdadeiros", e o mesmo se dá com um dos dois grupos C2-B2, podendo um ou outro desempenhar indiferentemente este papel, conforme a perspectiva em que preferimos nos colocar. Mas os dois grupos extremos, que reproduzem em posição simétrica, mas inversa, os dois grupos terminais da tríade central, só podem ser ecos ou reflexos. Por isso, todos os termos de parentesco a eles atribuídos são a repetição literal, ou em forma de diminutivo, dos termos de parentesco próprios da linhagem homóloga. Ego, olhando para a esquerda, percebe uma fileira D2-A1 (verdadeira), e D1-A2 (reflexo), mas não vê D1-A2 (verdadeira), que está à direita. Do mesmo modo, olhando para a direita, vê D1-A2 (verdadeira), e através dela, D2-A1 (reflexo), mas não vê D2-A1 (verdadeira), que está à esquerda. Assim, a terminologia de D1-A2 (reflexo) repete a de D2-A1 (verdadeira), que é semelhante quanto às secções, embora não quanto às subsecções. A terminologia de D2-A1 (reflexo) repete a de D1-A2 (verdadeira), que mantém com ela a mesma relação.

Já dissemos que a teoria do sistema Murngin não poderá ser completada antes de estarmos de posse de indicações exatas sobre a maneira como se fecham os ciclos dos casamentos. Mas vemos já que o sistema de parentesco Murngin tem todas as aparências de um sistema de quatro pares patrilineares no qual, para resolver um problema de figuração, três dos pares tiveram de ser reproduzidos, cada um com dois exemplares. Só o par de Ego permanece indiviso, e a razão disso é clara, é porque Ego não pode perceber-se a si mesmo e perceber sua própria linhagem ao mesmo tempo como sujeito e como objeto.

[Foi fundando-se na frase "a maneira como se fecham os ciclos do casamento" que Leach me acusou – e depois dele Berndt e Goody – 1º) de confundir, como Lawrence e Murdock, as "local lines" e as "descent lines"; 2º) de postular erroneamente a circularidade do sistema Murngin.]

No que se refere ao primeiro ponto, basta considerar a Figura 34 e seu comentário, para ver que longe de ter ignorado a diferença entre "local lines" e "descent lines", fui o primeiro a formulá-la, embora em termos diferentes, e a reduzir a $3 + 1 = 4$ o número dos grupos "verdadeiros" (em minha terminologia), resultado que Leach apenas reproduziu, imputando-me uma concepção diferente.

No entanto, Leach não percebeu que, para ser exata, a formulação particular que adota deveria ser invertida. O número das "local lines" é determinado, mas certamente elevado. São as "descent lines", não as "local lines", que são em número de quatro, ou seja, 3 que cada indivíduo aplica sem equívoco a "local lines" concretas e 1 que tem a escolha de aplicar a uma quarta, que pode estar ou à sua esquerda afastada ou à sua direita afastada. Todas as outras "descent lines" são reduplicações terminológicas das precedentes, que Ego projeta, por assim dizer, sobre "local lines" ainda mais indiretamente aliadas à sua, a fim de poder denominá-las.

Seria portanto falso dizer que o sistema Murngin admite 7 "descent lines" e 4 "local lines". Na realidade, a sociedade Murngin, observada em qualquer momento, compreende um número finito (mas elevado) de "local lines", que nos é desconhecido. Para definir suas relações de parentesco cada Ego dispõe de 4 "descent lines", das quais 3 fixas e 1 móvel, que lhe servem para se situar com relação a 4 "local lines", a saber, a sua, a de seus doadores de mulheres e a de seus recebedores de mulheres, e mais uma, que pode ser, à sua vontade, ou a dos doadores de seus doadores ou a dos recebedores de seus recebedores. Como parece que os ciclos de troca põem em ação mais de 4 grupos locais, Ego foi levado a forjar termos suplementares (mas derivados dos precedentes) para designar eventuais "local lines", destinadas ora a seus doadores de mulheres ou aos doadores de seus doadores, ora aos seus recebedores ou aos recebedores de seus recebedores. Finalmente, pode sempre, caso os ciclos sejam ainda mais extensos, repetir *ad libitum* o mesmo processo ou – quando são em menor número – abandonar algumas denominações longínquas em proveito de outras mais próximas, com a única condição, entretanto, de que o ciclo seja efetivamente fechado, isto é, que contenha um número par ≥ 4 "local lines" (por motivo da existência das metades patrilineares).

Elkin e Radcliffe-Brown raciocinaram sobre ≥ 10 (ou nunca fechados), ao passo que Lawrence e Murdock elaboraram uma solução terminológica particular para um ciclo = 8, mas, paradoxalmente, interpretando mal uma observação de Webb que se refere (conforme Elkin suspeitou) a um ciclo = 6. Todas estas combinações podem se realizar à custa de uma flutuação estatística da relação entre casamentos normais e casamentos optativos, que não colocará em perigo o equilíbrio do sistema, desde que em algum lugar se realize uma flutuação estatística igual e de sentido contrário.

Dito isto, a distinção entre "local lines" e "descent lines" é ainda demasiado simplista. Com efeito, é preciso distinguir três coisas: as "descent lines" obrigatórias, que são em número de 3 + (1); as "descent lines" *facultativas*, que são em número de 4 – (1), e as "local lines", cujo número, sempre variável segundo o lugar e o momento, ignoramos, mas que não poderia ser inferior a quatro, e que (por motivo da extensão do sistema terminológico) deve ser em regra geral muito mais elevado.

A segunda censura que me foi feita – a de postular erradamente a circularidade do sistema – procede de um mal-entendido entre modelo e realidade empírica. O modelo de um sistema generalizado implica necessariamente uma certa circularidade, embora esta possa ser simples ou complexa e assumir formas variadas. Mas a realidade empírica é muito mais vaga. Entre todos os ciclos de aliança empiricamente observados, encontraremos uma certa proporção de casos circulares, seja a curto prazo (em rigor 3, ao menos 4 entre os Murngin por causa da divisão em metades), seja a longo prazo, e outros que nunca "se fecham" porque se "perdem". Tudo o que então se exigirá para que o modelo permaneça válido é que em *conjunto* o número dos que se "perdem" em um sentido seja aproximadamente igual ao número dos que se "perdem" no outro sentido, de modo que, também negativamente, as perdas se equilibram. Conforme Leach reconheceu, expliquei amplamente, a propósito dos Katchin, a concepção maleável que se deve fazer da circularidade empírica. Devemos fazer sempre a distinção entre esta e a circularidade teoricamente rigorosa do modelo, quer seja o dos indígenas ou o dos etnólogos. Quando estabeleço, aliás, acompanhando Warner, a questão da circularidade do sistema Murngin, não se trata, em meu pensamento, de uma circularidade empírica, mas do modelo objetivo de circularidade por meio do qual os indígenas conceitualizam seu sistema. A anomalia que, como Murdock e Lawrence, descubro deste ponto de vista no sistema Murngin, é que o modelo de circularidade aparece claramente no sistema das classes, mas não no sistema terminológico. Demonstro que essa anomalia desaparece se introduzirmos a hipótese da alternância de ordem estatística entre casamento normal e casamento optativo.

Por conseguinte, não somente adiantei-me aos meus críticos estabelecendo a distinção entre as "descent lines" e as "local lines", e mostrando que uma das duas categorias não devia exceder 4 termos. Antecipei igualmente a solução da controvérsia ulterior entre Leach e Berndt sobre o número exato (para um 4, para o outro 3), mostrando que 4 linhas podem analisar-se em 3 fixas e 1 móvel, sendo que somente 3 têm existência objetiva, e a escolha da quarta é função da particular perspectiva em que se situa Ego.

Pretender que um sistema de casamento matrilinear não é necessariamente circular, ao menos em teoria, conduziria a afirmar que um ciclista cujo guidom estivesse sempre virado no mesmo sentido não executaria um movimento giratório. Sem dúvida, é possível que não retorne exatamente ao ponto de partida. Mas é possível considerar estatisticamente provável que, se vários ciclistas efetuam no mesmo sentido um número suficientemente elevado de percursos, passarão inevitavelmente pelo ponto de partida de um deles, e isto um grande número de vezes. Para que um sistema matrilateral seja totalmente destituído de circularidade seria preciso que o número das "local lines" fosse infinito. Quanto menos numerosas forem maiores serão as probabilidades de se manifestar uma circularidade aproximada. Com efeito, a circularidade dos sistemas assimétricos não depende de uma disposição pré-ordenada dos "local groups", mas do fato de, qualquer que seja o modo como estabeleçam relações entre si, o espaço genealógico no qual se movem ser "curvo".

Por conseguinte, é possível estar de acordo sobre a distinção entre as "local lines" e as "descent lines". Não deixa entretanto de ser verdade que a interpretação definitiva do sistema Murngin choca-se com nossa ignorância primeiramente do número das "local lines" em um momento qualquer, e em segundo lugar do comprimento das redes de aliança que as unem. São curtas? São longas? Fecham-se ou não? Se todas estas eventualidades se realizam, isso se dá com que frequência e em que proporção?

Somente possuindo a resposta a estas questões é que se poderia entrever a solução de um problema que Murdock e Lawrence de um lado, Berndt e Leach do outro, julgaram com demasiada pressa poder resolver, mas em sentidos opostos, uns afirmando a equivalência das "descent lines" e das "local lines", os outros rejeitando-a totalmente.

A verdade parece ser que, embora teoricamente distintas, umas no plano conceitual, outras no plano demográfico, devem, na prática, poder ser até certo ponto *ajustadas*. Conforme acentuava na primeira edição deste livro, não sabemos exatamente como os Murngin procedem para chegar a este fim. A estrutura do sistema é tal que existem "local lines", e que estas podem organizar-se em ciclos de aliança. Deve-se, portanto, encontrar empiricamente ciclos de diversos comprimentos, mas que não podem nunca ser ímpares (por motivo da divisão em metades patrilineares). Quando estes ciclos $= 7 + 1, 7 + 3, 7 + 5$, etc. a nomenclatura que lhes é aplicável é a que foi observada por Warner e por Elkin. Está claro que a observação controvertida de Webb, mas contudo perfeitamente plausível, refere-se a um caso particular, aquele em que o ciclo das "local lines" $= 7 - 1$.

O paradoxo Murngin, afinal de contas, reduz-se a isto – de que em páginas anteriores propúnhamos já uma interpretação – que um sistema conceitual ("descent lines") de ordem ímpar é utilizado para descrever um sistema real ("local lines") de ordem par. O ajuste faz-se ou mediante reduplicação (Elkin, Radcliffe-Brown), ou por eliminação (Webb) de certas séries conceituais. Mas não há nenhuma razão teórica para dar exclusividade a um ou a outro procedimento. Porque seria um abuso igual afirmar, conforme fazem implicitamente os observadores, mas contradizendo-se uns aos outros, ou que as "local lines" nunca se "ciclam", ou que se "ciclam" sempre com a mesma periodicidade. Sem ter estado entre os Murngin, é possível afirmar que a verdade se encontra no meio do caminho entre estes dois postulados. Nenhum observador parece suspeitar que lhe era fácil verificá-los empiricamente por meio de genealogias se é possível dizer "laterais", isto é, destacando um certo número de exemplos de redes concretas de aliança entre "local groups". No prefácio da segunda edição de A *Black Civilization*, Lloyd Warner censura-me – manifestamente sem me ter lido, de tal maneira a fórmula desenvolvida que utiliza passa ao lado dos problemas sobre os quais tinha centralizado minha discussão – por não ter fundado a análise sobre o estudo das genealogias. Poderia responder: Estou de acordo, *mas de quem é a culpa?* Porque é evidente que seu admirável livro consiste principalmente em modelos abstratos da realidade empírica, mas que os dados concretos, genealógicos e demográficos, dele estão inteiramente ausentes, e deploravelmente nos fazem falta. Não duvido que Warner os tenha utilizado para elaborar seus modelos, mas, uma vez que não nos deixa em condições de tirar daí outras deduções senão as suas, não tem fundamento em nos censurar por não havê-los utilizado.

Nossa interpretação é diretamente confirmada pelas observações da Srta. McConnel entre as tribos da península do Cabo York, que praticam o casamento matrilateral com os Murngin, mas não reconhecem, segundo os grupos, senão cinco ou seis linhagens. Entretanto, a nomenclatura do sistema estende-se a sete linhagens, como no sistema Murngin. A autora indica de maneira formal que a sétima linhagem à esquerda é apenas o reflexo da primeira à direita[18]. Assim, o ciclo real é mais curto do que aparece a um exame superficial da terminologia. De fato, no quadro do sistema Wikmunkan a terceira linhagem à direita da do Ego, e a terceira à esquerda, repetem a linhagem do Ego, excetuadas certas diferenças terminológicas na geração do Ego e nas duas gerações imediatamente consecutivas, em ordem ascendente e descendente. Estas diferenças podem explicar-se pelo fato de, como se verá no capítulo seguinte, cada linhagem subdividir-se em dois ramos respectivamente mais velho e mais moço, e porque a terceira linhagem à esquerda é representada por um ramo mais velho, enquanto a terceira à direita é representada por um ramo mais moço. Poderia, portanto, acontecer que o sistema Wikmunkan fosse na verdade um sistema com três linhagens, assim como o sistema Murngin é um sistema com quatro linhagens.

Vê-se, assim, a razão da extensão anormal do sistema e do elevado número dos termos de parentesco. O alongamento – em si mesmo incompreensível – do sistema, que o faz englobar sete linhagens, explica-se quando o concebemos como um sistema com quatro linhagens, prolongado por sua própria imagem. Se considerarmos os termos do parentesco, compreenderemos que cada linhagem, estendendo-se por cinco gerações e devendo, em cada geração, dispor de um termo para o grupo masculino e de um termo para o grupo feminino, tenha necessidade de dez termos. Acrescentemos um termo suplementar na linhagem do Ego, tornado necessário pelo fato do Ego poder ser homem ou mulher, e teremos, para as quatro linhagens fundamentais, quarenta e um termos de parentesco, isto é, o mesmo número que em um sistema de tipo Aranda. Mas, como cada linhagem é reproduzida em dois exemplares, exceto a linhagem do Ego com onze termos, encontramos facilmente o número setenta e um, que não contém mais nenhum mistério.

---

**18.** McCONNEL, U. Social Organization of the Tribes of Cape York Península, North Queensland. *Oceania*, vol. 10, 1939-1940, p. 445.

# CAPÍTULO XIII
## Regimes harmônicos e regimes desarmônicos

Se nossa análise é exata, o problema dos sistemas periféricos, sem classe ou com um número de classes aberrante, tem de ser colocado de maneira inteiramente nova. Ora, a insuficiência de uma tipologia que pretendesse fundar-se exclusivamente sobre os sistemas Kariera e Aranda resulta da existência, no sul e no norte da Austrália, de sistemas que apelam não para duas, quatro ou oito linhagens, mas para um número ímpar, a saber, três, no sul da Austrália, e três, cinco, seis (considerado como múltiplo de três) e sete no norte. Ao mesmo tempo, estes sistemas praticam a dicotomia dos primos cruzados em matrilaterais e patrilaterais, coisa que nos pareceu impossível realizar nos sistemas precedentes.

Os Karadjeri de La Grange, no noroeste da Austrália, reconhecem somente três linhagens, a do pai do pai, a pai da mãe (identificado com o irmão da mãe do pai) e a do irmão da mãe da mãe. Como o casamento, proibido com a filha da irmã do pai, é permitido com a filha do irmão da mãe, a estrutura parece ser do tipo seguinte (Figura 35).

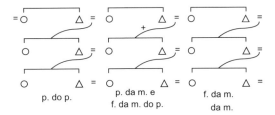

**Figura 35**

Elkin caracteriza o sistema dizendo que a troca das irmãs é proibida nele[1]. Sem dúvida é proibida, segundo a fórmula em vigor nos sistemas de tipo Kariera ou Aranda. Resta saber se não é a própria noção de troca, tal como pode ser elaborada com base nesses sistemas, que não precisa ser transformada para permitir a integração de novas modalidades.

Conhece-se um outro sistema tripartido, e provavelmente do mesmo tipo, entre os Tiwi das Ilhas Bathurst e Melville, ao nordeste de Port Darwin. Os Tiwi são divididos em vinte e dois clãs totêmicos matrilineares, distribuídos em três fratrias exogâmicas

---

1. ELKIN, A.P. Kinship in South Austrália. *Oceania*, vol. 8, 1937-1938; vol. 9, 1938-1939; vol. 10, 1939-1940, p. 423. Social Organization in the Kimberley Division. • Ibid., vol. 2, p. 299-312.

não denominadas[2]. Seu sistema provavelmente tem relação com o dos Larakia e dos Wulna, próximos do sistema Murngin, porém mais simples que este. Não há nem metade nem secção, e o sistema só reconhece cinco linhagens (como entre os Yir-Yoronte), unidas segundo a fórmula de troca generalizada (casamento com a filha do irmão da mãe)[3].

O sistema Mara sobretudo merece reter a atenção por causa de sua distribuição costeira e septentrional, que faz os Mara e os Anula serem vizinhos, ou quase, dos Murngin, e pelos caracteres particulares que apresenta. Encontramos na base do Golfo de Carpentaria e na foz do Rio Roper um grupo de tribos cuja nomenclatura de parentesco reproduz o tipo Aranda, mas que em lugar de oito subsecções só possui quatro divisões com denominação. Além disso, o filho permanece na divisão do pai, o que dá às quatro divisões o caráter de linhagens patrilineares distribuídas por pares entre duas metades[4].

As regras do casamento determinam que um homem não pode se casar nem em sua divisão nem na divisão alterna de sua metade, nem na divisão de sua mãe. O único casamento possível, pois, é com uma mulher da divisão alterna da metade da mãe. Se chamarmos as quatro divisões P, Q (metade I), e R, S (metade II), um homem P só poderá casar-se com uma mulher R se sua mãe é S, e uma mulher S se sua mãe é R. As esposas dos homens de uma mesma linhagem patrilinear P serão por conseguinte alternativamente R e S.

Radcliffe-Brown, e depois dele Warner, procuraram harmonizar a estrutura social e a nomenclatura do parentesco. Fundam-se sobre a alternância de classe na série das mães para reconhecer, em cada divisão denominada, duas subdivisões não denominadas e cuja obrigação de fidelidade acarreta destinos matrimoniais diferentes. Em outros termos, a divisão P recobriria uma subdivisão em Pa e Pd que não é formulada, mas cuja realidade se faria sentir no fato de um homem de Pa casar-se com uma mulher R, e um homem de Pd com uma mulher S. Teríamos não quatro secções, mas oito subsecções, a saber:

| | | | | |
|---|---|---|---|---|
| Murungun *a* | (P) | Purdal *b* | (R) |
| Murungun *d* | | Purdal *c* | |
| Mumbali *a* | )) | Kuial *b* | (S) |
| Mumbali *d* | | Kuial *c* | |

O sistema do casamento torna-se então idêntico ao de um sistema Aranda (Figura 36). Radcliffe-Brown concluiu: "Vê-se, assim, que cada uma das quatro semimetades compreende dois grupos que são o exato equivalente das subsecções das outras tribos"[5].

---

2. HART, C.W.M. The Tiwi of Melville and Bathurst Islands. • Personal Names among the Tiwi. *Oceania*, vol. 1, 1930-1931.

3. WARNER, W.L. *Kinship Morphology...*, p. 73-74 e quadro VII.

4. RADCLIFFE-BROWN, A.R. *The Social Organization...*, p. 41. • WARNER, W.L. *Kinship Morphology...*, p. 78-79.

5. Loc. cit.

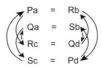

(Segundo W.L. Warner, op. cit., p. 79)
**Figura 36**

Um problema análogo apresentou-se-nos a propósito do sistema Murngin, mas foi no sentido de uma solução diferente que tivemos de nos dirigir. Pareceu-nos que este sistema, com suas oito subsecções, denominadas ou não denominadas, devia ser interpretado como resultado de um esforço para adaptar às fórmulas Aranda um sistema de quatro classes de tipo diferente. A presença do sistema Mara em uma região vizinha acrescenta forte presunção de veracidade a esta hipótese. Ao mesmo tempo levanta a questão de saber se o próprio sistema Mara não deve ser interpretado da mesma maneira, isto é, como um sistema efetivamente de quatro classes, que teria tomado de empréstimo uma nomenclatura de tipo Aranda. Um argumento em apoio desta interpretação apresenta-se imediatamente. Se o sistema Mara fosse diferente de um sistema Aranda somente pelo fato das subsecções não serem denominadas, as regras do casamento deveriam ser rigorosamente idênticas nos dois casos. Ora, tal não acontece. Sharp estabeleceu a presença de uma fórmula de casamento alternativa nos sistemas de tipo Mara, estudados por ele na parte noroeste de Queensland: "As regras do casamento pertencem ao tipo Aranda normal, segundo o qual um homem e sua irmã casam-se com o filho e a filha da filha do irmão da mãe da mãe. Podem, contudo, casar-se com o filho e a filha do irmão da mãe"[6]. Nessas condições, é possível perguntar se os dois sistemas não são estruturalmente diferentes.

Ora, existe em uma outra região do mundo um sistema análogo ao sistema Mara, e neste caso independente de todo sistema Aranda. É o sistema dos Munda do norte da Índia[7]. O sistema utiliza dois grupos patrilocais, cada qual dividido em duas classes matrimoniais. Se chamarmos P e R as duas divisões de um grupo, e O e S as duas divisões do outro grupo, a regra do casamento estabelece-se da seguinte maneira: se uma geração pratica casamentos do tipo P = Q ou R = S, a geração seguinte deverá casar-se de acordo com as fórmulas P = S e R = Q. Contudo, acrescenta-se que, enquanto a regra do casamento P = Q está em vigor, R pode valer-se de uma aliança alternativa, seja com Q, seja com S, e inversamente. Sharp notou um desenvolvimento análogo entre os Laierdila das ilhas e da costa do Queensland. Seu sistema é do tipo Mara, mas com duas possibilidades suplementares de casamento, um com a filha do filho do irmão da mãe, o outro com a filha da irmã do pai do pai[8]. Isto é, "um homem A1 pode esposar uma mulher de qualquer uma das subsecções B1, B2, C1 ou C2, ou

---

6. SHARP, L. Semi-moieties in North-Western Queensland. *Oceania*, vol. 6, 1935-1936, p. 158.
7. Cf. cap. XXVI.
8. SHARP, L. Op. cit., p. 161.

seja, qualquer mulher da metade alterna da sua própria"[9], neste caso as secções servindo apenas para determinar a quem pertencem os filhos, em função da subsecção da mãe. A situação é a mesma, ao que parece, entre os Munda, porque é o tipo de casamento prescrito para uma geração que determina o tipo prescrito para a geração seguinte, qualquer que seja a maneira pela qual o pai efetivamente se casou.

Quando analisarmos o sistema Munda mostraremos que a única interpretação satisfatória desse sistema consiste em tratá-lo como um sistema com quatro classes, que favorece o casamento com a filha da irmã do pai. Veremos, além disso, que relação fundamental liga o casamento patrilateral com o casamento matrilateral. Deste modo, levanta-se seriamente a questão de saber se, assim como o sistema Murngin nos apareceu como um sistema com quatro classes e casamento matrilateral, traduzido, segundo um formulário complexo, em termos de sistema Aranda, o sistema Mara não deve simetricamente ser considerado como um sistema de quatro classes e casamento patrilateral, igualmente transfigurado em sistema Aranda. De fato, conforme vimos, a fórmula alternativa do casamento Mara preserva ainda esta forma de matrimônio.

Em face de Queensland, na península do Cabo York, as duas formas do casamento, matrilateral e patrilateral, existem aliás lado a lado. É principalmente significativo que os Wikmunkan, que são matrilaterais, autorizem entretanto o casamento com a filha da irmã do pai bem como com a filha do irmão da mãe, e só proíbam rigorosamente o casamento com a prima cruzada bilateral. Ao lado deles, porém mais a leste, os Kandyu têm exclusivamente o casamento patrilateral.[10]

A principal diferença entre o sistema Mara e o sistema Murngin parece, pois, ser que este adotou abertamente as oito classes, para poder conservar sua orientação específica, ao passo que o sistema Mara, tendo ficado fiel à sua estrutura primitiva, foi obrigado a deixar perder-se sua orientação patrilateral na fórmula, aparentemente bilateral, de seu casamento optativo, que é do tipo Kariera, isto é, a filha da irmã do pai é aí ao mesmo tempo filha do irmão da mãe, conforme se vê claramente no Quadro II de Sharp[11].

Sharp mostrou, é verdade, que os Laierdila distinguem efetivamente suas semimetades, quando não na regulamentação do casamento, pelo menos em seu sistema totêmico particular. Elkin apresentou observações análogas. "Sabemos que as subsecções, as secções e as metades têm frequentemente natureza totêmica, e que, pelo menos em certas regiões, espalharam-se, ou estão se espalhando, em forma de sistema totêmico"[12]. Mas entre os Laierdila são somente os quatro grupos P, Q, R, S, que são objetivamente designados. O fato dos pares de subsecções serem tratados como unidades não implica de modo algum que esta unidade seja percebida como unidade

---

**9.** Ibid., p. 162.

**10.** McCONNEL, U. Social Organization..., p. 437; sobre sua interpretação dessas diferenças e nossa crítica, cf. cap. XXVII. [Depois que este livro foi escrito não parece mais tão certo que o casamento patrilateral exista entre os kandyus.]

**11.** SHARP, L. Op. cit., p. 171.

**12.** ELKIN, A.P. Sections and Kinship in Some Desert Tribes..., p. 24; cf. também do mesmo autor: Studies in Australian Totemism. *Oceania Monographs*, n. 2.

de um par. Nada na análise de Sharp, em todo caso, justifica tal conclusão. Será possível, contudo, esperar ver a noção de subsecção constituir-se, na medida em que prosseguir com êxito a conversão do sistema à formula Aranda. O ponto importante acha-se em outro lugar. O sistema Mara, até mais amplas informações, não deve ser considerado como um sistema Aranda que perdeu alguns de seus caracteres superficiais, mas como um sistema original e heterogêneo, ao qual estão sendo progressivamente impostos caracteres Aranda.

Os grupos aberrantes do sul da Austrália confirmam, da mesma maneira que os do norte, este modo de ver?

Os Arabana reconhecem três linhagens, a do pai do pai (classificado com o irmão da mãe da mãe), a do irmão da mãe do pai e a do pai da mãe. O fato do pai do pai ser classificado com o irmão da mãe da mãe, enquanto o irmão da mãe do pai se distingue do marido da mãe da mãe, sugeriria um sistema primitivo de casamento com a filha da irmã do pai[13]. Os indígenas negam energicamente que alguma forma de casamento entre primos cruzados tenha sido praticada, ao contrário das indicações dadas outrora por Spencer e Gillen[14]. Contudo, os esposos dos filhos continuam a ser identificados com os filhos da irmã, equação típica de um sistema fundado sobre o casamento dos primos cruzados. Para complicar a situação, Spencer e Gillen tinham notado uma identificação terminológica: irmã do pai = mãe do pai, que Elkin não conseguiu encontrar, embora um uso do mesmo tipo exista sempre entre os Yaralde e os Ungarinyin[15]. A identificação de parentes pertencentes a duas ou mais gerações consecutivas, como veremos, é característica dos sistemas fundados sobre o casamento com a filha do irmão da mãe, e a nomenclatura Arabana conserva ainda hoje certas assimetrias que são a marca deste sistema. Assim, embora o pai do pai seja identificado com o irmão da mãe da mãe como *kadnini*, suas respectivas linhagens são designadas por termos diferentes, e mesmo acontecendo com a mãe da mãe e a irmã do pai do pai. Embora a terminologia só reconheça três linhagens, as regras do casamento e da filiação distinguem, portanto, quatro. O fato do sistema atual estar "desmoronado" e "em período de transição"[16] não permite recusar completamente as indicações de Spencer e Gillen. A identificação da irmã do pai com a mãe do pai sugere que as três linhagens teriam sido primitivamente matrilineares, como são, ainda atualmente, os clãs totêmicos na parte noroeste da Austrália Meridional. Uma estrutura de casamento com a filha da irmã do pai e filiação matrilinear seria do tipo ilustrado pela Figura

---

**13.** Id. Kinship in South Australia, op. cit., p. 441 e 448.

**14.** SPENCER, B. & GILLEN, F.J. *Native Tribes of Central Australia*, p. 59-68.

**15.** [NEEDHAM. "Patrilateral Prescriptive Alliance and the Ungarinyin". *Southwestern Journal of Anthropology*, vol. 16, n. 3, 1960, p. 285, n. 33, protesta contra esta afirmação. Ora, não digo "o mesmo uso", mas "um uso do mesmo tipo", a saber, o emprego de uma terminologia consequente para designar mulheres pertencentes à mesma linhagem e de dois níveis de geração diferentes. Na verdade, não sou eu, e sim Elkin, que aproxima – com razão – o caso citado entre os arabanas da terminologia dos iaraldes e dos ungarinyins (Elkin, Kinship in South Austrália, p. 438)].

**16.** Ibid., p. 446-447.

37, na qual facilmente se encontram as três linhagens elementares e que permite compreender ao mesmo tempo a identificação do pai do pai com o irmão da mãe da mãe. A hipótese de Elkin em favor desta forma primitiva do casamento entre os Arabana parece, portanto, exata, embora seja atualmente proibida.

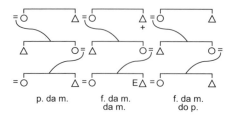

**Figura 37**

Os Aluridja utilizam, para regulamentar os casamentos, dois termos recíprocos, *tanamildjan* e *nganandaga*, sendo o primeiro empregado entre membros da mesma geração e também entre um indivíduo e os membros da geração de seu avô, de um lado, e os membros da geração de seu neto, do outro. O segundo termo é recíproco entre membros de duas gerações consecutivas em ordem ascendente ou descendente (isto é, entre um homem e seu pai ou entre urn homem e seu filho). As gerações alternadas grupam-se em conjunto em "linhas", e a regra do casamento é que os dois cônjuges devem pertencer à mesma "linha"[17]. Um sistema análogo existe entre os Aranda septentrionais[18]. Um outro foi observado por Bateson na Nova Guiné[19]. Seria útil compará-los todos com a classificação das gerações alternadas em *nanandaga* (avô; Ego; neto) e *tanamildzan* (pai; filho), no oeste da Austrália Meridional. Não somente um homem só se casa com uma mulher *nanandaga*, mas a alternância das gerações forma a base do ritual e das prestações recíprocas[20].

Os Aluridja do sul praticam, pelo menos excepcionalmente, o casamento com a filha da irmã do pai. Este uso pode ter sido outrora geral, conforme é sugerido pelo fato de em nenhum caso se aceitar a identificação do irmão da mãe com o pai da mulher. Os Valpi também conhecem o casamento patrilateral[21]. Elkin considera essas ocorrências como anomalias. Contudo, se consultarmos a Figura 37 que ilustra esta forma de casamento, verificaremos que o tratamento Aluridja das linhas corresponde exatamente à estrutura do casamento patrilateral. Em um sistema de casamento com a filha da irmã do pai uma geração em cada duas, com efeito, casa-se em um sentido, e uma geração

---

17. ELKIN, A.P. Kinship in South Austrália, op. cit. *Oceania*, vol. 10, p. 213-214. • *Sections and Kinship in Some Desert Tribes...*, op. cit., 23, n. 5.
18. Id. Ibid., p. 200-201.
19. BATESON, G. Social Structure of the Iatmül People of the Sepik River. *Oceania*, vol. 2, 1932.
20. ELKIN, A.P. *The Social Organization...*, op. cit. p. 67.
21. Id. Kinship in South Austrália, op. cit., *Oceania*, vol. 10, p. 380-381.

em cada duas no outro sentido. Isto é, um indivíduo, sem subverter o sistema, pode escolher mulher em sua geração ou na de seu avô ou na de seu neto, os quais fazem, um e outro, um casamento do mesmo tipo que o seu, mas não pode absolutamente casar-se na geração imediatamente anterior ou imediatamente posterior à sua, que são destinadas a um tipo de casamento diferente. Noutras palavras, a fórmula Aluridja é estruturalmente idêntica à fórmula Mara, exceto o fato de uma exprimir a estrutura em termos verticais (linhagens) e a outra em termos horizontais (gerações). Uma e outra podem ser – e efetivamente são – contaminadas por sistemas de outro tipo, mas seu caráter específico continua, entretanto, aparente. Além disso, deve ser feita uma importante observação teórica: o sistema das gerações alternadas não resulta exclusivamente, ou necessariamente, da filiação bilateral. É também função imediata do casamento patrilateral, que constitui uma estrutura simples de reciprocidade[22]. Voltaremos a lembrar este ponto quando discutirmos o sistema chinês arcaico. Segundo observa muito adequadamente Elkin: "Sem dúvida, teoricamente é possível que o sistema das secções tenha sido elaborado [...] como um método para manter a alternância das gerações e impedir o casamento dos primos cruzados, mas estes dois resultados são também obtidos de maneira eficaz mesmo nos lugares em que o sistema não existe"[23]. Teremos oportunidade de acentuar várias vezes que todos os efeitos das diferentes modalidades dos sistemas de classes matrimoniais podem ser realizados na ausência de tais sistemas, pela determinação apropriada das relações subjacentes. "Metades e secções não são um fenômeno universal, nem os desenvolvimentos inevitáveis dos sistemas de parentesco e das regras de casamento a eles associados."[24]

É preciso provavelmente interpretar da mesma maneira o sistema da região de Southern Cross, na Austrália Ocidental, onde o grupo é dividido em duas metades endogâmicas. Um homem casa-se em sua metade, mas os filhos pertencem à metade alterna. Sem dúvida, é possível dizer, com Radcliffe-Brown, que cada divisão equivale a um par de secções que praticam o intercasamento (Figura 38)[25].

**Figura 38**

Mas por que o sistema se apresenta com esta forma singular? Esta questão só pode ser respondida se o considerarmos como um sistema original de quatro classes com casamento patrilateral, convertido posteriormente ao bilateralismo.

De todos os sistemas de parentesco atualmente conhecidos, o dos Dieri da Austrália Meridional é daqueles cuja interpretação oferece as maiores dificuldades. As diferenças entre as indicações dadas por Howitt e as recolhidas por Elkin trinta e dois

---

22. Cf. cap. VIII e cap. XXVII.
23. ELKIN, A.P. *Sections and Kinship*..., op. cit., p. 23.
24. *L.c.*
25. RADCLIFFE-BROWN, A.R. *The Social Organization*..., op. cit., p. 41.

anos depois[26] são contudo muito fracas. O sistema parece ser estacionário, ou pelo menos ter terminado sua evolução. Por isso é mais difícil reconstituir suas etapas.

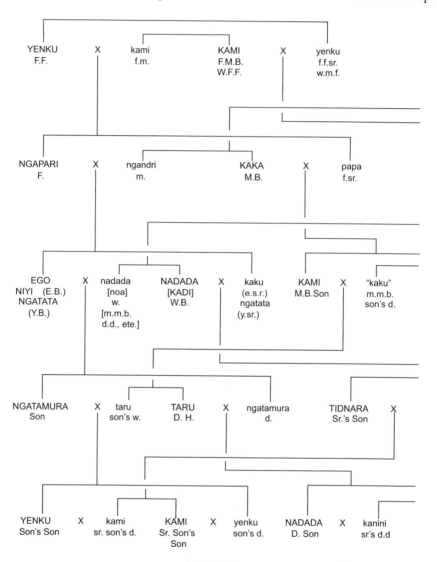

**Figura 39**
*Sistema Dieri*
(Segundo Elkin, *Kinship in South Australia,* op. cit., p. 53)

---

26. ELKIN, A.P. Kinship in South Austrália. *Oceania,* vol. 9, p. 52-53.

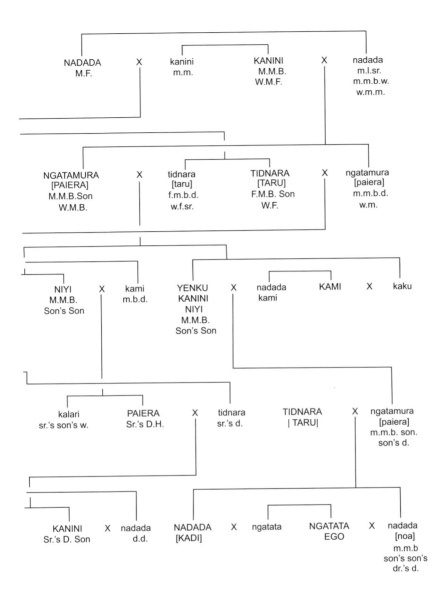

Os termos entre parênteses ( ) são os que resultam da aliança.
Os termos entre aspas " " indicam que a relação de parentesco
não é "verdadeira", mas "classificatória".

Os Dieri têm duas metades matrilineares e clãs totêmicos igualmente matrilineares. Não possuem aparentemente nem secções nem subsecções. Contudo, do ponto de vista das regras do casamento, seu sistema funciona como um sistema Aranda, com proibição do casamento entre primos cruzados e casamento preferencial entre os quatro tipos de primos em segundo grau descendentes de primos cruzados (filha da filha do irmão da mãe da mãe; filha da filha da irmã do pai da mãe; filha do filho da irmã do pai do pai; filha do filho do irmão do pai do pai). Encontram-se também termos recíprocos entre membros da segunda geração ascendente e membros da segunda geração descendente (isto é, pai do pai = filho do filho; pai da mãe = filho da filha; mãe do pai = filha do filho; mãe da mãe = filha da filha. Respectivamente: *yenku*, *kami*, *nadada*, *kanini*). Finalmente, a irmã do pai do pai e a irmã do pai da mãe são classificadas juntamente com (e podem ser) a mulher do irmão da mãe do pai e a mulher do irmão da mãe da mãe, respectivamente[27].

No entanto, há diferenças. No sistema Dieri, como no sistema Arabana, os primos cruzados são classificados com a mãe do pai e seu irmão (*kami*), o que não acontece no sistema Aranda. Além disso, os Dieri estabelecem diferença entre o irmão da mãe da mãe e o filho de seu filho (respectivamente *kanini* e *niyi*), enquanto os Aranda os confundem. Enfim, o sistema Dieri compreende somente dezesseis termos de parentesco, o que não corresponde nem à nomenclatura Aranda nem à dos Kariera, nem ao número que se poderia calcular tomando por base as duas precedentes, para um simples sistema com metades.

Elkin (Figura 39) propõe um quadro pelo qual se percebe que o sistema não pode ser tratado como um sistema Aranda, contrariamente aos esforços de Radcliffe-Brown[28], pois o sistema só é sistemático na aparência sendo necessário apelar para linhagens improvisadas para fechar um ciclo defeituoso. Ao mesmo tempo, observa-se um certo número de identificações, ao menos virtualmente possíveis em determinadas circunstâncias. Assim:

*tidnara* = *taru* (por casamento)
*ngatamura* = *paeira* (por casamento)
*ngatata* = *yenku* (passando por *kaku*, irmã de *yenku* e esposa de *kami*)

Se compararmos a nomenclatura dos grupos do noroeste da Austrália com a dos Dieri[29], verifica-se, além disso, que os Arabana têm um único termo, kadnini, quando os Dieri têm yenku e kanini. Com base nessas equações é possível tentar a simplifi-

---

**27.** Ibid., p. 54.

**28.** RADCLIFFE-BROWN, A.R. *The Social Organization...*, p. 58; Radcliffe-Brown tentou também interpretar o sistema Dieri como um sistema com quatro secções não denominadas (The Relationship System of the Dieri Tribe. *Man*, vol. 14, n. 3, 1914).

**29.** ELKIN, A.P. Op. cit., p. 63.

cação do sistema, que, mesmo preservando as dezesseis distinções terminológicas fundamentais, oferece, contudo, uma imagem mais clara (Figura 40). O sistema aparece assim fundado em quatro linhagens patrilineares, com um sistema de troca restrita e casamento entre primos descendentes de cruzados.

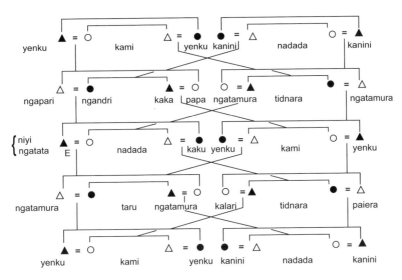

**Figura 40**
*Expressão simplificada do sistema Dieri. As duas metades foram diferenciadas por símbolos respectivamente brancos e pretos.*

Levantam-se, então, duas questões, a saber, de onde vem a dicotomia que proíbe o casamento dos primos cruzados? A estrutura do sistema é incapaz de explicá-la, o que a faz aparecer como uma espécie de luxo gratuito e supérfluo. Por outro lado, por que os quatro termos *yenku*, *nadada*, *kami* e *ngatamura* circulam através de várias linhagens? O fenômeno não pode ligar-se nem a uma dicotomia patrilinear (porque cada um dos termos existe em duas linhagens patrilineares), nem a uma dicotomia matrilinear (porque estes termos designam gerações alternadas no interior de uma mesma linhagem matrilinear). Se quisermos tentar reconstruir a sequência que pôde levar a estas anomalias, a primeira tarefa será construir um sistema no qual os quatro indicativos das linhagens, *yenku*, *kami*, *kanini* e *nadada*, conservem suas respectivas aplicações. Chega-se facilmente a classificar todos os parentes do Ego em três linhagens matrilineares, a saber, *kami*, linhagem da mãe do pai e dos primos cruzados, *kanini*, linhagem da mãe da mãe e do filho da irmã, *nadada*, linhagem do pai da mãe e da mulher do Ego[30]. Esta tripartição sugere uma estrutura primitiva de casamento com a prima cruzada unilateral. Contudo, se o casamento fosse com a filha da irmã do pai o clã da mulher seria

---

30. Ibid., p. 61.

idêntico ao da mãe do pai, e se fosse com a filha do irmão da mãe o clã do pai da mãe e o da mãe do pai se confundiriam. Por outro lado, a linhagem *yenku*, isto é, a linhagem patrilinear do Ego, desaparece completamente do quadro.

Passemos provisoriamente por cima dessas dificuldades. Em um sistema de casamento patrilateral, conforme se sabe, o clã da mulher não é constante. A existência de um clã matrilinear *kanini* compreendendo permanentemente a mulher e seu irmão constitui, portanto, uma presunção em favor do casamento matrilateral. Adotemos esta hipótese de trabalho. Teremos um sistema arcaico do tipo da Figura 41, onde a linhagem matrilinear *yenku* acrescenta-se como quarta (com efeito, *yenku* casa-se com *kami*, *kalari* casa-se com *taru* ( = *tidnara*)), e onde todos os casamentos em conjunto estão de acordo com o sistema atual, exceto o caráter unívoco de todas as relações[31].

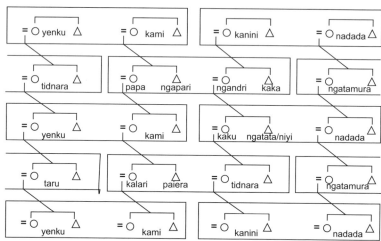

**Figura 41**
*Reconstrução da suposta evolução do sistema Dieri.*

Se um tal sistema tivesse passado diretamente à reciprocidade direta (troca restrita), reduzir-se-ia automaticamente a dois sistemas dualistas, nos quais *yenku* e *kami*, de um lado, e *kanini* e *nadada*, de outro, teriam constituído dois pares cambiantes independentes, em cada um dos quais haveria casamento entre primos cruzados. De outro lado, a repetição dos termos em gerações alternadas permaneceria incompreensível.

Se, porém, o mesmo sistema tivesse sido levado – ou desejasse – a adaptar-se a uma fórmula Mara-Aluridja, então tudo ficaria claro. As quatro linhagens matrilineares e matrilocais, em lugar de trocar por casais, provocando a cisão do grupo em duas subsociedades, conservaria a unidade do grupo social segundo a fórmula Mara, isto é, uma troca entre P e R em uma geração acarretaria uma troca entre P e S na geração seguin-

---

31. Mesmo atualmente a proibição do casamento entre primos cruzados não é tão rigorosa quanto parece resultar do sistema (ELKIN. The Social Organization of South Australian Tribes. *Oceania*, vol. 2, 1931-1932, p. 55; The Dieri Kinship System. *Journal of the Royal Anthropological Institute*, vol. 61, 1931, p. 494).

te, com retorno à fórmula P = R na geração imediata. Da mesma maneira Q casa-se alternativamente com R e S. Transformando-se desta maneira, o sistema passa da troca generalizada à troca restrita. O casamento com a prima cruzada unilateral ou bilateral torna-se impossível e cede o lugar ao casamento obrigatório entre filhos de primos cruzados. A alternância dos termos corresponde à alternância das fórmulas matrimoniais. O par que trocou a neta reproduz o da avó. Finalmente, os termos característicos de uma mesma linhagem matrilinear podem aparecer em duas linhagens patrilineares distintas, uma vez que cada linhagem faz a troca segundo duas fórmulas diferentes.

Por conseguinte, propomos a seguinte sequência para explicar os atuais caracteres do sistema Dieri: um sistema arcaico com quatro linhagens matrilineares e matrilocais fundado sobre a troca generalizada (casamento com a filha do irmão da mãe); adaptação a um sistema Mara-Anula; sistema atual. Sem dúvida esta sequência é inteiramente hipotética, mas é a única que permite compreender as anomalias do sistema e explicar todas elas. O sistema Dieri, portanto, não é uma modalidade do sistema Aranda. É um sistema específico, cujas semelhanças com o sistema Aranda resultam de um fenômeno de convergência.

No capítulo XXIII encontraremos uma incidente verificação de nossa hipótese, pela interpretação semelhante (mas capaz de demonstração direta) que daremos do sistema Manchu. Os sistemas Manchu e Dieri diferenciam-se consideravelmente por vários aspectos, mas ambos são sistemas de troca generalizada que se converteram à troca restrita. A semelhança de suas respectivas evoluções desenvolveu certos caracteres curiosamente comuns. Assim, não é possível deixar de ficar impressionado ao ver os Dieri apelarem, para determinar uma relação de parentesco, para vários termos da nomenclatura, tratados como indicadores de geração e de colateralidade. "O termo para designar filho do filho do irmão da mãe da mãe pode ser dado como *yenku, kanini, ngatata* (isto é, pai do pai – irmão da mãe da mãe – irmão mais moço)"[32]. Veremos que este procedimento constitui a base da terminologia Manchu. Estudando o sistema Manchu encontraremos o mesmo problema dos indicativos lineares, reaparecendo, como os termos Dieri *yenku, kami, nadada* e *kanini*, em linhagens patrilineares diferentes, de tal modo que seremos obrigados a designá-los não como nomes de linhagens, mas como indicativos da série linear, isto é, termos aplicados a segmentos de linhagens diferentes. Em ambos os casos a interpretação do fenômeno é a mesma, isto é, linhagens integradas em um sistema de troca generalizada que devem ser recompostas em forma de mosaico em uma estrutura de troca restrita, de tal modo que cada linhagem do novo sistema compõe-se de pedaços de várias linhagens do antigo. A semelhança vai tão longe que nos dois sistemas encontramos certas relações de parentesco expressas por dois indicativos de séries lineares diferentes justapostas. Assim, em Dieri, *yenku, kanini* ("kanini pai do pai" = irmão mais velho) para filho do filho do irmão da mãe da mãe, e em Manchu *nahundi eskundi* ("nahundi irmão") para filho do filho do irmão da mãe do pai[33].

---

**32.** ELKIN, A.P. Op. cit., p. 56.
**33.** Cf. p. 442.

L'ÉCHANGE RESTREINT

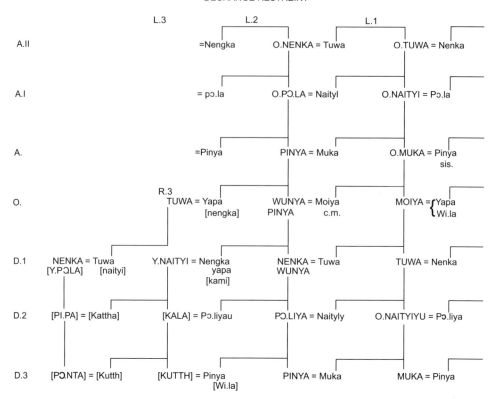

Figura 42

Sistema Wikmunkan (segundo U. McConnel, *Social Organization of the Tribes of Cape York Peninsula*, op. cit., p. 445). A linha L. 3 coincide com R. 3, por casamento entre mulheres L. 2. O. e homens R. 3. A. II; L. 4. coincide com R. 2; L. 5 com R. 1. e L. 6. com a linha do Ego.

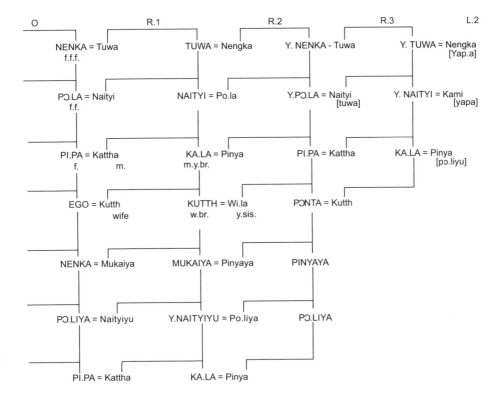

As analogias com o sistema Manchu não se limitam ao exemplo dos Dieri. Encontram-se outras, igualmente impressionantes, em certos sistemas da península do Cabo York, ainda adstritos à regra do casamento unilateral, mas cuja conversão à troca restrita já está amplamente iniciada. Tal é o caso dos Wikmunkan, dos Yir-Yoront e dos Kandyu, que, como vimos acima, apresentam diversas modalidades do casamento dos primos cruzados. Por exemplo, o casamento preferencial com a filha do irmão da mãe (Wikmunkan e Yir-Yoront), o casamento com uma ou outra prima unilateral, sendo sempre excluída a prima bilateral (tribos de Kendall-Holroyd), e finalmente o casamento preferencial com a filha da irmã do pai (Kandyu). Estas tribos oferecem, portanto, a imagem viva da evolução que só pudemos reconstituir no que se refere aos Dieri.

Os Wikmunkan praticam uma forma característica de casamento com a filha do *irmão mais moço* da mãe. A filha do irmão mais velho da mãe é proibida[34]. A estrutura de aliança e parentesco não tem somente, pois, a fórmula cíclica dos sistemas de troca generalizada, que representamos entre os Murngin, mas o ciclo toma além disso a aparência de uma espiral, uma vez que um homem casa-se sempre em um ramo mais moço, e uma mulher em um ramo mais velho. O ajuste realiza-se fechando o ciclo com um deslocamento absoluto de três gerações a cada seis linhagens (Figura 42), o que é possível graças a um sistema de alternância das gerações (como entre os Aranda) com sentido único (diferentemente dos Aranda). Noutras palavras, entre os Wikmunkan um homem pode casar-se com uma mulher da geração de seu neto, mas nunca da geração de seu avô. Os homens casam-se nas gerações abaixo da sua, as mulheres nas gerações superiores. Ao mesmo tempo, o Ego não entra em concorrência com seu neto por motivo da regra: "Os homens esposam mulheres de sua própria geração em um ramo mais moço, ou mulheres de gerações mais moças em um ramo mais velho, mas nunca mulheres de uma geração mais idosa em um ramo mais moço"[35]. Assim, quando Ego esposa uma prima de seu neto, esta faz parte obrigatoriamente da geração do neto, ramo mais velho, ao passo que o neto não pode escolher mulher senão no ramo mais moço da mesma geração.

A subdivisão de cada geração em duas classes de idade, respectivamente "mais velha" e "mais moça", está, pois, em relação direta com a possibilidade que dois homens têm de entrar em competição pela mesma mulher. Esta competição é evitada restringindo suas respectivas pretensões a duas classes de idade diferentes, cujos membros são primos paralelos entre si, verdadeiros ou classificatórios. Teremos várias vezes ocasião de mostrar que esta dicotomia das gerações aparece sempre em circunstâncias deste tipo e que deve-se ver nela uma função normal dos sistemas de casamento optativo. Entre as tribos do Cabo York há, com efeito, não um casamento optativo, mas dois, porque, ao lado do casamento matrilateral, encontra-se, em forma enfraquecida, é verdade (porque no segundo caso a prima só pode ser classificatória), um tipo patrilateral de casamento dado em correlação com o primeiro. Este ponto ressalta claramente das declarações dos informadores da Srta. McConnel: "O irmão mais moço de minha mãe

---

**34.** MCCONNEL, U.M. Op. cit., p. 440.
**35.** Ibid., p. 448.

é meu *kala* [...] A filha de meu *kala*, que chamo minha *moiya*, posso tomar como mulher [...] Posso casar-me com uma mulher de um território afastado, dada por um *kala*. Ambos fazemos uma 'troca de mãos'. Dou minha irmã (*ya.pa* ou *wi.la*) a meu *kutth* (filho de *kala*). Troco com ele. Agora chamo meu *kutth* '*moiya*' (marido de minha irmã) e meu *kutth* chama meu pai *kala*"[36]. Existe, portanto, no sistema Wikmunkan, primitivamente de acordo com uma estrutura de troca generalizada, a junção do casamento patrilateral com o casamento matrilateral anterior, com dois resultados: o primeiro é a passagem progressiva da troca generalizada à troca restrita. "Um homem dá habitualmente uma meia-irmã em linha mais moça, proveniente de sua família ou de seu clã, ao homem que lhe dá a irmã por mulher"[37]. Em segundo lugar, o caráter progressivo desta troca é visível no fato que se um homem casa-se com sua prima unilateral verdadeira (filha do irmão da mãe – ver a declaração do informador indígena, acima – ou filha da irmã do pai), e se o casamento admite uma troca, uma das primas pelo menos deve ser classificatória. É o que a Srta. McConnel exprime, de maneira que não nos parece rigorosamente fiel à sua descrição, dizendo: "A troca de mulheres realiza-se entre clãs aparentados em grau afastado"[38]. Com efeito, parece que uma das duas mulheres pode ser uma prima verdadeira. Neste caso, uma consequência teórica muito importante deverá resultar. É que esta troca de dois pode ser, na verdade, uma troca de três, a saber, caso-me com minha prima cruzada e tomo de empréstimo a uma linhagem paralela uma mulher que dou em troca a meu cunhado. Para cada mulher, há por conseguinte duas possibilidades de casamento, quer em um ciclo direto de troca generalizada quer em um ciclo indireto de troca restrita.

A este respeito, as analogias com o sistema Manchu são impressionantes. Tal como os Wikmunkan, os Manchu desdobram cada linhagem em um ramo mais velho e um ramo mais moço. Basta confrontar os quadros da Srta. McConnel e de Shirokogoroff para perceber a semelhança entre eles (Figura 43).

Além disso, o sistema Manchu e o sistema Wikmunkan fundam-se no reconhecimento de seis linhagens. Não há dúvida alguma sobre a correspondência entre três das linhagens Manchu e as três linhagens centrais ou "verdadeiras" do sistema Wikmunkan, que representamos por seus símbolos da Figura 42.

| *Wikmunkan* | *Manchu* | |
|---|---|---|
| 0 | *enendi* | Ego e seus descendentes; |
| L.1 | *enadi* | descendentes das irmãs; |
| R.1 | *nahundi* | descendentes dos irmãos da mãe. |

---

**36.** Ibid., p. 439.
**37.** Ibid., p. 451.
**38.** Ibid., p. 451.

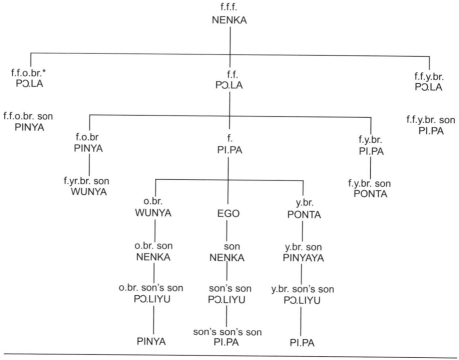
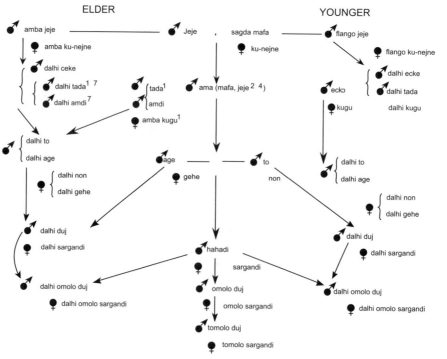

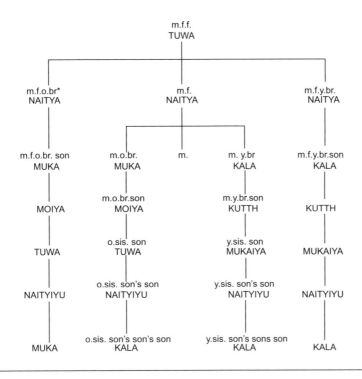
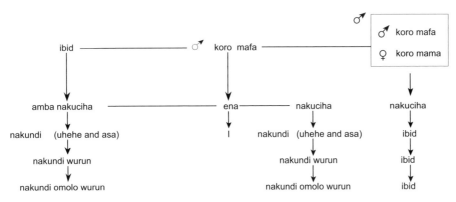

**Figura 43**

*No alto, clã do pai (à esquerda) e clã da mãe (à direita) no sistema Wikmunkan, segundo U. McConnel (loc. cit.,). Embaixo, clã do pai (à esquerda) e clã da mãe (à direita), no sistema Manchu, segundo S.M. Shirokogoroff, Social Organization of the Manchus, quadros I e VIII).*

Se seguirmos nossa hipótese anterior, segundo a qual três outras linhagens Wikmunkan são o resultado do desdobramento das linhagens principais com as quais coincidem na terminologia, podemos completar o quadro das correspondências:

| Wikmunkan | Manchu | |
|---|---|---|
| L.2 | *eskindi* | descendentes dos colaterais do pai; |
| R.2 | *dalhidi* | descendentes de meus colaterais; |
| R.3 | *tehemdi* | descendentes dos colaterais de minha mãe[39]. |

A prioridade da troca generalizada sobre a troca restrita, nos dois sistemas, deriva da preferência comum pela prima matrilateral verdadeira e da comum repugnância pela filha da classe mais velha do clã do pai. Quando a troca restrita é praticada pelos Wikmunkan, diz a Srta. McConnel, é somente entre clãs afastados[40]. Da mesma maneira, os Mandchu têm repugnância pelas trocas entre clãs já aliados[41]. Os dois sistemas possuem, enfim, a mesma dialética das classes de idade e das gerações. No sistema Manchu um homem pode casar-se com uma mulher pertencente a uma geração mais elevada que a sua, ou ao ramo mais velho de sua própria geração, enquanto as mulheres da classe mais moça de sua geração, ou membros de gerações mais jovens, são proibidas[42]. A "espiral de idade" dos Wikmunkan tem um modelo simétrico, mas inverso, entre os Manchu. A interpretação que ofereceremos deste último sistema como resultado da conversão da troca generalizada à troca restrita virá confirmar, pois, nossa interpretação semelhante dos sistemas australianos, chamados "aberrantes" (e que só são tais por motivo de uma classificação incompleta). Igualmente, esta poderá ser, na segunda parte deste trabalho, invocada para elucidar certos problemas teóricos dos sistemas do Extremo Oriente.

Se nossa análise é exata, uma considerável diferença separa, na origem, os sistemas de tipo Dieri dos sistemas de tipo Kariera ou Aranda. Nestes últimos a filiação e a residência transmitem-se em linhas separadas. Sugerimos, ao contrário, que o sistema Dieri arcaico deve ter admitido a determinação puramente materna da residência e da filiação. Este ponto deve ser atentamente examinado.

Um sistema de metades exogâmicas pode funcionar, qualquer que seja a regra de filiação. Pode também funcionar, qualquer que seja a regra de residência, e finalmente qualquer que seja a relação entre a regra de residência e a regra de filiação. Noutras palavras, um sistema de metades não leva em conta a residência, ou pode, por motivo de sua particular estrutura, dispensar a consideração dela.

---

**39.** Cf. cap. XII, p. 230-236.
**40.** Acima, p. 253.
**41.** Cf. cap. XXIII.
**42.** Cap. XXIII, p. 430s.

Se procurarmos, ao contrário, definir a situação social do indivíduo em função da filiação e da residência, as consequências serão muito diferentes conforme o regime do sistema considerado for harmônico ou desarmônico. Dizemos que um regime é harmônico quando a regra de residência é semelhante à regra de filiação, e chamamos desarmônico o regime no qual essas regras se opõem. Um regime de filiação matrilinear e residência matrilocal é harmônico, o mesmo se dando com um regime de filiação patrilinear com residência patrilocal. Ao contrário, os regimes nos quais um dos fatores segue a linha paterna enquanto o outro segue a linha materna são desarmônicos. Há, por conseguinte, dois tipos de regimes harmônicos: patrilinear e patrilocal, matrilinear e matrilocal; e dois tipos de regimes desarmônicos, a saber, patrilinear e matrilocal, matrilinear e patrilocal.

Vimos o que se passava no caso de um regime desarmônico, ou que se torna tal, porque o sistema Kariera, com suas metades matrilineares e seus dois grupos patrilocais, inclui-se nessa categoria. O recurso à dicotomia matrilinear tem como resultado, conforme sabemos, a divisão em quatro secções, permitindo o casamento com as duas primas cruzadas unilaterais e com a prima cruzada bilateral. Que acontece no caso do regime harmônico?

Seja um sistema de residência patrilocal, compreendendo duas metades patrilineares A e B, e dois grupos locais 1 e 2. A fórmula do casamento e da filiação será a seguinte: isto é, o sistema funcionará como dois sistemas dualistas justapostos. Em vez de ter um teremos simplesmente dois, e nada será alterado no grau de integração do sistema global. Se, em lugar de dois grupos locais, fizermos intervir quatro, a mesma situação se reproduzirá, isto é, cada grupo se dividirá em dois para reconstituir, como uma me-

| Se um homem: | casa-se com uma mulher: | os filhos serão: |
|:---:|:---:|:---:|
| A1 | B2 | A1 |
| B2 | A1 | B2 |
| A2 | B1 | A2 |
| B1 | A2 | B1 |

tade de um grupo vizinho, novo sistema com duas metades. Teríamos, portanto, partido de quatro grupos locais, cada qual dividido em duas metades exogâmicas, e encontraríamos quatro grupos locais, cada um composto de duas metades exogâmicas. Que significa isto? Que o recurso à residência, no caso dos regimes harmônicos, é desprovido de fecundidade. Levando em conta somente a filiação e a residência, os sistemas harmônicos são incapazes de superar o estádio da organização em metades.

Estará então o regime harmônico condenado a permanecer neste estádio primitivo de integração do grupo, representado pela organização dualista? Em tal regime não se chega a nada, é verdade, trocando esposas entre pessoas de diferentes procedências, em vez de trocá-las entre pessoas da mesma proveniência. Mas resta ainda outra possibilidade, a de trocar não os grupos entre os quais se realiza uma mesma forma de troca, mas a relação segundo a qual faz-se a troca entre os mesmos grupos. Isto é, passar de um sistema duplo de troca direta, segundo a fórmula P = Q, R = S, a um sistema simples de troca indireta, segundo a fórmula P = Q = R = S (= P). Isto é, finalmente, passar de um sistema de troca restrita a um sistema de troca generalizada. Chega-se assim ao seguinte quadro geral (Figura 44).

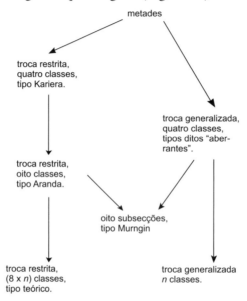

**Figura 44**
*Classificação dos principais tipos de sistema de parentesco,
evoluídos partindo da organização dualista.*

Assim, a relação entre o sistema generalizado e o sistema Aranda fica clara, a saber, o sistema generalizado situa-se além do sistema Kariera, pois recorre a elementos do mesmo número, quando não da mesma natureza que o sistema Aranda, isto é, duas metades (patrilineares em um caso, matrilineares em outro), e um conjunto quaternário (composto de linhagens em um caso, de grupos locais em outro). Do ponto de vista do número de elementos a que recorrem, o sistema generalizado e o sistema Aranda apresentam o mesmo grau de complexidade. Mas, por outro lado, o sistema Aranda representa a segunda dicotomia do sistema desarmônico, enquanto o sistema generalizado constitui a primeira dicotomia do regime harmônico. Por isso o arranjo dos elementos no sistema Aranda é duas vezes mais complexo do que no sistema generalizado. Os elementos dados, em número igual, combinam-se, num caso, para formar oito subsecções e no outro para formar quatro secções. O sistema generalizado é semelhante ao sistema Kariera, no sentido em que ambos praticam, no interior de seus respectivos regimes, a dicotomia do primeiro grau, mas semelhante ao sistema Aranda, no sentido em que a dicotomia do primeiro grau do regime harmônico requer a distinção de tantos elementos quanto a dicotomia do segundo grau do sistema desarmônico Noutras palavras, o sistema generalizado utiliza quarenta e um termos de parentesco, como um sistema Aranda, e quatro secções, como um sistema

Kariera. Por que isto? Por que não podemos ter um sistema generalizado atuando sobre a distinção de duas metades e de duas linhagens somente? A resposta é evidente, a saber, neste caso as linhagens se confundiriam com as metades.

É possível, portanto, dizer que os regimes harmônicos são regimes instáveis, enquanto os regimes desarmônicos são estáveis. Que queremos dizer com isto? Um regime desarmônico, ao se tornar cada vez mais complexo, pode exprimir-se através das formas de organização (metades, secções, subsecções) que representam uma progressão contínua no interior de uma mesma série. Ao contrário, os sistemas harmônicos não podem atingir uma forma de organização complexa. Este caráter explica por que a realização de um sistema de classes é tão rara, em todos os lugares nos quais o casamento é determinado por uma lei de troca generalizada. Veremos, com efeito, que, na imensa maioria dos casos, a preferência pela prima cruzada matrilateral não acarreta a realização de um sistema estrutural correspondente.

Consideremos com maior precisão o esquema da figura 44. Vê-se primeiramente que a relação existente entre o sistema generalizado e o sistema Murngin é simétrica mas inversa da que existe entre um sistema com metades e um sistema Kariera.

O sistema com metades funda-se unicamente sobre a filiação, e os caracteres, harmônico ou desarmônico, do regime correspondente nele se encontram confundidos. A passagem ao sistema Kariera faz-se pela introdução de uma dicotomia local, e consequentemente aparece o caráter desarmônico. Inversamente, o sistema generalizado funda-se somente sobre a unidade da linhagem. Existe, portanto, uma lacuna que traduz, em cada regime, o fato desse regime não ser o único. Conforme vimos, a série desarmônica é desfalcada de um estádio do processo dicotômico (distinção entre os dois tipos de primas cruzadas); simetricamente, a série harmônica, que introduz o estádio que faltava, apresenta outra lacuna, a de um sistema com quatro fatores representada, na série desarmônica, pelo sistema Kariera. Verificamos que o sistema generalizado é ininteligível quando tentamos reduzi-lo quer ao sistema Kariera, menos complexo no que diz respeito à estrutura, quer ao sistema Aranda, mais complexo quanto à função. Vimos, também, que não é mais possível ver aí uma forma intermediária do mesmo tipo. Na realidade, o sistema generalizado é, em certo sentido, análogo ao sistema Kariera, e, num sentido diferente, análogo ao sistema Aranda. O sistema em si mesmo não é intermediário entre os dois, porque pertence a uma série de outra ordem. Mas sua função é sem dúvida uma função intermediária.

Estas considerações podem estender-se ao conjunto dos sistemas australianos. O erro tradicional consistiu em não admitir, como base da classificação, senão os grupos com regimes desarmônicos, Kariera e Aranda. Ficávamos assim privados de toda possibilidade de compreender os regimes harmônicos e condenávamo-nos ou a tratá-los como monstruosidades ou a empreender a impossível tarefa de reduzi-los às formas precedentes.

Mas os regimes harmônicos existem, e sob pena de engendrar indefinidamente um número crescente de sociedades redutíveis[43] devem constituir-se tendo por base o casamento patrilateral ou o casamento matrilateral, mas não tendo por base o casamento bilateral, que só está ao imediato dispor dos regimes desarmônicos. Um *regime* harmônico pode, portanto, escolher entre dois sistemas de casamento, patrilateral e matrilateral. Cada um desses dois *sistemas* é por si mesmo compatível com dois *modos* de filiação, patrilinear ou matrilinear. Temos assim:

| Regime: | Sistema: | Modo: | |
|---|---|---|---|
| | | atrilinear | Mara |
| | Patrilateral | latrilinear | Aluridja |
| Harmônico | | Patrilinear | + Karadjeri, Wikmunkan |
| | Matrilateral | Matrilinear | + Dieri |

Estes sistemas podem estar sob a influência de regimes desarmônicos e evoluir para uma forma aparente de *estrutura* com oito subsecções. É o que parece ter acontecido com os Murimbata e talvez também com os Murngin, uns cedendo seu *sistema* em proveito de sua estrutura, os outros não realizando nunca plenamente a *estrutura* porque continuam a manter-se fiéis ao *sistema*. Ou então o sistema patrilateral e o matrilateral atuam conjuntamente[44], e temos as formas atuais dos sistemas Arabana, Mara, Dieri e talvez Murngin.

No final de suas respectivas evoluções os regimes harmônicos e os desarmônicos apresentam, portanto, caracteres convergentes. Vários regimes harmônicos passaram da *fórmula* da troca generalizada à da troca restrita. Os sistemas de casamento patrilaterais, além disso, têm com os sistemas desarmônicos o caráter comum de ser de *tipo* alternativo (as gerações reproduzem-se, no todo ou em parte, de seus caracteres, de duas em duas), enquanto os *sistemas* matrilaterais são sempre de *tipo* contínuo (as gerações consecutivas são idênticas por todos os seus caracteres). Este tipo alternativo comum torna a passagem dos sistemas patrilaterais à fórmula de troca restrita mais fácil do que acontece com os sistemas matrilaterais. Isto explica por que os sistemas Mara e Dieri podem ter uma nomenclatura e regras de casamento de tipo Aranda, ou vizinhas, sem subsecções visíveis, enquanto um sistema Murngin deve adotar as subsecções, sem com isso chegar a transformar suas regras e nomenclatura. No final da evolução, contudo, os regimes harmônicos convergiram para os regimes desarmônicos, ora quanto à estrutura (Murngin), ora quanto à nomenclatura (Mara), ora quanto ao sistema e regras do casamento (Dieri). Qual é a razão desta evolução? Derivará da difusão geográfica originada de grupos vizinhos ou do prestígio ligado às regula-

---

**43.** Ver o capítulo seguinte.
**44.** Cf. segunda parte, cap. XXVIII.

mentações complexas, em povos cuja atenção volta-se tradicionalmente para esse problema? Este parece ser o caso, conforme vimos, dos Murimbata. Por outro lado, a distribuição periférica de todos os regimes harmônicos que possuem, ou provavelmente possuíram, fórmulas de troca generalizada[45], sugere fortemente que os sistemas unilaterais são mais arcaicos que os sistemas bilaterais. Seria possível, portanto, supor, contrariamente ao que Elkin[46] acredita, que os próprios sistemas bilaterais são produtos de uma evolução que se origina de sistemas unilaterais.

São os especialistas na Austrália que deverão elucidar este problema. A primeira etapa parece ser localizar exatamente todos os sistemas atual ou primitivamente unilaterais. Tem havido até agora a tendência a interpretar preferencialmente os sistemas duvidosos como bilaterais, e isto por várias razões. Primeiramente, a constituição da tipologia australiana com base nos tipos I e II de Radcliffe-Brown, que são bilaterais. Em seguida, porque toda nomenclatura com gerações alternadas foi considerada em conjunto como prova de bilateralidade. Esperamos ter estabelecido que a alternância das gerações resulta tanto de um sistema de casamento patrilateral quanto da dupla dicotomia patrilinear e matrilinear, e não duvidamos que a revisão atenta dos fenômenos de alternância das gerações conduzirá a reconhecer, em grande número delas, funções imediatas do casamento patrilinear. Como, por outro lado, os sistemas matrilaterais e patrilaterais opõem-se, pelo uso de uma nomenclatura, em um caso alternativo e em outro consecutivo, vemos aí um precioso meio de pesquisa para chegar a uma classificação preliminar. A existência da nomenclatura consecutiva entre os Yaralde e os Ungarinyin[47] e seus vestígios entre os Dieri, e da nomenclatura alternativa entre os Macumba e os Aluridja pode ser a este respeito rica de ensinamentos.

É provável que os regimes harmônicos com sistema unilateral venham a ter na tipologia australiana um lugar crescente. A autonomia do sistema Kariera não poderia ser posta em dúvida, mas é lícito perguntar, tendo por base a frequente observação de Radcliffe-Brown de que este sistema manifesta marcada preferência pelo casamento matrilateral, se não houve certa precipitação em incluir na mesma rubrica formas unilaterais adjacentes. "Minha descoberta do sistema Kariera em 1911, declara Radcliffe-Brown, resultou de uma pesquisa empreendida com base numa suposição feita antes de visitar a Austrália – mas depois de minucioso estudo dos fatos australianos em 1909 –, segundo a qual este sistema poderia realmente existir, sendo a Austrália Ocidental o lugar conveniente onde ir procurá-lo"[48]. O fato do êxito ter coroado a ousa-

---

**45.** Os tipos periféricos sem metades nem secções são: os narrinyeris, os kurnais, os yuins, os insulares de Melville, os bardes da Terra de Dampier, os mandas da Costa ocidental (DAVIDSON, D.S. *The Chronological Aspect of Certain Australian Social Institutions as Inferred from Geographical Distribution*; The Geographical Distribution Theory and Australian Social Culture. *American Anthropologist*, vol. 39, 1937).

**46.** ELKIN, A.P. Kinship in South Austrália. *Oceania*, vol. 10, p. 379-383, e particularmente a nota 129, p. 382.

**47.** [Contestado por Needham (op. cit., p. 285, n. 33); mas não faço mais do que parafrasear Elkin, "Kinship in South Austrália", p. 384: "The kinship system has in terminology a vertical form such as is fully developed in the Ungarinyin tribe, North-west Austrália"].

**48.** RADCLIFFE-BROWN, A.R. *The Social Organization*..., p. 46, n. 4.

da hipótese do grande sociólogo inglês pode legitimamente encorajar todos quantos acreditam que uma lógica interna dirige o trabalho inconsciente do espírito humano, mesmo nas criações por muito tempo consideradas como as mais arbitrárias, e que os métodos que convém aplicar a este trabalho não diferem dos reservados habitualmente ao estudo do mundo físico. Mas, ao mesmo tempo, desponta uma dúvida, não sobre a realidade do sistema Kariera, mas sobre sua existência exclusiva no enorme território que lhe tem sido atribuído[49].

Em todo caso, um fato permanece. O estudo formal da noção de troca, tal como os sociólogos utilizaram até agora, mostrou-nos que esta noção não permitia compreender a totalidade dos fatos. Em vez de nos resolvermos a aceitar uma estéril continuidade de fenômenos, contudo do mesmo tipo, preferimos procurar na concepção da troca ampliada e transformada o meio de chegar a uma tipologia sistemática e a uma explicação exausta. São os fatos australianos, isto é, tomados da terra clássica da troca entendida em sentido restrito, que nos obrigaram a desenvolver a noção de troca e que, por assim dizer, nos impuseram a noção de troca generalizada. Que relação existe entre troca restrita e generalizada? Deveremos ver nelas duas fórmulas independentes e, no entanto, capazes de reagir uma sobre a outra quando os acasos das trocas culturais as põem em contacto, ou constituem duas etapas de uma evolução solidária? Na medida em que quisermos aplicá-la à solução de problemas regionais, o problema é da alçada do etnógrafo e do historiador das culturas. Para nós, que desejamos nos limitar ao estudo estrutural de ambos os tipos e de suas relações, devemos agora procurar desentranhar, em forma simples e diretamente observável, esta fórmula de troca generalizada, cuja necessidade teórica apareceu-nos, mesmo antes de que tivéssemos chegado a descobri-la nos fatos.

### Texto da carta de Radcliffe-Brown.

[Em inglês no original francês – N. do T.].

Rhodes University
Grahamstown
África do Sul.

*Prezado Sr. Lévi-Strauss,*

*Meus agradecimentos por sua carta. Posso escrever um artigo, caso o senhor deseje, apresentando a justificação de algumas das opiniões com as quais o senhor não concorda. Não posso, porém, avaliar quantas palavras seriam necessárias. Incluiria uma análise do sistema Dieri, que não me parece ser complicado. Passo a expor alguns pontos que gostaria de tornar claros.*

---

**49.** Cf. mapa em A.R. Radcliffe-Brown, op. cit., e em W.E. Lawrence, op. cit. [Convém acentuar que, em 1951, Radcliffe-Brown propôs uma nova classificação dos sistemas australianos, que inclui os sistemas unilaterais, designados por ele com o nome de Karadjieri. O artigo de Radcliffe-Brown é utilmente completado por uma carta pessoal que publicamos aqui pela primeira vez].

1) *Conforme indiquei há quarenta anos atrás* [sic] *as divisões de parentesco das tribos australianas podem existir como divisões dotadas de nome ou sem nome. A análise dos sistemas de parentesco australiano exige o exame das divisões, possuam elas nome ou não.*

*As quatro classes do sistema Dieri, que indiquei em 1914, podem ser vistas se o senhor examinar os termos de parentesco. Se Ego é da classe A, então esta classe inclui todos os homens que ele chama yenku, niyi, ngatata e kanini. A classe B inclui aqueles que chama kami, nadada e kadi. A classe C inclui seus kaka, taru e tidinara, e a classe D, seus ngapari, ngatamura e paiera. Se examinar o sistema Dieri à luz destas quatro divisões de parentesco, esse sistema não é nem aberrante nem complicado.*

*O senhor estabelece um contraste entre o sistema Aranda e o Mara. Mas os Aranda têm um sistema de quatro semimetades, cada qual consistindo em um certo número de clãs locais. No sistema Aranda não são denominadas, e no Mara são. Além disso, o senhor deixou de levar em consideração os casamentos alternados, que são um aspecto regular dos sistemas de casamento do tipo Aranda. No Aranda, assim como no Mara-Anyula, o casamento* padrão *é com a filha de uma prima cruzada da mãe, e o primeiro casamento* alternado *é com a filha de um irmão* distante *da mãe e uma irmã* distante *do pai.*

2) *Na Austrália o sistema de divisões mais difundido é o que admite duas metades endógamas de divisões de geração alternantes. São muito poucas as tribos em que não existe esta divisão dual, encontrando-se os casos melhor autenticados entre os Yaralde e os Ungarinyin. Estas divisões muito raramente recebem um nome, estando os únicos dois exemplos conhecidos na Austrália Ocidental, onde são denominados totemicamente, por exemplo, birangumat e djuamat. Existem em tribos que não possuem classes com nomes, tais como são aquelas que chamo o tipo Kukata, os Luritja meridionais de Elkin.*

*É esta divisão em metades endógamas que se acha situada nos fundamentos de todos os sistemas de "classes". Quando o senhor fala, na página 90, de "un problème théorique assez inquiétant; quelle est la relation entre les sistemes à deux moitiés et les systèmes à quatre classes", o problema não está corretamente formulado. Se acrescentarmos ao sistema de metades endógamas (divisões de gerações alternantes) as metades exógamas patrilineares ou matrilineares, o resultado é um sistema de quatro divisões. O problema consiste, portanto, em saber por que estas quatro divisões às vezes recebem um nome e outras vezes não.*

3) *O senhor se refere (p. 203) a "deux méthodes de détermination du conjoint – la méthode des classes et la méthode des relations". Mas as "classes" ou divisões são apenas grupos de relações, quer tenham nome, quer não. Por conseguinte, não há dois métodos de arranjo do casamento, mas apenas um. No arranjo real dos casamentos os clãs ou hordas locais desempenham predominante papel. Isto acontece não somente em tribos como os Yaralde e os Kukata, que não têm sistema de classes, mas também em tribos que possuem sistemas de classes.*

4) *Segundo minha maneira de ver uma questão muito importante é saber se um sistema permite, ou não, que um homem se case com a filha de uma mulher de seu próprio clã local. As únicas tribos a respeito das quais tenho certeza de que estes casamentos são permitidos são as do aglomerado Kariera. Todas as outras tribos sobre as quais possuímos um conheci-*

*mento inteiramente adequado evitam estes casamentos próximos, mas procedem de maneiras diferentes. Os Karadjeri, Yir-Yoront e Murngin proíbem o casamento com a filha de qualquer "irmã do pai", e como o casamento preferencial é com a filha do irmão da mãe segue-se que estas tribos não podem praticar a troca de irmãs. Há um certo número de tribos que proíbem o casamento com a filha de uma "irmã próxima do pai" e também com a filha de um "próximo" irmão da mãe, mas permitem o casamento com a filha de parentes distantes desses tipos e podem, portanto, realizar a troca de irmãs. São exemplos disso os Kukata (que não têm metades ou classes, exceto divisões endógamas de geração), os Ompela (metades patrilineares), os Kumbaingeri (quatro "classes") e os Murimbata. Este tipo de casamento é também naturalmente proibido em tribos que possuem um sistema de casamento entre primos em segundo grau (tipo de casamento Aranda). É importante observar que na tribo Aranda há objeção ao casamento de um homem com a filha do filho de uma "irmã do pai do pai" de seu próprio clã (grupo local), embora o casamento padrão seja com a filha do filho da "irmã do pai do pai" (Aranga).*

*Não considero aceitável a proposição da srta. McConnel sobre os Kandju. Em parte alguma da Austrália existe exemplo autêntico de casamento de primos patrilaterais, significando com isso um sistema no qual um homem se casa com a filha de uma irmã do pai, mas não pode se casar com a filha de um irmão da mãe, própria ou classificatória.*

*Isto lhe dará uma ligeira ideia do que poderia escrever a respeito do assunto. Só me preocupo com aquilo que os sistemas australianos realmente são e com o modo como funcionam, não estando interessado na origem e desenvolvimento de tais sistemas. Se desejasse propor uma hipótese histórica, esta se relacionaria com as diferentes maneiras pelas quais diversas tribos australianas criaram sistemas que evitam o casamento de um homem com a filha de uma mulher (irmã do pai) de seu próprio clã patrilinear local. É possível encontrar na Melanésia (New Ireland, Ambrym, etc.) métodos de proceder dessa maneira que não foram usados na Austrália.*

*Gostaria muito de ver sua comunicação à reunião de Nova York. Seria possível enviar-me uma cópia? Apreciaria grandemente este gesto, uma vez que não posso estar presente à reunião.*

*Com minhas cordiais saudações,*

*subscrevo-me atenciosamente*
**A.R. Radcliffe-Brown**

*P.S.: A chave do sistema Wik-Mukan parece situar-se no costume em virtude do qual um homem tem uma designada mãe da mãe da mulher, que será uma "irmã" da mãe do pai, evitando deste modo o casamento com a filha da "irmã do pai", própria ou próxima (pinya).*

**Tipologia dos sistemas australianos de casamento**

I. *Sistemas com casamento entre primos em primeiro grau (reais ou nominais):*

1) *Com casamento de primos bilaterais e troca de irmãs*

a) *Sistemas nos quais um homem pode desposar a filha da irmã de seu próprio pai ou a filha do próprio irmão da mãe. Tipo Kariera.*

b) *Sistemas nos quais um homem desposa a filha de um irmão classificatório da mãe ou da irmã do pai, mas não pode casar-se com a filha de uma irmã próxima do pai.*

*Variedades: Kumbaingeri, da Nova Gales do Sul; Ompela, de Queensland; Murimbata, da Terra de Arnhem; Kukat, da Austrália Meridional.*

2) *Com casamento matrilateral sem troca de irmãs Karadjeri (quatro classes), Yir-Yoront (metades patrilineares), Murngin (oito classes).*

II. *Sistemas de casamento entre primos em segundo grau, com troca de irmãs. A forma difundida é aquela na qual a forma padrão de casamento efetua-se entre filhos de duas primas cruzadas.*

*Há sistemas que não se incluem nesta classificação, tais como o dos Yaralde. Se houvesse um sistema com casamento patrilateral constituiria o tipo I. 3.*

# CAPÍTULO XIV
## Apêndice à primeira parte

### 1
### Estudo algébrico de alguns tipos de leis de casamento
#### (*Sistema Murngin*)

*por*
*André Weil*

Nestas poucas páginas, escritas a pedido de C. Lévi-Strauss, proponho-me indicar como leis de casamento de certo tipo podem ser submetidas ao cálculo algébrico, e como a álgebra e a teoria dos grupos de substituições podem facilitar o estudo e a classificação delas.

Nas sociedades de que aqui tratamos os indivíduos, homens e mulheres são divididos em classes, sendo a classe de cada qual determinada, segundo certas regras, pelas dos pais. E as regras do casamento indicam, segundo as classes a que pertencem respectivamente um homem e uma mulher, se o casamento entre eles é possível ou não.

Numa sociedade dessa espécie a totalidade dos casamentos possíveis pode, portanto, distribuir-se em um certo número de tipos distintos. Este número é igual ao número de classes entre as quais se distribui a população, se houver uma fórmula única que, para um homem de determinada classe, indica em que classe tem direito a escolher sua mulher (ou, em outras palavras, a irmã de um homem de que classe pode esposar). Se, ao contrário, há várias destas fórmulas, alternando-se entre si de determinada maneira, o número de tipos possíveis de casamento poderá ser o dobro, o triplo, etc. do número das classes.

Seja, pois, em todo caso, $n$ o número de tipos de casamentos. Designemo-los arbitrariamente por $n$ símbolos, por exemplo, $M_1$, $M_2$..., $M_n$. Só consideramos as leis de casamento que satisfazem as duas seguintes condições:

A) Para todo indivíduo, homem ou mulher, há um tipo de casamento, e um só, que ele (ou ela) tem o direito de contrair.

B) Para todo indivíduo, o tipo de casamento que ele (ou ela) é capaz de contrair depende unicamente de seu sexo e do tipo de casamento de que ele (ou ela) é originário.

Por conseguinte, o tipo de casamento que um filho descendente de um casamento de tipo $M_i$ ($i$ sendo um dos números 1, 2..., $n$) pode contrair é *função* de $M_i$, que podemos, de acordo com a notação matemática usada em tais casos, designar por $f(M_i)$. O mesmo acontecerá com uma moça, sendo a função correspondente, que designaremos por $g(M_i)$, ordinariamente distinta da precedente. O conhecimento das duas funções $f$ e $g$ determina completamente, do ponto de vista abstrato, as regras de casamento na sociedade estudada. Estas regras poderão, portanto, ser representadas por um quadro com três linhas, a primeira das quais enumera os tipos de casamento $M_1..., M_n$, enquanto a segunda e a terceira dão respectivamente os valores correspondentes das duas funções $f$ e $g$.

Tomemos um exemplo simples. Seja uma sociedade com quatro classes, onde há troca generalizada, de acordo com o seguinte tipo.

Há quatro tipos de casamento: ($M_1$) homem A, mulher B; ($M_2$) homem B, mulher C; ($M_3$) homem C, mulher D; ($M_4$) homem D, mulher A. Admitamos, além disso, que os filhos de uma mãe de classe A, B, C, D sejam respectivamente de classe B, C, D, A. Nosso quadro é então o seguinte:

(Tipo de casamento dos pais)            $M_1\ M_2\ M_3\ M_4$
(Tipo de casamento do filho)            $f(M_1) = M_3\ M_4\ M_1\ M_2$
(Tipo de casamento da filha)            $g(M_1) = M_2\ M_3\ M_4\ M_1$

Além disso, conforme se verifica pelo exemplo acima, $f$ e $g$ são substituições, ou, como se diz nesse caso, permutações entre $M_i, ... M_n$. Isto quer dizer que em nosso quadro a segunda linha (a que dá os valores de $f$) e a terceira (que dá os valores de $g$) são, assim como a primeira, formadas pelos símbolos $M_i, M_n$, alinhados simplesmente em uma ordem diferente daquela em que figuram na primeira linha. Com efeito, se assim não fosse certos tipos de casamento desapareceriam desde a segunda geração. Isto mostra já que nosso estudo prende-se à teoria das permutações entre $n$ elementos, teoria que remonta a Lagrange e Galois, e que desde então foi amplamente desenvolvida.

Introduzimos agora uma nova condição:

*C)* Todo homem deve poder casar-se com a filha do irmão de sua mãe.

Exprimamos algebricamente esta condição. Consideremos um irmão e uma irmã nascidos de um casamento de tipo $M_i$. O irmão deverá contrair um casamento $f(M_i)$, de maneira que sua filha contrairá um casamento $g[f(M_i)]$. A irmã deverá contrair um casamento $g(M_i)$, de tal sorte que seu filho contrairá um casamento $f[g(M_i)]$. A condição (C) será portanto expressa pela relação:

$$f[g(M_i)] = g[f(M_i)].$$

Esta condição é conhecida na teoria dos grupos pelo nome de *permutabilidade* das substituições $f$ e $g$. Os pares de substituições permutáveis podem ser estudados e classificados segundo princípios conhecidos. Na linguagem da teoria dos grupos (que infelizmente é impossível traduzir senão em termos técnicos, o que exigiria longas explicações), o *grupo de permutações* engendrado por $f$ e $g$ é um grupo abeliano, que, tendo dois geradores, é necessariamente cíclico ou então é produto direto de dois grupos cíclicos.

Introduz-se aqui uma nova condição, que expressaremos por meio da seguinte definição. Diremos que uma sociedade é *redutível* se for possível distinguir nela duas os várias subpopulações, de tal maneira que não haja nunca nenhum laço de parentesco entre indivíduos de uma e indivíduos da outra. No caso contrário, a sociedade será chamada *irredutível*. Está claro que, do ponto de vista do estudo puramente abstrato dos tipos de leis de casamento, podemos nos limitar a considerar as sociedades irredutíveis, porque numa sociedade redutível tudo se passa como se cada subpopulação constituísse uma sociedade distinta, que seria irredutível. Por exemplo, consideremos um sistema de troca restrita:

por conseguinte, com quatro tipos de casamento: ($M_1$) homem A, mulher B; ($M_2$) homem B, mulher A; ($M_3$) homem C, mulher D; ($M_4$) homem D, mulher C. Suponhamos, além disso, que toda criança seja da mesma classe A, B, C ou D que sua mãe. Esta sociedade evidentemente é redutível, constituída de duas subpopulações, formadas uma pelas classes A e B e a outra pelas classes C e D. O quadro das funções $f$ e $g$ para esta sociedade é o seguinte:

|  | $M_1$ | $M_2$ | $M_3$ | $M_4$ |
|---|---|---|---|---|
| $f(M_i) =$ | $M_2$ | $M_1$ | $M_4$ | $M_3$ |
| $g(M_i) =$ | $M_1$ | $M_2$ | $M_3$ | $M_4$ |

Supor que tratamos com uma sociedade irredutível é supor, na linguagem da teoria dos grupos, que o grupo acima definido (grupo abeliano de permutações engendrado por $f$ e $g$) é *transitivo*. Esse grupo, se for cíclico, tem estrutura extremamente simples. Se for produto direto de dois grupos cíclicos as possibilidades são mais variadas e os princípios de classificação que devem ser empregados são mais complicados. Mas, em todo caso, estas questões podem ser tratadas por métodos conhecidos. Limitar-nos-emos aqui a enunciar os resultados que se obtém no caso de um grupo cíclico. Para isso é necessário indicar o princípio muito conhecido da numeração módulo $n$.

Seja $n$ um número inteiro qualquer. Calcular módulo $n$ é calcular substituindo sempre todo número pelo resto que deixa na divisão por $n$. Por exemplo, a "prova dos 9", muito conhecida na aritmética elementar, consiste em calcular módulo 9. Do mesmo modo, se convencionarmos calcular módulo 10, e temos de somar 8 e 7, escreve-se 5. Se temos de multiplicar 3 por 4 escreve-se 2. Se temos de multiplicar 2 por 5 escreve-se 0, etc. Isto se escreve assim: $8 + 7 \equiv 5$ (mód. 10); $3 \times 4 \equiv 2$ (mód. 10); $2 \times 5 \equiv 0$ (mód. 10); etc. Convencionou-se, em todo cálculo deste gênero, substituir o sinal = pelo sinal $\equiv$ (que se lê "congruente com"). No cálculo módulo 10, nunca se escreve 10 nem um número maior que 10, de sorte que nesse cálculo há apenas 10 números, a saber, 0, 1, 2, .... 9.

Retomemos, pois, o caso de uma sociedade irredutível com grupo cíclico. É possível distinguir então nesta sociedade um certo número $n$ de classes e numerá-las de 0 a $n - 1$, de tal maneira que um homem de classe $x$ casa-se sempre com uma mulher de classe $x + a$ (mód. $n$), e que os filhos de uma mulher de classe $x$ sejam sempre de classe $x + b$ (mód. $n$), sendo $a$ e $b$ dois números fixos, feitos todos os cálculos mód. $n$. Por exemplo, no sistema de troca generalizada acima descrito temos $n = 4, a = 1, b = 1$, conforme se vê numerando as classes A, B, C, D por 0, 1, 2, 3, respectivamente.

Vamos agora mostrar como é possível formular e discutir algebricamente um exemplo mais complexo. Suponhamos um sistema com oito classes, no qual há duas fórmulas de casamento que se aplicam alternadamente:

Admitamos além disso que a classe dos filhos é determinada da seguinte maneira pela da mãe:

| (Classe da mãe) | A1 | A2 | B1 | B2 | C1 | C2 | D1 | D2 |
|---|---|---|---|---|---|---|---|---|
| (Classe dos filhos) | C2 | C1 | D2 | D1 | A1 | A2 | B1 | B2 |

Finalmente, é preciso, para que nosso método se aplique, admitir uma regra de alternância entre as fórmulas (I) e (II), que satisfaça a condição (B) do início. Para comodidade do cálculo, faremos aqui hipótese mais precisa, que é talvez inutilmente restritiva, mas com a qual nos contentaremos. É que a fórmula de casamento, (I) ou (II), a que deve se conformar um indivíduo determinado, depende unicamente de seu sexo e da fórmula, (I) ou (II), de acordo com a qual foi feito o casamento de seus pais.

Há aqui dezesseis tipos de casamento, conforme a classe dos esposos e a fórmula que se aplica. Não os numeraremos de 1 a 16, mas de uma maneira que se presta melhor ao cálculo. Em tudo quanto se segue *os cálculos devem ser entendidos módulo 2*. Na numeração módulo 2 só há dois números, 0 e 1. A tábua de multiplicação é a seguinte: $0 \times 0 \equiv 0$, $0 \times 1 \equiv 0$, $1 \times 0 \equiv 0$, $1 \times 1 \equiv 1$; a tábua de somar é a seguinte: $0 + 0 \equiv 0$, $0 + 1 \equiv 1$, $1 + 0 \equiv 1$, $1 + 1 \equiv 0$.

Estabelecido isto, atribuímos a cada classe um tríplice índice $(a, b, c)$, sendo cada um dos índices $a$, $b$ e $c$ um dos números da numeração módulo 2, isto é, 0 ou 1, e isso segundo as regras a seguir expostas:

1°) $a$ é 0 se a classe é A ou B, 1 se é C ou D.

2°) $b$ é 0 se a classe é A ou C, 1 se é B ou D.

3°) $c$ é 0 para a subclasse 1, e 1 para a subclasse 2.

Por exemplo, se um homem ou uma mulher é de classe C2, diremos, em nossa notação, que ele ou ela é de classe $(1, 0, 1)$.

Cada tipo de casamento receberá um quádruplo índice $(a, b, c, d)$, onde $(a, b, c)$ é o símbolo que designa a classe do marido, e $d$ é 0 se o casamento obedece à fórmula (I), e 1 se obedece à fórmula (II). Assim, em um casamento $(1, 0, 1, 1)$, o marido é de classe $(1, 0, 1)$, isto é, C2, e, sendo o casamento realizado de acordo com a fórmula (II), a mulher é de classe D1, isto é, $(1, 1, 0)$. Além disso, os filhos são de classe B1, isto é, $(0, 1, 0)$.

De maneira geral, nos casamentos de fórmula (I), se o marido é de classe $(a, b, c)$, a mulher é de classe $(a, b + 1, c)$. Nos casamentos de fórmula (II), se o marido é de classe $(a, b, c)$, a mulher é de classe $(a, b + 1, c + 1)$, verificando-se tudo isto pelo exame direto dos casos um a um. Por conseguinte, em um casamento $(a, b, c, d)$, o marido é de classe $(a, b, c)$ e a mulher é de classe $(a, b + 1, c + d)$.

Por outro lado, se uma mulher é de classe $(x, y, z)$, seus filhos são de classe $(x + 1, y, x + z + 1)$, ainda uma vez sendo isto verificado por exame direto. Segue-se que em um casamento $(a, b, c, d)$ os filhos são de classe $(a + 1, b + 1, a + c + d + 1)$.

É preciso agora determinar com exatidão nossa hipótese sobre a alternância das fórmulas (I) e (II). Admitimos que um indivíduo está em um dos quatro casos seguintes: (i) os filhos seguem sempre a fórmula dos pais; (ii) os filhos seguem sempre a fórmula oposta à dos pais, de maneira que as fórmulas se alternam de geração em geração; (iii) os filhos seguem a fórmula dos pais e as filhas a fórmula oposta; (iv) as filhas seguem a fórmula dos pais e os filhos a fórmula oposta. Cada um desses casos será afetado por um duplo índice $(p, q)$, do seguinte modo: $p$ é 0 se o filho segue a fórmula dos pais (casos (i) e (iii)), e 1 no caso contrário (casos (ii) e (iv)); $q$ é 0 se a filha segue a fórmula dos pais (casos (i) e (iv)), e 1 no caso contrário (casos (ii) e (iii)).

Assim sendo, encontra-se, por verificação direta partindo dos resultados acima obtidos, que as funções $f$ e $g$ anteriormente definidas podem expressar-se aqui pelas fórmulas seguintes:

$f(a, b, c, d) \equiv (a + 1, b + 1, a + c + d + 1, d + p)$ (mód. 2)

$g(a, b, c, d) \equiv (a + 1, b, a + c + q + 1, d + q)$     (mód. 2)

Resta dizer que estas substituições são permutáveis, o que exprime, conforme sabemos, que o casamento com a filha do irmão da mãe é sempre permitido. O cálculo faz-se facilmente, e dá:

$(a, b + 1, c + d + 1) \equiv (a, b + 1, c + d + q + 1)$     (mód. 2)

Isto mostra que $q$ não pode ser 1. Os casos (ii) e (iii) acham-se, portanto, excluídos pela condição (C), e não há outro caso possível a não ser (i) e (iv). O primeiro destes é o de uma sociedade redutível, composta de duas subpopulações, uma das quais casa-se sempre segundo a fórmula (I), e a outra sempre segundo a fórmula (II). Deixando de lado este caso, resta o caso (iv), em que temos $p = 1, q = 0$. As funções $f$ e $g$ são então as seguintes:

$g(a, b, c, d) \equiv (a + 1, b + 1, a + c + d + 1, d + 1)$    (mód. 2)

$f(a, b, c, d) \equiv (a + 1, b, a + c + 1, d)$     (mód. 2)

Por meio destas fórmulas é fácil submeter ao cálculo todas as questões relativas a esta lei de casamento. Por exemplo, indaguemos se o casamento com a filha da irmã do pai é possível. No caso geral, é fácil ver que a condição necessária e suficiente para que assim seja é que $f$ e $g$ satisfaçam a relação:

$$f[f(M_i)] = g[g(M_i)].$$

Pela lei que acabamos de estudar, o cálculo imediato mostra que esta relação não é verificada por nenhuma escolha dos índices $a, b, c, d$. Nenhum homem da sociedade em questão pode, portanto, casar-se com a filha da irmã de seu pai. Um cálculo semelhante mostra que este gênero de casamento será sempre permitido, ao contrário, numa sociedade que aplicasse sempre a fórmula (I), ou sempre a fórmula (II).

Examinemos, finalmente, se a sociedade acima é irredutível. Há métodos gerais para tratar um problema deste gênero, mas aqui é mais fácil observar que a combinação $b - d$ é "invariante" para as substituições $f$ e $g$, isto é, tem o mesmo valor para o símbolo com quatro índices $(a, b, c, d)$ e para os símbolos que deles se deduzem pelas substituições $f$ e $g$ respectivamente. Isto implica a existência de duas subpopulações distintas, uma composta de todos os cônjuges possíveis dos casamentos de tipo $(a, b, c, d)$ para os quais temos $b - d \equiv 0$, isto é, $b = d$, e o outro compreendendo os cônjuges dos casamentos $(a, b, c, d)$ para os quais temos $b - d \equiv 1$, isto é, $b \neq d$. Em outras palavras, trata-se aqui de uma sociedade redutível, que se decompõe nas duas subpopulações seguintes:

$1^{o}$ $\left\{\begin{array}{l}\text{Os homens da classe A ou C que se casam segundo a fórmula (I);}\\ \quad\quad\quad\text{''} \quad\quad\quad\text{B ou D} \quad\quad\quad\text{''} \quad\quad\text{''} \quad\quad\text{''} \quad\text{(II);}\\ \text{As mulheres} \quad\text{''} \quad\text{A ou C} \quad\quad\quad\text{''} \quad\quad\text{''} \quad\quad\text{''} \quad\text{(II);}\\ \quad\quad\quad\text{''} \quad\quad\quad\text{B ou D} \quad\quad\quad\text{''} \quad\quad\text{''} \quad\quad\text{''} \quad\text{(I);}\end{array}\right.$

$2^{o}$ $\left\{\begin{array}{l}\text{Os homens da classe A ou C que se casam segundo a fórmula (II);}\\ \quad\quad\quad\text{''} \quad\quad\quad\text{B ou D} \quad\quad\quad\text{''} \quad\quad\text{''} \quad\quad\text{''} \quad\text{(I);}\\ \text{As mulheres} \quad\text{''} \quad\text{A ou C} \quad\quad\quad\text{''} \quad\quad\text{''} \quad\quad\text{''} \quad\text{(I);}\\ \quad\quad\quad\text{''} \quad\quad\quad\text{B ou D} \quad\quad\quad\text{''} \quad\quad\text{''} \quad\quad\text{''} \quad\text{(II).}\end{array}\right.$

Fica entendido, segundo observamos acima, que estes cálculos só são válidos se a alternância entre as fórmulas (I) e (II) faz-se segundo uma das regras simples que indicamos. Se assim não for, o cálculo teria que ser modificado, e se as regras de alternância não satisfizerem a condição (B) o problema não admite mais ser tratado por nosso método.

**2**
**Comentário**

O estudo matemático do sistema Murngin que acabamos de ler suscita várias observações. Primeiramente, a descoberta de que um sistema de tipo Murngin, caso funcione nas rigorosas condições que são as únicas a permitir dar-lhe uma interpretação sistemática, provoca a fissão do grupo em duas sociedades irredutíveis, mostra que o sistema de troca generalizada não pode evoluir além de sua própria fórmula. Sem dúvida, o sistema é igualmente concebível com um número qualquer de classes, mas quer este número seja três, quer $n$ ou $n + 1$ a estrutura permanece inalterada. Se tentarmos transformar a estrutura, abrem-se duas possibilidades, a saber, ou a transformação é operante, e a fórmula de troca generalizada é abolida (tal é o caso do sistema Dieri), ou a fórmula de troca generalizada se conserva, e é então a transformação da estrutura que se revela ilusória. Ao adquirir oito subsecções, o sistema Murngin só chega a funcionar nas condições teóricas de dois sistemas de troca generalizada, cada um com quatro classes, justapostos. Tínhamos chegado a esta conclusão no capítulo precedente, por uma análise puramente estrutural, e a análise matemática vem confirmá-la. Nota-se, portanto, até que ponto Elkin se engana, quando, deixando-se arrastar por um empirismo inspirado por Malinowski, declara: "De maneira geral o estudo do elemento puramente formal dos sistemas de parentesco australianos não vale a pena ser empreendido [...] Afinal de contas só dá pouca satisfação e não oferece nenhuma real compreensão da vida da tribo"[1].

No que diz respeito à sociedade Murngin propriamente dita, é dificilmente concebível que uma sociedade funcione nas condições sugeridas pela teoria e conserve

---

1. ELKIN, A.P. Native Languages and the Field Worker in Austrália. *American Anthropologist*, vol. 43, 1941, p. 91.

sua individualidade. Por outro lado, se a sociedade Murngin fosse concretamente desdobrada em duas subsociedades, o fato não teria podido passar despercebido a observadores da qualidade de Warner e de Webb. É preciso, na verdade, que os Murngin adotem uma fórmula que lhes permita preservar a unidade do grupo. Tínhamos, portanto, razão em supor que o sistema, tal como é enunciado nas complicadas regras das subsecções e do casamento optativo, deve ser considerado como uma teoria elaborada por indígenas submetidos a influências contraditórias, e como uma racionalização dessas dificuldades, mais do que como a expressão da realidade. A realidade do sistema está noutra parte, e procuramos desentranhar a natureza dela.

[Resta saber como os Murngin conseguem escapar ao perigo de seu sistema teórico, o que só pode acontecer aplicando-o de maneira infiel. Nessas condições, as lacunas das observações, as indicações equívocas sobre as diferentes maneiras pelas quais na realidade podem fechar-se os ciclos de trocas, não derivam talvez unicamente da carência dos informadores. É possível que sejam indício de um limite intrínseco da estrutura, que não pode se completar sem comprometer a unidade do grupo. Este limite é caracterizado pelo fato dos ciclos reais serem mais curtos ou mais longos que os implicados pela existência de sete linhagens? É possível também que o ciclo se feche com o salto de uma ou várias gerações, conforme acontece entre os Wikmunkan. Seja como for, a codificação de aparência Aranda está condenada a ficar sempre incompleta, ou o grupo social a se segmentar.]

Não é portanto um fato absolutamente arbitrário que os sistemas da região de Southern Cross se apresentem com o aspecto – aliás ilusório – de duas metades endogâmicas, e que os Yir-Yorontes sejam, ao menos parcialmente, endógamos. Os Yir-Yorontes dividem-se em duas metades patrilineares, e "todos os homens dos clãs Pam Lul casam-se na outra metade; contudo, somente certos clãs Pam Bib aliam-se com clãs Pam Lul. Os outros casam-se nos clãs de sua própria metade Pam Bib"[2]. Estes fatos deveriam ser atentamente reexaminados à luz das conclusões teóricas resultantes do estudo matemático.

Existe, em todo caso, uma tribo sobre a qual sabemos que um sistema de troca generalizada em plena evolução tende a provocar a subdivisão do grupo em subsociedades: são os Apinayé do Brasil Central. Lembramos que a tribo divide-se em quatro *kiyé*, isto é, em quatro "lados" ou "partes". A regra do casamento é típica da troca generalizada. Um homem A casa-se com uma mulher B, um homem B casa-se com uma mulher C, um homem C com uma mulher D, e um homem D com uma mulher A. Além disso, os filhos seguem a *kiyé* do pai e as filhas a da mãe, isto é, a *kiyé* A compreende, de um lado, filhos de homens A e de mulheres B, e, de outro lado, filhas de homens D e de mulheres A. Nestas condições, conforme já observamos, todos os ho-

---

**2.** SHARP, L. Ritual Life and Economics of the Yir-Yoront of Cape York Península. *Oceania*, vol. 5, 1934-1935, p. 19.

mens A e todas as mulheres B provêm de um mesmo tipo de casamento (entre homens A e mulheres B), que têm por missão perpetuar. Embora os primos em primeiro grau sejam cônjuges proibidos entre os Apinayé (o que se pode considerar como uma defesa parcial contra as consequências do sistema), não é menos verdade que as *kiyé*, que aparentemente são formações exógamas, funcionam realmente como unidades endógamas[3]. É provável que o exame cuidadoso de casos do mesmo tipo, que devem ser mais numerosos do que faria supor a atenção demasiado exclusivamente dirigida para a face "exogâmica" que fenômeno, forneceria um útil método de abordagem para o estudo dos sistemas de troca generalizada. Encontraremos na segunda parte[4] este problema das relações entre endogamia e troca generalizada.

---

**3.** Cf. acima cap. IV. [Em seu artigo já citado, M. Maybury-Lewis dá uma interpretação do sistema Apinayé muito diferente, que o leitor terá interesse em conhecer.]
**4.** Cf. cap. XXVI e XXVIII.

## SEGUNDA PARTE
## A troca generalizada

*"Na verdade, a Terra já está em boa condição, mas faltam ainda os caminhos. É Ning Kong que vai abri-los.*

*Toma debaixo do braço sua irmã 'Ndin Lakong, que é um novelo de linha, desenrola uma parte sobre a China e volta para seu palácio. E eis aí uma bela estrada para a China.*

*Dirige-se então para o país Shan, e desenrola de novo sua irmã, e isto cria a estrada Shan. E da mesma maneira abre as estradas do país Katchin, da Birmânia e de Kala..."*

Mito de Criação dos Katchin, em GILHODES,
**The Katchins; their Religion and Mythology**.
Calcutá, 1922, p. 18.

# I. Fórmula simples da troca generalizada

# CAPÍTULO XV
## Os doadores de mulheres

Descobrimos uma fórmula de troca mais ampla do que aquela à qual este nome tem sido até agora dado. Ao lado, e ademais, da troca entendida em sentido restrito – isto é, em que atuam exclusivamente dois parceiros – é possível conceber, e ele existe, um ciclo menos imediatamente perceptível, precisamente porque recorre a uma estrutura de maior complexidade. É a este que damos o nome de troca generalizada. A análise das formas de casamento na Austrália e as contradições que aparecem na tipologia tradicional, exclusivamente fundada na noção de troca em sentido restrito, levaram-nos a perceber a fórmula mais complexa e a impossibilidade de compreender as regras do casamento sem integrá-las no sistema global que as implica, uma e outra. Mas até agora a fórmula da troca generalizada apareceu-nos mais como uma necessidade teórica. Falta descobri-la nos fatos, e é isto que nos propomos empreender, colocando-nos num duplo ponto de vista.

Devemos primeiramente apresentar sistemas concretos fundados, de maneira clara e simples, numa estrutura de troca generalizada. Este será o objeto dos primeiros capítulos desta segunda parte. Mas, para justificar o tema deste trabalho, que consiste em encontrar, em todas as formas de troca, a origem e a função reguladora do parentesco, é preciso alguma coisa mais. É preciso mostrar que sistemas de parentesco e tipos de casamento que até aqui têm sido considerados incompatíveis com o que se chamava, de maneira corrente, "casamento por troca", dependem de fato da troca, do mesmo modo que as formas mais literais, e que todos os tipos conhecidos ou concebíveis do parentesco e do casamento podem ser integrados em uma classificação geral, como métodos de troca, restrita ou generalizada. É a noção de troca generalizada que nos permitirá realizar esta redução ou, se preferirmos, estender a estrutura da troca a tipos e costumes que poderiam parecer inteiramente estranhos a esta noção. Mas, de momento, dedicamo-nos à primeira destas tarefas, isto é, ao exame da troca generalizada tal como aparece na realidade em sua forma mais simples.

Foi T.C. Hodson que, em 1922, formulou pela primeira vez a hipótese segundo a qual os grupos que permitem o casamento com a prima cruzada matrilateral, excluindo a prima cruzada patrilateral, são estruturalmente diferentes dos que o permitem com todas as duas[1]. Aquele autor deveria retomar esta hipótese mais sistematicamente em

---

1. HODSON, T.C. *The Primitive Culture of Índia*. Royal Asiatic Society (James G. Forlong Fund, vol. 1). Londres, 1922.

1925, e seu pequeno artigo publicado nesta data tem o imenso mérito de estabelecer, pela primeira vez, a distinção teórica entre as organizações dualistas com casamento entre primos cruzados bilaterais e as organizações que chama tripartites (formadas de três secções, ou de um múltiplo de três) caracterizadas pelo casamento assimétrico entre filho de irmã e filha de irmão[2]. A expressão "organização tripartite" é demasiado estreita, uma vez que o exemplo reconhecido por Hodson como mais perfeito, o sistema Katchin, exige, pelo menos no nível do modelo, cinco secções elementares. De fato, os sistemas de troca generalizada podem compreender um número qualquer de secções, mas somente se determinado grupo se subdivide em um número ímpar de classes matrimoniais ou de unidades funcionalmente análogas (ou se este número, embora par, é múltiplo de três) é que se poderá presumir *a priori* a presença de tais sistemas.

Veremos, contudo, sistemas de troca generalizada com quatro secções. Este é, aliás, geralmente o caso quando se trata de um sistema de metades com troca generalizada – fórmula já encontrada entre os Murngin[3] –, mas cuja possibilidade não foi considerada por Hodson. Soube, entretanto, distinguir as duas fórmulas fundamentais, compreendeu a correlação entre as regras do casamento e a estrutura social (embora tenha acreditado que as organizações tripartites deviam ser sempre patrilineares,[4] quando é somente necessário, conforme vimos, que sejam *harmônicas*, no sentido definido no capítulo XIII). Adivinhou que a fórmula da troca generalizada possuía uma distribuição mais vasta do que resultava dos fatos que tinha à sua disposição. Hodson descobriu, aliás, exemplos típicos, e sua convicção de que o sistema Katchin apresenta uma ilustração excepcionalmente favorável não perdeu em nada seu valor.

Com efeito, encontramos no Extremo Oriente não uma, mas duas formas características da troca generalizada, distribuídas – por um contraste que por si só constitui um problema – nas duas extremidades da costa do Pacífico, a saber, de um lado entre os Katchin da Birmânia e várias tribos do Assam, de outro lado, entre os Gilyake da Sibéria Oriental.

Possuímos a respeito dos Katchin numerosos documentos e um comentário de seu sistema de parentesco realizado por Marcel Granet[5]. Nem sempre é fácil estabelecer a concordância entre os textos, que datam de épocas muito diversas, referem-se frequentemente a grupos diferentes e relacionam-se todos com um período durante o qual sabemos que o sistema entrou progressivamente em desintegração.

Os Katchin viviam grupados em domínios senhoriais de caráter grosseiramente feudal. Eram patrilineares e patrilocais, praticando a poligamia. O sistema de paren-

---

2. Id. Notes in the Marriage of Cousins in India. *Man in Índia*, vol. 5, 1925.

3. Cf. cap. XII.

4. HODSON, T.C. Op. cit., p. 174.

5. GRANET, M. *Catégories matrimoniales et relations de proximité dans la Chine ancienne*. Paris, 1939, p. 211-212 e 238-242.

tesco foi compilado por Wehrli com base em fontes anteriores a 1900, que são numerosas[6]. Encontra-se também uma análise do sistema de parentesco em Gilhodes[7] e diversas indicações em O. Hanson[8] e Hertz[9].

[Estas fontes eram as únicas de que dispúnhamos quando escrevíamos a presente obra. Ora, pouco tempo depois de ser publicada, Leach começava, a princípio em forma de artigos e depois em um livro, a expor os resultados de suas pesquisas entre os Katchin. Não há necessidade de dizer que estas eram conduzidas por um espírito muito mais moderno e metódico do que as de seus precursores. Nestas condições, convinha ou não manter um capítulo cujos temas tinham sido elaborados partindo de documentos hoje em dia ultrapassados? Não teria sido melhor empreender, com base nos trabalhos de Leach, uma redação inteiramente nova? Afastamos esta decisão por várias razões, que convém enunciar resumidamente. Em primeiro lugar, é este livro, e não outro, que o editor se dispôs a reimprimir. Em segundo lugar, na primitiva redação este capítulo continha um detalhado resumo dos antigos autores, que não se encontrará nas publicações de Leach, a não ser em forma de alusões. Ora, parece-nos que a despeito da época em que trabalhavam e da falta de formação etnográfica estes autores são muito mais dignos de atenção do que o rápido tratamento de seus trabalhos por Leach levaria a supor. Em terceiro lugar e sobretudo, o que eu tinha publicado em 1949 sobre os Katchin foi vigorosamente atacado, e lendo hoje em dia o texto original parece-me que este foi mais frequentemente deformado do que na verdade desmentido. Sem dúvida, desde seu artigo de inspiração muito polêmica de 1951, Leach fez questão de acentuar que nossos pontos de vista aproximavam-se consideravelmente. Como reimprime, entretanto, sem alteração este artigo em seu livro de 1961, julgo necessário, sem querer procurar uma controvérsia retrospectiva com ele, justificar o que eu tinha primitivamente escrito.

Há um primeiro ponto a propósito do qual me apressarei em prestar homenagem a Leach. Sua análise do sistema de parentesco Katchin é muito mais sólida, completa e precisa que a de seus antecessores. Estes últimos tinham deixado em suspenso numerosos pontos e tive portanto, na primeira redação deste livro, de consagrar duas páginas (294-295) a discutir algumas contradições entre as fontes e tentar preencher lacunas por meio de reconstruções hipotéticas. Embora o sistema ao qual chegava assim fosse muito próximo do que era apresentado por Leach, é indiscutível que este último é preferível, e me contentarei, por conseguinte, em reproduzi-lo numa apresentação muito ligeiramente modificada. Tal é o objeto da nova Figura 45.

Dito isto passarei à discussão das múltiplas censuras formuladas por Leach em seu artigo de 1951, nenhuma das quais, na verdade, me parece seriamente fundamentada.

---

**6.** WEHRLI, H.J. Beitrag zur Etnologie der Chingpaw (Katchin) von Ober-Burma. *Internationales Archiv für Ethnographie*. Bd. 16, Supl. Leyde, 1904.

**7.** Cf. GILHODES, Ch. Mariage et condition de la femme chez les Katchin. Birmânia: Anthropos, 1913; *The Kachins: their Religion and Mythology*. Calcutá, 1922.

**8.** HANSON, O. *A Grammar of the Kachin Language*. Rangoon, 1896; *The Kachins, their Customs and Traditions*. Rangoon, 1913.

**9.** HERTZ, H.F. *Handbook of the Kachin of Chingpaw Language*. Rangoon, 1915.

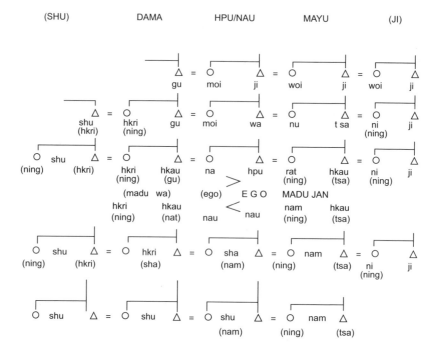

**Figura 45**
*Sistema Katchin (segundo Leach). Os termos entre ( ) são os empregados exclusivamente por um Ego feminino.*

A primeira e mais grave consistiria em ter permanentemente confundido, ao longo do capítulo, duas populações distintas, a saber, de um lado os Katchin, e, de outro, os Haka Chin: "Não há dúvida alguma de que ele [Lévi-Strauss] admitiu que os enunciados de Head a respeito dos Haka Chin são aplicáveis aos Katchin [cf. L-.S., p. 296, 322ss., 377 etc.]. Não pode haver desculpa para este erro. Não apenas os Chin estão geograficamente afastados dos Katchin, mas, tanto quanto saibamos, nem mesmo praticam o tipo de casamento Katchin" (citado segundo *Rethinking Anthropology\**, p. 79). [Texto em inglês no original – N. do T.] Admito de bom grado ter amalgamado os dois tipos, com uma pressa talvez excessiva e sem distinguir sempre, tanto quanto deveria fazer, a respectiva origem das informações que utilizava para construir o modelo de troca generalizada. Mas este amálgama é verdadeiramente inexcusável? Para afirmar isso seria preciso poder demonstrar que os Katchin, de um lado, e os Chin, de outro, constituem duas entidades homogêneas do ponto de vista étnico, linguístico e cultural, e que sejam claramente diferenciadas. Isto parece dificilmente demonstrável no caso dos Katchin, sobre os quais Leach escreve (*Political Systems of Highland Burma*, 1954):

---

\* *Repensando a antropologia*. S. Paulo: Perspectiva, 1974 [Tradução brasileira].

"Esta população fala um certo número de línguas e dialetos diferentes, havendo amplas diferenças de cultura entre uma parte e outra da área (p. 1)" [Frase em inglês no original – N. do T.]. Com efeito, e conforme as próprias indicações de Leach, designa-se pelo nome de Katchin um conjunto de populações heterogêneas, composto aproximadamente de 300.000 pessoas, dispersas em um território de 50.000 milhas quadradas, isto é, aproximadamente um retângulo de 600 quilômetros por 300 quilômetros. A distância entre os Chin mais vizinhos, que habitam as colinas do outro lado do vale do Irawaddy, mal supera 300 quilômetros em linha reta. Portanto, os Katchin meridionais não são mais afastados dos Chin que dos Katchin setentrionais. Que pode haver, por conseguinte de comum neste conglomerado de grupos locais, que, dispersos em um vasto território, estão obrigados à ausência de contatos dos grupos uns com outros, e que a literatura reúne arbitrariamente sob o nome de Katchin? Conforme o próprio Leach reconhece, não é nem a língua, nem os costumes, nem a cultura. O único critério que consegue descobrir para justificar a denominação coletiva e discriminativa de Katchin é a existência, em todos os grupos assim designados, de uma estrutura social comum. "Admito que nesta área um tanto arbitrariamente definida – a saber, a área das colinas Katchin – existe um sistema social. Os vales entre as colinas acham-se incluídos nesta área de tal modo que Shan e Katchin, neste nível, formam partes de um único sistema social" (l.c., p. 60) [Frase em inglês no original – N. do T.]. Se a existência de um sistema social comum justifica a amálgama de povos tão diferentes pela língua, pela cultura e pela história, quanto os Shan e os Katchin, certamente não há fundamento para me censurarem, por ter, com base num sistema social igualmente comum, aproximando os Katchin de certos grupos Chin, porque certamente diferem muito menos uns dos outros do que os Katchin diferem dos Shan.

É verdade que em 1951 Leach negava a existência de um sistema social comum aos Katchin e aos Haka Chin. Assim é que declarava: "Tanto quanto sabemos [os Chin] nem mesmo praticam o tipo Katchin de casamento" [Frase em inglês no original. N. do T.]. E acrescentava imediatamente em nota: "Os Haka Chin são vizinhos dos Lakher por um lado, que praticam o tipo Katchin de casamento, e dos Zahau Chin de outro lado, que não praticam. No que se refere aos Haka, não há dados" (citado segundo *Rethinking Anthropology*, p. 78 e nota 2)[10]. [Em inglês no texto – N. do T.]. Contudo, já neste artigo, Leach parecia ter dúvida sobre a suposta heterogeneidade das estruturas sociais, porque escrevia algumas páginas adiante: "Embora Lévi-Strauss confunda a prática dos Katchin com as dos Chin, pode ainda, segundo penso, arguir que a escala de pagamento do preço das noivas Katchin é paradoxalmente grande" (o.c., p. 88, nota 3) [Frase em inglês no original – N. do T.]. Mas, a propósito do íntimo parentesco dos sistemas Katchin e Haka Chin que eu tinha pos-

---

10. [Poderá ser consultada agora com utilidade a excelente monografia de LEHMAN, P.K. "The Structure of Chin Society". *Illinois Studies in Anthro*pology, n. 3, Urbana, 1963].

tulado em 1949, e que Leach recusava em 1951, a pretexto de que ignorávamos tudo sobre as regras do casamento Haka Chin, houve notável evolução em seu pensamento, porque, alguns anos mais tarde, declarava: "As tribos Lakher e Assam, que são vizinhas dos Haka Chin da Birmânia, assemelham-se estreitamente a estes na cultura geral. Os últimos vivem a algumas centenas de milhas ao sudoeste dos grupos Katchin e não estão em contato direto com eles. A cultura Katchin e a Haka Chin são contudo tão semelhantes em seu aspecto geral que pelo menos um ilustre antropólogo confundiu os dois grupos" (LÉVI-STRAUSS, 1949). ("Aspects of Bride Wealth and Marriage Stability among the Katchin and Lakher". *Man*, vol. 57, 1957, n. 59). [A frase acha-se em inglês no original – N. do T.]

Assim, pois, Leach reconhece que havia um fundamento para a liberdade de que eu tinha usado ao constituir um tipo de estrutura socjal tomando emprestado elementos a populações geograficamente distintas. Deixa, entretanto, de levar ao meu crédito esta identidade demonstrada entre a estrutura social dos Katchin e a dos Haka Chin. O simples fato de que, partindo unicamente do sistema de prestações econômicas dos Haka Chin, tenha podido deduzir a estrutura de seu sistema matrimonial, mostra que, ao contrário de qualquer outra abordagem, nunca isolei este daquele. Por conseguinte, não foi porque tenha confundido Chin e Katchin que julguei serem semelhantes, e sim porque verifiquei que eram semelhantes é que afirmei que – do ponto de vista do sistema matrimonial – tinha-se o direito de confundi-los. Portanto, não fiz nada diferente de Leach, quando reconhece que a rubrica "katchin" não repousa nem na língua, nem na cultura, nem na proximidade geográfica, mas somente na posse comum de uma estrutura social. Esta é a ocasião, ou então não há outra, de se lembrar que, conforme observa com razão Leach: "O etnógrafo assíduo pode descobrir tantas 'tribos' diferentes quantas se der ao trabalho de examinar" (*Political Systems of Highland Burma*, 1954, p. 291). [Em inglês no original – N. do T.]

Outra censura que Leach me faz é ter considerado que o sistema Katchin contém um paradoxo, havendo concluído daí que o modelo do sistema estava necessariamente em desequilíbrio. Há dois aspectos a distinguir em sua argumentação. Em primeiro lugar, Leach nega que o sistema Katchin tenda a aumentar a desigualdade entre tomadores e doadores de mulheres. Segundo ele, com efeito, as prestações matrimoniais consistem essencialmente em gado: "E o gado entre os Katchin é um bem consumível. Feito o balanço, o chefe acumula riqueza em forma de gado. Mas o prestígio não provém da posse do gado, e sim da matança de animais em festas religiosas (*Manau*). Se um chefe enriquece como consequência de casamentos ou outras transações legais, simplesmente celebra Manau em intervalos mais frequentes e em mais ampla escala, e seus acompanhantes, que participam da festa, beneficiam-se nessa mesma proporção. Aqui está, pois, o elemento que é necessário para completar o ciclo de transações de troca, cuja ausência impressiona Lévi-Strauss como paradoxal " (*Rethinking Anthropology*, p. 89). [Trecho em inglês no original – N. do T.]. Ora, o próprio Leach indica, na página 83, que, longe de consistir principalmente em gado, as prestações incluem igualmente trabalho servil, que não se pode ver de que maneira seria restituído. Mas, sobretudo, é falso dizer que o gado fornecido é de certo modo restituído em forma de banquetes cerimoniais, porque o fato do chefe, graças a este gado, estar em condições de dar festas, implica para ele uma aquisição de prestígio que é verdadeiramente capitalizada. Há, pois, uma constante tendência ao acréscimo do prestígio adquirido pelos chefes a expensas daquele que os serventuários renunciam a adquirir por sua própria conta, porque se desfazem do gado em forma de prestações matrimoniais. Neste caso, como nos outros, Leach parece ter progressivamente percebido a insuficiência de suas primeiras posições, uma vez que, em contradição com a passagem que acabamos de citar, escreverá alguns anos mais tarde: "A ascensão social [...] é produto de um processo dual. O prestígio é primeiramente adquirido por um indivíduo, pela prodigalidade em cumprir as obrigações rituais. Em seguida, este prestígio é convertido numa posição social reconhecida, valorizando retrospectivamente a categoria da linhagem individual" (*Political Systems of Highland Burma*, 1954, p. 164). [Trecho em inglês no original – N. do T.]

Na verdade, na passagem anteriormente citada, como em outras (*o.c.* p. 90, 101, 103). Leach parece atribuir-me a absurda ideia que na sociedade Katchin as mulheres são trocadas por bens. Nunca disse nada dessa espécie. É claro que, como em qualquer outro sistema social, as mulheres são trocadas por mulheres. A razão pela qual atribuo uma instabilidade básica ao sistema Katchin é completamente diferente. Não se refere à natureza econômica de uma pretensa contrapartida às prestações de mulheres, mas à distorção das trocas matrimoniais em um sistema de troca generalizada. Com efeito, quanto mais o ciclo das trocas tiver a tendência a se alongar, mais se produzirá o fato de em cada etapa uma unidade capaz de trocar, não estando imediatamente obrigada a fornecer uma contrapartida ao grupo de que é diretamente devedora, procurará aumentar suas vantagens em forma ou de acumulação de mulheres em seu proveito ou de pretensão a mulheres de posição social indevidamente elevada. O primeiro aspecto da argumentação de Leach, segundo qual o modelo da sociedade Katchin estaria em equilíbrio pela redistribuição aos tomadores de mulheres, em forma de festins cerimoniais, do gado que eles próprios deram para adquirir esposas, não se sustenta. A carne pode ser restituída, mas o prestígio adquirido por esta distribuição não é.

Mas, sobretudo, parece que Leach, depois de ter afirmado, em seu artigo de 1951, que o modelo da sociedade Katchin está em equilíbrio e não contém qualquer instabilidade ("o sistema [...] nem é contraditório nem se destrói a si próprio", l.c. p. 88. "Lévi-Strauss é levado a atribuir ao sistema Katchin uma instabilidade que na verdade não possui", l.c. p. 90) [em inglês no original. N. do T.], chegou, em seu livro de 1954, a uma interpretação diferente daquela que tinha inicialmente apresentado, e que coincide na verdade com a que eu próprio tinha proposto.

No artigo de 1951, é evidente que só é considerada uma única fórmula de organização da sociedade Katchin. Leach declara, com efeito, antes de compreender sua análise: "O que se segue aplica-se primordialmente ao tipo Katchin *gumsa* de organização política. Em outro tipo de sistema conhecido como *gumlao* a estrutura é de certo modo diferente" (l.c., p. 82, nota 2, cf. também p. 85, nota 1). [Em inglês no original – N. do T.]. Mas em nenhum momento é feita menção deste segundo tipo. Ora, no livro de 1954, ao contrário, Leach insiste sobre a dualidade dos dois tipos. Mostra que, conforme as regiões e às vezes mesmo conforme as aldeias, a sociedade Katchin pode estar organizada ora em base igualitária (*gumsa*), ora em base hierárquica e semifeudal (*gumlao*). Mostra igualmente que os dois tipos estão estruturalmente ligados e que, ao menos teoricamente, seria possível conceber que a sociedade Katchin oscilasse constantemente entre os dois tipos. Do ponto de vista que nos interessa, é importante que, ao analisar cada forma, Leach acentue de um lado "uma inconsistência básica na ideologia *gumsa*" [em inglês no original – N. do T.] e que, por outro lado, acrescente: No entanto, o sistema *gumlao* é igualmente cheio de inconsistências" (LEACH, 1954, p. 203) [em inglês no original – N. do T.]. E prossegue: "Em certo sentido ambos os sistemas são estruturalmente defeituosos. Um estado político *gumsa* tende a desenvolver aspectos que conduzem à rebelião, dando em resultado por algum tempo uma ordem *gumlao*. Mas uma comunidade *gumlao*... em geral não dispõe de meios para conservar as linhagens que a constituem unidas em estágios de igualdade. Por conseguinte ou se desintegrará completamente por fissão ou então as diferenças de posição entre grupos de linhagens farão o sistema retornar ao modelo *gumsa*" (l.c., p. 204) [em inglês no original – N. do T.].

Depois de ter, portanto, afirmado em 1951 que a sociedade Katchin estava em equilíbrio, Leach reconhece em 1954 que tem caráter alternado, oscilando constantemente entre duas fórmulas contraditórias entre si, cada uma das quais implica por sua própria conta uma contradição ("Autocontradições de *gumsa* e *gumlao*", p. 231) [em inglês no original – N. do T.]. Leach percebe tão bem que deste modo apenas faz vir ao encontro de minha própria interpretação, que acrescenta lealmente: "A hipótese segundo a qual poderia haver tal tipo de relação [entre os sistema de casamento Katchin *mayu-dama* e a estrutura de classe da sociedade Katchin] teve origem com Lévi-Strauss [...] [o qual] sugeriu além disso que a existência de um tipo de sistema de casamento *mayu-dama*, levando a uma sociedade estratificada em classes, por esta mesma razão daria em resultado o desmoronamento da sociedade Katchin. O material que reuni aqui apoia em parte o argumento de Lévi-Strauss, embora a instabilidade na organização Katchin *gumsa* não seja, segundo penso, inteiramente do tipo que Lévi-Strauss supunha" (l.c., p. 288) [texto em inglês no original – N. do T.]. Leach teria podido acrescentar que esta confirmação empírica de minha interpretação invalida a que ele mesmo tinha proposto em 1951. Sem dúvida, eu não podia conhecer a existência dos dois tipos *gumsa* e *gumlao*, que não tinham sido descritos pelos antigos autores, e que Leach teve o grande mérito de observar no terreno e de colocar em seu verdadeiro lugar. Mas bastará ler as páginas seguintes para verificar que, sem conhecer essa distinção, ela fora por mim deduzida partindo de análise teórica das condições formais do casamento Katchin. Entretanto, do fato dos *gumlaos* distinguirem as categorias *mayu* e *dama*, embora "nada exista em seu sistema político que exija tal separação" (LEACH, 1954, p. 203) [frase em inglês no original – N. do T.], não concluo, como Leach, que existe um paradoxo, e sim que essa dicotomia não resulta de um sistema político, mas é antes a causa deste: "Empiricamente os grupos *gumlaos* [...] parecem retornar com grande rapidez à diferenciação de classes em uma base de linhagem" (id.) [frase em inglês no original – N. do T.]. Mesmo em 1954, com efeito, Leach apega-se a uma interpretação insuficientemente estrutural. A conexão entre a estrutura feudal de tipo *gumsa* e o casamento matrilateral aparece-lhe como um fenômeno contingente, ao passo que eu tinha mostrado que são estruturalmente ligados.

Passarei mais rapidamente sobre outra censura de Leach (l.c. p. 80, nota 1), a de não ter em meu estudo do sistema Katchin distinguido claramente hipergamia de hipogamia. A razão é que, do ponto de vista formal, não era necessário fazer a distinção entre os dois tipos, e para tornar manifesto este ponto utilizarei de aqui em diante o termo anisogamia, tomado da botânica, que exprime simplesmente que o casamento se faz entre cônjuges de situações diferentes, sem prejulgar qual deles, o homem ou a mulher, se encontra colocado mais alto ou mais baixo. Ainda aqui Leach, que considerava em 1951 que a anisogamia era um aspecto estrutural do sistema Katchin, em 1954 parece ter se aproximado sensivelmente do meu ponto de vista: "O casamento de primos cruzados matrilaterais é [...] um correlato de um sistema de linhagens patrilineares aparelhado em uma hierarquia de classes. Não se segue necessariamente que os doadores de noivas (*mayu*) devam estar situados mais alto do que os recebedores (*dama*). Mas segue-se que se a diferença de classe é expressa pelo casamento, então *mayu* e *dama* devem ser exclusivos, um dos dois situando-se acima do outro" (*Political Systems of Highland Burma*, p. 256) [trecho em inglês no original – N. do T.]. Com efeito, segundo me parece, assim como o casamento matrilateral e o casamento patrilateral são um e outro compatíveis com os dois modos de filiação, embora o casamento patrilateral seja mais provável no regime de filiação matrilinear (em razão de sua instabilidade estrutural, que o leva a procurar os circuitos curtos), e o casamento matrilateral mais provável no regime patrilinear (que pode com mais facilidade tomar a liberdade de alongar os ciclos), assim também a hipogamia (que representa a fácies materna da anisogamia) em regime de filiação patrilinear é indício de uma estrutura relativamente instável, e a hipergamia de uma estrutura estável. A hipogamia constitui um índice de instabilidade em uma sociedade patrilinear de tendência feudal porque sua prática é característica de linhagens que procuram na aliança (isto é, no reconhecimento dos cognatos) um meio de afirmar sua posição de agnatos. Faz do cognatismo um meio de agnatismo, enquanto a hipergamia postula mais logicamente que em um sistema agnático as relações cognáticas não são pertinentes. Fazer, portanto, da configuração hipogâmica Katchin um resultado histórico e local da assimilação "de ideias Shan sobre a diferença de classes" (l.c., p. 256) [frase em inglês no original – N. do T.], é desconhecer que a hipogamia representa um imenso fenômeno estrutural, atestado pelo mundo nos tabus dos sogros, e que corresponde a um estado de *tensão* entre linhagens paternas e maternas, não ainda desequilibrado em proveito exclusivo das primeiras, conforme acontece na hipergamia verdadeira. Em seu artigo de 1957 no qual, a propósito de outro problema, oferece uma interpretação, desta vez verdadeiramente estrutural, da relação entre "affinal tie" e "sibling tie", Leach parece ter enfim alcançado o princípio de uma tipologia que poderia ser estendida à classificação dos *gumsas* e *gumlaos*, onde as trocas de mulheres estão ainda presas no sistema geral das prestações.

Terminarei pela última censura que Leach me fazia em 1951, a de desembocar numa história conjetural do conjunto das sociedades asiáticas (*Rethinking Anthropology*, p. 77 e 103). Porque, ainda aqui, é o próprio Leach, hostil a toda reconstrução histórica em 1951, que a partir de 1954 verifica ser muito difícil, em face de sistemas deste tipo (dependentes de um modelo periódico, portanto, somente interpretáveis em termos de diacronia), não procurar comprovar a interpretação sincrônica por considerações de ordem histórica: "Passo agora da semi-história à especulação pura. Não sabemos como a sociedade Katchin se desenvolveu para chegar a ser o que é. Mas vou imaginar. Minha suspeita deve ajustar-se aos fatos históricos que esbocei acima, e também deve ser coerente com os fatos conhecidos da etnografia asiática" (*Political Systems of Highland Burma*, p. 247) [texto em inglês no original – N. do T.]. Ainda esta vez, o tempo fez o seu trabalho, mas, contrariamente à afirmação de Leach (1954, p. 249) de que trato o sistema Katchin como um empréstimo a um sistema chinês arcaico, jamais disse tal coisa. Sugiro somente que o sistema Katchin atesta, ainda hoje, a existência de um tipo de estrutura social que deve ter tido outrora enorme difusão na Ásia, e mesmo na China.

Após esta longa discussão, podemos retomar o exame do sistema Katchin no início, isto é, começando pelo sistema de parentesco (Figura 45).

Este sistema é ainda mais solidamente estruturado do que Leach indica. Com efeito, Leach fica embaraçado pela designação coletiva dos *damas* como "netos" e dos *mayus* como "avós", o que procura justificar dizendo: "Aqueles que não são [que nem são *hapunau* ("irmãos") nem *mayu*, nem *dama*] pela rigorosa relação cognata ou de afinidade, são tratados como se fossem parentes distantes do próprio clã do Ego" (LEACH, 1961, p. 82) [texto em inglês no original – N. do T.]. Mas são parentes afastados dos cognatos, ao menos no nível do modelo. Quando Ego era criança os únicos cognatos que a última linhagem à direita podia conter (*mayu* dos *mayus*) eram os "avós": mãe da mãe do pai, pai da mãe da mãe. Quando Ego tornar-se um homem adulto encontrará na última linhagem à esquerda (*dama* dos *damas*) cognatos que serão "netos": os filhos da filha de sua filha. As designações das linhagens extremas são, portanto, estruturalmente função da regra do casamento. Significam: "linhagem na qual tenho avós ou bisavós", "linhagem onde tenho netos ou bisnetos".]

A terminologia reflete por conseguinte completamente as regras da aliança, que é preciso agora examinar. "Em tudo quanto diz respeito ao casamento os Katchin dividem-se em dois grupos, *mayu ni* e *dama ni*. Os *mayu nis* compreendem a tribo ou as tribos, que fornecem esposas, e os *dama nis*, aquelas em que as mulheres encontram maridos"[11]. Em sentido estreito, os termos *mayu ni* e *dama ni* designam as famílias em que dois membros ao menos são unidos pelo casamento. Mas os termos têm também uma conotação mais geral. Aplicam-se então a todas as famílias ou tribos que podem casar-se entre si, ou que se acham, umas em relação às outras, na relação conveniente. "Uma tribo ou família que é *dama* de *mayu ni* – tribo que lhe dá suas mulheres –, é o *dama* dessa tribo. Assim, na aldeia de Matau há cinco famílias ou ramos principais. Os Chyamma ni são os *dama ni* dos Latsin ni, que são os *dama nis* dos Kawlu ni, que são os *dama nis* dos Chyamma ni. Da mesma maneira, os Latsin ni são os *mayu nis* dos Chyamma ni, que são os *mayu nis* dos Kawlu nis, os quais são os *mayu nis* dos Latsin nis. Neste sistema as mulheres não permanecem na mesma família senão durante uma geração. Deslocam-se, por assim dizer, de uma família para outra, enquanto os maridos não se movem. Assim, no presente exemplo, as senhoritas Latsin tornam-se senhoras Chyamma, cujas filhas tornam-se senhoras Kawlu, e cujas filhas tornam-se senhoras Latsin, etc." Segue-se, evidentemente, que "a parenta mais próxima com que um homem possa casar-se, com exclusão de qualquer outra, é uma prima filha do tio materno [...] Na tribo, que é seu *mayu*, não pode encontrar senão primas descendentes de tios maternos, e o costume considera recomendado, embora não obrigatório, que a escolha recaia sobre uma delas"[12]. Encontramos as mesmas indicações em Hanson e em Carrapiet. "Os Katchin definem as famílias como *Dama*, ou "doadoras de marido", e outras como *Mayu*, famílias "doadoras de mulheres"[13].

Estes textos são importantes sobre vários aspectos. Primeiramente porque estabelecem a regra do casamento com a filha do irmão da mãe, e a fórmula geral da qual esta é uma aplicação. Em seguida, porque mostram que o circuito de troca pode fechar-se depois de um mínimo de três estações, o que elimina imediatamente toda possibilidade de organização dualista (que exigiria pelo menos quatro estações). Encontramo-nos, portanto, aqui em face de uma fórmula de troca generalizada absolutamente simples, e não derivada (como era o caso entre os murngins) de uma organização prévia com metades exogâmicas.

O casamento normal Katchin faz-se por conseguinte com a filha do irmão da mãe, mas esta tem o mesmo nome que a filha do irmão da mulher. Por outro lado, conhece-se o casamento com uma "esposa" classificatória do pai[14], assim como o levi-

---

11. GILHODES, Ch. Op. cit., p. 207.

12. Id., loc. cit.

13. HANSON, O. *The Kachins*..., p. 181-182. • CARRAPIET, W.J.S. *The Kachin Tribes of Burma*. Rangoon, 1929, p. 32.

14. Ibid., p. 96. GILHODES, Ch. Op. cit., p. 209.

rato e o cororato. Entre os Haka Chin, o primeiro chama-se *nu klai*, "casar-se com um parente por aliança"[15]. Gilhodes assinala também a poliginia sororal sucessiva. Parece, por conseguinte, que o casamento preferencial resulta menos de um grau prescrito e preciso de parentesco do que de uma relação global entre todos os homens de uma linhagem, credores de esposas *dama nis* e de uma linhagem devedora, *mayu ni*, para o conjunto de suas filhas e irmãs. É realmente assim que os observadores nos representaram as coisas. Existe na língua Katchin, diz Carrapiet, um termo, *kha*, que significa "dívida". Todo atentado à honra, toda ofensa direta ou indireta transforma-se em uma "dívida", que tem de ser paga mais dia menos dia. Dívidas e créditos são levados até a geração mais distante. Ora, em 90% dos casos a origem, direta ou indireta, da dívida – geralmente a origem direta – é uma mulher[16]. E uma nota de J.T.O. Barnard à mesma obra[17] acrescenta este precioso comentário: "Uma mulher Katchin, embora casada de fato com um indivíduo determinado, é realmente tomada pelo clã, e se fica viúva passa a um outro membro masculino do clã, que exerce sobre ela os direitos maritais. No direito Katchin, propriamente falando, não existe, pois, divórcio [...] O melhor meio de resolver os problemas deste tipo é fornecer uma mulher em substituição." Inversamente, se um pretendente pede uma jovem irmã em lugar da irmã mais velha, deve pagar um preço mais alto, por exemplo, dar um búfalo a mais[18]. O mesmo autor acrescenta: "Às vezes, em casos de discórdia na família, e a fim de acabar com esta situação, os parentes trocam a primeira mulher, demasiado indócil, por uma de suas jovens irmãs que, esperam, será mais fácil de contentar. A irmã mais velha deve entregar à caçula todas as suas joias, e esta última toma então o lugar dela"[19]. Indica-se também que os irmãos casam-se habitualmente com as viúvas de seu irmão, e um sogro casa-se com sua nora quando esta fica viúva, o que mostra que o uso coincide com a terminologia. Se uma mulher se recusa a viver com o marido e se todos os esforços da família para obrigá-la a voltar ao domicílio conjugal mostram-se vãos, há obrigação de dar outra mulher em lugar dela[20]. Carrapiet cita um caso julgado pelo tribunal da circunscrição, que mostra bem o aspecto coletivo e recíproco da dívida conjugal: o queixoso é a viúva do primo do defensor, morto um ano antes. Ela pede o divórcio contra a *família* do defensor, uma vez que nenhum dos membros masculinos da referida família a tomou por mulher[21]. Inversamente, se o irmão da mãe não tem filha para casar deve

---

15. READ, W.R. *Hand Book of the Haka Chin Customs*. Rangoon, 1917, p. 8-9.

16. CARRAPIET, W.J.S. Op. cit., p. 4-5.

17. Ibid., p. 35-36.

18. GILHODES, Ch. Op. cit., p. 212. Trata-se do *mythun*, ou *bos frontalis*. – Cf. também Carrapiet, op. cit., p. 73: "Considera-se injurioso que uma irmã caçula seja pedida em casamento antes de outra mais velha e fazem-se os maiores esforços – nem sempre coroados de sucesso – para evitar este acidente".

19. Ibid., p. 222-223.

20. Nota de T.F.G. Wilson a Carrapiet, op. cit., p. 37.

21. CARRAPIET, W.J.S. Op. cit., p. 117.

procurar uma mulher para seu sobrinho entre suas outras parentas. Se, ao contrário, um sobrinho se recusa a casar-se com a prima, deve pagar uma indenização ao tio ofendido. E se a mulher morre depois do casamento, o marido tem o direito de exigir de seus sogros (tio e tia), uma outra mulher. Estes dão-lhe uma filha ou uma parenta como esposa. Em caso de adultério, aliás, o clã do sedutor é solidariamente responsável pela indenização devida ao marido ofendido[22].

O fato de ninguém se casar com um indivíduo é coisa que ressalta bem do costume do pedido de casamento. "Os Anciãos (*salang*) são enviados pela família do pretendente à família cuja aliança é desejada. Se os pais tiverem boa disposição, os *salang* roubam os adornos e os objetos de uso pessoal de todas as moças elegíveis, flores, betel, tabaco, pentes, e os levam para a aldeia do pretendente, onde um *ningwawt* executa um rito divinatório para saber qual é a moça preferível"[23]. Gilhodes dá outras indicações. O casamento faz a mulher entrar na família do marido, da qual, de certa maneira, torna-se propriedade[24]. Se o marido morre a mulher não tem liberdade para voltar à casa de seus pais, ou casar-se novamente com um homem que escolha. Fica à disposição de seus *dama nis*, quer passe para um cunhado, quer para um primo do marido, ou então um cunhado casado a tome como segunda mulher, ou ainda casa-se com um filho de um casamento precedente de seu marido. Somente no caso em que nenhum dos *dama nis* queira que ela volte para sua família é que esta deveria restituir uma parte do preço pago por ela.

Quais são esses grupos entre os quais se efetuam, em um sentido imutável e orientado em princípio, as prestações matrimoniais? Os antigos autores indicam que os Katchin subdividem-se em cinco grupos principais, Marip, Maran, Nkhum, Laphai e Lathong. O mito admite que derivam de um antepassado comum. Contudo, é muito duvidoso que se trate de clãs propriamente ditos. Há entre estes grupos indubitáveis diferenças étnicas, relativas ao dialeto, ao vestuário e aos costumes. O laço estabelece-se com relação a uma tradição comum, e por um parentesco, real ou teórico, que une entre si as famílias nobres de cada grupo. No entanto, George, citado por Wehrli, mostra com exemplos definidos que as afiliações não dependem mais de uma relação de parentesco, verdadeira ou mística. Um Szi-Lephai que se estabelece na vizinhança de um chefe Maran torna-se um Maran com todos os seus descendentes. Embora os grupos vivam hoje mais ou menos misturados, parece ainda possível determinar para cada qual um centro geográfico, que é talvez o vestígio de uma distribuição espacial mais rigorosa. Os Lathong estão no extremo norte, os Laphai nas

---

22. WEHRLI, H.J. Op. cit., p. 28.
23. CARRAPIET, W.J.S. Op. cit., p. 32-33.
24. GILHODES, Ch. p. 227; é preciso fazer restrições a esta interpretação, que não parece corresponder à realidade. Cf. adiante, p. 299.

montanhas nas duas margens do Ir-rawady, os Maran agrupam-se a leste dos anteriores, ao longo da fronteira chinesa. Encontram-se, sobretudo, os Nkhum no extremo noroeste e os Maripe situam-se ao sul dos Nkhum.[25] A maioria dos observadores designam estes grupos pelo nome de "tribo", o que não é suficiente, dada a completa ausência de organização política. Esta só aparece ao nível das propriedades senhoriais ou das aldeias francas. As senhorias reúnem sob uma autoridade comum pequeno número de aldeias, e seus feudos são nitidamente delimitados com relação aos grupos vizinhos. Tal como os grupos principais, estas senhorias não constituem clãs, e Wehrli sem dúvida tem razão quando as distingue dos *khel* nagas[26]. São pequenas unidades políticas, que se subdividem em famílias ou em "casas"[27].

No interior da senhoria, deve-se distinguir os nobres (*du ni*) e as pessoas comuns (*tarat ni*). Os nobres são os que pertencem, direta ou indiretamente, à família do senhor, gozando do correspondente prestígio. "Quando dois ching paw ( = katchin) se encontram, a primeira pergunta é: És um nobre ou um homem comum?"[28] As famílias nobres, aliás, conforme se verá, têm uma origem mítica, sendo seu poder fundado sobre o mito.

As famílias nobres não parecem ter outro nome senão o dos cinco grupos principais a que pertencem, tendo, além disso, uma denominação específica tomada da toponímia. Ao contrário, os homens comuns têm um nome de família ou de clã. Não se deve esquecer, com efeito, que as famílias principais, por sua genealogia, remontam aos fundadores míticos dos grupos principais, cujo nome podem invocar para si. O povo divide-se em um grande número de clãs, que não são unidades territoriais. Os membros de um mesmo clã podem prender-se a grupos principais, e mesmo a senhorias diferentes, acrescentando ao nome clânico o do grupo principal, e eventualmente o do senhor de que dependem[29]. O nome clânico propriamente dito é sempre conservado. Quando um Szi-Chumlut, isto é, um membro da tribo Szi (grupo que apresenta afinidades acentuadas com os Katchin propriamente ditos) e do clã Chumlut se estabelece no território de um chefe Maran, torna-se um Maran-Chum-lut. Wehrli conclui, juntamente com George, que existe a prioridade histórica da organização clânica sobre a divisão, atualmente predominante, em cinco grupos[30].

---

**25.** Cf. carta, em WEHRLI, op. cit.

**26.** Cf. cap. XVII.

**27.** A gente da casa compreende em geral três gerações que habitam debaixo do mesmo teto, podendo abrigar de 20 a 40 pessoas. É a gente da casa que constitui unidade econômica da Senhoria (WEHRLI. Op. cit., p. 29).

**28.** PARKER, 1897; apud WEHRLI, p. 25.

**29.** Por exemplo: "Um ramo da tribo lathong governado por um chefe da família sana será chamado *sana-lathong*, ou será denominado de acordo com as particularidades geográficas de seu território" (GEORGE, 1892; apud WEHRLI, op. cit., p. 24)

**30.** WEHRLI, H.J. Op. cit., p. 26.

O conjunto dos fatos sugere uma evolução do mesmo tipo daquela que parece se ter produzido no Peru pré-colombiano, onde uma organização clânica primitiva viu um sistema de linhagens, de caráter cada vez mais feudal, superpor-se progressivamente a ela. Na verdade, a sociedade Katchin revela à análise três formações principais: primeiramente o clã, que só aparece entre as pessoas comuns e que, mesmo entre estas, reduz-se a um nome transmitido em linha paterna. Temos em seguida as cinco grandes divisões, fundadas numa genealogia mítica, e enfim as senhorias que, dentro de cada uma dessas divisões, ligam-se por articulações suplementares a esta mesma genealogia. Não parece haver dúvida que estas senhorias constituem linhagens, que se multiplicam pelo desprendimento, em intervalos regulares, dos primogênitos das principais casas, que vão fundar, em novos territórios, sua própria casa. Com efeito, é o filho mais jovem que herda a chefatura. "O filho mais moço é o herdeiro principal [...] Sucede à dignidade do chefe e toma posse da casa familiar e do direito à terra [...] O filho mais velho não herdeiro de um *dawa* junta-se com seus amigos que se encontram em igual situação, emigra e funda com os companheiros um novo estabelecimento. A esta consequência do direito de herança é que provavelmente se deve o sistemático alargamento do grupo Chingpaw, e é ela que explica também talvez a dispersão de cada ramo em vários feudos[31].

Encontra-se entre os Lushai uma situação análoga. "Quando um filho de chefe atinge a idade do casamento o pai compra para ele uma mulher e lhe confia um certo número de casas, tomadas em sua aldeia, que constituirão daí em diante uma nova unidade. A partir desse momento ele comandará como um chefe autônomo [...] O filho mais moço permanece na aldeia paterna, e sucede ao pai não somente no comando da aldeia, mas também no que se refere aos bens"[32].

Esta partenogênese contínua das linhagens, junto com a possibilidade, para cada uma delas, de adotar clientes de origem estrangeira que tomam-lhe o nome, deve progressivamente reduzir as mais antigas linhagens a conglomerados pouco homogêneos, unidos somente pela herança de particularidades de costumes e por uma vaga tradição ancestral[33]. É realmente assim a aparência dos grupos principais, cuja ausên-

---

31. WEHRLI, H.J. Op. cit., p. 33. • HEAD, W.E. *Hand Book...*, p. 20ss.
32. SHAKESPEAR, Ten.-cor. J. *The Lushei Kuki Clans*. Londres, 1912, p. 43.
33. Estas clientelas, que às vezes lembram a instituição incaica dos "yanakona", provavelmente são do mesmo tipo que as descritas por Shakespear sob o nome de "boi". Entre os lushais só um chefe pode ter *boi*, que se dividem em várias categorias, a saber, os que vieram refugiar-se junto ao chefe, impelidos pela fome e pela necessidade, os criminosos perseguidos, que trocam a liberdade pessoal e a de seus filhos pela proteção do chefe e, finalmente, os desertores de facções inimigas. Conforme a categoria a que pertence o *boi* pode ou não comprar sua liberdade, e a posição de seus filhos é livre, ou conforme a sua. Não é raro, diz Shakespear, que um jovem inteligente se eleve de *boi* ao estado de conselheiro privado do chefe. Um *boi* favorito pode ser adotado (SHAKESPEAR, p. 46-49). Pensamos nessas "clientelas feudo-familiares" que contribuíram para formar, segundo Granet, os Sing da China Antiga (GRANET. *Catégories*, p. 122), e na unidade social fundamental dos sema nagas, o "solar" fundado sobre a relação entre o "chefe" (= pai) e seus "órfãos", que ele alimenta e casa (HOTTON. *Sema Naga*, p. 144ss.).

cia de nome clânico suplementar sugere que são antigos clãs transformados em unidades políticas e territoriais, primeiramente por influência de chefes empreendedores, e depois pela hegemonia de uma família principal. Tal foi, aproximadamente, a evolução dos incas no Peru. Teríamos, portanto, uma organização clânica arcaica, hoje em dia quase inteiramente apagada, exceto entre os camponeses. Alguns dos clãs dessa organização primitiva teriam evoluído e continuariam a evoluir, em linhagens que deixavam subsistir atrás delas o esquema de uma estrutura primitiva, os cinco grupos principais. Finalmente, essas linhagens projetam continuamente diante de si novas formações, senhorias, casas e famílias.

O ponto essencial, segundo nosso modo de ver, é que o sistema do casamento funciona em todas as etapas desta complexa realidade. "As cinco tribos subdividem-se, por sua vez, em ramos principais e ramificações secundárias [...] todas estas famílias estão intercaladas cada uma delas entre duas outras, sem nunca se confundirem. Vivem separadamente em gurpos dispersos em aldeias diferentes, cada qual com seu território[34]. Estas afirmações são provavelmente excessivas. No entanto, põem em evidência a articulação de todos os elementos do grupo social em um ciclo, ou uma série de ciclos, de casamentos. O ciclo fundamental forma-se em torno dos cinco grupos principais. Os Maripe tomam mulher entre os Maran, estes entre os Nkhum, estes últimos entre os Laphai, os Laphai entre os Lathong e os Lathong entre os Maripe[35]. Segundo dizem os bardos (*jaiwa ni*), esta distribuição remontaria aos filhos de Washet Wa Makam, que foram os primeiros chefes das cinco "tribos". [Trata-se incontestavelmente de um *modelo*, cuja coincidência com a realidade empírica nunca pode ser senão parcial e precária. Mas todas as citações dos autores antigos, aqui reunidas, mostram que tiveram perfeita consciência deste caráter. Leach apenas retoma o testemunho deles quando declara: "Os próprios Katchin indubitavelmente tendem a pensar que sua sociedade total compõe-se de cerca de sete ou oito grupos principais deste tipo [clã] [...] Os primeiros cinco destes [...] geralmente considerados como sendo de posição superior e [...] reconhecidos em toda a área montanhosa dos Katchin" (LEACH, 1954, p. 128 e nota 34).] [em inglês no original – N. do T.].

Contudo, Gilhodes e Hanson concordam em dizer que o sistema em vigor entre as famílias nobres é mais complexo, visto cada família de um grupo receber mulheres de duas famílias pertencentes a dois outros grupos. "Esta disposição foi um tanto modificada em tempos ulteriores. No começo os *du nis* só tinham uma tribo para *mayu ni*, agora geralmente têm duas. Os *tarat nis* devem sempre procurar mulher nos limites da classificação antiga, mas hoje para eles a mesma tribo se subdivide em várias famílias

---

**34.** GILHODES, Ch., p. 141.
**35.** CARRAPIET, W.J.S., p. 32. • GILHODES, Ch., p. 207. • HERTZ, apud Hodson (1925), p. 93.
• HODSON, p. 166.

que são *mayu ni* ou *dama ni*"[36]. Deixemos provisoriamente de lado a plebe para só considerar as famílias feudais. Gilhodes dá como *mayu ni*: Maran e Laphai para Marip; Lathong e Maran para Laphai; Nkhum e Lathong para Maran; Nkhum e Marip para Lathong; enfim, Marip e Laphai para Nkhum. Hanson dá as mesmas indicações, exceto assinalar uma relação recíproca entre Laphai e Lathong, o que o condena a deixar os Nkhum fora dos circuitos secundários. Um e outro fato parecem altamente improváveis. Nenhum autor se refere a uma situação particular dos Nkhum, e a reciprocidade entre os dois primeiros grupos implicaria um casamento entre primos cruzados bilaterais, em flagrante contradição com o testemunho de todos os observadores, inclusive Hanson. É provável que Hanson tenha construído seu esquema com base em informações contraditórias, resultantes da moderna desintegração do sistema. Encontraremos adiante exemplos disso. Em vez de tentar resolver estas contradições na hipótese de um sistema teórico e primitivo, preferiremos adotar os dados de Carrapiet e de Gilhodes, que são concordantes e conduzem a um quadro perfeitamente equilibrado (Figura 46). Granet, entretanto, levantou a este respeito um considerável problema.

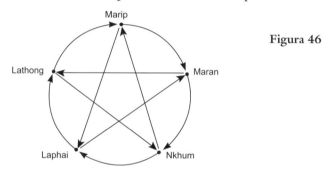

**Figura 46**

*Ciclo feudal do casamento entre os Katchin. As flechas unem os grupos doadores de homens aos grupos doadores de mulheres.*

Sempre à espreita de possíveis verificações de sua hipótese sobre um antigo sistema chinês com oito classes[37], Granet entregou-se, com relação ao sistema Katchin, a uma tentativa de reconstrução fundada sobre certas observações de Hanson. Este indica que as regras do casamento e a ordem respectiva dos grupos que praticam a troca no ciclo geral justificam-se por uma fórmula mítica "hierarquizando as famílias ao indicar a *ordem de nascimento* de seus fundadores, irmãos nascidos de um mesmo herói"[38]. Há cinco famílias de chefes, mas os irmãos eram oito. Os três mais moços fundaram famílias, e cada uma das quais foi anexada por uma família originária de três

---

[36]. GILHODES, Ch. L.c.
[37]. Cap. XIX.
[38]. GRANET. *Catégories*, p. 239.

dentre os cinco mais velhos. Assim, Nkhum, Lathong e Maran são formados cada qual de duas secções, uma principal e outra secundária. Somente os Maripe, descendentes do primogênito, e os Laphai, que são hoje os mais poderosos, compreendem apenas uma secção. Granet aproxima o número de oito irmãos do fato de duas famílias não terem secção menor, para concluir que a estrutura primitiva devia ser mais simétrica, e mais de acordo com uma mitologia, cujo papel é apenas o de justificar os usos. Tudo estaria esclarecido se os oito irmãos tivessem fundado na origem quatro secções principais e quatro secções menores. Também se compreenderia por que cada grupo é ligado, no ciclo de troca, a dois grupos, e não a um só: "Cada grupo sendo fornecedor de outro grupo, cada secção deve dar a duas secções conjugadas, e receber de duas secções conjugadas"[39]. Granet não hesita em retificar as fórmulas de Hanson e de Gilhodes para restabelecer um sistema ideal, no qual haveria o duplo ciclo: Marip – Lathong A – Nkhum A – Maran A – Laphai – Lathong B – Nkhum B – Maran B – (Marip); e Marip – Lathong B – Nkhum A – Maran B – Laphai – Lathong A – Nkhum B – Maran A – (Marip).

Há pouca dúvida que o sistema, tal como foi observado durante a segunda metade do século XIX e a primeira parte do século XX, represente uma fórmula muito alterada. Carrapiet reproduz as regras dadas como válidas por Hertz "há mais de uma geração", acrescentando: "De maneira geral, esta ordem está sempre em vigor"[40]. Mas se nos referirmos a uma nota de T.F.G. Wilson a seu livro, chega-se a uma conclusão diferente. "O costume dos *mayu-damas* de dar e receber mulheres foi consideravelmente relaxado durante as três ou quatro últimas gerações. Subtribos e clãs Maripe casam-se com outras subtribos Maripe, assim por exemplo a família hkansi que é hkansi marip casou-se entre os N'ding Maripe. Os Laphai praticam também o intercasamento. Às vezes os Shadan-laphai vão buscar mulheres entre os Wawang-laphai. Um bom caso é o de shadang kawng (o pai de N'lung la, o *duwa* alan atual) que se casou com Ja Tawng, filha de um antigo *duwa* wawang laphai. Nas aldeias cosmopolitas, que reúnem chingpaws, atzis, lashis e marus, os casamentos endógamos tornaram-se frequentes. Os atzi-laphais vão às vezes procurar mulheres entre os krawn-laphais, o duwa de wawchum é um atzi-laphai e sua mulher é uma krawng laphai[41]. Outras razões contribuíram para fazer o sistema evoluir. Ao lado da ação mais difundida, de que as famílias feudais pretendem ter o privilégio[42], é preciso levar em conta o medo da esterilidade, que é igualmente forte entre a gente do povo. "O costume exige que os *dama nis*, quer sejam *du nis* (nobres) ou *tarat nis* (povo), procurem companheira entre seu *mayu-ni* respectivo. Não obedecer a esta regra equivaleria, segundo se julga, a se co-

---

**39.** Ibid., p. 239-241.
**40.** Ibid., p. 32.
**41.** Ibid., p. 36.
**42.** Cf. acima, p. 286.

brir de vergonha e permanecer sem posteridade. Entretanto, se a primeira mulher não tem filhos ou morre jovem, ou fica louca, toma-se às vezes uma segunda esposa, com a qual não se tinha até então relação matrimonial, aumentando assim o número de seus *mayu nis*"[43].

Pode-se, portanto, admitir que o sistema primitivo devia ser muito diferente daquele que funcionava em uma data mais recente. Resta saber até que ponto as lisonjeiras suposições de Granet relativas à forma deste sistema primitivo podem ser conservadas com alguma probabilidade. Toda a sua hipótese repousa sobre os oito irmãos atribuídos por Hanson à mitologia. A versão de Hanson concorda com a de Wehrli[44], mas choca-se com o testemunho de Carrapiet e de Gilhodes, que falam ambos de nove irmãos, e não de oito. Carrapiet menciona sete tribos nascidas de nove irmãos (a primeira acumulando três antepassados)[45] e Gilhodes apresenta uma detalhada exposição dos antecedentes mitológicos do sistema de parentesco.

Os Katchin concebem a criação do mundo como uma série de procriações: "Karai Kasang cria [...], por intermédio de pais e mães, tudo o que existe na terra". Os mitos apresentam, portanto, excepcional interesse, porque podemos esperar encontrar, no primeiro plano, as noções de casamento e de parentesco tal como são concebidas pelo espírito indígena. A origem suprema das coisas remonta ao encontro de um princípio masculino, névoa ou vapor, Wawm Wawm Samwi, e de um princípio feminino, talvez um pássaro, Ning Pang Majan, que engendram considerável número de seres míticos, o Grande Facão, a Faca, a Ponta de Lança, o Formão, a Grande Agulha, e mais outras entidades sobrenaturais, pilares que mantêm afastados o céu e a terra, cordas e nervos vitais da terra e extremidades do mundo. A geração seguinte compreende os *embriões* de todas as coisas, a *posteriori*, os *pais e mães* das espécies animais e vegetais. A quarta geração compõe-se do céu e da terra em sua forma física (diferente daquela em que existiam anteriormente), os utensílios e instrumentos e os grandes *nat*, ou Espíritos. Há também quatro irmãos (nascidos na terceira geração) que fabricam o mundo com os instrumentos. Com o Grande Sabre, Ning Kong Wa corta em dois "seu irmão Kumli Sin, que não tem nem cabeça nem pescoço, e tem a forma de uma abóbora", e [neste ponto o texto está defeituoso, talvez pulando alguma linha – N. do T.] do outro a mulher, e aí está a origem dos tarat nis, a gente do povo[46].

Os príncipes e os reis nasceram de incesto entre o irmão de Ning Kong Wa, Daru Kumsan, e sua irmã Shingra Kumjan, que sua mãe tinha conservado escondidos até que a terra se tornasse habitável. Um segundo incesto, mal disfarçado, segue-se à destruição do mundo por Ning Kong Wa, e a humanidade nasce dos fragmentos do cor-

---

43. GILHODES, Ch., p. 209.
44. Op. cit., p. 13ss.
45. Op. cit., p. 2ss.
46. GILHODES, Ch. Op. cit., p. 5-19.

po do filho incestuoso. A partir deste momento, o número nove aparece insistentemente. Haverá nove irmãos, nove antepassados das tribos, nove filhos do sol. Os heróis míticos Khra Kam e Khra Naung vencerão o crocodilo de nove cabeças com nove barras e nove cabos de ferro. O ogre-serpente terá nove serpentes como servidoras, o ogre-abutre, nove abutres.

Os chefes Katchin descendem diretamente de Ning Kong Wa. Este torna-se Ka-ang Du-wa, e tem um filho, Ja Rua, e uma filha, Ja Pien-tingsa, que dá nascimento a Singra Prawja. Este casa-se com Madai Jan Prawna, que dá nascimento a Kumjaun Maja e Jan Prawn Shen, os quais, seguindo o exemplo incestuoso de seus ascendentes, têm um filho chamado Washet Wa Makam. Este casa-se com três mulheres, Magaum Kapan, Kumdi Shakoi e Anang Kashy que lhe dão nove filhos, os primeiros dessa longa genealogia nos quais o mito reconhece caráter humano. Estes nove filhos são os primeiros chefes das grandes tribos Katchin, de acordo com a seguinte divisão:

La'n Kam governa os Maripe;

La'n Naung governa um ramo dos Lathong;

La'n La governa os Laphai;

La'n Tu governa um ramo dos Nkhum;

La'n Tang governa um ramo dos Maran;

La'n Yawng governa um ramo dos Nkum;

La'n Kha governa um ramo dos Lathong;

La'n Roi governa um ramo dos Maran;

La'n Khyn governa um ramo dos Maran.

Temos, portanto, um grupo Marip, dois grupos Lathong, um grupo Laphai, dois grupos Nkhum e três grupos Maran. Infelizmente, Gilhodes parece ter se preocupado pouco com a passagem da estrutura mítica à realidade contemporânea, que compreende somente cinco grupos principais, porque se contenta em observar: "Foi por engano que, na introdução à mitologia, dividi os Katchin em cerca de dez tribos. Os Katchin propriamente ditos compreendem apenas cinco famílias principais [...]"[47]

Wehrli, fundando-se sobre as mesmas tradições em que provavelmente Hanson se inspirou, enumera oito irmãos, filhos de Wakyetwa, filho de Sanatengsan, que é um dos oito filhos do deus Shippawnayawng. Os oito irmãos têm o mesmo nome e as mesmas atribuições que os enumerados por Gilhodes, exceto a falta de La'n Roi, chefe do terceiro ramo Maran[48]. Os cinco irmãos mais velhos foram os chefes primitivos dos cinco grupos principais e os antepassados diretos de seus respectivos senhores. Os descendentes dos três irmãos mais jovens, ao contrário, misturaram-se com as classes populares. É ir um pouco longe concluir, como faz Granet, que os Nkhum, os

---

47. Ibid., p. 141.
48. WEHRLI, H.J., p. 12.

Maran e os Lathong subdividem-se em duas secções, uma descendente de um mais velho e outra de um mais moço, tanto mais quanto Hanson, em cujo testemunho se funda, só faz figurar os Nkhum em um único ciclo de troca. Será preciso acrescentar que nenhum autor sugere que os grupos nobres, praticantes da troca duplicada, o fazem por intermédio de duas secções efetivamente distintas? Tudo indica, ao contrário, que é o mesmo grupo, tomado em conjunto, que se aproveita da alternativa. Finalmente, quando se compara com as precedentes a lista e as atribuições dos nove irmãos propostas por Carrapiet, observam-se analogias, mas também significativas diferenças. Há acordo sobre os três mais velhos, mas na lista de Carrapiet, contudo, La'n Tang e La'n Roi são grupados juntamente com o primogênito, como antepassados comuns dos Maripe, o que reduz os Maran a um único grupo, governado pelo mais moço que, realmente, é Maran nas outras listas. Só os Lathong permanecem subdivididos em dois grupos, o dos Lathong propriamente ditos, governados pelo segundo irmão, e o dos Lathong Lasés, governados pelo sétimo. Além disso, os Nkhum são reduzidos a um único grupo, pelo fato do quarto irmão ser atribuído a um novo grupo, os Sasen, onde facilmente se reconheceria os Sassan que George[49] considera como descendentes de um dos cinco grupos principais, provavelmente os Lathong ou os Nkhum. Mas, acrescenta Wehrli, é certo que os Sassan são fortemente misturados com os Maripe. Quanto aos Lathong-lasés, formam provavelmente um dos numerosos ramos que são assinalados para esse grupo[50].

Estas concordâncias, assim como as diferenças, sugerem que o tema mitológico primitivo foi objeto de numerosas manipulações, segundo os grupos e as regiões, para harmonizá-lo com o aspecto geral da distribuição das famílias, no território onde cada versão foi recolhida. Nada parece, pois, mais incerto do que a utilização de uma ou outra dessas versões para reconstruir um sistema ao mesmo tempo geral e primitivo. Colocando-se no ponto de vista de Granet, que é procurar os eventuais protótipos de um sistema arcaico, a versão dos nove irmãos seria incomparavelmente a mais sedutora. Porque é difícil não aproximar o tríplice casamento de que se originaram, na versão de Gilhodes, do tríplice casamento do senhor feudal chinês, onde figuram ao todo nove mulheres. Esta aproximação ganha ainda maior força quando se pensa que os Katchin excedem largamente a fronteira do Yunnan precisamente na região onde, entre as tribos não chinesas, este tipo de casamento subsistia ainda no século XVII[51]. Enfim, as ocorrências repetidas do número nove na versão de Gilhodes, sobre as quais já chamamos a atenção, reforçam a opinião de que o total dos nove irmãos representa a forma mais antiga.

---

**49.** 1891, apud WEHRLI, H.J., p. 15.

**50.** WEHRLI, H.J., p. 15-16. [Leach fez uma síntese de todas as versões do mito da origem, à qual convém recorrer (LEACH, 1954, p. 268-278).]

**51.** Ver adiante, cap. XXI.

Mas é preciso sobretudo compreender que a fórmula dos casamentos entre os grupos principais constitui apenas um caso particular de uma fórmula mais geral, que parece funcionar em todos os níveis da realidade social. Já citamos os textos que estabelecem a regra da distribuição em *mayu-ni* e *dama ni*, não somente para as cinco "tribos", como as chama a maioria dos autores, mas para as unidades menores, subgrupos e famílias, entre as quais se subdividem. Assim é que Gilhodes dá o exemplo de um ciclo ternário entre Chyamma, Kawlu e Latsin[52], que são, segundo ele, famílias da aldeia de Matau, sobre as quais não indica que pertençam a um círculo mais geral. Mas os nomes são provavelmente o equivalente de *sing* chinês, isto é, nomes de clãs. Temos, aliás, sobre este ponto indicações mais precisas. Entre a gente do povo que, diz Wehrli seguindo informadores tão respeitáveis quanto George e Parker, só tem nomes de clã, os portadores do mesmo nome clânico não podem contrair matrimônio. E acrescenta: "Em certas tribos os clãs são unidos mediante regras especiais de aliança (*connubium*). E entre os szi-lepai, George enumera os seguintes clãs: malang, laban, thaw shi, hpau hpau, yan mislu, sin hang, que podem casar-se com mulheres do clã chumlut. Este recebe suas mulheres de vários outros clãs: num taw, tum maw, jang maw, lumwa, hupanwu, hpu kawu. O costume dos outros chingpaw corresponde, sob outras formas, à mesma regra de aliança, segundo a qual a mulher da família do irmão da mãe é o cônjuge prescrito"[53]. Não estamos, pois, em presença de um sistema, limitado em extensão e solidificado na fórmula. Clãs – se realmente é disso que se trata –, e em todo caso linhagens, famílias e casas são unidos por um sistema complexo de alianças matrimoniais, em que só a fórmula geral – a troca generalizada – representa o caráter fundamental e constante[54].

O sistema Katchin levanta problemas, mas numa direção completamente diferente. Por um duplo ponto de vista apresenta caracteres contraditórios, ou mais exatamente singulares antinomias, que sem dúvida são mais que curiosidades. Desejaríamos examiná-las agora e tentar extrair a significação que possuem.

---

52. GILHODES, Ch. Op. cit., p. 207.

53. WEHRLI, H.J., p. 26-27.

54. [Este parágrafo, reproduzido sem alteração da primeira edição, refuta as acusações de Leach de que eu teria confundido o modelo de 5 "clãs" com a situação empírica (LEACH, 1961, p. 80, 88). Na realidade, a distinção sempre foi feita, e Leach, tal como eu, limitou-se a endossar as análises dos antigos autores. Não estou, pois, inteiramente de acordo com Salisbury (*American Anthropologist*, vol. 59, n. 1-2) quando reduz a divergência entre Leach e mim ao uso quer de um modelo mecânico, quer de um modelo estatístico. Numa sociedade como a dos katchins, o modelo do casamento é manifestamente sempre mecânico. Somente quando se considera o número das unidades intercambiantes e a permanência dos vínculos que as unem é que se faz necessário passar ao modelo estatístico, como Leach e nós próprios fizemos, seguindo o exemplo de nossos predecessores.]

# CAPÍTULO XVI
## A troca e a compra

Ficamos à primeira vista impressionados pela simplicidade da regra do casamento Katchin. Basta, ao que parece, a afirmação da união preferencial com a filha do irmão da mãe para que se forme uma roda sutil e harmoniosa, na qual as grandes unidades sociais, assim como as menores, encontram automaticamente seu lugar, e onde podem também, sem comprometer o acordo geral, improvisar evoluções mais restritas, tais como os ciclos ternários das famílias feudais, que se incluem tão facilmente no ciclo quinário de que todos os grupos participam. A simples fórmula da divisão em *mayu ni* e em *dama ni* parece assim rica de possibilidade e basta para introduzir uma ordem equilibrada em uma realidade complexa. Realmente, esta fórmula domina toda a vida social, e dela pode dizer-se o que Sternberg escrevia a respeito da fórmula idêntica que preside as instituições dos Gilyak: "Estas instituições devem ter por fonte algum princípio único e simples, algum imperativo categórico aceitável pelo espírito primitivo, a partir do qual, como de uma semente, pôde sair a complexa organização das instituições indígenas..."[1]

Com efeito, a lei da troca generalizada parece estender-se até mesmo além do casamento. "É uma coisa grave e vergonhosa que um rapaz tenha relações sexuais com uma filha de sua família ou de sua tribo *dama*, mesmo se o grau de parentesco entre eles é muito distante. Os anciãos dizem que esses casos são muito raros, e sempre severamente punidos, porque estas uniões nunca poderiam tornar-se legítimas. Mas um rapaz *dama* pode, sem desonra embora não sem perigo, ter relações com uma moça mayu[2]. Em tribos vizinhas a mesma lei inspira as regras de distribuição. Entre os Rangte o tio paterno da noiva tem direito a receber um búfalo chamado *mankang*. "Se há três irmãos A, B e C, B tomará o *mankang* das filhas de A, C o das filhas de B e A o das filhas de C"[3]. Até a vendeta entre os Haka Chin e os Katchin toma uma forma que lembra a troca generalizada. Um grupo ofendido A só pode se vingar do ofensor B por intermédio de um terceiro grupo C, inimigo de B. É a instituição do *sharé*, ou assassino pago para executar esta ação[4], da qual se conhece um interessante equiva-

---

1. STORNBERG, L. *The Social Organization of the Gilyak*, ms. entregue por Franz Boas à Biblioteca do American Museum of Natural History de New York (marca de classificação 57, 1-57), p. 17.
2. GILHODES, Ch. Op. cit., p. 209.
3. SHAKESPEAR, Ten.-Cor. J. *The Lushei-Kuki Clans*. Op. cit., p. 146.
4. HEAD, W.R. Op. cit., p. 29. • CARRAPIET, W.J.S. Op. cit., p. 29-31.

lente na África[5]. Mas o ciclo da vendeta, ao contrário do ciclo do casamento, é reversível. "Se a vítima designada descobre as intenções do *sharé*, pode por sua vez alugar os serviços deste, na mesma base que o instigador inicial, e o *sharé* tem de aceitar, sob pena de contrair uma "dívida" para consigo mesmo"[6]. Entretanto, há uma espécie de "ciclo da vingança", comparável ao ciclo da exogamia. Entre os Haka Chin "a ausência de transmissão de uma vendeta acarretaria uma sorte má para a família até a segunda ou a terceira geração"[7].

Insistimos longamente no capítulo precedente sobre os traços que manifestam o caráter global da instituição e a relação simples que instala ou perpetua entre grupos mais do que entre indivíduos. "Se os *mayu* enviam um pedaço de saia de mulher aos *dama*, isto quer dizer que uma moça está disponível e pode ser pedida em casamento"[8]. Inversamente, "se o divórcio não se faz por consentimento mútuo, o marido pode exigir, em lugar dos presentes de casamento, que um outro membro da família lhe seja entregue como mulher, uma irmã, uma sobrinha ou uma tia. É o que acontece se a família da mulher acolhe o marido divorciado[9]. O vínculo forma, portanto, uma obrigação recíproca, e se um dos grupos pretende livrar-se dele para inaugurar uma nova aliança, a qual é também feita de acordo com um tipo prescrito, deve ser observado um procedimento especial, que comprova, além da obrigação geral resultante da orientação solidária de todos os grupos no mesmo ciclo de troca, as obrigações particulares que sujeitam os grupos tradicionalmente aliados. "Uma família *dama* não poderia procurar mulher fora de sua família *mayu* sem o consentimento desta. E vice-versa, uma família *mayu* não pode dar nenhuma de suas filhas em casamento a uma outra família que não seja sua *dama*. Quando uma família quer afastar-se do costume envia um pacote de *Yu ma yawn*, *nga ma yawn* à família que será abandonada e solicita sua concordância. A permissão vem em forma de presentes, tais como um dente de elefante ou um gongo. Depois de ter assim recebido a autorização pedida, a família beneficiária dirige-se àquela de que deseja obter uma mulher. E esta família, por sua vez, para se garantir contra uma "dívida" eventual para com a família abandonada, pede à solicitante que apresente a prova do consentimento, e os presentes recebidos são efetivamente exibidos"[10]. O presente de abertura consiste em carne de rato[11] e carne de búfalo, artigos normalmente incluídos no presente do pretendente que faz a proposta, e que a mãe da noiva manda cozinhar para oferecê-las aos anciãos, se a família acolher favoravelmente o pedido.

Um roteiro cênico tão rigoroso e bem regulado, onde mesmo as liberdades possíveis são objeto de minucioso procedimento, não deveria, ao que parece, dar mar-

---

**5.** DOKE, C.M. Social Control among the Lambas. *Bantu Studies*, 2, 1923. n. 1, p. 36.

**6.** CARRAPIET, W.J.S. Op. cit., p. 31.

**7.** HEAD, W.R. Op. cit., p. 29.

**8.** CARRAPIET, W.J.S. Op. cit., p. 72.

**9.** Ibid., p. 35.

**10.** Ibid., p. 70.

**11.** [Sobre o simbolismo do rato, cf. LEACH, 1954, p. 180-181.]

gem a nenhuma incerteza. O tipo de cônjuge potencial é prescrito. Ao mesmo tempo, é definido de maneira suficientemente ampla, em função da família e não do indivíduo, para que uma solução de substituição, de caráter também ortodoxo, possa ser feita em caso de necessidade. O casamento Katchin deveria, pois, mostrar-se um processo quase automático e sem história, não dando lugar à duvida ou à infração. De fato, porém, nada disso acontece. Vemos que a regulamentação límpida dos graus prescritos acaba por ficar submetida à casuística, de complicação quase inconcebível, da compra. Porque a noiva não deve somente ser escolhida, deve também ser paga. E a admirável simplicidade das regras que governam a escolha entra no mais espantoso contraste com a multiplicidade das regras que é preciso agora considerar.

Gilhodes é o primeiro a nos indicar que o casamento não é um negócio tão simples quanto se poderia concluir das regras da união preferencial. "São os pais, mais frequentemente o pai, que se preocupam com o futuro de seus filhos. Todo casamento toma mais ou menos a forma de uma venda, na qual o preço da mulher varia de acordo com sua categoria"[12]. O lugar eminente que este aspecto do problema ocupa no pensamento indígena exprime-se nos cantos de regozijo por ocasião do nascimento de um filho: "Que ele cresça! que se torne pai de numerosos filhos!" – exclama-se se for um menino. E se for uma menina "que ela cresça", que possa um dia ser dada em casamento e render à sua família búfalos, gongos, licores, vestidos!"[13] Gilhodes comenta estas exclamações da seguinte maneira: "Os Katchin desejam ardentemente ter filhos, meninos para continuar e propagar a família, meninas para tirarem lucro, especialmente por ocasião do casamento [...]"[14].

Os artigos que figuram nas prestações matrimoniais são de diversos tipos, alimentos, em forma sobretudo de carne e de licor, animais domésticos, como búfalos e porcos, objetos de uso, por exemplo, esteiras e cobertores. Finalmente há os *sumri*, que são objetos de natureza especial, assim chamados porque os maus espíritos consideram-nos como os "nervos vitais", *sumri*, que Karai Kasang segura na mão. Vendo que são sólidos, os espíritos não ousam mordê-los e fogem. Os *sumri* não são negociáveis. Consistem sobretudo em armas antigas, alabardas chamadas *ningpha* e sabres cerimoniais chamados *shatunri*, habitualmente pendurados em cima da lareira, no quarto dos pais. São utilizados para espantar os espíritos em caso de doença grave, por ocasião do nascimento de uma criança, etc., e seu único modo de transmissão é a devolução pelos pais da mulher, *mayu ni*, aos pais do marido, *dama ni*, no dia do casamento, e como uma das etapas da troca ritual de presentes[15]. Voltaremos a encontrar o equivalente deles entre os Gilyake[16].

---

12. GILHODES, Ch. Op. cit., p. 211.
13. Ibid., p. 178.
14. Ibid., p. 185.
15. Ibid., p. 175.
16. Cap. XVIII, p. 347-348.

Vimos que o preço da noiva é função da categoria dela, mas não somente da categoria, ao que parece, porque os *mayu ni* recuperam, ao formular exigências arbitrárias, uma parte ao menos da liberdade de que a atribuição dos graus preferidos os tinha aparentemente privado. Entre os Haka Chin "não se recusa um pretendente que pede uma moça em casamento, mas exige-se um preço exorbitante"[17]. O preço da noiva propriamente dito varia entre dois búfalos, dois gongos, dois cortes de seda, vários rolos de linha, um vestido de seda, e quatro ou cinco jarras de licor, se for uma moça do povo, e três ou quatro vezes mais se for uma moça bem-nascida. Além disso, será preciso incluir uma presa de elefante, um escravo, um fusil, duas libras de prata, etc.[18] Anderson, citado por Wehrli, acentua também o preço considerável pago pelas filhas dos senhores: um escravo, dez búfalos, dez lanças, dez sabres, dez objetos de prata, uma panela, duas roupas[19]. Está claro que estas prestações passam-se entre grupos e não entre indivíduos. Do lado do homem, porque o pai pede ajuda à sua família para constituir o preço do casamento do filho. Do lado da mulher, em parte porque há pluralidade de beneficiários e de ofertantes (para os presentes devolvidos), e por outro lado porque, por considerável que seja, o preço da noiva é apenas um dos inumeráveis pagamentos que são devidos por ocasião do casamento, ou de um falecimento, ou de qualquer outra ocasião importante que põe em questão a relação entre dois ou vários grupos.

É preciso ler este tesouro desconhecido da etnografia contemporânea, o *Hand Book of the Haka Chin Customs* de W.R. Head, para compreender, nos sistemas desse tipo, a complicação quase fantástica das trocas matrimoniais. Analisá-las em detalhe obrigaria a reproduzir textualmente o tratado de Head, e por isso contentamo-nos em apresentar algumas amostras. Se o casamento faz-se entre habitantes da mesma aldeia, as prestações exigem os seguintes pagamentos: *ta man*, preço do irmão ou do primo; *pu man*, preço do tio; *ni man*, preço da tia, *nu man*, preço da mãe; *shalpa man*, preço do escravo. Se os noivos habitam aldeias diferentes, convém acrescentar: *ké toi*, preço para ir a pé (ao irmão, tio e tia) e *don man*, preço do encontro (com o irmão, o tio e a tia). Finalmente, nas aldeias do sul, *in kai man*, preço para se casar em uma família. Tudo isto é somente preliminar do *man pi*, grande pagamento (ao pai ou ao seu herdeiro) e do *pun taw*, preço da moça (ao pai ou a seu herdeiro, transmissível, em caso de morte do marido antes do pagamento, ao irmão da mulher que recolherá mais tarde o *pun taw* da filha mais velha)[20].

Tudo isto parece já muito complicado. Mas consideremos somente um destes pagamentos, o *ni man*, ou preço da tia. Este compreende por si mesmo três prestações, a saber, o sacrifício de um porco, o *mante* ou pequeno pagamento e o *man pi* ou grande pagamento. Por falta de espaço só analisaremos aqui o pequeno pagamento. Subdivide-se da seguinte maneira: 1º, a tia escolta a sobrinha até a casa do marido e exige

---

17. HEAD, W.T. *Hand Book*, p. 1.
18. GILHODES, Ch. Op. cit., p. 212.
19. WEHRLI, H.J. Op. cit., p. 28.
20. HEAD, W.R. Op. cit., p. 2-7.

uma faca, porque se supõe que teve de usar a sua para abrir o caminho através da floresta; 2°, a tia exige uma pérola para penetrar no recinto da casa do noivo; 3°, recebe um presente para subir a escada exterior; 4°, recebe ferro, para "lamber o ferro", rito de amizade; 5°, dão-lhe um cobertor, para sentar-se na casa, e 6°, uma taça para dar de beber aos que discutiram o preço com ela; 7°, é preciso agora apresentar-lhe outros dons propiciatórios, para dissuadi-la de retomar com a sobrinha o caminho de volta, dando-lhe, além disso, 8°, pérolas de coral; 9°, um cinto de cobre; 10°, uma coberta para substituir a que gastou ao carregar sua sobrinha quando esta era um bebê; 11°, um porco; 12°, um pagamento especial por ter bebido fora da aldeia com o marido e sua família[21].

Se considerarmos que demos apenas um exemplo, que o *pu man* ou preço do tio, que vem em seguida, se subdivide em tantos pagamentos quantos são os tios e que o *hring man*, preço do nascimento, acrescenta-se frequentemente ao *pu man*[22], e que, do lado da noiva, vêm também prestações múltiplas, tais como sacrifícios de porcos e o dote (pago pelo irmão da mulher), finalmente, que estas prestações obrigatórias, e que não cessam nem mesmo com a morte (pois há um *shé*, preço da morte, que a lenda atribui à indenização dos sogros pelo marido para o direito simbólico de deitar-se com o cadáver da mulher), não impedem a existência de verdadeiros "potlatch", facultativos mas recomendáveis, que são o *vwawk a* (matar porcos), e o *puan pa* (estender cobertas), que modificam todo o equilíbrio futuro das dívidas e das obrigações, deveremos reconhecer que estamos aqui em face de um desenvolvimento pouco comum, cujos extraordinários caracteres demandam uma explicação.

Porque há festas, anteriores ao casamento das moças, cujo efeito é aumentar o preço da futura noiva, em honra da qual são celebradas[23]. Cerimônias análogas, mas realizadas no momento do casamento, modificam o regime jurídico do contrato. "Um costume que não é obrigatório, mas constitui mais uma espécie de homenagem prestada pelo pai ou o irmão à filha ou à irmã e cuja observância contribui para a glória do obsequiador, é uma festa, durante a qual um certo número de porcos são mortos e um número igual de cobertas estendidas para que o marido e a mulher possam pisá-las com os pés. Oferece-se também uma quantidade igual de cestos de cereais [...] Depois dessa cerimônia ter sido realizada, o preço da noiva só é restituível caso a mulher se divorcie"[24]. As principais ofertas são acompanhadas de considerável número de prestações acessórias, que obrigam a contraprestação por parte do marido.

---

**21.** Ibid., p. 10-11.

**22.** Vindo ainda complicar as coisas, o direito ao *pu man* depende de uma prestação inicial feita pelo tio, que deve primeiramente matar e oferecer um porco, sem o que nem ele nem seus herdeiros poderiam pretender o *pu man*. O marido responde por um segundo sacrifício de um porco (HEAD, W.R., p. 11-12). Estes presentes de abertura e de encerramento, que condicionam o exercício de um direito mais essencial, têm seu equivalente no ritual do *kula* na Melanésia.

**23.** STEVENSON. *Feasting and Meat Division...*, op. cit., p. 24.

**24.** HEAD, W.R. Op. cit., p. 15-16; também p. 31ss.

No cerimonial do casamento Katchin também, as maneiras desagradáveis e a recusa obstinada contrastam com a fatalidade dos graus preferidos. Os *mayu ni* são doadores de mulheres, os *dama ni* são solicitadores de esposas, igualmente predestinados, uns e outros, por um sistema ancestral e, em certo sentido, de ordem divina. No entanto, na véspera do casamento um intermediário, *lakywa*, é enviado à casa da noiva e a pede nos seguintes termos: "Uma estreita amizade sempre nos uniu e até agora tendes sempre dado esposas a nossos filhos [...]" Os pais respondem: "Não podemos dá-la". O intermediário finge retirar-se, volta, sofre nova recusa, vai novamente, volta, simula renunciar, e é somente no quarto pedido que os *mayu ni* mudam de opinião, mas formulam então monstruosas pretensões sobre o preço. O acordo só é obtido depois de todo este regateio ritual[25]. Os inumeráveis pagamentos de que os Haka Chin e os Lakher oferecem exemplos tão impressionantes parecem estipulados para impor a ideia de que o fio, disposto desde toda a eternidade para guiar a noiva para o noivo, o *mayu ni* para a *dama ni*, pode romper-se a qualquer momento (e, no mito da criação, a irmã é ela própria um novelo de linho, que, desenrolado, cria o caminho que conduz aos países longínquos). A noiva e seu cortejo hesitam a cada obstáculo, em cada etapa do caminho; vão renunciar, voltar. Assim, o cortejo reclama presentes ao chegar ao altar da aldeia do noivo, depois à casa de um *kasa* (agente matrimonial), depois à casa conjugal. Os pais da noiva procuram impedir o sacrificador de cumprir sua função, arrancando-lhe seus sabres um depois do outro, etc.[26] A viagem é uma sucessão ininterrupta de momentos críticos, que somente pagamentos repetidos conseguem sobrepujar. E conseguirão sempre? Mesmo depois do casamento, durante dois ou três anos, diz Gilhodes, a moça permanece com os pais e só faz visitas ao marido. Somente graças a uma pressão incessante é que os *dama ni* a obrigam finalmente à residência[27]. E depois desse momento, "ao menor pretexto [...], a mulher foge para a casa dos pais, que naturalmente tomam o partido dela, e a abrigam até que os *dama ni* manifestem melhores sentimentos com respeito a ela"[28]. Entre os Haka Chin se uma moça casar-se fora de sua aldeia, o marido deve encontrar, em sua própria aldeia, uma casa para o pai e o irmão de sua noiva. O proprietário da casa comerá um porco oferecido pelo noivo, e por motivo deste gesto será adotado como parente masculino, ou mesmo como irmão, da noiva, "e esta virá procurar refúgio na casa dele se brigar com o marido, e ele cuidará dela em caso de doença"[29].

A mulher permanece, portanto, sempre colocada sob a proteção de sua família, que a qualquer momento pode chamá-la para junto dela. Se o marido quiser recuperá-la terá de pagar uma indenização, e enquanto não estiver quite só tem direito de acesso sexual à sua mulher em regime de residência matrilocal[30]. Este fato, juntamen-

---

25. GILHODES, Ch. Op. cit., p. 214-216.
26. CARRAPIET, W.J.S. Op. cit., p. 33-34.
27. GILHODES, Ch. Op. cit., p. 221.
28. Ibid., p. 226.
29. HEAD, W.T., p. 4.
30. Id., p. 18.

te com outros (tais como a retenção do filho pela família da mulher em caso de não pagamento do preço), mostra que o preço da noiva refere-se menos aos direitos sexuais (que são exclusivamente função, no regime de grande liberdade pré-marital praticada pelos Katchin, dos graus preferenciais), do que à perda definitiva da mulher e de sua progênie. A prova está no regime dos casamentos por meio de rapto (*fan*). Se o casal tem filhos antes da situação ter sido regularizada pelo pagamento do preço da noiva, os filhos pertencerão ao irmão da mulher ou ao parente masculino mais próximo[31]. É notável, em geral, que um irmão parece exercer sobre a irmã um direito igual, quando não superior, ao do pai. A mulher vai preferentemente procurar refúgio na casa do irmão.

*Mayu ni* e *dama ni* podem, pois, ser aliados predestinados, mas entre eles a aliança é acompanhada por uma hostilidade latente. Nenhum outro sistema exemplifica melhor a graciosa definição de Gordon Brown: "O casamento é um ato de hostilidade que se tornou objeto de regulamentação social"[32]. Vimos que o *dama ni* é onipotente para exigir uma esposa, e qualquer outro cônjuge substituível, se a primeira não convém. Mas, por outro lado, os *mayu ni* vigiam ciosamente seu genro. Durante o primeiro ano, pelo menos (mesmo se os diversos pagamentos foram regularmente efetuados), o jovem marido deve ajudar os sogros a preparar seus arrozais e uma outra vez a reconstituir a casa deles. Em caso de divórcio por culpa do marido, este deve dar à mulher um *dah* (sabre) e um búfalo, sacrificado pelos sogros para celebrar o retorno da filha, e se o divórcio é devido à culpa da mulher, a família deve restituir todos os presentes e dar um búfalo, sacrificado pelo marido para demonstrar a volta dos presentes. Mas, diz Gilhodes, em caso de adultério é sempre o homem que é culpado e deve pagar a multa, *sumarai kha*. Acrescenta: "As penalidades ligadas ao adultério são enormes, levando-se em conta a pobreza Katchin, e reduzem rapidamente a família do culpado a um estado de completa terminação"[33]. Vê-se a que ponto estas atitudes impregnadas de hostilidade e as modalidades, ora arbitrárias ora exorbitantes, do sistema de compra e das "dívidas", opõem-se à harmoniosa cadeia das predestinações matrimoniais expressas pela terminologia.

Antes de passar à segunda antinomia do sistema Katchin, façamos ainda uma observação a propósito das regras da compra. Vimos que as prestações matrimoniais distribuem-se entre vários membros da família da noiva e que o tio e a tia encontram-se entre os principais tomadores. O mesmo acontece entre os Haka Chin com o

---

**31.** Para os katchins, Gilhodes, p. 219-220, e para os Haka Chin, Head, p. 18.

**32.** BROWN, G.G. Hehe Cross Cousin Marriage. In: *Essays Presented to C.G. Seligman*. Londres, 1934, p. 30-31. Todos os fatos que acabamos de descrever possuem, aliás, impressionantes paralelos africanos. Cf., por exemplo, a descrição da viagem da noiva, com suas múltiplas paradas e os pagamentos sucessivos para fazê-la retomar a marcha, em: EVAMBI, R.K. The Marriage Customs of the Ovim-bundu. *África*, vol. 2, 1938, p. 345.

**33.** GILHODES, Ch. Op. cit., p. 221-224. • CARRAPIET, W.J.S. Op. cit., passim.

preço da morte. Quando o pai morre é o tio materno, isto é, o beneficiário do *pun taw* da mãe, que reclama o *shé* e o *shé* da mãe é reivindicado pelo irmão dela, que recebeu o *pun taw*[34]. É preciso certamente entender por tio o irmão da mãe, conforme aparece claramente no texto de Head. E a tia só pode ser a mulher deste último, porque a irmã da mãe é chamada como a mãe, e a irmã do pai é a mãe do noivo, portanto, um membro da casa que oferece os presentes. Mas o irmão da mãe e sua mulher pertencem a linhagens diferentes entre si, e ambas diferentes da linhagem da noiva. E estas duas linhagens não têm qualquer direito à moça que vai ser cedida. Por que então seus membros devem ser indenizados? A coisa seria inteligível em um sistema compatível com o casamento entre primos cruzados bilaterais, ou com a prima cruzada patrilateral ou finalmente com o casamento avuncular. Mas estas três combinações são formalmente excluídas nos sistemas do tipo aqui considerado. Estamos, portanto, em face de um enigma que deixaremos provisoriamente de lado, depois de tê-lo indicado à atenção do leitor. Este verá, com efeito, que, longe de ser uma anomalia particular do sistema Katchin, esta aparente contradição constitui uma espécie de caráter comum de todos os sistemas fundados sobre a troca generalizada. Por conseguinte, só depois de ter definido os traços fundamentais desses sistemas será possível propor uma interpretação.

O que acabamos de apresentar como segunda antinomia pode agora exprimir-se da seguinte maneira: a nomenclatura do parentesco Katchin é de notável simplicidade. "Todos os membros de um grupo de famílias que têm o mesmo nome, ou nascidas do mesmo sangue, consideram-se irmãos e irmãs, e consideram cunhados e cunhadas os membros das famílias com as quais podem tradicionalmente unir-se pelo casamento"[35]. Basta um número muito reduzido de termos elementares, com o auxílio de alguns determinantes, para expressar as principais categorias de relações familiares que, em um sistema que permite a troca entre três, nunca poderiam ser numerosas. Não existe mesmo tabu nem privilégio de parentesco. Como acontece então que a este ascetismo da nomenclatura de referência se opõe um verdadeiro excesso de termos de denominação? Vimos que só existe um único termo de referência para "filho". Mas não encontramos menos de dezoito termos de denominação (*mying madung*: *nomes* fundamentais) para designar os nove primeiros filhos nascidos meninos, e as nove primeiras filhas. Seguindo a lista de Gilhodes, idêntica à de Wehrli, porém mais completa, são:

---

**34.** HEAD, W.T., p. 30; cf. também p. 12-13.
**35.** GILHODES, Ch., op. cit., p. 199.

| Ordem de nascimento | Filho | Filha | | | |
| --- | --- | --- | --- | --- | --- |
| 1 | Kam | Khaw | 6 | Yaw, Yaung | Kha |
| 2 | Naw, Naung | Lu | 7 | Kha | Pri |
| 3 | La | Roi | 8 | Roi | Yun |
| 4 | Tu | Thu | 9 | Khying | Khying |
| 5 | Tang | Kai | | | |

que são prefixados por *Sau Nang* (príncipe, princesa) na aristocracia, por *ma* ou *'n*, para os dois sexos, entre a gente do povo. Os *mying madung* não podem ser utilizados senão pelos pais, avós e tios paternos. "Se uma outra pessoa os empregasse poderia fazer sofrer a criança, que responderia então: mas eu não sou nem seu filho nem seu escravo!"[36] Igualmente, encontra-se uma quantidade de trinta termos de denominação, que permitem distinguir tios e tias maternas e paternos, irmãos e irmãs, segundo a ordem de nascimento, com cinco termos diferenciais para cada grupo.

É preciso acrescentar à lista precedente os *mying makhaum*, nomes de louvor. Uma criança não pode ter o mesmo nome do pai ou da mãe, sem se arriscar a um mau destino, talvez a morte. Mas pode chamar-se pelo nome de um de seus avós. É interessante, observemos de passagem, encontrar tão impressionante ilusão de um sistema de gerações alternadas em um grupo no qual toda hipótese de antiga organização dualista pode ser decididamente excluída. O fato apresenta particular importância dadas as discussões sobre a eventual existência na China de um antigo sistema de gerações alternadas[37], fundadas sobre indicações do mesmo tipo. Seja como for, se os primeiros filhos morrem, conclui-se que os nomes em uso na família são desfavoráveis, sendo então substituídos por nomes de estrangeiros: *mi-wa*, chinês; *mien*, birmanês; *sham*, shan; *kala*, estrangeiro; *mayam*, escravo; etc. Finalmente há os apelidos, *mying khaut*, cujo emprego não é constante, e os nomes religiosos que se juntam aos termos ordinais. Assim, para uma moça mais velha, *Nang Kaw*, forma-se o conjunto *Jatsen Nang Koi*[38].

Achamo-nos, pois, em face de duas oposições, uma entre a simplicidade das regras de união preferencial e a complexidade do sistema das prestações, e outra entre a pobreza dos termos de referência e a riqueza dos termos de denominação[39]. Ora, perce-

---

36. Ibid., p. 194.

37. Cf. cap. XX.

38. GILHODES, Ch. Op. cit., p. 194.

39. ["Error of the literature", afirma Leach a este respeito (1962, p. 78, nota 3). Mas, mesmo levando o número de termos de referência a 18, o sistema continua muito pobre. Quanto à objeção de que os "termos de denominação" são na verdade nomes próprios, não posso fazer outra coisa senão remeter o leitor, ao meu livro *La pensée sauvage* (1962), onde vários capítulos são dedicados a discutir as implicações teóricas da noção de "nome próprio". De toda maneira, é evidente que uma sociedade que só dispusesse de 9 nomes próprios para cada sexo (LEACH, *l.c.*) teria a respeito do nome próprio uma ideia inteiramente incompatívvel com a dos gramáticos, e esses "nomes próprios", ainda mais claramente que os nossos, seriam equiparáveis a termos classificatórios.]

be-se imediatamente uma relação entre os dois primeiros membros de cada par. Há poucos termos de referência porque a regra do casamento equipara os aliados a um certo tipo de parentes, de onde uma primeira economia de termos. E em seguida porque as relações familiares são pensadas em função dos grupos (*mayu ni* e *dama ni*), por conseguinte os indivíduos só precisam ser qualificados sumária e relativamente à sua posição na estrutura. Haverá também uma relação entre os elementos do segundo par, isto é, a multiplicidade dos termos de denominação é função do sistema das prestações? Sim, sem dúvida. O lugar de cada criança deve ser claramente marcado com relação à ordem dos nascimentos, por causa da complicação do direito de herança que é consequência do casamento por compra. Vimos que as diversas prestações efetuadas por ocasião de um casamento referem-se a um volume de riquezas consideráveis, às quais é preciso acrescentar o das "dívidas" que decorrem eventualmente dos incidentes da vida conjugal. Em uma família que tenha vários filhos, uma parte importante do patrimônio terá sido já transferida para os *mayu ni* por ocasião do casamento dos mais velhos, antes que o caçula chegue à idade conjugal. O fato do direito preferencial do caçula à herança ser assim consequência dos aspectos econômicos deste tipo de casamento ressalta de maneira perfeitamente clara de várias passagens de Head referentes aos *Haka Chin*. É o filho mais moço que outrora herdava o *hmunpi* ou casa familiar, e o mais velho sucedia a ele se morresse sem descendente. Mas, "no caso em que haja cinco irmãos, e quando o mais velho é casado e vive em sua própria casa e os outros três, embora solteiros, habitam o *hmunpi* com seu irmão caçula, se este morre é o quarto que herda o *hmunpi*. O irmão mais velho casando-se e abandonando o *hmunpi* perdeu todos os seus direitos". No caso de cinco irmãos solteiros, a ordem de sucessão é a seguinte: primeiro o mais jovem; na falta deste, o mais velho, e em outro caso um dos três outros, indo do caçula para o segundo mais velho, por ordem de nascimento. Mas se quatro dos irmãos são casados a ordem se altera, e temos: primeiramente o mais jovem (único solteiro), em seguida o mais velho, e de outro modo, seguindo a ordem descendente até o segundo caçula. Quando a herança é considerável, o mais velho recolhe todas as prestações matrimoniais ainda devidas, paga o preço de seu próprio casamento e do casamento de todos os seus irmãos mais moços, e caso reste um saldo, toma para si os dois terços e entrega um terço a seu irmão mais jovem. A ordem dos nascimentos é igualmente importante para a distribuição do preço pago para as irmãs. Se há quatro irmãos e três irmãs o mais velho e o caçula têm direito aos dois primeiros preços do irmão (*ta man*), e o irmão intermediário ao terceiro. Se há três irmãos e cinco irmãs, o mais velho e o mais moço tomam cada qual dois *ta man*, e o irmão intermediário um só. Vê-se que o privilégio do caçula é função do sistema das prestações matrimoniais, e que a regulamentação do direito de herança descrita por Head, que implica minuciosa diferenciação daqueles que têm direitos, está intimamente ligada ao casamento[40].

---

40. HEAD, W.T. Op. cit., p. 20-23. Entre os lhota nagas também, o filho mais moço tem prioridade sobre a herança (três tulhas de arroz para o mais moço contra uma e meia para o mais velho, e uma para o intermédio), porque, diz Mills, falta ainda pagar seu casamento (MILLS, J.P. *The Lhota Nagas*. Londres, 1922, p. 98).

As duas oposições reduzem-se, portanto, a uma só, que aparece sob dois aspectos, conforme se considere as condutas sociais ou o vocabulário. Mas, como se explica a oposição fundamental, a antinomia inerente ao sistema, que se exprime ora entre duas modalidades de casamento (grau prescrito e compra discutida), ora entre dois aspectos da nomenclatura (termos de referência simplificados, termos de denominação pessoal ampliados)? Para compreendê-la devemos considerar de um ponto de vista mais geral o princípio de troca generalizada.

A troca generalizada fundamenta um sistema de operações a termo. A cede uma filha ou uma irmã a B, que cede uma a C, que por sua vez cederá uma a A. Tal é a fórmula mais simples. Há, portanto, sempre na troca generalizada (tanto mais que o ciclo recorrerá a intermediários mais numerosos e que se acrescentarão ciclos secundários ao principal), um elemento de confiança que intervém. É preciso ter confiança que o ciclo se fechará, e que uma mulher recebida virá, finalmente, embora com atraso, compensar a mulher inicialmente cedida. A crença funda a obrigação, a confiança abre o crédito. Todo o sistema só existe, em última análise, porque o grupo que o adota está pronto, no sentido mais amplo da palavra, a *especular*, mas o sentido amplo implica também o sentido restrito[41]. A especulação é vantajosa, no sentido em que a troca generalizada permite fazer o grupo viver de maneira mais rica e mais complexa compatível com seu volume, estrutura e densidade, ao passo que na troca restrita, conforme vimos, o grupo nunca pode funcionar como um todo, ao mesmo tempo no espaço e no tempo. É obrigado, ao contrário, quer do ponto de vista do espaço (grupos locais), quer do ponto de vista do tempo (gerações e classes de idade), quer também dos dois pontos de vista ao mesmo tempo, a funcionar como se fosse dividido em unidades mais restritas, embora articuladas entre si pelas regras da filiação. Estas, contudo, só conseguem restabelecer a unidade estendendo-a, por assim dizer, no tempo, ou, em outros termos, à custa de uma perda que é a perda de tempo.

Ao contrário, a troca generalizada ganha "em todos os lances", com a condição, está claro, de aceitar o risco inicial. Mas não é somente neste sentido que se pode ver nela o aspecto de jogo. Originada de uma especulação coletiva, a troca generalizada atrai, pela multiplicidade das combinações que autoriza e pelo desejo de garantia que desencadeia, as especulações particulares e privadas dos parceiros. A troca generalizada resulta do jogo e atrai o jogo. Porque é possível o indivíduo precaver-se duplamente contra o risco de modo qualitativo, multiplicando os ciclos de troca de que participa, e de modo quantitativo, acumulando as prendas, isto é, procurando açam-

---

41. Ver, por exemplo, entre os katchins, as sábias regras do empréstimo a juros. Um porco emprestado deve ser reembolsado a prazo por um animal maior, com uma quantidade prescrita de "dedos" ou de "punhos", variável segundo a duração do empréstimo. Depois de um ano, o porco devolvido deve ter um "punho" mais do que o porco emprestado. Após dois anos, é preciso acrescentar três "dedos". Depois, de três anos, mais dois, e assim por diante. Se alguém toma emprestado dois *rèl* de cereal, ao fim de um ano deve quatro, e dezesseis ao fim de três anos. A dívida poderia assim crescer até trezentos *rèl*, equivalentes a um grande búfalo, mas não pode ultrapassar este limite.

barcar o maior número possível de mulheres da linha que faz as prestações. O alargamento do círculo dos aliados e a poligamia aparecem, pois, como corolários da troca generalizada (embora não sejam exclusivamente características desta). E a poligamia é tanto mais tentadora quanto a obrigação se aplica, conforme vimos, a todas as mulheres de uma linhagem, e não a um grau determinado de parentesco. Noutras palavras, a troca generalizada parece particularmente harmonizar-se com uma sociedade de tendências feudais, mesmo muito grosseiras. Em todo caso, deve, pelo simples fato de existir, desenvolver estas tendências e impelir a cultura considerada na direção correspondente. É o fenômeno que formulamos de maneira mais abstrata, apresentando talvez sua razão teórica, quando mostramos que a troca generalizada só pode nascer em um regime harmônico. Um sistema social de tendências feudais, colocado em um regime desarmônico, apareceria com efeito como uma espécie de contradição.

Mas aqui tocamos na própria natureza da oposição interior ao sistema Katchin. A troca generalizada supõe a igualdade, e é fonte de desigualdade. Supõe a igualdade, porque a condição teórica de aplicação da fórmula elementar é que a operação *c casa-se com A*, que fecha o ciclo, seja equivalente à operação *A casa-se com b*, que o abriu no início. É preciso, para que o sistema funcione harmoniosamente, que uma mulher *a* valha uma mulher *b*, uma mulher *b* valha uma mulher *c*, e a mulher *c* valha uma mulher *a*, isto é, que as linhagens A, B, e C tenham a mesma situação e o mesmo prestígio. Ao contrário, o caráter especulativo do sistema, o alargamento do ciclo, o estabelecimento de ciclos secundários entre certas linhagens empreendedoras, em seu proveito, e finalmente a preferência inevitável por certas alianças, que terá como resultado[42] a acumulação das mulheres em tal ou qual etapa do circuito, são outros tantos fatores de desigualdade, que podem a qualquer momento provocar uma ruptura. Chega-se, portanto, à conclusão que a troca generalizada conduz, de maneira quase inevitável, à anisogamia, isto é, ao casamento entre cônjuges de posições sociais diferentes e que esta consequência deve aparecer com tanto maior nitidez quando os ciclos de troca se multiplicam ou se alargam. Mas ao mesmo tempo está em contradição com o sistema e deve, portanto, acarretar a ruína deste.

Esta análise é sem dúvida teórica, mas o exemplo dos Katchin oferece uma notável verificação dela. Mesmo nessa sociedade muito primitiva esbarramos a cada momento com a anisogamia. A sociedade Katchin divide-se em quatro classes principais: os *du's* ou senhores (Gilhodes, *du ni*); os *darat* (Gilhodes, *tarat ni*) ou gente do povo; os *surawng*, nascidos de um homem livre e de uma escrava; os *mayam* ou escravos[43]. "Faltam informações, diz Wehrli, sobre a maneira pela qual é feita a escolha da esposa [...] pode-se ver casamentos com escravas, e outros entre membros de famílias de

---

**42.** [A palavra "resultado" teria podido evitar a Leach fazer-me a gratuita censura "that (according to L.S.) polygyny is highly valued for its own sake" (1961, p. 84). Conforme reconhece na página seguinte, a poliginia katchin é consequência de manobras políticas. Eu não tinha dito outra coisa.]
**43.** Nota de BARNARD, J.T.O., apud CARRAPIET, W.J.S. Op. cit.

*duwa* e pessoas comuns". Isto entre os Chingpaw do sul. Em outros lugares, "os membros das famílias de *duwa* não podem casar-se senão com pessoas de sua classe"[44]. A esta indicação inequívoca acrescentam-se outras, a saber, os filhos de um homem livre e de uma mulher escrava são livres, mas os de um escravo e de uma mulher livre são escravos, conforme era de esperar, pois a filiação é patrilinear[45]. Existe mesmo uma espécie de transposição, moral e estética, da anisogamia. "Segundo meu velho bardo (*jaiwa*), dois cônjuges de mesmo caráter não permanecem felizes por muito tempo. Um deles é levado pela morte prematura, mas Karai Kasang, ou Ser Supremo, age muitas vezes de tal maneira que um homem de bom caráter se casa com uma mulher difícil ou vice-versa. Nesse caso o casamento é próspero[46]. Se um filho caçula Haka Chin se casa abaixo de sua classe, e sem o consentimento dos pais, fica reduzido em sua parte da herança a uma parte de filho intermediário[47]. O estatuto da poligamia é também característico. Diz o provérbio: Não é bom casar-se com duas mulheres ao mesmo tempo[48]. Contudo, diz-se também *du num shi tarai num mali*, um senhor pode ter dez mulheres, um homem comum, quatro[49]. Entre os Haka Chin o casamento polígamo raramente excede duas ou três mulheres, que o marido pode eventualmente colocar em aldeias diferentes, e que podem ter posições sociais diferentes, *nupi tak*, mulher principal, *nupi shun*, mulher secundária, que é apenas uma concubina sem posição oficial, e *nupi klai*, mulher subsidiária, casada depois da morte da mulher principal. Ora, acrescenta Head, se um homem se divorciar de sua *nupi tak*, ou se esta morrer, pode elevar a *nupi shun* à categoria de *nupi klai* realizando uma cerimônia adequada, "mas uma vez a coisa feita, e quando executar o ritual propiciatório dos *nat* (espíritos), seus parentes poderão tomar parte nele, ao passo que lhe será proibido assistir ao ritual deles, uma vez que se casou abaixo de sua categoria e quebrou sua posição social"[50]. Durante outras cerimônias, o sacrificador deve matar com flechadas um búfalo mantido por uma corda pelos parentes ou pessoas de posição superior à sua, "do contrário perderia sua categoria e começariam discórdias"[51].

À luz destas observações compreende-se melhor o contraste entre as regras da união preferencial e as modalidades da compra, entre a nomenclatura de referência e a nomenclatura dos nomes pessoais. O desenvolvimento fantástico das prestações e

---

44. WEHRLI, H.J. Op. cit., p. 27.
45. CARRAPIET, W.J.S. Op. cit., p. 94.
46. GILHODES, Ch. Op. cit., p. 212.
47. HEAD, W.R. Op. cit., p. 24.
48. GILHODES, Ch. Op. cit., p. 92.
49. [LEACH (*Rethinking Anthropology*, p. 80, nota 1) reprova-me esta glosa. Mas a glosa é de Gilhodes e não minha, e sobre a competência linguística respectiva dos dois autores não tenho a obrigação de me pronunciar.]
50. HEAD, W.J. Op. cit., p. 24-25.
51. Ibid., p. 32.

das trocas, das "dívidas", das obrigações é realmente, em certo sentido, um sintoma patológico. Mas a desordem que traduz, e da qual constitui como que a compensação, é inerente ao sistema, é o conflito entre as condições igualitárias da troca generalizada e suas consequências aristocráticas. A regra simples dos graus prescritos conservou as primeiras, enquanto as subtilezas da compra dão às segundas sua compensação, e lhes oferecem uma possibilidade de expressão. Se é verdade que a regra Katchin do casamento obriga todos os clãs a seguir o mesmo caminho, cada um percorre apenas um trecho, e lhes impõem, portanto, a servidão da substituição. Cada clã possui, por outro lado, seu caminho especial para o além[52]. A troca generalizada pode fornecer uma fórmula de organização de clareza e riquezas excepcionais, capaz de ser indefinidamente ampliada, e adequada a traduzir as necessidades de um grupo social tão complexo quanto se queira imaginar. Sua lei teórica pode funcionar sem interrupção e sem enfraquecimento[53]. Mas é do exterior, dos caracteres concretos, e não da estrutura formal do grupo que surgem os perigos que a ameaçam. O casamento por compra, ao se substituir à troca generalizada, fornece então uma nova fórmula que, embora salvaguardando seu princípio, oferece ao mesmo tempo o meio de integrar estes fatores irracionais derivados do acaso e da história. A evolução da sociedade humana mostra sucederem às estruturas lógicas – e não precedê-las – elaboradas pelo pensamento inconsciente e que as formas de organização muito primitivas com frequência mais facilmente colocam ao nosso alcance.

---

**52.** CARRAPIET, W.J.S. Op. cit., p. 44-45.

**53.** "Um aspecto interessante do casamento com um único tipo de primo é ser susceptível de extensão quase indefinida, de acordo com a fórmula: $(A+b)\ (B+c)\ (C+d)... [(R-2n) + (r-w)]\ [(R-n) + r]\ (R + a)$". (HODSON, T.C. *Notes on the Marriage of Cousins in India*. Op. cit., p. 173).

# CAPÍTULO XVII
## Limites externos da troca generalizada

Sob forma mais ou menos pura a troca generalizada possui na Ásia Meridional uma vasta área de distribuição. Encontramo-la menos estudada do que entre os Katchin, mas em forma aparentemente muito próxima da destes últimos, entre os grupos chamados "Velhos Kuki" que ocupam o território de Manipur[1]. Shakespear não indica a fórmula do casamento que une entre elas as cinco linhagens exógamas dos Aimol, mas é mais explícito no que se refere aos Chiru. Neste grupo, que abrange também cinco linhagens, tem-se as seguintes combinações: um homem Dania pode casar-se com uma mulher Dingthoi ou Shangpa; um homem Dingthoi pode casar-se com uma mulher Chongdur ou Danla; um homem Rezar, com uma mulher Danla; um homem Shangpa, com uma mulher Dingthoi ou Danla; um homem Chongdur, com uma mulher Danla. O sistema é evidentemente alterado, pois não sabemos que linhagem recebe suas mulheres dos Rezar. Além disso, Danla e Dingthoi, de um lado, Danla e Shangpa de outro, acham-se empenhados em um ciclo de troca restrita. Contudo, advinha-se o sistema de troca generalizada primitiva (Figura 47), que ressalta ainda mais claramente do trabalho de J.K. Bose[2].

Segundo Bose, os Chiru dividem-se em cinco grupos exogâmicos e patrilineares, a saber, Danla, Rezar, Chongdur, Shampar, Dingthoi. Os Danla são considerados superiores e dão o chefe da aldeia. Vêm em seguida os Rezar, que dão o chefe imediato. Os três outros grupos são iguais entre si. Todos subdividem-se em numerosas famílias. O tipo de casamento preconizado é com a filha do irmão da mãe, sendo a prima cruzada patrilateral rigorosamente excluída. Não há, pois, dúvida quanto à troca generalizada e a questão de saber se existem classes matrimoniais (como Bose hesita em admitir, dadas as contradições que aparecem entre as aldeias) não é essencial, porque, em todo sistema de troca generalizada, a noção de classe matrimonial confunde-se com a de linhagem[3]. Bose só descreve uma aldeia, Nungsha, que compreende

---

1. SHAKESPEAR, Ten.-Cor. J. *The Lushei Kuki Clans*. Op. cit., p. 153ss.

2. BOSE, J.K. Marriage Classes among the Chirus of Assam. *Man*, vol. 37, n. 189, 1937.

**3.** A fórmula foi com frequência usada como censura feita a mim. Realmente, só é aceitável ao nível do modelo mais abstrato, aquele em que se colocam, por exemplo, os katchins quando concebem a linhagem "as a localized group identified with one particular place and having a special ranking status in respect to that place" (LEACH, 1954, p. 167). A crítica de Needham ("Notes on the Analysis of Asymetric Alliance", Bijdragen tot de Taal-, Land-en Volkenkunde, deel 117, I, 1961, p. 107) não tem fundamento porque postula que a noção de classe matrimonial implica a de metades exogâmicas, o que seria verdadeiro somente em termos de sistemas australianos "clássicos". Mas, do começo ao fim deste livro, adoto uma

dez famílias Khurung, seis Danla, cinco Shampar, quatro Chongdur e cinco Rezar. A fórmula estabelece-se da seguinte maneira: um homem Rezar casa-se com uma mulher Thanga ou Dania, um homem Thanga ou Danla casa-se com uma mulher Shampar, um homem Shampar com uma mulher Chongdur, um homem Chongdur com uma mulher Kurung e um homem Khurung com uma mulher Rezar. Thanga é idêntico a Danla, tendo-se portanto um ciclo quinário perfeitamente puro (Figura 47). A fórmula muito alterada dada por Shakespear para os Chawte envolve evidentemente uma realidade do mesmo tipo, a saber, Marem casa-se com Makhan, Makhan casa-se com Irung, Kiang casa-se com Hakhan ou Marem, Irung casa-se com Marem, Thao ou Kiang, Thao casa-se com Makhan[4], ou seja, um ciclo quaternário no qual se inscrevem dois ciclos ternários.

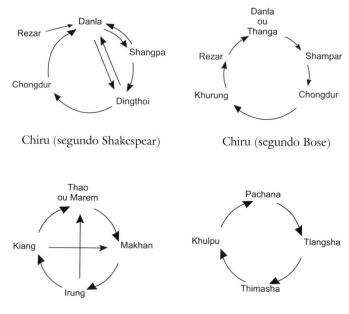

**Figura 47**
Chawte (segundo Shakespear)   Tarau (segundo Shakespear)

---

definição muito mais ampla da classe matrimonial, classe definida de maneira não equívoca, e que implica, para os membros da classe, certas coações matrimoniais diferenciais relativamente às que se impõem aos membros de outra classe. Em um sistema assimétrico com casamento matrilateral, por conseguinte, duas classes *a* e *b* são distintas, uma vez que a classe que contém as primas matrilaterais (verdadeiras ou classificatórias) dos homens da classe *a* é distinta da classe que contém as primas matrilaterais (verdadeiras ou classificatórias) dos homens da classe *b*. Trata-se, claro está, de um instrumento conceitual destinado a simplificar o estudo da realidade etnográfica, a fim de extrair dela um modelo, e não necessariamente de uma parte objetiva dessa realidade. Esta distinção corresponde, em parte, à de Needham ("A Structural Analysis of Purum Society", *American Anthropologist*, vol. 60, n. 1, 1958) entre *structural group* ( = classe, em minha terminologia) e *descent group*. O argumento de Needham, segundo o qual hoje são as linhagens, e não os clãs, que representam os "structural groups", vem em apoio de minha fórmula de 1949].
**4.** SHAKESPEAR, Ten.-Cor. J. Op. cit., p. 154.

Os Aimol-Kuki da fronteira birmana possuem metades que foram outrora exogâmicas, e clãs que continuaram rigorosamente exogâmicos. As duas metades (e por conseguinte os clãs que as constituem) são separadas por consideráveis diferenças de situação social. A metade "superior" tem preeminência política e religiosa, sendo seus membros os únicos que podem celebrar as festas de tipo "potlatch", que permitem adquirir prestígio[5]. A filiação é patrilinear, e embora o casamento correto seja com a filha do irmão da mãe, sendo o casamento com a filha da irmã do pai rigorosamente proibido, a multiplicação dos termos de referência para os graus em questão é um sinal da alteração consecutiva à endogamia parcial de metade.

[Para a interpretação do sistema consulte-se Needham ("A Structural Analysis of Aimol Society". *Bijdragen tot de Taal-, Land- en Volkenkunde*, vol. 116, afl. 1, 1960), cuja análise é mais minuciosa que a por mim esboçada na primeira edição deste livro. Às críticas de Needham responderei somente dizendo que, conforme ele mesmo confessa, não consegue também dar uma interpretação coerente do sistema de parentesco Aimol. Deste ponto de vista, o método que eu tinha seguido, consistindo em pôr em evidência as anomalias anotadas, e o método que ele pratica, a saber, começar por se desvencilhar das anomalias para reter somente os aspectos coerentes da terminologia, podem ser ambos rejeitados. Parece-me, hoje em dia, que estas análises só apresentam um interesse reduzido, porque falta a indispensável documentação etnográfica. O que se depreende da análise da nomenclatura do parentesco Aimol reduz-se a algumas hipóteses muito gerais e provisórias: 1°) certos termos ("*aou*", *nai*, *tu*) funcionam, sobretudo, como indicativos de níveis de geração. 2°) Certos termos são distintivos relativamente à fórmula assimétrica de casamento entre "clãs". 3°) Outros termos são distintivos relativamente à fórmula simétrica de troca entre metades. 4°) Outros ainda parecem referir-se à endogamia parcial de metades, assinalada por Bose. 5°) Finalmente, um traço essencial do sistema, cuja importância Needham subestima, aparece na terminologia diferencial para os mais velhos e os mais moços, na geração dos pais e na do Ego. Se esta distinção corresponde, segundo a hipótese que muitas vezes fiz, a uma fórmula de casamento alternativo (de fato, mesmo quando não necessariamente de direito), teríamos o meio de interpretar integralmente o modelo de uma sociedade com duas metades exogâmicas, cada qual constituída de vários clãs ou linhagens, ligadas por uma fórmula de casamento assimétrica, mas de tipos diferentes conforme as linhagens sejam classificadas em "mais velhas" ou "mais moças". No caso dos Aimol, entretanto, interpretações desse gênero seriam frágeis em virtude da insuficiência dos documentos.]

Uma tradição relata que os Tarau de Manipur são originários da Birmânia. Dividem-se em quatro linhagens unidas por uma relação simples de troca generalizada, a saber, um Pachana casa-se com uma Tlangsha, um Tlangsha casa-se com uma Thi-

---

**5.** BOSE, J.K. Social Organization of the Aimol Kukis, *Journal of the Department of Letters*. University of Calcutta, vol. 25, 1934, p. 1-9.

masha, um Thimasha casa-se com uma Khulpu, um Khulpu casa-se com uma Pachana[6]. É lamentável que se conheça mal o sistema matrimonial de um grupo chamado "novos Kuki", os Thado. Algumas indicações sugerem que o casamento dos primos é proibido. No entanto, percebe-se uma assimetria estrutural, que deve necessariamente corresponder a um sistema de troca generalizada, em forma mais complexa, isto é, as famílias se dividem entre "famílias que sacrificam porcas" e "famílias que sacrificam búfalos". Ora, os sacrificadores de búfalos casam-se facilmente com as filhas de sacrificadores de porcas, mas o inverso não acontece, pelo menos em regra geral[7]. O costume está, sem dúvida, em relação com o uso do *longman*, preço que deve ser pago por um homem ao parente masculino mais próximo de sua mulher, quando esta morre, ou por ocasião do falecimento de algum de seus filhos. Shakespear dá um exemplo no qual três ciclos de prestações e contraprestações se encadeiam em quatro gerações consecutivas. Cada operação consiste no sacrifício de um porco, oferecido pela família da mulher à família do marido, ao qual esta responde pelo sacrifício de um búfalo. Os porcos circulam, pois, do irmão da mulher para o marido, os búfalos, do marido da irmã para o irmão, e tudo se passa como se os sacrificadores de porcos e os sacrificadores de búfalos representassem dois tipos de aliados, unidos (e ao mesmo tempo diferenciados) por uma relação assimétrica e unilateral.

Os Mikir, grupo tibeto-birmânico do Assam, dividem-se em três secções geograficamente localizadas: os Chintong nas colinas de Mikir, os Ronghang no Cachar e no Nowgong, e os Amri nas colinas de Khasi e Jaintia[8]. A última secção tinha outrora uma posição social inferior às outras duas. Mas as verdadeiras unidades exógamas são os *kur*, em número de quatro ou cinco, Ingti, Terang, Lekthe, Timmung, por si mesmos subdivididos em grupos menores e que se repetem nas três seções principais. Estes clãs, ou linhagens, são patrilineares e patrilocais, sendo o casamento preferido, "outrora certamente o mais frequente", o que, se faz com a filha do irmão da mãe. O costume era outrora tão rigoroso que se o jovem procurasse uma outra esposa, o tio materno podia moê-lo de pancadas[9]. Está claro que a prima cruzada matrilateral é apenas a representante mais satisfatória das mulheres de uma linhagem. Com efeito, quando o pretendente vem fazer o pedido, seu tio materno interroga-o sobre o motivo da visita e dos presentes que traz, e o pai do jovem responde: "Tua irmã está ficando velha e não pode mais trabalhar. Por isso é que trouxemos nosso filho para que se case com tua filha". É o mesmo termo, *ong*, que serve para designar o tio materno, o filho do tio materno e o irmão da mulher (nos dois últimos casos com um sufixo diminutivo, *ong-so*). Mas a nomenclatura distingue entre irmãos da mulher e marido da irmã (chamado irmão, como entre os Lakher).

---

6. SHAKESPEAR, Ten.-Cor. J. Op. cit., p. 173-174.

7. Ibid., p. 198-199.

8. STACK, E. *The Mikirs*, Londres, 1908, p. 15.

9. Ibid., p. 18. – Este privilégio, hoje abandonado, é ainda lembrado no folclore, por exemplo, na história do órfão e seus tios (Ibid., p. 48-55).

Bose afirma categoricamente que os Garo, tribo matrilinear do Assam, têm uma organização tripartite, como as tribos dos "velhos kuki", Chote, Chiru, Burum e Tarao[10]. Realmente, Playfair observa três divisões exogâmicas ou *katchin*, a saber, Momin, Marak e Sangma, a primeira isolada em um setor geográfico e as outras representadas em todas as regiões[11], o que explica sem dúvida o motivo pelo qual Hodson[12] atribuiu aos Garo uma organização dualista. Contudo, a forma essencial da exogamia não é a do *katchin*, mas a do *machong*, ou linhagem matrilinear, da qual existe um número considerável. É a moça que faz o pedido de casamento, exceto quando se casa com o filho da irmã de seu pai, caso em que o processo é automático. Na falta do primo cruzado patrilateral, a moça deve casar-se com um homem que ocupa uma posição análoga na linhagem paterna. Não há preço da noiva. O fato da união preferencial, como entre os Mikir e os Katchin, resultar de uma relação entre linhagens, mais do que de um grau prescrito entre certos indivíduos, aparece bem entre os Garo, quando se vê que o genro esposa sua sogra viúva, "assumindo assim a singular posição de marido da mãe e da filha ao mesmo tempo"[13]. Mas no tipo de sistemas que estamos considerando aqui a situação nada tem de anormal, muito ao contrário. Quer se trate do privilégio sobre a mãe da mulher (Garo), quer sobre a filha do irmão da mulher (Miwok), achamo-nos somente em presença da fácies, matrilinear ou patrilinear, da mesma instituição, que por si mesma é um elemento de uma estrutura global, indiferente ao tipo de filiação[14].

Com os Garo, passamos com efeito de grupos patrilineares e patrilocais a um grupo matrilinear e matrilocal. Seus vizinhos Khasi pertencem também a esta última categoria. Ora, somos informados de que os Khasi podem esposar a filha do tio materno depois da morte deste, mas que, embora não haja proibição religiosa do casamento com a filha da irmã do pai depois da morte deste, "este tipo de união é considerado com antipatia, e no país Wár é absolutamente proibido"[15]. Vê-se, portanto, que a estrutura da troca generalizada não depende absolutamente da filiação, mas apenas do caráter harmônico do regime considerado.

É verdade que Hodson estabelece oposição entre os costumes matrimoniais Khasi e Wár, o que parece uma interpretação abusiva do texto de Gurdon, que leva em conta somente uma diferença de grau na condenação do casamento com a prima patrilateral. O ponto importante é que, mesmo entre os Khasi, a filha do irmão da mãe seja um cônjuge autorizado, e a filha da irmã do pai um cônjuge desaprovado. Mas Hodson encontrava-se em situação difícil no que diz respeito ao sistema Khasi, porque acreditava

---

10. BOSE, J.K. *Dual Organization in Assam*.
11. PLAYFAIR, Maj. A. *The Garos*. Londres, 1909, p. 64.
12. HODSON, T.C. *Primitive Culture of India*.
13. PLAYFAIR, Maj. A. Op. cit., p. 68.
14. Cf. cap. XXII.
15. GURDON, Cap. R.P. *The Khasis*. Londres, 1914, p. 78.

que a troca generalizada estava ligada às instituições patrilineares. Era, portanto, muito importante, de seu ponto de vista, que Gurdon assinalasse no país Wár a existência de famílias indivisas, os *seng*, e que essa região fosse conhecida pelo nome de *ri lai seng*, "terra dos três clãs". Porque, neste caso preciso, a lenda vê nos três clãs a descendência respectiva de três homens: U Kynta, U Nabein e U Tangrai, o que sugere para os *seng* uma filiação patrilinear[16]. Mas Gurdon, como aliás Hodson reconhece, estabelece a existência do *seng* entre os Khasi, onde o administrador das terras coletivas é o tio materno da moça mais jovem da família indivisa. Por esta razão a casa desse tio é chamada *Ka üng seng*, e aí é que se guardam, preciosamente envolvidos, os ossos dos membros falecidos da linhagem[17]. A única conclusão que se pode tirar dessas indicações é que o *seng* pode ser igualmente patrilinear ou matrilinear, e que, neste caso como no do sistema matrimonial, a estrutura é autônoma com relação à filiação.

O interesse excepcional dos Lakher do Assam Oriental, perto da fronteira com a Birmânia, está em exibir a troca generalizada com todos os caracteres (acentuados entre eles até um grau excepcional) que encontramos associados, entre os Katchin, a este tipo de troca matrimonial. Os Lakher foram seis seções subdivididas em clãs, que são hierarquizados em três classes. O clã não é obrigatoriamente exógamo[18]. A nomenclatura do parentesco parece extraordinariamente reduzida, como entre os Katchin, sendo sobretudo notável por seu claro sistema de equações:

Tio materno            = pai da mulher
Mulher do tio materno  = mãe da mulher
Irmã do pai            = mãe do marido
Filho do irmão da mãe  = irmão da mãe = irmão da mulher
Mulher do irmão da mãe = mulher do filho do irmão da mãe[19].

Conforme indica a nomenclatura, que reproduz a estrutura, agora familiar, de um sistema de linhagens com troca generalizada (Figura 48), o casamento prescrito é

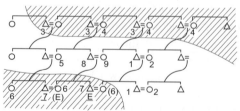

**Figura 48**
*Sistema Lakher*
*(modelo reduzido)*

---

16. Ibid., *The Khasis*, p. 88-90. • HODSON, T.C. *Notes on the Marriage...*, p. 163-164.
17. GURDON, Cap. R.P. Op. cit., p. 88 e 141-142.
18. PARRY, N.E. *The Lakhers*, Londres 1932, p. 232.
19. Ibid., p. 241.

com a filha do irmão da mãe, ao passo que o casamento com a filha da irmã do pai é condenado[20]. O casamento com a mulher do tio materno é proibido (porque a filiação é patrilinear, e ela não pertence, pois, à linhagem consecutiva), mas um ao menos de seus dois equivalentes patrilineares está presente, a herança da mulher do pai que, acrescenta Parry, é típica de toda a região[21].

Como entre os Haka Chin, o casamento é acompanhado por prestações múltiplas, que superam talvez em complexidade as regras Haka Chin. Os "preços" principais são: o *angkia*, pago ao pai (trinta e seis prestações diferentes), o *puma*, pago ao tio materno (vinte e uma prestações), o *nongcheu*, pago à irmã mais velha da mãe (dezoito prestações), o *nonghrihra*, pago à irmã mais moça da mãe (dezesseis prestações), o *nangcheu*, pago à irmã do pai (dezesseis prestações), e finalmente o *tini*, preço da tia (vinte prestações)[22]. A anisogamia é atestada em forma acentuada: "A idade avançada em que os homens chegam ao casamento é devida à obrigação reconhecida para cada homem de se casar com uma moça de uma casa mais altamente colocada do que a sua, com a distância correspondente do preço da noiva. Com grande frequência um homem que entra na posse de sua herança deve passar seus melhores anos liquidando as dívidas referentes ao preço do casamento pago por sua mãe, e ele próprio não pode mais chegar a casar-se com uma mulher de alta posição senão quando sua potência viril está perdida"[23].

De fato, há seis clãs reais, dezessete aristocráticos e sessenta e quatro plebeus. Infelizmente, Parry não indica qual é a situação dos clãs colocados no alto da escala, mas voltaremos a encontrar este problema quando examinarmos as implicações teóricas da anisogamia[24]. Dizem-nos apenas que os chefes e os ricos têm a tendência a procurar suas mulheres em outras aldeias, para estabelecer nelas sua influência, e assim aumentar indiretamente a que já possuem em sua aldeia[25]. É provável que, tal como entre os Garo, as posições não estejam cristalizadas em uma hierarquia imutável. "É costume, para um grupo que triunfou num conflito, dar uma festa à qual a parte adversa retruca por outra, em forma de desafio. O primeiro grupo esforça-se então por eclipsar o adversário, dando uma festa de munificência ainda maior, e este duelo continua até que os regozijos atinjam tais proporções que taxam de maneira ruinosa os dois adversários"[26]. Linhagens harmônicas, troca generalizada, lutas de prestígio, anisogamia, simplicidade do grau prescrito (filha do irmão da mãe), complica-

---

20. Ibid., p. 293.
21. Ibid., p. 294.
22. PARRY, op. cit., p. 321; ver também p. 331-338 e o detalhe de um preço da noiva em Shakespear, op. cit., p. 218-220.
23. WHALLEY apud SHAKESPEAR, p. 216-217.
24. Cf. cap. XXVIII.
25. PARRY, op. cit., p. 232.
26. PLAYFAIR, op. cit., p. 74. – O caráter feudal do matrimônio matrilateral ressalta também entre os lusheis, onde as prestações matrimoniais são de grande complexidade. Os lusheis não têm graus prescritos ou proibidos (exceto a mãe e a irmã). Por outro lado, o casamento entre primos cruzados patrilaterais é visto com desagrado. Entretanto, no grupo dos chefes, "o desejo de casar-se com uma filha do chefe limita a escolha do jovem rapaz, e os casamentos entre primos são mais frequentes entre os chefes do que no caso das pessoas comuns" (SHAKESPEAR, op. cit., p. 50).

ção do sistema de compra, todos estes fenômenos, que observamos entre os Katchin, aparecem, pelo estudo de outros grupos, organicamente ligados[27].

Resta-nos examinar um conjunto de grupos setentrionais, que ocupam, relativamente aos Katchin, uma posição ocidental, entre os quais a troca generalizada, mantendo-se de acordo com a fórmula simples, não aparece mais pura, e sim misturada com uma fórmula de troca restrita. Queremos falar dos nagas, que vivem a oeste do Rio Chidwin e ao sul do Brahmaputra. Subdividem-se em vários grupos regionais, sendo os principais os Sema, os Angami, Rengma, os Lhota e os Ao.

A originalidade dos sistemas Naga consiste na coexistência, em todos os grupos, de dois tipos de organizações, umas subdivididas em três ou seis secções, outras subdivididas em duas secções, formadas às vezes por pares de unidades menores. É o que Hutton indica na introdução ao livro de Mills sobre os Lhota Naga. "Mais ainda que seus costumes, a organização social de várias tribos nagas sugere uma diversidade de origem. Em várias tribos encontram-se traços de uma organização dualista entremeada com uma organização tripartite, sugerindo uma divisão em três elementos, quer se trate de três grupos separados quer de dois grupos originais, um dos quais teria ulteriormente se subdividido em dois, formando assim um total de três"[28]. Assim, os Ao dividem-se em dois grupos linguísticos, os Chongli e os Mongsen, que habitam nas mesmas aldeias, embora seus vocabulários sejam frequentemente diferentes, principalmente no que se refere aos termos de parentesco. A esta divisão superpõe-se outra, em três clãs, Pongen, Langkam e Chami, teoricamente exógamos, e que se encontra nos dois grupos linguísticos. Estes clãs são hierarquizados por diferenças de posição social.

A mesma situação é encontrada entre os Konyake meridionais, onde os dois grupos linguísticos chamam-se Thendu e Thenkoh, também diferenciados pela tatuagem, enquanto uma divisão tripartite se repete num e noutro. As aldeias dos Rengma compreendem membros de dois grupos linguísticos, Intseni-Kotsenu e Tseminyu, sendo o último subdividido em dois subgrupos, que utilizam termos diferentes para designar a mãe, *avyo* e *apfsü*; os Angami dividem-se também em dois grupos, que utilizam termos diferentes para a mãe, sendo um deles constituído por um par de subgrupos[29]. Entre os Memi Angami encontra-se uma terceira divisão (Cherhechima) de posição social inferior, com a qual os dois primeiros não se casam, entre os Memi Angami propriamente ditos, mas cujos membros casam-se sem dificuldade com os outros grupos Angami. Finalmente, os Lhota têm duas divisões que utilizam o termo *oyo* para a mãe, enquanto um terceiro emprega o termo *opfu*. Estas três secções denominam-se respectivamente Tompyaktserr, ou "homens que descobrem o rosto", Izu-

---

27. Outro fio condutor para o reconhecimento dessas afinidades é a comparação entre o costume do *nokrom*, principalmente entre os garos (genro adotado, na falta do casamento correspondente ao grau preferido), e o da epiclera. Retomaremos este estudo a propósito dos sistemas indo-europeus. Sobre o *nokrom*, ver Playfair, *The Garos*, p. 68-73, e a discussão entre J.K. Bose (*Man*, vol. 36, n. 54, 1936) e R.R. Mookerji, The Nokrom System of the Garos of Assam (Man, vol. 39, n. 167, 1939), e os equivalentes chineses (GRANET, M. *Catégories...*, p. 142-144).

28. MILLS, J.P. *The Lhota Nagas*. Londres, 1922. Prefácio de J.H. Hutton, p. XXX.

29. Ibid., p. XXXI-XXXII.

monstserre, "homens dispersos" e Mipong-sandre, "homens que conquistam a fumaça do fogo". Hutton acredita que têm diferentes origens geográficas.

Antes de prosseguir, é preciso indagar se a dualidade entre estes dois tipos de estrutura social afeta o sistema de casamento, isto é, se tem reflexo na terminologia do parentesco. Entre os Rengma, Mills não encontra sinal de organização tripartite, mas somente de um antigo dualismo[30]. Entretanto, os clãs distribuem-se em seis grupos exogâmicos, e a terminologia do parentesco apresenta caracteres antitéticos. De um lado, equações que sugerem o casamento entre primos cruzados bilaterais, de outro, termos que diferenciam a linhagem do irmão da mãe da linhagem do marido da irmã do pai. Observa-se primeiramente a identificação da irmã do pai (*anü*) com todas as mulheres casadas com um homem do clã da mãe, e mais particularmente com a mulher do irmão da mãe[31], e a identificação do marido da irmã do pai com os homens do clã da mãe, principalmente o irmão da mãe. Se acrescentarmos as equações: pai da mulher = irmão da mãe, e mãe da mulher = irmã do pai, temos uma presunção extremamente forte em favor do casamento entre primos cruzados bilaterais.

Mas ao mesmo tempo a nomenclatura oferece equações típicas de um sistema de linhagens orientadas em um ciclo de sentido único. São: filho do irmão da mãe (mais velho que o Ego) = irmão da mãe; filha do irmão da mãe (mais velha que o Ego) = mãe. Exceto isso, a terminologia dos cunhados e cunhadas é muito pobre, não existindo termos especiais para os primos cruzados matrilaterais, e que leva sempre a presumir uma aliança. Ao contrário, há termos especiais para os primos cruzados patrilaterais: *achagü* designa os filhos da irmã do pai; os filhos da irmã (o homem que fala); os netos. Estas indicações conduzem a uma certeza com a seguinte equação: irmão da mulher = filho do irmão da mãe[32], em contradição com os Rengma orientais que têm: irmão da mulher = marido da irmã[33], indício do casamento bilateral. Temos, por conseguinte, segundo os termos considerados, dois tipos de nomenclatura, cor-

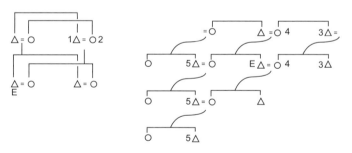

**Figura 49**

---

30. MILLS, J.P. *The Rengma Nagas*. Londres, 1937, p. 11-14.
31. Ibid., p. 129.
32. O termo para irmão da mãe, pai da mulher e filho do irmão da mãe, é *ami*. "O termo *ami* significa, no espírito do indivíduo, as noções de homem de um clã diferente, potencialmente hostil nas brigas entre clãs, com o qual não se pode jamais estar ligado por uma relação de herança, e significa também pai de uma filha com a qual são permitidas as relações sexuais" (MILLS, J.P. Op. cit., p. 138).
33. Ibid., p. 136.

respondendo, de maneira predominante talvez, uma aos Rengma orientais, outra aos Rengma ocidentais, e uma sugere um sistema de troca restrita, enquanto a outra sugere um sistema de troca generalizada (Figura 49).

Esta oposição é ainda mais nítida entre os Lhota, cujas regras de casamento são melhor conhecidas, embora, também aí, "o sistema de exogamia esteja em plena decomposição"[34]. Os Lhota Naga dividem-se em três secções exogâmicas, que por sua vez se subdividem em vinte e sete clãs ou *chibo*, compreendendo cada um várias linhagens (*mhitso* = cauda). O mito faz as três secções principais descenderem de três irmãos. Por outro lado, atribui aos clãs origens diversas, geográficas e lendárias, e alguns pelo menos descenderiam dos povos selvagens da floresta. A exogamia de secção implica o conhecimento constante do clã ao qual pertence o cônjuge possível, existindo um sistema de correspondência entre os clãs de nomes diferentes das diversas tribos Naga[35].

Mills indica que, embora pertencendo a uma outra secção diferente da que é própria do sujeito, o casamento é sempre proibido com a filha da irmã da mãe, a filha da irmã e a filha da irmã do pai. Em compensação, o casamento é possível com a filha do irmão da mãe, sendo recomendado com esta ou com uma mulher do clã da mãe. Este tipo de casamento não é obrigatório, mas agindo diferentemente corre-se o risco de ofender o clã materno. Se um homem cuja primeira mulher pertence ao clã da mãe casar-se com uma mulher de outro clã está obrigado a pagar uma multa chamada *loland 'ntyakma*, "preço por não se casar no clã da mãe". Por outro lado, o recasamento com a viúva do pai, visto com desagrado pelos Lhota, é aprovado pelos Sema[36].

Esta preferência pelo casamento assimétrico no clã materno encontra dupla expressão nas regras do casamento e na terminologia do parentesco. O casamento importa em prestações de serviço do noivo ao sogro, mas o primeiro tem direito também ao auxílio dos homens que se casaram com mulheres de seu clã[37], e estes não podem, portanto, ser simultaneamente os beneficiários das prestações matrimoniais, conforme aconteceria em um sistema de troca restrita. Além do mais, tem-se as seguintes equações:

| Pai da mulher | = irmão da mãe | = irmão da mulher; |
| Mãe da mulher | = mulher do irmão da mãe; | |
| Irmão da mulher | = filho do irmão da mulher | = pais da mulher do filho; |
| Irmã da mulher | = filha do irmão da mulher. | |

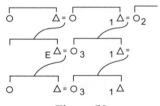

**Figura 50**

---

34. MILLS, J.P. *The Lhota Nagas*. Londres, 1922, p. 87.
35. Ibid., p. 88-93.
36. Ibid., p. 95.
37. Ibid., p. 149.

Mas ao mesmo tempo a nomenclatura apresenta um fenômeno de desdobramento muito raro, que vale a pena ser atentamente examinado. Este desdobramento não consiste tanto na distinção entre mais velhos e mais moços no interior da geração do sujeito e na geração dos pais quanto na existência de dois termos para os mais velhos assim como para os mais moços, isto é, para cada estádio na mesma geração. Tem-se assim portanto:

| | | |
|---|---|---|
| *omoramo* | – marido da irmã mais velha do pai | (se é do clã da mãe); |
| *onung* | – marido da irmã mais velha do pai | (se é de outro clã); |
| *omonunghove* | – marido da irmã caçula do pai | (se é do clã da mãe); |
| *onung* | – marido da irmã caçula do pai | (se é de outro clã); |
| *ongi* | – mulher do irmão da mãe | (se é de outro clã diferente do clã do Ego; caso contrário, o termo de consanguinidade é conservado). |

Ora, se o marido da irmã do pai pertence ao clã da mãe, e se a mulher do irmão da mãe pertence ao clã do Ego, achamo-nos em face de um sistema restrito com casamento bilateral, e não mais diante de um sistema de troca generalizada com casamento unilateral. Esta nova possibilidade é confirmada pela terminologia aplicada à geração dos filhos:

Filho e filha da irmã = filho e filha do irmão da mulher (h.p.);
Filho e filha do irmão = filho e filha da irmã do marido (f.p.) (Fig. 51).

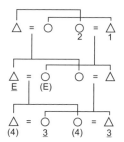

**Figura 51**

Como temos constantemente interpretado neste trabalho a distinção entre mais velhos e mais moços na mesma geração como índice ou vestígio de um sistema alternativo de casamento (isto é, no qual duas classes de homens podem competir pela mesma classe de mulheres), cuja solução foi procurada na atribuição complementar do mais velho e do caçula, o vigor desta diferenciação entre os Lhota é mais um indício de que dois tipos de casamento correspondem realmente à heterogeneidade e à complexidade da estrutura social. Dois cônjuges são sempre possíveis, um correspondente à fórmula de troca restrita, o outro à fórmula de troca generalizada.

O sistema dos Sema Naga apresenta grandes analogias com o que acaba de ser descrito. Contudo, os grupos locais, aldeias ou secções de aldeias, desempenham na organização social um papel aparentemente mais importante que os vinte e dois clãs exogâmicos e patrilineares entre os quais os semas se distribuem, tendendo os mais importantes a se tornarem endógamos, enquanto a regra de exogamia se aplica então às subdivisões do clã principal[38]. Esta regra de exogamia funciona de maneira muito rigorosa, estendendo-se até os primos em terceiro grau em linha paterna. Embora o casamento com a filha da irmã do pai e com a filha do irmão da mãe seja autorizado, o primeiro tipo é considerado estéril, sendo o segundo sempre preferido: "A razão alegada é que este último tipo oferece garantia de concórdia doméstica, devido a relação de parentesco entre os pais do jovem casal, que cuidarão para que os filhos se comportem bem entre si[39]. Esta racionalização, cujo equivalente é encontrado na China[40], não é satisfatória, porque os dois tipos de primos cruzados são igualmente descendentes de irmão e de irmã. O sistema de parentesco é simples:

| | |
|---|---|
| *1. apuza* | todos os avós a não ser os seguintes: |
| *2. asu* | pai do pai (= árvore, tronco) |
| *3. apu* | pai, irmão do pai |
| *4. aza* | mãe; irmã da mãe; filha do irmão da mãe |
| *5. amu* | irmão mais velho; filho do irmão do pai |
| *6. afu* | irmã mais velha; filha do irmão do pai |
| *7. atukuzu* | irmão caçula; jovem filho do irmão do pai (h.p.) |
| *8. apëu* | irmão caçula; jovem filho do irmão do pai (f.p.) |
| *9. achepfu* | irmã caçula; jovem filha do irmão do pai (h.p.) |
| *10. atsunupfu* | irmã caçula; jovem filha do irmão do pai (f.p.) |
| *11. atikeshiu* | filhos da irmã; filho da irmã do pai (h.p.) |
| *12. anu* | filho, filha; neto, neta; filhos do irmão caçula (h.p.) |
| *13. akimi* | marido |
| *14. anipfu* | mulher |
| *15. ani* | irmã do pai; mãe da mulher; mãe do marido; irmã mais velha do marido, mulher do irmão mais velho (f.p.); mulher do irmão mais velho do marido |
| *16. angu* | (= guardião, protetor) irmão da mãe, filho do irmão da mãe, pai da mulher; (no oeste): irmão da mulher, irmão do marido |
| *17. acht* | marido da irmã do pai; irmão da mulher (no leste); marido da irmã mais velha, mulher do irmão mais velho (h.p.); marido da irmã (f.p.) |
| *18. ama* | marido da irmã caçula (h.p.) |
| *19. amukeshiu* | mulher do irmão caçula; mulher do filho, às vezes também chamada: |
| *20. anipa* | marido da irmã da mulher, mulher do irmão caçula do marido, mulher do filho (= semente, fruto) netos |
| *21. atilimi* | parentes masculinos por aliança (família da mãe, e |
| *22. angulimi* | também da mulher e do marido) |
| *23. atazumi* | parentes (h.p.) |
| *24. apelimi* | parentes (f.p.) |

Conforme a idade relativa, a mulher do irmão do pai é chamada *aza* ou *achi*; a mulher do irmão da mãe, *aza* ou *afu*; o marido da irmã da mãe, *apu* ou *amu*. O termo *atikeshiu* é empregado, para um homem, com o sentido geral de pessoa aparentada

---

**38.** HUTTON, J.H. *The Sema Nagas*. Londres, 1921, p. 122-129.

**39.** Ibid., p. 132.

**40.** HSU, F.L.K. Observations on Cross-cousin Marriage in China. *American Anthropologist*, vol. 47, 1945.

pela mãe, membro de nossa família (= vem de nossa semente). Não existe termo especial para as seguintes relações: marido da filha; parentes da mulher do filho; parentes do marido da filha; filhos do irmão da mulher; filhos do irmão do marido; filhos da irmã da mulher; filhos da irmã da mãe; marido da filha da irmã. Emprega-se apenas o termo amigo, ou os termos de respeito acima mencionados[41].

A hipótese do casamento preferido com a filha do irmão da mãe conduz a um modelo reduzido pouco satisfatório (Figura 52), onde a recorrência, em linhagens diferentes, dos termos 4, 6, 11, 15 e 16 pode ser considerada uma garantia de que o casamento patrilateral é também praticado, conforme aliás Hutton indica. Temos aí, pois, um outro exemplo de mistura das fórmulas de troca restrita com as de troca generalizada.

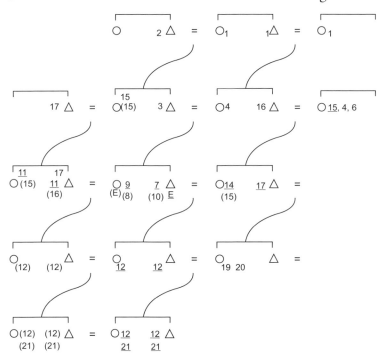

**Figura 52**
*Sistema Sema Naga (modelo reduzido)*

A situação é ainda mais complexa entre os Ao Naga.

É provável que seus predecessores, talvez lendários, mas que Mills se inclina a reconhecer como sendo os Konyake, tenham praticado uma divisão tripartite em Isangyongr, Nokrangr e Molungr[42]. Atualmente os Ao compreendem três grupos de clãs.

---

41. HUTTON, J.H. Op. cit., p. 139ss.
42. MILLS, J.P. *The ao Nagas*, Londres 1926, p. 11.

Os Chongli dividem-se em três secções exógamas, duas das quais "mais velhas": Pongen (dez clãs) e Lungkam (onze clãs); e uma "mais moça": Chami (dezesseis clãs). Esta última secção tem uma posição social nitidamente inferior às duas primeiras, e Mills vê nela o resíduo das populações conquistadas pelos outros Chongli[43]. O segundo grupo, Mongson, compreende igualmente três secções rigorosamente exógamas, mas que não têm nome. Seus efetivos são respectivamente onze, sete e oito clãs. Mongson e Chongli reconhecem a equivalência entre suas respectivas secções, e os membros de secções correspondentes não podem casar-se entre si. O último grupo, Changki, não possui nenhuma divisão aparente, e Mills considera-o o primeiro ocupante da região. É possível somente reconhecer entre eles oito clãs, quatro dos quais comportam-se como uma secção, e os outros quatro como outras tantas unidades exógamas[44]. Qualquer familiaridade entre membros do mesmo clã e da mesma secção é proibida. São cônjuges proibidos: a viúva do pai; a irmã da mãe; a filha da irmã do pai. Mills acrescenta: "Uma mulher também não pode casar-se com o filho da irmã de seu pai"[45]. Estamos, portanto, pelo menos na aparência, em uma situação inteiramente diferente dos casos precedentes, e o sistema de parentesco deve ser examinado com atenção ainda maior.

As dificuldades que apresenta oferecem um notável paralelismo com a complexidade da estrutura social. Além da diferenciação entre filhos mais velhos e caçulas da mesma geração, encontram-se, por vezes, para o mesmo grau de parentesco, dois, três e mesmo quatro termos diferentes, correspondendo a diversos destinos matrimoniais. Não é de admirar, num sistema tão cheio de armadilhas, descobrir uma multiplicação (relativa) dos graus proibidos, e um desenvolvimento pouco comum das proibições. Tem-se a impressão de que a mistura das duas fórmulas (troca generalizada e troca restrita) se tornou tão densa que foi atingido o ponto de saturação. O excepcional interesse do sistema Ao reside em que nos coloca diante do limite da heterogeneidade, se assim se pode dizer, que um sistema de parentesco é capaz de atingir sem desmoronar. Passemos de preferência a julgar os fatos.

Como em todos os sistemas Naga, parece que existe um termo para os avós paternos, 1, e um termo para os avós maternos, 2. A mulher do irmão do pai é designada por um termo, se pertence à secção da mãe (*uchatanuzú* = irmã da mãe, 3), e por um outro termo, se pertence à secção do Ego em linha feminina (*amu*, 4).

O marido da irmã do pai é designado por um termo (*anok*, 5), se descende, por parte da mãe, de um homem da secção do Ego, sendo identificado ao tio materno (*okhu*, 6) se descende de um homem da secção da mãe do Ego.

A mulher do irmão da mãe é identificada à irmã do pai (*onü*, 7) se pertence à fratria do Ego; aos avós maternos *otsu*, 2, se pertence à secção da avó materna do Ego e é chamada *amu*, 4, se pertence, por parte da mãe, à secção do Ego.

---

**43.** Ibid., p. 13.
**44.** Ibid., p. 21-26.
**45.** Ibid., p. 163.

O marido da irmã da mãe, membro da secção do Ego, é *oba tambu* ou *oba tanubu* (irmão, mais velho ou caçula, do pai, 8) e, sendo membro de outra secção, é *okhu* (tio materno), se é mais velho que o Ego, e *anok* (marido da irmã do pai), se é mais moço.

O pai da mulher chama-se *akhu*, quando pertence à secção da mãe do Ego, e *anok*, quando a mãe pertence à secção do Ego.

A mãe da mulher pode ser: *onü* (secção do Ego); *uchatanuzü* (secção da mãe do Ego); identificada à mãe do pai, 1, se provém da mesma secção que ela e chamada *amu*, nos outros casos.

O filho da irmã do pai é chamado *anok*, e a filha, *amu*. O filho do irmão da mãe identifica-se com seu pai (*okhu*), a filha identifica-se com uma irmã caçula da mãe (*uchatanuzü*). O irmão da mulher pode pertencer, por parte da mãe, à secção do Ego e, neste caso, é chamado *anok*. Em todos os outros casos, recebe o nome de *okhu* (irmão da mãe), "sendo admitida a relação de parentesco por parte da mãe, que é indispensável"[46], Esta indicação é capital, no estado geral de incerteza que reina a respeito da fórmula do casamento, porque sugere que o casamento deve ser sempre matrilateral, isto é, do tipo, pelo menos, da troca generalizada. Se a irmã da mulher pertence, por parte da mãe, à secção do Ego, ela é *amu*; do contrário, é *uchatanuzü*.

O irmão do marido é chamado *okhu* e, em algumas aldeias, *anok*, se a mãe pertence à secção da mulher. A mulher do irmão mais velho do marido pode pertencer à secção do Ego, e neste caso é chamada irmã mais velha, *oya*, 9, ou à secção da mãe do Ego, sendo chamada *uchatanuzü*, ou ainda a uma outra secção, sendo chamada *amu*. A mesma situação ocorre com a mulher do irmão caçula do marido, com os nomes respectivos de irmã caçula (*tünü*, 10), *uchatanuzu* e *amu*.

Para a mulher do irmão da mulher, tem-se: secção do Ego, *oya*; secção da mãe do Ego, *uchatanuzü*; outra secção, *amu*. Para o marido da irmã do marido, tem-se os termos para o irmão mais velho e o irmão caçula (*uti*, 11; *topu*, 12) de acordo com a idade, se pertencem à secção do Ego; do contrário, *okhu*.

O marido da irmã (homem que fala) é *okhu* se pertence à secção da mãe do Ego, e, nos outros casos, *kabang*, 13, ou *anok*, segundo sua mulher é mais velha ou menos velha que o Ego. Quando é uma mulher que fala, ela chama o marido de sua irmã de *okhu*, quando pertence à secção de sua mãe; caso contrário, chama-o de *küthang*. Para os dois sexos, a mulher do irmão é *uchatanuzü* (secção da mãe) ou *amu*.

O filho do irmão da mulher é chamado *opu*, 1, se pertence à secção do avô, e, caso contrário, *anok*. A filha do irmão da mulher pode ser *otsu* (quando a mulher do Ego pertence à secção da avó), e, não sendo assim, *amu*.

O filho da irmã do marido é chamado irmão mais velho (quando pertence à secção do Ego), do contrário, é identificado com o irmão caçula.

Se a filha da irmã do marido é membro da secção do Ego e mais velha que ele, recebe o nome da irmã mais velha, e, não sendo assim, o de irmã mais moça. O marido da filha é chamado *anok* (membro, por parte da mãe, da secção do Ego), caso contrário, *abang*, 15. A mulher do filho pode ser *uchatanuzü* (secção da mãe), ou *amu*.

---

46. Ibid., p. 167.

Todos os netos são chamados *samchir*, 16. Os primos paralelos confundem-se com os irmãos e irmãs; os sobrinhos e sobrinhas paralelas, com os filhos e filhas[47].

A terminologia, por si mesma, é simples: "As grandes categorias típicas de um sistema classificatório são a regra. Um homem coloca todos os homens de seu clã e da geração do pai na categoria do pai, os de sua própria geração, na categoria dos irmãos, todas as mulheres do clã e da geração da mãe, na categoria da mãe, e assim por diante"[48]. Além disso, as denominações de parentesco direto são sempre preferidas às que se referem à aliança. Assim é que os três termos *okhu*, *anok* e *amu* designam, respectivamente, todos os homens da secção da mãe, todos os filhos de mulheres da secção do Ego, todas as filhas de mulheres da secção do Ego. "Estes termos gerais abrangem todas as relações de parentesco, fora da secção, para os quais não há designação particular. Quando não se pode estabelecer o parentesco por parte do pai, é possível, às vezes, fazê-lo por parte da mãe, com a condição de remontar a um ponto suficientemente alto. Com efeito, os Ao não reconhecem parentesco que seja puramente por aliança, e em que a consanguinidade não intervenha de um lado ou de outro"[49]. Isto significa que, mesmo se o casamento é interdito, como afirma Mills, com a prima cruzada patrilateral ou matrilateral, é obrigatório com uma prima de um grau mais afastado. Bastaria, para convencer-se disso, notar que as grandes designações coletivas, *anok* e *okhu*, correspondem exatamente aos *dama nis* e *mayu nis* dos Katchin. Se os *dama nis* distinguem-se aqui em *amu* e *anok* é por causa da mistura da troca restrita, que evidentemente intervém nos Ao, e que faz entrar no circuito as irmãs dos genros.

Sob certos aspectos, a terminologia coincide admiravelmente com um sistema de troca generalizada (Figura 53), chegando até a sugerir um circuito de três estágios, indicação fornecida pela recorrência dos termos *amu*, para a mulher do irmão da mulher, e *okhu*, para o marido da irmã do marido. Entretanto as equações:

| | |
|---|---|
| Marido da irmã do pai | = irmão da mãe |
| Irmã do pai | = mulher do irmão da mãe |
| Pai da mulher | = marido da irmã do pai |
| Mãe da mulher | = irmã do pai |
| Irmão da mulher | = filho da irmã do pai |
| Irmã da mulher | = filha da irmã do pai |
| Irmão do marido | = filho do irmão da mãe |
| Marido da irmã | = filho do irmão da mãe |

indicam todas um casamento patrilateral ou, combinadas com as indicações precedentes e uma vez que o casamento patrilateral é excluído[50], um casamento bilateral.

---

47. Ibid., p. 164-174.
48. Ibid., p. 174.
49. Ibid., p. 175.
50. Ibid., p. 167.

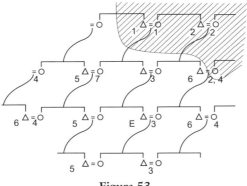

**Figura 53**

Finalmente, a existência, para certos graus, de três ou quatro termos referentes a filiações diversas, prova que o casamento pode revestir-se ainda de outras formas. O fato nada tem de extraordinário, pois os Ao acham-se colocados entre duas exigências contraditórias: ou só se casarem entre parentes, porquanto seu sistema é uma mistura de forma simples da troca restrita e da troca generalizada, ou estender continuamente os graus proibidos, para tentar escapar à confusão resultante do emprego conjugado das duas fórmulas, do qual uma das mais sérias consequências é o alargamento em forma de mancha de óleo das proibições familiares. Daremos apenas um exemplo. Entre a maioria dos Naga, o tio materno é objeto de um importante tabu. Entre os Ao, o tabu espalha-se com surpreendente rapidez. "Um homem deve demonstrar respeito por seus avós e seus cunhados. Uma discórdia com um mais velho, quer seja um pai, uma mãe, um tio, uma tia, um irmão mais velho, uma irmã mais velha, etc., é um incidente grave, que pode provocar a doença, más colheitas e outras calamidades"[51]. Isto é, precisamente, as consequências que os outros Naga atribuem às brigas com o tio materno.

Todos os sistemas Naga apresentam, pois, o mesmo caráter híbrido. Este exprime-se ora no fato de uma dupla (por vezes tríplice, e mesmo quádrupla) terminologia corresponder à escolha possível entre dois tipos de casamento, matrilateral ou bilateral; ora na extensão dos mesmos termos a duas categorias de parentes, segundo o tipo de casamento efetivamente escolhido. Constatamos, nos dois casos, a oposição entre dois grupos, ou dois modos de emprego, de termos, um correspondendo a uma fórmula simples de troca restrita, o outro a uma fórmula simples de troca generalizada. O primeiro grupo é, na maioria das vezes, ilustrado pelas equações que identificam o tio materno e o marido da irmã do pai, o pai do marido e o irmão da mãe; o segundo, pelos termos que diferenciam duas categorias de aliados, os paternos *que não se identificam* com os maternos[52]. Esta oposição traduz-se, geralmente, nos sistemas

---

51. Ibid., p. 175.
52. "Quantos rebanhos e rebanhos de cunhados ele possui!" diz o provérbio que distingue entre "irmãos de mulher" e "maridos de irmã" (GURDON, R.P. *Some Assamese Proverbs*. Shillong, 1896, p. 38).

de troca generalizada, por um par de termos antinômicos dotados de uma extensão muito ampla. Tais são os *dama nis* e os *mayu nis* dos Katchin, aos quais correspondem, através de todas as nomenclaturas Naga, os pares de oposições correlativas: *achagü* e *ami* (Rengma Naga); *onung* e *omo* (Lhota Naga); *anok* e *okhu* (Ao Naga); e *achi* e *angu* de um lado, *atikeshiu* e *angulimi* de outro lado, entre os Sema Naga. Encontraremos o mesmo par entre os Gilyake, no capítulo seguinte, com a oposição dos *imgi* e dos *axmalk*. Além disso, as equações seguintes:

Irmão da mãe = pai da mulher,
Mulher do irmão da mãe = mãe da mulher,
Irmã do pai = mãe do marido,
Marido da irmã do pai = pai do marido,

são verificadas, nos sistemas considerados, conforme o quadro estabelecido por Hodson[53], e que completamos acrescentando os termos Ao Naga e Aimol Kuki:

|  | Tarau | Chawte | Katchin | Sema | Ao | Aimol Kuki |
|---|---|---|---|---|---|---|
| Irmão da mãe | Pute | Pu | Tsa | Ngu | Khu | Pu |
| Irmã do pai... | Ni | Ni | Moigyi | Ni | Nü | Ni |
| Mulher do irmão da mãe | Pite | Pi | Ni | Za ou Fu | Tsü | Pi |
| Marido da irmã do pai... | Marang | Rang | Ku | Chi | Nok | Rang |
| Mãe do marido | Ni | Ni | Moi | Ni | Nü | Tarpi (#) |
| Pai da mulher | Pu | Pu | Tsa | Ngu | Khu | Pu |
| Pai do marido | Marang | Arang | Ku | Ngu | Nok | Tarpu (#) |
| Mãe da mulher | Pi | Pi | Ni | Ni | Tsü | Pi |

Este caráter híbrido dos sistemas de parentesco corresponde a uma estrutura social complexa, que repousa de um lado sobre organizações dualistas, e de outro lado sobre organizações com três ou seis secções.[54] A que correspondem umas e outras, e quais são as relações que as unem?

Na excelente descrição que Hutton deu dos Angami Naga, habitantes do norte do Rio Barak, apresenta o clã como a unidade fundamental. "A verdadeira unidade social é o clã. É a tal ponto distinto da aldeia que forma quase uma aldeia por si mesmo, muitas vezes fortificada no próprio interior da aldeia, e nos limites que lhe são próprios. Às vezes, mesmo, em conflito declarado, chegam quase até à guerra com os

---

53. HODSON, T.C. *The Primitive Culture of India*, p. 94.

54. Uma tabulação geral das tribos do Assam e da Birmânia que possuem organizações dualistas ou tripartidas, ou as duas, foi esboçada por J.K. Bose (*Dual Organization in Assam*, loc. cit.).

outros clãs da mesma aldeia"[55]. Os clãs são divididos em duas secções, exceto entre os Angami Memi, onde há três secções exógamas, as duas primeiras trocando esposas entre si, e a terceira não se casando senão com os Angami que não são do grupo Memi, e à qual Hutton atribui uma origem étnica diferente. As metades Angami são denominadas *kelhu*, termo cujo sentido habitual é "geração", sendo, até uma época recente, exógamas. Reconhece-se facilmente o termo, em uso corrente em Assam, *khel*, que designa as divisões exógamas dos Ahome, correspondentes aos clãs (*thino*) dos Angami. Enfim, no interior do clã, é preciso dar um lugar crescente à *putsa* (de *apo*, pai e *putsa* lado) que é, como o nome indica, uma linhagem patrilinear e exogâmica[56]. Tem-se, portanto, entre os Angami, três tipos de grupamentos, além da aldeia, a saber: *kelhu*, *thino* e *putsa*, e todos os quatro são, em graus diferentes, unidades exógamas.

Os Lhota têm três secções exógamas e aldeias subdivididas em duas ou mais *khel*: "Em diversas aldeias, os *khel* correspondem à divisão em clãs [...] Mas isto não é frequente. Habitualmente o *khel* não é senão uma divisão da aldeia estabelecida por motivos práticos e onde vivem membros de clãs diferentes"[57]. Os indivíduos vivem no *khel* de seus antepassados, mas podem também mudar de localização. Com efeito, o clã propriamente dito denomina-se *chibo* e subdivide-se em linhagens, *mhitso*[58]. Apesar da diferença no emprego terminológico da palavra *khel*, há, portanto, paralelismo entre a organização social dos Angami e a dos Lhota. Neste último caso, encontramos também quatro tipos de grupamentos, a saber, aldeia, secção, clã e linhagem.

Entre os Sema, onde a aldeia parece representar o papel fundamental na estrutura social, o clã exogâmico tem o nome de *ayeh* e o grupo de aldeia chama-se *asah* (= *khel*). Há, além disso, traços de organização dualista e, embora os clãs sejam atualmente em número de vinte e dois, a lenda os faz descenderem de seis clãs primitivos, provenientes de seis irmãos[59].

Quanto às relações que unem entre si estes diversos tipos de grupamentos, comportam duas interpretações possíveis, uma histórico-geográfica e outra genética. A propósito dos Ao, dos quais nos lembramos que se distribuem em três grupos de clãs, sendo que apenas os dois primeiros dividem-se em três secções exogâmicas, Mills faz um comentário, que é um bom exemplo da primeira tendência. "Se considerarmos como estabelecido, segundo creio, que os Chongki, os Mongsen e os Chongli representam três ondas de invasão, onde os Chongki ocupam o primeiro lugar e os Chongli o último, constata-se que a divisão tripartite, tão comum entre os Naga, não existe na primeira onda, é ainda confusa na segunda, e nitidamente definida somente na terceira[60]. Com efeito, a distribuição dos clãs Mongsen em três secções dá lugar, ao que parece, a certas hesitações. No começo de seu livro sobre os Rengma, Mills nota

---

55. HUTTON, J.H. *The Angami Nagas*. Londres, 1921, p. 109.
56. Ibid., p. 110-116.
57. MILLS, J.P. *The Lhota Nagas*, p. 24.
58. Ibid., p. 87.
59. HUTTON, J.H. *The Sema Nagas*, p. 121-126.
60. MILLS, J.P. *The Ao Nagas*, p. 26.

igualmente que não pôde descobrir traço de uma organização tripartite, mas que existem vestígios certos de um sistema de metades[61]. Adivinha-se a conclusão implícita que as estruturas dualistas representam um tipo arcaico e as estruturas tripartites formações mais recentes, resultantes essencialmente na incorporação, guerreira ou pacífica, de novos grupos. "Mais ainda que seus costumes, a organização social dos Naga sugere uma diversidade de origem", diz também Hutton na introdução do livro sobre os *Lhota Naga*[62].

Os argumentos que se poderiam tirar da diversidade dos costumes não seriam, com efeito, muito convincentes. Da mesma maneira que os cinco grupos fundamentais do sistema Katchin, as secções dos grupos tripartites dos Naga são diferenciadas por particularidades dialetais e indumentárias. Isso não seria surpreendente, pois todos os sistemas de troca generalizada descendem de regimes harmônicos, isto é, as secções distinguem-se, ao mesmo tempo, pela filiação e pela residência. A troca generalizada pode, pois, oferecer uma fórmula privilegiada para a integração, numa mesma estrutura social, de grupos étnica e geograficamente afastados, porque é num tal sistema que deverão renunciar em mínima extensão a seus particularismos. Mas o sistema favorece também a diferenciação, mesmo quando não existe na origem, porque reduz ao mínimo as trocas entre os grupos e porque, em razão de sua natureza competitiva, convida os parceiros a se afirmarem. A diversidade pode, pois, ser um fator determinante, tanto quanto um resultado, da troca generalizada.

Muito mais importantes, de nosso ponto de vista, são as considerações tiradas da vitalidade respectiva das organizações dualistas e tripartites. As segundas acham-se às vezes ausentes, ou apenas existem em estado de vestígios. Nunca as vimos nascer diante de nossos olhos. Com as metades e as subdivisões das metades dá-se exatamente o contrário. Apresentam entre os Naga caráter por assim dizer experimental, o que torna estas tribos um terreno privilegiado para o estudo das organizações dualistas[63]. A força prolífica dessas organizações parece quase inesgotável. Os Rengma dividem-se em dois grupos, um dos quais se subdivide novamente. Os Angami têm duas metades, Thevoma e Thekronoma, também chamadas Pezoma e Pepfuma, segundo o termo que utilizam para designar a mãe, e os Pezoma dividem-se novamente em Sachema e Thevoma[64]. Ora, a este respeito, as metades não se distinguem dos clãs, os quais, diz Hutton, "não devem ser considerados como instituições rígidas, incapazes de flutuação e de desenvolvimento. Ao contrário, tendem sempre a se subdividirem em clãs secundários"[65]. Os Sema Naga oferecem um bom exemplo do mesmo fenômeno. "Os Chisilimi, desde há muito, dividem-se em descendentes de Chuoka e descendentes de Kutathu, que sucederam aos Chisilimi como grupos exógamos, e que por sua vez estão em via de deixar de sê-lo. Da mesma maneira, os Chophini deixa-

---

61. Id. *The Rengma Nagas*, p. 11-14.
62. HUTTON, J.H. Introduction à Mills. *The Lhota Nagas*, op. cit., p. XXX.
63. Ver cap. VI.
64. HUTTON, J.H. Introduction a Milles, *The Lhota Nagas*, p. XXXI-XXXII.
65. HUTTON, J.H. *The Angami Nagas*, p. 109.

ram de ser exógamos, se é que alguma vez o foram, e compõem-se atualmente pelo menos de duas subdivisões, Molimi e Woremi. Todos os outros grandes clãs, ou quase todos, perderam o caráter exógamo, porque a regra da exogamia foi substituída por outra, segundo a qual são autorizados os casamentos entre pessoas do mesmo clã, quando os dois cônjuges não têm antepassados comuns em linha paterna direta até à quinta geração. Por vezes, este limite reduz-se à quarta geração. É verdade que a regra não é comumente vista como válida senão pelos membros de aldeias diferentes"[66].

Se considerarmos que as metades, também, podem perder o caráter exogâmico, como aconteceu entre os Angami[67] e os Aimol Kuki[68], somos inclinados fortemente a tratar as metades, os clãs e as linhagens como estágios, ou momentos, de um mesmo processo social. Hutton observou isso muito bem a propósito dos Angami. "Estamos em presença de uma série de grupos, cada um dos quais por sua vez se subdivide em grupos mais numerosos [...] e perde, ao arrebentar, o caráter até então exogâmico. O *kelhu* dissocia-se em *thino*, os quais por sua vez esfacelam-se em novos *thinos*, que abandonam o caráter exogâmico em favor das *putsas*, entre as quais se subdividem"[69]. No momento atual, acrescenta Hutton, a exogamia é um estágio intermediário entre o *thino* e a *putsa*, isto é, entre o clã e a linhagem. As *putsas* estreitamente aparentadas não se casam entre si. Assim, os Chalitsuma se dividem em cinco *putsas*, Vokanoma, Morrnoma e Ratsotsuma, descendentes de três irmãos e não se casam entre si, e Rilhonoma e Seyetsuma, que podem se casar entre si e com alguém das três outras *putsas*. Entre os Mao de Manipur, Shakespear também notou a divisão dos *khels* em grupos exogâmicos[70].

O fenômeno pode, aliás, ser diretamente observado. Os Awomi dividem-se em dois grupos. "Durante a última geração, Kihelho de Seromi, pai de Kivilho, chefe atual dos Awomi desta aldeia particular, quis realizar um novo desdobramento. Declarou que seus antepassados, se bem que incorporados no clã Awomi, tinham, na realidade, uma origem Yetsimi, diferente do núcleo Sema primitivo, e que, por consequência, casar-se-iam no futuro livremente com os outros Awomi e formariam um clã separado. Imediatamente depois perdeu a cabeça numa guerra com uma aldeia vizinha, o que foi considerado como castigo por sua decisão ímpia, e ninguém mais falou deste novo desdobramento". Há, entretanto, outros clãs, outrora exógamos, que se tornaram endógamos depois de se desdobrarem[71]. O mesmo aconteceu entre os Lhota. "Certos clãs são ainda indivisos. Outros desdobram-se em duas linhagens que se casam entre si, e denominam-se respectivamente 'grande' e 'pequeno', por exemplo, ezongterowe e ezongtsopowe. Outros subdividem-se novamente em várias linhagens..."[72].

---

66. Id. *The Sema Nagas*, p. 130.

67. Id. *The Angami Nagas*, p. 113.

68. Cf. p. 311.

69. HUTTON, J.H. *The Angami Nagas*, p. 116.

70. Ibid., p. 117.

71. HUTTON, J.H. *The Sema Nagas*, p. 130.

72. MILLS, J.P. *The Lhota Nagas*, p. 91.

Isto não quer dizer que, ao contrário do que admitimos entre os Katchin, seja preciso considerar os clãs, ou aqui as metades, como formações mais recentes que as organizações tripartites. Podem ser historicamente mais antigos, é possível, e em certos casos é provável. Mas, no sistema do casamento, acreditamos que sua ocorrência é recente. Dito de outro modo, é preciso distinguir entre antiguidade histórica e prioridade funcional. Deste ponto de vista, os fenômenos de troca restrita, nos sistemas Naga, aparecem-nos como secundários em relação aos que se prendem à troca generalizada. Mas ainda aqui trata-se menos de uma precedência histórica do que de uma anterioridade lógica. É possível perfeitamente conceber que, tendo por base uma velha organização clânica, certos clãs tenham se transformado em linhagens feudais unidas entre si por uma estrutura de troca generalizada, enquanto que os outros continuaram a funcionar, na sombra e nas regiões afastadas, de acordo com uma fórmula recíproca. Feita a ressalva, no que respeita à troca restrita, de retomar o lugar anterior quando o sistema feudal atinge o período de crise, cujo aparecimento é revelado por certos costumes Naga, a saber, equiparação das façanhas amorosas à caça de cabeças, entre os Angami[73], casamentos infantis entre os nobres Angami orientais[74], extremo desenvolvimento das regras da compra entre os Lhota, que se assemelham a este respeito aos Katchin e aos Lakher[75], finalmente, papel considerável dos "objetos valiosos" ou riquezas sagradas, entre os Ao Naga[76].

Em todo o caso, é a aldeia que se mostra ser a unidade exogâmica mais recente. "Os *khels* que vivem lado a lado na mesma aldeia podem demonstrar, uns com relação aos outros, sentimentos tão hostis que um não fará nenhum esforço para deter o massacre do outro, mesmo no recinto da aldeia"[77]. Por isso, "os *khels* que compõem a aldeia estão em rude conflito [...] os conflitos entre *khels* eram, e continuam a ser, bem mais rudes que os existentes entre as aldeias"[78]. Descrevendo os combates, meiosimbólicos meio-reais, que se realizam por ocasião de um casamento entre membros de aldeias diferentes, Mills observa que o noivo conduz sua expedição acompanhado "pelos homens de seu próprio clã, pelos do clã de sua mãe e pelos que se casaram com mulheres de seu clã"[79]. Isto é, o conjunto dos homens que contitui, se assim se pode dizer, "a unidade de casamento" (meu clã, seus *dama nis* e seus *mayu nis*, para empregar a terminologia Katchin) num sistema de troca generalizada, cujo lugar preeminente fica assim claramente afirmado. Os membros de aldeias brigados podem partilhar do mesmo banquete, qualquer que seja a antiguidade do incidente primitivo. Mas esta proibição não impede de maneira alguma os intercasamentos[80]. Mais im-

---

73. MILLS, J.P. *The Ao Nagas*, p. 58. • HUTTON. *The Angami Nagas*, p. 52.

74. Id. *The Rengma Nagas*, p. 213.

75. Id. *The Lhota Nagas*, p. 155.

76. Id. *The Ao Nagas*, p. 60-70.

77. GODDEN, G.M. Naga and Other Frontier Tribes of Northeastern India. *Journal of the Royal Anthropological Institute*, vol. 26, 1896, p. 167.

78. Id., vol. 27, 1897-1898, p. 23.

79. MILLS, J.P *The Rengma Nagas*, p. 210.

80. Id. *The Lhota Nagas*, p. 101 e n. 1.

pressionante ainda é o caso dos Rengma. "Quando duas aldeias estão em guerra, é natural que se odeiem cordialmente. Entretanto, este ódio não se estende às mulheres da aldeia inimiga, casadas na outra aldeia. Estes casamentos eram outrora frequentes, e a mulher tinha o direito de visitar seus parentes, embora seu marido estivesse em guerra com eles. Fazia-se acompanhar de dois ou três homens da aldeia de seu marido, todos levando pacotes de folhagens. Durante todo o tempo em que permaneciam na aldeia inimiga, eram considerados sagrados [...]"[81]. Vê-se que, em tais sistemas, as alianças matrimoniais são o fundamento essencial da estrutura social. Como diz o provérbio: "O casamento é o mais forte de todos os nós"[82].

---

**81.** Id. *The Rengma Nagas*, p. 161-162.
**82.** GURDON, J.H. *Some Assumese Proverbs*. Op. cit., p. 71.

## CAPÍTULO XVIII
## Limites internos da troca generalizada

A organização social dos Gilyak foi objeto de um estudo de Sternberg publicado em russo, do qual o Museu Americano de História Natural possui uma versão inglesa[1], que teve a amabilidade de colocar à nossa disposição. É um trabalho de riqueza e penetração excepcionais, mas no qual a exatidão da observação é às vezes comprometida por interpretações históricas aventurosas[2]. Sternberg, contudo, teve plena consciência da originalidade do sistema Gilyak e dos problemas que levanta.

Por motivo de sua extrema importância e das dificuldades de acesso ao texto, daremos aqui uma detalhada análise da nomenclatura do parentesco.

Os Gilyak dividem-se em clãs patrilineares, patrilocais e exogâmicos. Praticam o casamento por compra, sendo o preço da noiva pago ao pai ou aos irmãos.

Sternberg distingue quatorze termos principais, aos quais se acrescenta um certo número de termos que considera secundários, ou porque correspondem a um uso regional ou porque têm por finalidade efetuar uma distinção secundária entre parentes confundidos pelo termo principal.

1) *tuvn*    irmãos e irmãs verdadeiros; primos paralelos; meio-irmãos e meio-irmãs;

    a) *akand*: *tuvn* mais velho;

    b) *asxand*: *tuvn* mais moço; mulher do *tuvn* mais moço do marido; filho do irmão (sendo a mulher que fala) (?);

    c) *nanaxand*: *tuvn* mais velho; irmã do pai, e *tuvn* feminina do pai; mãe do marido, e *tuvn* feminina da mãe do marido; irmã da mãe (excepcionalmente);

    d) *ranĩ*: irmã (em relação aos irmãos) (termo de referência somente);

    e) *kiun*: irmão (em relação às irmãs) (termo de referência somente);

2) *imk*    mãe; "esposas" do pai; esposas dos *tuvn* do pai; "irmãs" da mãe (*tuvn* femininas da mãe); "irmãs" (*tuvn*) do pai da mulher; "irmãs" (*tuvn*) do sogro do irmão;

---

**1.** STERNBERG, L. *The Social Organization of the Gilyak*.

**2.** Cf. STERNBERG, L. The Turano-Ganowanian System and the Nations of North-East Asia. *Memoirs of the International Congress of Americanists*. Londres, 1912.

3) *itk*     pai; "maridos" da mãe; "irmãos" do pai (gilyakes ocidentais); "irmãos caçulas" do pai (gilyakes orientais); maridos das "irmãs" da mãe, e *tuvn* masculinos destes maridos; maridos das irmãs do pai da mulher; maridos das irmãs do pai da mulher do irmão; *pilan*: *tuvn* caçula do pai (gilyakes orientais), no sentido geral de "mais velho" (tomado dos tungus);

4) *atk*     pai do pai, e seus *tuvn* masculinos; pai do pai do pai, e seus *tuvn* masculinos, etc., em linha ascendente; *tuvn* mais velho do pai (gilyakes orientais); alternativo de *axmalk* (cf. 10);

5) *ack*     esposas e irmãs dos avós e bisavós; esposas do irmão da mãe, e suas outras "esposas"; "mães" da mulher, e esposas dos homens do clã da mulher; esposas de um *axmalk*; avós e bisavós do marido; tias e tias-avós paternas do marido;

6) *oglan*     filho e filha; filho do irmão (homem que fala), de irmã (mulher que fala); filhos da irmã da mulher; filhos da irmã da mulher do irmão (homem que fala); filhos das filhas do tio materno (homem que fala); filhos de um *oglan* varão. Utilizando, também, como denominação afetuosa para filho da irmã (homem que fala), filha do irmão (mulher que fala) e por um velho quando se dirige a um menino;

7) *angey*     esposa; irmãs da mulher; esposas dos *tuvn* mais velhos; irmãs das esposas de todos os *tuvn*; filha do irmão da mãe, e filha do *tuvn* do irmão da mãe (homem que fala);

         *ivi*: no dialeto ocidental e sob a influência tungus, esposas de todo *tuvn*; irmãs da mulher; mulher do irmão mais moço do pai (esposa potencial do indivíduo entre os tungus);

8) *yox*     mulher do filho; mulher do *tuvn* mais moço (homem que fala); noiva (homem que fala);

9) *pu*     marido; maridos das irmãs; irmãos do marido (gilyak do Amur e do noroeste de Sakhalina); irmãos mais moços do marido (outras regiões); filhos das irmãs do pai (mulher que fala);

10) *axmalk*     homens do clã de minha mãe; homens do clã de minha mulher; homens do clã da mulher de todo homem de meu clã;

         a) *atk*: (dialeto ocidental, termo de origem tungus?)

         – *para um homem*: irmão da mãe, seus *tuvn* masculinos e todos os seus ascendentes clânicos masculinos (meus tios, avós, bisavós e tios-avós maternos); sogro e todos seus ascendentes clânicos masculinos; todos os meus *axmalk* da geração mais velha; irmãos mais velhos da mulher (eventualmente);

         – *para uma mulher*: pai do marido, seus *tuvn* masculinos e seus ascendentes clânicos masculinos; *tuvn* mais velho do marido (gilyakes orientais); *axmalk* de geração mais velha;

         b) *navx*: todos os *axmalk* de minha geração e seus descendentes clânicos masculinos (homem que fala); alternativo de *atk* (mulher que fala);

11) *imgi*    termo empregado por um homem, por seus *tuvs*, e suas mulheres para designar o marido da filha e seus *tuvn*, o filho da irmã e seus *tuvn*, o marido da irmã e seus *tuvn*, o marido da irmã do pai e seus *tuvn*;

    a) *mavx*: *imgi* da geração do indivíduo e seus descendentes clânicos;

    b) *okon*: entre os gilyakes do Amur, maridos das irmãs mais velhas e maridos das irmãs do pai (homem que fala);

    c) *ora*: entre os gilyakes do Amur, marido da filha e marido da irmã mais moça (homem que fala);

    d) *ola*: marido da filha (mulher que fala);

12) *oragu*  plural de *ora*, todos os *axmalk* e *imgi* reunidos (gilyakes do Amur);

13) *mavx*  termo recíproco entre mulheres, a saber, entre mulher e irmãs do marido, entre mulher e filhas da irmã do pai, entre mulheres de irmãos (gilyakes do Amur);

14) *nern*  irmãs dos maridos das irmãs (*tuvn*), ou do marido da filha; filha da irmã (*tuvn*); filha da irmã do pai; irmã de um *imgi* da geração do indivíduo, ou mais jovem; irmã caçula da mulher (eventualmente) – sendo o homem que fala; filha da irmã do marido; filha da irmã do pai do marido – sendo a mulher que fala.

Os termos dos Gilyak ocidentais, *okon* (marido), *ivi* (mulher do irmão, quando é o homem que fala), *ora* (genro, cunhado) são tomados dos Tungu (Olchi).

As implicações de um sistema desta espécie são perfeitamente claras, confirmadas por Sternberg da seguinte maneira: "Seja A meu clã e B o do irmão de minha mãe. Este último, considerado em totalidade, é 'sogro' (*axmalk*) do clã A, que por sua vez é "genro" (*imgi*) do clã B. O fato capital é que esta relação entre dois clãs fica estabelecida uma vez por todas. Em nenhum caso o clã B poderia tornar-se 'genro do clã A'".[3]

Todas as irmãs da mãe são "esposas" do pai, sendo por conseguinte consideradas como "mães". Simetricamente, as filhas dos filhos de meus tios maternos são esposas de meus filhos e dos filhos de meus irmãos, "e assim por diante. Em cada geração todos os homens de meu clã e todas as mulheres do clã do irmão de minha mãe são respectivamente maridos e mulheres"[4]. Portanto, os homens de um clã A têm suas "esposas" em um clã B, ao passo que os homens do clã B encontram no clã A suas "irmãs" (*tuvn*), "filhas" (*ogla*), "tias" (*ack*) e "sobrinhas" (*nern*) – por causa da residência patrilocal –, mas nunca "esposas" (*angey*). Um homem chama a irmã de seu pai "irmã mais velha" ou "tia", e ela o chama de "irmão caçula". "Ao mesmo tempo, ela própria e o clã de seu marido adotam, com relação a mim e ao meu clã, a mesma rela-

---

**3.** STERNBERG, L. *The Social Organization of the Gilyak*, p. 27.
**4.** Ibid., p. 25.

ção na qual nos encontramos com respeito ao clã do irmão de minha mãe"[5], isto é, eu e meu clã somos *axmalk* dos membros do clã de meu pai, que são nossos "genros" (*imgi*). Está claro, portanto, que estamos em presença de um sistema fundado sobre a troca generalizada. A seguinte passagem do texto de Sternberg evidencia isso ainda melhor: "Vimos que a relação entre clãs *axmalk* (B) e *imgi* (A) é permanente, mas os membros do clã B devem por sua vez ter um outro clã (C) que é *axmalk* com relação a eles, enquanto os membros do clã A devem ter seu clã *imgi* (D). Estes quatro clãs tornam-se, portanto, aliados. Cada clã tem dois clãs *axmalk* e dois clãs *imgi*, que se distinguem na nomenclatura pelos qualificativos *hank* (? – ilegível no manuscrito) ou *mal* (= próximo), e *tuyma* (= afastado). Assim o clã B é *hanke axmalk* relativamente ao clã A e *tuyma axmalk* relativamente ao clã D, e assim por diante, mas a nomenclatura do parentesco não vai além desses termos gerais para os membros dos clãs *axmalk* ou *imgi* afastados"[6].

Além disso, a relação de "genro" ou de "cunhado" não existe exclusivamente entre dois clãs dados. Cada clã está envolvido com vários outros em diferentes ciclos de troca generalizada, cada qual de acordo com o modelo acima. A fim de limitar, tanto quanto possível, as inevitáveis confusões, os termos *axmalk* e *imgi* restringem-se às famílias e não aos clãs, e as relações expressas por estes termos referem-se aos indivíduos das duas primeiras gerações. Voltaremos a esta questão essencial. O que é preciso notar desde já é que o sistema, expresso do ponto de vista dos graus proibidos e das formas preferenciais de casamento, corresponde a dizer que o filho da irmã possui um privilégio sobre a filha do irmão, mas que um filho de irmão não poderia casar-se com uma filha de irmã[7]. Noutras palavras, o casamento faz-se sempre com a prima cruzada matrilateral e nunca com a prima cruzada patrilateral. Este traço é também observado por Czaplicka[8]. Mas a relação considerada continua sendo uma relação global entre os clãs e não uma relação de parentesco entre os eventuais cônjuges. "É preciso prestar particular atenção ao fato notável das normas sexuais que regulamentam as relações entre os filhos de um irmão (verdadeiro ou classificatório) e de uma irmã (verdadeira ou classificatória) não se aplicarem somente a esses filhos, que são primos entre si, mas aos dois clãs considerados em sua totalidade. Os direitos e as proibições que se aplicam aos filhos de uma "irmã" e de um "irmão" estendem-se a todas as gerações dos dois clãs: clã do irmão e clã do marido da irmã. Basta, pois, que uma mulher vá casar-se em determinado clã para que todas as mulheres desse clã tornem-se proibidas para os homens de seu próprio clã"[9]. Mas o sistema não tem somente um resultado negativo. "O número

---

**5.** Ibid., p. 27.

**6.** Ibid., p. 29-30.

**7.** Id., p. 63.

**8.** CZAPLICKA, M.A. Aboriginal Sibéria. *Study in Social Anthropology*. Oxford, 1914, p. 99.

**9.** STERNBERG, L. Op. cit., p. 63-64.

dos clãs proibidos para o clã A aumenta com o número de clãs cujos membros tomam mulheres em A. Mas com cada novo clã, no qual os membros do clã A vão procurar por sua vez suas mulheres, um novo lote de mulheres potenciais (*angey* = esposas) acrescenta-se aos clãs que já são os *axmalk* do clã A"[10]. É esta multiplicação que põe em risco a cada momento "imobilizar", se assim se pode dizer, o mecanismo complexo de trocas adiadas, que têm todos os ciclos particulares solidários. Assim, e como assinalamos há pouco, uma convenção limita a duas gerações consecutivas a regra assimétrica da exogamia que, sendo dados dois clãs aliados, proíbe um deles de tomar suas mulheres (porque deve dar suas filhas) e o outro de dar as filhas (porque já dá os maridos). Após duas gerações, a regra é abolida, e o ciclo pode então ser invertido ou interrompido. No interior do clã, ou melhor, da linhagem, há, além disso, uma classificação hierárquica por gerações. Os homens da geração do pai são classificados como *nerkum cvax*. Os da segunda geração ascendente, como *mesvax*, da terceira *cesvax*, da quarta *nisvax*, da quinta *tosvax*. Os homens de minha geração são meus *tuvn*, e os da geração de meus filhos, *nexlunkun cvax*[11].

Entre os Gilyak encontramos, pois, uma regra de exogamia limitada a duas gerações, e este limite toma seu sentido num sistema de troca generalizada com casamento com a filha do irmão da mãe, não sendo inteligível senão por meio dele. Ora, numa área muito vasta, que abrange, na verdade, todo o Extremo Oriente, conhece-se uma regra do mesmo tipo, se bem que a duração prescrita varie, sendo de três gerações da Indonésia[12], quatro ou cinco em Assam[13], cinco na China dos Sang[14], cinco, sete e nove nas diversas regiões da Sibéria[15]. Há, pelo menos, forte presunção no sentido de que, em todos os lugares onde existe, esta regra seja, portanto, função de um sistema de troca generalizada, como é, de fato, o caso na Indonésia. Mas mesmo onde o sistema desapareceu, ou não é expressamente descrito, o limite da regra da exogamia a um determinado número de gerações aparece como precioso índice da estrutura subjacente.

O sistema Gilyak, como Sternberg o descreve, pode ser representado no modelo abaixo (Figura 54), que faz ressaltar as lacunas. De fato, e ao contrário do que indica Sternberg, certos termos particulares aplicam-se aos clãs dos "genros" e "sogros" afastados, mas são em pequeno número. Notaremos as numerosas conotações do termo *ack*, 5, que se aplica a ascendentes relacionados com cinco clãs diferentes, assimilação aparentemente em contradição com o sistema, mas que se encontra na maioria

---

10. Id., p. 65.
11. Id., p. 18-19.
12. Cf. p. 530.
13. Cf. cap. XVII, p. 332-333.
14. Cf. cap. XIX.
15. Cf. cap. XXIII.

dos sistemas de troca generalizada. A nomenclatura é bastante clara, quando é examinada do ponto de vista do Ego masculino: 1 aplica-se aos membros de meu clã e de minha geração, 6 aos membros de meu clã das gerações posteriores à minha, 3 e 4 aos homens de meu clã das gerações anteriores à minha. Toda a linhagem masculina do clã onde me caso é grupada no tipo 10, a linhagem masculina do clã onde minha irmã se casa agrupa-se no tipo 11. 7 e 8 são os cônjuges possíveis, 5 e 14 as mulheres dos clãs afastados, ou os parentes afastados dos clãs próximos. Considerável complicação aparece quando se faz entrar em linha de conta o Ego feminino, porque as mulheres utilizam a nomenclatura dos homens de maneira analógica, mas – sendo o sistema assimétrico – aplicam-na a indivíduos diferentes. Assim, um homem aplica 10 à linhagem masculina do cônjuge, isto é, ao irmão da mulher, pai da mulher, avô da mulher, etc., e ao filho, neto, etc. do irmão da mulher. A irmã do Ego faz o mesmo, mas de seu próprio ponto de vista, isto é, classifica em 10 os ascendentes de seu marido. O termo *axmalk*, 10, tem, pois, um duplo sentido, exprimindo, ao mesmo tempo, a relação unívoca que une um clã a outro, e, por outro lado, significa simplesmente "avós", e a mulher o emprega para denominar, efetivamente, seus avós, sem levar em conta o fato de que seus avós são, ao mesmo tempo, os "genros" de seu clã. A mesma ambivalência encontra-se nos termos 14, 11, 6 e 5, que estão deslocados de um clã no ciclo, segundo seja um homem ou uma mulher que os emprega. O desdobramento da nomenclatura não é evidentemente possível senão em razão da relação, rígida e global, existente entre clãs "genros" e clãs "sogros". No interior deste quadro fixo, onde os clãs situam-se objetivamente, os indivíduos utilizam os mesmos termos, não para exprimir a ordem invariável do ciclo, mas sua posição relativa (e variável em função do sexo) com referência a esta ordem. Seja como for, o desdobramento aparece de maneira particularmente significativa no uso, respectivamente restrito a cada sexo, de dois termos recíprocos que se correspondem: *oragu*, 12, ou *pandf* aplica-se entre meu clã e, de um lado, seus *imgi*, de outro seus *axmalk*. Aos três juntos. E para designar a relação entre *axmalk* e *imgi* do mesmo clã[16], isto é, ao ciclo dos aliados. Enquanto que *mavx*, 13, se aplica entre mulher, irmã e irmã do marido da irmã, de um lado, e, de outro lado, entre mulher do clã *imgi* e mulher do clã *axmalk*, isto é, ao ciclo, idêntico mas inversamente orientado, dos aliados[17].

A projeção de termos idênticos sobre membros de clãs diferentes poderia, contudo, interpretar-se de maneira mais simples se os Gilyak possuíssem, ou tivessem possuído no passado metades patrilineares exogâmicas, ademais dos clãs. Neste caso, com efeito, *axmalk* e *imgi* pertenceriam sempre à metade alterna da minha própria.

---

16. STERNBERG, L. Op. cit., p. 18.

17. "O termo *navx*, empregado entre *imgi* e *axmalk* da mesma geração, torna-se, afinal de contas, o termo pelo qual todo *gilyay* cumprimenta um estrangeiro" (STERNBERG, L., p. 335). – Cf. cap. XV, para a mesma extensão do termo *khau* em *katchin*.

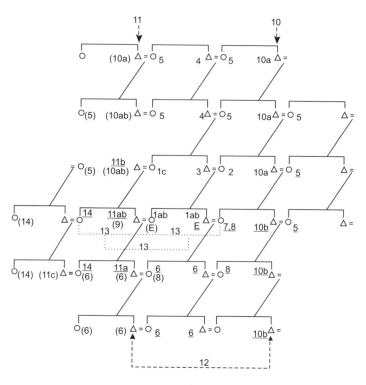

Número simples: termo empregado indiferentemente por E e (E).
*Número*: termo empregado por E somente.
(Número): termo empregado por (E) somente.
..........: termo recíproco.
----→: termo que se aplica a uma ou duas linhagens masculinas

**Figura 54**
*Sistema Gilyak*

Compreender-se-ia, pois, facilmente que fossem grupados sob o nome genérico de *pandf*, e a dupla incidência da série 10[18]. Esta questão levanta um problema extremamente delicado, dada a atitude tomada por Sternberg a respeito das metades. Sua argumentação merece ser cuidadosamente examinada.

"Vimos, declara Sternberg, que o clã não se basta a si mesmo. A existência de cada clã deve ser concebida em relação orgânica com a existência de pelo menos dois outros clãs que lhe são aparentados, o clã do qual recebe suas mulheres e o clã ao qual deve dar

---

18. Em seu trabalho *Echantulons du folklore Gilyak* (em russo, 1904), Sternberg faz de *pandf* a forma do particípio de um verbo *pand*, que significa brotar, crescer, sendo equivalente, no passivo, do ativo *vand*, educar, fazer crescer. O sentido aproximado de *pandf* poderia, portanto, ser: os que cresceram juntos.

suas próprias filhas em casamento. Além disso, estes dois clãs não podem se confundir, porque a troca entre dois é proibida"[19]. Há, então, sempre três clãs presentes: o clã do Ego, o clã dos "sogros", *axmalk kxal*, e o clã dos "genros", *imgi kxal*, todos os três reunidos pelo nome de "homens da mesma descendência", *pandf*. Segundo Sternberg, este conjunto de três clãs forma uma fratria, na qual todos os maridos e mulheres são, entre si, como primos em linha materna, ou seja, "uma verdadeira fratria de cognatos[20].

A situação seria, pois, simples, se não esbarrássemos em uma regra suplementar do casamento, a assimetria dos graus proibidos não é válida somente para os *axmalk* e *imgi* próximos, mas também para os *axmalk* e *imgi* afastados. Se os homens do clã A casam-se com mulheres do clã B, e se os homens do clã B casam-se com mulheres do clã C, o clã C torna-se *tuyma axmalk* (sogro afastado) do clã A. Logo, assim como não é possível aos homens de C escolherem mulher no clã B (seu *imgi*), também não podem casar-se no clã A (seu *imgi* afastado). Dito de outra maneira: não é possível escolher marido no clã que fornece mulheres ao clã em que o próprio irmão encontra sua mulher. No caso examinado, o clã C está condenado a ficar sem mulher e o clã A a ficar sem homem. A única solução é, pois, intercalar um quarto clã, tal que possa, sem violar a regra dos "sogros", pedir suas mulheres a A e fornecer esposas a C.

**Figura 55**

Nos clãs que são entre si *tuyma axmalk* (respectivamente, A e D e B e C), os maridos permanecem primos cruzados entre si, e as mulheres primas cruzadas entre si, mas no segundo grau. "O afastamento do grau de parentesco além de certo limite parece ser, como na Austrália, um obstáculo ao casamento"[21].

**Figura 56**

---

19. Id., p. 129.
20. Id., comparar com o *chukchee va'rat*, "a coleção dos que estão juntos", designando o conjunto das famílias aliadas pelo casamento. Bogoras observa que constituem "um embrião de clã" (BOGORAS, W. *The Chukchee*, op. cit., p. 541). O mesmo se dirá da observação de Jochelson, segundo o qual a aliança matrimonial representa "um verdadeiro esboço do grupo social" (JOCHELSON. *The Koryak*, op. cit., p. 761).
21. STERNBERG, L. Op. cit., p. 138.

O problema fundamental é, pois, o da proibição dos *tuyma axmalk*. Sternberg indica que começou por acreditar que esta proibição se explicava pela necessidade de conservar, num terceiro clã, uma reserva de mulheres para as quais se poderia apelar em caso da extinção do segundo clã. Mas renunciou a esta interpretação funcional em favor de uma hipótese fundada sobre a suposta evolução do sistema Gilyak[22]. Juntamente com Kohler e Crawley, vê no casamento dos primos cruzados uma consequência da organização dualista, que derivaria de um antigo regime de promiscuidade, com o casamento entre irmão e irmã, subsistindo mesmo depois da proibição das relações sexuais entre pais e filhos. "A fórmula do casamento torna-se, então, a de uma união entre filhos de irmão e irmã, que são eles próprios marido e mulher, e pais do jovem casal"[23]. A organização dualista é, portanto, uma simples sobrevivência do casamento entre irmão e irmã descendentes de irmão e irmã. Mas é preciso ainda passar do casamento entre primos cruzados bilaterais ao casamento unilateral dos Gilyak. Para Sternberg, trata-se somente da solução original de um problema que se apresentou aos australianos. Estes quiseram, para restringir os graus permitidos, salvar o princípio da troca. Tiveram então de abandonar o primeiro grau. Os Gilyak quiseram salvar o primeiro grau, mas tiveram de renunciar à troca[24]. Daí o abandono da organização dualista.

Em suma, para Sternberg, o sistema Gilyak, assim como o sistema Aranda, derivam da organização dualista e é pela existência inicial de uma organização dualista que se tem de explicar o recurso a quatro clãs, quando três seriam teoricamente suficientes para que um sistema de casamento com a prima matrilateral pudesse funcionar[25].

Encontramos nesta construção uma completa herança evolucionista. Mas, em Sternberg, o observador vale mais que o teórico e em nenhum lugar se deduz da observação que o ciclo do casamento se reduza a quatro clãs. Se fosse assim, o problema dos *tuyma axmalk* estaria resolvido. Mas estaríamos ainda em presença de uma dificuldade, a saber: em relação a um clã dado, A, um mesmo clã C seria ao mesmo tempo *tuyma axmalk* e *tuyma imgi*. Ora, se consultarmos a Figura 54, veremos que os dois clãs são, ao menos em parte, distinguidos pela terminologia. Além do mais, nenhuma das indicações de Sternberg autoriza a pensar que os dois *tuyma* não sejam objetivamente diferentes. "Cada clã está ligado a diversos outros, pelo menos a quatro, pelas relações de parentesco muito estreitas"[26]. Isto faz evidentemente um ciclo elementar de cinco e não de quatro clãs, e neste caso toda a hipótese da organização dualista desaparece.

---

22. Ibid., p. 138.
23. Id., p. 158.
24. Id., p. 164.
25. Id., p. 165-175.
26. Id., p. 299.

É o que resta, na verdade, em face de um texto tão exato e eloquente quanto o seguinte: "Cada clã que mantém relações matrimoniais, mesmo com um único membro de um outro clã, ademais dos quatro clãs iniciais, torna-se *axmalk* ou *imgi* em relação ao clã inteiro. Sabemos, por outro lado, que todo *axmalk* ou *imgi* não é somente aliado dos clãs com os quais mantém relações matrimoniais diretas, mas também dos *axmalk* e dos *imgi* destes últimos. Assim, cada clã possui, a mais de seus *axmalks* e *imgis* do primeiro grau, os do segundo grau, do terceiro grau, e assim por diante. Todos estes clãs são chamados *pandf*, isto é, pessoas da mesma origem...

"Assim, o princípio fundamental da família e do clã, tão simples, tão claro, segundo o qual um homem prefere casar-se com a filha do irmão de sua mãe, funda vínculos e simpatias não somente no interior do próprio clã, mas também em forma de uniões mais vastas entre grupos, que finalmente se estendem a toda a tribo"[27]. Depreende-se deste texto que o ciclo de aliança exige um mínimo de cinco clãs, mas pode compreender muitos outros, e que por conseguinte a hipótese da divisão em metades é não somente inútil, mas contraditória com os fatos, tais como são expostos por Sternberg.

Não há necessidade de acentuar a completa analogia deste sistema com os que foram descritos nos capítulos precedentes, sobretudo o sistema Katchin. O clã Gilyak parece ser muito menos um clã propriamente dito do que uma linhagem, como aliás sugere seu nome *kxal*, que significa estojo ou bainha, e se comenta "termos o mesmo sogro, o mesmo genro"[28]. Longe de ser uma "forma assombrosa"[29], o casamento com a filha do irmão da mãe, verdadeira "semente da qual brotou toda a estrutura complexa das instituições dos Gilyak"[30], reproduz um tipo simples de troca generalizada, que se repete no extremo sul e no extremo norte da Ásia Oriental. As semelhanças não se limitam às formas do casamento e aos aspectos característicos do sistema de parentesco. Verificam-se também nas particularidades do casamento por compra.

Mesmo o casamento por compra, entre os Gilyak, é função do casamento com a prima cruzada matrilateral. Aparece somente quando a relação dos futuros cônjuges não se ajusta ao tipo preferido, porque este último é o único "absolutamente nítido, sagrado". Sternberg comenta o fato da seguinte maneira: "Logo assim que nasce um filho, a mãe tem como primeiro cuidado fazer tudo quanto está ao seu alcance para provocar o noivado com a filha de um de seus irmãos"[31], e se tem êxito não haverá *kalim*, preço da noiva. Ao contrário, é o pai da futura mulher que dará presentes ao noivo, tendo em vista os excepcionais privilégios de que goza um homem com relação ao

---

27. Id., p. 327.
28. Id., p. 271.
29. Id., p. 337.
30. Id., p. 117.
31. Id., p. 79.

irmão de sua mãe[32]. De fato, o preço da noiva é muito elevado e os pobres não poderiam esperar encontrar uma mulher sem a instituição do casamento preferencial. As relações sexuais, aliás, são autorizadas entre um homem e suas *angey* não casadas, e embora os privilégios do marido devam ser respeitados com relação a uma *angey* casada, pratica-se a poliandria fraterna por decisão comum. Se existe, com efeito, uma proibição a respeito das relações sexuais com uma estrangeira, em compensação "de uma ponta a outra do território, em toda parte onde um homem pode encontrar sua *angey*, encontra ao mesmo tempo um lar conjugal. A única coisa de que tem necessidade é de conhecer as relações de parentesco"[33]. As lendas sugerem fortemente a ausência de cerimônia matrimonial, aspecto facilmente compreensível, uma vez que o grau prescrito é a condição necessária e suficiente para poder realizar-se um casamento.

Devemos demorar um momento examinando a terminologia do casamento por compra. A palavra Gilyak, que habitualmente significa "pagar", é *yuśkind*, que vem de *uskind*, sinônimo de *fuxmund* = combater, resistir, vingar[34]. Ao contrário, o preço da noiva é designado por uma outra palavra, *kalim*, cujo sentido é oferecer. Esta designação pacífica é reforçada pelas ternas relações existentes entre os *navx*, rapazes pertencentes a clãs aliados por casamento. "Quando caminham, vão um atrás do outro, como se fossem amantes"[35]. Isto acontece porque, entre os Gilyak, "o casamento acompanhado do preço da noiva não é considerado uma operação de compra ou de venda"[36]. A família da noiva está, aliás, obrigada a contraprestações que se estendem por vários anos, porque "julga-se desonroso devolver o equivalente do *kalim* ao noivo em forma de presentes"[37]. No caso do casamento não ortodoxo, a troca adiada de prestações é mais um símbolo de amizade, uma garantia contra as influências mágicas nocivas, tendo por finalidade principal, quando não exclusiva, a criação artificial dos vínculos que faltam[38].

Existe entre os Gilyak uma categoria especial de riquezas, *śagund*, termo que a tradução inglesa de Sternberg exprime por "the precious goods". É impossível não nos lembrarmos nesta ocasião dos "rich foods" dos kwakiuties[39]. Estes bens específicos, habitualmente adquiridos de vendedores ambulantes chineses ou japoneses, uma vez adquiridos não são nem negociáveis nem negociados[40], sendo utilizados somente

---

32. Ibid., p. 81-82.
33. Ibid., p. 86, n. 1 e p. 87.
34. Cf. cap. V, p. 73ss.
35. STERNBERG, L. Op. cit., p. 331.
36. Id., p. 251.
37. Id.
38. Id., p. 252.
39. Cf. cap. V.
40. STERNBERG, L. Op. cit., p. 253.

para o preço da noiva e para as prestações acessórias efetuadas por ocasião da entrega do dote, do pagamento dos resgates e dos funerais. São divididos em *šagund* de ferro, panelas, lanças, sabres japoneses, cotas de malha, etc.; *šagund* de peles, capotes e artigos forrados, e *šagund* de seda, que são habitualmente artigos chineses[41]. A mulher recebe um dote, que deve ser equivalente ao *kalim* e que permanece sendo propriedade dela, transmissível, em caso de falecimento, às suas filhas ou ao seu irmão.

Nem a troca, nem a anisogamia parecem desempenhar entre os Gilyak o mesmo papel que têm entre os Katchin. Contudo, é impressionante a analogia existente entre os "bens preciosos" respectivamente *šagund* e *sumri*, que desempenham um papel nos dois casos. Na realidade, a desigualdade das linhagens é evidente nos dois grupos. A única diferença está em que, entre os Katchin, esta desigualdade traduz-se sempre nas regras da compra (porque existe simultaneamente compra e grau prescrito), ao passo que entre os Gilyak exprime-se no fato da compra, que dispensa a observação do grau prescrito, oferecer às linhagens privilegiadas a vantagem de uma escolha mais diversificada, porque os pobres não poderiam casar-se se não houvesse grau prescrito, de tal modo é elevado o preço da noiva[42].

Por outro lado, embora as desigualdades de situação social inerentes ao sistema existem evidentemente entre os Gilyak, conforme fica provado plenamente pelo texto que acabamos de citar, estes parecem ter tentado enfrentá-las de maneira mais democrática do que ocorre entre senhorias Katchin. Há uma relação regulamentar entre *imgi* e *axmalk*, em virtude da qual, fora de qualquer consideração econômica e social, cada *axmalk* ocupa, relativamente a seu *imgi*, uma posição subordinada. Um tio materno (isto é, um sogro) é mais amável com seus sobrinhos-genros do que com seus próprios filhos. Deve a eles uma parte de sua caça, convida-os obrigatoriamente às festas cerimoniais para o sacrifício do urso, enquanto a recíproca não é verdadeira[43]. Mas, está claro, o *imgi* está preso à mesma obrigação sem contrapartida com relação a seus próprios *imgis*, dos quais é *axmalk*: "Existe assim uma cadeia contínua que une toda a série de clãs em suas festas sociais e religiosas"[44]. Esta estrutura alternante, de sogro a genro, em uma série contínua de atitudes positivas e negativas, cujo exato equivalente Warner descreveu entre os Murngin[45], tem correspondência entre as tribos do Assam[46]. É evidentemente a estrutura mais adequada para garantir a distribuição equânime entre os grupos das desigualdades que devem inevitavelmente resultar de um sistema de troca generalizada. Não é de espantar encontrá-la desenvolvi-

---

**41.** Id., p. 286, n. 1.

**42.** Id., p. 82.

**43.** Id., p. 81-82 e p. 268.

**44.** Id., p. 333.

**45.** Cf. cap. XII.

**46.** Cf. cap. XVI.

da ao máximo e formulada da maneira mais rigorosa em sociedades de caráter ou menos democrático, que praticam o casamento com a filha do irmão da mãe, ao passo que nas sociedades que utilizam o mesmo tipo de casamento, mas que permitem livremente as consequências feudais do sistema, podem desempenhar, pelo menos, o papel de freio ou de volante regulador.

Mas o casamento por troca dos Gilyak é sempre um casamento não ortodoxo, ou seja, implica o abandono de uma antiga aliança. Por esta razão uma parte do *kalim* cabe de direito ao clã *axmalk*, isto é, àquele em que se tinha o hábito de procurar mulher. O *kalim* é recebido pelo irmão da noiva, mais raramente pelo pai, "e às vezes o pagamento é efetuado de maneira mais surpreendente. Uma irmã caçula é entregue ao irmão da mãe ou uma própria filha é dada ao irmão da mulher, para que estas pessoas recebam também um *kalim*... Além disso, se a mãe tem vários irmãos e se um sobrinho tem várias irmãs dá-se uma irmã a cada tio"[47]. Encontram-se aí notáveis anomalias com relação ao sistema, porque a filiação é patrilinear, não existindo casamento patrilateral. Sternberg interpreta estas anomalias como uma sobrevivência de um regime matrilinear ou de um antigo casamento entre primos cruzados bilaterais.

Estas singularidades não são exclusivas dos Gilyak, encontrando-se ao menos o equivalente delas entre seus vizinhos, os Gold do Amur[48]. Aí, uma mulher não pode casar-se com o filho do irmão de sua mãe, porque seria "fazer voltar o sangue da mãe ao seu clã", mas um homem pode perfeitamente casar-se com a filha do irmão de sua mãe. Assim, o clã materno, que já lhe deu seu sangue, continua a oferecer sangue fresco e da mesma origem a seus filhos. Não seria possível exprimir com mais força e nitidez o princípio da troca generalizada[49]. Tal como os Gilyak, os Gold têm, portanto, um sistema de casamento assimétrico. É impossível casar-se com a filha da irmã do pai, uma vez que o sangue da mãe não pode retornar ao clã, ao passo que uma mulher, casando-se com o filho da irmã de seu pai, apenas continua o comportamento de sua tia. Os Gold, aliás, não possuem termos especiais a não ser para os primos matrilaterais, enquanto que os primos patrilaterais parecem confundir-se com os irmãos e irmãs[50]. Será preciso, como faz Lattimore, admitir que estas regras são de origem chinesa? Poderemos chegar a ter uma ideia a este respeito lendo os capítulos seguintes. Seja como for, os Gold reivindicam a posse delas e, diz Lattimore, os Manchu fazem o mesmo, afirmação que cria um singular problema, conforme se verá no capítulo XXIII. Mas, seja qual for a exatidão das regras do casamento Gold, encontramos en-

---

47. STERNBERG, L., p. 256.

**48.** LATTIMORE, O. The Gold Tribe "Fishkin Tatars" of the Lower Sungari. *Memoirs of the American Anthropological Association*, vol. 40, 1933.

**49.** As lendas gold falam dos "homens dos três clãs" (LATTIMORE, O., p. 12), sugerindo assim organizações tripartidas. Comparar com a "terra dos três clãs" entre os wares (cf. p. 314).

**50.** LATTIMORE, O., p. 49 e 72.

tre os indígenas indicações que apresentam o problema do casamento bilateral nos mesmos termos empregados pelos Gilyak. Lattimore recolheu-os dos chineses em forma lendária. Os Gold, dizem eles, oferecem primeiramente uma jovem ao irmão da mãe, e somente se este a recusar é que um outro casamento pode ser considerado. Isto é feito em comemoração de um mito no qual entra em cena uma mulher raptada por um urso, com o qual tem uma filha. O irmão dessa mulher descobre-a, mata o urso e liberta-a, juntamente com sua filha, casando-se com esta. Encontramos o mesmo tema na Mandchúria[51]. Em outra ocasião um chinês teria dito a Lattimore: "O senhor sabe, os tártaros oferecem sempre inicialmente suas filhas ao irmão da mãe, porque é somente em linha materna que são humanos, seus pais descendem de um urso". Os Gold negam contudo esta interpretação, e Lattimore inclina-se a aplicá-la aos Gilyak[52]. Os costumes a que faz alusão têm certamente um análogo entre estes últimos[53].

Poderíamos ser levados a interpretar a participação do tio materno no preço da noiva nos termos estritamente limitados do sistema Gilyak. O tio materno da noiva é o próximo *axmalk* da linhagem desta, e portanto *axmalk* afastado, *tuyma axmalk*, da linhagem do noivo. As regras da compra parecem assim indicar que o casamento envolve não somente *imgi* e *axmalk* próximos, mas também *axmalk* e *imgi* afastados, pois esta é a relação que une a linhagem do noivo com a do tio materno da noiva. Tudo se passa, portanto, como se nas prestações matrimoniais os participantes fossem os *axmalk* e os *imgi*, tomando estes dois termos em sua mais ampla acepção.

Tal interpretação esbarraria, entretanto, na regra dos *tuyma axmalk*, segundo a qual estes últimos não podem receber mulher dos *imgi*. Achamo-nos, pois, em face de uma espécie de contradição inerente ao sistema, sendo preciso verificar se esta contradição é aparente ou real, e, em qualquer caso, qual é a significação dos fatos através dos quais se exprime.

O duplo papel do tio materno no sistema Gilyak, isto é, protetor de sua sobrinha contra "o urso" exógamo e parte interveniente no contrato de casamento, possui exato equivalente nos sistemas de troca generalizada do sul da Ásia, estudados nos capítulos precedentes. Ao se dirigirem a um chefe, diz Parry, os Lakher empregam o termo *papu*, que significa "tio materno", a mais honorífica das expressões existentes em sua língua[54], e, com efeito, o tio materno goza de um respeito igual, quando não superior, ao que um indivíduo demonstra com relação a seus pais. O tio materno tem particular interesse não somente por seus sobrinhos, mas também por suas sobri-

---

**51.** Cf. cap. XXIII.

**52.** LATTIMORE, O., p. 49-50.

**53.** Entre os gilyakes, os amantes que pertencem a categorias proibidas não têm outro recurso senão suicidarem-se. É interessante que Sternberg cita em apoio uma canção a propósito de uma mulher que se torna amante de seu tio. Sua irmã chama-a "cadela" e chama seu amante "demônio", e todos juntos, irmã, pai e mãe, não param de gritar-lhe: "Mata-te, mas mata-te logo!" (STERNBERG, L. p. 107).

**54.** PARRY, N.E. *The Lakhers*, p. 239 a 244.

nhas. É ele que recebe o *puma* quando sua sobrinha se casa. Este pagamento excede frequentemente a parte recebida pelo pai, que deve dividi-la com os filhos. Fato notável: estabelece-se um vínculo mais estreito entre tio e sobrinhas do que entre tio e sobrinhos. Às sobrinhas o tio deve uma parte de todos os animais que mata na caça, e somente na falta de sobrinha é que se esperará dele um ocasional presente aos sobrinhos. É proibido (*ana*) ao tio materno injuriar ou amaldiçoar seu sobrinho, e se esta eventualidade se produzisse seria preciso um sacrifício para expiar este crime, o qual, a não ser assim, atrairia as piores desgraças para a família. Um sobrinho não pode, sob nenhum pretexto, casar-se com a viúva de seu tio materno, porque o casamento seria estéril, ou então os filhos nasceriam cretinos, coxos, cegos ou loucos[55].

Shakespear define o termo *pu* entre os Lushai como significando "avô, tio materno, e qualquer outro parente do lado da mulher ou da mãe. O termo é também utilizado para designar uma pessoa especialmente escolhida como protetora ou guardião"[56], o tio materno recebe uma parte do preço da noiva, o *pushum*, que pode equivaler a um búfalo[57]. Os Kohlen vão ainda mais longe, pois o preço da noiva é exclusivamente entregue à mãe, aos irmãos e ao tio materno, ficando o pai completamente omitido. Shakespear levanta a este respeito a mesma questão que Sternberg fizera a propósito dos Gilyak: "Será uma sobrevivência do direito materno?"[58]

Da mesma maneira, Mills interpreta as relações especiais com o irmão da mãe entre os Rengma Naga como uma sobrevivência matrilinear. Brigar com um tio materno é o maior de todos os pecados, "um tio materno é como um Deus", dizem os indígenas. Pode explorar seus sobrinhos e sobrinhas, despojá-los dos bens móveis, torná-los doentes por efeito da maldição lançada contra eles[59]. Uma parte do preço da noiva destina-se ao tio materno. É pago depois de consumar-se o casamento, e exige, por parte do beneficiário, uma contraprestação em forma de um presente de carne. Se o matrimônio é estéril, será oferecido ao tio um presente suplementar, porque se julga que o tio é capaz de impedir a sobrinha de conceber[60]. Os Sema Naga conhecem a mesma proibição entre o tio materno e seus sobrinhos e sobrinhas. Quando a sobrinha se casa há troca de presentes, o tio dá um presente à sobrinha e recebe do marido desta um donativo em retribuição[61].

---

**55.** PARRY, N.E., p. 243. – Ver também SHAKESPEAR, *The Lushei Kuki Clans*, p. 217-219.

**56.** *The Lushei Kuki Clans*, p. XXII.

**57.** Id., p. 49.

**58.** Id., p. 155.

**59.** MILLS, J.P. *The Rengma Nagas*, p. 137-138. Daí, sem dúvida, o provérbio: "Que o tio morra primeiro, depois eu procurarei o diabo" (GURDON, R.P. *Some Assamese Proverbs*, op. cit., p. 70-71).

**60.** MILLS, J.P. *The Rengma Nagas*, p. 208.

**61.** HUTTON, J.H. *The Sema Nagas*, p. 137.

Vê-se, por estas poucas indicações, que o papel de protetor ou de dominador, exercido pelo tio materno, e o direito muitas vezes preferencial ao preço da noiva, encontram-se com caracteres idênticos em todos os sistemas simples de troca generalizada que examinamos. Não seria, pois, uma curiosidade peculiar a este ou àquele grupo, explicável por sua história particular. Achamo-nos em face de um grande fenômeno estrutural, que só pode ser explicado em termos gerais: *embora, em um sistema de troca generalizada, A seja devedor exclusivamente com relação a B, do qual recebe suas esposas, e, pela mesma razão, B em relação a C, C em relação a n, e n em relação a A, por ocasião de cada casamento tudo se passa como se B tivesse também um crédito direto com relação a n, C com relação a A, n com relação a B e A com relação a C*[62]. O fato de pelo menos entre os Gilyak este segundo crédito ser pago em mulheres sugere que é do mesmo tipo do primeiro.

Na maioria dos sistemas de troca generalizada do sul da Ásia, este fenômeno é acompanhado por um outro, simétrico dele. Referimo-nos ao papel desempenhado pela irmã do pai, pela linhagem do marido e de seus filhos, no casamento de seu sobrinho. É especialmente a irmã do pai do noivo que faz as intimações rituais à noiva para que vá à casa dos pais do noivo[63], e é ela também que desempenha um papel predominante no cerimonial do casamento, enquanto o pai é excluído do cortejo nupcial[64], e que cumpre a função de intermediária no momento de abertura das relações[65]. Não esqueçamos também que, entre os Lho ta Naga, os maridos das mulheres do clã do noivo ajudam este último a cumprir suas obrigações para com os seus futuros sogros[66]. Lembramo-nos, finalmente, que, entre os Haka Chin e os Katchin, as irmãs do noivo (pelo menos a mais velha) ajudam-no a pagar o preço da noiva, e que os pais da noiva evitam qualquer participação no cerimonial[67]. Em compensação, a jovem mulher é amparada pela linhagem materna, sendo que o tio e a tia recebem uma parte considerável do preço em forma do *pu man* e do *ni man*[68].

Não há, sem dúvida, nenhuma necessidade, nem mesmo pretexto para tratar estas particularidades como sobrevivências matrilineares. Mas não exprimem uma espécie

---

62. [O que pode haver de correto na confusa hipótese de Lane ("Structural Contrasts between Symmetric and Asymmetric Marriage Systems: a Fallacy". *Southwestern Journal of Anthropology*, 1, 1961) encontra-se já expressamente formulado nessa passagem, que se tivesse sido lida por este autor lhe teria poupado certos aborrecimentos (cf. LEACH. "Asymmetric Marriage Rules, Status Difference and Direct Reciprocity: Comments on an Alleged Fallacy". *Southwestern Journal of Anthropology*, 4, 1961)].

63. MILLS, J.P. *The Rengma Nagas*, p. 21.

64. HUTTON, J.H. *The Sema Nagas*, p. 241.

65. MILLS, J.P. *The Rengma Nagas*, p. 209.

66. Id. *The Lhota Nagas*, p. 149.

67. HEAD, W.R. *Hand Book*, p. 2. • CARRAPIET, W.J.S. Op. cit., p. 34. GILHODES, Ch. *The Katchins*, p. 217.

68. Cap. XVI.

de reação feminina, ou de ponto de vista feminino, sobre o conjunto do sistema? Estes regimes patrilineares e patrilocais, que condenam as mulheres ao duro destino de um exílio teoricamente sem retorno em casas estrangeiras, frequentemente diferentes pela língua e pelos costumes, não excluem, entretanto, uma certa solidariedade na linha feminina e talvez mesmo a despertem. Já descrevemos o antagonismo latente entre *mayu ni* e *dama ni* no grupo Katchin, e os múltiplos procedimentos graças aos quais os *mayu nis* asseguram seu direito de controle e seu poder de proteção sobre as filhas, mesmo depois do casamento[69]. Mas há mais. Embora no interior da mesma casa as gerações femininas sucessivas provenham de tantas origens diferentes quanto são os grupos de participantes do ciclo das trocas matrimoniais, parece que se entrevê alguma coisa que se assemelha mais ou menos a uma vontade das linhagens femininas de se afirmarem como formações homogêneas. Entre os Haka Chin, a filha responde pelo *pun taw* (preço principal) de sua mãe[70]. Por outro lado, é o tio materno que reclama o *shé* (preço da morte) da mãe[71], mas com a seguinte ressalva: quando morre um parente abre-se o túmulo do defunto e retiram-se daí as riquezas que tinham sido enterradas juntamente com ele. Estas riquezas passam às irmãs do novo defunto ou, na falta deste, às suas filhas. Se os parentes masculinos reclamam as riquezas, as mulheres, em represália, os privariam de seu *shé* ou de seu *pun taw*[72]. Em certas circunstâncias as filhas podem herdar uma parte do que ainda é devido, por ocasião da morte, do *hlawn* de sua mãe. O *hlawn* é o dote, entregue à moça por seu irmão, e, se este não existe, a mulher apodera-se do *pu man* que foi pago para ela em proveito de suas filhas[73].

Estes costumes marcam, sem dúvida, um antagonismo latente entre linhagens femininas e masculinas, quer estas últimas sejam formadas por pais ou irmãos ou então por tios e cunhados. São sobretudo reveladoras de uma atitude em face do sistema. Porque uma mulher não pode colocar no mesmo plano a linhagem de que sua mãe descende, cuja nostalgia sem dúvida esta lhe transmitiu, e a linhagem na qual irá viver a mesma existência longínqua e isolada que é o destino das moças nascidas nos regimes patrilineares e harmônicos. Antepassados maternos humanos, antepassados paternos animais, tio que salva sua irmã e sua sobrinha das garras do urso raptor, toda esta mitologia Gilyak é profundamente impregnada de uma poesia que chamaríamos de bom grado feminina, que parece, na verdade, representar o sistema matrimonial visto por mulheres, ou, pelo menos, pelos irmãos dessas mulheres, sempre levados a superestimar a perda que sofrem ao serem privados de suas irmãs, com relação ao ganho que realizam obtendo esposas. Falemos de maneira ainda mais nítida. É a mitologia de um sistema linear, oposto a um sistema familiar e agnático, no qual o irmão (conforme

---

69. Cf. cap. XVI.
70. HEAD, W.R., p. 7.
71. Id., p. 30.
72. Id., p. 30-31.
73. Id., p. 13.

mostramos várias vezes) iguala ou supera, com relação à irmã, os direitos que o pai pode exercer sobre sua filha. Teremos oportunidade de nos lembrarmos deste fato a propósito dos Shang da China arcaica, onde o irmão sucedia ao irmão antes do filho[74].

O fato significativo, diz Granet evocando um período mais recente, é que o mais poderoso sentimento a que a prática da exogamia dá origem entre as mulheres era o sentimento de expatriação. As canções antigas exprimem-no em um verso-fórmula: "Toda moça que se casa deixa ao longe irmãos e pais"... Quando as canções de amor exaltam a felicidade dos esposos é para dizer que existe entre eles um acordo *fraterno*... Mas, inversamente, uma das características da vida conjugal *no início*, tanto entre os chineses quanto entre seus vizinhos bárbaros, é a extrema dificuldade da aproximação entre esposos (ligados por uma união exógama). É preciso não menos de três anos para que o casamento se torne definitivo, tanto entre estes bárbaros como entre os antigos chineses, e entre estes últimos acontecia que o marido só obtinha da mulher seu primeiro sorriso ao fim de três anos. Durante três anos, entre os bárbaros, a recém-casada (que goza de inteira liberdade sexual), leva uma vida de moça. Dizem-nos que seus irmãos mostram-se então extremamente ciumentos. Na China, nas canções do tipo da *malcasada*, a esposa, que não pode se ufanar de se dar com seu marido como se fosse um irmão, exclama curiosamente: "Meus irmãos não saberão, pois ririam e zombariam"[75].

Tal é, em suma, a atitude que atinge o maior desenvolvimento entre os Yakutos, com o costume – enriquecido por uma completa floração folclórica em torno do tema da "irmã-amante" – chamado *chotunnur*, que consiste nos irmãos deflorarem a irmã antes de deixá-la partir para um casamento exógamo[76]. Encontra-se o eco deste costume até no Cáucaso, entre os Pschaves, onde uma filha única "adota" um irmão momentâneo, para desempenhar junto dela o papel habitual do irmão, de casto companheiro de cama[77]. Se o sistema Gilyak admite as mesmas implicações, não haverá dificuldade em interpretar a curiosa distinção entre as diferentes formas de incesto entre os animais. "Na verdade, os Gilyak estão tão profundamente convencidos de que suas regras do casamento fundam-se na natureza das coisas que as aplicam até a seu animal doméstico, o cão. Acreditam que entre os cães também irmãos e irmãs não podem copular. As raras exceções que se produzem são atribuídas à influência de um espírito mau, *milk*, e, consequentemente, se um Gilyak por acaso assiste a um ato incestuoso entre cães, deve matar o animal, sob pena de fazer a culpa recair sobre ele próprio. A execução do cachorro é uma cerimônia religiosa. O animal é primeiramente estrangulado, e depois o sangue é lançado na direção dos quatro cantos do

---

74. Cf. cap. XX.

75. GRANET, M. *Catégories*, p. 148 e 152; encontramos todos estes costumes ainda vivos na Ásia do sudeste (cf. cap. XVI).

76. CZAPLICKA, M.A. Op. cit., p. 113.

77. MONPEREUX, Dubois de (1839), apud KOVALEVSKI, M. La famille matriarcale ou Caucase. *L'Anthropologie*, vol. 4, 1893.

mundo. Para o cachorro, entretanto, esta cerimônia representa apenas a punição do incesto. É curioso notar que os Gilyak toleram o incesto entre cães de gerações consecutivas, entre mãe e filho, etc."[78].

Finalmente, estas considerações são essenciais para se compreender adequadamente os sistemas da Europa Oriental antiga, inteiramente impregnados desta solidariedade fraterna, e onde é também para o tio materno que a noiva se volta em lágrimas na véspera da separação[79]. Conforme teremos ocasião de mostrar, estas afinidades comprovam a unidade tipológica de um vasto sistema que poderíamos denominar, deste ponto de vista, euro-asiático.

Tudo isto existe nos costumes que descrevemos, mas existe também outra coisa. Porque, de um lado, o tio materno da noiva desempenha um papel ainda mais importante que o irmão dela, e por outro lado, pelo menos em alguns sistemas, este papel aparece como o termo final de uma oposição em que o outro lugar é ocupado pela irmã do pai do noivo, e os dois papéis são antagonistas. O irmão da mãe (às vezes sua mulher) protege a noiva e retarda, pelas exigências que faz, a partida dela para a nova residência (lembremo-nos do comportamento da tia no casamento Haka Chin). Por outro lado, a irmã do pai do noivo dá os primeiros passos e procura obrigar a noiva a ir para a casa de seus sogros. As duas funções são portanto, ao mesmo tempo, correlativas e opostas. Que significa isto? Todos os sistemas em questão impõem, ou preconizam, o casamento com a filha do irmão da mãe, e todos desaconselham, ou proíbem, o casamento com a filha da irmã do pai. Ora, os dois atores em questão são precisamente o tio materno da noiva e a tia paterna do noivo, isto é, aqueles que, na ausência da regulamentação assimétrica indicada, teriam no casamento um interesse não indireto, mas direto. O primeiro, porque seu filho poderia casar-se com a irmã do noivo; a segunda, porque seu sobrinho poderia casar-se com sua própria filha. Pelo duplo aspecto, positivo e negativo, o papel deles exprime, pois, o abandono ou a afirmação de uma dívida, resultante do fato de, entre dois tipos simétricos de casamento, um ser prescrito e o outro proibido. Mas, embora proibido, este último tipo (o casamento patrilateral) aparece nas núpcias como um fantasma. Rói a consciência social com uma espécie de nostalgia e de remorso, onde vemos, em última análise, a profunda razão do papel, aparentemente anormal, desempenhado pelo irmão da mãe da noiva, contrariamente a todas as indicações do sistema. Estas considerações podem parecer vagas, e mesmo metafóricas. Mas esperamos poder demonstrar o fundamento racional delas quando formularmos nossas conclusões teóricas de conjunto sobre a natureza da troca generalizada. Antes de chegar a este ponto é preciso procurar ligar, se for possível, as duas manifestações geograficamente isoladas, mas formalmente semelhantes, das formas simples da troca generalizada, que observamos e descrevemos nas duas extremidades do continente asiático.

---

78. STERNBERG, L., p. 62.
79. VOLKOV, Th. Rites et usages nuptiaux de l'Ukraine. *L'Anthropologie*, vol. 2 e 3.

## II. O sistema chinês

# CAPÍTULO XIX
## A Teoria de Granet

A sociologia contemporânea apresenta estranhos paradoxos. *As Formes élémentaires de la vie religieuse* foram escritas por um homem solidamente preparado para o estudo da filosofia e da história das religiões, mas também ignorante, por experiência direta, tanto da Austrália quanto de qualquer outra região do mundo habitada por populações primitivas. Ora, qual é hoje em dia o crédito de que goza sua teoria geral da origem da vida religiosa, fundada na análise dos fatos australianos? Como teoria da religião, as *Formes* são inaceitáveis. Por outro lado, os especialistas mais eminentes da sociologia australiana, Radcliffe-Brown e Elkin, estão de acordo em encontrar nesse livro uma inspiração sempre viva[1]. Por conseguinte, foi justamente naquilo em que Durkheim estava melhor preparado que malogrou, ao passo que a parte mais aventurosa de sua empresa – a reconstituição, por meio de documentos, da vida social e espiritual de um grupo primitivo – depois de trinta anos nada perdeu de sua fecundidade. Com suas *Catégories matrimoniales et relations de proximité dans la Chine ancienne*[2], Granet põe-nos em presença de uma situação análoga, mas inversa.

Nesta obra um sinólogo fornece uma decisiva contribuição à teoria geral dos sistemas de parentesco. Mas é em forma de fatos chineses e de interpretações da realidade chinesa que apresenta suas descobertas. Contudo, quando as consideramos por este ângulo especial, estas interpretações revelam-se confusas e contraditórias, tendo sido acolhidas com desconfiança pelos sinólogos, mesmo quando suas próprias análises não as contradizem. Aqui, pois, um especialista exorbita talvez do papel que lhe é próprio, mas consegue atingir verdades teóricas de um alcance mais geral e mais alto.

Quais são estas verdades? Mais que qualquer outro, Granet contribui para dissipar o erro da sociologia tradicional que vê na filiação unilateral um princípio fundamental do parentesco primitivo. "Os fatos chineses [...] não conduzem de modo algum a imaginar que a organização do parentesco tenha sido primitivamente regida por um princípio *unilateral de filiação*"[3]. Em seguida, e mudando de opinião sobre a hipótese demasiado simplista da anterioridade da filiação matrilinear, proposta em seu livro *Civilisation chinoise*[4], Granet atinge, através de um contexto de fatos chineses extremamente

---

**1.** RADCLIFFE-BROWN, A.R. On the Concept of Function in Social Science. *American Anthropologist*, vol. 37, 1935, p. 395. • ELKIN, A.P. Compte rendu de W. Lloyd Warner, A Black Civilization. *Oceania*, vol. 1, 1937-1938, p. 119.

**2.** GRANET, M. Op. cit.

**3.** Id. Op. cit., p. 2.

**4.** Id. *La civilisation chinoise*. Paris, 1929.

duvidosos, é preciso que se diga, o sistema das gerações alternadas resultante do regime de filiação bilateral, sistema demonstrado atualmente com relação a numerosas regiões do mundo[5]. "Em que condições pôde funcionar um sistema governado pelas obrigações do paralelismo e da exogamia se o nome de família dependia dos homens e os nomes próprios dependiam das mulheres?"[6] Estas condições são definidas, ulteriormente, com um rigor teórico que é confirmado em todos os detalhes pela observação dos grupos que adotam este sistema. Em terceiro lugar, Granet formula, sem aparentemente conhecer as sugestões análogas feitas por Williams e Fortune[7], uma teoria positiva e estrutural da proibição do incesto e da exogamia. "Os fatos chineses [...] não conduzem [...] a pensar que os hábitos, em matéria matrimonial, foram primeiramente dominados pela vontade de *proibir*, em virtude de certas regras de filiação, alguns casamentos. Estes hábitos aparecem como expressão de tendência a regular a *circulação* destas prestações particularmente eficazes que são as prestações de mulheres, de maneira a obter *devoluções* regulares, favoráveis à manutenção de certo equilíbrio entre grupos tradicionalmente associados"[8]. Sem dúvida, esta concepção deriva diretamente do *Essai sur le Don*, mas Granet soube desenvolvê-la e ilustrá-la com força e persuasão excepcionais.

Baseando-se na ideia de que as regras do casamento são sempre destinadas a fundar um sistema de troca, Granet tentou reconstruir a evolução do sistema chinês. E, deixando de lado, de momento, a questão de saber o que vale sua reconstrução do ponto de vista dos fatos chineses, devemos prestar-lhe homenagem por ter formulado uma classificação ("expulso-cruzado" e "troca retardada"), que tentamos demonstrar no presente livro fornecer a única base possível para o estudo dos sistemas de parentesco ("troca restrita" e "troca generalizada"). Neste particular, Granet parece ter trabalhado como um livre-atirador. Não se encontra nenhuma indicação que sugira conhecimento de Hodson ou de Held, os únicos que tiveram, na época em que escrevia, o pressentimento do problema e de sua solução. Isto torna sua descoberta ainda mais notável. Mas as implicações teóricas do seu livro passaram despercebidas, porque em nenhum lugar são apresentadas como tais. Granet acreditou apenas ter descoberto aspectos sensacionais da sociologia chinesa, sem equivalentes no resto do mundo, o que, de seu ponto de vista de sinólogo, aumentava ainda o valor deles. Com efeito, reinventou, com as cores de um suposto sistema chinês de transição, que provavelmente nunca existiu na China – daí a desconfiança de seus colegas –, o sistema murngin, que provavelmente não conhecia – mas que existe na Austrália –, o que pode granjear-lhe a admiração dos sociólogos[9].

---

**5.** Cf. cap. VIII.

**6.** *Catégories*, p. 105.

**7.** WILLIAMS, F.E. *Papuans of the Trans-Fly*. Oxford, 1936, p. 167-170. • FORTUNE, R.F. Art. Incest. In: *The Encyclopaedia of the Social Sciences*. Nova York, 1935, p. 620-622.

**8.** *Catégories*, p. 2.

**9.** [Para mim não parece haver dúvida hoje que Granet, sem citá-lo, foi influenciado por Van Wouden. Mas Granet tem tantos outros títulos para merecer a admiração dos sociólogos, que a fórmula acima não precisa ser modificada. Em compensação, eu próprio ignorava a obra de F.A.A. van Wouden (*Sociale structuur-typen in de Groote Oost*. Leiden, 1935) na época em que escrevia este livro, e isso não é a menor das lacunas de um trabalho que contém muitas outras.]

Como explicar esta situação paradoxal? As razões de detalhe irão se revelando ao longo de nossa análise. Mas é possível desde agora acentuar alguns traços gerais, que apresentam interesse metodológico. Granet conhecia admiravelmente a literatura sociológica chinesa, e o mesmo faro que lhe tinha feito descobrir no *Ehr ya* vestígios do casamento entre primos cruzados colocou-o na pista de outras singularidades, cuja interpretação oferece, na verdade (conforme se perceberá na continuação deste capítulo), dificuldades pouco comuns. Seja como for, a suficiente familiaridade com os problemas do parentesco não somente na China, mas no resto do mundo teria podido servir-lhe de fio condutor. É justamente esta familiaridade que falta a Granet. Realmente – exceto os fatos Katchin, que são essenciais e que ele soube descobrir – parece que não conheceu com exatidão senão os fatos australianos. Mas, coisa ainda mais grave, julga suficiente este conhecimento, pois está ainda inteiramente imbuído da ideia de Durkheim segundo a qual a organização australiana é a mais primitiva que se conhece e que é possível conceber. Nasce daí um duplo erro. Granet insiste constantemente na ideia de que o sistema matrimonial com quatro classes (isto é, fundado simultaneamente na filiação e na distinção das gerações consecutivas) é o sistema mais simples que possa existir. "Quando se analisa o sistema de nomenclatura que os chineses seguiram em matéria de proximidades, parece que partiram do regime de coesão mais estável (e mais simples) que se conhece"[10]. Diz adiante: "O conjunto da nomenclatura *parece* explicar-se partindo da divisão de comunidades endógamas em duas secções exógamas, cada uma das quais se subdivide, por sua vez, em duas, *de maneira a diferenciar as gerações consecutivas*, e os casamentos fazem-se *obrigatoriamente entre* SECÇÕES *exógamas* e GERAÇÕES *paralelas*.

"Este modo de divisão e este sistema de aliança matrimonial são bem conhecidos, sendo aliás *os mais simples* que conhecemos."[11]

Ora, não há nada mais inexato do que esta afirmação, que suprime de uma só vez as organizações dualistas com metades exogâmicas. Não faltam exemplos, provenientes de todas as regiões do mundo, de sociedades nas quais a reciprocidade das trocas matrimoniais funda-se somente na distinção em duas fratrias, sem intervenção do princípio das gerações. Vamos nos limitar a um único exemplo, o dos bororos. Sem dúvida, encontramos entre estes indígenas uma forma de casamento preferencial com um ou vários clãs determinados, membros da fratria prescrita pela regra da exogamia. Mas não existe a diferenciação das gerações, havendo duas formas frequentes de casamento: uma o casamento avuncular (com a irmã do pai) não exclusivo de um casamento anterior na geração do indivíduo; e outra o casamento, simultâneo ou consecutivo, com uma mulher e com a filha desta. Em tal caso a reciprocidade é tratada de maneira global, como uma troca em conjunto entre as fratrias. Não é levada em conta a necessidade (que parece um requinte lógico), de compensar na geração seguinte, medi-

---

10. GRANET, M. Op. cit., p. 159.

11. Id., p. 166. Nesta citação, como nas seguintes, foi respeitada a tipografia influenciada por Mallarmée utilizada por Granet.

ante contraprestações, as prestações de esposas que se realizam entre adultos da geração atual. Granet toma por conseguinte, como ponto de partida de sua reconstrução, um sistema (o sistema Kariera) que já é de grande complexidade. Não é de espantar vê-lo, por conseguinte, condenado a construir sistemas ainda mais complexos, e na verdade tão complexos que não encontram mais verificação nos fatos.

O segundo aspecto do erro de Granet refere-se à sua interpretação dos sistemas australianos (particularmente o sistema Kariera), como sistemas de alta antiguidade. Quando julga encontrar na China vestígios de sistemas do mesmo tipo, classifica-os imediatamente no período mais arcaico, porque, em seu espírito, não tem nenhuma dúvida de que o aspecto "australoide" da sociologia chinesa seja também o mais primitivo. Estas concepções eram muito comuns no final do século XIX, mas sabemos hoje que o caráter arcaizante da cultura material dos australianos não tem correspondência no domínio das instituições sociais. Estas últimas resultam, ao contrário, de uma longa série de elaborações refletidas e de reformas sistemáticas, de tal maneira que a sociologia australiana da família constitui, se é possível falar assim, uma "sociologia planificada"[12]. Se Granet tivesse tido consciência deste aspecto da questão, teria sem dúvida feito uma comparação que modificaria profundamente seu esquema. Não há talvez em toda a história da humanidade uma conjuntura que lembre mais as ociosas e intermináveis discussões e os concílios de velhos, durante os quais foram elaborados os sistemas australianos, do que a China da reforma realizada por Confúcio. Porque a China deste período e a Austrália representam dois exemplos, igualmente impressionantes, de uma sociedade que tenta formular um código racional do parentesco e do casamento. A sugestão imediatamente resultante desta observação é que, não sendo as modalidades de organização da família em número ilimitado, foi nessa época que, derivando da mesma preocupação racionalizadora, os sistemas chinês e australiano foram levados a apresentar aspectos convergentes. O aparecimento de uma terminologia que evoca o casamento bilateral com a prima cruzada e a troca das irmãs, no *ehr ya*, torna-se inteiramente natural quando se adota esta perspectiva. Granet, ao contrário, vê-se obrigado a repelir o sistema correspondente para um passado arcaico, que nada comprova, desprezando a data, mesmo aproximada, do documento invocado.

A estes dois erros de método acrescenta-se um terceiro, também imputável ao que se poderia chamar "a deformação australiana". Quando Granet diz "não há nenhuma razão para supor que o sistema chamado das quatro classes tenha sido precedido por algum outro"[13], não afirma somente a anterioridade deste sistema com relação a qualquer outro sistema de classes, mas exclui com isso a existência de todo sistema de troca matrimonial no qual as classes não estejam explícita ou implicitamente presentes. Assim, não poderia haver casamento bilateral entre primos cruzados sem a divisão do grupo em quatro classes e, na hipótese particular em que se coloca, não poderia haver casamento unilateral com a filha do irmão da mãe sem um sistema de

---

12. Cf. cap. XI.
13. GRANET, M. *Catégories*, p. 169.

oito classes. Ora, as duas coisas evidentemente não estão ligadas. Um sistema de classes é apenas um dos meios possíveis para estabelecer uma certa forma de reciprocidade e o casamento preferencial é outro meio, sendo idênticos os resultados. É possível dizer que numa sociedade onde se pratica o casamento com a prima cruzada bilateral tudo se passa como se estivesse em vigor um sistema de quatro classes, mas daí não resulta de modo algum que os cônjuges possíveis sejam efetivamente distribuídos em quatro classes, quer possuam nome, quer não. A existência de um sistema de classes não pode nunca ser postulada a partir de seus efeitos, pois efeitos semelhantes podem sempre ser obtidos de outra maneira. Os especialistas da sociologia australiana estão familiarizados com este problema.

Granet tinha uma intuição sociológica demasiado fina e penetrante para não ter ao menos entrevisto este fato. Se sua crítica da terminologia tradicional do casamento dos primos cruzados está inteiramente imbuída do equívoco que acabamos de mencionar, contudo por momentos ele parece ter percebido nitidamente o problema. "As categorias são definidas em termos que designam [...] relações", e também: "Estes termos indicam menos *classes de indivíduos* do que *categorias de relações*". Por isso propõe falar de categorias e não de classes. Mas que resta da distinção quando se definem as *categorias* como *grupos fechados*? "Diremos, portanto, que as comunidades chinesas parecem ter sido antigamente grupos *fechados* divididos em quatro *categorias* (matrimoniais)"[14]. No conjunto, a obra mostra bem até que ponto Granet é dominado pela teoria das classes. Sua crítica da noção de "primo cruzado"[15] não tem razão, justamente porque consiste em interpretar, em termos de lógica das classes, uma noção que está ligada à lógica das relações. Classes ou categorias, pouco importa. O fato importante é que a sociedade primitiva regulamenta as trocas matrimoniais, ora pelo estabelecimento de classes *ou* categorias, ora pela definição de relações de parentesco dotadas de valor preferencial. Os dois métodos podem conduzir a resultados equivalentes. Na ausência de documentação externa é impossível, entretanto, remontar do resultado, dado ou inferido, ao método efetivamente utilizado. Um exemplo servirá para ilustrar o nosso raciocínio. É possível ter razões sérias para supor que uma população desaparecida entregava-se a um culto religioso. Daí não se poderia concluir que esta população construísse templos, a menos que um arqueólogo tenha trazido à luz traços de edifícios. Porque um templo é um meio de exercer um culto, mas não o único possível. Da mesma maneira, entre os chineses, Granet descobre vestígios que tendem a sugerir casamentos de um certo tipo. Isto é inteiramente insuficiente para deduzir a existência de instituições precisas que admitam o tipo de casamento em questão, porque este pode realizar-se por outros modos, diferentes destas instituições.

Este mal-entendido comprometeu gravemente a influência que as ideias sociológicas de Granet deveriam com razão exercer. Suas críticas frequentemente foram exacerbadas pela tendência a falar de certas instituições chinesas hipotéticas (sistema

---

14. Id., p. 169-171.
15. Id., p. 166-168.

com quatro classes, sistema com oito classes) como se fossem realidades objetivas, quando nada, nos documentos disponíveis, comprovava a existência delas. Muitos autores concluíram que o trabalho de Granet era pura fantasia[16]. Isto vem a ser desprezar as observações com base nas quais Granet procedeu a uma reconstrução efetivamente arbitrária, mas observações que oferecem ao sociólogo matéria para proveitosas reflexões.

Depois de ter limpado o terreno por estas observações preliminares, podemos passar ao estudo dos fatos recolhidos por Granet. Propomo-nos mostrar que estes fatos talvez não tenham nenhuma incidência sobre o sistema matrimonial, conforme sugeriram alguns adversários. Mas, se têm, devem ser interpretados diferentemente, quer dependam de culturas e regras de casamento heterogêneas que coexistiram na China no mesmo momento, quer se ordenem em uma sequência histórica inversa da que foi proposta por Granet. Compete aos sinólogos julgar qual dessas hipóteses corresponde melhor aos fatos conhecidos. Do ponto de vista particular de nosso trabalho, conduzem ao mesmo resultado, isto é, a ficarmos sabendo que regras do casamento fundadas sobre a troca generalizada em certo período da história chinesa, ou pelo menos em certas regiões da China, devem ter estabelecido uma ponte entre os sistemas, idênticos entre si, do extremo sul e do extremo norte, os Katchin de um lado, e os Gilyak do outro.

Podemos resumir da seguinte maneira a argumentação de Granet: Um número considerável de fatos, tomados principalmente da organização do culto dos antepassados e da regulamentação dos graus do luto, indicam que os antigos chineses conceberam o parentesco não em forma de uma série de *graus*, mas de uma hierarquia de *categorias*[17]. Por outro lado, a distinção fundamental entre *próximos internos* (todos os membros do mesmo clã agnático, mais as mulheres casadas no clã), e *próximos externos* (todos os outros próximos, membros de clãs diferentes) implica que um sistema de equivalências deve ser estabelecido entre as duas categorias. Este sistema de equivalências deve atender a duas condições, a saber, o casamento faz-se entre portadores de nomes de família *diferentes* membros de gerações *idênticas*. Somente neste caso o sistema pode funcionar, daí, no direito familiar chinês, o horror aos casamentos contraídos entre membros de duas gerações consecutivas, mais forte ainda do que o horror do incesto propriamente dito[18]. Ora, "para evitar qualquer obliquidade ou desequilíbrio bastaria que os casamentos se fizessem sempre entre primos e primas não agnáticos"[19]. Mesmo no Código Civil chinês moderno, o artigo 983 deve "*de maneira inteiramente implícita*, por uma disposição artificiosa do texto"[20], dar caráter legal ao sororato e ao levirato, acompanhantes habituais do casamento dos primos cruza-

---

16. Cf. cap. seguinte.
17. GRANET, M. *Catégories*, p. 22.
18. Id., p. 34-49.
19. Id., p. 37.
20. Id., p. 14.

dos, e ao casamento entre primos (aliados ou consaguíneos) distintos dos agnáticos, isto é, abrangendo os primos cruzados.

Um sistema deste tipo, fundado no casamento dos primos cruzados e na oposição das gerações consecutivas, pode ser facilmente interpretado em função do princípio das gerações alternadas, a saber, em grupos que praticam a filiação bilateral (isto é, onde o nome local se transmite em linha materna e o nome familiar em linha paterna, ou inversamente), o estado civil de cada indivíduo exprime-se por um binômio, que compreende um único dos termos do binômio paterno e um único dos termos do binômio materno. O binômio dos pais só é reformado na geração dos filhos de seus filhos. Pode-se, por conseguinte, dizer que os filhos se *opõem* aos pais, mas que os netos *reproduzem* os avós.

Toda a teoria dos sistemas australianos foi iluminada pela introdução da noção de gerações alternadas[21], havendo fatos semelhantes que se acumularam procedendo de várias outras regiões do mundo[22]. Sabendo-se que Granet era pouco cuidadoso nas referências, é possível perguntar se teve conhecimento desses fatos ou se, a propósito dos documentos chineses, reinventou independentemente a teoria. Seja como for, funda-se sobre dois argumentos para postular a existência arcaica na China de um sistema de gerações alternadas. Primeiramente, a ordem *tchao mou*, sobre a qual voltaremos a falar, a qual implica que, nos templos ancestrais, pai e filho figurem sempre em categorias diferentes, mas o avô e o neto apareçam em categorias idênticas[23]; em seguida a tradição antiga, segundo a qual o nome pessoal é dado pela mãe e o nome de família pelo pai[24]. Esta tradição é confirmada pelo uso mais recente dos *pei jen tseu*, que individualizam os membros de uma mesma família, de acordo com a geração e a idade relativa de cada um.

Encontramos, pois, a hipótese de que o sistema chinês arcaico *teria podido* fundar-se sobre a aliança recíproca de dois grupos exogâmicos, que trocam suas filhas segundo o princípio da equivalência das gerações. Suponhamos um sistema com quatro classes matrimoniais, com intercasamento entre as duas classes da geração superior (pais), e entre as duas classes da geração inferior (filhos), cada uma delas aparelhadas duas a duas. Este sistema seria evidentemente fundado no casamento com a prima cruzada bilateral, ou, mais exatamente, todos os primos cruzados originários deste sistema seriam bilaterais. Granet volta-se então para a nomenclatura a fim de descobrir a prova de que o sistema deste tipo realmente existiu. O termo *kou* significa ao mesmo tempo "sogra" e "irmã do pai"; o termo *kieou* ao mesmo tempo "sogro" e "irmão da mãe"[25]. Entretanto, "homens e mulheres confundem com seu pai os irmãos de seu pai (*fou*) e com sua mãe as irmãs de sua mãe (*mou*)[26]. A mesma dicotomia repete-se na geração in-

---

21. Cf. cap. XI.
22. Cf. cap. VIII.
23. GRANET, M. *Catégories*, p. 3-6.
24. Id., p. 83-102.
25. Id., p. 43.
26. Id., p. 165.

ferior, de tal modo que bastam quatro termos para designar os membros da geração superior e os membros da geração inferior à do indivíduo. "Daí *parece* resultar, *uma vez que "pais" e "mães" são esposos e esposas*, que "tias" e "tios" são *também* esposas e esposos [...] Esta nomenclatura parece concebida para uma *comunidade endógama e bipartite*, cujas duas *secções* seriam *exógamas*"[27]. Ao duplo sentido dos termos *kou* e *kieou* corresponde o duplo sentido do termo *cheng*. "Um homem chama *"cheng"* ao mesmo tempo "o filho de sua irmã" e o "marido de sua filha". Somente o termo *"tche"* tem apenas o sentido de "sobrinha". Esta exceção parece explicar-se pelo desenvolvimento da instituição poligínica"[28]. Granet alude aqui ao costume de esposar simultaneamente irmãs e a sobrinha delas. Voltaremos adiante a tratar deste ponto.

Estas inferências terminológicas têm considerável valor. Mas Granet estava convencido, por um lado, que o sistema das gerações alternadas, com casamento entre primos cruzados bilaterais, era o mais simples concebível, e, de outro lado, que um sistema de fácies australiana só podia pertencer a um período extremamente primitivo da sociedade chinesa. Foi assim levado a proclamar a anterioridade dele com relação a qualquer outra fórmula que poderia ser descoberta na linguagem e nas instituições. Deste modo condenava-se a tratar todos os fatos que não se enquadravam na fórmula original como índices de uma evolução ulterior. Por que uma evolução histórica e não simplesmente a coincidência no mesmo período de formas heterogêneas, conforme as regiões ou as camadas sociais? Este é um problema que nos arrastaria demasiado longe, fora do campo de nosso estudo. Granet deu sempre viva atenção à coexistência histórica dos chineses propriamente ditos com os bárbaros. Por outro lado, o plano de toda sua obra, pelo menos em parte, destinava-se a pôr em evidência a oposição entre os costumes camponeses[29] e as instituições feudais[30], ou, conforme diz nas *Catégories*, a oposição entre os *costumes* e os *ritos*. Na introdução às *Danses et Légendes*, vemo-lo hesitar na questão do sentido desta oposição, sem saber se corresponde ao antagonismo de duas culturas ou a etapas de um único desenvolvimento. Se reconhece ainda que as duas hipóteses são igualmente "ideológicas"[31], vemos entretanto desde já em que direção vai caminhar. "Penso [...] ter dado a entender que é possível (apesar dos defeitos dos documentos e com o auxílio de justificadas extrapolações) escrever uma *história evolutiva* das instituições chinesas [...] Depois de ter praticado, mediante a organização baseada em clãs, um sistema de prestações alternativas totais que garante o mecanismo geral da vida social – depois de ter passado pelo regime do potlatch e criado territórios sobre os quais se exerce a autoridade de um chefe de tribo –, a China chegou a edificar um regime feudal apoiado no princípio de trocas protocolarmente regulamentadas [...] enquanto progressivamente apareciam na família a autoridade paterna e o parentesco

---

27. Id., p. 165.
28. Id., p. 166.
29. *Fêtes et chansons anciennes de la Chine*. Paris, 1919.
30. *Danses et legendes de la Chine ancienne*. 2 vols. Paris, 1926.
31. Vol. 1, p. 23.

individual"[32]. As *Categorias matrimoniais* representam, sem a menor dúvida, o ponto culminante deste ardor evolucionista, que a escola sociológica recebe como uma homenagem sem dúvida, infelizmente, merecida.

"Os *ritos* e as *leis* não limitam, na China, as escolhas matrimoniais a não ser proibindo toda a união endógama ou oblíqua [...] Entre este regime de liberdade relativa e o regime de rigorosas predestinações imposto pela divisão em quatro categorias, parece que um regime de transição tornou possível certa *liberdade* de manobra"[33]. O ponto de partida de Granet é por conseguinte menos a constatação de certa evolução histórica do que o reconhecimento de uma necessidade lógica. Entre o regime estritamente determinado, que postula como sendo representativo do estádio arcaico, e a liberdade moderna deve ter havido ao menos uma forma de transição, sendo esta que aquele autor propõe reconstruir. Detenhamo-nos por um instante neste ponto. O regime chamado das quatro classes não está comprovado em nenhum lugar da China (embora os documentos antigos e as observações atuais sugiram como altamente provável que em determinada época, ou em algumas regiões da China, tudo se tenha passado – ou ainda se passe hoje – *como se* tal sistema tivesse estado, ou esteja ainda, em vigor). Entretanto, a realidade do sistema é apenas uma hipótese, e quando se admite, como faz Granet, que a lógica interna da hipótese impõe uma segunda hipótese cuja base objetiva é infinitamente mais frágil que a da hipótese inicial, constrói-se um edifício talvez sedutor do ponto de vista de uma estética lógica, mas cujo plano não pode ser aprovado pela crítica histórica, porque, afinal de contas, é a hipótese mais miúda que receberá o encargo da construção. Tomando novamente de Granet um de seus termos, o método por ele seguido é essencialmente "ideológico". Sentimo-nos a cada momento obrigado a lutar contra o mal-estar provocado por ele, a fim de não recusar aos fatos – e aos embriões de fatos – que surgem aqui e ali todo o crédito que merecem. Quais são estes fatos? Procuraremos seguir tão de perto quanto possível a exposição, frequentemente obscura, de Granet.

O desdobramento hipotético do sistema (por si mesmo hipotético) de quatro classes em um sistema de oito classes é inicialmente sugerido pela forma tomada pela ordem *tchao mou* entre os nobres. Não somente as gerações consecutivas são opostas, mas aparece uma subdistinção entre o avô e o neto, que obriga a fazer ascender o culto ancestral até o trisavô. Ora, "quando os 'netos' devem ser *distinguidos* dos 'avós', quando o trisavô não pode ser confundido com o avô, e quando a quatro gerações de antepassados se opõem, *constituindo o conjunto de TODO grupo cultural, quatro gerações de vivos*, o motivo não seria que, por efeito de certa bipartição, o número das categorias teve de ser multiplicado por dois?"[34] Para que a hipótese seja admissível é preciso evidentemente que não afete a terminologia comprovada. Lembramo-nos do duplo

---

**32.** Id., p. 58-59.
**33.** *Catégories*, p. 187.
**34.** Id., p. 184.

sentido dos termos *kieou* e *cheng*, *kou* e do sentido do termo *tche*. Mas é preciso completar a análise destes termos por mais uma indicação. Quando *kieou* e *cheng* são utilizados como termos de denominação pessoal não podem (sendo recíprocos) servir senão entre homens. No mesmo caso e pela mesma razão *kou* e *tche* são exclusivamente empregados entre mulheres. A terminologia coincide, pois, com um sistema exclusivo de casamento entre primos cruzados bilaterais, com a condição das mulheres continuarem a se casar com o filho da irmã de seu pai, e os homens com a filha do irmão de sua mãe, ou seja, um sistema que realiza a dicotomia entre os dois tipos de primos cruzados, matrilateral e patrilateral. Granet pode assim formular sua hipótese: "*Basta admitir que* – deixando de se casarem com as filhas de suas 'tias' (paternas) [...] *os homens continuam sendo os esposos predestinados das filhas de seus 'tios'* (maternos) [...] *para que* as regras do templo ancestral e as da 'ordem *tchao mou*' *recebam uma explicação que as esclarece inteiramente – e que parece ser a única capaz de esclarecê-las?*"[35]

As páginas 187 a 200 da obra são consagradas a uma das raras análises teóricas das formas elementares (troca restrita e troca generalizada) da troca matrimonial encontrada atualmente na literatura, e sua perfeição só dá lugar a duas ressalvas, a saber, primeiramente a excessiva complicação dos símbolos utilizados, que obscurecem a demonstração; e em seguida e sobretudo a deformação evolucionista, que impede Granet de ver que a troca restrita e a troca generalizada são duas modalidades elementares e não dois estágios de um mesmo processo. A troca generalizada é para ele uma transformação da troca restrita, dirigida no sentido da maior complexidade. Tendo começado por adotar uma fórmula já demasiado complexa da troca restrita (sistema com quatro classes), é incapaz de construir a fórmula da troca generalizada, a não ser na forma ainda mais complexa de um sistema com oito classes. Há aqui um erro fundamental, porque quando se passa da troca restrita à troca generalizada não é a natureza ou a quantidade das coisas trocadas que se transforma, mas somente o modo da troca. Noutras palavras, não há necessidade de conceber um sistema de oito classes para explicar a troca genera-

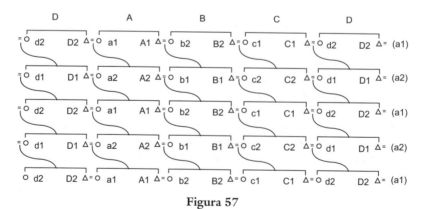

**Figura 57**

---

35. Id., p. 186.

lizada. Mesmo em uma comunidade organizada em metades exogâmicas bastam quatro classes dispostas em rodízio. O aspecto teórico deste problema foi estudado em conjunto no capítulo XIII, ao qual remetemos o leitor. Contudo, Granet deixou-se conduzir para um sistema de oito classes, pela exigência de quatro gerações de antepassados nos templos da nobreza, corroborada pela tradição chinesa segundo a qual uma nova linhagem pode ser inaugurada a partir da quinta geração. Afinal, termina por chegar à hipótese de um sistema de transição, caracterizado pelo casamento com a filha do irmão da mãe, e a divisão de cada comunidade em quatro grupos locais matrilineares e duas metades patrilineares, todos exogâmicos (Figura 57).

Em um sistema deste tipo, conforme se vê, o descendente, em linha masculina, só repete o ascendente depois de cinco gerações, porque uma linha patrilinear submete-se necessariamente ao modelo: D2-A2-B2-C2-D2. Assim se explicaria a extensão ao trisavô da ordem *tchao mou* (continuando o pai a opor-se ao filho) nos templos da nobreza, isto é, da classe que tende cada vez mais a interpretar, em sentido patrilinear, um sistema matrilinear (ou, em todo caso, bilateral), na origem. Ao mesmo tempo compreendemos outros traços da nomenclatura chinesa. No sistema que acabamos de descrever cada linhagem possui dois tipos de aliados, aqueles de que recebe esposas e aqueles aos quais as dá. "Os chineses, com toda razão, servem-se, para designar os aliados, de uma expressão *dupla*: *houen yin*, cujo primeiro termo (*houen*) designa aqueles em cujo meio foi escolhida a mulher, e o segundo (*yin*) aqueles a quem foram fornecidas esposas"[36]. Assim, no esquema precedente, a linhagem D é *yin*, a linhagem B é *houen*, relativamente à linhagem A. De maneira geral, relativamente a uma linhagem determinada, *yin* está à esquerda e *houen* à direita. É verdade – conforme Granet observa imediatamente – que a expressão *houen yin* "não implica *nem* que as alianças (em princípio) sejam perpétuas, *nem* que só se possua dois aliados, um deles donatário e o outro doador". Mas, deixando de lado a distinção entre "mais velhos" e "mais moços", não é feita distinção, entre homens, senão entre *kieou* (tio materno, sogro) e *cheng* (filho da irmã, genro). Ainda mais, um homem chama *kieou* não somente seu tio materno, mas o irmão de sua mulher, que dará uma esposa ou a ele próprio (segundo os usos nobres) ou a seu filho. "Estes" irmãos de mulher "são de *antemão* tratados como "pais das noras". Da mesma maneira, a denominação *cheng* aplica-se aos sobrinhos-genros e aos maridos das irmãs, retrospectivamente tratados como genros dos pais. A terminologia parece, portanto, comprovar a existência de duas dinastias de *houen* e de *yin*. "No sistema de quatro categorias, *kieou* e *cheng* designam *duas* GERAÇÕES *de aliados*. Quando há oito categorias e alianças num sentido único, *kieou* e *cheng* designam *dois* TIPOS *de aliados*". No mesmo sentido, tem-se, com relação a uma mulher, a identificação, pelo mesmo termo *kou*, das irmãs do pai e das irmãs do marido[37].

Tal a argumentação de Granet, que somos obrigados, para poder apreciar-lhe o valor metodológico, a completar por uma citação talvez demasiado longa: "Ao regime das alianças *duplicadas* sucedeu um regime de alianças com um *sentido único*. Sem-

---

**36.** Id., p. 210.
**37.** Id., p. 211.

pre governado pela dupla regra da exogamia e do paralelismo, corresponde à distribuição dos membros da comunidade em oito categorias, uma vez que as quatro categorias de cada uma das duas secções distribuem-se em *dois pares*. *Há motivo para crer que a condição de pertencer à categoria era determinada levando-se em consideração as mães*. Mas (seja qual for a convenção que regula este detalhe) à existência de *quatro pares de categorias* corresponde uma *distribuição em quatro grupamentos* (simples ou complexos) que é possível ordenar de maneira a constituir (quatro dinastias femininas, ou igualmente) *quatro dinastias masculinas. Por outro lado, uma convenção de jogo referente às prestações matrimoniais impunha a exportação das filhas*. Assim, a distribuição em oito categorias traduzia-se *territorialmente* por uma divisão da comunidade em QUATRO GRUPOS (distribuídos por duas a duas em secções exógamas) cujos membros masculinos formavam *uma dinastia de pais e de filhos*, enquanto suas esposas – noras e sogras umas das outras – formavam uma *dinastia de 'tias'* (irmãs de pais) e de '*sobrinhas*' (filhas de irmãos). Tanto do lado 'mulheres' quanto do lado 'homens', é possível definir por uma *fórmula agnática* as proximidades das pessoas destinadas a viver *na mesma terra* por motivo de casamentos governados por uma convenção que parece formulada em termos de *relações uterinas*[38]. Foi partindo deste regime de transição que se tornou possível o desenvolvimento das instituições agnáticas, que só mereceram este nome quando as dinastias masculinas dos pais de família conseguiram (contrapondo-se ao princípio da invariabilidade das alianças) romper a unidade das dinastias femininas de 'matronas', a princípio ligadas entre si – tal como os 'pais' – por vínculos que podiam ser formulados em termos agnáticos. Mas, *por ela mesma*, a organização que se traduz por uma divisão em oito categorias não atribui (assim como também não a organização que se exprime pela divisão em quatro categorias) nenhuma primazia à filiação quer agnática, quer uterina"[39].

Este texto é espantoso sob vários aspectos. Verificamos nele primeiramente que o sistema de oito categorias logo depois de constituído parece dissolver-se em um sistema de quatro categorias, onde, conforme tínhamos sugerido acima[40], uma diferença de coesão substitui a diferença de complexidade atribuída arbitrariamente ao regime das trocas adiadas, em lugar de se acrescentar a ela, segundo Granet ainda sustenta[41]. Em segundo lugar, a noção de filiação unilateral, muito profundamente criticada por Granet por não representar um fenômeno primitivo, perde, por assim dizer, toda espécie

---

**38.** Granet não foi o primeiro a lembrar esta dificuldade: "A fórmula ignora todos os vínculos em linha materna. A filha do tio materno pertence à secção exógama de seu pai, sendo por conseguinte um possível cônjuge para um homem da secção para a qual passou a irmã de seu pai, para o filho da irmã de seu pai. Esta interpretação pode ter origem na completa identificação da mulher com a secção exogâmica de seu marido. O parentesco não pode ser traçado *per capita* e *per stirpes*, senão pelos dois métodos ao mesmo tempo" (HODSON, T.C. *Notes on the Marriage...*, op. cit., p. 174). Nada é mais falso do que a ideia segundo a qual, em um regime de troca generalizada, os laços jurídicos, sociais e psicológicos entre uma mulher e sua linhagem sejam abolidos (cf. cap. XVIII, p. 353ss.).

**39.** *Catégories*, p. 214-215.

**40.** Cf. cap. XIII.

**41.** *Catégories*, p. 215.

368

de realidade, reduzindo-se ao papel de convenção retrospectivamente aplicada, quando não simplesmente inventada. Comecemos por examinar este último ponto.

Uma contribuição essencial de Granet à teoria geral do parentesco consiste em ter mostrado que as regras do casamento não dependem da noção de filiação unilateral, mas são logicamente, e sem dúvida também historicamente, anteriores à sua constituição. O princípio fundamental é o da circulação regular das prestações matrimoniais entre grupos. Até aí tudo está certo. Mas, quando procuramos definir os grupos e as relações que os unem, somos obrigados, para garantir a permanência e a identidade substancial desses grupos através das flutuações de sua composição individual, a definir os membros deles em função de sua dependência, isto é, a determinar um modo de filiação que pode ser indiferenciado, unilateral (neste caso ou patrilinear ou matrilinear) ou bilateral (isto é, no qual cada indivíduo será designado ao mesmo tempo por uma referência patrilinear e por outra matrilinear). A noção de filiação é uma noção derivada, admitamos. Mas, desde o momento em que é elaborada, existe[42]. Ora, é impossível que não seja elaborada (porque neste caso o equilíbrio das trocas matrimoniais não poderia mais ser mantido). Para cada grupo determinado, aquela noção é elaborada de acordo com um certo tipo, que, desse momento em diante, possui uma existência tão real quanto a própria noção.

Admitamos, pois, como quer Granet, que a origem do sistema de quatro classes encontra-se não em uma concepção unilateral da filiação, mas nas exigências estruturais de um sistema de prestações e de contraprestações entre os grupos. Nem por isso deixa de ser verdade que ao elaborar um sistema de quatro classes é preciso apelar para uma dupla dicotomia patrilinear e matrilinear, uma referente à residência e outra ao nome. Este ponto foi desenvolvido no capítulo XI, a propósito do sistema Kariera. No caso particular da China o próprio Granet insistiu várias vezes sobre a probabilidade da transmissão da residência em linha materna (maridos-genros, culto do terreno, etc.) o que implica, também de acordo com Granet, a transmissão patrilinear dos *sing*, isto é, das denominações clânicas.

Noutras palavras, o sistema de quatro classes, cuja reconstituição Granet propõe para a antiguidade chinesa, é formalmente de tipo Kariera (regime desarmônico de quatro classes), mas materialmente inverso (grupos matrilocais e metades patrilineares). Isto, uma vez admitido, está dado definitivamente, e deve subsistir objetivamente através de todas as transformações ulteriores. Será talvez uma convenção, mas que é fundada na estrutura do grupo social a partir do momento em que é instaurada, e que, portanto, não pode ser considerada como "detalhe"[43].

Nestas condições, seria um sistema composto de *dois grupos matrilocais* e de *duas metades patrilineares* que encontraríamos na origem do suposto sistema de oito classes. Como então se faz a transformação? É preciso[44] apelar para quatro grupos matri-

---

**42.** Cf. cap. VIII.
**43.** GRANET, M. *L.c.*
**44.** Cf. cap. XI.

locais ("categorias" de Granet) e duas metades patrilineares ("pares" de Granet). Ou as coisas aconteceram efetivamente desse modo ou não aconteceram de maneira alguma. Mas transformar, conforme Granet tenta, os quatro grupos matrilocais em quatro grupos patrilocais, a pretexto de podermos mudar de convenção, é confundir uma manipulação ideológica com a evolução histórica, cujas etapas são rigorosamente condicionadas por um estado inicial objetivamente dado. Tal modificação é concebível, sem dúvida, mas somente como término de uma revolução que substitui um regime harmônico (grupos locais e metades patrilineares) ao regime desarmônico anterior. Teoricamente é possível que esta revolução tenha ocorrido, mas só poderia fazer-se pela passagem de um sistema de troca restrita com quatro classes a um sistema de troca generalizada igualmente de quatro classes. Mas então toda a hipótese das oito classes desmoronaria ao mesmo tempo. Esta hipótese, com efeito, está conjugada com a de uma evolução por composição e não por substituição.

Procuremos traduzir o sistema das oito classes representado na Figura 57 em termos de dinastias agnáticas (Figura 58).

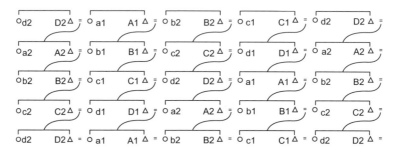

**Figura 58**

Ou este novo esquema não tem qualquer sentido (porque as linhagens não são mais objetivamente distintas, a não ser quanto às metades), ou equivale a dizer que, sendo dadas quatro classes A, B, C, D, um homem da classe A casa-se com uma mulher da classe B, um homem de uma classe B casa-se com uma mulher da classe C, e assim por diante. Logo depois de concebidas as oito classes se volatilizam, e com elas a possibilidade da passagem lógica de um sistema a outro.

Toda a argumentação de Granet reduz-se, portanto, a inferir da nomenclatura a existência na China Antiga de dois tipos de casamento, um com a prima cruzada bilateral, outro com a prima cruzada matrilateral, e a afirmar a anterioridade histórica do primeiro com relação ao segundo. A passagem enquanto tal em nenhum momento é demonstrada, a não ser por uma construção ideológica sem base objetiva. Devemos agora examinar o que se deve pensar a respeito da hipótese, assim reduzida em sua amplitude e alcance.

# CAPÍTULO XX
## A Ordem Tchao Mou

Nesta análise do sistema de parentesco chinês seguiremos principalmente o trabalho de Han Yi Fêng[1], e adotaremos sua transcrição dos termos.

Deixando de lado alguns termos, ou certos usos dos termos que estão ligados à utilização no discurso ("referential modifiers" e "vocatives" de Fêng), é possível dizer que o sistema chinês apela para dois tipos de termos: termos elementares ("nuclear terms"), e termos determinantes ("basic modifiers").

Vimos no capítulo anterior que Granet procura reduzir os termos elementares a oito, grupados em quatro pares, a saber, pai, mãe, que se opõem a filho, filha; e irmão da mãe, irmã do pai, que se opõem a filho da irmã, filha do irmão. Acrescenta a esta lista os termos, igualmente elementares, mas não imediatamente exigidos para sua demonstração, que distinguem a geração do indivíduo em mais velhos e mais moços. Kroeber[2], comentando o estudo de Chen e Shryock sobre o mesmo assunto[3], conserva vinte e dois ou vinte e cinco termos, que considera elementares. Fêng apresenta vinte de três que são:

*tsu*    pai do pai, ascendente;

*sun*    filho do filho, descendente;

*fu*    pai, homem da geração anterior à do indivíduo;

---

**1.** The Chinese Kinship System. *Harvard Journal of Asiatic Studies*, vol. 2, n. 2, 1937. Devemos desculpar-nos diante dos sinólogos pelo emprego, que fazemos neste capítulo e nos seguintes, de transcrições pouco conformes com as tradições de Escola Francesa. Mas, em um trabalho de sociologia comparada, não estávamos obrigado a considerar o problema da transcrição dos nomes e termos indígenas em conjunto, dando-lhe, em todos os lugares, a solução que nos parecia ao mesmo tempo mais simples e mais de acordo com o uso dos etnólogos. É sabido que estes procuram, tanto quanto possível, adaptar-se à transcrição da testemunha. Assim, a etnologia, e mesmo a linguística americanas, mantêm-se fiéis a denominação tais como *Iroquois Sioux Huron*, etc. que são transcrições francesas, de pequeno valor fonético, mas que são as dos primeiros observadores. O uso internacional consagra igualmente a transcrição *Chukchee* (que só se explica relativamente ao inglês), porque é de Bogoras, nossa melhor autoridade sobre este grupo e a transcrição *Gilyak* devida a um observador russo. Os exemplos poderiam ser multiplicados. No caso das transcrições chinesas, nossa posição era tanto mais delicada quanto, apelando sobretudo para autores chineses que escolheram deliberadamente exprimir-se em inglês, e utilizar transcrições inglesas, qualquer alteração nos apareceria como injustificável liberdade com relação aos informadores indígenas (no caso, eminentes sábios), e contrária à melhor tradição etnológica. Todas as vezes que recorremos simultaneamente a fontes que utilizam transcrições diferentes, procuramos dar, entre parênteses, as principais equivalências.

**2.** Process in the Chinese Kinship System. *American Anthropologist*, vol. 35, 1933.

**3.** *American Anthropologist*, vol. 34, 1932.

| | |
|---|---|
| *tzüg* | filho, homem da geração posterior à do indivíduo; |
| *mu* | mãe, mulher da geração anterior à do indivíduo; |
| *nü* | filha, mulher da geração posterior à do indivíduo; |
| *hsiung* | irmão mais velho, pessoa mais velha na geração do indivíduo; |
| *ti* | irmão mais moço, pessoa mais moça na geração do indivíduo; |
| *tzŭ* | irmã mais velha, pessoa mais velha da geração do indivíduo (≠ tzŭ = *filho);* |
| *mei* | irmã mais moça, pessoa mais moça da geração do indivíduo; |
| *po* | irmão mais velho do pai, mais velho; irmão mais velho do marido; |
| *shu* | irmão mais moço do pai, pessoa mais moça; irmão mais moço do marido; |
| *chih* | filho do irmão, descendente de colateral; |
| *shêng* | filho da irmã, descendente de colateral; |
| *ku* | irmã do pai e pessoas equivalentes; irmã do marido; |
| *chiu* | irmão da mãe e pessoas equivalentes; irmão da mulher; |
| *i* | irmã da mãe e pessoas equivalentes; irmã da mulher e equivalentes; |
| *yo* | parentes da mulher e equivalentes (termo não incluído na lista de Kroeber, que o trata como determinante); |
| *hsü* | marido da filha; marido; |
| *fu* | meu marido; marido; |
| *ch'i* | minha mulher, mulher; |
| *sao* | mulher do irmão mais velho e equivalentes; |
| *fu* | mulher do filho; mulher. |

Todos os autores estão de acordo em reconhecer, nestes termos elementares, os vestígios de um sistema arcaico de tipo frequentemente encontrado nas populações primitivas do mundo inteiro, e caracterizado por várias distinções, por exemplo, entre mais velhos e mais moços na mesma geração (conservada somente para a geração do indivíduo), entre linha direta e linha colateral, e, no interior desta, entre maternos e paternos, finalmente, levando em consideração o sexo do parente por intermédio do qual se estabelece o vínculo expresso[4]. A grande probabilidade de um antigo casamento entre primos cruzados é também sugerida por esta nomenclatura, conforme indicamos no capítulo anterior.

A originalidade do sistema chinês provém do fato de em lugar de ter abandonado ou transformado esta nomenclatura primitiva, tê-la conservado e integrado num sistema mais exato e mais complexo, formado pela introdução dos determinantes. Os dezessete determinantes conservados por Kroeber são reduzidos a dez por Fêng:

| | |
|---|---|
| *kao* | alto, venerado (qualificativo da quarta geração ascendente); |
| *tsêng* | acrescentado, aumentado (terceira geração ascendente e descendente); |

---

**4.** KROEBER, A.L., p. 151-152 e 155. • FÊNG, H.Y., p. 168-170.

| | |
|---|---|
| *hsüan* | longínquo (quarta geração descendente); |
| *t'ang* | vestíbulo (colaterais em linha paterna); |
| *ts'ung* | seguinte (mesmo sentido do anterior, porém mais geral e mais arcaico); |
| *tsai-ts'ung* | que segue uma segunda vez (terceira linhagem colateral); |
| *tsu* | clã, tribo (quarta linhagem colateral e além); |
| *piao* | fora, externo (descendência da irmã do pai, do irmão da mãe e da irmã da mãe); |
| *nei* | interior, interno; mulher (descendência do irmão da mulher e dos primos paternos do irmão da mulher); |
| *wai* | fora (qualificativos recíprocos entre parentes da mãe e filhos da filha). |

Os termos elementares e os determinantes uma vez dados, basta compô-los entre si para definir com plena exatidão e precisão desejáveis qualquer grau de parentesco. Os termos elementares fornecem uma estrutura fundamental, exceto para os termos que se referem aos pais e aos filhos, e ao marido e à mulher, que são utilizados para indicar o sexo (*fu* 父 *mu*, *tzŭ*, *nü*; et *fu* 夫, *fu* 婦 *hsi*, *hsü*)[5]. Os determinantes da colateralidade e da descendência são colocados como prefixos do termo elementar, os determinantes do sexo são colocados como sufixos. A escolha do termo elementar é feita primeiramente em função da geração, e em seguida em função da descendência.

Fêng dá o exemplo da formação do termo que designa "o filho da filha do filho da irmã do pai do pai", caso difícil, porque implica a mudança da descendência da linha feminina para a linha masculina, com ulterior retorno à linha feminina. Do ponto de vista da geração, o indivíduo designado pertence à geração do filho. Logo, o termo elementar não pode ser senão *chih* ou *wai shêng*. Mas, como a relação mais próxima com o sujeito é estabelecida por intermédio de uma mulher da mesma geração, *chih* deve ser eliminado, e o único termo possível que resta é *wai shêng*. Por outro lado, a relação expressa é consanguínea, embora não clânica, e a descendência é feita partindo da irmã do pai do pai, equiparável à irmã do pai. É preciso, pois, acrescentar os determinantes *ku* e *piao*. Finalmente, o determinante *t'ang* indica que se trata da terceira linhagem colateral externa e, portanto, em definitivo, o termo completo é: *t'ang ku piao wai shêng*. Caso se tratasse de um indivíduo do sexo feminino seria preciso acrescentar *nü*; tratando-se de uma mulher aliada pelo casamento, *fu* em lugar de *nü*, e de um homem aliado por casamento, *hsü* em lugar de *fu*[6]. O leitor poderá consultar Fêng[7] e Kroeber para encontrar ilustrações detalhadas do mesmo princípio.

Conforme se vê, é difícil definir o sistema chinês com relação à tipologia tradicional. Já Morgan hesitava entre as formas por ele designadas como "malásia" e "turaniana"[8]. Kroeber julga que o sistema chinês resulta da combinação entre um sistema

---

**5.** FÊNG, H.Y., p. 151, n. 23. • KROEBER, A.L., p. 153.

**6.** FÊNG, H.Y., p. 151-153.

**7.** Id., p. 153-154.

**8.** MORGAN, L.H. Systems of Consanguinity and Affinity of the Human Family. *Smithsonian Contributions to Knowledge*, n. 218. Washington, 1871, p. 431.

"classificatório" e um sistema "descritivo", que teria sido posteriormente sobreposto ao primeiro. Fêng, finalmente, proclama a originalidade do sistema. "É preciso compreendê-lo à luz de seus próprios princípios morfológicos e de seu próprio desenvolvimento histórico"[9]. Embora dificilmente se possa negar a Kroeber o caráter originariamente "classificatório" do sistema reduzido aos termos elementares, devemos contudo indagar, de acordo com Fêng, em que consiste a originalidade da evolução que conduziu ao sistema atual. Conforme diz muito bem aquele autor, "a estrutura arquitetônica do sistema chinês funda-se em um duplo princípio, a diferenciação em linha direta e colateral, de um lado, e a estratificação das gerações, de outro. A primeira linha de segmentação é vertical, a segunda, horizontal. Graças à interação desses dois princípios cada parente recebe um lugar fixo na estrutura do sistema global"[10]. Granet emprega quase exatamente os mesmos termos. "Todo próximo é designado por (uma palavra ou) uma expressão que assinala o lugar por ele ocupado no quadro, isto é, na maioria das vezes por um *binômio* que lembra as duas *coordenadas* que determinam este lugar, a saber, a *geração* (andar, horizontal) e a *linhagem* (coluna, vertical)"[11]. Um fato notável, ao qual teremos de voltar, é que esta descrição – que se superpõe tão exatamente à fórmula de Fêng – aplica-se em Granet não ao sistema de parentesco propriamente dito, mas ao quadro dos graus de luto.

Kroeber insistiu longamente sobre a riqueza e a exatidão do sistema. Não está longe de considerá-lo como o mais perfeito que alguma vez saiu da imaginação dos homens. Lembrando que Chen e Shryock citam duzentos e setenta termos, e que esta lista poderia ser consideravelmente alongada pela aplicação dos mesmos elementos a novas combinações, acrescenta: "Sem dúvida, nem todos estes termos são de uso corrente, mas todos, ao que parece, poderiam ser facilmente compreendidos. Seria ir demasiado longe dizer que a aparelhagem terminológica chinesa deve permitir a determinação inequívoca de toda variação concebível de parentesco até o sétimo ou oitavo grau. Mas define certamente uma fração muito mais vasta das possibilidades totais do que qualquer sistema europeu"[12]. Morgan tinha igualmente observado que "o sistema chinês teve êxito na difícil tarefa de manter um sistema de classificação que confunde as distinções naturais entre as relações consanguíneas: embora distinguindo estas relações umas das outras de maneira nítida e precisa"[13].

Com efeito, o sistema chinês, que permite exprimir com uma precisão quase matemática qualquer situação de parentesco, tem a aparência de um *sistema superdeterminado*. Kroeber compreendeu bem que a este respeito é aos sistemas europeus, de tendência tão marcada à *indeterminação*, que convém opô-lo: "Nossa situação é a de um povo cujo sistema numérico é tão defeituoso que, quando tem necessidade de somar ou multiplicar valores superiores a dez, vê-se reduzido a manipular um ábaco".

---

9. FÊNG, H.Y. Op. cit.. p. 269.

10. Id., p 160.

11. GRANET, M. Op. cit., p. 32.

12. KROEBER, A.L. Op. cit., p. 156.

13. MORGAN, L.H. Op. cit., p. 413.

O sistema chinês, ao contrário, é "ao mesmo tempo inclusivo e exato". Os chineses "elaboraram um sistema rico, enquanto o nosso foi deliberadamente empobrecido"[14]. Esta *superdeterminação* do sistema chinês merece que o examinemos atentamente a fim de compreender a natureza e a origem dele.

O caráter racional do sistema foi demonstrado por um fato curioso. Quando Davis e Warner dispuseram-se a elaborar um sistema de fórmulas universal, permitindo exprimir em linguagem comum todos os sistemas de parentesco, recriaram pura e simplesmente o sistema chinês, ou um equivalente. Encontramos principalmente entre eles os dois eixos de coordenadas e a definição da relação considerada por uma composição, teoricamente ilimitada, de termos elementares ou determinantes[15]. Criticamos em outro lugar este engenhoso empreendimento, que confunde, como dizem os filósofos, "razão raciocinante" e "razão raciocinada". Assim como a gramática tradicional é incapaz de traduzir de maneira perfeitamente apropriada as operações da linguagem, assim como a lógica aristotélica não permite compreender o funcionamento real do pensamento, do mesmo modo o sistema conceitual de Warner e Davis não é capaz de nos fazer apreender a estrutura do parentesco[16]. Não deixa de ser verdade, porém, que, como Aristóteles ou os gramáticos, um povo (ou, mais provavelmente, uma elite de letrados), empreendeu, em um domínio novo, a mesma tarefa de dar forma analítica a um certo tipo de dados. A própria perfeição do sistema chinês e seu caráter artificial bastam para indicar que não é, nem pode ser, o termo final de uma evolução espontânea e inconsciente. Tudo nele proclama que se trata de um *sistema promulgado*. Foi fabricado, e fabricado com determinada intenção.

Granet e Fêng puseram igualmente em evidência o fato de serem as obras rituais, os *Li*, que contêm as mais ricas informações sobre o sistema de parentesco. "Estas obras rituais constituem importantes fontes para o estudo funcional do sistema de parentesco chinês, porque descrevem o parentesco em ação. Assim, o *I Li* e o *Li Ki*, obras da segunda metade do primeiro milênio antes de nossa era, estudam o parentesco *in extenso*, principalmente a propósito dos ritos de luto, do culto dos antepassados e de outros aspectos do ritual. Em todas as obras posteriores sobre o ritual [...] o parentesco constitui o tema fundamental da discussão"[17]. Existe, portanto, uma relação entre sistema de luto e sistema de parentesco. Granet, que começa seu estudo pela análise da teoria chinesa dos graus de luto, parece passar do sistema de luto ao sistema de parentesco[18]. O primeiro desses sistemas, diz ele, "é muito antigo". É da análise dos graus de luto que tira os caracteres fundamentais atribuídos ao sistema de parentesco arcaico, a saber, distinção dos próximos internos e dos próximos externos, no-

---

14. KROEBER, A.L. Op. cit., p. 156-157.
15. DAVIS, K. & WARNER, W.L. Structural Analysis of Kinshp. *American Anthropologist*, vol. 17, 1935.
16. LÉVI-STRAUSS, C. *L'Analyse structurale...*, op. cit.
17. FÊNG, H.Y., p. 145.
18. *Catégories*, op. cit., p. 22ss.

ção de categoria predominando sobre a de grau, importância da geração, igual, quando não superior, à da filiação[19]. Tudo se passa, pois, como se Granet inferisse dos caracteres do sistema mais antigo documentado na literatura (o sistema do luto), os caracteres idênticos de um sistema ainda antigo, porque não documentado (o sistema de parentesco). Ora, os fatos e o excelente comentário que Fêng propôs para eles parecem sugerir uma concepção inteiramente diferente da relação entre os dois sistemas.

O sistema do luto, observa, funda-se na distinção clânica (próximos internos e próximos externos), e na diferenciação dos graus de parentesco. A obrigação de luto pelos parentes clânicos (internos) desaparece depois da quarta linhagem colateral e depois da quarta geração ascendente ou descendente contada a partir do indivíduo. "Há, por conseguinte, no sistema de parentesco uma acentuada distinção entre as quatro primeiras linhagens colaterais e uma confusão de todos os colaterais mais afastados na mesma relação de parentesco, a saber, *tsu*"[20]. Correspondendo a estas cinco distinções, encontramos cinco "graus de luto": três anos, um ano, nove meses, cinco meses e três meses. Mais exatamente, existe uma *unidade de luto* que é de um ano, sendo os períodos mais longos um "luto aumentado", e os períodos mais curtos um "luto diminuído". O luto começa a partir dos parentes mais próximos, que recebem três *chi*, ou unidades. O luto de base, pelo pai, é de um ano, pelo avô, de nove meses, pelo bisavô, de cinco meses e pelo trisavô de três meses. Em ordem descendente temos: um ano pelo filho, nove meses pelo neto, cinco meses pelo bisneto e três meses pelo filho deste último. O luto do irmão dura um ano, o do filho do irmão do pai, nove meses, o do filho do filho do irmão do pai do pai, cinco meses, e o do filho do filho do filho do irmão do pai do pai do pai, três meses. A estas três hierarquias decrescentes correspondem os termos *shang shai* (decréscimo ascendente), *hsia shai* (decréscimo descendente) e *p'ang shai* (decréscimo horizontal). Todos os parentes não clânicos, qualquer que seja o grau de proximidade, recebem três meses, com eventual acréscimo (cinco meses para a irmã da mãe, e três meses somente para o irmão da mãe).

Este sistema apresenta dois traços notáveis. Transforma diferenças qualitativas de formas de parentesco em diferenças quantitativas de grau do luto, e para proceder assim reduz a um denominador comum graus de afastamento que se exprimem ora na ordem das gerações, ora na ordem das linhagens colaterais. A estreita correspondência que existe a este respeito entre o sistema do luto e o sistema do parentesco torna-se manifesta pela comparação dos diagramas que tomamos de Fêng[21] (Figuras 59-60). Dos dois diagramas é evidentemente o primeiro que oferece a imagem mais racional e satisfatória. É, portanto, no sistema do luto que se deve procurar a razão da aparência lógica do sistema de parentesco.

Fêng compreendeu perfeitamente o fato. "É possível que tenham existido no tempo dos Chou graus de luto mais simples, mas a elaboração deles começou somente nas mãos dos confucionistas. Empregando a família e o clã como bases de sua es-

---

**19.** Id., p. 37.

**20.** FÊNG, H.Y. Op. cit.

**21.** Diagramas III e IV (p. 166 e 182) de Fêng, op. cit.

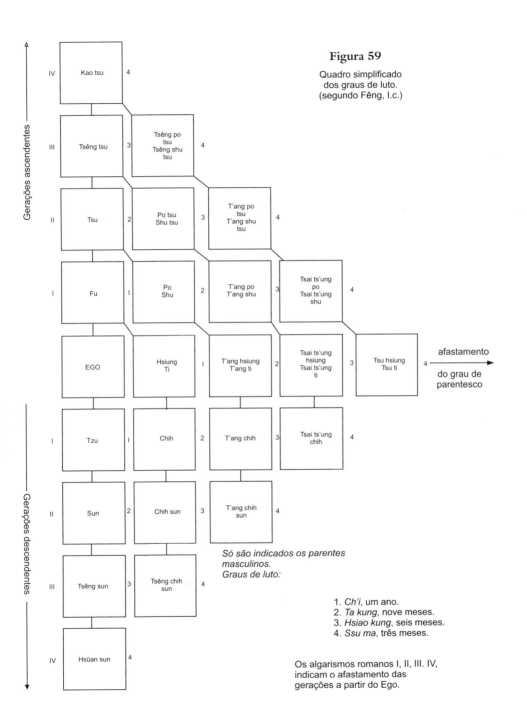

## Figura 60

*Representação diagramática do sistema de parentesco chinês. (segundo Fêng, l.c.)*

*Os quadrados em traço grosso assinalam o grupo "nuclear" dos parentes. Os termos em caracteres finos designam parentes cujos ascendentes não figuram na geração seguinte. Assim, os filhos de nü são wai sun e wai sun nü, mas não aparecem no quadrado seguinte. Os algarismos romanos indicam a ordem ascendente ou descendente das gerações.*

| Geração | Linha masculina (pelos homens) | | | | Linha direta | Linha feminina (pelos homens) | | | |
|---|---|---|---|---|---|---|---|---|---|
| | 4 linhagem colateral | 3º 3 lignée collotérole | 2 linhagem colateral | 1 linhagem colateral | | 1 linhagem colateral | 2 linhagem colateral | 3 linhagem colateral | 4 linhagem colateral |
| IV | | | | | Kao tsu fu, Kao tsu mu, | | | | |
| III | | | | Tsêng po tsu fu, Tsêng shu tsu mu | Tsêng tsu fu, Tsêng tsu mu, | Tsêng tsu ku fu, Tsêng tsu ku mu, | | | |
| II | | | T'ang po tsu fu, T'ang shu tsu fu, T'ang ku tsu mu | Po tsu fu, Po tsu mu, Shu tsu fu, Shu tsu mu, | Tsu fu, Tsu mu, | Ku tsu fu, Ku tsu mu, | Piao tsu fu, Piao tsu mu, | | |
| I | | Tsai ts'ung po fu, tsai ts'ung shu fu, Tsai ts'ung ku mu. | T'ang po fu, T'ang shu fu, T'ang ku mu. | Po fu, Po mu, Shu fu, Shu mu, | Fu, Mu, | Ku fu, Ku mu, | Piao po fu, Piao shu fu, Piao ku mu. | T'ang piao po fu, T'ang piao shu fu, T'ang piao ku mu, | |
| (EGO) | Tsu hsiung, Tsu ti, Tsu tzu, Tsu mei. | Tsai ts'ung hsiung, ti, Tsai ts'ung tzu, mei. | T'ang hsiung, T'ang ti, T'ang tzu, T'ang mei. | Hsiung, Sao, Ti, Ti fu, | EGO | Tzu, Tzu fu, Mei, Mei fu, | Piao hsiung, Piao ti, Piao tzu, Piao mei. | T'ang piao hsiung, ti, T'ang Piao tzu, mei | Tsai ts'ung piao hsiung, ti, Tsai ts'ung piao tzu, mei, |
| I | | Tsai ts'ung chih, Tsoi ts'ung chih nu. | T'ang chih, T'ang chih nu. | Chih, Chih nu. | Tzu, Nü. | Wai shêng, Wai shêng nu | Piao chih, Pioo shih nu | T'ang piao chih, T'ang pioo chih nu. | |
| II | | | T'ang chih sun, T'ang chih sun nu. | Shih sun, Chih sun nu | Sun, Sun nu | Wai shêng sun, | Piao chin sun, | | |
| III | | | | Tsêng chih sun, Tsêng chih sun nu. | Tsêng sun, Tsêng sun nu, | Wai shêng tsêng sun, | | | |
| IV | | | | | Hsüan sun, Hsüan sun nu, | | | | |

trutura ideológica, os letrados elaboraram o sistema do luto com o fim de manter a solidariedade clânica. Ao longo deste trabalho de elaboração do sistema do luto foi preciso "estandardizar" sua base, o sistema de parentesco, porque os ritos de luto cuidadosamente padronizados exigem uma nomenclatura de parentesco altamente diferenciada, sob pena de provocar a mais deplorável incoerência"[22]. Fêng encontra a prova de que as coisas devem realmente ter ocorrido desta maneira na comparação entre a nomenclatura antiga do *Ehr Ya* e a nomenclatura, mais recente, do *I Li*. É mais difícil estabelecer a correspondência entre a nomenclatura do *Ehr Ya* e o sistema do luto, porque esta nomenclatura é "inconsequente e mal diferenciada". O *I Li* "representa um sistema mais tardio, porém já racionalizado e transformado para concordar com o sistema do luto". À luz das observações anteriores, o caráter artificial do sistema de parentesco chinês fica esclarecido. O sistema *analítico* de parentesco é realmente função de um sistema *quantitativo* do luto. Qualquer que tenha sido o sistema de parentesco arcaico, aquele que temos diante de nós, a partir do *Ehr Ya* e do *I Li*, representa uma elaboração metódica e o resultado de um esforço de racionalização.

Esta discussão permite dissipar uma confusão de Granet. É a teoria do luto que explica a rigorosa estratificação em gerações, característica do sistema de parentesco. Ora, Granet considera que o sistema do luto permite ver através dele um sistema de parentesco arcaico, enquanto que o sistema de parentesco, tal como se encontra no *Ehr Ya* e no *I Li*, apareceu-nos como resultado do sistema do luto, e não como origem deste. Ao adotar a concepção inversa, Granet transpôs para o sistema de parentesco hipotético do período arcaico um traço – a estratificação em gerações – que na realidade depende do sistema de luto e só pode ser compreendido por meio deste, um ano para o pai, nove meses para o avô, cinco meses para o bisavô, etc. Na verdade, é preciso esperar o Código dos T'ang (aproximadamente no ano 600 de nossa era) para encontrar artigos que proíbem categoricamente o casamento entre parentes de gerações diferentes[23]. Isto aconteceu, pois, porque a proibição não era tão rigorosamente aplicada. Mas impôs-se com força crescente à medida que os ritos funerários se desenvolviam e vulgarizavam, até chegarem ao apogeu na época dos T'ang[24]. Ao projetar o princípio do paralelismo no período arcaico, Granet foi vítima de uma miragem histórica. A estratificação em gerações não deve ser colocada aquém do período de Confúcio, mas além. Não antes, mas depois.

Já insistimos no fato de um sistema do tipo Kariera, tal como Granet imaginou para explicar as origens da família chinesa, não ser de modo algum, segundo acreditou, o mais simples que possa existir ou conceber-se. Com efeito, é possível explicar tudo quanto no *Ehr Ya* aparece como sobrevivência do casamento entre primos cruzados pela hipótese, frequentemente formulada por Granet, das comunidades chinesas primitivas serem divididas em duas metades exogâmicas, o que não constitui, de

---

22. Ibid., p. 181.
23. FÊNG, H.Y., p. 165. M.J. Escarra assinala-nos, contudo, que textos legislativos que datam da época dos Han já contêm esta proibição.
24. Id., p. 181.

*maneira alguma* (ao contrário do que Granet acreditou), um sistema Kariera. Isto não quer dizer que estejamos de acordo com Hsu[25]. quando, por excessivo farisaísmo intelectual, este último autor trata de "pura hipótese" o testemunho de Radcliffe-Brown. O sociólogo inglês considera muito provável a existência antiga do casamento entre primos cruzados bilaterais "ligando dois clãs de uma mesma aldeia, ou duas aldeias pertencentes cada qual a um único clã", conforme ainda hoje se pratica no Shansi e no Honan. Vê-se, pois, como uma reforma racionalista, trabalhando com um sistema deste tipo ou um sistema análogo por base, em certo momento pôde dar-lhe a aparência de um pseudossistema Kariera, que representa na Austrália uma transformação análoga. Mas não pelas mesmas razões. Na Austrália houve a superposição da dicotomia matrilinear a uma dicotomia patrilinear[26]. Na China, a menos que admitamos uma transformação análoga, mas inversa, que tem o aspecto de puro postulado, é a estratificação das gerações que se apresenta como a causa – e não o resultado – da passagem a um tipo mais complexo.

Certas observações de Fêng indicam que a reforma confuciana tenha se chocado com o casamento entre primos cruzados bilaterais, e tenha sido obrigada, afinal de contas, a lhe conceder um lugar. "No plano teórico e ritual (este tipo de casamento) foi condenado desde o começo do primeiro século de nossa era. Entretanto, a proibição legal veio tardiamente, pois a primeira cláusula precisa de proibição apareceu somente no Código dos Ming. E como a aplicação da lei devia tornar-se difícil, o Código dos Ch'ing praticamente aboliu-a por uma cláusula que se segue imediatamente à proibição, e que autoriza este tipo de casamento"[27]. Os textos exatos são: "Um homem não pode casar-se com as filhas de sua tia paterna, ou de seu tio ou tia maternos, porque, embora pertencentes à mesma geração, estão nos limites do quinto grau de luto [...] No interesse do povo é permitido casar-se com os filhos de uma tia paterna ou de um tio ou tia maternos"[28]. Fêng nega o uso corrente do casamento entre primos cruzados na China moderna e sua sobrevivência na nomenclatura moderna[29], mas nem por isso deixa de considerar que o *Ehr Ya* e o *I Li* oferecem provas inequívocas do antigo uso, a saber, a ambivalência dos termos *chiu*, *ku* e *shêng* estabelece indubitavelmente, para ele como para Granet e Kroeber, "o casamento bilateral entre primos cruzados com troca das irmãs"[30].

Um traço essencial do sistema de luto sugere, contudo, uma conexão com formas muito arcaicas de organização da família. É a regra que limita o luto à quarta geração ascendente ou descendente, ou à quarta linhagem colateral. Granet observa que há documentos antigos que indicam uma época na qual a exogamia de clã limitava-se à

---

**25.** LAN-KWANG HSU, F. Concerning the Question of Matrimonial Categories and Kinship Relationship in Ancient China. *Tien Hsi Monthly*, vol. 11, n. 3-4, 1940-1941, p. 357, n. 22.

**26.** Cf. cap. XI.

**27.** FÊNG, H.Y. Op. cit.

**28.** Ibid., p. 184, n. 41.

**29.** Contra Chen e Shryock, Fêng, p. 184, n. 43.

**30.** Id., p. 185.

quinta geração. Segundo, o *T'ai p'ing yü lan*, com efeito, foi nas épocas Hsia e Shang (aproximadamente 1700-1100 antes da era cristã) que este limite – cujo princípio encontraremos em sistemas periféricos[31] – aparece. "A instituição da exogamia clânica estrita é tradicionalmente atribuída a Chou Kung (aproximadamente 1100 antes da era cristã), que a teria instaurado com o fim de manter a solidariedade clânica. Entretanto, há numerosas provas de que, mesmo durante a época dos Chou, esta proibição não era nem universal, nem rigorosamente sancionada. Foi somente depois do reforço do sistema feudal e da transformação da organização clânica que a exogamia de clã se impôs de maneira absoluta. Desde o meio do primeiro milênio antes da era cristã até os tempos atuais, esta regra foi vigorosamente sancionada pela lei"[32]. Por outro lado, Creel, citado por Hsu[33], sugere que se desconhecemos tudo a respeito da organização da família antes dos Shang, por outro lado parece que Chang e Chou representam culturas inteiramente diferentes[34]. A família agnática (*chung fa*) não existe entre os Shang, pois o irmão sucedia ao irmão, os membros da geração do pai eram todos "pais", e os da geração do avô eram todos "avós" (*chu*). A família agnática aparece assim subitamente com os Chou. Talvez seja preciso estabelecer uma relação entre estas indicações e a observação de Creel[35]. segundo a qual o grupamento por cinco, tão frequente no período Chou tardio, falta completamente na literatura mais antiga.

Tudo isto levanta problemas. Conforme vimos, o sistema chinês evoluiu, segundo Granet, a partir da estrita regulamentação clânica, que dava lugar a uma liberdade progressivamente estabelecida pela passagem à família agnática. Os fatos históricos sugerem realmente uma passagem (não progressiva, mas brusca) à família agnática, mas também a substituição da liberdade relativa por uma rigorosa regulamentação. Não se vê jamais claramente, na obra de Granet, a que período se aplica a sequência *sistema de quatro classes – sistema de oito classes – época moderna*. Se esta sequência é contínua, não corresponde aos fatos. Por outro lado, a regra das cinco gerações deve aparecer em conexão com o sistema de oito classes, e por conseguinte este deveria ser contemporâneo dos períodos Hsia e Shang, ou mesmo anterior, o que lançaria o sistema de quatro classes em um passado fabuloso, do qual os próprios Hsia ainda fazem parte[36]. Seria preciso, portanto, admitir primeiramente uma sequência de *quatro classes – oito classes – liberdade relativa* (com o limite das cinco gerações) – *retorno à exogamia de clã rigorosa* (por influência da reforma de Confúcio) – e *evolução direta para o regime moderno de liberdade*, o que constitui um quadro infinitamente mais complexo que o postulado por Granet. Seria preciso, em seguida, aceitar a hipótese que o sistema do *Ehr Ya* e do *I Li*

---

31. Cf. cap. XXIII.

32. FÊNG, H.Y., p. 175.

33. HSU, F.L.K. Op. cit., p. 360.

34. Cf. CREEL, H.G. Studies in Early Chinese Culture, Irst Series. *American Council of Learned Societies. Studies in Chinese and Related Civilizations*, n. 3. Baltimore, 1937.

35. Id., op. cit., p. 97, n. 2. O Rei Shang oferece o sacrifício a "seus múltiplos pais", o que sugere a identificação de todos os homens da linhagem com a geração do pai (CREEL, H.G. *The Birth of China*. Nova York, 1937, p. 128).

36. Id., op. cit.

comprovam uma evolução que teria se produzido vários milênios antes destas obras terem sido escritas, e que estágios diferentes desta evolução – separados por intervalos de tempo muito consideráveis – tenha perdurado nessas obras, em forma de vestígios e se apresentem nelas no mesmo plano. É verdade que Fêng considera que "é muito duvidoso que os Hsia e os Yin tenham praticado a exogamia em qualquer forma"[37]. Mas esta ressalva só faz aumentar a obscuridade do quadro.

Para coroar esta situação desencorajadora é preciso introduzir a questão da ordem *tchao mou*, que, segundo Granet, teria conservado até a época moderna o traço do sistema das oito classes e das cinco gerações, sobrevivência verdadeiramente extraordinária, e que constituiria, por si só, um enigma. Nos templos senhoriais dos antepassados da China feudal, as tabuinhas que representam os antepassados agnáticos devem ser dispostas em duas colunas verticais, uma delas chamada *tchao* e a outra *mou*. Em caso algum, os parentes próximos pertencentes a duas gerações consecutivas não podem ser colocados na mesma coluna. Se o pai é *tchao*, o filho deve ser *mou*. Algumas famílias nobres não podem conservar senão as tabuinhas dos antepassados das duas gerações mais recentes, uma *tchao* e a outra *mou*. Mas nas famílias senhoriais, as colunas *tchao* e *mou* subdividem-se em dois andares. Este desenvolvimento representa, contudo, um limite. As tabuinhas dos antepassados mais antigos que o trisavô devem ser colocadas e confundidas em um cofre de pedra, junto do fundador da casa senhorial.

Todas as tabuinhas dos ascendentes agnáticos devem ser, em princípio, acompanhadas das tabuinhas de suas mulheres. Se, por outro lado, a tabuinha de um parente próximo não pode figurar no andar reservado à sua geração, deve ser colocada no andar da geração, não dos pais, mas dos avós[38].

| trisavô avô bisavô pai | trisaïeul grd-père | bisaïeul père | Figura 61 |
| --- | --- | --- | --- |

Granet interpreta estas regras da maneira seguinte: a ordem *tchao mou* traduz, primeiramente, a oposição fundamental entre membros de duas gerações consecutivas, que devem ser obrigatoriamente uma *tchao* e a outra *mou*. Por outro lado, parece implicar uma oposição secundária entre avô e neto, que figuram na mesma *coluna*, mas em um *andar* diferente. Uma simples dicotomia matrilinear entrelaçada com uma dicotomia patrilinear (ou o contrário) explicaria a oposição fundamental. Mas para explicar a oposição secundária é preciso invocar uma nova dicotomia, que coincide, confirmando-o, com o sistema de quatro classes resultante da fórmula precedente e o transforma em um sistema de oito classes. Em tal sistema, com efeito, conforme vimos antes, uma linhagem patrilinear distribui-se entre as quatro subsecções matrilineares da mesma

---

**37.** FÊNG, H.Y. Op. cit., p. 175, n. 14.
**38.** GRANET, M. *Categories*, p. 3-5.

metade patrilinear, e é somente o filho do filho do filho do filho do filho que reproduz, no que se refere à metade e à subsecção, o pai do pai do pai do pai. Assim se explicariam os dois caracteres da ordem *tchao mou*, e o limite colocado depois do trisavô. Com o trisavô, com efeito, termina o ciclo linear. O antepassado seguinte renova-se no chefe do culto. Este se casa na mesma subsecção e na mesma metade que o antepassado que reproduz. Assim, é possível dizer, conforme faz a antiga literatura, que existe um regime onde a regra de exogamia desaparece depois da quinta geração.

As regras do luto, o culto dos antepassados e o sistema de parentesco convergem, pois, para a hipótese do sistema de oito classes, que explica todas as suas particularidades. B. Seligman orienta-se para a mesma conclusão quando declara: "É um fato significativo que os termos antigos que servem para designar os aliados, descritivos na terminologia moderna, sejam típicos de um sistema classificatório com casamento dos primos cruzados. Quando nos lembramos também que, no sistema antigo, o casamento no interior do clã era autorizado depois da quinta geração (inclusive), e que ainda na época atual a obrigação do luto pelos ascendentes e descendentes extingue-se na quinta geração, e que um novo ciclo de luto recomeça, somos então levados a reconhecer mais do que um simples valor de probabilidade na hipótese de um antigo sistema de classes com gerações alternadas, do tipo existente na Austrália"[39]. Está aí um esboço de toda a teoria de Granet.

Este último funda-se em outros argumentos, tomados da nomenclatura do parentesco. Já os encontramos. Referem-se à distinção dos aliados em *houen* e em *yin*, e à especialização, respectivamente masculina e feminina, dos pares recíprocos *kieou* e *cheng*, *kou* e *tche* (transcrição de Fêng: *chiu* e *shêng*, *ku* e *chih*). Além disso, *kieou* aplica-se não somente ao irmão da mãe/pai da mulher, mas ao cunhado *houen* (irmão da mulher). E, simetricamente, *cheng* designa, além do filho da irmã/esposo da filha, o cunhado *yin* (marido da irmã). Granet e Fêng[40] estão de acordo em interpretar esta extensão como um caso de tecnonímia, problema que será discutido no capítulo seguinte. Mas Granet encontra aí também uma sobrevivência do casamento com a filha do irmão da mãe, e a este respeito são necessárias algumas observações. Se considerarmos primeiramente *kieou-chiu*, a extensão deste termo ao irmão da mulher aparece, pela primeira vez, no *Hsin T'ang Shu*, obra do século XI dC[41], isto é, de uma época na qual a existência do suposto sistema de oito classes está fora de questão (mas talvez não do casamento com a filha do irmão da mãe, que é ainda praticado atualmente no Yunnan, como Hsu teve de reconhecer mais tarde). *Cheng/shêng* aparecem no *Ehr Ya* com o tríplice sentido de marido da filha, filho da irmã e marido da irmã, mas, segundo Fêng, o termo designa também, nessa época, o irmão da mulher, o filho da irmã do pai, e o filho do irmão da mãe, o que só se explica como sobrevivência do casamento entre primos cruzados bilaterais[42]. Por conseguinte, a simetria postulada por

---

**39.** SELIGMAN, B. Comple rendu de Fêng, op. cit. *American Anthropologist*, vol. 41, 1939.

**40.** GRANET, M. Op. cit., p. 210. • FÊNG, H.Y. Op. cit., p. 194ss.; Teknonymy as a Formative Factor in the Chinese Kinship System. *American Anthropologist*, vol. 38, 1936.

**41.** FÊNG, H.Y. Op. cit., p. 195-196. • HSU, F.L.K. Op. cit., p. 263.

**42.** Id., p. 190.

Granet não parece rigorosa. Os termos têm uma conotação mais ampla do que a invocada por ele e, além disso, a simetria só aparece com dez ou doze séculos de afastamento. Seria preciso, finalmente, explicar da mesma maneira o único outro caso em que, no *Ehr Ya*, um mesmo termo é aplicado aos membros de duas gerações consecutivas, *shu*, para irmão mais moço do pai e irmão mais moço do marido[43]. Contrariamente a Fêng, acreditamos que este uso poderia explicar-se, com todo rigor, sem apelar para a tecnonímia, na hipótese do casamento com a filha do irmão da mãe e de uma filiação matrilinear. Mas, ainda aqui, chocamo-nos com o caráter bilateral, tão vigorosamente marcado no *Ehr Ya*.

O problema da ordem *tchao mou* foi retomado em conjunto por Hsu no estudo ultimamente minucioso, porém muitas vezes estreito, que consagrou à teoria de Granet[44]. Utiliza como fontes o *Li Ki* e o *I Li*. Segundo o *Li Ki* o imperador teria sete templos, os senhores, cinco, e os dignitários, três (dois para os dignitários inferiores e um para os subalternos). Está claro, diz Hsu, que o primeiro templo é o do fundador da dinastia, mas não está claro o que representam os dois seguintes (A e B). Alguns dizem: o segundo e o terceiro imperadores, e neste caso os ocupantes seriam inamovíveis e colocados fora do ciclo *tchao mou*. Outros, entre os quais o grande comentador do período Sung, Chu Tzü, indicam a sexta e a sétima gerações, o que estaria em contradição com a hipótese do ciclo quinário proposta por Granet.

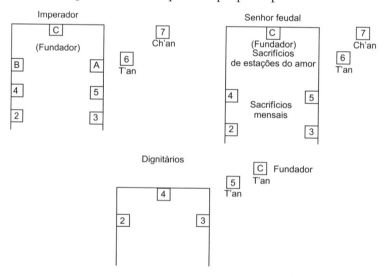

**Figura 62**
(Segundo Hsu, op. cit., p. 256-257)
*Nota:* à esquerda e à direita devem ser determinadas relativamente ao fundador.

---

43. Id., p. 190, n. 27.
44. Op. cit.; cf. também HSU, F.L.K. Compte-rendu de Granet. *Catégories. Man*, vol. 40, n. 183, 1940.

Uma obscuridade ainda maior reina a respeito do senhor feudal. O *Li Ki* declara que o trisavô recebe sacrifícios por ocasião da mudança das estações e os outros antepassados todos os meses (Figura 62). Entre os dignitários, finalmente, a ordem *tchao mou* seria violada, porque o templo número 4, que deve ser colocado no meio, não é o do fundador, mas o do bisavô, que deste modo não é "nem *tchao*, nem *mou*". Por fim, um texto do *Yi Li Yi Su* consigna o sacrifício ao tetraneto, isto é, uma geração mais abaixo do que é admitido pelo sistema de Granet. Hsu desmente mesmo a afirmação de Granet, segundo a qual as tabuinhas dos antepassados superiores à quinta geração seriam confundidas. O *Li Ki* exige que se invoquem os antepassados até a sétima geração. "Quando o senhor feudal fazia uma prece invocava o antepassado da sexta geração sobre uma plataforma construída expressamente para isso (*T'an*), e o da sétima geração em um terreno especialmente delimitado (*Ch'an*). No caso dos dignitários, o antepassado número 5 era invocado numa plataforma semelhante, e o fundador (*T'ai Chu*) recebia um sacrifício em uma outra plataforma do mesmo tipo. No caso dos dignitários inferiores, que tinham direito somente aos dois templos, é o antepassado número quatro que se invocava nessa plataforma. Portanto, nunca se tratou de duas ou de quatro gerações, em número constante e em ordem ascendente ou descendente, mas apenas do fato das diferentes classes sociais oferecerem sacrifícios a seus antepassados em função de sua categoria"[45].

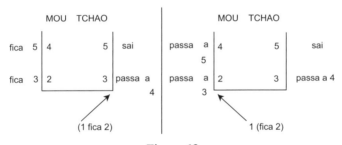

**Figura 63**

No que diz respeito à oposição permanente entre pai e filho, inferida por Granet, Hsu recusa, com razão, seguir Radcliffe-Brown, quando afirma que esta oposição e o vínculo correlativo entre neto e avô, são fenômenos "quase universais"[46]. Seria preciso acrescentar que uma oposição lógica, como a que parece resultar da ordem *tchao mou*, é coisa muito diferente da correlação afetiva em que pensa o sociólogo inglês. Hsu observa igualmente que há duas maneiras de dispor as tabuinhas quando se acrescenta uma nova geração (Figura 63). Isto é, o chefe do culto, quando morre, teoricamente pode tomar o lugar de 3 ou de 2. Na primeira hipótese 3 substitui então 5, 5 é colocado no cofre de pedra com as tabuinhas mais antigas, e a outra coluna conserva-se inalterada. "Nesta hipótese a ordem *tchao* ou *mou* de um indivíduo deter-

---

45. HSU, F.L.K., p. 256-257.
46. Id., p. 357, n. 20.

minado não varia". Na segunda hipótese, pelo contrário, 1 substitui 2, 2 substitui 3, 3 substitui 4 e 4 substitui 5. "Assim, para cada nova geração que toma lugar no culto [...] assiste-se à completa transformação da ordem *tchao* ou *mou* de cada indivíduo." Ora, *tchao* significa "grande luz" e *mou* "pequena luz". O *Li Ki* e o *I Li* estão de acordo em dizer que o primeiro termo está associado ao lado esquerdo (lugar de honra) e o segundo ao lado direito, segundo o provérbio "Tso Chao Yu Mu". É possível supor, pergunta então Hsu, que um filho possa ser *tcho* e o pai *mou*? O pai deve ser sempre *tcho* com relação ao filho, e isto basta para eliminar a primeira hipótese. Mas a segunda solução implica que *tcho* e *mou* não têm significação intrínseca, pertencendo aos indivíduos enquanto tais. São posições relativas, correspondentes a modalidades temporárias pelas quais se exprime a condição social dos antepassados. "Em outros termos, a ordem *tcho mou* nunca se referiu senão à relação entre pais e filhos"[47].

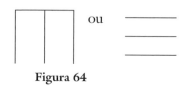

**Figura 64**

Com efeito, duas gerações consecutivas encontram-se sempre em duas colunas verticais diferentes, e na mesma fileira horizontal. Além disso, não há barreira entre as colunas, conforme indica Granet. O diagrama pode escrever-se de duas maneiras (Figura 64). Hsu prefere a segunda fórmula, uma vez que o lado esquerdo da fileira corresponde à "grande luz", ao lugar de honra, à velhice, à posição exaltada (*Chun*), e o lado direito à "pequena luz", ao segundo lugar, à juventude e à posição inferior (*Pei*). "Mas, para ocupar expressamente as posições relativas *Chun* e *Pei*, dois indivíduos devem ter uma estreita relação de parentesco. Entre uma grande luz e uma pequena luz a diferença é de grau, não de natureza. Cada fileira horizontal é uma unidade, e além disso *tcho* e *mou* não têm relação direta com a ligação entre avô e neto." Finalmente, para o dignitário, o bisavô está no centro. Será ele *tchao* ou *mou* ou as duas coisas ao mesmo tempo? A questão assim colocada é insolúvel, mas "se considerarmos o par formado por duas gerações consecutivas como uma unidade complexa, no interior da qual *tcho* e *mou* indicam somente a relação recíproca entre um pai e um filho [...] então o fato de colocar um antepassado no meio ou acima dos outros aparece apenas como efeito da concepção hierárquica da organização familiar"[48]. A unidade de luto é, com efeito, a categoria *pai-filho*.

Estas observações de Hsu apresentam vivo interesse, mas não são absolutamente convincentes. Admitimos que o sistema chinês tinha evoluído, do ponto de vista da qualidade ao da quantidade, da noção de natureza à noção de grau. Se a força atuante foi, conforme admitimos, juntamente com Fêng, a regulamentação do luto, nada há de surpreendente em ver que esta superpõe suas exigências aritméticas às de uma lógica qualitativa mais antiga. Sem dúvida, é verdade que se encontram sobrevivências em

---

47. Id., p. 257-259.
48. Id., p. 354.

todo lugar onde desejamos encontrá-las. Entretanto, a interpretação de Hsu despreza excessivamente o caráter sistemático da classificação dos templos em três tipos (imperador com sete, senhor com cinco, dignitário com três) correspondendo, de maneira tão significativa, ao tríplice círculo do luto do *I LI*, como expressão pura e simples do progressivo enfraquecimento do vínculo de parentesco por motivo da distância social.

Devemos sem dúvida admitir, depois de ler a análise de Hsu, que a questão da ordem *tchao mou* é ainda mais obscura do que aparece no trabalho de Granet. Mas é realmente, de qualquer modo, na quinta geração que o ciclo antigo do luto recomeça, e quando os antepassados são invocados além da quinta geração, só o são de maneira suplementar, segundo outras modalidades e fora do templo, como se tivessem sido acrescentados enquanto anexo. Os textos são particularmente sugestivos a este respeito. "O chefe do império estabelecia para seus antepassados sete salas, um altar e uma área. Tinha uma sala para seu pai, outra para seu avô, outra para seu bisavô, outra para seu trisavô, e outra para o mais antigo de seus antepassados. Em cada uma delas fazia oferendas todos os meses. Tinha, ademais, duas salas comuns para seus antepassados afastados. Fazia nelas oferendas gerais somente uma vez em cada estação do ano. (Quando queria fazer oferendas particulares ao pai ou ao avô de seu trisavô) tirava suas tabuinhas das salas comuns e mandava preparar um altar para a tabuinha do primeiro, e uma área para a tabuinha do segundo"[49]. A engenhosa argumentação por meio da qual Hsu estabelece que *tchao* e *mou* não são atributos individuais, mas posições relativas apoia, mais do que invalida, a tese de Granet.

Por outro lado, uma nota de Couvreur em sua tradução do *Li Ki* já era clara a respeito deste ponto. "Quando um imperador morria sua tabuinha tomava o lugar da que pertencia a seu pai. Esta última era transportada [...] para o lugar do avô, a deste para o lugar do bisavô, a do bisavô para o lugar da que pertencia ao trisavô. A do trisavô era transportada para a sala de Wenn Wang ou de Ou Wang, com as tabuinhas dos antepassados mais remotos que não tinham mais sala particular"[50]. Esta significação relativa das posições *tchao* e *mou* é muito mais satisfatória, na hipótese de Granet, do que uma ordem fixa atribuída a cada indivíduo. Se *tchao* e *mou* são a sobrevivência de uma antiga dicotomia exogâmica, não podem com efeito senão comprovar a existência de uma antiga relação, e não traduzir os termos nos quais esta se exprimia. Neste caso, um indivíduo seria ora *tchao* ora *mou*, e a ordem fixa se tornaria totalmente ininteligível. Mas existem dificuldades mais sérias.

|     | a | d |
|-----|---|---|
| II  | 4 | 5 |
| I   | 2 | 3 |

**Figura 65**

---

49. *Li Ki*, trad. Couvreur, XX, t. 2, p. 262.
50. Id., t. 1, p. 288, nota.

Qualquer que seja a maneira pela qual representemos a ordem *tchao mou*, colunas verticais, conforme faz Granet, ou fileiras horizontais segundo prefere Hsu, nem por isso deixa de ser verdade que a posição de cada tabuinha, ou grupo de tabuinhas, é determinado por dois fatores, a posição, *tchao* ou *mou*, e o andar, superior ou inferior. Se designarmos por *a* e *d* as colunas e por *I* e *II* os andares, deveríamos ter, portanto, a distribuição indicada na figura 65, ou seja, para determinada linhagem patrilinear, a sequência *d2-a2-d1-a1*, na qual evidentemente o par a/d representa uma metade patrilinear e o ciclo 1/2 duas subsecções matrilineares. Ora, o sistema de oito classes reconstituído por Granet baseado na ordem *tchao mou* não nos oferece de modo algum uma sequência deste tipo. Se consultarmos a Figura 57, veremos que a sequência patrilinear é *a1-b1-c1-d1*, ou *a2-b2-c2-d2*, e que estas duas sequências são as únicas compatíveis com o sistema. Em termos da ordem *tchao mou*, isto equivale a dizer que quatro membros consecutivos de uma mesma linhagem patrilinear devem ocupar ou quatro andares de uma mesma coluna ou quatro posições de uma mesma fileira, mas a intervenção simultânea de duas colunas e de duas fileiras é inexplicável. Se a ordem *tchao mou* tem qualquer relação com o sistema de parentesco (o que permanece duvidoso), isto deve significar que o pai e o filho são idênticos no que se refere à fileira e opostos no que diz respeito à coluna, ao passo que avô e neto são idênticos pela coluna e opostos pela fileira. No sistema de parentesco proposto por Granet vemos ao contrário que trisavô, bisavô, avô, pai, são *todos* idênticos entre si por um ponto de vista (a metade patrilinear), mas *todos* diferentes entre si por outro ponto de vista (a secção matrilinear). A hipótese por conseguinte não é apenas aventurosa, mas não explica os fatos que se propõe explicar.

Existe um outro sistema de parentesco, cujos caracteres a ordem *tchao mou* pudesse traduzir melhor? É curioso notar que existe. É o sistema Murngin, funcionando ora segundo a fórmula normal, ora segundo a fórmula optativa. Num e noutro caso encontramos, com efeito, a sequência: *d2-a2-d1-a1*. Comparemos, portanto, o sistema Granet com o sistema Murngin (Figura 66). No esquema da esquerda (Murngin) o sinal = une a subsecção do marido à subsecção da mulher, e o sinal → a subsecção da mãe à subsecção dos filhos. No esquema da direita (Granet), o sinal interior → une a subsecção do marido à subsecção da mulher, e o sinal exterior → une a subsecção do pai à subsecção dos filhos. Vimos, com efeito, que o sistema Murngin resulta da superposição de uma dicotomia matrilinear a uma dicotomia patrilinear, enquanto o sistema Granet só é inteligível na hipótese inversa, na qual a dicotomia primitiva é matrilinear e a secundária, patrilinear.

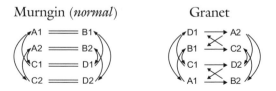

**Figura 66**

Consideremos agora a sequência patrilinear correspondente à ordem *tchau mou*, isto é, *d2-a2-d1-a1*. Esta sequência encontra-se realmente no sistema Murngin, mas somente quando o sistema funciona de acordo com *uma* das duas fórmulas, normal ou optativa, de que dispõe. Ora, lembramo-nos que neste caso o casamento é possível com a prima cruzada bilateral[51], pois as oito classes funcionam como se fossem apenas quatro. Só na hipótese de que o sistema funcione alternativamente segundo as duas fórmulas é que se realiza o casamento com a prima cruzada matrilateral, mas neste caso a sequência patrilienar torna-se *d2-a1-d2-a1*, ou seja, pai e filho são completamente diferentes, avô e neto são completamente idênticos, o que também não corresponde à ordem *tchao mou*. Noutras palavras, se tentarmos construir um sistema que corresponda à ordem *tchao mou*, encontramos um sistema de oito classes com casamento com a prima cruzada bilateral, o que torna as oito classes ininteligíveis. Se distribuirmos as oito classes de maneira a dar-lhes um valor funcional (casamento com a prima cruzada matrilateral), o sistema deixa de explicar os caracteres da ordem *tchao mou*. Não apenas vogamos em plena aventura, mas ainda a aventura não traz nenhum proveito.

Dever-se-á concluir, como faz Hsu, que a ordem *tchao mou* nada tem a ver com uma antiga estrutura do parentesco? Hesitamos muito em admitir tal coisa. O princípio das gerações alternadas durante estes últimos anos tomou tamanha importância na interpretação de fenômenos até então obscuros, que sempre que encontramos um esboço ou um vestígio de oposição entre gerações consecutivas e de identificação de gerações afastadas deve haver intervenção de um preconceito favorável. Vimos, porém, que o fenômeno admite uma interpretação diferente. Seja como for, só se poderia admitir que os caracteres gerais da ordem *tchao mou* sugerem uma estrutura fundada em certa alternância de gerações. Que tipo de alternância? É impossível dizer. A ordem *tchao mou*, tal como a conhecemos pelo *Li Ki*, o *I Li* e os comentadores, representa uma instituição já alterada por influência da organização hierárquica e do ritual religioso. Pretender verificar em cada um desses caracteres, e em todos os detalhes, uma lei definida de certo sistema de parentesco, seria um empreendimento sem término.

Poderá a etnografia esclarecer o problema pela observação dos costumes modernos? Ainda aqui deploraremos que Hsu tenha rejeitado sem exame uma sugestão de Radcliffe-Brown, que o convidava a estudar a ordem *tchao mou* à luz dos costumes do Fou Kien, onde ainda hoje o casamento com a prima patrilateral é rigorosamente proibido[52], e onde os antepassados são sempre colocados alternadamente à direita e à esquerda do fundador[53]. Parece difícil admitir *a priori* que não exista qualquer relação entre estes costumes e o ritual Chou, tal como é evocado por Maspéro. "O primeiro antepassado ocupava a ponta mais alta, voltada para o leste, tendo seu filho à esquerda, voltado para o sul, e seu neto à direita, voltado para o norte, e todos os descendentes enfileirados assim em duas filas, os *tchao* à esquerda, os *mou* à direita em seguida respectivamente ao filho e ao neto, afastando-se cada vez mais do antepassado em

---

**51.** Cf. cap. XII.

**52.** YUEH-HWA, L. The Kinship System of the Lolo. *Harvard Journal of Asiatic Studies*, vol. 9, 1946, p. 94.

**53.** HSU, F.L.K. Op. cit., p. 258, n. 7.

cada geração[...] Todos os *mou* descendentes do Rei Wen sobre uma linha à sua esquerda, todos os *tchao* descendentes do Rei Wou sobre uma linha à sua direita, e todos os *mou* e os *tchao* anteriores a estes dois reis [...] em duas fileiras à esquerda e à direita do primeiro antepassado Heou-tsi."[54]

Se acrescentarmos que, em uma sociedade tão fortemente evocadora da China das antigas dinastias, a saber, o império dos Incas, com seus rituais funerários onde as comparações se impõem a cada momento com as cerimônias chinesas arcaicas correspondentes, encontramos, ao que parece, uma disposição alternada: "Dos dois lados da Imagem do Sol estavam os corpos de seus reis falecidos, todos enfileirados por ordem segundo a antiguidade [...]"[55], somos levados a admitir a existência de um fenômeno estrutural geral, cuja teoria ainda não possuímos, no estado atual de nossos conhecimentos sobre as duas civilizações. Sabe-se, com efeito, que os habitantes de Cuzco, e talvez de outras regiões, eram divididos em dois grupos, a metade Do Alto e a metade De Baixo (Hanan e Hurin). A este respeito, deve-se aproximar o texto de Garcilaso de outros testemunhos. "Toda a população de Cuzco saía (para os ritos de agosto) grupada em tribos e em linhagens [...] Sentavam-se em seus bancos, cada homem segundo sua categoria, os Hanan-Cuzco de um lado, e os Hurin-Cuzco de outro [...] Os sacerdotes saíam em procissão com as famílias de Hurin e de Hanan Cuzco, cada qual com os corpos embalsamados de seus antepassados." E também: "Traziam todas as huacas para a praça, com os corpos de seus incas mortos, para beber com eles, colocando os que tinham pertencido aos Hanan-Cuzco do lado em que se achavam os membros dessa linhagem, e faziam a mesma coisa com os Hurin-Cuzco. Traziam, então, alimentos e bebidas para os cadáveres [...]"[56] Ora, Cuzco sugere, ao menos por sua estrutura geográfica, uma dupla dicotomia, sendo o eixo que separava os Hanan dos Hurin recortado perpendicularmente pela estrada imperial do norte ao sul. Neste caso, também, a hipótese das gerações alternadas deve ser atentamente examinada, com suas duas implicações, mutuamente exclusivas, da filiação bilateral e do casamento patrilateral.

---

**54.** MASPERO, H. *La Chine antique*. Paris, 1927, p. 251-252.
**55.** VEGA, G. de la. *Histoire des Incas*. Paris, 1787, t. 1, p. 167 [Trad. francesa].
**56.** MOLINA, Ch. de An Account of the Fables and Rites of the Yncas. In: MARKHAM, C. *Narratives and Rites...*, p. 26-27 e 47-48.

# CAPÍTULO XXI
## O casamento matrilateral

Múltiplas implicações levam a supor a existência na China Antiga de um sistema de casamento com a prima cruzada bilateral, incluindo a troca das irmãs. Lembremos rapidamente quais são estas indicações: antes de tudo a terminologia conservada pelo *Ehr Ya*, com seu sistema de identificações, e a distribuição dos parentes e aliados em quatro linhagens. Em seguida, os fatos relativos à vida camponesa arcaica, tais como foram lembrados por Granet, em seu livro *Fêtes et Chansons anciennes de la Chine*. "As festas antigas têm por principal caráter consistir em uma orgia sexual que torna possíveis as trocas matrimoniais [...] As alianças matrimoniais formam a base do sistema de garantias entre grupos federados"[1]. Radcliffe-Brown admite a sobrevivência de um sistema deste tipo no Shansi e no Honan. É este sistema também que Chen e Shryock põem em evidência quando, retomando em conjunto a questão do casamento dos primos cruzados na China Antiga, citam um poema de *Po-chu-yi* (772-846 dC) relativo a uma aldeia do Kiang-sou, cujo nome consiste em dois nomes de clãs juntos:

> "Em Ku-feng-hsien no distrito de Ch'u chou
> Em uma aldeia chamada Chu Ch'en
> Há somente dois clãs
> Que se casaram entre si desde muitas gerações"[2].

Estamos dispostos a admitir, juntamente com Granet, Chen e Shryock, e sobretudo com Fêng, de quem tomamos emprestada esta cronologia – apesar dos escrúpulos de Hsu –, que o casamento entre primos cruzados bilaterais existiu na China (ou em algumas regiões da China) como prática corrente, pelo menos até o fim do primeiro milênio antes de nossa era. Isto implica uma divisão, implícita ou explícita, das comunidades em dois grupos exogâmicos, ou um grupamento, para fins matrimoniais, das comunidades locais duas a duas. Mas não implica, de modo algum, segundo acreditou Granet, um sistema de quatro classes, do qual é possível encontrar vaga sugestão em certos fatos (filiação bilateral eventual, e certos caracteres da ordem *tchao mou*), mas cuja hipótese não se impõe nem como necessidade lógica, nem como estádio histórico inevitável, nem como caráter geral da área geográfica considerada.

Ao lado destes fatos existem outros, dificilmente compatíveis com os anteriores. São, primeiramente, os fatos agrupados por Granet com o nome de fenômenos de obliquidade, a saber, costumes senhoriais do casamento com mulheres pertencentes a duas

---

1. Bibliothèque de l'Ecole Pratique des Hautes Etudes. *Sciences Religieuses*. Paris, vol. 34, p. 239.
2. CHEN & SHRYOCK, op. cit., p. 629. • GRANET, M. *Catégories*, p. 179.

gerações diferentes, e certas equações da nomenclatura que identificam parentes ou aliados pertencentes a duas gerações consecutivas. São, sobretudo, a dupla classificação dos aliados em *yin* e em *houen*, e a especialização de certos termos de denominação, recíprocos entre homens ou entre mulheres, sugerindo uma estrutura assimétrica do grupo.

Estes índices de obliquidade ou de assimetria na nomenclatura foram objeto de uma análise especial de Fêng[3]. Conhecem-se cinco termos que se aplicam aos membros de duas gerações consecutivas:

*chiu*  irmão da mãe, irmão da mulher;
*yi*  irmã da mãe, irmã da mulher;
*po*  irmão mais velho do pai, irmão mais velho do marido;
*shu*  irmão mais moço do pai, irmão mais moço do marido;
*ku*  irmã do pai, irmã do marido.

Todas estas relações eram distintas na origem, e o fenômeno de assimilação em geral pode ser datado. Assim, a extensão de *chiu* ao irmão da mulher remonta ao século X dC. Atualmente, aparecem determinantes para diferenciar os dois costumes: *chiu fu*, irmão da mãe, e *chiu hsiung* ou *chiu ti*, irmão da mulher, isto é, faz-se a distinção entre o *chiu* da geração do pai e o *chiu* da geração do irmão[4]. A assimilação poderia, a rigor, ser interpretada como resultado do casamento com a filha do irmão da mulher, mas Fêng observa que *chiu* perde o sentido de "pai da mulher", ao menos um milênio antes de ser aplicado ao irmão da mulher, o que parece um argumento decisivo. A extensão de *po* e de *shu* parece a Fêng um fenômeno inexplicável por todos os usos conhecidos. É possível estar em desacordo com ele sobre este ponto, aliás de interesse puramente teórico. Um sistema com linhagens matrilineares, havendo casamento com a filha do irmão da mãe, pode admitir o grupamento dos irmãos do pai e dos irmãos do marido, isto é, dos homens que, do ponto de vista do Ego feminino, tomam mulher em minha linhagem[5]. *Ku* designaria então, normalmente, as irmãs dos *po* e dos *shu*. Mas uma interpretação análoga só poderia ser estendida a *chiu*, *shêng* e *yi* se o Ego masculino se colocasse em uma perspectiva matrilinear, o que acarretaria as maiores dificuldades. Com efeito, a extensão de *po* ao irmão mais velho do marido é um costume tardio, datando do século X dC, portanto incompatível com uma tal forma de casamento (exceto se o costume pudesse ser localizado

---

**3.** FÊNG, H.Y. *Teknonymy as a Formative Factor in the Chinese Kinship system*.

**4.** Ibid., p. 61, n. 2.

**5.** Em um excelente estudo, inteiramente consagrado aos sistemas falados, Fei descreve o sistema da região onde nasceu, a de Wukiang. Observa a pobreza dos termos utilizados para designar o grupo dos homens que se casaram com mulheres do clã. Praticamente, só são utilizados termos descritivos. Fei interpreta esta carência como possível índice da existência antiga de uma organização dualista (p. 133). Pensaríamos, de preferência, em um antigo sistema de linhagens, neste caso como também no outro, analisado pelo mesmo autor, do sistema de Xangai, com a diferenciação dos pais e aliados entre homens e mulheres de meu clã, mulheres que se casaram em meu clã, homens que esposaram mulheres de meu clã, clã da mãe, clã da mulher (não há termos especiais, utiliza-se a nomenclatura da mulher), clã do marido (mesma situação, utiliza-se a nomenclatura do marido). Os clãs parecem verdadeiramente desempenhar o papel de linhagens. Um traço inteiramente notável dos sistemas descritos por Fei é a completa ausência do termo de parentesco para as gerações mais jovens seguintes à do indivíduo. Só os nomes pessoais são utilizados (FEI. H.T. The Problem of Chinese Relationship Terms. *Monumenta Serica*, vol. 2, 1936-1937).

no Yunnan, o que nenhum autor indica). Da mesma maneira, *ku* foi aplicado às irmãs do marido, somente cerca do século IV dC. Quanto a *yi*, o termo é reservado à irmã da mulher no *Ehr Ya*, e sua extensão à irmã da mãe não é comprovada senão a partir de 550 aC. A explicação possível por casamento com a viúva do pai não se verifica em parte alguma[6].

É preciso, sem dúvida, receber com reservas estas datas. Quando os costumes entram na literatura é porque já estão em prática há muito tempo. Pode também tratar-se de costumes locais, que se difundem em uma nova região ou se incorporam ao uso geral, depois de uma guerra de conquista ou da colonização de povos que possuem costumes próprios. Seja como for, é impossível reduzir as cinco extensões enumeradas acima a uma única forma de casamento ou a um sistema exato de parentesco. Fêng propôs, tal como Chen e Shryok, interpretá-los pela tecnonímia, isto é, ao chamar o cunhado *chiu*, ou *po* ou *shu*, o homem e a mulher lhe faria somente a homenagem da terminologia empregada por seus filhos em relação a ele. É a explicação proposta, desde o século XVIII, pelos teóricos chineses. "O irmão de vossa mulher é *chiu* para vossos próprios filhos. O pai adota a linguagem dos filhos e chama também o irmão de sua mulher *chiu*"[7]. Mas que acontece com o termo *yi*? Neste caso a extensão faz-se da geração inferior para a geração superior, sendo preciso admitir que, por uma espécie de "tecnonímia às avessas", são os filhos que adotam a linguagem de seu pai[8].

Aos cinco exemplos discutidos em seu trabalho de 1936, Fêng acrescentou outros três no estudo geral de 1937. O termo *shên* aplica-se, no vocativo, à mulher do irmão mais moço do pai, e à mulher do irmão mais moço do marido. A extensão à geração jovem data do período Sung. Finalmente, há a extensão dos termos *kung* e *p'o*, dos avós aos parentes do marido. Em todos estes casos, Fêng apela igualmente para a tecnonímia, que considera suficientemente espalhada na China e comprovada desde uma época muito antiga (489 aC), para servir de explicação[9].

Fêng talvez tenha razão. Mas é preciso fazer reservas à considerável extensão dada por ele à noção de tecnonímia, empregada como uma espécie de panaceia. O aparecimento da tecnonímia e sua influência em tal ou qual caso determinado não constituem também problemas? Demoremo-nos por um momento neste ponto.

O termo tecnonímia foi criado por Tylor para designar o costume segundo o qual uma pessoa, em lugar de ser chamada por seu nome, é chamada pai, mãe, avô ou avó, etc. de um de seus descendentes. É sempre nessa mesma acepção que Lowie trata a instituição[10], e a interpreta como resultado de uma carência terminológica. Ou a língua não dispõe de termo específico para designar o parente em questão ou então o termo não pode ser utilizado, de maneira provisória ou definitiva, por motivos de etiqueta. Fêng não é o primeiro etnólogo a empregar o termo em uma acepção mais ampla, e esta extensão por si mesma não levanta objeções. Mas é preciso, em todo caso,

---

6. FÊNG, H.Y. Op. cit., p. 64.
7. Apud FÊNG, H.Y., p. 62.
8. Id., p. 65.
9. FÊNG, H.Y. *The Chinese Kinship System*, p. 200-203.
10. Id. *Traité de sociologie primitive*, p. 115-117.

observar que não é a mesma coisa chamar, por exemplo, uma mulher, "mãe de fulano" ou chamá-la "mamãe", isto é, chamá-la *pelo nome de seu filho* ou *pelo nome que seu filho lhe dá*. Deve-se, sem dúvida, distinguir as duas formas. Ora, se a discussão de Fêng apela exclusivamente para a segunda forma, a observação que invoca para comprovar a antiguidade da tecnonímia na China[11] depende da primeira. Deixemos esta de lado, pois não intervém para explicar os costumes em questão, e perguntemos como se pode interpretar a segunda. Sendo esta forma de tecnonímia de uso corrente em nossa sociedade, convém dirigirmo-nos primeiramente aos nossos próprios hábitos.

Suponhamos um conjunto de pessoas de casa composto dos filhos, do pai, da mãe e da irmã desta. Há anos esta irmã não é mais designada, pela mãe dos filhos (sua irmã), pelo pai dos filhos (seu cunhado), senão pelo nome infantil que lhe dão seus sobrinhos e sobrinhas, "titia". Como se pode interpretar o fenômeno? Há três explicações possíveis.

Se os filhos são os membros do grupo que têm mais prestígio, os pais confessam o fato adotando a terminologia deles. Ao contrário, os pais podem adotar a terminologia dos filhos de maneira a não comprometer o prestígio da tia, e com isso o de sua própria geração (assim um pai, falando da mãe a seus filhos, dirá "sua mãe" ou "mamãe", para não empregar com relação aos filhos a denominação direta de que ele próprio se serve – isto é, o prenome de sua mulher – e que é proibido para os filhos). Finalmente, percebe-se uma terceira interpretação, a saber, cada participante dispõe, com relação à pessoa denominada, de um sistema de referências diferentes. Ela é "irmã", "cunhada" e "tia". Quando dois membros do grupo, falando entre si, querem referir-se a ela, devem, portanto, ou empregar seu próprio sistema, ou adotar o do interlocutor, o que não é satisfatório em caso algum. A transformação, feita pelas crianças, do termo de referência em termo de denominação, "tia" trocado por "titia", fornece uma solução para esta dificuldade. Em suma, "titia" aparece como um nome pessoal, do ponto de vista da pessoa designada, e como um termo impessoal do ponto de vista de quem o emprega (isto é, não implicando uma particular relação de parentesco). Temos, portanto, dois princípios de explicação: um fundado em razões afetivas (prestígio), outro em razões lógicas (necessidade de encontrar um termo comum a todos os sistemas de referência), e o primeiro princípio admite duas interpretações opostas. Vê-se que o problema da tecnonímia não é simples, e que, para cada caso considerado, é preciso determinar qual é o princípio particular, ou qual é a modalidade particular do mesmo princípio, que se deve invocar[12].

---

11. Ch'ên Ch'i refere-se à sua mulher como "a mãe de Ch'ang", op. cit., p. 202.

12. Segundo Fei Hsiao-Tung (compte rendu de Fêng. The Chinese Kinship System. *Man*, vol. 38, n. 153), as mulheres do Kiangsu começam por chamar seus sogros usando a terminologia do marido (exceto o sogro, que é designado por um termo especial e imutável, činpa), e somente quando têm filhos adotam a terminologia destes. Um estudo de Hsu sugere também que o problema das denominações, na China, é mais complexo do que o problema habitualmente designado pelo termo tecnonímia (mesmo empregando este último no sentido largo que lhe dá Fêng). A nomenclatura falada parece constantemente diferente da nomenclatura escrita e serve antes de tudo para traduzir situações concretas: "Quando a pessoa se dirige a um filho do irmão da mãe chama-o irmão". Mas quando se refere a ele emprega o termo que o distingue de um verdadeiro irmão" (HSU, F.L.K. The Differential Function of Relationship Terms. *American Anthropologist*, vol. 44, 1942, p. 250). Há, portanto, "categorias diferentes de termos, que podem corresponder a outras tantas situações específicas" (ibid., p. 256).

Esta dificuldade é ainda mais séria quando se invoca, como faz Fêng, duas formas inversas de tecnonímia ao mesmo tempo. Um homem chama, com efeito, seu cunhado, *chiu*, porque emprega, com referência a ele, a linguagem de seus filhos, mas chama a irmã de sua mãe *yi*, porque emprega com relação a ela a linguagem de seus parentes. Em que condições esses dois processos inversos podem coexistir? É verdade que a data respectiva do aparecimento deles é muito afastada uma da outra, uma vez que 15 séculos as separam. Mas então seria preciso determinar que modificações concomitantes se produziram na família chinesa. O recurso geral à tecnonímia não fornece uma solução aos problemas levantados pela extensão dos termos. A tecnonímia, e cada uma de suas formas, tão diferentes entre si, devem ter uma razão, ou antes, segundo os casos, razões, não sendo legítimo apelar para ela como um princípio gratuito.

No caso de *yi*, sentimo-nos fortemente tentados a nos separar de Fêng. Dissemos que a extensão do termo à irmã da mãe é antiga, datando, ao que parece, do século VI aC, o que bastaria para isolá-la dos outros casos estudados[13]. Vimos que, para explicar este fenômeno, Fêng deve propor a hipótese de uma verdadeira "tecnonímia às avessas". Granet sugere uma explicação pelo casamento do filho com a viúva do pai, e cita exemplos que Fêng discute, acentuando que estes casos não são citados pelos cronistas senão porque os condenam com indignação[14]. Mas, se era preciso condenar, isto demonstra que a coisa se praticava. Praticava-se, ao menos, na área geográfica, porque Fêng e Granet referem-se às críticas feitas pelos antigos escritores aos Hsiung-nu, população de pastores das estepes do norte, justamente porque casavam-se com a viúva de seu pai. Se acrescentarmos o fato, bem observado por Granet, do casamento com a madrasta incluir-se facilmente no mesmo sistema que permite o casamento com a viúva, ou a noiva, do filho[15], e que este último costume pode ser posto em correlação, por sua vez, com o do casamento preferencial com a filha do irmão da mulher, deve reconhecer-se que existe aí todo um conjunto de fatos notavelmente sugestivos, tendentes todos para a mesma conclusão. Ao aceitar, assim, a explicação pela tecnonímia, Granet *superdetermina,* portanto, esta conclusão.

Granet não hesitou em enunciar esta conclusão na forma inutilmente complicada da hipótese de um sistema de oito classes, intercalando-se entre o sistema de quatro classes, atribuído aos tempos arcaicos, e a liberdade moderna. Já acentuamos e criticamos o caráter especulativo desta reconstrução. Mas, se a reduzirmos à sua expressão mais simples, isto significa que houve na China um período, ou regiões, que conheceram o casamento com a filha do irmão da mãe, exclusivo do casamento com a filha do irmão do pai. É preciso reconhecer que a hipótese conserva certo valor, embora por motivos que não são exatamente os invocados por Granet. Desses últimos, só indicaremos dois, a saber, a dicotomia dos aliados em *houen* e em *yin*, que infelizmente os outros autores não discutiram, e a existência do sistema Katchin, no sul da China. Se Granet tivesse conhecido o sistema Gilyak, tão semelhante ao sistema Katchin, e colocado, com relação à China, em posição setentrional, simétrica da

---

13. FÊNG, H.Y. Op. cit., p. 199.
14. GRANET, M. La Civilisation chinoise, p. 401. Catégories matrimoniales, p. 65-66.
15. Ibid., p. 66-73.

ocupada ao sul por este último, se tivesse sabido acrescentar a isso os sistemas Lushei-Kuki e Naga[16], e se tivesse analisado o sistema tibetano, teria tido o direito de dar à sua hipótese (pelo menos na forma simplificada que conservamos) um valor muito maior. Poder-se-ia dizer, com efeito, que ao redor da China encontramos, ocupando uma posição periférica que sugere uma sobrevivência arcaica, a mesma regra do casamento e o mesmo sistema de parentesco. Mas, também por essa razão, Granet talvez tivesse começado a alimentar dúvidas quanto à sua cronologia. Voltaremos adiante a este aspecto da questão.

Por um curioso paradoxo, foi o crítico mais acerbo de Granet que se encarregou de contribuir, com notáveis indicações, para a tese deste último. Em um recente artigo, *Observations on Cross-Cousin Marriage in China*[17], Hsu estabelece a indiscutível e moderna existência do casamento com a filha do irmão da mãe na China, primeiramente com base em observações publicadas por Kulpe[18] e Fei[19], e em seguida, e sobretudo, com base em seu próprio trabalho no terreno, no norte da China, no Yunnan Ocidental e no Kunming. Em todas estas regiões o casamento preferido (mas não obrigatório) é com a filha do irmão da mãe. O tipo absolutamente condenado é o casamento com a filha do irmão do pai. O primeiro chama-se habitualmente "casamento que segue a tia (paterna)", o segundo, "casamento que volta a casa"[20]. Deixaremos de lado a discussão, um tanto ingênua, do valor funcional da distinção, para conservar aqui apenas os fatos. Na aldeia de Kiang-sou, estudada por Fei, os dois tipos de casamento distinguem-se em "casamento para o alto da costa" e "casamento de retorno". Na cidade do Yunnan Ocidental, descrita por Hsu, um informador declara que o casamento com a filha do irmão da mãe representa "pelo menos setenta por cento de todos os casamentos", proporção que Hsu considera exagerada, embora reconhecendo que "este tipo de casamento é certamente muito frequente"[21]. Também no Fukien o casamento com a filha do irmão da mãe é corrente, ao passo que o casamento com a filha da irmã do pai é considerado repugnante, e às vezes mesmo ilegal[22]. Todos os informadores do norte da China, interrogados por Hsu, condenam o casamento com a prima patrilateral por equivaler ao "retorno do osso e da carne", fórmula que será

---

16. Comparando a organização social dos yaos da fronteira indochinesa, que permitem o casamento entre primos em terceiro grau, Fortune declara: "Esta regra contrasta fortemente com a exogamia patrilinear que tem a força de lei em toda a China, sendo acompanhada pela proibição do casamento entre primos cruzados patrilineares, sem reprovação do casamento entre primos matrilineares do primeiro grau" (FORTUNE, R.F. Introduction a Yao society; a Study of a Group of Primitives in China. *Lingan Science Journal*, vol. 18, n. 3-4. Canton, 1939, p. 348). Esta regra yao poderá ser comparada com o sistema similar dos nagas, cujo caráter secundário está claramente comprovado (cf. cap. XVII, p. 346). Observa-se entre os yaos a mesma subdivisão do clã em linhagens (*fong*), tão típica da evolução da sociedade naga.

17. *American Anthropologist*, vol. 47, 1945.

18. *Country Life in South China*, 1925.

19. *Peasant Life in China*, 1939.

20. HSU, F.L.K. Op. cit., p. 84.

21. Ibid., p. 91.

22. LIN. *Kinship System of the Lolo*. Op. cit., p. 94.

comentada em outro lugar[23]. Hsu procura interpretar a preferência pela prima matrilateral. Admite a existência arcaica do casamento entre primos cruzados bilaterais e o desenvolvimento do tipo unilateral por influência de certos fatores desfavoráveis à fórmula anterior, a saber, crescente predominância da relação entre pai e filho, desenvolvimento do culto ancestral, etc. Embora Hsu acentue que sua hipótese funda-se em outros fatos e apoia-se em outra argumentação diferente da utilizada por Granet, é obrigado contudo a reconhecer que é a mesma[24]. A hipótese é menos importante que os fatos. Mas estes devem incluir-se no quadro das leis gerais de estrutura dos sistemas de parentesco, tais como até agora temos podido depreendê-las.

Os dois sistemas em questão (casamento com a prima cruzada bilateral e casamento com a filha do irmão da mãe) correspondem às duas fórmulas elementares de troca restrita e de troca generalizada. Lembramo-nos que uma e outra podem aparecer, por um desenvolvimento normal, partindo de uma divisão primitiva do grupo em metades exogâmicas. Mas sabemos igualmente que a troca restrita não pode manter-se numa estrutura mais complexa, a não ser que esta se caracterize por um regime desarmônico. Se a estrutura original, ou as que se lhe seguem, estão submetidas a um regime harmônico, o sistema não pode desenvolver-se em complexidade, a não ser sob a condição de passar à troca generalizada. Aplicadas à China, estas considerações significam, primeiramente, que um sistema de casamento bilateral pode evoluir para um sistema de casamento unilateral. Mas esta evolução só é concebível se a estrutura inicial era desarmônica, isto é, patrilinear e patrilocal, ou matrilinear e matrilocal. Observemos imediatamente que estas condições tornam muito duvidosas, senão mesmo inadmissíveis, a hipótese segundo a qual o casamento com a filha do irmão da mãe teria podido sair de um sistema de gerações alternadas, assim como uma forma mais complexa surge de uma forma mais simples. Um sistema de gerações alternadas, com efeito, é por definição expressão de um regime desarmônico. Está claro que o casamento bilateral não implica um sistema de gerações alternadas, embora – deixando de lado o casamento patrilateral – a relação inversa seja verdadeira.

O casamento com a prima cruzada matrilateral, postulado por Granet e verificado por Hsu, não pôde, portanto, desprender-se de um sistema de metades, a não ser que estas na origem fossem harmônicas, em linha paterna ou em linha materna. Granet acumulou indícios, que não são decisivos, mas oferecem certo coeficiente de probabilidade, em favor de um elemento matrilinear na família chinesa arcaica, que teria desaparecido numa data bastante antiga, dando lugar a um sistema puramente patrilinear. Se o casamento matrilateral historicamente sucedeu ao casamento bilateral, é preciso então admitir que a família arcaica não era somente matrilinear quanto ao nome ou ao grupo local, mas que era tal de maneira absoluta (regime harmônico). Além disso, é preciso admitir que permaneceu assim até o aparecimento da troca generalizada, a qual de outro modo seria inexplicável. Tanto isto é verdade que, quando se estabelece em fórmulas o sistema de oito classes de Granet, percebemos que repou-

---

**23.** Cf. cap. XXIII e XXIV.

**24.** HSU, F.L.K. Op. cit., p. 101 e p. 191, n. 64.

sa no desenvolvimento do princípio matrilinear (quatro grupos matrilocais em lugar de dois), permanecendo inalterados os elementos patrilineares (metades) (cf. Figuras. 58 e 59). Desde que Granet explica o aparecimento do sistema de oito classes como resultado da predominância progressiva do princípio agnático, encontramos aí uma contradição que não é dos menores obstáculos à sua teoria. Será preciso então admitir que um regime harmônico, matrilinear e matrilocal, converteu-se bruscamente em outro regime harmônico, patrilinear e patrilocal? Nada permite fazer esta hipótese, e neste caso o resultado seria efetivamente um sistema de troca generalizada, mas com quatro classes e não com oito. De qualquer maneira que a examinemos, a reconstrução de Granet não dá oportunidade a uma saída.

Um único caminho permanece aberto, para quem quiser tentar interpretar estes dados contraditórios. É aquele pelo qual Granet não parece ter-se deixado tentar, na introdução às *Danses et Légendes*, a não ser para repudiá-lo imediatamente. Seria admitir que os fatos chineses oferecem vestígios e sobrevivências de dois sistemas, que devem ter coexistido, ao menos durante certo período, como testemunha ou de culturas e de regiões distintas ou de uma diferenciação social que, levada a este ponto, faria crer que os nobres e os camponeses descenderiam de camadas de população heterogêneas[25]. Com efeito, conforme Granet aliás sempre percebeu, os dois sistemas se opõem nos costumes de duas classes. São as aldeias que trocam as mulheres, enquanto o casamento oblíquo nunca constituiu senão um privilégio feudal. Será absolutamente indispensável transformar esta coexistência social em uma sequência histórica?

Um fato, segundo nosso modo de ver capital, deve ser em todo caso acentuado. O casamento oblíquo do senhor feudal é um uso muito arcaico, uma das indicações mais antigas que possuímos sobre o casamento chinês, e certamente a mais exata. Foi, com efeito, durante o período dos Chou que o senhor feudal esposou, ao mesmo tempo que sua mulher principal, oito mulheres secundárias. "As *yin* eram recrutadas da seguinte maneira: a noiva e as oito *yin* distribuíam-se em três grupos de três mulheres. O primeiro grupo abrangia a noiva, uma de suas irmãs mais moças ou meio-irmãs mais moças, *ti*, e uma das filhas de seu irmão mais velho, *chih*. Estas três mulheres constituíam o grupo principal. Duas outras senhorias, que possuíam o mesmo nome clânico da noiva, forneciam cada uma uma *yin* principal, uma *ti* e uma *chih*. Tinha-se, portanto, três grupos, ao todo nove mulheres. A contribuição das outras senhorias devia ser inteiramente voluntária, não podia ser solicitada, porque não era concebível pedir os filhos de outrem para desempenhar o papel pouco honroso de

---

**25.** É sobretudo por esta razão que um outro estudo do sistema chinês, o de C.C. Wu (The Chinese Family: Organization, Names and Kinship Terms. *American Anthropologist*, vol. 29, 1927) não é utilizado aqui. O autor parte da noção, manifestamente errônea, de um sistema uniforme para toda a China. Esforça-se, então, em interpretar os sistemas falados como desvios em relação à norma do sistema escrito, ponto de vista justamente criticado por Fei (*Monumenta Serica*, vol. 2, n. 1. Peiping, 1936).

*yin*"[26]. O costume do casamento com a filha do irmão mais velho da mulher desaparece no século III aC, e o Código dos T'ang, promulgado durante o período 627-683 dC, consagra a proibição dos casamentos entre membros de gerações diferentes[27]. Os comentadores antigos parecem ter explicado diversamente o privilégio relativo à sobrinha da mulher, e Granet e Fêng mantêm interpretações diferentes. "Três filhas, lembra Granet, formam um 'tesouro' porque 'três' na China vale o total [...] Por conseguinte vale mais [...] acrescentar, para fazer um lote de três, uma de suas sobrinhas às duas irmãs permitidas"[28]. Sem isso haveria o risco de privar um aliado de todos os meios de aliança de que dispõe a geração presente, o que constituiria uma "utilização indiscreta das práticas compensadoras"[29]. Segundo os comentadores citados por Fêng, o casamento com a sobrinha da mulher teria por finalidade garantir ao senhor feudal numerosa descendência. "Uma sobrinha, melhor do que uma segunda irmã mais moça, era incluída no lote de *yin*, a fim de introduzir um sangue diferente, do qual se pudesse esperar um filho se as duas irmãs fossem destituídas de posteridade"[30]. Esta interpretação funda-se no *Pai hu t'ung*, obra atribuída a Pan Ku, que viveu entre 32 e 92 dC[31]. É curioso notar, numa época tão tardia, uma interpretação tão decididamente matrilinear, porque é pela mãe somente que a filha do irmão pode diferenciar-se de suas tias. Seja como for, as causas invocadas por Granet e por Fêng são evidentemente racionalizações. Fêng pode realmente notar que nenhum caso de casamento com a filha do irmão da mulher foi assinalado desde o começo dos Han ocidentais (206 dC) e acentuar que alguns especialistas suspeitam que o uso das *yin* foi uma invenção dos letrados da época Han[32]. O costume tem demasiados paralelos em outras regiões do mundo e coincide demasiado bem com outros caracteres da sociedade chinesa arcaica para que deixemos de tratá-lo como um fenômeno de estrutura fundamental do sistema estudado.

Ora, é isto o que não fazem – por motivos aliás diferentes – nem Granet nem Fêng. A preocupação de Granet de ordenar todos os fatos com relação a uma série evolutiva e de fazer surgirem as formas complexas (ou o que considera como tais) das formas simples (ou que considera como tais), leva-o a desprezar completamente o caráter objetivamente arcaico do casamento oblíquo. Este não se inclui em seu sistema, a não ser como um momento de uma evolução já longa, na realidade colocado quase no fim desta evolução, cujo início e florescimento perdem-se, para ele, na noite dos tempos. Com isso, o período feudal aparece como um fenômeno tardio, quase

---

**26.** FÊNG, H.Y. *The Chinese Kinship System*, p. 187-188. – Cf. também Granet, *La Polygynie sororale et le sororat dans la Chine féodale*. Paris, 1920, passim. • *Catégories*, p. 70-71 e 130-133. • WERNER & TEDDER, Descriptive Sociology-Chinese. In: SPENCER. *Descriptive Sociology*, vol. 9. Londres, 1910, p. 24.

**27.** Id., p. 196 e n. 86.

**28.** *Catégories*, p. 132.

**29.** Id., p. 130.

**30.** FÊNG, H.Y., p. 188.

**31.** Id., p. 273.

**32.** Id., p. 190 e n. 71.

recente, precedido por uma longa era de organização clânica, ao passo que, desde o primeiro contato possível com a sociedade chinesa, isto é, a cultura Shang, achamo-nos em pleno feudalismo, e preferiríamos mesmo dizer em face de um feudalismo exacerbado[33]. Tudo quanto conhecemos sobre a sociedade chinesa mostra uma evolução que passa, *grosso modo*, de um regime feudal com preponderância das linhagens, a uma organização clânica, da qual a família patrilinear se desprende progressivamente, e não o contrário. O desenvolvimento e a concepção cada vez mais rigorosa da regra de exogamia confirmam esta maneira de ver, conforme Fêng mostrou muito bem[34].

Mas neste caso as instituições feudais, ou aquilo que nos é possível perceber a respeito delas, deveriam representar para nós as mais preciosas fontes de informação, o ponto de partida de qualquer tentativa de interpretação do sistema de parentesco arcaico, o eixo em redor do qual deve organizar-se a estrutura deste sistema. O casamento com a filha do irmão da mulher apareceria então como uma das raras chaves capazes de nos abrir o acesso ao sistema. Ora, Fêng obstina-se em fechar todas as saídas que conduzem a esta direção. Longe de ver no casamento com a sobrinha da mulher um dado capital, aquele autor tende constantemente a minimizar sua importância, a reduzi-lo a uma anomalia ou a uma consequência insignificante de outras instituições, por exemplo o sororato. "Quando o sororato existe em grande escala, pode ser acompanhado pelo casamento com a filha do irmão da mulher, porque esta é um bom substituto para a irmã da mulher, se não tem irmã em idade conjugal. Existem indicações de que este costume foi praticado pela nobreza feudal chinesa"[35]. Mas a prática é "grandemente arbitrária". Reduz-se a "um incesto legalizado" e nunca pôde, portanto, "tornar-se predominante, mesmo na nobreza [...] porque está em oposição ao princípio da equivalência das gerações, tão forte na ideologia deste período"[36]. Que período, podemos perguntar? Porque Fêng seguiu o desenvolvimento do princípio da equivalência das gerações, que, conforme ele próprio diz, atinge o ponto culminante na época dos T'ang, isto é, um milênio após o período que indica como marcando o desaparecimento da forma do casamento em questão.

Fêng afirma que esta forma de casamento nunca foi frequente, sem dar porém nenhuma prova. Reconhece que a pequena nobreza deve tê-la praticado, que os ministros a adotaram em alguns casos comprovados, e que foi discutida a questão de saber se os letrados tinham, ou não, direito a ela. Não se trata, pois, de um costume tão

---

**33.** CREEL, H.G. On the Origins of the Manufacture and Decoration of Bronze in the Shang Periodo. *Monumenta Serica*, vol. 1, fasc. 1, 1935, p. 46ss. • *The Birth of China*, op. cit., passim. • YETTS W.P. *The Cull Chinese Bronzes*. Londres, 1939, p. 75.

**34.** Id., p. 174-175.

**35.** Id., p. 187.

**36.** Id., p. 189; cf. também p. 191.

raro e extraordinário[37], embora evidentemente os comentadores da época T'ang, e posteriores, tivessem interesse em fazê-la passar como tal.

Encontramos em uma obra traduzida em inglês por Shryock, e cujo autor, Ch'en Ting, vivia no século XVII[38], a curiosa confirmação de que os costumes arcaicos tenham podido possuir muito vasta difusão e tenham sobrevivido às vezes durante longos séculos. Este jovem chinês conheceu a aventura de um casamento numa família nobre, pertencente a uma população que chama Miao, do sul da China. Esta população distribuía-se em quatro clãs "aliados pelo casamento, geração após geração". Quando uma filha mais velha se casava era acompanhada por oito damas de honra, ou concubinas. "Assim, diz o autor, era preservado o antigo costume dos nobres casarem-se com nove mulheres ao mesmo tempo." Insiste sobre o arcaísmo e o conservadorismo dos Miao. "Seus costumes eram primitivos, semelhantes aos das três dinastias." Na verdade, as oito concubinas Miao não se dividem em três lotes, mas em dois. Habitam edifícios laterais atrás do terceiro vestíbulo, "quatro de cada lado". Não são necessariamente mais moças que a mulher principal, e nada indica que algumas pertençam a uma geração diferente. "Entre as oito concubinas, quatro pertencem ao clã de minha mulher e quatro provêm de famílias ricas. Quanto à idade, minha mulher achava-se exatamente no meio. A mais velha tinha quatro anos mais, a mais moça quatro anos menos, havendo uma diferença de um ano entre cada uma delas." Tudo isto é muito diferente do casamento *yin*, e o autor interpreta, quando declara todos esses traços "de acordo com o costume dos Chou"[39]. Mas não esqueçamos que estamos na segunda metade do século XVII, e mesmo admitindo que velhos costumes de pelo menos dois milênios, e talvez mais, devam ser profundamente alterados, a persistência de traços essenciais, depois de tão longo período, não indica sem dúvida que na origem fossem raros e quase anormais. Ch'en Ting e a tradição popular que invoca dão provas de um sentido sociológico mais justo do que Fêng nesta observação, que aparece na conclusão da obra: "Os costumes das três dinastias, desde muito tempo caídos no esquecimento na própria China, acham-se assim conservados nas fronteiras. Diz um velho provérbio: "Quando um cerimonial está perdido, procurai-o entre

---

37. O casamento com a prima cruzada matrilateral foi observado por Hsu numa aldeia da costa sul da Mandchúria, e na mesma aldeia este observador notou dois casos significativos de incesto: um entre o pai e a mulher do filho, outro com a mulher do filho do irmão do pai (p. 126-128). Estes incestos são condenados, por um lado, em nome de sanções sobrenaturais que recaem sobre os culpados de uniões oblíquas (sogro e nora, filha e pai, etc.), e por motivos de ordem na terminologia: "Como vai ela agora chamar seu pai!" (p. 127). Tudo isto sugere uma menor repugnância com relação às uniões oblíquas do que Fêng afirma (cf. HSU, F.L.K. The Problem of Incest in a North China Village. *American Anthropologist*, vol. 42, 1940).

38. SHRYOCK, J.K. Ch'en Ting's Account of the Marriage Customs of the Chiefs of Yunnan and Kuei-chou. *American Anthropologist*, vol. 36, 1934.

39. Ibid., p. 531-544.

as pessoas simples". Agora, não é mais entre os simples que se pode encontrá-lo, mas entre os Miao. Que tristeza!"[40]

Um detalhe da descrição de Ch'en Ting merece reter especialmente a atenção. É a afirmação de que os quatro clãs Miao são "aliados pelo casamento, geração após geração", devendo a filha mais velha da primeira mulher casar-se com o filho mais velho da primeira mulher de uma das outras famílias. O autor não dá nenhuma indicação sobre o tipo de reciprocidade em vigor, mas achamo-nos, convém não esquecer, no Yunnan, isto é, justamente na região na qual Hsu encontra atualmente uma considerável proporção de casamentos com a filha do irmão da mãe, e nas cercanias do país Katchin. Temos, portanto, forte inclinação a imaginar estes quatro clãs ligados em um ciclo de troca generalizada. Ora, se houvesse no caso, conforme Ch'en Ting afirma com tanta insistência, a sobrevivência de um uso arcaico, teríamos ao mesmo tempo uma possível solução do problema da exogamia anulando-se, entre os Hsia e os Shang, depois da quinta geração. Um clã A não pode tomar suas mulheres no interior do clã, mas deve recebê-las do clã B, que as recebe do clã C, que as recebe do clã D. São portanto necessárias e suficientes cinco gerações para percorrer um ciclo completo de troca, a saber, um clã A, que cedeu uma mulher, recupera esta na quinta geração, em forma da neta da neta da esposa inicial.

Ao mesmo tempo, percebemos uma possível interpretação de um caráter muito singular do sistema de parentesco, notado por Fêng. "Durante os dois primeiros séculos dC, e quando o casamento entre primos cruzados estava desde há muito fora de uso, os filhos da irmã do pai eram chamados *wai* (de fora), por exemplo *wai hsiung ti*, e os filhos do irmão da mãe eram chamados *nei* (de dentro), por exemplo nei *hsiung ti*"[41]. Esta assimetria aparece posteriormente ao uso simétrico do *Ehr Ya*, que confunde os dois tipos de primos cruzados sob o mesmo termo *shêng*, mas é comprovada pelo *I Li*, cuja nomenclatura, contudo, está de acordo com a do *Ehr Ya*. Vimos que esta nomenclatura (principalmente a extensão do termo *shêng*) sugere o casamento entre primos cruzados bilaterais. É impossível compreender na mesma perspectiva a assimetria fugitiva observada por Fêng, isto é, o filho da irmã do pai e o filho do irmão da mãe são, na mesma maneira, parentes próximos externos. Ambos são *piao* (equivalente a *wai*), nenhum pode ser *chung* (próximo interno, equivalente a *nei*). Mas se os textos não parecem contraditórios a não ser porque refletem dois sistemas, e se o segundo sistema é do tipo do casamento com a prima cruzada matrilateral, então a assimetria fica esclarecida, porque, suposto um clã A, o filho do irmão da mãe pertence ao clã B, que é o *mais próximo* no ciclo orientado da troca generalizada, ao passo que o filho da irmã do pai pertence a um clã D, ou *n*, de qualquer modo o *mais afastado* no mesmo ciclo. Como a assimetria dos primos cruzados e a medida de um

---

**40.** Ibid., p. 547.
**41.** FÊNG, H.Y., p. 177. – Cf. também GRANET, M. *Catégories*, p. 31-32.

ciclo de exogamia por um número fixo de gerações aparecem em conexão em vários sistemas que ocupam em geral uma posição periférica com relação à China[42], existe, segundo nos parece, grande possibilidade de que um sistema deste tipo tenha existido também na China em forma arcaica. À luz destas considerações, podemos voltar agora ao casamento com a filha do irmão mais velho da mulher.

Dissemos a razão pela qual este tipo de casamento deve constituir a viga mestra de toda tentativa de reconstrução de um sistema primitivo. Conservamos a intuição de Granet, de que esse tipo pode coincidir com o casamento com a filha do irmão da mãe. Finalmente, vimos que este último tipo de casamento existe atualmente na China, e que numerosas indicações sugerem que apareceu em época muito antiga. Ora, que é um sistema de parentesco que permite o casamento com a filha do irmão da mulher (a teoria do "incesto legalizado" é apenas uma interpretação feita em função de um sistema posterior), e que se acompanha da sugestão de outra forma de casamento, com a filha do irmão da mãe? É um sistema, aliás bem conhecido, cujo estudo detalhado pode ser feito atualmente em certas regiões do mundo, principalmente na Califórnia. Do ponto de vista tipológico é um sistema Miwok, nome do grupo no qual foi melhor descrito[43]. Como o presente trabalho não é nem quer ser uma reconstituição histórica ou uma descrição geográfica, mas uma análise tipológica, creio que nos será permitido talvez a liberdade de tentar interpretar a forma vestigial pelo tipo completo.

---

**42.** Cf. cap. XXIII.

**43.** Kroeber nao hesitou em aproximar o sistema chinês dos sistemas californianos, quando observa que o sistema chinês primitivo parece ser do tipo Cocopa (KROEBER, A.L. *The Chinese Kinship System*, p. 155-157).

# CAPÍTULO XXII
## O casamento oblíquo

O sistema de parentesco dos índios Miwok, que habitam a Sierra Nevada na Califórnia, foi estudado em várias publicações sucessivas por E.W. Gifford. A descrição que deu em seu trabalho intitulado *Miwok Moieties*[1] é hoje clássica. O sistema recorre a trinta e quatro termos, dos quais vinte e um reúnem indivíduos pertencentes a gerações diferentes. Gifford pôde,portanto, legitimamente escrever: "Um dos aspectos mais significativos do sistema de parentesco dos Miwok da Sierra Central é o desprezo pela noção de geração". Este aspecto fundamental deve ser correlacionado com a organização social, caracterizada pela existência de metades patrilineares exogâmicas, respectivamente chamadas "metade da Água" e "metade da Terra", e com as regras do casamento, que colocam, no número dos cônjuges autorizados para um homem, a filha do irmão da mãe e a filha do irmão da mulher. Segundo Gifford, as particularidades do sistema, deixando de lado a exogamia, explicam-se "pelo casamento preferencial com certos parentes, e descendentes da mulher, em linha paterna"[2]. É o que aconteceria principalmente no que se refere à assimilação psicológica e terminológica dos irmãos. Enquanto a mãe e as irmãs distinguem-se pelos termos *üta*, mãe, *tomu* ou *ami*, irmã mais velha da mãe, e *anisü*, irmã mais moça da mãe, o pai e seu irmão confundem-se em uma única denominação *üpü*, que tem expressão "no costume de um homem casar-se com a viúva de seu irmão, tornando-se assim pai dos filhos deste". A equiparação da irmã caçula da mãe e da mulher do irmão do pai, se esta é mais moça do que a mãe, no *anisü*, da irmã mais velha da mãe e da mulher do irmão do pai, se esta é mais velha que mãe, no *tomu* (ou, entre os big creek, *ami*), explica-se facilmente pelo recasamento com a irmã da mulher falecida.

Um problema mais delicado surge com a extensão do termo *anisü*, que significa ao mesmo tempo irmã caçula da mãe, filha do irmão da mãe e mulher do irmão do pai, se esta é mais moça que a mãe. *Anisü* e *tomu* têm como recíprocos *ani* e *tune*, que significam filho e filha. Os filhos da prima *anisü* são, por outro lado, chamados irmãos e irmãs, como acontece normalmente com os filhos dos outros tipos de *anisü*. Gifford sustentou várias vezes a tese segundo a qual estas extensões explicam-se pelo casamento com a filha do irmão da mulher. A filha do irmão de minha mãe é a esposa potencial de meu pai, como são também a irmã de minha mãe e a mulher do irmão de

---

1. *University of California Publications in American Archaeology and Ethnology*, vol. 12, 1916.
2. GIFFORD, E.W. Op. cit., p. 183.

meu pai. Gifford observa: "O fato do termo *anisü* refletir o casamento com a filha do irmão da mulher é uma indicação da antiguidade do costume"[3].

Outras extensões sugerem a mesma conclusão. São *wokli*, para irmão e irmã da mulher, e para filho e filha do irmão da mulher. O recíproco de *wokli*, *kawu*, para o marido da irmã e para o marido da irmã do pai. O mesmo costume reflete-se, com efeito, na extensão de doze termos: *anisü*, *añsi*, *kaka*, *kawu*, *kole*, *tupuba*, *tatci*, *tete*, *tune*, *tcale*, *üpsa*, *wokli*. Toda a terminologia dos primos cruzados, que compreende seis termos (ou seja, dois para o filho e a filha do irmão da mãe e quatro para o filho e a filha da irmã do pai, sendo estes termos especializados em função do sexo de quem fala), "parece ser inteiramente fundada neste tipo de casamento"[4].

O fato do tipo preferido de casamento ser o que é feito entre *añsi* e *anisü* implica que, pelo menos em alguns casos, um homem pode casar-se com a filha do irmão de sua mãe, tendo sido recolhidos por Gifford vários exemplos deste tipo de casamento[5]. Mas, em caso algum um homem pode casar-se com sua prima *lupuba*, isto é, com a filha da irmã do pai. Seja qual for a popularidade do primeiro tipo de casamento, segundo Gifford, não se expressaria por nenhuma extensão terminológica. No máximo, encontra-se a proibição da conversa entre um homem e a mulher do irmão de sua mãe, o que sugere sua assimilação à sogra, sempre afetada por um tabu na Califórnia. Mas, se fizermos a oposição entre as doze assimilações terminológicas explicáveis pelo casamento com a filha do irmão da mulher e a completa ausência de particularidades da nomenclatura referentes ao casamento com a prima cruzada matrilateral, devemos concluir que "a primeira forma de casamento é a mais antiga das duas"[6]. Qual é então "a chave do mistério do casamento Miwok com uma prima cruzada unilateral?" É que um homem renuncia eventualmente, em favor de seu filho, à filha do irmão de sua mulher, que é, ao mesmo tempo, a prima matrilateral desse mesmo filho. O casamento com a prima cruzada seria, portanto, apenas, uma forma recente e secundária, originária de outra forma de casamento preferencial, fundada sobre a dependência com relação à mesma linhagem patrilinear, e por essa razão não teria tido ainda tempo de se refletir na terminologia[7]. Gifford conclui: "Se o casamento Miwok com a prima cruzada matrilateral tivesse outra origem diferente da que acabamos de propor, seria difícil compreender a razão pela qual se restringiria a um único par de primos cruzados. Esta própria restrição reforça a teoria segundo a qual esse casamento seria originário da transmissão de um privilégio em linha paterna". Esta interpretação foi mantida por Kroeber. "Os homens Miwok casam-se com as filhas do irmão da mãe, mas Gifford mostrou de maneira muito convincente que a primitiva forma de casamento é a de um homem com a filha do irmão de sua mulher, dado o fato de doze termos de parentesco Miwok comprovarem este tipo de casamento e nenhum

---

**3.** Id., p. 186.

**4.** Id., p. 187.

**5.** Id., p. 189.

**6.** Id., p. 191.

**7.** Id., p. 193.

com a prima cruzada"[8]. Este autor, além disso, esforçou-se por explicar o casamento com a filha do irmão da mulher como resultado da exogamia de metade em um sistema patrilinear. O casamento com a filha da mulher, praticado nas tribos vizinhas (Costano &Yurok) torna-se impossível porque ela pertence à mesma metade que seu padrasto. Na falta de irmã da mulher a poliginia só é possível com a filha do irmão da mulher, que se torna a parente mais próxima substituível[9].

É inútil observar que estamos em pleno Rivers. O próprio Gifford confessa isso, quando, depois de ter repelido a interpretação incompleta, mas metodicamente sólida de Lowie, pela exogamia de metade[10], acrescenta: "Os costumes matrimoniais e a terminologia dos Miwok parecem por conseguinte estar em harmonia com a posição de Rivers"[11]. As bases metodológicas das interpretações de Rivers serão criticadas em outro lugar[12]. No caso presente, encontramos uma questão suplementar, a saber, se a exogamia de metade, a poliginia simultânea e sucessiva e a filiação patrilinear convergem para o casamento com a filha do irmão da mulher, deve-se admitir que não trazem nenhuma sugestão referente a esta mulher? Por definição, o casamento com a filha do irmão da mulher é um casamento secundário, que supõe um casamento precedente. Como explicar que o sistema, tão eloquente quando está em causa o casamento secundário, permaneça mudo em tudo aquilo que se refere ao primeiro?

Em segundo lugar, Gifford considera o casamento preferencial com a filha do irmão da mãe (prima cruzada matrilateral) como um mistério do qual é preciso procurar a chave. Ele próprio, entretanto, nos adverte contra "a futilidade do emprego dos termos ingleses quando se discute seus próprios costumes com indígenas"[13]. O casamento com a prima unilateral só é surpreendente para grupos que identificam os dois tipos. Vimos, ao contrário, que, longe de ser um mistério, o casamento com a prima matrilateral fornece um princípio de explicação, e que em todos os lugares em que o encontramos podemos ter certeza que o sistema de parentesco considerado funciona de acordo com a fórmula da troca generalizada. Quando nos deparamos com este tipo de casamento em conexão com outro tipo, a tarefa suplementar consiste em descobrir uma estrutura na qual os dois tipos possam ser considerados, em função dessa estrutura, como equivalentes.

No que se refere à filiação, um sistema de metades patrilineares constitui, conforme bem viu Kroeber, a condição necessária e suficiente para a assimilação desses dois cônjuges potenciais. Mas tal sistema incluiria também a prima patrilateral e a filha do irmão da prima patrilateral. Estas duas últimas, no entanto, são eliminadas por uma fórmula de troca generalizada que implica, conforme nos lembramos, além das metades, ou, em lugar delas, um sistema de grupos harmônicos (patrilineares e patrilocais,

---

**8.** KROEBER, A.L. California Kinship Systems. *University of Califórnia Publications in American Archaeology and Ethnology*, vol. 12, 1917, p. 357.

**9.** Id. Handbook of the Indians of Califórnia. *Bulletin of the Bureau of American Ethnology*, n. 78. Washington, 1925, p. 459.

**10.** Cf. cap. IX.

**11.** Id., p. 188.

**12.** Cf. cap. XXVII.

**13.** Id., p. 189.

ou o contrário), entre os quais produz-se com um único sentido a circulação das esposas. Que falta interpretar? O esquecimento do fator geração. Para que este se produza, é preciso, e basta, que estes grupos em lugar de constituírem classes formem linhagens, e que a noção de linhagem seja bastante fortemente implantada para que predomine sobre a de geração. Diremos então que uma linhagem A fornece mulher a uma linhagem B, que fornece mulheres a uma linhagem C, etc., retornando à linhagem A. O único ponto importante é que o cônjuge possível pertença à linhagem exigida. A geração tem caráter secundário, não sendo tomado em consideração, ou apenas por motivos de idade ou de conveniência. Nesse sistema a prima matrilateral é um cônjuge possível, com exclusão da prima patrilateral, e a filha do irmão da mulher é também um cônjuge possível. Por que somente essas? É porque os cônjuges possíveis da geração superior são a mãe, normalmente proibida, e suas jovens irmãs *anisü*, identificadas ao cônjuge possível pela terminologia. Mas, como diz de maneira significativa uma informadora de Gifford, entre as mulheres da linhagem prescrita há algumas que, apesar de tudo, são "demasiado semelhantes à mãe"[14]. Teoricamente, apesar da diferença de idade, seria possível fazer o retorno à avó (mãe do pai) e à filha do filho do irmão da mulher, que entram na classe dos cônjuges potenciais. Os Miwok não quiseram proceder assim, mas os indígenas da Ilha de Pentecostes[15] seguiram até esse ponto a lógica de um sistema análogo.

Construamos, pois, o modelo reduzido de um sistema patrilinear, com linhagens, segundo a fórmula da troca generalizada, e tal que as únicas exigências do sistema se reduzam ao fato de uma linhagem dada receber mulheres do lado que se encontra imediatamente à direita (Figura 67).

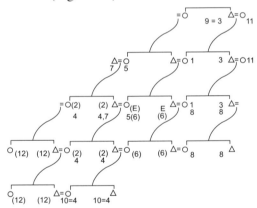

**Figura 67**
*Sistema Miwok (modelo reduzido)*
*E: Ego masculino*
*(E): Ego feminino*
*Os números sem parênteses indicam as assimilações feitas por E.*
*Os números entre ( ) indicam as assimilações feitas por (E)*

---

14. Id., p. 190.
15. SWANTON, J.R. The Terms of Relationship of Pentecost Island. *American Anthropologist*, vol. 18, 1916.

Para um indivíduo determinado, a linhagem da esquerda é a dos "genros", e para uma mulher a de seus "filhos", ao passo que a linhagem da direita é a dos "sogros", e, para um homem *ou* uma mulher, da "mãe". Num sistema desse tipo o casamento com a filha do irmão da mãe representa a fórmula mais simples, o que não implica que seja a mais frequentemente utilizada. Do ponto de vista da linhagem a filha do irmão da mulher representa um cônjuge igualmente possível, o que não significa que seja exclusivamente esposada.

Seja como for, estas condições explicam todos os caracteres do sistema Miwok sem apelar para causas particulares que viriam necessariamente com cada grupo e tornam um conjunto harmonioso um montão de anomalias.

Resumindo, diremos que do casamento com a prima cruzada matrilateral, que exclui o casamento com a prima patrilateral, conclui-se imediatamente haver um sistema de troca generalizada, fazendo, portanto, entrar em ação mais de dois grupos que praticam o intercâmbio. Por conseguinte, entre os Miwok há algo diferente e a mais do que metades[16]. É possível concluir do casamento com a filha do irmão da mulher que os grupos intercambiantes, do mesmo modo que as metades, fundam-se no direito paterno, e que portanto estamos em presença de um regime harmônico, o que sempre acontece em um sistema simples de troca generalizada. Da coexistência dos dois tipos de casamento pode-se finalmente concluir que os grupos intercambiantes são linhagens, isto é, estruturas orientadas em função da filiação mais do que em função das gerações. Todos estes caracteres do sistema podem ser deduzidos partindo dos fatos recolhidos por Gifford em 1916. Devemos, portanto, exaltar como uma experiência crucial a descoberta, publicada pelo mesmo autor dez anos mais tarde, das linhagens patrilineares e patrilocais, desempenhando na cultura considerada o papel exato que lhes podia ser atribuído com base puramente teórica. Gifford, com efeito, encontrou entre os Miwok indiscutíveis traços da família indivisa ou *nena*. "O nome de linhagem era sempre um nome de lugar [...] a linhagem era um grupo territorial e proprietário de seu território [...] era um grupo exógamo [...], as linhagens, assim como as metades, eram patrilineares."[17] Adiante declara: "Entre os Miwok a linhagem formava outrora um grupo político, cada linhagem era localizada no local de sua casa ancestral. Os homens da linhagem normalmente importavam suas mulheres para sua aldeia, onde viviam com eles, enquanto as mulheres da aldeia normalmente casavam-se fora"[18]. Em um artigo posterior, Gifford eliminava toda dúvida possível sobre a existência das linhagens[19]. Ao mes-

---

16. Uma observação de Gifford indica que a exogamia de metade não desempenha um papel determinante, ao contrário do que pensava Kroeber. Gifford declara que "mesmo entre os miwokes da Sierra do Norte, em Elk Grove, onde não parece existir a divisão em metades, o casamento habitual é do tipo *añsi-anisü* (GIFFORD, 1916, p. 190).

17. GIFFORD, E.W. *American Anthropologist*, vol. 28, 1926, p. 389.

18. Id., p. 390.

19. Id. Miwok Lineages. *American Anthropologist*, vol. 46, 1944.

mo tempo, e talvez sem ter inteira consciência do que fazia, dava o golpe de misericórdia a todas as tentativas anteriores de interpretação.

Examinemos, com efeito, as equações que, segundo ele, traduzem o casamento com a filha do irmão da mulher, e estabeleçamos a referência com o esquema da Figura 67.

| | |
|---|---|
| 1) Filha do irmão da mãe | = mãe, madrasta, irmã da mãe; |
| 2) Filho ou filha da irmã do pai do Ego feminino | = filho ou filha, afilhado ou afilhada, filho ou filha da irmã; |
| 3) Filho do irmão da mãe | = irmão da mãe; |
| 4) Filho ou filha da irmã do pai do Ego masculino | = filho ou filha da irmã; |
| 5) Irmã do pai | = irmã mais velha; |
| 6) Filhos do irmão do Ego feminino | = irmão ou irmã; |
| 7) Marido da irmã do pai | = marido da irmã; |
| 8) Filhos do irmão da mulher | = irmão ou irmã da mulher; |
| 9) Irmão da mãe | = avô; |
| 10) Filhos da irmã do Ego masculino | = netos; |
| 11) Mulher do irmão da mãe | = avó; |
| 12) Filhos da irmã do marido | = netos. |

Em seu trabalho de 1922[20], Gifford, que mantém ainda integralmente sua interpretação histórica, trata as equações 1 a 4 como resultados diretos, e as equações 5 a 12 como resultados indiretos do casamentos com a filha do irmão da mulher[21]. Ora, se nos referirmos ao modelo da Figura 67, embora inteiramente construído, por motivo de simplicidade, com base no casamento (considerado por nós equivalente, do ponto de vista do sistema) com a filha do irmão da mãe, percebemos que as equações 1 e 3 identificam os homens e as mulheres da linhagem de minha mãe, contemporâneos ou mais velhos do que eu, a equação 8 designa os homens e as mulheres da linhagem de minha mãe, contemporâneos ou mais jovens do que eu, a equação 11 indica a mulher do irmão de minha mãe e minha avó (mãe da mãe) enquanto membros femininos da mesma linhagem, a equação 6 refere-se aos homens e às mulheres de minha linhagem, contemporâneos ou mais jovens do que eu (Ego feminino), a equação 7 equivale aos homens contemporâneos, ou mais velhos do que eu, da linhagem dos "genros", a equação 4 indica os homens e as mulheres contemporâneos, ou mais jovens do que eu, da linhagem dos "genros" (Ego masculino), a equação 2 corresponde aos homens e às mulheres da linhagem onde encontro meu marido e à qual dou meus filhos (Ego feminino), a equação 12 é o grupo dos homens e das mulheres de uma mesma linhagem (marido e filhos de minha filha, Ego feminino), a equação 5

---

**20.** California Kinship Terminology. *University of California Publications in American Archaeology and Ethnology*, vol. 18, 1922.

**21.** Id., p. 248-250.

refere-se às mulheres da minha linhagem (irmãs do pai e irmãs, Ego masculino). Finalmente, a equação 9 reduz-se a 3, e a equação 10 a 4. Por conseguinte, em todos os casos, as equações de Gifford explicam-se completamente com referência a um ciclo de linhagens patrilineares aliadas segundo a fórmula da troca generalizada[22]. No máximo, pode-se notar a existência de uma diferenciação no interior da linhagem (como aliás na nomenclatura do parentesco, no interior das principais gerações), entre membros mais velhos e mais moços, fazendo-se normalmente a diferenciação através da geração do sujeito. Discutimos em outro local este problema[23] e bastará lembrar aqui que esta diferenciação tão frequente é solidária não de um certo tipo de casamento, mas da coexistência de dois tipos de casamento, que estabelecem a concorrência entre dois homens, pertencentes a gerações sucessivas, com relação à mesma mulher (no caso presente, a filha do irmão da mulher, cônjuge potencial do pai, é ao mesmo tempo a filha do irmão da mãe, cônjuge potencial do filho). A solução geral, da qual os Miwok oferecem apenas uma aplicação particular, consiste então em distinguir a mulher em irmã mais velha (que segue o privilégio da geração imediatamente superior) e irmã mais moça (que segue o privilégio de sua geração). Conforme se vê, ainda aqui os dois tipos de casamento acham-se funcionalmente ligados ao sistema, e não somente um único dentre eles. Noutras palavras, a estrutura social dos Miwok, caracterizada por linhagens patrilineares e patrilocais, os dois tipos de casamento preferidos e o sistema terminológico das equações formam uma totalidade indissolúvel, sendo inútil atribuir o papel privilegiado a um ou a outro de seus aspectos.

Podemos acrescentar uma nova prova. Gifford recolheu de duas informadoras, uma filha da outra, a lista das relações de parentesco respectivas de noventa e um habitantes de Big Creek, e de alguns outros. No total, foram considerados cento e vinte e dois indivíduos. Gifford estabeleceu novamente nesta base equações complexas referentes a vinte e três termos. Todos quantos trabalharam no terreno dos

---

22. Um traço característico do sistema Miwok é a grande pobreza dos termos para os antepassados. Há apenas três termos, a saber: avô, avó e neto (KROEBER, A.L. *California Kinship Systems*, p. 356). O modelo reduzido exigiria um maior número, porque o pai do pai pertence à minha linhagem, o pai da mãe e a mãe do pai à linhagem da mãe, e a mãe da mãe à linhagem da mãe da mulher. As irregularidades manifestadas na geração dos antepassados e na dos descendentes parecem poder ser atribuídas à intervenção das metades. Em todos os sistemas caracterizados por linhagens, *mais* metades, encontram-se termos que, usando uma significativa expressão dos informantes de Deacon em Ambrym, "are not straight". Retornaremos em outro lugar a este fenômeno, que é certamente notável entre os miwokes. Kroeber observa que pelo menos um quarto dos termos de parentesco aplicam-se a pessoas pertencentes a uma ou à outra metade. Tira daí a conclusão que as metades foram recentemente introduzidas (*Handbook of the Indians of California*, p. 457). Gifford declara: "Os fatos parecem mostrar que na Califórnia não existe conexão fundamental entre as metades e a dicotomia. Sem dúvida, todos os grupos com metades fazem a dicotomia dos 'tios', mas muitos desprezam-na para a classe dos 'antepassados'. Assim, há tribos com metades nas quais os antepassados paternos e maternos são chamados pelo mesmo termo, embora dependendo de metades diferentes" (GIFFORD, E.W. *California Kinship Terminologies*, p. 282). Compare-se com o que diz Kroeber: "A distribuição dos diferentes tipos de sistemas de parentesco e das modalidades particulares de designação de certos parentes não concorda com a divisão do sistema de metades" (*California Kinship Systems*, p. 282-283).

23. Cf. cap. XIII.

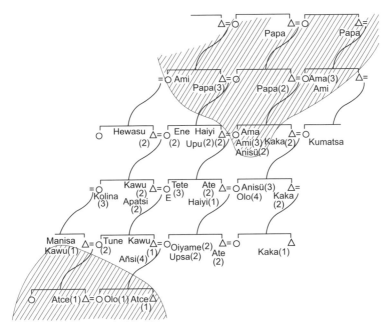

**Figura 68**
*Sistema Miwok*
*Correlações entre as genealogias e o modelo reduzido*

problemas de parentesco sabem como este procedimento é habitualmente decepcionante. Em primeiro lugar, porque o pensamento indígena interessa-se mais pela ordem objetiva do sistema do que pela ordem subjetiva das genealogias[24], e em seguida porque um sistema, descrito por informadores ou deduzido de interrogatórios, raramente se reflete nas situações concretas, que fazem aparecer lacunas e contradições. Existe sempre, em certa medida, conflito entre o sistema e a realidade. Contudo, representamos as equações induzidas por Gifford[25] no modelo reduzido da Figura 67. Embora constitua já um sistema com relação a um sistema, e todos os tipos de casamento tenham sido reduzidos ao tipo mais simples (filha do irmão da mãe), a respeito do qual Gifford afirma que não tem correspondência terminológica, encontramos as seguintes correlações (Figura 68) (admitindo-se que há correlação quando o termo se aplica a indivíduos que gozam da mesma situação social, quanto à linhagem e quanto à geração, ou ocupam a mesma posição de membro, feminino ou masculino, da mesma linhagem):

---

24. Sobre este ponto, cf. HOCART, A.M. Kinship Systems. *Anthropos*, vol. 32, 1937.
25. GIFFORD, E.W. Op. cit., 1916, p. 174-181.

| Termo de parentesco | Número de relações postas em equações por Gifford | Número de correlações |
|---|---|---|
| ama | 5 | 3 |
| ami | 5 | 3 |
| anisü | 5 | 5 |
| añsi | 4 | 4 |
| apatsi | 2 | 2 |
| atce | 2 | ? |
| ene | 2 | 2 |
| haiyi | 3 | 3 |
| hewasu | 2 | 2 |
| kaka | 5 | 5 |
| kawu | 4 | 3 |
| kolina | 3 | 3 |
| kumatsa | 1 | – |
| manisa | 1 | – |
| oiyame | 2 | 2 |
| olo | 5 | 4 |
| papa | 7 | 3 |
| tatci | 1 | – |
| tete | 3 | 3 |
| tune | 2 | 2 |
| üpsa | 2 | 2 |
| üpü | 2 | 2 |

Por conseguinte, em treze casos há correlação completa entre as equações e o sistema, e nos outros quatro casos a correlação é da ordem de 3/5, 3/4 e 4/5. Restam quatro casos (*atce*, *papa*, *kumatsa* e *manisa*) nos quais a correlação é duvidosa, e ainda, nos dois últimos, a razão deste fato está em que se propõe um único sentido para cada termo. Nessas condições, será possível dizer que o sistema terminológico não exprime igualmente o casamento com a prima matrilateral do que com o outro cônjuge possível? Sem dúvida, o sistema de correlações a que chegamos contém incertezas e contradições. O contrário seria de surpreender, tratando-se de dados recolhidos numa época em que a estrutura social não pode mais ser considerada intacta. Mas, se nos referirmos ao esquema, veremos que os casos duvidosos agrupam-se de tal maneira que é possível delimitar os dois setores simétricos onde aparecem. Estes setores correspondem às linhagens e às gerações mais afastadas do sujeito, isto é, precisamente às duas zonas em que se pode, legitimamente, esperar encontrar uma certa confusão. Ao contrário, é na vizinhança imediata do sujeito que se estabelecem as correlações rigorosas. Portanto, é realmente em função da estrutura global (e de uma estrutura tal que foi por nós primeiramente deduzida e depois experimentalmente verificada) que o sistema deve ser compreendido e interpretado.

Não pensamos fazer a comparação entre a cultura chinesa arcaica e a sociedade Miwok, nem mesmo concluir, partindo do sistema de parentesco dos segundos, alguma coisa referente ao eventual sistema que tenha podido existir noutro lugar. Mas convém notar, de toda maneira, que o tipo Miwok não é um tipo isolado ou excepcional. Situa-se no interior de um grupo mais vasto, chamado Penutiano, e que abrange, além dos Miwok, seus vizinhos Wintum, Maidu, Costano e Yokuto. Finalmente, o sistema de parentesco parece funcionalmente ligado ao conjunto da cultura do grupo Penutiano, porque na Califórnia "os centros de dispersão cultural e os centros de formas de parentesco são aproximadamente os mesmos"[26].

O sistema Miwok é o que conservou o maior número de traços arcaicos, e que, ao mesmo tempo, aparece como o menos especializado[27], embora não como o mais típico[28]. De maneira geral, os sistemas de parentesco do grupo Penutiano parecem caracterizados pela extrema pobreza da terminologia[29] e o casamento assimétrico com a prima cruzada matrilateral, que não tem outra ocorrência na Califórnia[30]. Há aí duas analogias notáveis com aquilo que é possível reconstituir do sistema chinês, mas seria inútil tentar aprofundar a comparação, ou querer desenvolvê-la em outras direções, tais como a existência dos maridos-genros ao lado do casamento patrilocal, entre os vizinhos setentrionais dos Miwok, os Yuroke[31], fenômeno tão sugestivo da situação chinesa[32]. Quisemos apenas mostrar, sem qualquer preocupação de fazer aproximações históricas ou geográficas, que existe uma conexão entre o matrimônio com a filha do irmão da mãe e o matrimônio com a filha do irmão da mulher, e que, longe de ser possível explicar uma pela outra, as duas modalidades aparecem como elementos de uma estrutura global, que é possível reconstituir. Em todos os lugares onde se encontram estas duas formas de casamento, ou pelo menos em todos os lugares onde é possível inferir a presença simultânea delas, pode-se também concluir que existe uma estrutura global do mesmo tipo, isto é, um conjunto de linhagens patrilineares, distribuídas ou não em metades, e ligadas entre si por um sistema de troca generalizada. Escolhemos o sistema Miwok, em lugar de outros, somente porque seu caráter moderno permite verificar a demonstração. Este sistema, cuja fórmula mais simples nos é fornecida pelos Gilyak e pelos Katchin, explica-se na China por certas indicações de Granet, que parecem literalmente tomadas dos grupos mais primitivos. "Chamava-se 'caçulas ou mais velhos' (= irmãos) todos os membros, por distantes que fossem, das famílias de mesmo 'nome'. Chamava-se 'sogros' ou 'genros' todos os membros das famílias de nome diferente. Ainda mais, imaginavam-se todas as regras

---

26. Id., op. cit., p. 283.

27. Id. *California Kinship Terminology*, p. 228-229.

28. Ibid., p. 207.

29. GIFFORD, E.W. Op. cit., e KROEBER, A.L. Handbook, passim.

30. Id., op. cit., p. 256.

31. KROEBER, A.L. & WATERMAN, T.T. Yurok Marriages. *University of California Publications in American Archaeology and Ethnology*, vol. 35, 1934.

32. GRANET, M. *Catégories*, p. 142-143.

do que poderia chamar 'direito internacional público' sob a forma das regras simples que governam as relações entre aliados pelo casamento (*houen*, *yinj*)"[33].

Estabeleçamos com maior exatidão as implicações de um tal sistema, no que se refere aos casamentos. Significa uma relação conjugal não entre indivíduos, mas entre linhagens, isto é, uma linhagem patrilinear determinada trata como suas "esposas" atuais ou potenciais as mulheres de uma outra linhagem patrilinear. A propósito dos Yuma, vizinhos dos Miwok, Halpern observa também que a unidade social primitiva era a linhagem patrilinear e patrilocal, na qual as mulheres figuravam como "estrangeiras": *u.n.i.*[34] Em frente a uma sequência de homens, pai do pai do pai, pai do pai, pai, filho, filho do filho, etc., há, portanto, uma sequência de mulheres, irmã do pai do pai do pai, irmã do pai do pai, irmã do pai, irmã do filho, etc., de outra linhagem, e o *connubium* faz-se entre as linhagens consideradas como uma totalidade. Em tal sistema a confusão das gerações é imediatamente dada. De um lado, os "genros"; de outro, os "sogros". De um lado, as "noras"; de outro, as "esposas". Por conseguinte, o que se trata de explicar não é a razão pela qual as gerações são confundidas pela terminologia, mas a razão pela qual, em certa medida, desigual segundo os sistemas, se distinguem. O sistema, considerado enquanto tal, limita-se a colocar todas as mulheres da linhagem dos sogros na mesma perspectiva. O fato de um homem da linhagem dos genros pretender *uma qualquer* das mulheres da linhagem dos sogros (classe das avós, madrastas, primas, ou sobrinhas da mulher) ou uma mulher *determinada* indica um sistema mais ou menos *racional*. Se pretende *uma única mulher* ou *várias*, isso indica um sistema mais ou menos *racional*, sendo preciso fazer apelo aqui, não apenas à estrutura geral do parentesco, mas a toda a organização social do grupo considerado. Na medida em que o indivíduo pretende ser completamente representativo de sua linguagem, isto é, em um regime feudal, utilizará de preferência, para uso pessoal, a reivindicação global que existe, de fato, em favor desta linhagem. Foi isso que Granet, incomparável analista do espírito feudal, compreendeu admiravelmente ao interpretar os casamentos "oblíquos" como manifestação do espírito de exagero dos sentimentos ou das atitudes[35]. Mas, mesmo em uma sociedade mais primitiva e mais razoável (ao mesmo tempo, sem dúvida, mais racional), onde uma estrutura global de parentesco formalmente análoga não admite, ao que parece, o casamento com a filha do irmão da mulher (mas somente com a filha do irmão da mãe), isto é, entre os Gilyak, a primeira recebe, contudo, o mesmo nome que a noiva[36].

Ora, estas linhagens patrilineares, inteiramente inspiradas pelo espírito feudal, empenhadas encarniçadamente em lutas de prestígio nas quais o açambarcamento das mulheres devia desempenhar um papel não desprezível, e que Granet evocou tão

---

**33.** Ibid., p. 149; cf. também *Fêtes et chansons*, p. 208-209.
**34.** HALPERN, A.M. Yuma Kinship Terms. *American Anthropologist*, vol. 44, 1942.
**35.** GRANET, M. *Catégories*, p. 70-74 e 130-133.
**36.** Cf. cap. XVIII.

magnificamente nas *Danses et Legendes*, deixam entrever suas rivalidades desde a fase mais arcaica da história chinesa, isto é, desde os Shang. Tentamos em outro lugar lembrar a estrutura social dos Shang partindo de certas características de sua arte[37], e é precisamente nesse tipo de sociedade que teríamos podido concluir. O fato de, entre os Shang, o irmão, ao que parece, ser herdeiro do irmão, corresponde a um regime no qual a solidariedade da linhagem não deixava ainda nenhum lugar à família agnática, introduzida pelos Chou.

Somos, portanto, levados à hipótese da coexistência na China arcaica de dois sistemas de parentesco: um, de prática camponesa, fundado sobre uma divisão real ou funcional em metades exogâmicas, na troca das irmãs e no casamento entre primos cruzados bilaterais; e outro, de inspiração feudal, fundado sobre ciclos de aliança entre linhagens patrilineares (divididas ou não em metades exogâmicas), e no casamento com a prima cruzada matrilateral e sua sobrinha. Isto é, um sistema de troca restrita e um sistema de troca generalizada. Expusemos as razões, teóricas e práticas, pelas quais estes dois sistemas devem ser de tipo mais simples do que os entrevistos por Granet, assim como as razões pelas quais é impossível, conforme queria Granet, que o segundo represente uma forma evoluída do primeiro. É preciso, portanto, ou admitir a heterogeneidade primitiva deles, e reconhecer sua coexistência em regiões ou em meios diferentes, ou então considerar a sequência inversa (a única logicamente possível), e que o sistema restrito é posterior ao sistema generalizado, que representaria assim a forma mais arcaica. Antes de esboçar um quadro geral da fácies extremo-oriental dos sistemas de parentesco, é contudo necessário comparar mais estreitamente os fatos chineses com os das regiões vizinhas.

---

37. Le Dédoublement de la représentation dans les arts de l'Asie et de l'Amérique. *Renaissance*, 1945.

# CAPÍTULO XXIII
## Os sistemas periféricos

O estudo linguístico comparado dos sistemas de parentesco tibetano e chinês levou Paul K. Benedict a conclusões muito próximas das nossas, principalmente à hipótese de que o matrimônio com a prima cruzada matrilateral constitui um traço arcaico essencial da área considerada. Sua análise, inspirada em considerações diferentes das que invocamos até agora, conduz a um resultado de tal modo decisivo que parece indispensável reproduzir as vias principais que conduziram a ele.

A nomenclatura tibetana, tal como a chinesa, apela para termos elementares e termos derivados. Os termos elementares são em número de vinte e quatro, doze masculinos, nove femininos e três neutros, sendo estes últimos exclusivamente aplicados aos parentes mais jovens do que o sujeito. Este caráter encontra-se nas outras línguas tibeto-birmanesas[1] e pode ser aproximado da ausência de termos de parentesco para os parentes mais jovens, que já notamos nos sistemas chineses falados[2].

É inútil descrever o sistema em detalhes, mas um ponto inicial deve ser mencionado. Encontra-se *khu* para designar irmão do pai, e *ne* para a irmã da mãe. São termos derivados de raízes tibeto-birmanesas + *k'u* + *ni-* + *nei*, respectivamente "irmão da mãe" e "irmã do pai", que encontramos em vários sistemas do Assam e da Birmânia, ou com os sentidos anteriores, ou com os sentidos, equivalentes, de "sogro" e "sogra". Benedict interpreta o deslocamento da raiz + *k'u*, do irmão da mãe (ao mesmo tempo pai da mulher) para o irmão do marido, pela existência, particular ao Tibete, da poliandria fraterna. Nesse regime, o irmão do pai é, ao mesmo tempo, marido da mãe e tende por conseguinte a ocupar este lugar predominante resultante da acumulação de duas funções, que compete ao irmão da mãe em um regime de casamento entre primos cruzados[3]. A explicação é possível, mas não é inteiramente satisfatória, pois seria preciso estarmos melhor informados a respeito das regras tibetanas do casamento para iniciar um debate sobre este assunto.

Podemos, entretanto, fazer algumas observações. A poliandria fraterna foi sem dúvida no passado uma instituição muito espalhada na Ásia Central, só tendo desaparecido, na maioria dos grupos, em data recente. Briffault deu-se ao trabalho de reunir todas as indicações neste sentido[4]. A transferência terminológica tibetana deveria ter

---

**1.** BENEDICT, P.K. Tibetan and Chinese Kinship Terms. *Harvard Journal of Asiatic Studies*, vol. 6, 1942, p. 314.

**2.** Cf. nota 5, p. 392.

**3.** BENEDICT, P.K., p. 317-318.

**4.** BRIFFAULT, R. *The Mothers*. Nova York, 1927, vol. 1, p. 669ss.

paralelos em outros lugares, ao menos em forma de vestígios. Os Gilyak, pelo contrário, praticam a poliandria fraterna[5] sem atribuir na nomenclatura um lugar particular ao irmão do pai. Na realidade, uma outra hipótese explicaria melhor o caráter considerado da terminologia tibetana, a saber, a passagem de uma organização matrilinear à organização patrilinear atual. No primeiro caso, com efeito, é o tio materno, e no segundo o tio paterno, que ocupam na casa familiar o primeiro lugar ao lado do pai, e a transferência do mesmo nome de um a outro torna-se assim perfeitamente clara. Esta evolução terminológica constitui, segundo nosso modo de ver, o argumento mais poderoso em favor da existência antiga da filiação matrilinear no Tibete.

O novo termo, introduzido para designar o irmão da mãe, *shan*, é empregado em correlação com *tsha*. Assim *shan-tsha*, "filho da irmã", e *tsha-shan*, "sobrinho e tio em linha materna". Esta última expressão aparece em uma obra histórica com o sentido de "genro e cunhado". Encontramos aqui uma equação familiar entre filho da irmã e marido da filha, que sugere o casamento com a prima cruzada matrilateral, e uma outra equação que é também, conforme vimos, uma constante do sistema, entre irmão da mãe e irmão da mulher[6], que não é de modo algum necessário, conforme pensa Benedict apoiando-se em Fêng, interpretar apelando para a tecnonímia. Este ponto já foi discutido[7]. Um outro aspecto típico do casamento entre primos cruzados é o caráter esquelético da nomenclatura de aliança.

Entre os termos secundários, *skud* (*skud-po*, cunhado, sogro) apresenta um interesse especial. Benedict deriva-o de *khu*, irmão da mãe, de onde *skud*, "filhos do irmão da mãe com relação a ele". Com efeito, um sobrinho que se casa com a filha do irmão de sua mãe vê o filho deste último (*skud*) transformar-se em irmão da mulher[8]. Não é somente o casamento preferencial com a filha do irmão da mãe que se encontra em tibetano, mas também a estrutura social correspondente em linhagens patrilineares e exogâmicas, conforme se depreende claramente do estudo, feito por Benedict, dos termos: *spun*, primo; – *phu*, irmão mais velho; *tshan*, primo; *tsha*, sobrinho ou sobrinha, especialmente filho da

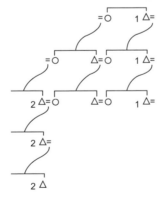

**Figura 69**

---

5. STERNBERG, L., p. 107.
6. BENEDICT, P.K., p. 322.
7. Cf. p. 401ss.
8. Cf. p. 323-324.

irmã (sendo o homem que fala), e neto. Benedict estabelece, de maneira muito convincente, a equivalência da distinção tibetana entre *phu-spun* e *tsha-tshan* e da oposição, que já conhecemos, entre os termos Kukis *pu*, 1 e *tu*, 2 (Figura 69). Isto é, o par de oposições, típico dos sistemas de troca generalizada e que acompanhamos dos Katchin aos Gilyak (*dama* e *mayu*; *imgi* e *axmalk*), passando pelo *houen* e o *yin* chineses.

Poderemos, em seguida, fazer as indispensáveis restrições sobre o modo como Benedict trata os sistemas Tibetano e Kuri, igualando-os aos sistemas do tipo Omaha. O tipo Omaha levanta outros problemas, conforme mostraremos em outro trabalho. Lembraremos também que os esforços para procurar "a explicação última das terminologias Tibetana e Kuki na prática da tecnonímia[9] são vãos e supérfluos, segundo estabelecemos nos capítulos precedentes. Os fatos essenciais que subsistem são os seguintes: o casamento com a prima cruzada matrilateral, a linhagem patrilinear exogâmica (*rus-pa*) como unidade social fundamental e o caráter respeitoso da relação avuncular, expresso pelo emprego honorífico (tal como entre os Lakher e os Lushai) do termo que serve para designar o tio materno.

A prova dessas inferências é encontrada por Benedict no texto de um viajante italiano do século XVIII, Desideri, que estabeleceu a distinção fundamental entre os "Rupa-cik" (*rus-pa cig*, lit. "um osso") e os "Scia-cik" (*ça-cig*, lit. "uma carne"). "Os tibetanos reconhecem dois tipos de parentesco. Os primeiros são chamados Rupa-cik, do mesmo osso, os segundos, Scia-cik, do mesmo sangue. Como parentes do Rupa-cik ou do mesmo osso, reconhecem todos aqueles que descendem de um antepassado comum, seja qual for o afastamento, e mesmo se são subdivididos em vários ramos ao longo das gerações. O parentesco de Scia-cik, ou de mesmo sangue, é o que resulta do casamento legítimo. O primeiro cria um impedimento absoluto e inviolável ao casamento, qualquer que seja o afastamento de grau [...] O segundo cria também um impedimento ao casamento, somente para o primeiro grau, sendo o casamento com uma prima do lado da mãe autorizado e frequente[10]. Esta regra é confirmada, para os Bhotia, pelo "Census of Índia, 1911." Não se admite que um homem espose a filha da irmã de seu pai, mas pode esposar uma prima materna, filha do irmão da mãe, ou filha da irmã da mãe. "A razão alegada é que os ossos vêm do lado do pai, e a carne do lado da mãe. Se primos patrilineares se casam, diz-se que os ossos serão furados, de onde, no futuro, múltiplas doenças em perspectiva."[11] Benedict acrescenta a estes testemunhos o de Gorer para os Lepcha, que acreditam que o líquido seminal do pai produz os ossos e o cérebro, e as secreções vaginais da mãe o sangue e a carne. Cita o birmanês *a-rui*, "osso, linhagem", e o Nyi Lolo *hngə-pu*, "osso", *ve t'i hngə*, "uma família", literalmente "família um osso", com a correspondente divisão dos Lolo da China Ocidental em "Ossos negros" e "Ossos brancos". Se considerarmos que a "teoria dos ossos e da carne" encontra-se da Índia à Sibéria[12] e que existe

---

9. BENEDICT, P.K., p. 326.

10. Apud BENEDICT, P.K., p. 328.

11. Ibid., p. 328.

12. SHIROKOGOROFF, S.M. *The Psychomental Complex of the Tungus*, p. 65.

também, em forma vestigial, entre os mongóis e os turcos da Rússia[13], que é comum na China[14], e finalmente que aparece na Índia desde o Mahabharata[15], temos de convir que devemos ao viajante italiano o esclarecimento de uma noção absolutamente fundamental, que pode servir de chave para toda tentativa de reconstrução dos sistemas de parentesco em uma área geográfica de consideráveis dimensões, mas onde sobrevivências amplamente difundidas sugerem uma homogeneidade antiga, que vemos, neste capítulo, reformar-se progressivamente diante de nossos olhos.

É realmente nesta direção que Benedict também se orienta, comparando o sistema tibetano ao sistema chinês arcaico que reconstitui com base no *Shih-ching* (aproximadamente 800-600 aC). Só conservaremos de sua análise os quatro termos de que já nos ocupamos longamente, *ku* e *chih*, *chiu* e *shêng*, que ele restabelece nas formas arcaicas com as seguintes conotações:

| | |
|---|---|
| *ko* (*ku*) | irmã do pai, sogra; |
| *t'iwət* (*chih*) | filho do irmão (sendo a mulher que fala); |
| *g'iôg* (*chiu*) | irmão da mãe, sogro; |
| *sĕng* (*shêng*) | filho da irmã (segundo o homem que fala). |

Não somente os termos *ko* e *g'iôg* correspondem funcionalmente às raízes tibeto-birmanesas + *ku* e + *ni*- + *nei*, mas Benedict pode estabelecer a afinidade direta do chinês arcaico *g'iôg* e do tibeto-birmanês *ku*[16]. O sistema chinês arcaico e o sistema tibetano não são, portanto, apenas estruturalmente análogos, mas são linguisticamente ligados.

A reconstrução de Benedict só apresenta um termo para os primos cruzados, a saber, *sĕng* (*shoeng*), "filho do irmão da mãe, filho da irmã do pai" (sendo o homem que fala), que o *Ehr Ya* define também "filho da irmã". Lembramo-nos que Fêng considera esta interpretação tardia e resultante de uma interpolação. Benedict apoia-se numa indicação de Meneio (que dá *sĕng* – genro) para mostrar que, ao contrário, *sĕng* é o termo fundamental para "filho da irmã" (sendo o homem que fala), e "genro" em relação recíproca com *g'iôg*, "irmão da mãe, sogro"[17].

Temos um par simétrico de termos recíprocos, com *ko*, "irmã do pai", e *t'iwət-d'iet*, "filho do irmão" (sendo a mulher que fala). Ora, Benedict faz derivar *shêng* de um verbo *sĕng*, "dar a vida, levar, produzir", enquanto o sentido primitivo de *t'iwət* seria "sair", de onde "produzir, dar nascimento"[18]. Se compararmos estes

---

**13.** HUDSON, A.E. Kazak Social Structure. *Yale University Publications in Anthropology*, n. 20. New Haven, 1938, p. 18, 78, 84, 86. • VLADIMIRTSOV, B. *Le Regime social des Mongols*. Paris, 1948, p. 56ss. [Trad. Carsow].

**14.** "Nos clãs exogâmicos chineses encontra-se a distinção tibetana entre parentes "da mesma carne" – isto é, pertencentes à família da mulher – e parentes "do mesmo osso", isto é, da mesma classe de parentesco que o marido" (MEDHURST, W.H. Marriage, Affinity and Inheritance in China. *Transactions of the Royal Asiatic Society*. China Branch, IV, p. 3; apud BRIFFAULT. *The Mothers*, vol. 1, p. 672. – Cf. também HSU, 1945, op. cit.).

**15.** Cf. cap. XXIV.

**16.** BENEDICT, P.K. Op. cit., p. 333.

**17.** FÊNG, H.Y. Op. cit., p. 171. • BENEDICT, P.K. Op. cit., p. 336.

**18.** BENEDICT, P.K., p. 337.

termos com o Gilyak *pandf*, abrangendo os *imgi* e *axmalk* uns com relação aos outros, que é uma forma participial de um verbo médio-passivo *pan*, "ser nascido", correspondente ao ativo *van*, "dar nascimento, produzir"[19], somos tentados na verdade a estender muito além do círculo ao qual se limita a conclusão de Benedict. "Temos diante dos olhos a imagem excepcionalmente clara e nítida de um antigo nível de cultura subjacente às sociedades chinesa e tibetano-birmanesa, no qual o casamento dos primos cruzados ocupava um lugar predominante"[20]. É preciso compreender naturalmente o casamento com a prima cruzada matrilateral, isto é, o sistema de troca generalizada.

A nomenclatura Lolo contém os mesmos caracteres híbridos. Sem dúvida, o tipo de casamento mais frequente parece ser entre primos cruzados, o *zie a sa*, que se deve entender como primos bilaterais. Este último traço é diversamente confirmado pela terminologia:

| | | |
|---|---|---|
| *o pu* | = | pai do pai da mulher, pai da mãe; |
| *a ma* | = | mãe do pai da mulher, mãe da mãe, irmã do pai do pai; |
| *sa mo* | = | mulher do filho, filha da irmã, filha do irmão da mulher. |

Contudo, a distinção entre dois tipos de sogro:

| | | |
|---|---|---|
| *o gni* | = | irmão da mãe; |
| *i pi* | = | marido da irmã do pai; |

e dois tipos de sogra:

| | | |
|---|---|---|
| *a bar* | = | irmã do pai; |
| *gni gni* | = | mulher do irmão da mãe, |

mostra claramente que, se as duas modalidades de primos cruzados podem igualmente servir para a escolha do cônjuge, não se confundem, conforme seria de esperar pelas equações precedentes, na bilateralidade.

De fato, o sistema Lolo tem traços comuns com o dos Katchin, a saber, preço exorbitante da noiva, prolongada estadia da jovem casada em sua família, direito das linhagens femininas à sucessão e – como entre os Naga – intervenção pacificadora das linhagens femininas entre clãs aliados e inimigos, sucessão do filho caçula aos bens imobiliários, levirato. Na outra extremidade da área considerada, os Lolo contribuem também com um reflexo da organização Mandchu, isto é, hierarquização dos parentes em redor do lar, traço igualmente típico da casa Katchin[21], proibição entre irmão mais velho e mulher do irmão mais moço, e sobretudo, finalmente, distinção das linhagens colaterais em mais velhas e mais moças, com as seguintes equações:

---

**19.** Comunicação pessoal de R. Jakobson, cf. p. 343, n. 18.
**20.** BENEDICT, P.K. Op. cit.
**21.** CARRAPIET, W.J.S. Op. cit., p. 12.

*vi o* = irmão mais velho, filho do irmão mais velho do pai;

*t i* = irmão mais moço, filho do irmão caçula do pai[22].

Estabeleceremos, a propósito dos Mandchu, a correlação entre estes diversos fenômenos. Bastará ter trazido aqui esta indicação suplementar da continuidade dos sistemas periféricos com o sistema chinês.

Aparentemente, o sistema de parentesco dos Tungu não tem mistério. Sternberg e Shirokogoroff estão de acordo em assinalar o casamento entre primos cruzados bilaterais e a troca das irmãs entre clãs. Sternberg retorna várias vezes a se ocupar destes caracteres simples[23]. E Shirokogoroff confirma: "Até a época presente, o costume de trocar as mulheres é um dos métodos preferidos para encontrar esposa. Entre vários outros grupos Tungu esta é praticamente a única maneira de alguém se casar"[24]. Haveria, ademais, o possível casamento com a filha da irmã mais velha, e as relações sexuais são permitidas com a mulher do irmão mais moço do pai, o que implica, conforme diz Sternberg, "o casamento por troca e a união sexual entre gerações consecutivas"[25], bem indicados pela equação: irmã do pai (*atki*) = irmão mais velho. Tudo sugere, portanto, que estamos em presença de um sistema simples de troca restrita. É preciso examinar os fatos muito mais de perto para descobrir que esta aparente simplicidade é perigosamente ilusória.

Do ponto de vista que nos interessa, dois grupos Tungu têm particular importância. São, de um lado, os Tungu setentrionais, que provavelmente ocuparam toda a China Oriental, ao norte do Yang Tsé, até o terceiro milênio antes de nossa era, data na qual começaram a ser repelidos para o norte pelos chineses vindos da China Ocidental; e os Mandchu, que constituem um grupo de origem Tungu intimamente associado à vida e às instituições chinesas. Um e outro foram estudados, em publicações infelizmente sobrecarregadas de obscuridades, por Shirokogoroff.

Consideremos, primeiramente, os Tungu do norte, que se distribuem em clãs patrilineares e exógamos. "É frequente dois clãs serem ligados por um sistema de troca, tal que o clã da mãe fornece as mulheres[26]. Assim, entre os Birarčen, os clãs encontram-se aos pares; a saber, *maakagir* troca suas mulheres com *malakul*, *dunänkän* com *mõkogir*. A mesma situação é encontrada entre os Tungu da Trans-Baikálie, onde temos os pares intercambiantes *turujagir* e *godigir*, e *čilčagir* e *kindigir*.

---

22. YUEH-HWA, L. *The Kinship System of the Lolo*. Op. cit., p. 89-93. O último caráter estrutural – distinção entre o ramo mais velho e o ramo mais moço na mesma linhagem – encontra-se, em anemita, com a distinção entre *anh* e *em* (cf. SPENCER, R.F. The Annamese Kinship System. *Southwestern Journal of Anthropology*, vol. 1, 1945).

23. *The Social Organization of the Gilyak*, op. cit., p. 62-63; *The Turano-Ganowanian System...*, op. cit., p. 327.

24. SHIROKOGOROFF, S.M. Social Organization of the Manchus. *Royal Asiatic Society* (*North China Branch*), extra vol. III. Shanghai, 1924, p. 69.

25. STERNBERG, L. *The Social Organization...*, op. cit., p. 55-65, 144.

26. SHIROKOGOROFF, S.M. *Social Organization of the Northern Tungus*. Shanghai, 1929, p. 212.

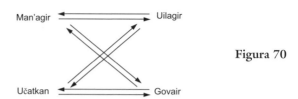

Figura 70

Quando se passa para o grupo Kamarčen, a situação é muito menos clara. Na origem, dois velhos clãs, *man'agir* e *uilagir*, teriam sido ligados por uma relação de troca restrita. Mas cada qual ulteriormente teria se desdobrado sob a pressão do crescimento demográfico, dando nascimento respectivamente aos dois clãs *učatkan* e *govair* que, embora sendo clãs novos, teriam continuado presos à regra de exogamia. Daí as seguintes regras do casamento (Figura 70):

Os homens *man'agir* casam-se com as mulheres *govair* e *uilagir*
" *uilagir* "    " *učatkam* e *man'agir*,[27]
" *učatkan* "    " *govair* e *uilagir*
" *govair* "    " *učatkan* e *man'agir*,[27]

*Man'agir* e *učatkan*, de um lado, *uilagir* e *govair*, de outro, permanecem reciprocamente proibidos, em razão do parentesco antigo que os unia antes da divisão. Nestas condições, pode-se perguntar por que este desdobramento? Encontraremos, com efeito, daqui a pouco, a prova de que, quando o desdobramento se produz (como se viu entre os Naga), é para permitir o intercasamento. No momento, nos contentaremos em comparar com os Mao Naga, que são divididos em quatro clãs: *Doe, Kopumai, Yena, Bekom*, agrupados em pares exogâmicos. *Doe* e *Kopumai* de um lado, *Yena* e *Bekom* de outro não podem casar-se entre si (Figura 71). "As pessoas explicam isso espontaneamente por uma relação de parentesco."[28]

É curioso, além disso, que o sistema descrito por Shirokogoroff tenha tão nitidamente a aparência de um sistema de troca generalizada, ou, mais exatamente, que aquele autor – seguindo provavelmente as explicações teóricas de seus informadores – tenha descrito um sistema de troca restrita em termos de troca generalizada. Teríamos mesmo um sistema de troca generalizada do tipo Murngin, se o duplo ciclo contínuo correspondesse a uma subdivisão dos quatro clãs em oito subsecções, cada ciclo unindo quatro destas oito subsecções. Apressamo-nos em acentuar que nada, nas informações de que dispomos, permite formular tal hipótese que, se fosse verificada, constituiria uma presunção extraordinariamente favorável à teoria de Granet. Mas os fatos nos levam a outra direção. Shirokogoroff oferece, com efeito, outra versão da história social dos Kumarčen. Estes, diz o autor numa outra passagem da mesma obra, são divididos em três velhos clãs e três jovens clãs. Os primeiros compreendem os *man'agir, uilagir* e os *gagdadir*, dos quais não nos tinha falado até aqui. Os segundos agrupam os *učatkan, govair* e *gurair* que são também para nós recém-chegados.

---

27. SHIROKOGOROFF, S.M. Op. cit., p. 212-213.
28. HODSON, T.C. *The Naga Tribes of Manipur*. Londres, 1923, p. 73.

Como os *man'agir* produziram os *ucatkan* e os *uilagir* os *govair*, os *gagdadir* teriam produzido os *gurair*. Shirokogoroff explica isso pela seguinte tradição: "Teria havido dois irmãos, Man'agir e Učatkan, o último sendo o mais moço. Por conseguinte, o casamento é proibido entre *man'agir* e *učatkan* e também entre *uilagir* e *govair* [...] os clãs *učatkan* e *govair* não se casam com os clãs que os produziram como seus primeiros rebentos"[29]. A mesma situação reproduz-se nos outros grupos.

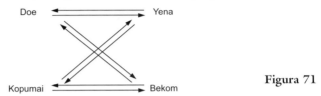

**Figura 71**

Estas indicações são notáveis por vários aspectos. Notaremos em primeiro lugar as singulares semelhanças com a mitologia social dos Katchin[30]. Clãs descendentes de irmãos, distinção entre clãs mais velhos e clãs mais moços, influindo sobre as regras do casamento, enfim, o número assimétrico das unidades sociais originais, tão fortemente sugestivo da troca generalizada. Além disso, a tradição Tungu não é de modo algum clara. Se *man'agir* e *učatkan* originaram-se respectivamente de dois irmãos, o segundo não pode ser considerado como o rebento do primeiro. Seria mais fácil ver os três clãs descendentes de três mais velhos, confundindo-se os três clãs descendentes dos mais moços com os clãs principais, conforme admite a mitologia Katchin, ou, simplesmente, três clãs descendentes de três irmãos, desdobrando-se ulteriormente. Nos dois casos, o caráter assimétrico da estrutura social primitiva não poderia autorizar senão um sistema de troca generalizada.

Encontraremos os mais claros indícios na atual regulamentação do casamento de que isso foi efetivamente o que aconteceu. Entre todos os grupos Tungu, diz Shirokogoroff, o casamento dos primos cruzados tem valor preferencial. Entre os Bargu e os Nerchinsk, o *gusin* (irmão da mãe) pode reivindicar como esposa sua *juvda*, que é definida como uma filha das mulheres do clã do sujeito, a qual é membro do clã da mãe e da avó. Ao contrário, o casamento com o irmão da mãe é proibido pelos Tungu da Mandchúria, assim como o de um homem com a irmã de sua mãe. Mas os casamentos com membros de gerações mais velhas ou mais novas, desde que não se trate de parente diretamente pelo lado da mãe ou da irmã, são permitidos, e mesmo considerados desejáveis. O casamento com os filhos da irmã do pai é permitido, tal como entre os Mandchu. Entretanto, os Tungu consideram este tipo de casamento pouco prolífico e geralmente privado de descendência masculina[31]. É preciso evidentemente entender por "filhos da irmã do pai" a prima patrilateral somente, sem que a dupla afirmação do valor preferencial do casamento dos primos cruzados, e da conveniência dos

---

29. SHIROKOGOROFF, S.M. Op. cit., p. 131.
30. Cf. cap. XV.
31. SHIROKOGOROFF, S.M. Op. cit., p. 213.

casamentos matrilaterais "com a condição de não haver relação direta simultaneamente pela mãe e pela irmã" (o que assegura um lugar preferencial à filha do irmão da mãe e à filha do filho do irmão da mãe), se tornaria ininteligível. Vemos que a maioria dos grupos Tungu, ao proibir o casamento de uma mulher com o irmão da mãe, e ao desaconselhar o casamento com a filha da irmã do pai, embora autorizando-o com a filha do irmão da mãe, atesta, mesmo na situação atual na qual a troca restrita é certamente predominante, a sobrevivência de um sistema de troca generalizada.

É possível que a evolução de um tipo para o outro tenha sido imposta pelo nomadismo. Clãs nômades dificilmente podem ajustar-se a um sistema no qual as regras de residência têm uma influência igual às regras de filiação, e onde o funcionamento harmonioso depende a tal ponto da forma assumida pela disposição espacial dos grupos. Shirokogoroff supõe que, nas migrações, os clãs são obrigados a viajar por pares, a fim de respeitar as leis da exogamia, "verdadeira espinha dorsal da organização social dos Tungu"[32]. Seria para eles manifestamente muito mais difícil viajar em grupos de três ou em número mais elevado. Todos os fatos concordam, portanto, para indicar a regressão da troca generalizada à troca restrita.

O exame do sistema Mandchu irá conduzir-nos à mesma conclusão. Mas neste caso teremos de enfrentar particulares dificuldades, que nem sempre o minucioso estudo consagrado a esse sistema por Shirokogoroff permitirá superar. O sistema Mandchu pode ser, com efeito, considerado o verdadeiro "quebra-cabeças chinês" da teoria dos sistemas de parentesco. Para começar, estamos diante de uma mistura, frequentemente inextricável, das fórmulas de troca restrita e de troca generalizada. Em segundo, lugar, talvez, da passagem da filiação matrilinear à filiação patrilinear. Finalmente, todos os elementos do sistema primitivo foram objeto de novo arranjo por influência do sistema chinês, cujos grandes princípios de classificação recobriram as formas antigas. O resultado é um número praticamente ilimitado de termos de parentesco, a maioria composta de termos mais simples combinados e recombinados entre si, sem que seja possível, na maior parte dos casos, e sem o auxílio – que seria aqui particularmente desejável – do linguista, discernir quais são os termos, ou as raízes, que formam a nomenclatura elementar.

Como ponto de partida de nossa excursão neste labirinto escolheremos um aspecto, por si mesmo obscuro, do sistema chinês. O Shu Ching classifica os termos de parentesco segundo os *chiu tsu*, "os nove graus de parentesco". Entre os comentadores clássicos foi matéria de debate o que deve ser entendido por esses nove graus. A escola antiga queria conservar os termos, incluídos nos nove graus, para os parentes clânicos, ou seja, portanto, nove gerações, quatro acima e quatro abaixo da geração do sujeito. Ao contrário, a nova escola vê nos nove graus os quatro grupos de parentes paternos (o pai, seus ascendentes, descendentes e colaterais masculinos; as irmãs do pai e seus descendentes; as irmãs do Ego e seus descendentes; as filhas do Ego e seus descendentes), os três grupos de parentes maternos (pai e mãe da mãe; irmãos

---

32. Ibid., p. 155 e 210; cf. no cap. XXVII a hipótese análoga, formulada pela Srta. McConnel, para explicar uma evolução do mesmo tipo entre os indígenas da península do Cabo York.

da mãe; irmãs da mãe) e os dois grupos de parentes da mulher (pai da mulher; mãe da mulher)[33].

É uma coisa notável que a classificação dos parentes no sistema Mandchu, conforme o ponto de vista pelo qual o consideremos, seja aproximadamente conforme, de maneira exata, a uma ou outra interpretação. Shirokogoroff explica que o clã, ou *mokum*, é dividido em classes (*dalan*) e que, para conhecer a posição exata de uma pessoa no *mokum*, faz-se-lhe imediatamente a pergunta: "A que classe pertence?"[34] Estas classes podem ser em número de sete, isto é, três gerações acima e três gerações abaixo daquela a que pertence o indivíduo, e agrupam os parentes clânicos e os não clânicos, de acordo com a subdivisão da classe em *ahuta dalen* (gente de meu clã) e *mini dalen* (gente de meu clã e de outros).

A esta divisão do grupo familiar em sete andares horizontais correspondentes às gerações correlaciona-se, ao menos teoricamente, uma divisão em sete colunas verticais, representando os descendentes dos irmãos e irmãs dos parentes, de meus irmãos e irmãs e de mim mesmo. Não se trata exatamente de linhagens, porque teremos ocasião de mostrar que os termos que exprimem esta divisão viajam, se assim se pode dizer, de uma linhagem para outra, e somente permitem definir o que chamaríamos de bom grado uma "série linear". Temos, portanto, dois lotes de termos, indicativos de geração e indicativos de série linear[35].

Este sistema, à primeira vista obscuro, fica esclarecido quando o aproximamos da organização social dos turco-mongóis do Oeste, que parece ter sido melhor descrita. Os Kazak, com efeito, possuem dupla organização em linhagens verticais e classes de gerações (horizontais), que parece muito próxima do sistema Mandchu. Assim, o lendário fundador da Grande Horda teria tido dois filhos, Taraq e Abaq, cada qual fundador de um *uru* que tem o seu nome, e que agrupa todos os seus descendentes patrilineares. Estes dois *uru* formam, ao mesmo tempo, diz Hudson, um nível genealógico de primeiro grau, A[36]. O progresso repete-se na geração seguinte. Cada um dos quatro filhos de Abaq fundam por sua vez um *uru*, constituindo o mesmo número de linhagens, cujo conjunto forma um segundo nível genealógico, B. Na geração seguinte encontram-se trinta e dois *uru* formando um nível genealógico C, e assim por diante.

O ponto importante consiste em que os *uru* dos níveis superiores não desaparecem ao produzirem os dos níveis inferiores, mas subsistem como unidades autônomas. Genealogicamente, um *uru* do nível C, por exemplo, é formado pela descendência de um *uru* do nível B, o qual resulta da subdivisão de um *uru* do nível A. Seria, pois, possível supor que os *uru* A não existem mais no nível seguinte, a não ser em forma dos *uru* B, aos quais deram nascimento, e assim por diante. Ora, nada disso acontece. Os "*uru* pais" sobrevivem indefinidamente ao lado dos "*uru* filhos".

---

33. FÊNG, H.Y. *The Chinese Kinship System*, op. cit., p. 204-205.

34. SHIROKOGOROFF, S.M. *Social Organization of the Manchus*, op. cit., p. 44.

35. Para toda esta discussão, e a representação diagramática do sistema Mandchu, o leitor poderá dirigir-se à primeira parte deste trabalho (cap. XIII), onde traçamos um paralelo entre o sistema Mandchu e o sistema Dieri.

36. HUDSON, A.E. *Kazak Social Structure*, op. cit., p. 20.

Cada *uru* é, portanto, definido simultaneamente como linhagem autônoma e como emanação de certa classe de geração. O fato do *uru* ser assim considerado, equivalente quase exato do *dalan* Mandchu, ressalta desta observação de Hudson, paralela à de Shirokogoroff, que acaba de ser citada. "Quando se encontra alguém, a primeira pergunta é sempre 'Qual é teu *uru*?', e em resposta dá-se o nome da última e da mais restrita dessas subdivisões que se supõe ser conhecida pelo interlocutor"[37]. Alguns estudos chegam a enumerar até setecentos e sessenta grupos lineares, entrelaçados com dezessete classes de gerações. Os indicativos de geração do sistema Mandchu são:

| | |
|---|---|
| *tajeje*: | pai do pai do pai; |
| *jeje*: | pai do pai; |
| *amata*: | pai; |
| *ahuta, ejute*: | meus irmãos, minhas irmãs; |
| *duf*: | filho; |
| *omulo*: | neto; |
| *tomolo*: | filho do filho do filho. |

Os indicativos da série linear são:

| | |
|---|---|
| *eskundi*: | descendentes dos irmãos do pai; |
| *nahundi*: | descendentes dos irmãos da mãe; |
| *tehemdi*: | descendentes das irmãs da mãe; |
| *dalhidi*: | descendentes de meus irmãos; |
| *inadi*: | descendentes de minhas irmãs; |
| *enendi*: | meus descendentes. |

Estes seis termos são interessantes por vários aspectos. Primeiramente, porque são apenas seis, enquanto normalmente deveríamos esperar sete, mas o termo correspondente à descendência da irmã do pai falta. Veremos mais tarde que na realidade ele existe (*tarsidi*), embora em um plano apagado, que impede venha a aparecer na nomenclatura. Esta diferença de tratamento dos filhos e netos da irmã do pai é, por si mesma, reveladora. Em segundo lugar, a classificação dos parentes em sete séries lineares é muito próxima do *chiu tsu*, de acordo com a segunda interpretação assinalada. Encontramos entre os Mandchu os quatro grupos correspondentes aos parentes paternos no *chiu tsu*, e dois dos três grupos maternos. O sistema Mandchu, além disso, abre uma série especial para os irmãos do Ego (que figuram, no cômputo chinês, como descendentes do pai). Esta subdivisão torna-se necessária pelo fato da linhagem direta partir do Ego no sistema Mandchu, em lugar de incluir o pai e seus ascendentes, como acontece no *chiu tsu*. Em compensação, a classificação Mandchu não atribui nenhum lugar aos parentes da mulher, o que explica a prática do casamento entre primos cruzados. É preciso observar, entretanto, que a nomenclatura Mandchu dos aliados introduz termos específicos, ao menos no que diz respeito à família do

---

37. Ibid., p. 22.

marido (o que não acontece com a família da mulher, onde predominam os termos habituais de parentesco): *ejgen*, marido; *purhu*, irmã do marido; *eše*, irmão do marido; *aša*, *uhun*, mulher do irmão do marido[38].

Além desses dois lotes de indicativos, lineares e de geração, encontramos um terceiro, correspondente, ao que parece, aos determinantes chineses:

| | |
|---|---|
| *haha*: | masculino (*hahadi*, meus filhos); |
| *sargan*: | feminino (*sargan*, minha mulher, *sargandi*, minhas filhas); |
| *ahu, amba*: | mais velho; |
| *to, fiango*: | mais moço; |
| *koro*: | afastado. |

Um quarto lote de termos, que aparecem em forma simples ou composta, desempenham o papel de termos elementares. Alguns foram diretamente tomados da nomenclatura chinesa de referência ou de denominação:

| | |
|---|---|
| *mafa*: | avó; |
| *mama*: | avô; |
| *ama*: | pai; |
| *ena, eme*: | mãe; |
| *ečke*: | irmão do pai; |
| *ku*: | irmã do pai; |

| | |
|---|---|
| *ku-nejne*, | mãe do pai; |
| *kugu*, | irmã do pai; |
| *kui*, | marido da irmã do pai; |
| *ku-mafa*, | marido da irmã do pai do pai; |

| | |
|---|---|
| *nakču*: | irmão da mãe: |
| | *nakučihe*, mulher do irmão da mãe; |
| *tehe*: | irmã da mãe do pai: |
| | *techeme*, irmã da mãe; |
| *wu*: | mulher: |
| | *wuhme*, mulher do irmão do pai; |
| | *wuhehe*, mulher do irmão mais moço; |
| | *wurun*, mulher do filho, mulher do filho do filho; |
| *gehe*: | irmã mais velha; |
| *non*: | irmã mais moça; |
| *ongosi*: | filho, herdeiro; |
| *hodolion*: | marido da filha; |
| *efu*: | marido da irmã mais velha; |
| *meja*: | marido da irmã mais moça. |

---

38. SHIROKOGOROFF, S.M. Op. cit., quadros IV e X, p. 38 e 43.

Os graus mais afastados traduzem-se, de maneira descritiva, pela combinação de dois ou vários termos pertencentes às quatro categorias. A este respeito o sistema Mandchu não procede exatamente como o sistema chinês, no qual, exceto em alguns casos, o termo elementar fornece um núcleo estável, a que se acrescentam os determinantes, por prefixação ou sufixação. Os quatro tipos de termos combinam-se livremente e os termos do último lote podem desempenhar, do mesmo modo que os outros, o papel de determinantes. Temos, assim, por exemplo: *dalhi gehe*, filha (mais velha do que o Ego) do irmão do pai, ou do filho do irmão do pai do pai; *dalhi omolo sargandi*, filha do filho do irmão; *fiango nejne*, irmã mais moça da mãe da mãe; *koro omolo hodolion*, marido da filha do filho; *nahundi omolo duj*, filho do filho do irmão da mãe; *nahundi eskundi ejun*, filha do filho do irmão da mãe da mãe; *tehemdi ina wurun*, mulher do filho do filho do filho da irmã da mãe da mãe, etc.[39]

Muitos termos são de origem chinesa, *jeje*, *nejne*, *ku*, *efu*, *meja*. Shirokogoroff observa que a maioria dos termos puramente Mandchu encontram-se no clã materno. Vê-se que os termos simples oferecem o esboço de uma estrutura de troca generalizada (Figura 72).

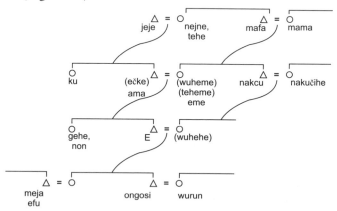

**Figura 72**

Particularmente notáveis são as combinações entre os indicativos de série linear. Em princípio, como dissemos, estes termos designam os membros de uma mesma linhagem. Seu protótipo é o termo *dalhidi*, formado do sufixo *di* (abreviatura de *duj*, filho) e da raiz *dala*, *dalan*, que significa o "vínculo", o "joelho"[40], e designa também uma certa subdivisão do clã. Ora, Shirokogoroff reconstituiu muito bem a evolução da sociedade Mandchu. Na origem havia um certo número de unidades exogâmicas e localizadas, os *hala*. Estas subdividiram-se em função da expansão territorial em novas unidades exogâmicas, os *gargan*, chamados por diferentes nomes de cores. Por sua vez os gargan deram nascimento aos *mokun*, que não têm nome próprio e constituem as unidades exogâmicas atuais. "A lei fundamental é que ninguém pode se casar

---

39. Cf. SHIROKOGOROFF, S.M. Op. cit., quadros I a X.
40. Ibid., p. 46-47.

no interior do *mokun*. Se em uma região determinada não existe moça em idade de se casar ou se um clã se torna demasiado numeroso, os Mandchu desdobram o clã em duas novas unidades exógamas (*mokun*) [...] entre as quais o casamento torna-se possível."[41] Vimos que o *mokun* e os *mokun* aliados dividem-se, por sua vez, em classes (*dalan*), cada uma das quais corresponde a uma geração. Mas a etimologia do termo *dalhidi* mostra que a classe é mais do que isso, é também o andar a partir do qual uma certa linhagem se destaca do tronco comum.

Assim sendo, temos o direito de esperar recolher indicações preciosas dos casos nos quais os termos lineares se combinam dois a dois, porque, em cada ocasião, percebe-se como as linhagens se distinguem e se confundem, se separam e se reúnem em função das regras do casamento. Já é significativo que o termo *dalhidi*, filho, neto, etc. de minha classe (conforme bem viu Shirokogoroff) seja também utilizado para designar os genros e as noras[42]. Encontram-se também as combinações: *nahundi eskundi*; *nahundi eskundi dalhidi*; *nahundi dalhidi*; *tehemdi ina*; *dalhi eskundi*.

Consideremos, por exemplo, os *nahundi*. Em princípio, são os descendentes do irmão da mãe. Mas são encontrados também na linhagem patrilinear da mãe do pai: *nahundi ečke*, filho do irmão da mãe do pai, *nahundi oskundi*, filho do filho do irmão da mãe do pai, *nahundi eskundi dalhidi*, filho do filho do filho do irmão da mãe do pai, etc. Isto vem supor que o pai casou-se com uma *nahundi*, único caso em que as duas séries coincidem. Para que a linhagem da mãe e a da mãe do pai se superponham é preciso, com efeito, que a mãe seja filha do irmão da mãe do pai. Pode fazer-se um raciocínio análogo nos outros casos, a saber, *tehemdi* (linhagem das irmãs da mãe), *inadi* (linhagem do irmão), etc.

Assinalamos a ausência de indicativo de série linear para a descendência da irmã do pai. Existe contudo um termo *tarsi* que, diz Shirokogoroff, é empregado muito raramente[43], que designa a relação de um indivíduo com a descendência das mulheres da classe mais velha do clã do pai e com a descendência dos homens da classe e do clã da mãe. Mas é possível duvidar que esta simetria seja primitiva, quando se constata a existência de uma forma muito rara de casamento, designada pelo verbo *tarsielambi*, expressão que pode traduzir-se, diz Shirokogoroff, "eu me caso com minha *tarsi*, isto é, com a filha da irmã de meu pai"[44]. Um violento preconceito opõe-se a este tipo de casamento, mas na primeira fila dos cônjuges preferidos encontramos *nahundi ejun* (primas cruzadas matrilaterais)[45]. É possível, conforme quer Shirokogoroff, que os Mandchu tenham passado da filiação matrilinear à filiação patrilinear[46]. Mas, para explicar a dissimetria, comprovada de maneira tão brilhante entre as duas primas cruzadas, é inútil recorrer a esta hipótese. Encontramos simplesmente a fórmula da troca generalizada, latente em um sistema que se apresenta hoje com as aparências da troca restrita.

---

**41.** Ibid., p. 65.
**42.** Ibid., p. 47, n. 2.
**43.** Ibid., p. 70, n. 1.
**44.** Ibid., p. 70.
**45.** Ibid., p. 67-68.
**46.** Ibid., p. 70, n. 1, e p. 48-49.

Mas estas aparências não enganam. Shirokogoroff pode realmente escrever: "A troca das mulheres é a forma preferida do casamento [...] um clã dá uma mulher a outro clã e este responde dando em troca uma mulher [...] um homem do clã A casa-se com uma mulher do clã B, e o clã A dá a irmã em casamento ao irmão da mulher do clã B"[47]. É preciso que acrescente não gostarem os Mandchu dos casamentos entre clãs já aliados, porque esses casamentos não ajudam o crescimento das alianças. A tendência é portanto muito nítida no sentido de manter os largos ciclos da troca generalizada[48]. Aliás, os termos de parentesco Gold, recolhidos por Lattimore[49], coincidem com os de Shirokogoroff para os Mandchu. É sinal de que o sistema Mandchu deve estar muito mais perto do sistema dos Gold (que são Tungu), isto é, da troca generalizada, do que se depreende do comentário do sociólogo russo.

Os Koryak também procuram ampliar ao máximo a aliança entre famílias unidas pelo casamento, proibindo aos irmãos de determinada família casarem-se com as irmãs de uma outra família. O objetivo desejado é a multiplicação dos vínculos. Quando consideramos estes fatos não somos levados a participar do ceticismo de Jochelson relativo aos antigos costumes dos Koryak. Estes atualmente possuem uma proibição matrimonial que se estende até os primos do segundo grau. Jochelson admira-se dessa convergência com os costumes dos Kamchadal, que permitem o casamento entre primos (Krasheninnikov), o casamento com uma mãe e sua filha (Steller) e a poliginia sororal (Steller), usos proscritos pelos Koryak. Krasheninnikov diz que os Koryak da rena casam-se com suas sobrinhas, tias e madrastas, mas Jochelson duvida que uma modificação tão profunda quanto a que é demonstrada pelas proibições modernas tenha podido se produzir em cento e cinquenta anos. Reconhece, entretanto, que os mitos aludem a estas formas de casamento atualmente proibidas.

Os mitos falam certamente de um uso que consistia na troca de seus maridos pelas mulheres, talvez irmãs, traço que deve também despertar nossa atenção por causa de seu equivalente na Ásia do Sul. Duas irmãs, casadas na mesma época, podem trocar seus maridos entre os Lakher[50]. O mesmo costume encontra-se em grupos vizinhos. Os mitos referem também o casamento entre primos[51]. Um velho Koryak justifica seu casamento em determinada aldeia porque, diz ele, "a união entre minha família e a família da mãe de meus filhos não deve ser interrompida"[52]. Tudo isto sugere um antigo sistema de troca generalizada.

---

47. Ibid., p. 71.

48. Shirokogoroff menciona uma proibição que chama, de maneira muito obscura, "facultativa", referente ao casamento com um clã já ligado ao do pretendente "por uma relação qualquer de clãs, ou religiosa, ou qualquer grau de parentesco com o clã da mãe" (op. cit., p. 65). É possível perguntar se não existe aí uma proibição, tipo gilyak, dos *tuyma axmalk*. No caso afirmativo o caráter de troca generalizada do sistema Mandchu seria ainda com isso reforçado.

49. LATTIMORE, O. Op. cit.

50. PARRY, N.E. *The Lakhers*, op. cit., p. 311.

51. JOCHELSON, W. The Koryak. *Memoirs of the Am. Museum of Nat. Hist.*, vol. 10. Nova York, 1908, p. 150, 156, 160, 225, 294, 297, 736, 737, 738 e 750.

52. Id., p. 750.

O desdobramento das gerações em mais velhas e mais moças, na classe do sujeito e na de seus parentes sugere igualmente que o sistema Mandchu está ainda em estado de oscilação entre duas fórmulas matrimoniais. Lembremo-nos da maneira como interpretamos este fenômeno[53]. Mas no caso dos Mandchu temos alguma coisa melhor que uma hipótese. A casa Mandchu compreende vários aposentos, cada um dos quais possui, do lado sul e do lado norte, duas plataformas aquecidas nas quais os membros da família dormem em locais prescritos. Os membros da mesma classe devem colocar-se em ordem alternada, segundo a fórmula (O, classe do sujeito; -1, -2, classes mais moças; + 1, + 2, classes mais velhas, etc.):

Primeiro aposento: plataforma do lado norte +1; - 1; +1; 0; - 1;

Primeiro aposento: plataforma do lado sul 0; -1; - 1; 0;

Segundo aposento: plataforma do lado sul 0; -1; + 1 e 2.

Shirokogoroff mostrou que esta disposição especial está em relação com as proibições e os privilégios sexuais. As mulheres dos membros mais jovens da classe do sujeito são proibidas, ao passo que é possível gracejar com as esposas, reais ou potenciais, dos mais velhos de classe, e mesmo ter relações sexuais com elas antes de seu casamento. De maneira mais geral: "Todas as mulheres casadas na classe mais velha, ou em minha classe, mas com mais velhos, são sexualmente acessíveis, enquanto as mulheres dos mais moços são proibidas"[54]. Isto é, tal como entre os Naga, acham-se à disposição duas fórmulas matrimoniais, uma parte das mulheres de minha geração seguem um mesmo destino de minha mulher, e a outra parte segue um destino diferente. Também como entre os Naga esta alternativa acarreta a distinção entre pai e irmão do pai, mãe e irmã da mãe, que podem com efeito dar nascimento a linhagens diferentes. Claro está que o irmão da mãe é também o protetor de seus sobrinhos e sobrinhas, que o amam com ternura e cantam para ele a canção:

nakĕu nakĕu ama-me,
sete pequenos pães fritos,
se como sete pequenos pães fritos,
natran ficará todo maculado[55].

Vemos as analogias do sistema como, por exemplo, o dos Ao Naga. Nos dois casos, encontramos uma proliferação por pares de unidades exogâmicas[56]. Nos dois casos uma troca restrita aparente recobre tendências latentes à troca generalizada. Nos dois casos, as duas primas cruzadas, nominalmente equivalentes, são contudo uma evitada, e a outra preferida. Os sistemas de parentesco manifestam a mesma complicação, devido ao fato de que os casamentos de dois irmãos ou de duas irmãs, não sendo ne-

---

**53.** Cf. caps. XIII e XVII.

**54.** SHIROKOGOROFF, S.M. Op. cit., p. 97-101.

**55.** Por causa da indigestão resultante, Shirokogoroff, p. 145.

**56.** Certos clãs são ainda ligados pela lembrança de uma origem comum, sendo chamados kapči, "duplo, gêmeos". Somente os homens usam este termo. Entre os tunguses, onde o processo de formação de novos clãs está longe de ter acabado, quase todos os clãs possuem seus kapči (SHIROKOGOROFF, S.M., p. 66-67).

cessariamente feitos de acordo com o mesmo tipo, os irmãos ou irmãs devem ser distinguidos, no nível dos parentes e no nível do sujeito, por motivo das linhagens diferentes a que eles mesmos, ou seus descendentes, podem pertencer. Nos dois sistemas, finalmente, a série terminológica mais estável é construída em função do casamento matrilateral (Figura 73).

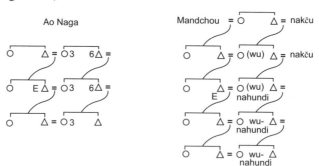

**Figura 73**

Há também um aspecto notavelmente próximo da organização social dos Naga que encontramos entre os Olcha do Amur, que são divididos em duas metades, cada qual subdividida em seis clãs. Zolotarev escreve a este respeito: "Os fatos mostram uma relação do costume do *ngarka*, não somente com a organização dualista, mas com um sistema matrimonial que faz entrar em ação três clãs, o que torna o problema muito difícil. Parece-me que outrora também os Gilyak tiveram uma organização dualista que foi eliminada pela introdução do sistema com três clãs"[57]. O costume do *ngarka*, ou concurso de alimento, vem do Gilyak *ngarka pud*, "a recepção dos genros". Pensamos ter acumulado provas suficientes de que o sistema de troca generalizada representa a forma primária, para não discutir a opinião contrária de Zolotarev. Mas é preciso guardar esta notável recorrência, já encontrada entre os Naga, da justaposição de organizações dualistas e tripartites. A distinção feita pelos Chukchee entre a linha paterna, "os que vêm do pênis", e a linhagem materna, "os que vêm do útero"[58], parece uma transposição da classificação, que agora nos é familiar, entre o "lado do osso" e o "lado da carne". A assimilação do quarto grau na ordem, ascendente ou descendente, das gerações e, na linha colateral, a designação comum "laço", "junção"[59], lembram, por outro lado, a estrutura fundamental do sistema chinês. O casamento entre primos é frequente, como entre os antigos Aleuta, a respeito dos quais Veniaminov indica que prefeririam como esposa a filha do tio[60]. Qualquer que seja o estado de avançada decomposição em que se encontre, o sistema de parentesco Aleuta conserva a distinção entre "cruzados" e "paralelos". A existência de um único termo para os primos cruzados, *asagax*, sugere que os termos de aliança eram empre-

---

57. ZOLOTAREV. Bear Festival of the Olcha. *American Anthropologist*, vol. 39, 1937, p. 129, n. 33.
58. BOGORAS, W. *The Chukchee*, op. cit., p. 537.
59. Ibid., p. 539.
60. *Notes on the Islands of Unalaska Distrit*, vol. 3, p. 76.

gados de preferência[61]. A herança da mulher do irmão da mãe e as relações possíveis com ela enquanto seu marido é vivo trazem uma indicação de filiação matrilinear. O costume do casamento matrilateral é confirmado, entre os Kamchadale, por Krasheninnikov[62], sendo igualmente confirmada entre os Aino[63]. Mas o fato de, entre estes últimos, assim como entre os Koryak, o casamento ser proibido entre duas irmãs e dois irmãos[64], sugere que em todos estes grupos a troca generalizada, se alguma vez existiu, reduziu-se ao estado de vestígio. Os sistemas de parentesco não conservam traços dela e pertencem a tipos muito empobrecidos, cujo estudo não pode ser empreendido aqui. Com efeito, sabemos que a troca (restrita) das mulheres é atualmente praticada pelos Chukchee[65].

Apesar destas ressalvas indispensáveis, vemos esboçar-se a estrutura de conjunto da fácies asiática. No extremo sul e no extremo norte, os sistemas Katchin e Gilyak correspondem um ao outro como duas formas simples de troca generalizada. O paralelismo repete-se entre os sistemas Naga e Tungu-Mandchu, que oferecem, por seu lado, a mesma mistura de troca restrita e de troca generalizada. Na verdade, o sistema Mandchu assemelha-se ao sistema Ao Naga, revisto e corrigido pela China de Confúcio. Finalmente, no meio, temos o sistema chinês, cujos traços antigos lembram a troca restrita, mal recobrindo vestígios indiscutíveis de troca generalizada (Figura 74). Se interpretarmos esta distribuição em termos difusionistas, sugere que, da Sibéria Oriental à Birmânia, a troca generalizada deve ter representado a forma mais arcaica, e a troca restrita, aparecida posteriormente, não chegou ainda a atingir as posições periféricas.

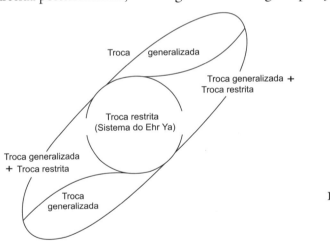

Figura 74

---

61. JOCHELSON. History, Ethnology and Anthropology of the Aleut. *Publications of the Carnegie Institution of Washington*, n. 432, 1933, p. 69-71.
62. Cf. vol. 2, p. 124.
63. BATCHELOR, J. *The Ainu and their olklore*. Londres, 1901, p. 228.
64. Id., p. 229.
65. BOGORAS, W., p. 578.

Contudo, a concepção difusionista da distribuição asiática dos sistemas de parentesco está antecipadamente condenada ao malogro. A cultura chinesa pré-histórica pode ter encontrado seus primeiros representantes na China do Norte. Culturalmente, entretanto, os chineses são meridionais[66], e se é verdade que a civilização Shang desenvolveu-se no nordeste da China, é na vizinhança de sua antiga área de expansão que encontramos hoje o sistema que parece ter melhor preservado certos caracteres comprovados pelos primeiros cronistas. Indicamos que, segundo eles, a regra da exogamia Shang terminava depois da quinta geração. Ora, o mesmo acontece hoje entre os Mandchu. Em caso de necessidade o clã exogâmico é subdividido em dois *mokun*, que se tornam novas unidades exogâmicas. "Para permitir este desdobramento basta determinar dois grupos do mesmo clã, cujos membros têm antepassados diferentes na quinta classe de geração em linha ascendente, e constituí-los em dois grupos exógamos, com espíritos, ritos e xamãs diferentes. Mas a operação exige a autorização da assembleia do clã, que só entra em ação depois de longa discussão[67]. Encontra-se um sistema semelhante entre os Yakuto, que se distribuem em clãs (*aga-usa*), subdivididos em *nasleg* e em *ulu*, e entre os quais a regra da exogamia clânica é suspensa depois da nona geração[68]. A mesma fórmula é encontrada entre os Kazake, divididos em *uru*, grupos patrilineares, e *aul*, grupos patrilocais, e onde o limite da exogamia do *uru* é fixado na sétima geração[69]. Finalmente, os Buriata tiveram uma regra análoga, com um limite de nove gerações em linha masculina, o que leva a crer que os casamentos matrilaterais eram possíveis[70].

A regra Mandchu moderna parece ser a ilustração de costumes cuja sobrevivência na China arcaica é atestada pelos cronistas. Seríamos, assim, conduzidos a conceber o sistema de parentesco chinês, no início do período histórico, como tendo chegado a um estágio aproximadamente semelhante ao que predomina sempre entre os Naga e os Mandchu, a saber, a troca generalizada teria já sido amplamente substituída pela troca restrita, mas subsistiria ainda nas formas preferenciais de casamento. A troca restrita começaria a provocar o desdobramento dos clãs e das linhagens em organizações intercambiantes, sendo o caráter recente do processo e seu estado de transformação comprovados pela regra das cinco gerações.

Não esqueçamos que entre os Gilyak, sempre submetidos à troca generalizada, encontramos uma regra semelhante afetando duas gerações e cuja existência se explica pelo desejo de introduzir um certo jogo, ou certa maleabilidade, nas trocas matrimoniais. Conforme vimos, os Mandchu dão prova do mesmo desejo.

Seria interessante procurar se a hipótese de um sistema de parentesco chinês aproximadamente na época Shang, do tipo Mandchu-Naga, pode ser confirmada em outras

---

66. MASPERO, H. *La Chine antique*, op. cit., p. 19-21.

67. SHIROKOGOROFF, S.M. Op. cit., p. 66.

68. CZAPLICKA, M.A. *Aboriginal Siberia*, op. cit, p. 55-56. • HUDSON, A.E. *Kazak Social Structure*, op. cit., p. 98.

69. HUDSON, A.E. *Kazak Social Structure*, p. 43.

70. Id., p. 99-100.

regiões. Como a área Naga, a China arcaica permitiu a constituição de novas "casas" pelo afastamento, em cada geração, de um filho que vai fundar, com novo nome, outra linhagem[71]. É possível também que a China arcaica tenha conhecido a "Casa dos Homens", tão tipicamente Naga[72]. Se estas aproximações pudessem ser estendidas seria preciso admitir que a China teve a seguinte evolução: um sistema protoarcaico, próximo dos sistemas Kuki, Katchin, Tibetano e Gilyak, isto é, fundado sobre a troca generalizada; em seguida, uma evolução do tipo da que os Naga no sul, os Olcha, os Tungu e os Mandchu no norte, nos oferecem uma ilustração, com traços mais ou menos vigorosos de troca generalizada, demonstrados por certas preferências matrimoniais ou pela sobrevivência de organizações tripartites. Este estado corresponderia aproximadamente à véspera do período dos Shang. Finalmente, o sistema do *Ehr Ya* e do *I Li*, onde a troca restrita parece ter definitivamente adquirido a supremacia.

Será preciso então admitir que a troca generalizada nasceu em algum lugar, no centro da Ásia Oriental, difundiu-se para o norte e para o sul, e que a evolução ulterior da zona central não tenha tido tempo de atingir as regiões periféricas? Segundo nosso modo de ver, três razões militam contra tal interpretação. Passaremos rapidamente sobre a primeira, que repousa em considerações teóricas, a saber, um sistema funcional, como é um sistema de parentesco, não pode nunca interpretar-se integralmente por hipóteses difusionistas. Está ligado à estrutura inteira da sociedade que o aplica, e por conseguinte recebe sua natureza dos caracteres intrínsecos dessa sociedade mais do que dos contatos culturais e das migrações. Falar de difusão a propósito de fatos deste tipo equivaleria a dizer que a sociedade inteira se difundiu, o que resultaria somente em deslocar o problema.

Mas, sobretudo, no caso que nos ocupa, a interpretação difusionista só pode ser artificial. Não leva em conta dois fatos essenciais. A troca generalizada em forma simples (casamento com a filha do irmão da mãe) existe, ainda hoje, em numerosas regiões da China como uma instituição viva, demasiado importante para que se possa falar dela como sendo um vestígio. Inversamente, mesmo nas formas mais simples de troca generalizada, os sistemas Katchin, Kuki, Gilyak, encontramos certas particularidades cuja recorrência pareceu-nos demasiado regular para se explicarem como anomalias ou vestígios. Nessas particularidades (papel do tio materno da noiva, e às vezes da tia paterna do noivo), compreendidas por todos os autores, de Sternberg a Mills, como sobrevivência de filiação matrilinear, percebemos o sinal da presença no próprio âmbito da troca generalizada de noções embrionárias, mas persistentes, ligadas a uma realidade de outra ordem.

A interpretação histórico-geográfica seria, pois, demasiado simplista. Sem dúvida, de todos os sistemas considerados, o chinês é o mais evoluído, mas tal acontece porque a sociedade chinesa é ela própria a mais evoluída de quantas ocupam a porção oriental da Ásia. Contudo, o sistema chinês conservou, em forma muito pura, a fór-

---

71. MASPERO, H. *La Chine antique*, p. 123. • GRANET, M. *Danses et Legendes*, p. 14 e 174.
72. MASPERO, H., p. 130-132. • GRANET, M., p. 52, 291, 333.

mula da troca generalizada, que, propriamente falando, nunca ultrapassou. Da mesma maneira, não se pode dizer que os sistemas Kuki, Katchin ou Gilyak não tenham sido ainda atingidos pela onda da troca restrita, porque trazem em seu interior o germe da troca restrita, e este deve desenvolver-se espontaneamente, fora de qualquer influência exterior. Os três tipos de sistemas de parentesco que encontramos: o tipo Katchin-Gilyak, com troca generalizada, o tipo Mandchu-Naga, com mistura de troca generalizada e troca restrita, o tipo chinês do *Ehr Ya*, com troca restrita, parecem, portanto, três modalidades de uma mesma estrutura mais do que três etapas de uma mesma migração cultural. Na forma que consideramos mais simples encontramos presentes todos os caracteres cujo desenvolvimento só se produzirá ulteriormente.

Levanta-se então uma questão de considerável interesse teórico. Até agora consideramos a troca restrita generalizada como tipos específicos, representativos de formas de casamento e de sistemas de parentesco heterogêneos. A análise dos sistemas Murngin e a terrível complicação encontrada por uma cultura que tentou, precisamente, fazer coincidir as fórmulas da troca restrita com as da troca generalizada, só podiam nos confirmar nesta maneira de ver.

Ora, presentemente, fazemos uma verificação diferente. Tornou-se visível que a troca restrita podia suceder à troca generalizada, ou pelo menos coexistir com ela, como resultado de um desenvolvimento autônomo. Ainda mais, falamos de "fórmula simples" da troca generalizada. E os sistemas Kuki, Katchin, Gilyak são, com efeito, deste ponto de vista, sistemas simples. Mas estes sistemas *simples* não chegam, entretanto, nunca a nos apresentar uma fórmula absolutamente *pura*. Neles mistura-se sempre alguma coisa estranha. Qual é este elemento extrínseco? Sabemos que, quando se desenvolve, atua como fator de troca restrita ou, em todo caso, impulsiona o desenvolvimento de um sistema que tem todas as aparências da troca restrita. Este elemento extrínseco será, portanto, a própria troca restrita, já inevitavelmente presente no nascimento da troca generalizada? Será preciso admitir-se então que, se a troca restrita pode nascer e se desenvolver em forma praticamente pura (a tal ponto que a conversão dela em troca generalizada levanta problemas tão complexos quanto os que o estudo do sistema Murngin nos permitiu abordar), a recíproca, contudo, não é verdadeira, e que a troca generalizada goza sempre de um menor grau de realidade, achando-se indissoluvelmente ligada à outra forma? O elemento alógeno que discernimos terá, ao contrário, caracteres específicos, que afetam o aspecto da troca restrita por motivo de um simples fenômeno de convergência? E, neste último caso, qual é sua natureza, de onde vem, a que corresponde? Tais são os problemas que nos falta ainda resolver.

# III. A Índia

# CAPÍTULO XXIV
## O osso e a carne

Quando passamos dos sistemas de parentesco extremo-orientais aos da Índia não entramos, propriamente falando, em um terreno novo. Do Tibete e do Assam até a Sibéria, passando pela China inteira, encontramos, como "leimotiv" da teoria indígena do casamento, a crença de que os ossos vêm do lado do pai e a carne do lado da mãe. Desde os tempos proto-históricos, a Índia arvora a mesma divisa. De fato, é a Índia que fornece a expressão mais antiga dela, porque, conforme já foi mencionado, a ideia encontra-se no Mahabharata[1]. Esta recorrência de um tema fundamental oferece considerável interesse. Lembramo-nos que no Tibete a distinção em "parentes do osso" e "parentes da carne" está objetivamente ligada à fórmula da troca generalizada, e o mesmo aconteceu provavelmente na China e na Sibéria. O que é preciso acentuar aqui é que esta distinção revela-se incompatível com um sistema de troca restrita. Refere-se, com efeito, não aos indivíduos – pai e mãe, que contribuiriam cada um por seu lado para a formação do corpo da criança –, mas aos grupos ou linhagens, cuja cooperação, na aliança matrimonial, e mediante esta, é exigida para constituir a unidade do casal que os tibetanos chamam *tshashan* e os Gilyak *pandf*, "os que nasceram", e que, também entre os chineses, deve a existência à aliança dos *houen* e dos *yin*. Ora, em um sistema de troca restrita cada grupo é ao mesmo tempo "osso" e "carne" porque dá, falando a linguagem da escola, pais e mães, ao mesmo tempo e na mesma relação. Em um sistema de troca generalizada, cada grupo dá também pais e mães, porém não mais segundo a mesma relação. Em face de um grupo A, um grupo B é doador de mães exclusivamente, ao passo que A é, para si mesmo e para B, somente doador de maridos (embora para um terceiro grupo D seja também doador de mulheres). Dois grupos dados, A e B, B e C, C e *n*, e *n* e A, formam, pois, sempre, um com relação ao outro (isto é, com relação aos *pandf* nascidos de um e de outro), um par de oposições no qual um grupo é "osso", e apenas isso, o outro "carne", e nada mais do que isso. Se aceitarmos esta análise, deveremos concluir que a distinção entre "osso e carne", todas as vezes que a encontramos nessa forma, ou outra equivalente, acarreta forte coeficiente de probabilidade em favor da existência, antiga ou atual, de um sistema de troca generalizada.

De fato, os exemplos desse sistema não faltam na Índia. Para reduzir as despesas do casamento, diz Hodson, várias castas praticam o casamento por troca. Este aparece em duas formas: uma conhecida pelo nome de *adala badala*, *santa* ou *golowat*, na qual o filho e a filha casam-se com a filha e o filho, e uma outra, mais popular e chamada *tigadda* ou *tiptha*, que consiste em um sistema triangular, a saber, um homem

---

1. Cf. cap. XXIII, p. 430.

A casa-se com uma mulher B, um homem B com uma mulher C, e um homem C com uma mulher A. O mesmo sistema exige quatro grupos no Penjab[2]. É o mesmo sistema, também, que Grigson relata entre os Gonde. Os Maria Gonde dividem-se em clãs, colocados uns relativamente aos outros na relação de *dadabhai*, "clãs-irmãos" ou *akomama*, "clãs-mulheres"[3]. Mas, contrariamente ao que acreditaram Russell e Hiralal, esta divisão não coincide necessariamente com a repartição em metades. Há "arranjos triangulares", incompatíveis com a organização dualista[4].

Assim, o clã Usendi recebe mulheres do clã Guma, que recebe as suas do clã Jugho, o qual é ligado por uma relação semelhante com o clã Usendi. Os clãs Jate, Tokalor, Hukur têm o *connubium* com o clã Marvi, que é "clã-mulher" do clã Usendi, o qual tem relações matrimoniais com Jate, Tokalor e Hukur. O termo *akomama* é revelador. Porque, se desprezarmos a utilização de *ako* como denominação recíproca entre pai da mãe e filho da filha, verifica-se que o nome *akomama* é formado pela justaposição de dois termos de parentesco, a saber, *ako*, que designa o pai da mãe, e *mama*, que indica, ao mesmo tempo, o irmão da mãe, o pai da mulher e o filho do irmão da mulher[5], isto é, que os *akomama* são o equivalente exato dos *mayu ni* Katchin, ou dos *axmalk* Gilyak (Figura 75).

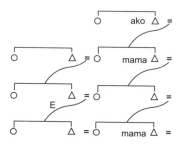

**Figura 75**

Mas, mesmo em um clã *akomama*, não é lícito casar-se com a irmã mais velha da mulher, com a mãe da mulher (entre os Gonde, a mulher passa para o clã do marido), ou com qualquer mulher que esteja, relativamente às primeiras indicadas, na relação de irmã, tia ou sobrinha. O casamento preferencial é, portanto, com a prima cruzada, sendo este tipo de casamento considerado o melhor "de um lado, porque a família que deu uma filha a uma outra família deve ser reembolsada na geração seguinte, recuperando uma mulher para um de seus filhos, e, de outro lado, porque um arranjo

---

2. HODSON, T.C. *Aspects of the Census of India*, 1931. Congrès International des Sciences Anthropologiques et Etnographiques. Londres, 1934, p. 36. – Cf. também HUTTON, J.H. *Caste in India*. Cambridge, 1946: "Marriage by exchange, either direct or (the more popular form) three-cornered, is practised in the same areas" [les Provinces Unies] (p. 139).

3. GRIGSON, W.V. *The Maria Gonds of Bastar*. Oxford, 1938, p. 237.

4. Mesmo a descrição de Russell, que refere a organização com cinco "metades", permitia pressentir que não podia tratar-se de organizações dualistas (RUSSELL, R.V. & HIRARAL, R.B. *Tribes and Castes of the Central Provinces of India*, 4 vol. Londres, 1906; artigo: "Gonds").

5. GRIGSON, W.V., p. 245.

deste gênero evita a obrigação de pagar o preço muito elevado da noiva, exigido quando se toma mulher em uma família não aliada". Estes casamentos chamam-se *gudapal*, ou casamento "do leite da tribo"[6]. É curioso, nestas condições, que o casamento mais frequente seja, não com a filha do irmão da mãe, mas com a filha da irmã do pai, "embora o sistema tenha sido estendido ao primeiro tipo de casamento, que se reduz simplesmente a tomar uma mulher da mesma família durante duas gerações consecutivas"[7]. Uma fórmula, na aparência de acordo com a troca generalizada, funciona, portanto, em sentido contrário ao que é exigido pela teoria. São contradições aparentes desta natureza que fazem da Índia, conforme se verá na continuação, um caso privilegiado para o estudo da solução das dificuldades do mesmo tipo, porém menos pronunciadas, que assinalamos no fim do capítulo anterior.

O sistema encontrado nas fronteiras ocidentais parece ser mais simples. Se um homem dispõe de uma irmã, tia, sobrinha ou prima para trocar, evita pagar o preço de seu próprio casamento. Estaríamos, portanto, em presença de um sistema de troca restrita. Mas, como se vê frequentemente uma longa cadeia de trocas entrarem em ação, onde "A dá a B, que dá a C, que dá a D, que dá a A"[8], é na verdade um sistema de troca generalizada que deve constituir-se.

Mas, conforme foi indicado no que se refere aos Gond, e como aliás se depreende da análise de seu sistema de parentesco[9], parcialmente orientado para a troca restrita e parcialmente para a troca generalizada, encontramos na realidade, como entre os Naga e os Tungu, uma mistura íntima das duas fórmulas. Tal como nesses sistemas, a Índia oferece também ao pesquisador uma espécie de hierarquia de grupamentos, uns endógamos, outros exógamos. Lembramo-nos que entre os Angami Naga, por exemplo, a função exogâmica desloca-se progressivamente do *kelhu* para o *thino* e do *thino* para a *putsa*[10]. Os Mandchu apresentam uma configuração análoga, com o sistema do *hala*, do *gargan* e do *mokun*. Os *kelhu*, assim os *hala*, eram outrora organizações exógamas, o *thino* ainda é, mas mitigada. Parece que o *gargan* Mandchu não é mais, e que o próprio *mokun* só consegue conservar a função durante o período efêmero de cinco gerações[11]. Estas estruturas manifestam uma notável simetria com o sistema indiano das castas endógamas (das quais se sabe que foram outrora exógamas), dos *gotra*, que recentemente –

---

6. Ibid., p. 247.

7. L.c. Unicamente o casamento com a filha da irmã do pai está categoricamente documentado por C. Hayavadana Rao (The Gonds of the Eastern Ghauts. *Anthropos*, vol. 5, 1910, p. 791-797).

8. O'BRIEN, Maj. A.J. Some Matrimonial Problems of the Western Border of India. *Folklore*, vol. 22, 1911, p. 433.

9. GRIGSON, W.V. Op. cit., p. 308-309. – O interesse excepcional dos gondes consiste em que parecem ter conservado vestígios de uma cultura arcaica. Têm em comum com os nagas não somente alguns traços do sistema de parentesco, mas também a Casa dos Homens (HODSON, T.C. *The Primitive Culture of India*, op. cit., p. 57-58). Participam deste último traço juntamente com os oraons, os maleres (id.), os kondhes e os kurumbas (id., cf. THURSTON, E. *Castes and Tribes of Southern India*. 7 vols. Madras, 1909, na parte referente a estes dois últimos nomes). Segundo Hutton (*Caste in India*, p. 22) os maria gondes apresentariam afinidades mongoloides. Ver também (p. 24-27) o paralelo entre as culturas do Assam e de Orissa.

10. Cf. cap. XVII.

11. Cf. cap. XXIII.

mas rigorosamente – tornaram-se exógamos, e dos grupos *sapinda* que, como os *mokuns* – embora de maneira diferentemente (mas somente em parte) bilateral –, se reproduzem a cada cinco gerações. Será possível levar mais longe o paralelo e sugerir a reinterpretação da noção de casta? Sabe-se que as formas primitivas de grupamento das quais derivaram as castas chamam-se, em sânscrito, *varna*, que significa "cor". O fato foi antigamente usado para provar que a organização em castas teria sido promulgada pelos invasores arianos, tendo por base a discriminação racial. Hocart sustentou uma hipótese mais provável, que atribui às "cores", símbolos das quatro *varnas*, significação religiosa e função ritual[12]. À luz das considerações anteriores, não é possível, contudo, desprezar o fato dos *gargan* Mandchu, subdivisões das *hala*, primitivamente exógamos, mas atualmente endógamos, *serem designados por nomes de cores*[13].

Este detalhe é tanto mais perturbador quanto a divisão dos Lolo em dois grupos hierarquizados, "Ossos brancos" e "Ossos negros", já assinalados no capítulo XXIII, reproduz-se exatamente com os mesmos nomes na outra extremidade da Ásia, entre os Kazake[14]. A aristocracia Kazak era designada pelo nome de "Ossos brancos" (*aq syjek*) e à gente do povo aplicava-se o nome de "Ossos negros" (*kara syjek*). É possível que os "Ossos brancos" tenham constituído uma ou várias linhagens, reais ou teóricas. Não eram desconhecidos os casamentos entre os dois grupos, embora fossem em princípio condenados. Por isso, levanta-se a questão de saber se – e em que medida – estas divisões podem ser consideradas como castas. É muito provável que ao lado dos "Ossos brancos" puros houvesse "Ossos brancos" mestiços, resultado de casamentos hipergâmicos. No que diz respeito aos Lolo, estamos realmente em presença de castas. Os Ossos brancos e os Ossos negros não podem casar-se entre si, e "se uma mulher dos Ossos negros tiver relações sexuais com um homem dos Ossos brancos, ambos serão executados". [Entre os Lolo, com efeito, os Ossos negros são os senhores, e os Ossos brancos formam uma casta inferior.] Um requinte que lembra imediatamente a Índia é que se pode consumir o mesmo alimento, não sendo permitido, contudo, usar o mesmo prato[15]. Deve-se aproximar estas observações das diferenciações de situação social, tão frequentes no Assam, marcadas por particularidades na indumentária, assim, por exemplo, a "gente de bordados negros" e a "gente de bordados azuis". É impossível deixar de nos impressionarmos pela analogia desses sistemas com a distinção feita pelo Rigveda entre o "grupo claro" e o "grupo escuro": *arya varna* e *dasa varna*.

A analogia entre os "grupos de cor" Indiano e Mandchu seria ainda mais notável se, conforme sugere Senart[16], o termo *varna* não significasse originariamente "casta", mas "estado" ou "classe". Teria havido, na época dos Brahmana, um grande número de

---

12. HOCART, A.M. Les Castes. *Annates du Musée Guimet*. Paris, 1938, p. 46ss.
13. Cf. cap. XXIII, p. 442.
14. HUDSON, A.E. *Kazak Social Structure*, op. cit., p. 55ss.
15. YUEH-HWA, L. Op. cit., p. 87-89. – Sobre "a união das cinco cores", símbolo do casamento, cf. GRANET, M. *Danses et legendes*, p. 154-155, 496-498, 503.
16. SENART, E. *Les castes dans l'Inde*. Paris, 1896, cap. 2. • HUTTON, J.H. *Caste in India*, p. 59.

tribos ou de clãs aos quais corresponderia a ulterior distinção em castas (*jati*) e uma divisão mais reduzida em classes (*varna*). Não é fácil perceber se estas classes fundavam uma hierarquia de situações sociais, coextentiva ao conjunto do grupo social, ou se correspondiam a grupos diferentes, porém gozando de situações desiguais. Somente no segundo caso é que encontraríamos a possibilidade – aliás vaga – de comparação com a organização Mandchu. Em favor da primeira interpretação, deve-se invocar a estrutura social, originada "de um esquema idêntico", dos antigos povos do Iram, divididos em quatro pishtra, e onde os Athrava correspondiam aos Brâhmane, os Rathaestha aos Xátria, os Vastria aos Vaisia, e os Huiti, de aparecimento tardio, aos Sudra. Tem-se a impressão de que nos encontramos em presença de um tipo de estrutura mais do que em face da subdivisão de um grupo social determinado[17]. Contudo, nossa análise das sociedades Katchin e Naga mostrou-nos quanto é fácil a transição, em regime harmônico com troca generalizada, de uma distribuição concreta, explicável em termos de geografia e de história, para um modelo formal e generalizável, ou o contrário. Lembramo-nos que é hipergamia que permite operar-se esta transformação[18].

Ora, os documentos que atestam a existência antiga da exogamia de casta ligam, de maneira muito nítida, exogamia e hipergamia. O texto de Manu, ao qual devemos nos referir a este respeito, diz expressamente: "Uma mulher Sudra só pode casar-se com um Sudra; ela e uma mulher Vaisia, com um Vaisia; estas duas últimas e uma mulher Xátria, com um Xátria. E todas as três e uma mulher Brâhmane, com um Brâhmane"[19]. É preciso aproximar estas indicações de dois grupos de fatos, a saber, de um lado os sistemas matrimoniais dos "velhos Kuki", onde a bela simetria do sistema Katchin (já alterado, contudo, pelo privilégio das famílias nobres de poder pretender duas alianças) desaparece em favor da acumulação, por certos grupos, de alianças múltiplas[20]; de outro lado, a tendência dos grupos do norte da Ásia, Mandchu, Koriake, Gilyake, à multiplicação dos laços de aliança[21]. Deve ter sido certamente observado que entre os Gonde e entre os grupos das fronteiras ocidentais da Índia o casamento por compra permite escapar à regra da troca generalizada, como acontece também entre os Gilyak e, em certa extensão, nas culturas do Assam e da Birmânia. A acumulação das alianças torna-se assim possível para os grupos econômica e socialmente mais poderosos. Granet desenhou, com uma eloquência muito convincente, um desenvolvimento do mesmo tipo na China feudal[22]. Isso permite-nos chamar a

---

**17.** BENVENISTE, E. Les Classes sociales dans la tradition avestique. *Journal asiatique*, 1932; *Traditions indo-iraniennes sur les classes sociales.* Ibid., 1938. – Ver também SUNJANA, D.D.P. *Next of Kin Marriages in Old Iran.* Londres, 1888. • HELD, G.J. *The Mahabharata, An Ethnological Study.* Amsterdam, 1935, p. 40.

**18.** Cf. cap. XVI.

**19.** The Laws of Manu. In: *Sacred Books of the East*, vol. 25. Orford, 1886, IV, 12-13. – Cf. RISLEY, H.H. *Tribes and Castes of Bengal*, 4 vols. Calcutá, 1891, vol. 1, p. XCI. • HUTTON, J.H. *Caste in India*, p. 46-47.

**20.** Cf. cap. XVII.

**21.** Cf. cap. XXIII.

**22.** GRANET, M. *Catégories*, cap. III.

atenção sobre outra analogia, ligada às considerações precedentes, entre os sistemas matrimoniais da Índia Antiga e do Extremo Oriente.

Lembramo-nos que a tendência à multiplicação das alianças na China feudal traduz-se principalmente no privilégio do Senhor Chou de receber três lotes de esposas. "*É uma regra* que um senhor não deve se casar *senão uma única* vez, não se aliando assim senão com *um único sing*. *É um fato* que as esposas de um mesmo senhor feudal frequentemente têm 'nomes' diferentes e às vezes muito diferentes"[23]. E mesmo quando, conforme a regra exige, os três lotes de mulheres podem invocar o mesmo *sing*, nem por isso deixam de estar obrigadas a pertencer a casas diferentes[24]. Ora, nesses casamentos senhoriais que permitem, de fato, e também, em certa medida, de direito, a acumulação das alianças, a contribuição das senhorias secundárias devia ser inteiramente voluntária, não podendo ser solicitada[25]. Encontramos na Índia Antiga um paralelo significativo. Manu só autoriza quatro formas de casamento: *arsha* é um casamento por troca pelo gado (lembremo-nos aqui das prestações de búfalos nas trocas matrimoniais do Assam e da Birmânia). As três outras formas são casamentos por donativo. Mas uma distinção importante aparece entre os casamentos Brahma e Daiva, de um lado, e o casamento Prajapatya. Os dois primeiros repousam sobre o dom voluntário, enquanto no terceiro o pretendente solicita a mão da moça[26]. Este último tipo, por essa razão, é considerado inferior. "De acordo com as ideias hindus, o casamento é um dom, e perde uma parte de seu valor se o dom não for voluntário, mas deva ser solicitado"[27]. Este comentário, confirmado pelas análises de Lanman[28], obriga-nos a nos determos por duas razões. Primeiramente, lança algumas suspeitas sobre o caráter primitivo da interpretação, feita pelos comentadores chineses, da necessidade do dom voluntário para os casamentos *yin*, que parece uma racionalização. Em segundo lugar – e se admitirmos que o casamento *arsha*, como é provável, era mais ou menos do tipo Katchin-Lakher, isto é, não um casamento por troca, diferente do casamento por dom, mas um casamento por dom *acompanhado* de uma troca –, é surpreendente que todas as formas de casamento autorizadas por Manu se incluam na categoria do "casamento por dom". Esta categoria é, com efeito, desconhecida pelos sociólogos, e Lowie, por exemplo, não faz menção dela em sua análise dos "meios de obter um cônjuge"[29]. No sentido literal do termo, o casamento por dom seria um casamento sem reciprocidade, não se percebendo como uma sociedade humana poderia funcionar nas condições que supõe.

Somente em um sistema de troca generalizada o casamento pode tomar, para um espírito não advertido, as aparências superficiais do dom. Em um sistema de troca restrita, o aspecto imediatamente perceptível é o da troca de filha contra filha, ou de

---

**23.** Id. *Catégories*, p. 131.

**24.** FÊNG, H.Y. *The Chinese Kinship System*, op. cit., p. 187-188.

**25.** Cf. cap. XXI.

**26.** *Manu*, III, 21-41.

**27.** BANERJEE, G. *The Hindu Law of Marriage and Stridhana*. 2. ed. Calcutá, 1896, p. 78.

**28.** LANMAN, Ch. R. Hindu Law and Custom as to Gifts. In: *Anniversary Papers by Colleagues and Pupils of G.L. Kittredge*. Boston, 1913.

**29.** LOWIE, R.H. *Traité de sociologie primitive*, op. cit., p. 29-37.

irmã de irmão contra mulher do filho. Num sistema de troca generalizada, ao contrário, a transferência nunca é diretamente recíproca. Parece que o grupo dos "sogros" dá uma mulher, e dá sem nada receber em troca, ao menos por parte do grupo dos "genros". A operação oferece, portanto, todas as aparências do dom, e do dom não solicitado, porque este último funda-se numa ordem preestabelecida. Seria possível aproximar, a este respeito, da teoria hindu a prática Katchin. Os *mayu nis* sondados reagem com mau humor, fingem recusar e enunciam pretensões extravagantes. Mas quando são eles que têm uma moça para casar, tomam a iniciativa e apelam para os eventuais maridos suspendendo do lado de fora vestuários femininos[30]. Entre os Gilyak o casamento ortodoxo (fundado na troca generalizada) é um casamento de *direito*, ao qual se opõe o casamento negociado fundado na compra[31].

Um antigo sistema de troca generalizada, sem dúvida já desmoralizado, porque sua verdadeira natureza não é mais compreendida, oferece, pois, o terreno mais satisfatório para explicar a gênese de uma teoria do casamento por dom, tal como a que se encontra em Manu. Assinalamos em outro lugar a semelhança formal de vários sistemas australianos com alguns sistemas do continente asiático[32]. Esta semelhança encontra também aqui seu campo de aplicação. "Um homem espera normalmente casar-se com a filha do irmão *caçula* de sua mãe, seu *kala* [...] Um verdadeiro *kala* gosta de dar a filha ao filho de sua irmã, e pode obrigar sua mulher a prometer o casamento de sua filha com esse homem. Mas exatamente um homem tem direito a esperar este compromisso, mas não pode reivindicar a moça."[33] O mesmo autor acrescenta que, quando uma mulher se compromete a casar sua filha nessas condições, "não espera nenhuma contraprestação. Trata-se de um donativo [...] Se a mulher tem uma filha em idade de razão, *deve* dá-la"[34]. Finalmente, a Senhorita McConnel chama o casamento fundado na troca direta das irmãs uma "troca por arranjo", em oposição ao casamento ortodoxo (com a filha do irmão da mãe) que chama "troca-dom". Estamos, pois, em presença de um caráter universal da troca generalizada.

Estas considerações têm capital interesse para compreender a evolução da troca generalizada, de leste a oeste do mundo euro-asiático, e as relações que unem o casamento preferencial com a filha do irmão da mãe com o casamento chamado "por compra". É significativo que as outras quatro formas de casamento conhecidas na Índia, de aparecimento posterior às quatro anteriores (ou de origem diferente), sejam, uma, o casamento por troca (*asura*), e as três outras casamentos resultantes de um fato consumado, inclinação mútua (*gandharva*), captura (*rakshasa*) e violação durante o sono ou a perda de consciência (*paisacha*)[35]. Não é aqui o lugar adequado para desenvolver as sugestões que encontrarão oportunidade em outro trabalho. De momento, só assinalaremos a curiosa analogia entre a teoria indiana e a teoria chine-

---

30. Cf. cap. XVI.

31. Cf. cap. XVIII.

32. Cf. cap. XIII.

33. McCONNEL, U. *Social Organization of the Tribes...*, op. cit., p. 448.

34. Grifado no texto (p. 449-450).

35. BANERJEE, G. Op. cit., p. 82.

sa, que confirma, uma vez mais, que os dois terrenos, do ponto de vista dos sistemas matrimoniais, são estreitamente aparentados e que uma estrutura arcaica comum deve ter existido para explicar tais analogias.

Um paralelismo do mesmo tipo aparece com o problema da exogamia das *sapinda*. A exogamia das castas, forma mais antiga e atualmente abolida da exogamia indiana, opõe-se a das *sapinda*, forma mais recente.

O grupo *sapinda* é um grupo bilateral, compreendendo ao mesmo tempo os parentes em linha paterna e os da linha materna. Inclui um número igual de gerações numa e noutra linha, entre as quais o casamento é proibido. Segundo Manu, a regra da exogamia estender-se-ia até o sétimo grau. "A relação de *sapinda* desaparece com a sétima pessoa"[36]. Há, entretanto, uma assimetria entre as duas linhagens. "A relação de *sapinda* cessa depois do quinto antepassado em linha materna, e depois do sétimo em linha paterna"[37]. Parece que a exogamia de *sapinda* só começou a se desenvolver sistematicamente depois do século VIII de nossa era[38]. Calcula-se que no século XVII não havia menos de duas mil cento e vinte e uma moças proibidas pela exogamia de *sapinda*, admitindo-se que o pretendente seja casado pela primeira vez, que cada família tenha apenas um filho e uma filha, desprezando os filhos do primeiro matrimônio ou os adotados[39]. No fim do século XVIII o autor do *Dharma-Sindhu*, Kasinatha, introduziu a noção de "casamento desigual", ou oblíquo, que condena, por exemplo, o casamento com a filha da irmã da mulher ou com a irmã da mulher do irmão do pai, que não são *sapinda* nem uma nem outra. "Mas, do ponto de vista das gerações, a primeira é como uma filha, a segunda como a mulher do tio"[40]. Há, entretanto, textos que permitem os casamentos oblíquos, dos quais algumas formas são efetivamente praticadas no sudeste da Índia (com a filha da irmã). Vê-se, portanto, esboçar-se, com mais de dez séculos de atraso, uma evolução análoga à que devia conduzir à proibição do casamento oblíquo na China dos T'ang[41].

Contudo, não é para este ponto particular que desejamos chamar a atenção, mas para os caracteres do grupo *sapinda* propriamente dito. Estes caracteres são quatro: o grupo *sapinda* é um grupo cultual; reconhece o parentesco bilateral; sua estrutura apresenta dois aspectos críticos, correspondentes respectivamente à quarta e à sétima geração; finalmente, mantém relações indiscutíveis, embora obscuras, com o sistema de parentesco e de casamento. Por estas quatro razões, é impossível não ficarmos impressionados pela analogia dos problemas levantados pelo grupo *sapinda* na Índia e pelo sistema do luto e da ordem *tchao mou* na China.

---

**36.** *Manu*, III, 5 e V. 60.

**37.** BANERJEE, G. Op. cit., p. 58.

**38.** KARANDIKAR, S.V. *Hindu Exogamy*. Bombay, 1929, p. 194-195.

**39.** Ibid., p. 352.

**40.** Kasinatha, III, p. 130; apud KARANDIKAR, S.V., p. 212.

**41.** Cf. cap. XXI.

A palavra *pinda* significa "bolinha de arroz oferecida ao morto". Porque o sacrifício *pinda* é oferecido, em primeiro lugar, ao pai, ao avô e ao bisavô. Os três ascendentes anteriores ao bisavô só têm direito ao *lepa* do *pinda*, isto é, aos grãos de arroz que se destacam quando se lavam as mãos. O limite da exogamia na sétima geração seria, portanto, a transposição, para o plano do casamento, das regras do sacrifício. A primeira geração oferece o arroz, as três seguintes recebem-no e as três últimas ganham o *lepa*, ou seja, no total sete gerações[42]. Teríamos assim dois ciclos de antepassados, como no templo feudal chinês, os que têm direito a uma homenagem plena, *pinda*, ou tabuinhas individuais, e os que podem somente pretender um culto reduzido, *lepa*, ou altar e plataforma construídos fora do templo propriamente dito[43]. Colocando-se de lado o fundador da linhagem que se acha sempre aí, estão presentes quatro gerações no templo feudal, e mais duas no exterior, o que dá, juntamente com o oficiante, um conjunto de sete gerações.

Tal como a nomenclatura chinesa, na qual devemos ver um reflexo dos graus do luto, o grupo *sapinda* aparece, pois, primeiramente, como um grupo cultual e, somente em caráter secundário, como fator do parentesco e do casamento. "Um dos aspectos mais impressionantes da relação de *sapinda* é a participação nos ritos funerários"[44]. Uma segunda analogia apresenta-se imediatamente entre grupo *sapinda* e categorias chinesas de luto, a saber, nos dois casos estamos diante de organizações bilaterais.

Held observou justamente que a exogamia dos *sapinda* funda-se no parentesco mais do que em um tipo definido de organização social. "Estende-se tão longe que nenhum sistema clânico concebível pode funcionar ao lado dela"[45]. Na verdade, não é apenas a extensão da exogamia das *sapinda* que a torna impossível em um sistema clânico, e sim seu caráter bilateral, ou, mais exatamente, a forma particular de bilateralidade em que se funda, colocando lado a lado os Agnato e suas mulheres, a mãe ao lado do pai, a avó com o avô e a bisavó com o bisavô. Ora, em todo sistema de exogamia clânica concebível, os esposos são membros de clãs diferentes e não podem, por conseguinte, figurar lado a lado. Um problema da mesma ordem apresenta-se a quem, como Granet, quer interpretar em termos de organização clânica a ordem *tchao mou*. No templo ancestral também as tabuinhas das mulheres figuram ao lado das de seus maridos e a mulher do oficiante deve, depois de certo prazo, é verdade, participar das oferendas, juntamente com o esposo. Encontramo-nos, portanto, diante de um dilema: ou a ordem *tchao mou* (e os caracteres específicos do grupo *sapinda*) têm por objeto traduzir a dialética das alianças clânicas, e nesse caso a presença das mulheres é inconcebível, ou exprimem uma concepção bilateral do parentesco, incompatível com a organização clânica. Seria possível, é verdade, supor que os dois sistemas datam de um período em que a mulher passava a fazer parte do clã do marido. Granet propôs formalmente esta hipótese para resolver as dificuldades chinesas, e não faltariam indicações para quem quisesse estender à Índia a mesma interpretação.

---

**42.** KARANDIKAR, S.V., p. 180. • HUTTON, J.H. *Caste in India*, p. 53, n. 2.

**43.** Cf. cap. XX.

**44.** HELD, G.J. *Maādbhārata*, op. cit., p. 70.

**45.** Ibid., p. 69.

Mas o grupo *sapinda*, como a ordem *tchao mou*, está intimamente ligado com o sistema do luto, e a característica deste, na Índia e na China, consiste em exigir a participação não somente dos Agnato e de suas mulheres, mas dos paternos e maternos, "internos" e "externos" na China, *jati* e *bandhu* na Índia[46]. Consideremos, novamente, o quadro chinês dos graus de luto. Mesmo com a excepcional importância atribuída pela cultura chinesa à distinção entre parentes clânicos e não clânicos, com a exclusão teórica dos segundos, estes apesar de tudo têm direito ao último grau de luto, *ssu ma*, com o acréscimo possível de três a cinco meses[47], e, além disso, os parentes clânicos do sexo feminino estão incluídos na nomenclatura do luto, não ficando, portanto, perdidos para seu clã pelo fato do casamento. Na Índia, como na China, os maternos são colocados numa categoria subalterna, pelo direito reduzido ao luto em um caso, e pelo número desigual de gerações exigidas para perpetuar a exogamia numa e noutra linha, no outro. Mas encontramos o mesmo reconhecimento parcial das duas linhagens.

Notamos, em seguida, em ambos os sistemas, os mesmos momentos críticos, na quinta e na sétima geração. O Senhor Chou presta, segundo sua categoria, culto a quatro ou a sete gerações de antepassados. A sétima geração representa o limite absoluto do culto, assim como na Índia o limite absoluto da proibição do casamento, e também do culto. Lembramo-nos que na China o luto se extingue na quinta geração e que, entre os Shang, o limite da exogamia era também fixado na quinta geração. Ora, o sacrifício pinda completo engloba igualmente quatro gerações (com a diferença, na contagem, que a Índia compreende a geração do oficiante, enquanto a China conta partindo do primeiro antepassado), e a exogamia dos maternos termina na quinta geração. Nos ritos funerários, o antepassado da quinta geração (bisavô do pai) confunde-se com os antepassados míticos e perde o direito a um culto particular[48], exatamente como, no templo ancestral chinês, as tabuinhas dos antepassados anteriores ao bisavô do pai são misturadas em um cofre de pedra, sob o nome coletivo de *tsu*. Um mesmo sistema conceitual de base quinária parece subjacente a esses ritmos familiares. O pensamento chinês conhece cinco cores, cinco sons, cinco sabores, cinco perfumes, cinco notas, cinco direções, cinco planetas[49]. A Índia distingue cinco povos no mundo, cinco pontos cardeais. O homem tem cinco "fôlegos", o mundo é feito de cinco elementos mortais e de cinco imortais[50].

Há mais. Held relata, de acordo com um estudo de Caland, qual é a orientação prescrita no ritual. O leste está na frente, o sul à direita, o oeste atrás do oficiante. Mas o norte não é considerado como estando à esquerda, porque é uma das regiões dos deuses, que não podem estar à "esquerda", porque o lado direito é o lado propício, e o esquerdo, o lado nefasto. O leste é a região divina por excelência, e daí o uso de

---

**46.** Sobre este último ponto: HELD, G.J., p. 70-71. • HOCART, A.M. Maternal Relations in Indian Ritual. *Man*, 1924.

**47.** FÊNG, H.Y., p. 180-181.

**48.** HELD, G.J., p. 96, 134.

**49.** BODDE, D. Types of Chinese Categorical Thinking. *Journal of the American Oriental Society*, vol. 59, 1939, p. 202.

**50.** HELD, G.J., p. 120-121.

marcar o recinto sacrificial com linhas traçadas somente de três lados, sendo deixado aberta a parte da frente que dá para o leste[51].

Todos estes caracteres coincidem notavelmente com a ordem *tchao mou*, exceto a inversão respectiva do norte e do sul. No templo feudal, o antepassado fundador é realmente colocado a leste, mas tem o filho ao sul, isto é, à sua esquerda (*tchao*) e o neto ao norte, isto é, à sua direita (*mou*). Como nos lembramos, *tchao* é o lugar mais honroso, *mou* vem somente em segundo lugar. Mas a coincidência entre orientação hindu e orientação chinesa torna-se completa se notarmos que o sistema chinês é orientado em relação ao fundador, enquanto o sistema hindu é orientado com relação ao oficiante. A direita e a esquerda são, pois, investidas, porque a perspectiva não é a mesma. Na realidade, as duas estruturas são idênticas.

Acrescentemos a estes fatos as múltiplas indicações em favor da hipótese do casamento com a prima cruzada matrilateral na Índia Antiga. O Rigveda diz: "Eles te ofereceram gordura misturada com *ghi*, é tua parte, como a filha do tio materno ou a filha da tia paterna são tua parte no casamento"[52]. Entre os Purana, o casamento de Arjuna ocupa um amplo lugar. Ora, Arjuna esposa Subhadra, irmã de Krishna, e Subhadra é filha de Vasudeva, irmão de Kunti, mãe de Arjuna[53]. Sem dúvida, em outras versões, o tio materno de Arjuna chama-se Kamsa, apresentado ora como o irmão, ora como o primo paralelo de sua mãe. Karandikar considera, entretanto, que estamos em presença de uma interpretação tardia, que procura fazer coincidir os textos sagrados com as proibições da época[54]. Outros casamentos entre primos cruzados são mencionados no *Harivamsa Purana*.

Karandikar e Hocart tentaram tirar um argumento suplementar da genealogia dos Sakya[55]. tal como a encontramos na Mahāvamsa. Gautama seria descendente de duas gerações sucessivas de casamentos entre primos cruzados e ele próprio esposaria Devadatta, sua prima cruzada. Mas trata-se aí de uma interpretação meridional tardia, negada pelas tradições do norte, que fazem de Gautama e Devadatta primos paralelos[56]. O texto da Mahāvamsa estabelece a existência do casamento de primos cruzados em Ceilão, pouco depois da era cristã[57].

Seja como for, o *Satapatha Brahmana* menciona, ainda com benevolência, o casamento na terceira geração[58] e a proibição deste tipo de casamento aparece, em

---

51. Id., p. 139.

52. Apud KARANDIKAR, S.V., p. 14. – Cf. HUTTON, J.H. *Caste in India*, p. 54.

53. KARANDIKAR, S.V., p. 21. • HELD, G.J., p. 161, 177, 187.

54. KARANDIKAR, S.V., p. 14-15, 21. E. Benveniste assinala-nos um texto da Mimamsa (RENOU. *Anthologie sanskrite*, p. 213-214) que fornece um bom exemplo deste tipo de interpretação.

55. KARANDIKAR, S.V. L.c. • HOCART, A.M. Buddha and Devadatta. *Indian Antiquary*, vol. 52, 1923.

56. EMENEAU, M.B. Was there Cross Cousins Marriage among the Sakyas? *Journal of the American Oriental Society*, vol. 59, 1939.

57. HELD, G.J., p. 78-79.

58. KARANDIKAR, S.V., p. 180-182.

Manu, como inovação. Para aproximar estas três filhas semelhantes à irmã, a filha da irmã do pai, a filha da irmã da mãe e a filha do irmão da mãe, é preciso fazer a penitência lunar[59]. É, pois, a prova de que estes casamentos eram ainda praticados. E continuam sendo, provavelmente, numa época muito mais tardia. Um autor do século VI dC, Narada, proíbe o casamento com dezessete pessoas, entre as quais os primos cruzados não estão incluídos. Notamos a mesma omissão nos Smiriti e, no século XIII, o redator da *Smiriti-chandrika*, Devana, consagra ainda um capítulo especial à questão, intitulado: "A defesa em favor do casamento com a filha do irmão da mãe". Apoia-se no fato de que, no casamento Brahma, a mulher adquire o *gotra* do pai; em consequência, a irmã do pai e a mãe não fazem parte do *gotra* de seus irmãos e não são seus *sapinda*. O casamento dos primos cruzados não é, pois, um casamento *sapinda* e sua proibição repousa apenas no costume. Narada é, sem dúvida, um autor do Deccan, como Madhava, que defende a mesma tese no século XIV. Mas se este último funda a legitimidade do casamento dos primos cruzados, para o sul, sobre o costume local, invoca também os caracteres específicos do casamento Brahma, a fim de estender sua tese às regiões do norte. Madhava, assim como Devana, proíbem formalmente o casamento entre primos paralelos[60].

Quando consideramos estes fatos e as múltiplas analogias que temos acentuado entre a estrutura familiar e a organização do luto, na China e na Índia arcaica, não podemos nos admirar de ver Held, seguindo o caminho de Hodson e precedendo a Granet de alguns anos somente, formular, para a Índia Antiga, uma hipótese que coincide nos menores detalhes com a do autor das *Catégories Matrimoniales*. É difícil acreditar que Granet tivesse tido conhecimento do livro de Held sem o citá-lo. O paralelismo entre os dois autores, se é fortuito, torna-se por isso mesmo mais impressionante. Held antecipou-se quatro anos a Granet, ao ser o primeiro a formular (separando-se, nestes pontos, de Hodson) duas ideias de um valor teórico essencial: primeiramente, que um sistema de troca generalizada (que chama "circulative system") pode estabelecer-se com base na organização dualista. Em seguida, que é compatível com a filiação matrilinear tanto quanto com a filiação patrilinear. Na verdade, Held compreendeu muito bem que a natureza da filiação é um caráter secundário dos sistemas de parentesco, que podem conservar uma estrutura formal estável, apesar da conversão de um tipo de filiação em outro. A demonstração pode ser procurada, se for julgada necessária, no estudo de F. Eggan sobre o sistema Choctaw[61], onde estabeleceu que um sistema matrilinear, de tipo Crok, transforme-se em um sistema de tipo Omaha quando se torna patrilinear. Isto é, que a unidade de estrutura deve ser considerada como sistema Crow-Omaha, onde o modo de filiação introduz apenas distinções secundárias.

---

59. *Manu*, XI, 171. KARANDIKAR, S.V., ibid.
60. KARANDIKAR, S.V., p. 195-203. • HUTTON, J.H. Op. cit., p. 54-55.
61. EGGAN, F. Historical Changes in the Choctaw Kinship System. *American Anthropologist*, vol. 39, 1937.

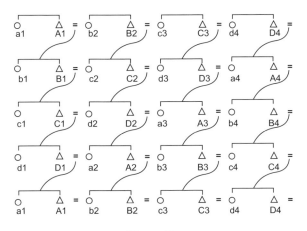

**Figura 76**
*(Segundo Held, op. cit., p. 95, n. 1)*

Para explicar os caracteres do sistema indiano e a preferência pela prima matrilateral, Held faz, pois, como Granet, a hipótese de um duplo modo de filiação, patrilinear e matrilinear, e o sistema que reconstitui é idêntico – sem dúvida porque tenta explicar os mesmos fenômenos – ao sistema de oito classes de Granet (Figura 76).

Mas levanta também as mesmas dificuldades[62].

---

[62]. O sistema de Held na aparência é mais complicado que o de Granet, porque contém dezesseis classes em lugar de oito. Na verdade, contudo, pode ser reduzido à mesma fórmula, pois é evidente que os pares 1 e 3, 2 e 4 representam respectivamente duas metades patrilineares. A hipótese de um antigo sistema com classes matrimoniais, de tipo australiano, parece também ter seduzido Hutton (*Caste in India*, op. cit., p. 55-56).

Este capítulo e os que se seguem já estavam compostos quando chegamos a ter conhecimento de duas obras: KAPADIA, K.M. *Hindu Kinship*. Bombay, 1947; ELWIN, V. *The Maria and their Ghotul*. Bombay (Oxford University Press), 1947, e de um artigo: BROUGH, J. The Early History of the Gotras. *Journal of the Royal Asiatic Society*, 1946-1947. Alguns pontos de nossa argumentação teriam lucrado se fossem tornados mais exatos e desenvolvidos à luz destes importantes trabalhos.

# CAPÍTULO XXV
## Clãs e castas

Em sua tentativa de reconstrução Held apoia-se em três argumentos: a maioria dos sistemas indianos distinguem dois tipos de primos cruzados, manifestando marcada preferência pela prima cruzada matrilateral; certos grupos preconizam o casamento com a filha do irmão da mãe, ao mesmo tempo que proíbem o casamento no clã materno; finalmente, a estrutura social da Índia sugere uma organização bilateral, fundada sobre o reconhecimento da filiação matrilinear e da filiação patrilinear. O capítulo seguinte será consagrado ao casamento matrilateral na Índia. Começaremos, portanto, pelo exame dos dois outros pontos que levantam problemas de interesse não apenas local, mas teórico.

A ideia de que "existe na Índia um sistema patrilinear misturado a um sistema matrilinear latente"[1] foi brilhantemente confirmada no que diz respeito aos Toda[2]. Esta sociedade compreende duas grandes divisões endogâmicas, cada uma delas subdividida em *mod* exogâmicos e patrilineares. Existe uma segunda subdivisão em *polioil*, que são grupos exogâmicos e matrilineares. "Este sistema de relações em linha feminina se combina com a divisão em *mod* e distribui os Toda em cinco grupos *polioil* exogâmicos e os Tuvil em seis [...] Um homem não pode casar-se nem ter relações sexuais com uma mulher que seja sua parenta, ou completamente em linha masculina ou completamente em linha feminina."[3] O casamento dos primos cruzados é consequência desta organização complexa. Rivers, portanto, enganou-se quando julgou revelar aos Toda que o *polioil* abrangia todos os membros do clã (*mod*), dividindo-se os parentes em membros do mesmo *mod* e membros do mesmo *polioil*. Quem estava errado era Rivers e não os indígenas[4].

Os clãs matrilineares têm por função regular os casamentos e as obrigações de luto. Os clãs patrilineares governam a escolha dos nomes, as regras da herança e também as do casamento[5]. De maneira geral, Emeneau considera que a Índia do sul ca-

---

1. HELD, G.J. p. 53.
2. Cf. cap. VIII.
3. EMENEAU, M.B. Toda Marriage Regulations and Taboos. *American Anthropologist*, vol. 39, 1937, p. 104.
4. Ver, entretanto, RIVERS. The Marriage of Cousins in India. *Journal of the Royal Asiatic Society*, 1907, p. 622, onde já se pressente uma outra interpretação.
5. EMENEAU, M.B. Language and Social Forms; A Study of Toda Kinship Terms and Dual Descent. In: *Language*, Culture and Personality (Sapir Memorial Volume), 1941, p. 169.

racteriza-se por uma exogamia de clã patrilinear, com proibições na linha materna, que variam segundo os lugares. "Este ponto [...] é muito mais importante para compreender a etnologia do sul da Índia do que o casamento dos primos cruzados."[6] É preciso, contudo, ir até Malabar para encontrar instituições matrilineares caracterizadas. Isso não indica que a hipótese de Rivers sobre a origem Malabar dos Toda seja justificada. "O aspecto geral da sociedade do sul da Índia, tal como foi esboçado acima, oferece base satisfatória para explicar o desenvolvimento peculiar aos Toda." Este aspecto geral consiste na predominância dos clãs patrilineares, com o desenvolvimento, localmente sistematizado, dos clãs matrilineares.

Uma interpretação semelhante foi proposta por Aiyappan para o casamento entre primos cruzados nas populações Nayar matrilinear. Mas a relação entre os dois modos de filiação deve ser invertida. "O casamento dos primos cruzados é, entre eles, resultado de uma modificação inconsciente na direção das condições patrilineares."[7] A mesma situação encontra-se entre os Coorg, onde o casamento entre primos cruzados aparece como resultado da intersecção de clãs patrilineares exogâmicos (*oka*) por um sistema matrilinear de extensão limitada[8]. Seria fácil citar outros exemplos.

Não se trata, pois, de negar a coexistência de dois modos de filiação em certas regiões da Índia, onde é incontestável. Mas, como Held pôde dizer que, nesse sistema "o casamento no clã (matrilinear) da mãe é proibido, embora sendo autorizado no clã (patrilinear) da mãe", a pretexto de que "em tal sistema cada indivíduo pertence a dois clãs, o clã patrilinear do pai e o clã matrilinear da mãe"?[9] Seria esquecer que, se o clã patrilinear da mãe permanece autorizado, o clã matrilinear da irmã do pai não o é menos, ou seja, a filha da irmã do pai continua sendo um cônjuge possível *nas mesmas condições* que a filha do irmão da mãe. É perfeitamente claro que os Toda praticam o casamento entre primos cruzados bilaterais[10]. O mesmo acontece entre os Coorg[11]. Para que um sistema com oito classes possa aparecer, autorizando o casamento com a prima cruzada matrilateral e proibindo-o com a prima cruzada patrilateral, é preciso, com efeito (a menos que surja do nada), que suceda a um sistema de quatro classes, já fundado na troca generalizada, isto é, autorizando e proibindo exatamente os mesmos tipos de casamento. A subdivisão em oito classes não muda nada, não acrescenta nada. Conforme mostramos ao discutir a obra de Granet, representa uma hipótese gratuita e supérflua.

Granet, entretanto, tinha sido obrigado a recorrer a esta hipótese porque postulara a existência anterior, na China, de um sistema com quatro classes (fundado na troca restrita). Held seguiu a mesma orientação, mas por diferente razão. Algumas

---

6. Ibid., p. 174, n. 26.

7. AIYAPPAN, A. Cross-cousin and Uncle-niece Marriages in South-India. *Congrès International des Sciences Anthropologiques et Ethnografiques*. Londres, 1934.

8. EMENEAU, M.B. Kinship and Marriage among the Coorgs. *Journal of the Royal Asiatic Society of Bengal, Letters*, vol. 4, 1938, p. 126-127.

9. HELD, G.J., p. 53-54.

10. RIVERS, op. cit. Emeneau, 1937.

11. EMENEAU, M.B., 1938, p. 127.

tribos da Índia Central, tais como os Bhil, os Maratha e os Kunbi, proibiriam, segundo Russel, o casamento no clã da mãe, ao mesmo tempo que o recomendavam com a filha do irmão da mãe[12]. Held partiu, portanto, à procura de um sistema que correspondesse às seguintes condições: dicotomia dos primos cruzados em matrilaterais e patrilaterais, diferenciação da prima matrilateral relativamente às outras mulheres do clã materno. Encontrou-a no desdobramento de um sistema de troca generalizada simples (tal como a que foi descrita por Hodson) em um sistema bilateral, mas sempre fundado sobre a troca generalizada.

Mesmo se tivesse razão, seria preciso que a troca generalizada existisse como condição do sistema derivado. Held encerra-se no mesmo círculo que Granet. Para explicar certas anomalias (ou particularidades, consideradas como tais) de um sistema simples, ambos supõem a existência anterior de um sistema mais complexo, do qual o sistema simples seria uma espécie de resíduo ou vestígio, sem perceber que o primeiro não teria podido nascer senão como desenvolvimento do segundo, que por conseguinte deve ter preexistido a ele. Deve-se render homenagem a Held por sua penetrante crítica da noção de filiação, sem acompanhá-lo até às últimas conclusões. O fato do modo de filiação não constituir nunca um traço essencial de um sistema de parentesco não implica que "os caracteres bilaterais são caracteres normais das organizações primitivas"[13]. Se Held quer dizer com isso que nenhuma sociedade humana ignora radicalmente uma das linhas, a verificação não é nova[14]. Se, ao contrário, pretende dizer que todos os grupos humanos recorrem às duas ascendências na determinação das regras do casamento, nada é mais inexato, sendo possível acumular exemplos de grupos nos quais a filiação é (relativamente ao casamento) ou inteiramente patrilinear ou inteiramente matrilinear, e mesmo nos quais, na ausência de regra exata de filiação, apela-se para uma teoria rigorosamente unilateral da concepção[15].

Seria um erro concluir da descoberta de organizações bilaterais a existência de uma espécie de confusão ou identificação das ascendências. Exceto raras exceções, todas as organizações conhecidas são unilaterais. Acontece, porém, que algumas delas (que não constituem a maioria) são unilaterais duas vezes, em vez de uma, o que confirma, em lugar de contradizer, o caráter fundamental da noção de unilateralidade. No caso particular da Índia, conhecemos sistemas patrilineares e também sistemas matrilineares. É portanto natural que alguns grupos sejam ao mesmo tempo uma coisa e outra, enquanto a maioria continua sendo ou de um tipo ou de outro. O fato de no Assam existirem lado a lado organizações patrilineares e matrilineares, conforme observa Hodson, não autoriza a concluir sem abuso que "os sistemas patrilineares e matrilineares acham-se aí entrelaçados", no mesmo sentido em que são, por exemplo, entre os Toda. Porque no primeiro caso não são os mesmos grupos que exibem os dois tipos de organização[16].

---

12. HELD, G.J., p. 52-53.
13. Id. p. 56.
14. Cf. cap. VIII.
15. LÉVI-STRAUSS, C. *The Social Use of Kinship Terms among Brazilian Indians*. L.c.
16. HELD, G.J., p. 51-52.

É possível que a Índia arcaica tenha sido matrilinear. Há regiões inteiras que ainda são. Além disso, certas particularidades são comuns à Índia e à China antigas, principalmente a transmissão do nome e do clã em linha uterina[17], sendo curioso que no Tibete (onde as probabilidades de uma antiga organização matrilinear são muito fortes) as linhagens tenham sido na época dos Han designadas pelo *ming* do pai e pelo *sing* da mãe, o oposto do que se passava na China[18].

O fato de, ao menos no que se refere a certas dinastias arcaicas, a ascendência feminina ser melhor conhecida por nós do que a ascendência masculina, tanto na Índia como na China, não tem grande valor por si mesmo. Mas a coincidência de duas anomalias adquire uma significação que supera a de cada uma delas, se tivéssemos de tratá-las como casos isolados[19]. Seja como for, não existe certamente nenhum traço de sobrevivências matrilineares entre os Aria[20]. Se fosse possível supor, como fez Hutton, uma sociedade ariana patrilinear que se tenha implantado sobre um fundo pré-ariano matrilinear, a presença dos dois tipos seria facilmente explicada. Mas provavelmente as coisas são menos simples do que isso. Assinalamos as afinidades de estrutura entre a sociedade indiana e os grupos extremo-orientais do norte e do sul descritos nos capítulos anteriores, que são em geral patrilineares, mas cujo sistema de parentesco e de casamento (troca generalizada) é também compatível com uma organização matrilinear. É possível, e mesmo provável, que os sociólogos decididos a empreender a defesa da teoria segundo a qual todas as sociedades humanas teriam passado de um estágio matrilinear a um estágio patrilinear tenham sido vítimas de uma ilusão de ótica, e que, na verdade, qualquer grupo humano possa no correr dos séculos desenvolver alternadamente caracteres matrilineares ou patrilineares, sem que os elementos mais fundamentais de sua estrutura sejam profundamente afetados. Afirmar, como faz Held, a universalidade, ou a prioridade, da organização bilateral, é ainda participar da ilusão da sociologia tradicional, que atribui valor decisivo ao modo de filiação. Se o modo de filiação não determina os caracteres essenciais dos sistemas (que são fenômenos estruturais), não se deve dar-lhe o primeiro papel, apenas com uma aparência transfigurada.

Voltemos à observação de Russell sobre o sistema do casamento na Índia Central. Poderemos tomar como ponto de partida da reconstrução de um sistema arcaico fatos provenientes das Províncias Centrais, que certamente não são aquelas onde as instituições primitivas podem ter sido melhor conservadas? Thurston não menciona os Bhil, contentando-se em notar a existência dos Kunbi no sul da Índia.[21] Mas, para as regras do casamento Maratha, remete aos Bante, que são matrilineares[22]. A primeira pergunta que se apresenta, diante das observações de Russell, consiste em saber

---

17. PRZYLUSKI, J. *Journal asiatique*, 1927, p. 177; apud HELD, G.J., p. 73. • HUTTON, J.H. *Caste in India*, p. 129.

18. GRANET, M. *Catégories*, p. 105, n. 1.

19. HELD, G.J., p. 73-74. • PARANAVITANA, S. Matrilineal Descent in the Sinhalese Royal Family. *Ceylon Journal of Science*, Secção G, vol. 2, parte 3, 1933, p. 240.

20. LUMLEY, F.E. Indo-Aryan Society. In: *Essays in the Science of Society Presented to A.G. Keller*. New Haven, 1937.

21. *Castes and Tribes of Southern India*, vol. 4, p. 118.

22. Ibid., vol. 5, p. 14; vol. 1, p. 123.

exatamente o que quis dizer[23]. Ora, a propósito dos Gond de Bastar, sobre os quais possuímos agora estudos modernos, exprime-se da seguinte maneira: "O casamento é proibido entre indivíduos aparentados somente por parte dos homens, mas as regras exogâmicas não criam outro impedimento, e um homem poderia casar-se com qualquer parenta da linha materna. Há, entretanto, regras especiais que proíbem o casamento com certos tipos de parentas[24]. Para interpretar este texto ambíguo é preciso retornar a Grigson, o qual indica que, mesmo no clã *akomama*, um homem não pode casar-se nem com a irmã mais velha de sua mulher, nem com a mãe de sua mulher, nem com uma mulher que esteja, relativamente à sua esposa, na relação de irmã, de tia ou de sobrinha. Como o clã *akomama* é o da mãe[25], isto equivale a dizer que está inteiramente proibido, excetuando-se a prima cruzada matrilateral que faz parte, contudo, do clã, ou seja, exatamente a situação relatada por Russell para os Bhil, Maratha e Kunbi.

Certamente não é necessário, colocando-se no plano geral, recorrer a um sistema complexo de classes matrimoniais para justificar a proibição do casamento com este ou aquele parente, e – em um sistema de troca generalizada – a restrição da união preferencial a um, dois ou vários membros da linhagem dos "doadores de esposas". Já estudamos este ponto no capítulo anterior[26]. No que diz respeito particularmente aos Gonde, seria inteiramente inconcebível que esse sistema, se tivesse existido, houvesse escapado a um observador da qualidade de Grigson. Os sistemas com classes matrimoniais não estão envolvidos em nenhum mistério. Os indígenas que os possuem consideram-nos matéria profana, a respeito da qual exprimem-se de bom grado e livremente. Frequentemente são capazes de chegar a fazer uma concepção teórica a respeito deles[27]. Quando existe um sistema de classes, deve ser percebido. Se vários observadores deixam de mencioná-lo, a única conclusão razoável é que o grupo considerado não o possui.

Held não afirma, na verdade, a existência atual de um sistema com oito classes, mas, partindo das regras do casamento assinaladas por Russell, conclui pela existência antiga de tal sistema. Aqui, porém, levanta-se uma questão metodológica, a saber, é legítimo formular a hipótese de um antigo sistema de classe quando encontramos, no domínio da nomenclatura do parentesco ou em outros domínios (ritual, luto, etc.), fatos que a situação atual não permite explicar sem referi-los a um contexto desaparecido, do qual constituiriam os vestígios? Mas, no caso de que nos ocupamos, o contexto invocado por Held (sistema de oito classes) nada acrescenta à situação, tal como é dada ao observador contemporâneo. Trata-se de explicar um fato preciso e vivo, a união preferencial com a filha do irmão da mãe, excluídos os outros membros do clã materno. Esta dupla regra, positiva e negativa, poderia ser expressão de um sistema de oito classes. A única conclusão que se pode tirar dessa relação é ou que os grupos considerados possuem um sistema de oito classes, e o possuem atualmente, ou então – se a observação não revela a presença desse sistema – que essa regra pode funcionar sem um sistema de classes correspondente.

---

23. RUSSELL, R.V. 1916, op. cit., vol. 1, p. 87.
24. RUSSELL, R.V. & HIRALAL, R.B. *Tribes and Castes of the Central Provinces of India*, op. cit., p. 72.
25. Cf. cap. XXIV.
26. Cf. cap. XXII.
27. Cf. cap. IX.

Insistimos, constantemente, neste trabalho sobre a ideia de que as classes matrimoniais constituem apenas um dos métodos possíveis para fundar um sistema de reciprocidade, e que este método consiste em traduzir a reciprocidade justamente em termos de "classes", quando é sempre possível exprimi-la em termos de "relações". Os dois métodos, sempre e em toda a parte, acham-se ao dispor do espírito humano, mas, por uma singular razão, alguns sociólogos deixaram-se fascinar pelo que gostaríamos de chamar aristotelismo australiano. Estão convencidos de que a lógica das classes representa, no domínio da família e do parentesco, um método de pensamento mais simples e mais primitivo do que a lógica das relações. Isto equivale a mostrar-se singularmente ignorante das criações da psicologia contemporânea e dar prova de pouco respeito pelos documentos recolhidos no terreno. Na realidade, *um sistema de classes nunca pode ser postulado*. Se existe, deve ser diretamente visível. Se existiu, só pode ser inferido partindo de vestígios rigorosamente inexplicáveis nos termos da situação atual. Alguns desses vestígios podem aparecer em forma de fenômenos de periodicidade. Neste sentido – mas unicamente nesse sentido – o empreendimento de Held e de Granet parece legítimo, talvez mesmo coroado de sucesso. Uma outra indicação útil provém da extensão da nomenclatura de parentesco, que deve ser função da complexidade do sistema. Se sabemos existirem classes entre os Murnjin, não é somente porque os indígenas declararam isso, mas porque a extensão da nomenclatura a setenta e um termos confirma exatamente o grau de complexidade do sistema, tal como poderia ser deduzido partindo da nomenclatura com quarenta e um termos dos sistemas Aranda ou da nomenclatura com vinte e um termos dos sistemas Kariera. Ora, o sistema chinês protoarcaico deve ter possuído uma nomenclatura muito restrita[28], e as indicações, infelizmente fragmentárias, que possuímos sobre as nomenclaturas indianas sugerem uma condição análoga[29]. Um novo argumento é fornecido pela distinção terminológica entre o irmão da mãe e o marido da irmã do pai[30]. As nomenclaturas reduzidas convêm perfeitamente aos sistemas simples de troca generalizada[31], mas retiram toda probabilidade às hipóteses favoráveis à existência de sistemas complexos.

Uma das razões que levaram a formular estas hipóteses reside na multiplicidade dos grupamentos atual, ou antigamente, exogâmicos na Índia. Já examinamos dois desses grupamentos, a casta, e o grupo *sapinda*. É preciso acrescentar o *gotra*.

O *gotra*, em princípio, é um grupamento patrilinear, e é sempre exogâmico. Por esse motivo, parece ser uma repetição desnecessária da casta, que funciona ainda como unidade exógama na época de Manu e parece ter-se conservado exogâmica ainda hoje no norte da Índia. Foi em grande parte porque estava embaraçado com esta dualidade que Held julgou encontrar uma solução elegante tratando o *gotra* como um antigo clã matrilinear, que se tornou patrilinear com o correr do tempo, mas que, na forma original,

---

**28.** Cf. cap. XXIII.

**29.** RIVERS. *The Marriage of Cousins in India.* L.c. • HOCART, A.M. The Indo-European Kinship System. *Ceylon Journal of Science*, Secção G, vol. 1, parte 4, 1928.

**30.** HELD, G.J., p. 77.

**31.** Cf. cap. XVI.

teria podido coexistir com a casta patrilinear, para constituir uma organização bilateral[32]. Held vê a confirmação do fato da casta ter sempre constituído um clã patrilinear no duplo sentido do termo *jati*, que designa ao mesmo tempo a casta (como denominação sem dúvida mais antiga que *varma*) e, no Mahābhārata, os parentes paternos, por oposição ao termo *bandhu*, empregado para designar os parentes maternos[33].

Como explicar, então, o aparecimento tardio da noção e da exogamia de *gotra*? Manu menciona dois grupos exógamos, casta e *sapinda*. Mas não se refere ao casamento *sagotra*, exceto no que diz respeito às três grandes castas[34]. É somente Gautama que proclama que a culpa de quem tem relações sexuais com a mulher de um amigo, com uma irmã, ou com uma mulher pertencente ao mesmo *gotra*, ou com a mulher de um aluno ou de um filho, ou com uma vaca é tão grave quanto a de quem profana o leito de seu preceptor[35]. Manu apresenta a mesma enumeração, exceto no que se refere ao *gotra*[36].

Mesmo nos Sutra, a violação da exogamia de *gotra* é ainda apresentada como pecado secundário. É preciso chegar ao século III para que a regra da proibição do *gotra* adquira caráter rígido, e para que a violação dela seja considerada um pecado inexpiável[37]. No século VI, Narada estabelece a regra de que a união com uma moça *sagotra* é um crime para o qual a castração representa o único castigo adequado. Pouco a pouco, a proibição do *gotra* paterno estende-se ao *gotra* materno, e à filha do irmão da mãe, embora este último ponto permaneça sempre sujeito a discussão. A partir do século XIII somente é que a regra da exogamia parece definitivamente estabelecida[38].

A questão complica-se ainda mais pelo fato dos requintes acrescentados às regras de exogamia, principalmente na Índia Central e do Norte e em Bengala. Os Dumālas de Bihar e o Orissa possuem três tipos de divisões: o *gōt*, ou clã, o *barga*, secção epônima e o *mitti* ou grupo local ancestral. O casamento só é proibido no caso da coincidência das três divisões, mas na prática somente o *barga* é levado em conta, porque unicamente os *barga* existem em número suficiente[39]. Do mesmo modo, em Bengala encontram-se três tipos de secções, totêmicas, epônimas e territoriais[40]. Chama-se *tambuli* um sistema exogâmico que depende ao mesmo tempo do *gotra* e do nome da família. A proibição do casamento só é absoluta em caso de coincidência dos dois[41]. A mesma regra se aplica, entre os Babhan, à coincidência entre secções territoriais e secções que têm o patrônimo de um santo. A secção territorial é absolutamente proibida, mas a secção patronímica é indiferente[42].

---

**32.** HELD, G.J., p. 73-74, 82, 85.

**33.** Id., p. 71, n. 1.

**34.** *Manu*, III, 5.

**35.** Cf. XXXIII, 12; *Sacred Books of the East*, II, p. 285.

**36.** KARANDIKAR, S.V., p. 110-111.

**37.** Id., p. 126.

**38.** Id., p. 128-130.

**39.** RUSSELL, R.V. Op. cit., vol. 2, p. 530-531. • HUTTON, J.H. *Caste in India*, p. 50-51.

**40.** RISLEY, H.H. *Tribes and Castes of Bengal*, p. LIII.

**41.** Id., vol. 2, p. 292.

**42.** Id., vol. 1, p. 29.

Que relação existe entre estas diferentes categorias e os *gotra*? Risley considera a secção territorial, ou grupo local (*mul*), mais antiga que o *gotra*, por ele igualado às secções patronímicas. Estas nem sempre existem, enquanto a divisão em *mul* é geral[43]. A interpretação de Karandikar é completamente diferente, pois equipara *gotra*, *mul*, e os grupos conhecidos, segundo as regiões, como *gōt*, *kul*, *intiperulu*, *tarvad*, etc.[44], para o qual, por conseguinte, a exogamia indiana reduz-se, de um lado, ao *sapinda* e, de outro lado, ao *gotra*.

É preciso, entretanto, entender por *gotra* dois tipos de grupamentos diferentes, e esta conclusão resulta muito claramente do confronto dos textos de Karandikar e de Risley. Risley chama *gotra* os grupos denominados segundo os santos, e, como argumento em favor da prioridade histórica das secções territoriais sobre os *gotra*, indica que as primeiras são muito numerosas, ao passo que os *gotra* "bramânicos" são menos, e formam um sistema que pode ter sido tomado de empréstimo em conjunto[45]. Contudo, outros autores chamam a atenção sobre o considerável número de *gotra* (até trezentos e trinta e cinco por clã) e sua constante multiplicação[46]. Não pode tratar-se da mesma coisa. A dificuldade fica esclarecida quando se distingue, de acordo com Karandikar, duas espécies de *gotra*: de um lado grupos locais ou epônimos, patrilineares ou matrilineares, existentes em grande número, e de outro lado o *gotra* em sentido estrito, tal como é definido pela regra de exogamia. "Duas pessoas que pertençam ao mesmo *gotra* e recitam o mesmo *pravara* não podem ser unidas [...]" Os *gotra* definidos pela comunidade de *pravara* são pouco numerosos, cerca de uma dezena, diz Karandikar, vinte e quatro a quarenta e dois, diz Banerjee, e constituem não secções epônimas, mas escolas de ritual[47]. São evidentemente estas últimas que Risley considera como tomadas emprestadas aos Brâmane e às quais atribui origem recente. Nós as deixaremos de lado.

Esta distinção conduz Karandikar a uma concepção de conjunto, essencialmente fundada no caráter tardio da exogamia de *gotra*. Passa-se sucessivamente de um período no qual o casamento *sagrota* não é mencionado à sua proibição incidental, e depois (em Baudhayana e Gautama), à estipulação da penitência que atinge o culpado, mas não o filho dessa união, ou mesmo à prescrição de simples interrupção das relações culposas, sem outra penitência, exceto no caso em que tenha nascido um filho. Nessa época ainda o casamento *sagotra* é um pecado venial em comparação com o casamento do mais moço com o mais velho. É somente Gautama que denuncia formalmente a união *sagotra*. "O princípio exogâmico existia, alguns tinham-no adotado plenamente, outros hesitavam ainda, alguns se opunham. Tal é o estado de coisas que se depreende do conjunto dos Sutra."[48]

Assim, os indo-arianos teriam progressivamente elaborado a noção de *gotra*, escola religiosa e grupo exógamo, ajustando-se à fórmula exogâmica cujo modelo lhes era oferecido

---

43. Cf. Vol. 1, p. 30, 285.

44. KARANDIKAR, S.V. Prefácio.

45. Cf. vol. 1, p. 30. HUTTON, J.H. *Caste in India*, p. 49-53.

46. ADAM, L. The Social Organization and Customary Law of the Nepalese Tribes. *American Anthropologist*, vol. 38, 1936.

47. KARANDIKAR, S.V., cap. IV. • BANERJEE, G. Op. cit., p. 55.

48. Id., p. 115-119.

pela divisão das populações conquistadas em *mul, kul, tarvad*, etc. Os "grandes *gotra*", para empregar uma fórmula simplificada, seriam de origem bramânica e de aparecimento recente. Assim se explica que as outras castas não possuam, propriamente falando, "grande *gotra*", e devam ou criá-las, imitando as dos Brâmane, ou filiar-se a estes últimos. Mas ao lado dos "grandes *gotras*" e antes deles existiam já grupamentos, múltiplos quanto ao número e diversos quanto ao tipo, onde se pode ainda reconhecer formações arcaicas e exógamas. Estes "pequenos *gotra*" não devem ser confundidos com os outros. Por conseguinte, exlusivamente no que diz respeito aos "grandes *gotras*" é que se pode aceitar as conclusões de Karandikar, para o qual o *gotra* – que não desempenha papel nem na herança nem no direito de propriedade, nem na organização de comando – não poderia ser um antigo clã. "A instituição do *gotra* não repousa numa comunidade ancestral e, pelo menos no começo, os legisladores Brâmane tinham plena consciência de seu caráter artificial. Toda legislação deles (exceto a do casamento) fundava-se na família e não no *gotra*"[49].

Ao contrário, os "pequenos *gotra*", *mul mitti, kul* ou *gōt*, que aparecem ora como grupos territoriais, ora como linhagens, clãs ou subdivisões de clãs, quer patrilineares, quer matrilineares, pelo menos na parte central e setentrional da Índia são objeto de regras exogâmicas de grande complicação. Alguns grupos contentam-se em proibir o casamento no *gotra* paterno. Muitos acrescentam o *gotra* materno, e outros vão ainda mais longe. Risley e Russell descrevem casos que se poderia ordenar em série contínua, compreendendo de dois ou três a oito ou nove *gotra* proibidos. Assim, os Bai de Bhagalpur têm duas espécies de proibição, a saber, não se pode casar com uma mulher que pertença ao mesmo *mul* ou ao *mul* de sua mãe, ou ao *mul* da mãe do pai. E, em segundo lugar, um homem não pode casar-se com uma mulher cuja mãe, ou cuja mãe do pai, pertençam a um *mul* que seria proibido em razão das regras anteriores[50]. Assim, se *a, b, d* são proibidos para A, *p* também é, porque a mãe da mãe de *p* é *d* (Figura 77).

```
A = d          E = d
|              |
A = b          P = e          Figura 77
|              |
A              p
```

Os Jate do Penjab proíbem três secções, mais a do sujeito, a saber, as da mãe, da mãe da mãe e do marido da irmã do pai[51]. Os Bargwar Goala excluem sete grupos locais (*dih*) do lado paterno e do lado materno[52]. Os Goala de Bihar (Índia do Norte) proíbem o casamento nas seguintes secções: Ego, mãe, mãe da mãe, mãe da mãe da mãe, mãe do pai, mãe da mãe do pai, mãe da mãe da mãe do pai. Entre os Satmulia ou Kishnaut Goala de Bhagalpur, os *mul* proibidos são: Ego, mãe, mãe da mãe, mãe da mãe da mãe, mãe do pai, mãe do pai do pai, mãe do pai do pai do pai da mãe. Os Naomulia acrescentam: a mãe da mãe do pai e a mãe da mãe da mãe do pai. Além

---

49. Id., p. 88-89.
50. RISLEY, H.H., vol. 1, p. 51.
51. RUSSELL, R.V., vol. 3, p. 233.
52. RISLEY, H.H., vol. 1, p. 58.

disso, entra em ação a regra: *chachera mamera phuphera, masera, ye char nata bachake shadi hota hai*, "a linha do tio paterno, do tio materno, da tia paterna, da tia materna, estas quatro parentelas devem ser evitadas no casamento"[53].

Estas proibições oferecem particular interesse porque os Jate dividem-se em dois tipos de metades, umas territoriais ("país alto" e "país" baixo"), outras fundadas numa ancestralidade mítica ("ship-gotra" e "ka-shib-gotra")[54]. Ora, as quatro linhagens proibidas não coincidem nem com um sistema de oito classes, nem com um sistema de quatro classes de troca restrita (no qual o marido da irmã do pai se incluiria na classe da mãe), nem com um sistema de quatro classes de troca generalizada (que prescreve o casamento na classe da mãe). É um bom exemplo da impossibilidade de interpretar as proibições de *gotra* como indício de um antigo sistema de classes matrimoniais.

Como devemos compreender regras tão complicadas? Observemos primeiramente que são todas do mesmo tipo, a única diferença estando no número, maior ou menor, de secções, *mul* ou *gotra*, implicadas. Podemos considerar adquirido que estas secções eram na origem as verdadeiras e únicas unidades exógamas, mas que a exogamia tendo, se assim é possível dizer, progredido mais rapidamente que a diferenciação social, foi necessário levar em conta um número cada vez maior de secções, para adaptar as velhas instituições às novas regras. A secção patrilinear (ou matrilinear) era o primitivo revestimento da exogamia. Mas esta cresceu mais depressa que a sua roupagem e foi preciso colocar as secções ponta com ponta, para que continuassem a recobrir o mesmo corpo.

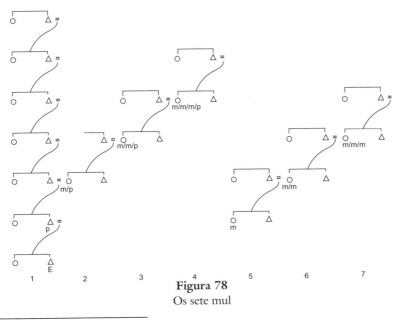

**Figura 78**
Os sete mul

---

53. Id., vol. 1, p. 285-286.
54. ROSE, H.A. *A Glossary of the Tribes and Castes of the Punjab and Northwestern Frontier Provinces*, 3 vols., 1914; vol. 2, p. 375. • BRAY, D. The Jat of Baluchistan. *Indian Antiquary*, vol. LIV, 1925.

Qual é então o fator deste rápido desenvolvimento da exogamia? Basta considerar os *mul* proibidos para ver que estamos diante de um esforço difícil, e frequentemente inábil, para traduzir a exogamia das *sapinda* em termos de instituições anteriores. É o que se depreende claramente de um comentário de Risley. "A regra que define os graus proibidos é habitualmente calculada até a quarta geração."[55] Que esta adaptação nem sempre tenha sido fácil, é o que podemos prever. "Cada casta modificou as regras para torná-las aplicáveis a seu caso particular."[56] Banerjee refere-se à luta persistente contra a tendência das famílias, ou das linhagens, em estabelecer sua lei particular[57]. Ainda mesmo no século XV, no norte da Índia, assistia-se ao conflito entre o sistema de *gotra* e o sistema *sapinda*. Raghunandana defende uma teoria segundo a qual bastaria que a moça fosse distante três *gotra* para que o casamento se tornasse possível, embora estivesse ainda no quinto e no sétimo grau *sapinda* (Figura 79)[58].

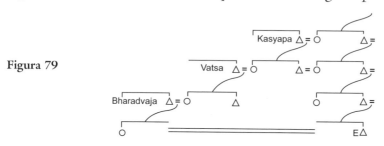

Figura 79

Referindo-nos aos quadros de Risley e Russel, observaremos, aliás, que em geral as secções da mulher do pai do pai do pai e da mulher do pai do pai da mãe não estão incluídas nas proibições, deixando assim aberta esta forma de acordo. Um outro indício do mesmo conflito é a curiosa racionalização pela qual algumas tribos, ainda ligadas ao casamento matrilateral, justificam-no tratando a linha materna como demasiado insignificante para merecer uma especial proibição. Assim, os Santale, inclinados às alianças matrilaterais, têm o provérbio: "Não se presta mais atenção às pegadas deixadas por uma vaca do que ao clã da mãe."[59]

Será possível então fazer ideia das relações que unem as três instituições exogâmicas arcaicas, casta, *gotra*, grupo *sapinda*, e de seu respectivo lugar no grande sistema estrutural que tentamos definir para a sociedade indo-asiática? Se supusermos, conforme tantas analogias sugerem, que a Índia Antiga conheceu uma sociedade de clãs, unidos em um ou vários sistemas de troca generalizada, talvez a tarefa não pareça impossível. O estudo da sociedade Katchin mostrou-nos como podem coexistir, de um lado, no campo e nos meios populares, clãs que perpetuam um modelo antigo e, de outro lado, numa aristocracia feudal, grupos mais vastos, e melhor articulados, que permitem o

---

55. RISLEY, H.H., vol. 1, p. 286.
56. KARANDIKAR, S.V., p. 221.
57. BANERJEE, cap. VI.
58. KARANDIKAR, S.V., p. 204-205.
59. RISLEY, H.H., vol. 1, p. 49-50.

jogo das hierarquias e das rivalidades. Estes grupos são antigos clãs, ulteriormente diferenciados e especializados? É possível, e mesmo provável. Se a Índia tivesse tido um desenvolvimento análogo, seria possível dizer que em certa época castas e clãs (sendo as próprias castas, sem dúvida, antigos clãs) coexistiram como grupos exogâmicos regidos pela troca generalizada, mas com um exclusivismo nascente, por parte das castas, que podia conservar a fórmula – essencialmente aristocrática – da troca generalizada e que condenava os clãs estagnados a evoluírem por sua própria conta para a troca restrita. São conhecidos, pelo menos, os esboços de tal evolução. "No norte de Mambhum, as secções Rampai e Domkatai são mantidas em tão pequena consideração que os membros das outras secções se recusam a lhes dar suas filhas em casamento, embora não tenham objeção em receber delas suas mulheres. Por conseguinte, nessa região, os Babhan das secções acima mencionadas são obrigados a trocar as mulheres entre si, apesar de suas filhas poderem encontrar maridos em todas as secções fora da sua própria"[60].

Assim, os casamentos entre as castas conduzem à constituição de novas castas e ao desenvolvimento do modelo inicial. Este é menos "racial" do que "cultural"[61]. Porque – conforme procuramos mostrar a propósito da sociedade Katchin, cujos cinco grandes grupos fundamentais podem ser considerados castas ainda exógamas – a troca generalizada pode tanto facilitar a integração de grupos de origens étnicas múltiplas quanto levar ao desenvolvimento de diferenças no interior de uma sociedade etnicamente homogênea. De algumas observações de Risley deduz-se que haja nas castas mais do que o resíduo histórico, e alguma coisa diferente, e que a casta, em certo sentido, constitui uma unidade funcional. Ainda atualmente certas tribos Dravidiana incompletamente "bramanizadas" praticam o casamento intertribal. Mas os filhos dessas uniões não se tornam membros nem do grupo paterno, nem do grupo materno, mas formam uma nova unidade endogâmica, cujo nome indica frequentemente o tipo exato de cruzamento do qual essa unidade é a expressão. Os Munda possuem nada menos de nove grupos deste tipo. Os Mahili têm cinco, considerando-se como descendência de um Munda e de uma Santal[62]. Estas subdivisões tendem a se constituir em grupos autônomos e a disfarçar sua origem sob um nome profissional ou territorial.

Sendo hipergâmicas, as castas tendem, portanto, a se reproduzir por um processo de diversificação. Os clãs multiplicam-se, ao contrário, por cissiparidade. A este respeito, pouca dúvida existe de que o *gotra* esteja para o clã assim como o *thino* está para o *khelu*, ou a *putsa* para o *thino*, entre os Naga, ou o *mokun* para o *gargan* entre os Mandchu. Os *mul* dos Goala de Bihar são às vezes subdivididos em secções locais. Neste caso, a exogamia passa do *mul* para a subsecção (*purukh*), "o grupo mais cômodo e o mais restrito ocupa o lugar do mais vasto"[63], Senart, também, refere que a subdivisão dos *gotra* faz-se em função das exigências exogâmicas[64]. Adam descreve as tribos do Nepal ainda divididas em clãs (*thar*), algumas das quais pelo menos perderam o caráter exogâmico em favor dos *gotra* que as compõem. Muitas vezes não é possível distinguir os *gotra*, que na

---

60. Id., op. cit., vol. 1, p. 31.
61. NESFIELD, J.C. *Brief View of the Caste System of the Northwestern Provinces and Oudh*. Allahabad, 1885.
62. RISLEY, H.H., vol. 1, p. 37.
63. Id., vol. 1, p. 285.
64. SENART, E. Op. cit., p. 35.

verdade são linhagens, dos clãs. Novos *gotra* aparecem constantemente[65]. Teria havido outrora um mínimo de afastamento exigido para a formação de novos *gotra*, fato de que encontramos indicações entre os Tunguse, os Buriata e os Kazake, no que se refere aos seus subclãs respectivos? Admitiríamos de bom grado, com base numa indicação dos Sutra, que "o *gotra* começa com o neto"[66], o que é mais compreensível, nessa hipótese, do que na que foi proposta por Held, sobre a origem matrilinear dos *gotra*. As este respeito caberia lembrar uma indicação de Risley, relativa aos Goala, "entre os quais não somente o casamento é proibido entre duas famílias durante várias gerações, mas os membros de uma família não podem casar-se no *thar* ou secção exogâmica de outra [...]"[67]. Naturalmente, isso não exclui que os *gotra* tenham sido ora patrilineares, ora matrilineares, conforme o tipo de clã de que se originam nesta ou naquela região. Porém uma hipótese geral a este respeito não parece nem útil nem provável.

Assim, os clãs arcaicos teriam sofrido uma dupla evolução. Alguns se perpetuariam em forma de castas, especializando-se. Outros teriam progressivamente – e aliás incompletamente – desaparecido, em proveito de unidades mais restritas, secções epônimas ou grupos territoriais. Os primeiros teriam evoluído na direção da hipergamia, em seguida para a endogamia, por motivo de seu caráter aristocrático, ao passo que os segundos permaneceriam mais duradouramente exógamos. Mas a endogamia pura e simples seria inconcebível, porque excluiria toda reciprocidade. É possível, portanto, considerar o grupo *sapinda* como o equivalente funcional, em castas endógamas, da subdivisão dos clãs exógamos em formações unilineares. Sem dúvida, o grupo *sapinda* é bilateral, mas conserva, na desigualdade estabelecida entre as duas linhas, a lembrança de sua origem patrilinear. Além disso, não foi suficientemente posto em destaque o fato de um grupo endógamo só poder aplicar impedimentos bilaterais, do contrário se desmembraria em duas ou várias secções exógamas.

Mas, se a endogamia precipitou a formação de grupos bilaterais na Índia, não se deve esquecer, por esse motivo, que a bilateralidade acha-se latente em todo sistema de troca generalizada. Os *pandf* dos Gilyak, o par *houen-yin* chinês ou *tsha-shan* tibetano representam os "aliados" que são, ao mesmo tempo, "os que nasceram juntos", maternos e paternos tratados como unidade. Para fazer um ser humano é preciso ao mesmo tempo "os ossos" e "a carne". Revelamos em certos aspectos do direito Katchin e da mitologia dos Tungu a constituição progressiva das linhagens femininas. No primeiro caso, ao menos, estas têm uma existência bem diferente da virtual. Em um certo sentido, pode dizer-se que a mulher Katchin, assim como a mulher indiana, recebe um "stridhana", e as filhas na herança, em ambos os casos, têm um direito preferencial a ele[68]. Também nos dois casos este direito preferencial refere-se essencialmente aos bens recebidos do amor dos parentes, e mais especialmente do lado fraterno. "O que foi dado diante do altar nupcial, o que foi dado no momento do cortejo nupcial, o que foi dado em penhor de amor, e que foi recebido de um irmão, da mãe ou do pai, é considerado como propriedade, seis vezes reservada, da mulher casa-

---

65. ADAM, op. cit., p. 537. No mesmo sentido, HUTTON, J.H. *Caste in India*, p. 45.
66. Apud HELD, G.J., p. 73.
67. RISLEY, H.H., vol. 1, p. 58.
68. Cf. cap. XVI.

da."[69] Mesmo na China, tão rigorosamente patrilinear, é conhecido o direito preferencial das linhagens femininas sobre certos tipos de bens[70]. A Índia oferece o exemplo de excepcional desenvolvimento do bilateralismo, mas separa-se unicamente em grau, não em natureza, dos sistemas dos quais julgamos poder aproximar o seu.

Ao afirmar a existência desta bilateralidade, latente ou aparente, em todos os sistemas de troca generalizada, não renunciamos de modo algum à crítica da hipótese do bilateralismo universal, que propusemos anteriormente[71]. Desde este momento, com efeito, tínhamos distinguido duas formas de bilateralismo, de um lado, o reconhecimento de duas linhagens, às quais é atribuído um papel mais ou menos semelhante, embora sua respectiva importância possa ser diferente em grau. Neste sentido estamos dispostos a admitir a existência do bilateralismo universal. Mas é a um sistema inteiramente diferente que Held se refere para chegar à mesma conclusão, a saber, o da especialização das duas linhagens, levada ao ponto em que a situação social de cada indivíduo resulta da combinação de dois ou quatro fatores distribuídos "em mosaico", como dizem os genetistas, e segundo a fórmula desse verdadeiro "mendelismo" sociológico que inspira o sistema das gerações alternadas. Embora seja evidentemente possível passar do primeiro tipo ao segundo por uma série contínua de intermediários, não se deve perder de vista que o segundo tipo representa uma forma aguda de especialização. Não se poderia concluir da generalidade da forma virtual à universalidade da forma desenvolvida. Um espírito engenhoso poderia, sem dúvida, traduzir todos os sistemas de parentesco e de casamento em termos de classes matrimoniais, como um lógico da escola pode dar a aparência silogística a todas as formas de atividade mental. Daí não se conclui na verdade que uns e outras sejam produto de tais mecanismos.

Que imagem podemos fazer, portanto, do desenvolvimento da estrutura social da Índia? Um sistema de clãs, ora patrilineares ora matrilineares, mas em todo caso regido pela troca generalizada, teria facilitado ou a integração hierárquica de um grupo de conquistadores ou a diferenciação progressiva das situações em uma sociedade homogênea. Não é indiferente observar, a este respeito, que a sociedade Ária parece ter sido organizada em regime harmônico, grupos patrilineares e patrilocais, satisfazendo as condições teóricas de um sistema de troca generalizada[72]. Do ponto de vista puramente histórico Hutton, assim como Senart, chegaram à conclusão de que a fonte do sistema das castas era provavelmente pré-ariana. Os invasores indo-europeus teriam se contentado em cristalizar, sob forma de uma hierarquia social, um sistema de proibições preexistente. Daí o esquema de Manu, com as quatro *varna* organizadas no interior de uma estrutura hipergâmica[73]. Se, conforme sugere Mitra[74], devemos distinguir as quatro *varna* em dois grupos, os *dwija* ou "duas vezes nascidos", e os *su-*

---

**69.** *Manu*, IX, 194. • BANERJEE, G., p. 31 e 268.

**70.** GRANET, M. *Catégories*, p. 158-159.

**71.** Cf. cap. VIII.

**72.** Cf. SEN GUPTA, N.C. Early History of Sonship in India. *Man*, 1924, n. 32 e 42; Putrikā-putra, or the Appointed Daughter's Son in Ancient Law. *Journal of the Royal Asiatic Society of Bengal, Letters*, vol. 4, 1938, n. 5.

**73.** HUTTON, J.H. *Census of India*, 1931, op. cit., p. 437-438.

**74.** Prefácio a J.K. Bose. *Dual Organization in Assam*, op. cit., p. III.

*dra*, com a subdivisão do primeiro grupo em três secções, encontraríamos, mais facilmente ainda, o modelo das organizações tripartites ainda presentes entre os Naga.

É problema do historiador saber qual das duas hipóteses mencionadas no parágrafo anterior deve ser preferida. Vimos que, do ponto de vista da teoria da troca generalizada, são equivalentes, o que significa dizer que a noção de casta possui um valor funcional, independente da origem histórica. A diferenciação progressiva das posições sociais teria conduzido a uma dupla evolução. Para os clãs aristocráticos (pela origem étnica ou pela rivalidade social) a evolução teria ocorrido no sentido primeiramente da hipergamia e em seguida da endogamia, com a concomitante constituição do grupo de exogamia *interior* à casta (por causa da endogamia), e por conseguinte obrigatoriamente *bilateral* (sem o que a casta retrocederia ao clã), das *sapinda*. Para os clãs clientes ou subjugados teria havido uma evolução parcial da troca generalizada no sentido da troca restrita (por causa da hipergamia, que as exclui pouco a pouco dos ciclos extensos)[75], com a consecutiva subdivisão dos mesmos clãs, primeiramente em "pequenos *gotra*" e depois em unidades mais restritas do tipo *purukh*. As duas evoluções são, portanto, divergentes. Uma é marcada pelo caráter sintético[76], expresso no fato de se engendrarem novas castas pelos casamentos entre as castas. A outra, pelo caráter analítico, resultante do progressivo desaparecimento dos clãs em proveito de formações secundárias, as quais, por si mesmas, cedem o lugar a formações de um tipo novamente subordinado.

Mas, à medida que a sociedade indiana se organiza, estas duas linhas de evolução tendem a convergir, ou, mais exatamente, devem adaptar-se funcionalmente uma à outra. Vemos as castas aristocráticas adquirirem divisões artificiais, de caráter mais religioso do que social, com os "grandes *gotra*" governados por uma regra de exogamia imitada dos *gōt*, *mul* ou *kul*, ao passo que as populações inferiores ou retardatárias tentam adaptar seu sistema exogâmico estacionário às complicadas exigências da regra das *sapinda*, acrescentando progressivamente novas secções às que eram primitivamente proibidas. O desenvolvimento ulterior conduz à imitação, pelas populações inferiores, dos "*gotra* bramânicos", ou porque criam escolas de ritual seguindo o exemplo de seus sacerdotes ou porque se filiam às já existentes[77]. Chegamos assim à situação complicada do norte da Índia e de Bengala, a saber, um singular amontoado de castas, de *gotra*, secções epônimas ou patronímicas e grupos locais. Esta situação apresenta todas as aparências de um antigo sistema complexo de classes matrimoniais. Esperamos ter mostrado que estas aparências são ilusórias, e que unicamente a hipótese de um sistema arcaico simples de troca generalizada, confirmado por tantos fatos atuais e vestígios de outra maneira pouco compreensíveis, permite esclarecer um quadro até então muito confuso.

---

**75.** O casamento entre primos cruzados bilaterais era certamente praticado no século IV ou V aC (PUSALKER, A.D. Critical Study of the Work of Bhasa, with Special Reference to the Sociological Conditions of his Age. *Journal of the University of Bombay*, vol. 2, 1934, n. 6). Manu proibiu o casamento entre primos cruzados do mesmo modo que o dos filhos de duas irmãs. Isto mostra que essa prática não era desconhecida.

**76.** "O impulso que conduz à formação das castas não perdeu de modo algum sua força, e podemos estudá-lo em ação em muitos distritos da Índia ainda atualmente" (RISLEY, H.H., vol. 1, p. 31).

**77.** Na região de Chota Nagpur, Risley observa numerosos exemplos do processo, desejado e consciente por parte de tribos inferiores, para se "bramanizarem". O sistema dos *gotra* é imitado e tomado de empréstimo. Estas tendências já existiam na época de Manu (RISLEY, H.H., vol. 1, p. 15-18; KARANDIKAR, S.V., p. 222).

# CAPÍTULO XXVI
## As estruturas assimétricas

Contudo, se desejarmos encontrar conservados os vestígios de condições antigas, é para a Índia Meridional que convém nos voltarmos principalmente. Ora, do ponto de vista do estudo das estruturas elementares, ao qual esta obra quer limitar-se, a Índia – e especialmente o sul da Índia – apresenta excepcional interesse por duplo aspecto. Primeiramente por causa da frequência do casamento entre primos cruzados, e, em seguida, porque aí encontramos, lado a lado, as três modalidades conhecidas desta forma de casamento, a saber, o casamento com a prima cruzada bilateral, o casamento com a filha do irmão da mãe e o casamento com a filha da irmã do pai.

Verificamos, na primeira parte deste trabalho, que uma estrutura elementar de parentesco governada pela lei de troca restrita exprime-se imediatamente no casamento preferencial entre primos cruzados bilaterais. A segunda parte mostrou que uma estrutura elementar de parentesco governada pela lei da troca generalizada também se exprime imediatamente no casamento preferencial entre filho de irmã e filha de irmão (casamento com a filha do irmão da mãe). Mas ao mesmo tempo o exame dos costumes matrimoniais e da terminologia do parentesco revelou que se este último sistema se apresenta em formas suficientemente *simples* para poder ser isolado, nunca é encontrado em forma rigorosamente pura, nele se misturando sempre um elemento heterogêneo, irredutível à lei da troca generalizada, e que mostra, pelo menos superficialmente, os caracteres da troca restrita.

Do estudo de uma vasta região do mundo onde os dois sistemas se apresentam justapostos podemos esperar o esclarecimento desta dificuldade. Ao mesmo tempo surgem outros problemas, em íntima ligação com o que acaba de ser mencionado. Com efeito, ainda não encontramos, pelo menos no plano teórico, a terceira das modalidades do casamento entre primos cruzados, da qual a Índia oferece frequentemente exemplos, a saber, o casamento com a prima cruzada patrilateral. Ora, se admitirmos, conforme pensamos ter provado, que a troca restrita e a troca generalizada constituem dois sistemas simples (isto é, inexplicáveis em função de outros sistemas), a estreita associação das três modalidades de casamento dos primos cruzados pode ser teoricamente interpretada de duas maneiras diferentes, isto é, ou o casamento com a prima cruzada patrilateral é produto de uma espécie de fissão da troca restrita, resultante do contato com a troca generalizada, ou então constitui um terceiro tipo específico de reciprocidade, irredutível tanto à troca restrita quanto à generalizada, e que deve ser definido por seus caracteres próprios, ao lado, e independentemente, dos dois outros. No primeiro caso, admitiremos que a troca restrita (que é, não devemos esquecer, a forma bilateral da reciprocidade) manifesta-se de certo modo na vizinhança dessa forma unilateral constituída pela troca generalizada. A modalidade matrilateral é isolada, atraída e assimilada. A modalidade patrilateral é a única que subsiste em forma independente porque é irredutível. Se a segunda hipótese for a boa, deveremos reconhecer que nossa análise é incompleta e dedicar-nos à definição do terceiro tipo.

Uma observação preliminar impõe-se. Em certo sentido, a fissão da troca restrita produz-se sempre. Em uma organização dualista exogâmica, por exemplo, todos os membros masculinos de uma metade e todos os membros femininos da outra são primos bilaterais teóricos, mas não da mesma maneira. Para dois indivíduos considerados, provavelmente poderão ser sempre descobertos vínculos matrilaterais e patrilaterais, mas daí não se segue que esses dois indivíduos sejam parentes, nas duas linhas, no mesmo grau. Com efeito, encontra-se uma proporção considerável de pessoas, primos cruzados bilaterais sem dúvida, mas no primeiro ou no segundo grau em uma linha, e no terceiro, no quarto ou no quinto em outra. As vezes o afastamento em uma linha será suficientemente grande para que esta seja praticamente desprezada. Tal é a razão pela qual a regra da troca restrita deve ser formulada de maneira circunstanciada. Prescreve o casamento com a prima cruzada que é ou filha do irmão da mãe e ao *mesmo tempo* filha da irmã do pai, ou com a prima cruzada que é *indiferentemente* filha de um ou filha da outra. Os termos devem ser entendidos em sentido classificatório. Todo sistema de troca restrita comporta, por conseguinte, sem alteração de natureza, certo coeficiente de fissão, que podemos considerar normal, e que, para cada grupo, poderia ser calculado em função do costume matrimonial e da estatística demográfica. Enquanto esta fissão permanece, por assim dizer, neutra – isto é, enquanto que os dois tipos de primos unilaterais são considerados substitutos, equivalentes entre si, dos primos bilaterais – o fenômeno pode ser considerado desprezível do ponto de vista da análise teórica.

Quando falamos de fissão da troca restrita, estamos pensando em um fenômeno de outro tipo. Trata-se de uma fissão, de certo modo eletiva, isto é, o grupo em lugar de aceitar passivamente os substitutos ou os equivalentes, que são subprodutos do funcionamento mecânico do sistema, procura, voluntária ou sistematicamente, um tipo de primos com exclusão do outro. Lembramo-nos que esta fissão eletiva acha-se latente em certos sistemas australianos, os quais, embora ajustados ao modelo da troca restrita, manifestam marcada preferência pela prima matrilateral verdadeira (Kariera). Estes sistemas de troca restrita são, portanto, afetados por um coeficiente determinável de troca generalizada. Mas, ao contrário do que uma análise superficial talvez sugerisse, dessa forma de fissão nunca resulta uma preferência igual pelos dois tipos. Muito ao contrário, a preferência por um acarreta a exclusão do outro. Ao procurar para si primas matrilaterais, o indivíduo não libera primas patrilaterais para outrem, porque são os mesmos indivíduos que, conforme a perspectiva em que os consideremos, são primos matrilaterais de D e primos patrilaterais de B. Noutras palavras, um primo bilateral não resulta da soma de dois primos unilaterais, mas é um único indivíduo.

Se esses membros de um sistema de troca restrita inauguram a preferência por um certo tipo de primos, não tornam, com isso, o outro tipo disponível, mas obrigam progressivamente todos os outros membros do grupo a se conformarem com a sua escolha. A tendência de um sistema de troca restrita para a assimetria não pode, por conseguinte, acarretar nunca uma fissão, mas apenas a conversão, que se manifesta na generalização do casamento preferencial com uma ou outra prima unilateral, para o grupo considerado em conjunto. Esta análise, um tanto abstrusa, conduz a uma importante conclusão, a saber, não é possível conceber a fissão da troca restrita como sendo produzida pela influência de fatores mecânicos, e capaz de reduzir um grupo inclinado ao casamento bilateral a dois grupos que praticam respectivamente as duas formas de casamento unilateral. A fissão nunca é real. Só pode ser ideológica. Se existe, não seria no grupo, mas no espírito dos membros do grupo, e para um grupo determinado deve atuar em um único sentido. A hipótese da fissão implica, portanto: 1º) que certos grupos de troca restrita tenham passado ao casamento patrilateral e alguns outros ao casamento matrilateral; 2º) que esta passagem tenha se produzido em função de uma oposição lógica, consciente ou inconscientemente concebida pelo espírito indígena, entre os dois tipos de primas unilaterais. Nossa primeira hipótese reduz-se, pois, a uma explicação, no tempo e no espaço, das relações teóricas nas quais se funda a segunda.

Esta posição do problema encontra confirmação nos fatos. Se as duas modalidades unilaterais de casamento entre primos cruzados fossem resultado automático da fissão da forma bilateral deveríamos esperar encontrá-las ambas com a mesma frequência aproximadamente. Ora, não é isso de modo algum o que acontece. Todos os especialistas da Índia acentuaram, ao contrário, que o casamento matrilateral era distintamente mais frequente que o casamento patrilateral. De que ordem é esta diferença?

Tomemos, por exemplo, a tabulação das regras do casamento entre primos cruzados na Índia, tal como foi compilada por Frazer[1]. Em um total de dezesseis grupos, quatorze inclinam-se claramente para o casamento com a prima matrilateral. São os Gowari, Agharia, Andhe, Bahna, Kaikari, Karia, Kohli, Chandknahe, Kurmi, Mahare, Maratha, Chero, Iraqi, Kunjra. Um grupo manifesta predileção pela filha do irmão do pai, os Gonde, ao passo que outro grupo, os Golla, pratica as duas formas, acentuando, entretanto, o casamento com a prima patrilateral.

No apêndice ao seu célebre artigo *The Marriage of Cousins in India*[2], Rivers assinala o casamento com a filha do irmão da mãe como geral no país Telugu, onde é conhecido pelo nome de *menarikam*, e em Malabar, Cochin, Travancore, onde os próprios Brâmane o adotaram. Vários grupos Brâmane dos países de língua Telugu e Canari fizeram a mesma coisa. Na presidência de Madrasta, a mesma forma de casamento existe entre os Kinga Vellalla, os Kunnavan, os Kondhe e os Kallan, que praticam também o casamento bilateral. Em Bengala, o casamento matrilateral é preferido pelos Kaure e pelos Karan, aos quais deve acrescentar-se os Chero, os Iraqi e os Kunjra das províncias do noroeste. Os dois últimos grupos proíbem formalmente o casamento com a filha da irmã do pai. Este último tipo, diz Rivers, é "menos frequente", só existindo raramente em forma preferencial, o que o diferencia nitidamente do casamento bilateral, assinalado nos treze grupos de Madra, das Províncias Centrais e do Noroeste, de Bombaim e de Bengala.

Hodson levantou um quadro dos grupos que permitem o casamento bilateral e daqueles que só autorizam o casamento com a filha do irmão da mãe. A primeira categoria abrange cinquenta nomes, a segunda sessenta e três. Mas só foram examina-

---

1. FRAZER, op. cit.
2. Ibid., p. 626ss.

dos Bombaim e as Províncias Centrais. Para apreciar plenamente a predominância do casamento matrilateral é preciso considerar que no sul da Índia, "terra clássica do casamento dos primos cruzados", grandes grupos, como os Kuruba e os Komati, prescrevem esta forma de casamento[3]. Mesmo no norte da Índia o casamento matrilateral encontra-se entre os Chero, Baiga, Gidhiya, Karan, Kaure, Birhore e Bhotia, aliás com detalhes que aproximam estes últimos sistemas dos encontrados no Tibete, no Assam e na Birmânia.

O quadro mais recente de Karandikar[4] dá quarenta e dois grupos do sul da Índia e das Províncias Centrais que praticam o casamento entre primos cruzados. Todos afirmam a preferência matrilateral, com exceção de dez (sete bilaterais, três patrilaterais). Não há, portanto, dúvida alguma que o casamento com a filha do irmão da mãe seja em larga maioria o mais frequente.

Esta preponderância é suficiente para persuadir que o casamento dos primos cruzados na Índia não pode ser subproduto da organização dualista, ao contrário do que Rivers, pelo menos, foi levado a admitir[5]. Koppers retomou recentemente este aspecto da questão e contribuiu muito para mostrar, depois de Niggemeyer[6], o caráter pseudomórfico das divisões indianas em metades[7]. Niggemeyer sugeriu que em todos os lugares onde se encontrasse na Índia a divisão do grupo em "Grande" e "Pequeno", "Superior" e "Inferior", etc., achamo-nos em presença de uma distinção fundada na assimilação, mais ou menos completa, de dois grupos ao hinduísmo. Estas pseudometades, com efeito, são habitualmente endógamas. Sem dúvida existem pelo menos três grupos dotados de metades exógamas, os Korava, os Bili Magga de Misore e os Janappan de Madra. A organização dos Janappan e dos Bili Magga não é perfeitamente clara[8], mas a dos Korava merece ser descrita. Os Korava dividem-se em três secções, das quais as duas primeiras acredita-se que sejam compostas de Korava puros e a terceira sendo formada de indígenas casados fora da casta e de sua descendência. Estas três secções distribuem-se em duas metades exogâmicas, respectivamente chamadas *pothu* e *penti*, isto é, "masculino" e "feminino". A primeira das três secções é *pothu*, a segunda e a terceira são *penti*. Ora, acrescenta Thurston, "os pothus são considerados como descendentes de homens à procura de esposas, e os pentis como descendentes de homens à procura de maridos para suas filhas"[9]. Esta assimetria desmente qualquer interpretação possível do sistema como organização dualista. Os *pothus* e os *pentis*, "genros" e "sogros", reproduzem a divisão característica dos sistemas de troca generalizada.

Interpretamos da mesma maneira o pseudodualismo dos Gonde de Bastar[10]. Nestas condições, é significativo que os Bhūiyā de Orissa, que praticam a exogamia de al-

---

**3.** HODSON, T.C. *Notes on the Marriage of Cousins in India*. L.c., p. 168-171.

**4.** KARANDIKAR, S.V. L.c.

**5.** RIVERS, W.H. Op. cit., p. 623.

**6.** Totemismus in Vorderindien. *Anthropos*, XXVII, 1933.

**7.** KOPPERS, W. India and the Dual Organization. *Acta Tropica*, vol. 1. Bale, 1944.

**8.** THURSTON, E. *Castes and Tribes...*, op. cit., vol. 1, p. 240 e vol. 2, p. 448.

**9.** THURSTON, E., vol. 3, p. 450.

**10.** Cf. cap. XXIV.

deia, dividam-se em *kutumb*, ou aldeias cujos membros são cônjuges proibidos entre si, e *bandhu*, aldeias nas quais é possível contrair matrimônio[11], porque a organização social dos Bhūiyā é harmônica, patrilinear e patrilocal, e *bandhu* designa os parentes maternos[12], de onde uma dupla razão para concluir por um sistema de troca generalizada.

O dualismo aparente dos Munda não é ilusório. Cada aldeia Munda divide-se em dois grupos ou *khut*, chamados respectivamente *paharkhut* e *mundakhut*. Um dá o chefe espiritual, o segundo o chefe temporal. Um é considerado "mais velho" e o outro "mais moço". Um é superior, o outro, inferior. Os dois *khut* de uma aldeia pertencem ao mesmo clã ou *kili*, têm o mesmo totem, e não podem casar-se entre si. O casamento só pode fazer-se entre *khuts* pertencentes a aldeias e clãs diferentes, de acordo com as seguintes regras: se um casamento foi realizado entre dois *khuts* correspondentes de duas aldeias diferentes, outros casamentos do mesmo tipo são autorizados nos limites da mesma geração, mas daí resulta a proibição para as gerações seguintes, e isso, enquanto os primeiros casais estão vivos, e mesmo enquanto os dois *khuts* conservam relações sociais derivadas do intercasamento. Inversamente, se um casamento ocorreu entre *paharkhut* de uma aldeia e *mundakhut* de outra, este tipo de casamento fica proibido na geração seguinte, ao passo que o casamento entre dois *paharkhut* ou entre dois *mundakhut* torna-se permitido[13]. Estas singulares regras podem exprimir-se pela fórmula seguinte, na qual M designa o casamento, 1, 2, 3 nas gerações sucessivas e $p$ e $m$ os dois tipos de *khut*, respectivamente:

$$M_3 \; (p = m) \quad = \quad f \left[ M_2 \; {(p = p) \atop (m = m)} \right]$$

$$f \left[ M_2 \; {(p = p) \atop (m = m)} \right] = \quad f \left[ M_1 \; (p = m) \right]$$

Poderíamos ser tentados a interpretar o sistema como um sistema Aranda. Seria teoricamente possível (por casamento com a filha do filho, ou da filha, do irmão da mãe da mãe, ou da irmã do pai do pai) se não soubéssemos que, durante a fase do casamento "entre dois *mundakhut*, o *paharkhut* de uma aldeia pode contrair matrimônio com um ou outro *khut* de outra aldeia, e reciprocamente, o que exclui o acréscimo de uma dicotomia matrilinear à dupla dicotomia patrilinear em *khut* e em *kili*. Nessas condições a interpretação mais simples é a de um sistema primitivamente fundado sobre o casamento com a filha da irmã do pai, conforme mostram as figuras 80 e 81. Estamos, também aqui, em face de um pseudodualismo, que recobre desta vez um sistema de casamento patrilateral. Os casos examinados sugerem, portanto, que o casamento com a filha do irmão da mãe e o casamento com a filha da irmã do pai representam duas formas específicas, e que o dualismo aparente de algumas sociedades indianas se explica ou por considerações religiosas, segundo acreditam Niggemeyer e Koppers, ou como resultado da convergência acidental, em casos precisos e limitados, de dois tipos de casamento, dados em estado atual ou latente.

---

11. KOPPERS, W. Op. cit. Sarat Chandra Roy, The Hill Bhūiyā of Orissa. *Man in India*, 1935.
12. Cf. cap. XXV.
13. KOPPERS, W. Op. cit., p. 81-83; *Encyclopaedia Mundarica*, vol. VIII, p. 2333-2380.

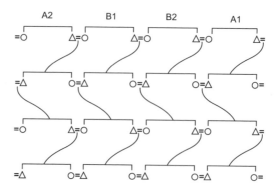

**Figura 80**
*A, B designam os* khut
*1, 2 designam as aldeias ou seu clã*

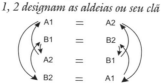

*Casamento Munda,
transcrito em termos
de sistema Aranda*
**Figura 81**

Devemos considerar também fatos de outro tipo, que se encontram na base da hipótese de Rivers em favor de um antigo dualismo na Índia. Sem dúvida, Rivers posteriormente abandonou esta interpretação, pelo menos em parte, para adotar a interpretação econômica de Richards[14] que, certamente, não é mais satisfatória[15]. Mas são os próprios fatos que merecem atenção.

Trata-se da relação, particularmente estreita, encontrada na Índia entre o sobrinho e o irmão da mãe, sobretudo por ocasião do casamento do primeiro. A propósito dos Kallan de língua Tamil, e de alguns Telugu, Frazer diz: "Faltando uma prima do tipo exigido, um homem deve casar-se com sua tia ou sua sobrinha, ou alguma outra parente próxima"[16]. Em certos casos mesmo, o casamento com a filha da irmã é substituído, ou preferido, ao casamento com a prima cruzada. Em numerosos grupos que praticam o casamento com a prima cruzada, por exemplo os Vallamba, os Konga Vellala, etc., no caso em que o jovem marido não seja capaz, por motivo da idade, de dar filhos à sua mulher, seu irmão, seu pai ou seu tio substituem-se a ele nesta tarefa. Entre os Korava, Koracha ou Yerukala do sul da Índia, o irmão da mãe tem o hábito de reivindicar a filha de sua irmã para seu filho. "O valor da esposa é fixado em 20 pagodes, e o direito do tio materno às duas primeiras filhas de sua irmã é fixado em 8

---

**14.** RIVERS, W.H., Marriage. In: *Hastings Encyclopaedia of Religion and Ethics*, 1915. • RICHARDS, Cross-cousin Marriage in South India. *Man*, vol. 14, 1914.
**15.** Cf. cap. IX.
**16.** *Folklore in the Old Testament*, vol. 2, p. 105.

pagodes que devem ser deduzidos dos 20, da seguinte maneira: Se exerce seu direito preferencial e faz casar suas sobrinhas com seus próprios filhos, paga para cada uma somente 12 pagodes. Da mesma maneira, se, não tendo filhos ou por qualquer outra razão, renuncia ao seu direito, recebe 8 pagodes dos 20 pagos aos parentes da filha, por qualquer outro pretendente que vem casar-se com elas"[17]. Contudo, entre os mesmos Korava, o tio não é obrigado a dar suas sobrinhas em casamento a seus filhos. Pode ele próprio casar-se com elas. "Nessa tribo, como em muitas outras do sul da Índia, um homem tem o direito de casar-se com sua sobrinha, mas sempre com a condição de que seja a filha de sua irmã *mais velha*. Quanto à filha de sua irmã *mais moça*, não pode tomá-la por mulher, a menos que seja viúvo."[18] Esta preferência pela sobrinha, passando mesmo às vezes à frente da prima cruzada, é especialmente marcada entre os Dravidiano de língua Telugu. Encontramo-la principalmente nas castas de língua Telugu ou Canari de Misore, tendo como consequência que as sobrinhas casadas com seu tio passam, com relação aos filhos desse tio, da posição das primas cruzadas à de irmãs da mãe, tornando-se assim cônjuges proibidos. Os Sanyasi, casta de mendigos ambulantes de língua Telugu, só permitem o casamento com a prima cruzada na falta de possível casamento com a sobrinha[19]. Os Holeya e os Madiga, de Misore, que são dois grupos muito primitivos, proíbem formalmente o casamento com os primos paralelos, identificados com os irmãos e as irmãs. A mesma assimilação encontra-se entre os Golla, casta iletrada de Misore, que tratam o casamento entre primos paralelos como uma forma de incesto, entre os Devanga, casta e tecelões de Misore, entre as castas do grupo linguístico Kannada, como os Kappiliyan e os Annupan. Finalmente, entre os grupos de língua Oriya, que não são Dravidiano. Ora, os dois primeiros grupos, pelo menos, preconizam os seguintes casamentos, em ordem de preferência: primeiramente, a filha da irmã mais velha, em seguida somente a prima cruzada patrilateral e, na falta desta, matrilateral, finalmente, e na ausência dos três primeiros tipos, a filha da irmã caçula. O casamento dos primos cruzados aparece, pois, intercalado entre duas formas de casamento avuncular. Não resta dúvida que na Índia, como aliás também na América do Sul, as duas formas estejam intimamente associadas.

Não são somente os fatos dessa natureza que chamaram a atenção de Rivers. Quando este observa, com efeito, "um estudo atento mostraria que a relação entre o tio e o sobrinho, no momento do casamento, é um traço inteiramente especial da sociedade dravidiana", tem em vista outros fenômenos, a saber, os que dizem respeito à assistência particularmente íntima que o sobrinho recebe do tio por ocasião de seu casamento, "isto é, precisamente nessas cerimônias nas quais se poderia esperar vê-lo desempenhar o papel principal, se o relacionamento entre tio e sobrinho fosse uma sobrevivência do sistema do casamento"[20].

Entre algumas tribos, como os Koi, Yerkala, Paraiyan, estas relações coexistem ainda com o casamento dos primos cruzados. Em outras, por exemplo, os Tiyyan e Idaiyan, onde o casamento dos primos não existe, ou não existe mais, o tio tem con-

---

17. SHORT, J. The Wild Tribes of Southern India. Apud FRAZER, vol. 2, p. 109.

18. Id., p. 109; compare-se com a diferenciação entre a irmã mais velha e a irmã mais moça no caso dos casamentos consanguíneos (cf. cap. 1).

19. Id., p. 144.

20. RIVERS, W.H. Op. cit., p. 613.

tudo direito a uma compensação no momento do casamento de seu sobrinho. Estes costumes, e outros semelhantes, foram muitas vezes interpretados como sobrevivência do direito materno. Rivers não exclui inteiramente esta interpretação, que Lowie devia criticar de maneira tão decisiva alguns anos mais tarde[21]. Julga-a, entretanto, insuficiente, por causa da intervenção semelhante, em numerosos casos, da irmã do pai e de seu marido. Como compreender, por exemplo, a intervenção do marido da irmã do pai (do noivo) no casamento Iraqi, se não invocarmos uma regulamentação anterior, que faz do irmão da mãe ao mesmo tempo o marido da irmã do pai, conforme se realiza num sistema de casamento entre primos cruzados bilaterais?[22] É preciso, portanto, admitir que, segundo as regiões do mundo consideradas, a relação especial entre o tio e o sobrinho pode ter origens diferentes. Estaríamos em face de um "desses casos de instituições de múltiplas origens" que Rivers acredita "ser a regra em sociologia"[23]. Quando se encontra esta relação associada à filiação matrilinear, presente ou em estado de vestígio, é possível ver nela um aspecto da função atribuída ao tio como protetor natural de seu sobrinho. Mas na Índia, onde a filiação matrilinear tem uma área de distribuição muito mais limitada do que o casamento dos primos cruzados, e onde começou a desaparecer em data muito mais antiga do que ele, há probabilidade de que o papel do tio materno seja uma sobrevivência do segundo fenômeno, mais do que o primeiro. Este papel especial deveria, portanto, explicar-se como expressão, ou sobrevivência, do caráter de sogro potencial do tio materno[24].

A tese de Rivers teria certa força se fosse possível estabelecer rigorosa correlação entre o casamento patrilateral e o casamento matrilateral, de um lado, e a intervenção, no casamento, do marido da irmã do pai, e do irmão da mãe, de outro lado. Se esta correlação existisse, seria difícil não concluir que é o sogro potencial que, em cada ocasião, vem a aparecer. Mas não é isso o que acontece. Justamente no que se refere aos Iraqi, baseado nos quais Rivers indica sem equívoco que se casam com a filha do irmão da mãe, o que torna inexplicável a intervenção do marido da irmã do pai (diferente do irmão da mãe, por hipótese), a menos que se apele – como Rivers é obrigado a fazer, porém sem qualquer prova – para um estágio mais antigo, hoje desaparecido, de casamento bilateral[25]. Como raciocinaríamos no caso dos Katchin? Lembramo-nos que possuem um sistema simples de troca generalizada. Ora, na cerimônia do casamento vemos que intervêm simultaneamente o irmão da mãe *da noiva* e a irmã do pai *do noivo*, os quais, de acordo com o sistema, estão, no entanto, absolutamente excluídos de poderem ser cônjuges. Além disso, o irmão da mãe do noivo (que é, ao mesmo tempo, o pai da noiva) não desempenha nenhum papel no casamento e, na verdade, nem pode mesmo estar presente. O caráter simétrico da estrutura que une entre si os noivos, a irmã do pai de um, e o irmão da mãe de outro, na

---

**21.** LOWIE, R.H. *The Matrilineal Complex.* L.c.

**22.** RIVERS, W.H. Op. cit, p. 615.

**23.** Id. The Father's Sister in Oceania. *Folklore*, vol. 21, 1910, p. 57.

**24.** Id. *Marriage of Cousins in India*, op. cit., p. 616-617.

**25.** Ibid., p. 615.

ausência de qualquer possibilidade de acumulação de funções, é manifestamente a chave da situação (Figura 82).

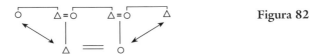

Figura 82

Acrescentemos que vemos participarem, conforme os casos, a irmã do pai ou do marido desta. A interpretação de Rivers, a rigor, explicaria o segundo caso, mas é ineficiente no que diz respeito ao primeiro. Ao contrário, pode compreender-se que a irmã do pai sendo sempre o personagem essencial, seu marido a represente e atue em lugar dela, em sociedades nas quais a preponderância masculina é fortemente assegurada.

Contentar-nos-emos em lembrar rapidamente algumas outras objeções que se impõem. Rivers continua a interpretar como vestígios de filiação matrilinear (ou como fatos idênticos aos que se poderia esperar deste modo de filiação) fenômenos que Radcliffe-Brown mostrou desde então (fundando-se, ao menos em parte, sobre os mesmos dados, porque ao lado da Índia Rivers invoca Fidji) deverem ser postos em correlação com um regime de filiação patrilinear[26]. Parece, também, considerar como adquirido que a relação de assistência recíproca seja a atitude característica entre o genro e o sogro. Sabemos que não é de modo algum isso o que acontece, e por dois motivos. Entre os Naga, que praticam, entretanto, o casamento dos primos cruzados, o tio materno, sogro potencial, é atingido por uma temível proibição. Inversamente, os muitos grupos africanos, melanésios e americanos, que possuem ou não o casamento dos primos, há oposição, e não paralelismo, entre a respectiva atitude do sobrinho e do tio, de um lado, e do sogro e do genro, do outro. Em um caso, encontra-se solidariedade e afeição, no outro reserva e coação. Se os fatos mencionados por Rivers fossem vestígios de um antigo sistema de casamento entre primos cruzados bilaterais, haveria singular contradição entre o papel desempenhado pelo tio materno da noiva (seu sogro potencial) no momento do casamento e a atitude da mulher indiana com relação a seu sogro. Esta exprime-se pela raiz *vij*, cujo sentido geral é "tremor", e se aplica também à reação dos homens ao rugido do leão, ou dos pássaros à vista do falcão, ou aos sentimentos do monge que esqueceu Buda[27].

Há, porém, uma dificuldade infinitamente mais grave, porque a relação especial, de ternura ou de temor, existente em inúmeras culturas, entre o sobrinho e o tio materno, fascinou a tal ponto os sociólogos que com demasiada frequência lançaram-se sobre ela como o touro sobre a capa do matador, sem se preocuparem com a natureza exata da realidade recoberta por aquela relação. Suspeita-se que Rivers foi vítima dessa imprudência. Não trataremos aqui da questão do tio materno em conjunto. Esbo-

---

26. RADCLIFFE-BROWN, A.R. The Mother's Brother in South Africa. *The South African Journal of Science*, vol. 21, 1924.

27. COOMARASWAMY A.K., Samvega "A Esthetic Shock". *Harvard Journal of Asiatic Studies*, vol. 7, 1943, p. 174.

çamos a solução desse assunto em outro trabalho[28]. Lembramos somente que Lowie estabeleceu que a relação avuncular encontra-se tanto no regime patrilinear quanto no regime matrilinear. Radcliffe-Brown dissociou-a em duas formas diferentes. Nós próprios sugerimos que estas duas formas deviam, por sua vez, ser divididas em quatro modalidades. É preciso, além disso, considerar um caso especial, do qual a Índia e a América do Sul apresentam exemplos característicos, a saber, aquele em que o casamento dos primos cruzados associa-se ao privilégio matrimonial do irmão da mãe sobre a filha da irmã, porque o tio materno é então um sogro atual ou potencial, quer se case com a filha do indivíduo, quer o tio materno da mulher do indivíduo seja, ao mesmo tempo, o marido da irmã desta última.

Já citamos exemplos indianos de grupos que praticam esta forma de casamento, e mesmo a preferem, em certos casos, ao casamento dos primos cruzados. Encontra ilustração em numerosos costumes. Assim, entre os Korava "um homem pode esposar a filha de sua irmã, e quando dá sua irmã em casamento, espera dela que produza uma esposa para ele próprio. Em consequência, o marido de sua irmã paga somente 7-8-0 Rs. das 60 do preço normal da noiva, no momento do casamento, e 2-8-0 Rs. suplementares, cada ano, até que a mulher tenha uma filha"[29]. A terminologia do parentesco acentua o caráter de cunhado, atual ou potencial, que ocupam entre os Korava (que também praticam a troca das filhas) os dois tios maternos. "Ao se concluir o noivado, a família do noivo toma informações para saber se a noiva tem um tio materno, ao qual deve ser pago o preço [...] Mas, de fato, a quantia integral nunca é entregue. Às vezes, alguns pagamentos são efetuados, porém, mais geralmente este dinheiro dá motivo a inúmeras brigas. Contudo, se as duas famílias encontram-se em bons termos, e se o marido goza da hospitalidade do tio materno de sua mulher, ou o contrário, é comum que um diga ao outro depois de beber: Escuta, cunhado, eu te paguei dois madras hoje, por isso retira-os do *vōli* (preço da compra)"[30]. O termo cunhado, usado aqui pelo marido para se dirigir ao materno de sua mulher, exprime uma relação de parentesco que pode ser ou não atual, mas que é implicada no sistema como virtualidade permanente. É provável que a regra acima mencionada, segundo a qual um homem só pode esposar a filha de sua irmã mais velha, mas não a filha de sua irmã caçula, tenha por fim evitar o possível conflito entre o pai e o filho, uma vez que a sobrinha nascida da irmã mais moça permanece disponível para seu primo cruzado matrilateral, de acordo com a regulamentação do casamento em vigor entre os Korava.

Encontramos, portanto, dois tipos de relação entre o tio e o sobrinho. Há, de um lado, a assistência fornecida pelo tio ao sobrinho por ocasião do casamento, e de outro lado o privilégio matrimonial do tio materno sobre a filha de sua irmã, que abre assim, para ele, um tipo especial de relações com seu sobrinho matrilateral. Ora, se é permitido, pelo menos teoricamente, ligar as relações do primeiro tipo à filiação matrilinear, isto é evidentemente impossível no segundo, porque o tio materno seria levado a ter o mesmo nome, ou a pertencer ao mesmo grupo exogâmico (em todo caso à mesma metade) que a filha de sua irmã, e, por conseguinte, não poderia casar-se

---

**28.** *L'Analyse structurale en linguistique et en anthropologie*, op. cit.

**29.** THURSTON, E. Op. cit., vol. 3, p. 486-487.

**30.** Ibid., p. 478.

com ela. Por esta razão, os Nayare matrilineares proíbem expressamente esse tipo. O privilégio matrimonial do irmão da mãe sobre a filha da irmã só é concebível em um regime de filiação patrilinear, ou em um regime que não admite ainda a sistemática da filiação. Os indígenas brasileiros justificavam-no aos missionários do século XVI por uma teoria unilinear da concepção, que reservava ao pai exclusivamente o papel ativo[31]. Ao contrário, estes dois tipos de relação, frequentemente coexistentes, e que parecem, quando se invoca a filiação, marcados por caracteres contraditórios, fundem-se harmoniosamente quando os interpretamos à luz da estrutura da troca, que está na base do casamento avuncular, assim como do casamento dos primos cruzados.

Existe, com efeito, uma estrutura de reciprocidade ainda mais simples do que aquela que se estabelece entre dois primos cruzados. É a que resulta da reivindicação que um homem, que cedeu sua irmã, pode formular sobre a filha desta irmã (Figura 83).

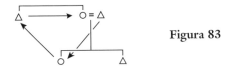

Figura 83

A filha da irmã é a primeira contrapartida possível que possa aparecer para a cessão de uma irmã, na ausência de uma irmã fornecida em troca pelo novo cunhado. Esta relação é muitas vezes de todo clara para o pensamento indígena. Assim é que na Papuásia Oriental, onde reina a filiação patrilinear, os homens decidem dos casamentos, habitualmente com base na troca das filhas. Se um dos participantes não tem filha, ou irmã não casada, para dar em troca no momento da conclusão do contrato, deverá provavelmente comprometer-se a fornecer a primeira filha que tiver[32].

Mesmo no caso em que a troca das irmãs foi praticada na geração superior, nada impede que continue e se prolongue entre os dois homens que trocaram suas irmãs, pela troca das filhas. Mas dois tipos de homens têm sempre autoridade virtual sobre a mesma mulher, a saber, seu pai e seu irmão. Temos, pois, imediatamente, quatro esquemas possíveis de reciprocidade: troca das irmãs pelos ou para os irmãos, na geração mais velha ou na geração mais moça, troca das filhas pelos pais, e finalmente troca de uma irmã por uma filha, ou de uma filha por uma irmã. Os quatro esquemas podem, aliás, coexistir, um homem não estando limitado a uma única filha ou a uma única irmã, mas podendo ter várias, nada impedindo que sejam trocadas segundo modalidades diferentes.

Se, como no esquema da Figura 83, o irmão da mãe pretende a filha de sua irmã, coloca-se imediatamente em uma posição devedora em face de seu sobrinho, porque este, devido a tal fato, fica privado de mulher para trocar a fim de obter uma esposa.

O duplo direito que se abre, nas estruturas elementares de reciprocidade, em proveito do tio sobre a sobrinha, e do primo sobre a prima, pode entrar em conflito, conforme já observamos, no caso do casamento com a prima cruzada bilateral. Porque nesse caso acontece que um homem e seu filho pretendem a mesma mulher. A mesma coisa se reproduz no caso do privilégio do tio sobre a sobrinha matrilateral,

---

31. LÉVI-STRAUSS, C. *The Social Use of Kinship Terms...*, op. cit.
32. LYONS, A.P. Paternity Beliefs and Customs in Western Papua. *Man*, vol. 24, n. 44, 1924.

e do primo sobre a prima cruzada patrilateral. Citamos, acima, exemplos dessas situações tomadas dos Korava, Koracha ou Yerukala do sul da Índia. Mas o tio pode também compensar sua situação devedora de duas maneiras: ou cedendo ao seu sobrinho uma de suas mulheres, ou abrindo-lhe o direito de herança sobre sua mulher depois de morrer, como acontece frequentemente na África[33], ou ainda dando-lhe em casamento sua filha, isto é, a prima cruzada matrilateral. A troca pode, portanto, produzir-se entre o sobrinho e o tio, isto é, de maneira oblíqua entre duas gerações sucessivas, e nesse caso o tio renuncia, com relação ao sobrinho, à posição de irmão da mãe para adquirir uma posição diferente, a de cunhado, atual ou potencial. Esta posição de cunhado potencial constitui a base comum do casamento avuncular e da assistência fornecida pelo tio ao sobrinho no momento do casamento. Uma e outra são, pois, corolários da estrutura, mais fundamental, da troca.

As expressões do parágrafo precedente devem ser entendidas em sentido simbólico e têm apenas valor metafórico. Nada está mais longe de nosso pensamento, com efeito, do que querer explicar o casamento com a prima cruzada unilateral como consequência do privilégio avuncular ou inversamente, conforme Kirchoff tentou fazer para a América do Sul[34]. Se os dois tipos de casamento existem ao mesmo tempo, não pode ser senão por motivo da estrutura global do sistema, que explica um e outro, sendo inteiramente indiferente, do ponto de vista teórico, saber se em tal ou qual grupo determinado temos razões para supor que o pai transferiu seu direito ao filho, que o tio compensou sua dívida pela entrega da filha, ou que o pai apropriou-se, em seu proveito, da esposa potencial de seu filho. Todos estes motivos são contraditórios entre si e constituem, segundo nosso modo de ver, uma visão mitológica da história social. Pelo fato de supor que tenham atuado em alguns casos precisos, não se segue que haja alguma razão para supor que esta ação tenha se produzido em todos os lugares em uma única forma ou na mesma ordem. As razões últimas da explicação não podem ser procuradas nessa direção.

Encontramos aqui um problema que já tinha sido levantado a propósito do sistema Chinês e do sistema Miwok, quando estudamos a relação entre o casamento com a prima matrilateral e o casamento com a filha do irmão da mulher. Em todos os casos de coexistência entre "casamento paralelo" e "casamento oblíquo", não há nem contradição nem oposição, nem relação de causalidade, entre as duas formas de troca. O fato de um homem ter recebido de outro sua irmã como esposa não implica de

---

33. E também na Sibéria e na costa noroeste da América do Sul. É impressionante que, nessas regiões – pela razão que acaba de ser indicada – o tio e o cunhado representam o mesmo tipo de riscos e de acontecimentos. Constituem, pelo mesmo motivo e da mesma maneira, o elemento perigoso da vida aleuta (JOCHELSON, V. *Aleutian Ethnographical and Linguistic Material*, mss. na New York Public Library. Cf. particularmente os contos n. 6, 12, 13, 17, 24, 39, 49, 54, 58, 65). Nos contos tlingites, o tio materno teme continuamente encontrar em seu sobrinho um rival no amor de sua mulher mais jovem, e procura matá-lo (SWANTON, J.R. Tlingit Myths and Texts. *Bureau of American Ethnology, Bulletin* 39). A mesma situação repete-se na América do Sul no Xingu (LÉVI-STRAUSS, C. *The Tribes of the Xingu*. In: *Handbook of South American Indians Bureau of American Ethnology*, vol. 3. Washington, 1948).

34. KIRCHOFF, P. Verwandtschaftsbezeichnungen und Verwadtenheirat. *Zeitschrift für Ethnologie*, vol. 64, 1932.

modo algum que não possua mais o direito de receber sua filha, muito ao contrário. Porque o fato de ter recebido, se acarreta a obrigação de dar, implica também um direito renovado, e sempre renascente, de receber ainda uma vez. Conforme diz Granet, melhor inspirado nesta opinião do que em sua tentativa de fazer derivar o casamento oblíquo do casamento paralelo (e citando, aliás, um orador de um discurso enfadonho antigo): "Não se deve, *para festejar mediante presentes rituais* novas relações, *deixar improdutivas* relações antigas"[35]. A isso acrescenta-se este belo comentário de Leenhardt, que evoca a origem mitológica das alianças Canaca: "No começo houve o *vibe*, a aliança de Nerhè e de Rheko, um do totem Ver, outro do totem Iule. Trocaram suas irmãs, e poderiam considerar-se pagos se tivesse havido transação. Mas esta troca não é uma transação, é um compromisso para o futuro, um contrato social. O filho que cada um terá da mulher recebida irá tomar o lugar que esta deixou em casa de sua mãe. Os novos vazios serão preenchidos da mesma maneira, alternadamente, de geração em geração [...]"[36].

Em numerosos grupos, o casamento acarreta uma série de obrigações intermináveis por parte do genro e, inversamente, o fato de um homem ter concedido a outro um valor tão essencial quanto sua irmã ou sua filha o compromete a pagamentos antecipados continuamente renovados, de modo que garanta a manutenção de uma aliança, para a qual tantas coisas já foram sacrificadas. Nada seria mais perigoso do que ver romper-se o laço, porque nesse caso não haveria mais recurso. A aliança matrimonial implica sempre uma escolha, escolha entre aqueles com os quais o indivíduo se alia, e a partir de então recorre à amizade e ao socorro deles, e os outros, cuja aliança foi recusada ou desprezada e com os quais foram destruídas todas as pontes. Em certo sentido o homem é escravo de sua aliança, porque ela foi estabelecida ao preço da cessão de bens não renováveis, ou pelo menos só dificilmente renováveis, a saber, as irmãs e as filhas. A partir do momento em que foi selada, tudo deve ser feito para mantê-la e desenvolvê-la. Assim como para numerosos primitivos o presente obriga a novos presentes e o benefício recebido cria direito a uma série ininterrupta de novos benefícios, da mesma maneira a aquisição de uma irmã coloca em posição privilegiada para obter também a filha. O dom, ou a troca, das filhas cria a relação de compadres. Pode dizer-se também que o vínculo de compadrio, já estabelecido pelo casamento com a irmã, é um título para a subsequente reivindicação da filha.

Em todos os lugares onde se pratica um método simples de troca direta ou indireta, fundado sobre estas estruturas elementares de reciprocidade que são as cessões de irmãs e de filhas, a relação de cunhados, ou, como preferimos dizer, o compadrio, possui uma importância marcada por agudo caráter de ambiguidade. Os cunhados dependem verdadeiramente, de maneira vital, um de outro, e esta dependência mútua pode criar alternadamente, às vezes também simultaneamente, a colaboração, a confiança e a amizade, ou então a desconfiança, o temor e o ódio. Na maioria das vezes, a arbitragem entre estes sentimentos opostos é assegurada por um comportamento social rigorosamente fixo, e por todo um sistema de obrigações e de interdi-

---

**35.** GRANET, M. *Catégories*, p. 116.
**36.** LEENHARDT, M. *Notes d'Ethnologie Néo-calédonienne*, op. cit., p. 71.

ções recíprocas, dos quais o tabu dos sogros (incluindo neste termo todos aqueles que em inglês são designados como "in-law") é somente um elemento.

Mas o privilégio avuncular, verdadeiro "compadrio do tio", é apenas um elemento de uma situação mais complexa. Quando estudamos os sistemas simples de troca generalizada (isto é, os que se fundem no casamento com a filha do irmão da mãe) acentuamos a intervenção anormal em aparente contradição com a orientação do sistema, do tio materno da noiva[37]. Esta intervenção não se acompanhava de uma função correspondente, a qual competia ao tio materno do noivo. Porque, nesses sistemas, o tio materno do noivo é o pai da noiva, e só enquanto tal aparece no cerimonial do casamento (quando não se dá o caso, como acontece entre os Katchin, de ser rigorosamente excluído). Nos sistemas de troca generalizada os dois tios maternos são dois personagens nitidamente distintos, pertencentes a linhagens diferentes e a relação que une um homem ao seu tio materno (e que obriga este último *a lhe dar* sua filha em casamento) é totalmente diferente da que une uma filha a seu tio materno (e que permite a este último, para empregar uma fórmula simplificada, *fazer obstrução* ao casamento de sua sobrinha). Nestas condições, quando transportamos estas reflexões para a Índia, devemos considerar atentamente um certo número de fatos:

1) Das observações comunicadas por Rivers resulta que, segundo os casos, os dois tios maternos, ou somente o tio do noivo, ou somente o tio da noiva, participam do cerimonial do casamento. Rivers desprezou completamente estas divergências[38].

2) Entre as diversas modalidades do casamento dos primos cruzados, é o casamento matrilateral (correspondendo, portanto, à troca generalizada) de longe a mais frequente.

3) Quando se analisa a descrição feita por Rivers, de sessenta e sete grupos nos quais o tio materno intervém no casamento, verifica-se que, pelo menos em trinta e dois grupos, o tio de que se trata é *o irmão da mãe da noiva*. Um grande número de casos são incertos, mas, fundando-nos nessa proporção, já considerável, podemos deduzir que a intervenção do tio materno da noiva é, de muito, a mais frequente. A Índia corrobora, portanto, a surpreendente correlação, aliás já estabelecida, entre a troca generalizada e o papel de "parte receptora" desempenhado pela linhagem matrilinear da noiva.

Ora, este papel de "parte receptora" dos maternos, que tanto impressionou Hocart, tem uma expressão muito mais precisa e sistemática nas duas formas de casamento do tio com a filha da irmã, e do filho do irmão com a filha da irmã (casamento com a filha da irmã do pai). Devemos voltar-nos para estas formas desenvolvidas de um fenômeno muito geral, a fim de procurar chegar a uma interpretação das aparentes anomalias da troca generalizada. O privilégio avuncular acaba de ser analisado. Examinaremos agora o casamento com a prima cruzada patrilateral.

---

**37.** Cf. caps. XVIII e XXIII.

**38.** RIVERS, W.H. *Marriage of Cousins in India*, op. cit. [Apêndice].

# CAPÍTULO XXVII
## Os ciclos de reciprocidade

O casamento entre primos cruzados contém dois enigmas. O primeiro é constituído pela discriminação entre os primos cruzados e os paralelos, apesar de seu igual grau de proximidade. Pensamos ter encontrado a solução desse enigma na primeira parte. Mas parece que apenas contribuímos para tornar mais espesso um novo mistério, a saber, por que razão os primos cruzados não são, sempre e em toda parte, colocados no mesmo plano, embora do ponto de vista da solução que demos ao primeiro problema satisfaçam as mesmas exigências. São numerosos, sem dúvida, os grupos nos quais o casamento se faz indiferentemente com a filha do irmão da mãe ou a filha da irmã do pai. Neste caso, aliás, a prima cruzada atende ordinariamente às duas qualidades, sendo uma prima bilateral. Mas outras sociedades prescrevem o casamento com a filha da irmã do pai e o proíbem com a filha do irmão da mãe, enquanto noutros lugares, ainda, é o contrário que acontece. Se considerarmos a distribuição destas duas formas do casamento unilateral constatamos que o segundo tipo é muito mais frequente que o primeiro. Para nós, esta é já uma importante indicação. Mesmo nos grupos que possuem sistemas fundados sobre a troca restrita, pode dizer-se que a linhagem do irmão da mãe ocupa lugar privilegiado.

É neste ponto que se manifesta o novo enigma. Porque toda nossa teoria do casamento apela para uma qualidade comum, possuída pelos primos cruzados e que os opõem, pelo mesmo motivo, aos primos paralelos. Ora, não se observa, somente, uma discriminação entre os primos. Esta discriminação penetra no interior da categoria, teoricamente homogênea, dos primos cruzados. Não teremos, portanto, fundado a distinção dos primos cruzados e paralelos, senão para vê-la imediatamente desmoronar? Se devesse verificar-se que os dois tipos de primos cruzados diferem tanto entre si quanto diferem, em conjunto, dos primos paralelos, a distinção que propusemos entre os dois grupos perderia quase toda sua significação.

Esta dificuldade acha-se, desde muito, presente no espírito dos sociólogos. Dificilmente perdoam ao casamento dos primos cruzados, depois que levou para eles o enigma da diferença entre filhos de colaterais do mesmo sexo e filhos de colaterais do sexo diferente, acrescentar o novo mistério suplementar que é a diferença entre a filha do irmão da mãe e a filha da irmã do pai. Assim, depois de ter decidido que a distinção entre primos cruzados e primos paralelos era desprovida de significação, geralmente renunciaram a dar mesmo uma resposta tão completamente negativa à preferência por uma ou outra das duas primas cruzadas[1]. Ou, quando o fizeram, sua explicação funda-se em considerações muitas vezes extravagantes.

A senhorita McConnel sugeriu uma explicação geográfica e econômica, para justificar a divergência entre os Wikmunkan de Kendall Hoeroyd, na Austrália do Norte, que permitem uma outra prima unilateral, mas nunca a prima bilateral, e que preferem a filha do irmão da mãe, e seus vizinhos orientais Kandyu, que só toleram a filha da irmã do pai. O vínculo com o clã materno seria mais estreito nas tribos instaladas na fértil região costeira, onde os clãs são mais ou menos sedentários, ao passo que a vida florestal dos Kandyu e seus hábitos de caçadores seminômades acarretariam o enfraquecimento dos laços interclânicos, o reforço da solidariedade do clã paterno. "Uma mulher sente-se feliz de se identificar com o território e o clã hereditários, dando sua filha ao filho de seu irmão"[2].

Elkin reconhece a razão desta fantasia mostrando que a situação, tal como se apresenta no Cabo York, não pode ser generalizada. Regiões vizinhas, geograficamente análogas às que a senhorita McConnel associa ao casamento patrilateral, não reconhecem senão o casamento matrilateral[3]. Mas ele próprio não enveredou por um caminho menos perigoso, quando explica a preferência (segundo ele crescente) pelo casamento matrilateral, pelo desejo dos indígenas de encontrar uma sogra tão afastada quanto possível, "simultaneamente do ponto de vista geográfico e das ligações de parentesco", em razão da proibição dos sogros[4].

Se quisermos escapar destas explicações anedóticas, não resta, ao que parece, senão dois recursos. Por vezes, invocou-se a passagem da filiação matrilinear à filiação patrilinear, o que não resolve absolutamente nada, sem levar em conta o fato, sobre o qual já insistimos, que o casamento dos primos cruzados não requer, para existir, nenhuma teoria unilateral da filiação. Por outro lado, Frazer sugeriu apelar para a rivalidade econômica entre o irmão e a irmã, cada um tentando (e conseguindo ter êxitos diversos segundo os grupos) tirar uma esposa para seu filho[5]. Assim, "um pai está mais ansioso de obter sua sobrinha gratuitamente para seu filho, do que dar sua filha por nada a seu sobrinho". Isso é, contudo, o que se passa na grande maioria dos casos, porque, conforme a própria confissão de Frazer, o casamento com a filha do irmão da mãe é o tipo mais frequente. Além do perigo que há, e que já mostramos, de pensar o casamento por troca em termos econômicos, iríamos nos encontrar, pois, em presença de uma excepcional vitória feminista, muito rara nas sociedades primitivas, e que teria passado singularmente despercebida.

Se um dos casamentos fosse regular e constantemente preferido ao outro, ainda se poderia tentar pesquisar a diferença secundária entre os primos cruzados que, sem intervir na sua oposição fundamental em relação aos primos paralelos, explicaria, en-

---

1. LOWIE, R.H. *Traité de sociologie primitive*, op. cit., cap. II.

2. McCONNEL, U. *Social Organization of the Tribes of the Cape York Peninsula*, op. cit, p. 437-438. Lembramo-nos que Shirokogoroff formulou uma hipótese semelhante a propósito dos tunguses (cf. cap. XXIII).

3. ELKIN, A.P. Kinship in South-Australia. *Oceania*, vol. 10, p. 381-383.

4. Ibid., vol. 8, p. 432; *Social Organization in the Kimberley Division*, op. cit., p. 302-309.

5. *Folklore in the Old Testament*, vol. 2, p. 121-125.

tretanto, a distinção subsequente entre os dois tipos. Mas, ainda uma vez, este não é o caso, porque ora os primos cruzados são considerados intercambiáveis, ora diferentes. Quando são considerados diferentes, não são tidos como tais segundo o mesmo ponto de vista, porque os grupos que se ligam à prima matrilateral são mais numerosos que os grupos que recomendam a prima patrilateral. Poder-se-ia, pois, dificilmente censurar os sociólogos por terem julgado que se encontravam em pleno arbítrio, e que a explicação – se há explicação – só poderia depender de fenômenos históricos e contingentes. Porque, logicamente, o problema parece não comportar nenhuma solução. É tanto possível considerar a possibilidade de explicar o casamento com a prima cruzada bilateral, por exclusão da prima paralela, quanto é possível acreditar que se compreende a razão da exclusão da prima bilateral em proveito de uma ou de outra primas unilaterais. Igualmente, enfim, poderíamos esperar resolver o problema da exclusão constante de uma das primas unilaterais em benefício da outra. Parece, também, impossível encontrar um princípio que explique, ao mesmo tempo, a exclusão dos primos paralelos, o privilégio dos primos cruzados bilaterais, a proibição de uma ou outra prima cruzada unilateral. E sobretudo o fato de que, quando uma delas é condenada, seja mais frequentemente (mas sem nenhuma regularidade) esta do que aquela.

Mas em tudo isto deve haver, contudo, uma lógica, se os sistemas de parentesco são, realmente, sistemas e se, como todo nosso trabalho tentou demonstrar, estruturas formais, consciente ou inconscientemente apreendidas pelo espírito dos homens, constituem a base indestrutível das instituições matrimoniais, da proibição do incesto pela qual a existência dessas instituições torna-se possível, e da cultura, da qual a proibição do incesto constitui um elemento.

Mostramos, nos capítulos XII e XV, a que estruturas fundamentalmente diferentes correspondem o casamento com a prima cruzada bilateral e com a filha do irmão da mãe, isto é, com a prima cruzada matrilateral. No primeiro caso, o sistema matrimonial é regido por uma lei de troca restrita, a saber, se um homem A casa-se com uma mulher B, um homem B casa-se com a mulher A. No segundo caso, é uma lei da troca generalizada que funda o sistema, isto é, se um homem A casa-se com uma mulher B, um homem B casa-se com uma mulher C. Ao formular estas duas leis, extraindo as consequências delas, fornecemos já duas respostas ao conjunto de questões que acabam de ser mencionadas. Com efeito, com a lei da troca generalizada fundamos em teoria o casamento com a prima cruzada matrilateral, isto é, o tipo de casamento com a prima unilateral que apresenta a maior difusão. Assim sendo, a diferença entre os dois tipos de casamento, casamento bilateral ou ambivalente (isto é, aquele que reconhece como cônjuge possível uma ou outra prima, indiferentemente) e casamento com a filha do irmão da mãe – com exclusão da filha da irmã do pai – fica perfeitamente clara. O primeiro tipo funda-se na troca direta ou restrita, o segundo na troca indireta ou generalizada.

Ao mesmo tempo, respondíamos à questão de saber por que o casamento matrilateral expressa-se muito raramente num sistema de classes matrimoniais, enquanto que, ao contrário, as classes matrimoniais aparecem na maioria dos casos em que o casamento bilateral está presente. Mostramos, com efeito, no capítulo XIII, que a troca direta não é possível senão naquilo que chamamos regimes desarmônicos, isto é, onde a residência e a filiação seguem, uma, a linhagem do pai, e a outra, a linhagem da mãe, enquanto que a troca indireta surge como único modo possível de integração dos grupos nos regimes harmônicos, isto é, onde a filiação e a residência são simultânea e respectivamente paterna e patrilocal ou materna e matrilocal.

Vimos, igualmente, que unicamente os regimes desarmônicos são capazes de fornecer um processo regular de reprodução por cissiparidade, desde as metades até às subsecções. Os regimes harmônicos são regimes instáveis, que não podem adquirir estrutura autônoma senão no estágio dos sistemas de troca generalizada com *n* secções. Antes deste estágio, o caráter contínuo fica mascarado no interior da organização dualista, sendo depois corrompido e deformado (como no sistema Murngin) pela inevitável contaminação pelo princípio da alternância. Há, pois, uma diferença essencial entre a troca direta e a troca indireta. A primeira possui enorme fecundidade no que diz respeito ao número de sistemas que podem ser fundados sobre ela, mas, em compensação, possui relativa esterilidade, quando a consideramos do ponto de vista funcional. Foi o que expressamos anteriormente ao acentuar que um sistema de quatro secções não constituía, por si mesmo, nenhum progresso, quanto à integração do grupo, com relação a um sistema de duas metades. Este mesmo caráter pode ser expresso de outra maneira. O progresso da troca restrita é função da admissão de um número sempre maior de grupos locais que participam da troca, dois, em um sistema Kariera, quatro em um sistema Aranda. O progresso orgânico (isto é, o progresso no grau de integração) é função de um progresso mecânico (isto é, o crescimento numérico da quantidade de participantes). Inversamente, a troca generalizada, se é relativamente estéril do ponto de vista da sistemática (porque não pode engendrar senão um só sistema puro), possui grande fecundidade como princípio regulador. Com efeito, a troca generalizada, conservando-se o grupo igual a si mesmo em extensão e composição, permite realizar, no interior deste grupo mecanicamente estável, uma solidariedade mais flexível e mais eficaz.

Assim sendo, compreende-se por que razão, desde que se manifeste uma preferência unilateral, a consideração do grau de parentesco, isto é, a noção da relação, adquire caráter preponderante, enquanto em todos os lugares onde o bilateralismo ocupa o primeiro plano é o sistema, isto é, a inclusão na classe ou a exclusão dela que desempenha papel principal. É neste ponto, segundo nosso modo de ver, que convém procurar a resposta ao problema da relação funcional entre as classes matrimoniais e os sistemas de parentesco na Austrália. Radcliffe-Brown, por ter julgado encontrar um conflito latente entre os dois, concluiu que só o sistema de parentesco desempenhava um papel e negou que as classes matrimoniais tivessem qualquer valor funcional no que diz respeito à regulamentação do casamento. Mostramos, ao contrário, que havia acentuado paralelismo entre as classes e os graus de parentesco, e agora vemos a razão de tal fato. Um sistema matrimonial, mesmo se fundado sobre a troca direta, não pode ser inteiramente surdo e cego às virtualidades latentes da troca indireta, e reciprocamente. O sistema Kariera, por exemplo, é incontestavelmente um sistema de troca direta, porque é fundado sobre a troca das irmãs e das filhas. Mas, na medida em que a verdadeira prima cruzada matrilateral é considerada cônjuge preferida, introduz-se no sistema certo coeficiente de troca generalizada. O sistema Kariera continua simétrico, tendo porém, se assim é possível dizer, ligeira tendência à distorção, na medida em que esta distorção não põe em perigo o equilíbrio específico do sistema. Ora, uma certa frouxidão existe sempre a este respeito, uma vez que um sistema matrimonial nunca pode funcionar de maneira rigorosa, porque isto supõe a igualdade matemática dos sexos, a constância da duração da existência dos indivíduos e a igual estabilidade dos casamentos, coisas todas estas que só podem existir como limites. Esta frouxidão é aproveitada para realizar, mediante os casamentos, a melhor integração possível do grupo local sem pôr em perigo a integração, procurada como a finalidade mais essencial, dos dois tipos de grupos locais complementares.

Assim, os sistemas desarmônicos evoluíram naturalmente no sentido da organização com classes matrimoniais, porque nesses sistemas a troca direta constitui ao mesmo tempo o processo mais simples e mais eficaz para garantir a integração do grupo. Esta evolução, claro está, não é necessária. Conhecemos na América do Sul numerosos exemplos de sistemas que admitem o casamento com a prima cruzada bilateral, sem classe matrimonial. Mas, se os elementos da organização em classes matrimoniais são dados em forma da organização dualista, é possível então prever que todo progresso no sentido da integração será feito pela subdivisão das duas classes primitivas em secções e subsecções, como ocorreu na Austrália. Não está dito *a priori* que este progresso tenha absolutamente de se realizar, pois muitos grupos que praticam a troca direta não ultrapassam nunca a etapa da organização dualista. Ao contrário, se o regime inicial é harmônico as probabilidades atuarão no outro sentido, isto é, contra a constituição de uma organização com classes matrimoniais. A repetição do processo inicial de dicotomia, conduzindo à organização dualista, mostrar-se-á indefinidamente destituída de fecundidade. Não haverá nenhuma integração suplementar e o processo, se for desencadeado, marcará passo indefinidamente, transformando alternadamente grupos locais em linhagens unilaterais e linhagens unilaterais em grupos locais, sem alteração do número das unidades sociais participantes, e sem mudança do tipo de conexão que as liga umas às outras. É por isso que a maioria dos grupos que praticam a troca indireta, em forma de casamento com a filha do irmão da mãe, conservam a consideração do grau de parentesco e só raramente recorrem à distribuição em classes matrimoniais.

Estas considerações podem expressar-se de outra maneira.

Toda a estrutura do casamento dos primos cruzados repousa sobre o que poderíamos chamar um quarteto fundamental, isto é, na geração superior um irmão e uma irmã, e, na geração seguinte, um filho e uma filha. São, no total, dois homens e duas mulheres, homem credor e homem devedor, mulher adquirida e mulher cedida. Se considerarmos o mesmo quarteto tal como é construído em um sistema de casamento entre primos paralelos, apareceria uma diferença essencial, a saber, o quarteto compreenderia, então, um número desigual de homens e de mulheres, três homens e uma mulher, no caso do casamento entre primos descendentes de irmãos, e três mulheres e um homem, no caso do casamento entre primos descendentes de irmãs. Por conseguinte, conforme estabelecemos no capítulo IX, a estrutura de reciprocidade não poderia constituir-se. Mas do fato de todo sistema de casamento entre primos cruzados permitir a constituição de uma estrutura de reciprocidade, não se segue que esses sistemas sejam rigorosamente equivalentes e intercambiáveis. Sem dúvida, são assim no caso da troca direta das filhas ou da troca direta das irmãs, que dá em resultado serem bilaterais todos os primos cruzados. Mas deixam de sê-lo quando nos colocamos na hipótese do casamento com uma ou outra prima unilateral.

Construamos os dois quartetos correspondentes ao casamento com a filha do irmão da mãe e ao casamento com a filha da irmã do pai (Figura 84).

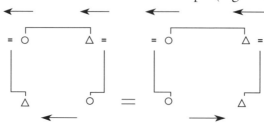

**Figura 84**
*Filha do irmão da mãe*
I
*Filha da irmã do pai*
II

Do ponto de vista puramente formal, o primeiro apresenta uma "estrutura melhor" que o segundo, no sentido dessa estrutura constituir o mais completo desenvolvimento concebível do princípio de cruzamento, sobre o qual repousa a própria noção de primo cruzado. Tudo se passa como se uma virtude especial – cuja natureza foi aliás determinada por nós – se ligasse, no casamento dos primos cruzados, ao que chamamos os pares assimétricos, isto é, formados por um irmão e uma irmã, em posição aos pares simétricos, formados respectivamente por dois irmãos ou duas irmãs. O pensamento indígena conhece bem isso, porque frequentemente dá um nome especial ao conjunto único formado pelo irmão e pela irmã: "os admiráveis" ["les tout-beaux" – N. do T.] dizem os Wintu[6], que lembram imediatamente os *neparii* da Nova Caledônia, ou "conjunto sagrado"[7], os *tuaganes* de Manua[8], ou os *veiwekanis* de Fidji[9].

Se generalizarmos esta noção de par assimétrico, podemos dizer que o quarteto construído sobre o casamento com a filha do irmão da mãe é formado de quatro desses pares. Um irmão e uma irmã, um marido e uma mulher, um pai e uma filha, uma mãe e um filho. Isto é, que, de qualquer maneira que analisarmos a estrutura, os homens e as mulheres apresentam-se regularmente alternados, como devem apresentar-se aqueles dos quais nasceram primos cruzados (e, mais geralmente, cônjuges potenciais em uma organização dualista). O quarteto do casamento com a prima matrilateral representa a aplicação sistemática, a todos os graus de parentesco, da relação formal de alternância dos sexos, de que depende a existência dos primos cruzados.

---

6. LEE, D.D. The Plane of Kinship Terms in Wintu Speech. *American Anthropologist*, vol. 42, 1940, p. 605.
7. LEENHARDT, M. *Notes d'Ethenologie*..., op. cit, p. 65.
8. MEAD, M. Social Organization of Manua. *Bulletin 76, Bernice P. Bishop Museum*, 1930, p. 41-42.
9. HOCART, A.M. *Lau Island, Fiji*, op. cit., p. 33-34.

A estrutura do segundo quarteto, embora tenha, em fim de contas, o valor global, é menos satisfatória. Ao interpretá-la, como fizemos, por meio da estrutura procedente, só encontramos nela dois pares assimétricos, irmão e irmã, marido e mulher, e dois pares simétricos, pai e filha, mãe e filha. Por conseguinte, esta estrutura, se assim é possível dizer-se, só está de acordo com o arquétipo pela metade. E também pela metade conserva a relação fundamental de simetria dos pares, de que depende a existência dos primos paralelos.

Sem dúvida, esta análise funda-se sobre caracteres exteriores, sendo, portanto, desprovida de valor explicativo. Mas o mesmo não acontece com a diferença no funcionamento dos dois sistemas, que é uma consequência dessas particularidades, aparentemente insignificantes, das estruturas. Cada quarteto implica, com efeito, a existência de três casamentos, dois na geração ascendente e um na geração descendente. Se nossa teoria do casamento dos primos cruzados é exata, este último casamento é função dos que se realizaram na geração anterior. Ora, precisamente por causa da diferença de estrutura, para a qual chamamos a atenção no parágrafo precedente, os três casamentos do quarteto n. I são, todos os três, orientados no mesmo sentido, enquanto os do quarteto n. II apresentam inversão de sentido, quando se passa da geração mais velha à mais nova. Que significa isso? Significa que o quarteto n. I é o que poderíamos chamar *estrutura aberta*, que se insere, natural e necessariamente, no meio das estruturas do mesmo tipo (conforme decorre do princípio da troca generalizada). As cessões e aquisições de esposas, em virtude das quais constitui-se o quarteto, supõem toda uma cadeia de cessões e aquisições, em virtude das quais, em última análise, poderá edificar-se uma estrutura mais vasta do mesmo tipo, mas bastando-se a si mesma. Ao contrário, o quarteto n. II é uma *estrutura fechada*, no interior da qual inicia-se e termina um ciclo de troca, a saber, uma mulher é cedida à geração ascendente, uma mulher é adquirida na geração descendente, e o sistema recai num ponto inerte. Expressemos esta diferença essencial de outra maneira. Seja Ego o homem da geração descendente. No esquema n. I o casamento do Ego é somente o elo de uma cadeia, sendo o elo precedente o casamento da irmã do Ego e o elo seguinte devendo ser o casamento do irmão de sua mulher. Todos os casamentos do grupo são, portanto, dados em conexão. No esquema n. II o casamento do Ego é somente a contrapartida da cessão que seu pai fez à geração ascendente, dando-lhe sua própria irmã. Com o casamento do Ego, que é uma espécie de restituição, o negócio, por assim dizer, está terminado. O casamento da irmã do Ego é parte integrante de outro negócio, sem relação com o anterior. Figura, desta vez, na rubrica: casamento do pai do Ego. O casamento do irmão do Ego refere-se a um terceiro negócio, tão completamente independente do primeiro quanto do segundo, que é a cessão da irmã pelo pai da mulher. Está claro que estas expressões têm apenas valor metafórico, mas permitem-nos perceber imediatamente a diferença fundamental entre o casamento com a filha do irmão da mãe e o casamento com a filha da irmã do pai. Definimos o primeiro como sendo a aplicação do princípio de troca generalizada, por oposição ao casamento com a prima bilateral, originado do princípio de troca restrita. O casamento com a filha da irmã do pai opõe-se igualmente ao casamento bilateral. Mas ao mesmo tempo distingue-se do casamento com a filha do irmão da mãe por um caráter essencial, a saber, origina-se, como ele, de um princípio de troca, mas de troca *descontínua*.

Que se entende por isso? Em lugar de constituir um sistema global, como fazem, cada qual em sua respectiva esfera, o casamento bilateral e o casamento com a prima matrilateral, o casamento com a filha da irmã do pai não é capaz de alcançar outra forma senão a de uma multidão de pequenos sistemas fechados, justapostos uns aos outros, sem nunca poder realizar uma estrutura global. Há uma lei de troca restrita que formulamos: se A casa-se com B, B casa-se com A. Há uma lei da troca generalizada: se A casa-se com B, B casa-se com C. Mas, em face dessas duas formas contínuas de reciprocidade, encontramos agora uma forma descontínua, para a qual não existe lei. Este sistema resulta mais da aplicação metódica a todos os casos que se apresentam de uma regra ou de uma receita, da qual demos a expressão matemática no capítulo precedente, a propósito do sistema Munda.

O uso dessa receita dá um resultado satisfatório, no sentido em que, dessa maneira, tudo que é dado obriga sempre a uma devolução, um casamento que se consolida, para um grupo familiar, por uma perda, tem como contrapartida um casamento que, para o mesmo grupo, constitui um ganho, uma irmã cedida, perdida pelo pai, rende uma esposa, adquirida pelo filho. Mas em nenhum momento entra em ação a tomada de consideração do grupo em conjunto. Nunca uma estrutura global de reciprocidade emerge da justaposição dessas estruturas locais. O casamento bilateral, tal como o casamento unilateral com a filha do irmão da mãe, asseguram a melhor solidariedade dos grupos familiares aliados pelo casamento. Mas, além disso, esta solidariedade estende-se ao conjunto do grupo social, completando uma estrutura, organização dualista, classes matrimoniais ou sistema de relações. Ao contrário, o casamento com a filha da irmã do pai, se preenche a primeira função, não satisfaz nunca a segunda. A integração do grupo não provém da participação de cada indivíduo e de cada família biológica numa harmonia coletiva, mas resulta, de maneira mecânica e precária ao mesmo tempo, da totalização dos vínculos particulares pelos quais uma família se liga, ora com essa família, ora com outra. Em lugar da unidade real, proveniente do fato de uma mesma trama subentender a construção social, temos uma unidade fictícia, feita de peças e pedaços, proveniente dos dois elementos, ligados um ao outro, estarem presos, cada qual por sua conta, a um terceiro.

Do ponto de vista teórico, esta diferença traduz-se na inexistência de fórmula do casamento com a prima patrilateral. Nada existe no sistema senão o enunciado e a repetição da regra sensível pela qual opera. Mais exatamente, não é um sistema, mas um procedimento. Sem dúvida, a regra do casamento com a filha da irmã do pai não é incompatível com a organização em classes matrimoniais, correspondendo ao princípio da troca restrita, assim como também não é a regra do casamento com a filha do irmão da mãe. A lei de troca restrita constitui, com efeito, a integração dessas duas regras, mas confundindo-as em uma só, a regra do casamento bilateral, por troca de irmãs ou por troca de filhas. Mas não existe nesse caso ajuste entre o sistema das classes e as regras do casamento, uma vez que estas sempre acrescentam, conforme vimos, um princípio de discriminação, que o sistema das classes, por si só, não permitiria deduzir. Resolvemos esta dificuldade no que se refere ao casamento com a prima matrilateral, formulando o princípio da troca generalizada, o que permitiu definir um sistema de classes rigorosamente adequado a esta forma particular de casamento.

Nada de semelhante é possível quanto ao casamento com a filha da irmã do pai. A noção de descontinuidade exprime o caráter que lhe é próprio, mas não constitui a lei dele. É aí – mas somente aí – que a afirmação de Radcliffe-Brown, segundo a qual é apenas a relação de parentesco que determina o casamento, poderia encontrar campo de aplicação. Mesmo assim, a afirmação continuaria sempre inexata. O que determina o casamento, aí como em qualquer outro lugar, não é a relação de parentesco em si mesma, mas o fato dessa relação de parentesco, transformando-se em aliança, permitir a construção de uma estrutura de reciprocidade. Das três formas do casamento entre primos cruzados, unicamente o casamento com a filha da irmã do pai oferece o método mais grosseiramente empírico para chegar a este resultado.

É fácil compreender a razão disso. Observamos, em outro capítulo, que a relação – pelo menos virtual – de uma estrutura de reciprocidade precede o nascimento dos primos cruzados. Basta que um homem que cedeu sua irmã a outro homem formule, mesmo antes do nascimento do filho, a reivindicação sobre a filha que virá a nascer desse casamento. Uma mulher foi cedida, outra mulher (a que ocupa o primeiro lugar na constelação da aliança) é, ou será, restituída. Tal é a expressão, teoricamente mais simples possível, da reciprocidade, que pode, segundo os casos, justapor-se à troca direta das irmãs, precedê-la ou substituir-se a ela. Agora, está claro que este privilégio avuncular não leva em conta um dado suplementar do problema, o casamento do filho do tio materno, já nascido, ou a nascer. Este dado pode ser integrado de diversas maneiras, ou pela negação do direito puro e simples, conforme se vê nas sociedades australianas e sul-americanas, nas quais os anciãos açambarcam sistematicamente as mulheres jovens do grupo, ou então pela cessão, feita pelo pai, de seu direito sobre a sobrinha em proveito do filho, conforme acontece em alguns grupos do sul da Índia, ou ainda, finalmente, pela admissão de que o ritmo desigual de crescimento da população (frequentemente modificado por intervenção voluntária) permite igualmente ao pai e ao filho fazerem as contas, casando-se com duas irmãs, sobrinha de um e prima do outro. Mostramos como a regra dos Korava, de acordo com a qual só se pode esposar a filha da irmã mais velha, explica-se pela tentativa de igualdade na distribuição, entre duas gerações sucessivas, de esposas pertencentes à mesma geração[10].

Vê-se, portanto, que uma estrutura de reciprocidade pode ser sempre definida em duas perspectivas diferentes, uma paralela, isto é, na qual todos os casamentos fazem-se entre membros da mesma geração, e uma perspectiva oblíqua, de acordo com a qual um casamento, entre membros da mesma geração, é compensado por um casamento entre membros de duas gerações consecutivas (às vezes não consecutivas, como em várias tribos australianas e melanésias). O mesmo grupo pode também reconhecer simultaneamente as duas perspectivas, conforme fazem certas tribos do sul da Índia e da América, as quais acumulam o casamento avuncular e o casamento dos primos cruzados. Vemos, finalmente, como a perspectiva "paralela" permite realizar, a qualquer momento, um estado de equilíbrio do grupo, uma vez que cada homem de determinada geração sempre encontra – pelo menos teoricamente – um corres-

---

**10.** E não pelo levirato, como acreditou Chattopadhyay com relação a um traço análogo da Índia do Norte (CHATTOPADHYAY, K.P. Levirate and Kinship in India. *Man*, vol. 22, n. 25).

pondente de outro sexo em sua própria geração, ao passo que a perspectiva "oblíqua" acarreta perpétuo desequilíbrio, pois cada geração tem de especular sobre a geração seguinte, porque, em sua própria geração, foi lesada pela geração precedente.

Está claro que o casamento com a filha da irmã do pai ajusta-se, melhor que seu correlato matrilateral, a uma posição inicial do problema da reciprocidade na perspectiva "oblíqua". Considerado deste ponto de vista, podemos interpretá-lo, de maneira plausível, como resultado do fato de um homem que cedeu sua irmã reivindicar, em troca desta, sua filha por nascer, para ele próprio ou para seu filho. Esta definição do casamento com a filha da irmã do pai ressalta já da Figura 84. Mas é possível fornecer a verificação experimental dela. Entre as tribos do sul da Índia que praticam esta forma de casamento, tal modalidade, dizem os observadores, resulta de reivindicação, feita pelo irmão da mãe, sobre a filha de sua irmã para seu próprio filho. São as mesmas tribos que praticam o casamento com a filha da irmã do pai as que oferecem os melhores exemplos do casamento com a filha da irmã. Isto é, as duas formas de casamento são dadas simultaneamente, e mesmo em certos grupos de língua telugu o casamento com a prima é um substituto do casamento com a sobrinha. O estudo dos fatos concorda, pois, com a análise teórica, no sentido de apresentar o primeiro como função do segundo. O fato de, entre os Tottiyan e muitos outros grupos, o pai tomar o lugar do filho demasiado jovem para cumprir deveres conjugais vem ainda confirmar esta maneira de ver.

Do ponto de vista psicológico e lógico, as duas perspectivas unilaterais traduzem atitudes diferentes. A perspectiva "paralela" conduz a resultados mais satisfatórios quanto à regularidade da estrutura e à atmosfera afetiva que contribui para realizar. Mas exige que a troca seja adiada, que a compensação não se faça em proveito dos mesmos indivíduos que carregam o peso do sacrifício, e finalmente que o mecanismo da troca funcione com relação ao grupo total e não relativamente aos indivíduos imediatamente interessados. Ao contrário, a perspectiva "oblíqua" resulta de uma atitude ao mesmo tempo ávida e individualista. Quem cedeu procura obter imediatamente uma compensação, e o mais rápido possível, exigindo-a em forma que mantenha em grau mais elevado o vínculo concreto e substancial entre o que foi dado e o que foi devolvido. Faz valer menos uma dívida do que um direito de reserva de domínio. Isto fica claro no caso do casamento avuncular, mas estes caracteres primitivos persistem mesmo quando o direito é cedido ao filho pelo pai. Assim, o fato de em todos os lugares onde existe o casamento com a filha da irmã do pai na Índia este privilégio traduzir-se por uma reivindicação tão ansiosa e tão literal que os casamentos desiguais, nos quais o esposo pode ser ainda uma criança, encontrem-se correntemente, exprime bem o laço que existe nessa forma de casamento, entre a reivindicação e o objeto reivindicado.

Quando empregamos aqui o termo "primitivo", não pensamos em afirmar a anterioridade cronológica do casamento com a filha da irmã do pai sobre as outras formas de casamento dos primos cruzados, mas antes um caráter intrínseco. O casamento com a filha da irmã do pai, tal como o casamento com a filha da irmã, representa, tanto do ponto de vista lógico quanto psicológico, a mais simples e grosseira realização concreta do princípio de reciprocidade. Daí não se segue de modo algum que deva ser a mais antiga. Por conseguinte, não é por um pretenso – e dificilmente verificável – caráter de sobrevivência que explicamos a menor frequência desta forma de casamento. Conforme resulta da análise precedente, esta constitui antes uma forma abortada. A reivindicação da filha da irmã pelo tio materno ou por seu filho é duplamente prematura, primeiramente porque é uma especulação sobre um futuro ainda irreal, e em seguida, e sobretudo, porque, ao se precipitar para fechar o ciclo de reciprocidade, este fica impedido de estender-se ao conjunto do grupo. Mesmo fechado (e possuindo, por esta razão, seu valor funcional), nunca superará esta forma anã de tantas plantas precoces. Será apenas um pequeno ciclo, de duas alianças somente, em vez de abranger um grande número de alianças, dadas globalmente (troca restrita) ou em cadeia (troca generalizada).

Se, portanto, em última análise, o casamento com a filha da irmã do pai é menos frequente que o matrimônio com a filha do irmão da mãe, é porque o segundo não apenas permite, mas favorece a melhor integração do grupo, enquanto o primeiro não consegue jamais fazer senão um edifício precário, construído com materiais justapostos, sem obedecer a nenhum plano de conjunto, exposto, por sua textura discreta, à mesma fragilidade que a de qualquer uma das pequenas estruturas locais que, em definitivo, o compõem. Se preferirmos outra imagem, poderemos dizer que o casamento com a filha da irmã do pai opõe-se às outras formas de casamento entre primos cruzados do mesmo modo que uma economia fundada sobre a troca à vista se opõe às economias que praticam operações a prazo. Por esta razão, é incapaz de utilizar as garantias dadas pelas classes matrimoniais, garantia dada a cada indivíduo de que o contravalor daquilo que cede estará eternamente presente, na classe dos cônjuges possíveis, assim como a nota de dinheiro representa a garantia da permanente presença do ouro nas arcas do tesouro público. O casamento com a prima patrilateral é uma forma do casamento por troca, mas uma forma tão elementar, que dificilmente se pode qualificar esta transação de troca, porque a identidade substancial da coisa reivindicada com a coisa cedida é procurada através da irmã em sua própria filha. Na escala das transações matrimoniais representa o que ganha pouco.

Assim sendo, a dificuldade que nos acompanha desde o começo do estudo da troca generalizada fica esclarecida, ao mesmo tempo em que se descobrem novos aspectos. Em toda a área da troca generalizada, isto é, do Assam à Indonésia e da Birmânia à Sibéria Oriental, encontramos a mesma concepção lógica da oposição entre o casamento com a filha do irmão da mãe e o casamento com a filha da irmã do pai. Os Batak de Sumatra proscrevem o segundo porque, dizem, "a água não pode subir para a fonte", ao passo que os Lubu da parte ocidental de Sumatra justificam o primeiro invocando o provérbio "a sanguessuga volta sempre à ferida aberta"[11]. Lembremo-nos que o Tibete e a China condenam o casamento com a prima cruzada patrilateral como sendo uma "volta do osso e da carne" que leva a correr o risco, caso se produza, de "furar os ossos". Os Golde da Sibéria distinguem igualmente o casamento que "transporta o sangue" daquele que "o traz de volta". Os chineses opõem o casamento que "segue a tia" ao que "retorna a casa", sendo um chamado "casamento

---

**11.** FRAZER, Sir J.G. *Folklore in the Old Testament*, op. cit., vol. 2, p. 167. É tanto mais legítimo aproximar as duas fórmulas quanto os lubus demonstram influências batakes recentes. A filha do irmão da mãe, cônjuge preferido, é chamada nas duas línguas *boru tulang* (LOEB, E.B. & TOFFELMEIER, G. Kin Marriage and Exogamy. *Journal of General Psychology*, vol. 20, 1939, p. 216.

que sobe a costa", e o outro "casamento de retorno"[12]. Uma imagem análoga depreende-se de um mito Naga. Quando o tigre se separa para sempre do homem, seu irmão, que o venceu à traição na corrida, deixa-lhe, como últimas e supremas recomendações, os seguintes preceitos: "Quando arrancas os rebentos nos jhum, para impedi-los de crescer, extrai sempre os brotos. Utiliza sempre uma enxada para extirpar. Não cases nunca com uma mulher de teu clã"[13]. A oposição subjacente a todas estas fórmulas é evidentemente a de um movimento progressivo e de um movimento regressivo, ou de um movimento natural e de um movimento anormal.

Mas nossas análises anteriores mostram que, nesse folclore proverbial, há mais do que uma velharia de imagens servindo para cobrir uma proibição e uma prescrição. Em todos esses casos (como de hábito), o pensamento primitivo mostra-se mais digno de fé que certos sociólogos. Rivers, por exemplo, chega a dizer: "É muito difícil ver como uma tal regulamentação (o casamento dos primos cruzados) pode ter base psicológica objetiva e conceber algum motivo que pudesse tornar desejável o casamento dos filhos do irmão e da irmã, ao passo que o casamento entre filhos de irmãos ou filhos de irmãs seria tão rigorosamente proibido"[14]. O mesmo autor conclui que o casamento dos primos cruzados "não admite nenhuma explicação psicológica direta, nenhum motivo religioso, moral ou mágico", e que é preciso considerá-lo como "uma instituição destituída de sentido", uma sobrevivência ou um vestígio. Rivers, aliás, não teria ido tão longe neste sentido, no modo de ver de autores que evocam, como ele, "a maneira arbitrária pela qual os primitivos dividem os primos germanos entre cônjuges possíveis e cônjuges proibidos", mas que o ridicularizam por ter, juntamente com Frazer, feito do casamento dos primos cruzados "a varinha divinatória que conduz aos supremos mistérios da organização social"[15]. Ficamos pasmos diante de tanta incompreensão e leviandade, quando teria bastado levar a sério um instante as formas que acabam de ser mencionadas para perceber não somente a causa do casamento dos primos cruzados, mas a natureza específica de suas diversas modalidades.

Porque todas estas fórmulas exprimem, por maneiras diversas, a mesma verdade, isto é, basta que um grupo humano proclame a lei do casamento com a filha do irmão da mãe para que entre todas as gerações e entre todas as linhagens se organize um vasto círculo de reciprocidade, tão harmonioso e inelutável quanto as leis físicas ou biológicas, ao passo que o casamento com a filha do irmão do pai obriga, de geração em geração e de linhagem em linhagem, a interromper e inverter os percursos. Em um caso, o ciclo global de reciprocidade é idealmente coextensivo ao próprio grupo, simultaneamente no tempo e no espaço. Vive e desenvolve-se com ele, enquanto no outro os múltiplos ciclos que continuamente se criam fragmentam e desnaturam a unidade do grupo. Fragmentam-na porque há tantos ciclos quanto linhagens, e desnaturam-na, porque o sentido dos ciclos deve ser invertido em cada geração.

---

**12.** Cf. caps. XXI e XXIII.
**13.** MILLS, J.P. *The Rengma Nagas*, op. cit., p. 266.
**14.** RIVERS, W.H. *Marriage of Cousins in India*, p. 623-624.
**15.** LOEB, E.B. & TOFFELMEIER, G. Op. cit., p. 184.

Acabamos de mencionar as leis biológicas, e seria malicioso, na verdade, mostrar aos difamadores da lógica primitiva que, ao distinguir as relações matrimoniais em "espécies" dotadas de propriedades particulares, não procede de maneira diferente do modo de agir do biologista, que classifica entre seis e vinte e oito fórmulas diferentes as relações entre os sexos nos ciliados[16], ou que o genetista quando distingue cinco a sete tipos de casamentos consanguíneos, conforme a taxa média de aparecimento dos caracteres recessivos em cada um[17]. Entre os graus de proximidade que o pensamento popular tem o hábito de identificar vê-se então aparecerem diferenciações que não ficam a dever nada às sutilezas primitivas. As consequências da união com a irmã do pai não são as mesmas que as da união com a irmã da mãe. O irmão do pai e o irmão da mãe recebem, em genética, condições diferentes, assim como também os primos cruzados e os primos paralelos. O empirismo de certos sociólogos contemporâneos apenas repete, em outro plano, o erro de um idealismo caduco, e devemos responder a ele da mesma maneira: "É da história da natureza e da história das sociedades humanas que são abstraídas as leis da dialética. Porque estas não são outra coisa senão as leis mais gerais desses dois aspectos do desenvolvimento histórico e do próprio pensamento [...] O erro (de Hegel) provém de ter tentado impor estas leis à natureza e à história enquanto leis do pensamento, quando era preciso deduzi-las da natureza e da história [...] Quer se queira, quer não, o sistema do universo tem de conformar-se a um sistema de pensamento que não é, na realidade, senão a expressão de certa etapa da evolução humana. Se virarmos as coisas pelo lado direito tudo se torna simples, e as leis dialéticas, que parecem tão misteriosas quando examinadas de um ponto de vista idealista, tornam-se nítidas e tão luminosas quanto o sol em pleno meio-dia"[18]. Porque as leis do pensamento – primitivo ou civilizado – são as mesmas que aquelas que se exprimem na realidade física e na realidade social, a qual por si mesma é apenas um dos aspectos daquela.

O casamento matrilateral representa a mais lúcida e fecunda das formas simples da reciprocidade, enquanto, em seu duplo aspecto de privilégio avuncular e de casamento com a filha da irmã do pai, o casamento patrilateral oferece a realização mais elementar e mais pobre dela. Mas a medalha tem seu reverso. Social e logicamente, o casamento com a filha do irmão da mãe apresenta a fórmula mais satisfatória. Do ponto de vista psicológico e individual, entretanto, mostramos, em várias oportunidades, que constitui uma aventura e um risco. É uma especulação a prazo que a todo momento está ao bordo da falência, se falharem a unanimidade do consenso e a observância coletiva das regras. Precisamente porque suas ambições são mais limitadas, o sistema de casamento patrilateral é uma operação mais segura, a mais segura, diríamos de bom grado, das combinações matrimoniais compatíveis com a proibição do incesto. Com relação à fórmula da troca restrita, que ocupa uma posição média, é

---

16. JENNINGS, H.S. The Transition from the Individual to the Social Level. In: *Levels of Integration in Biological and Social Systems*, op. cit., p. 113.

17. HOGBEN, L. *Nature and Nurture*. Nova York, 1933, p. 63-65.

18. ENGELS, F. *Dialectique de la nature*. Nova York, 1940, p. 26-27 [trad. ingl., C. Dutt].

preciso, pois, estabelecer a oposição entre os "sistemas de ciclo curto" e os "sistemas de ciclo longo". O casamento patrilateral (com o privilégio avuncular primeiramente, e em seguida o casamento com a filha da irmã do pai) permite realizar o mais curto dos ciclos, mas, do ponto de vista de seu valor funcional, o mais limitado. Por outro lado, o casamento matrilateral oferece uma fórmula dotada de virtualidades inesgotáveis para a formação de ciclos cada vez mais extensos. Ao mesmo tempo, observa-se que o comprimento do ciclo está na razão inversa de sua segurança (Figura 85).

Compreende-se, então, o papel e a natureza desse fator alógeno que encontramos constantemente associado às formas simples da troca generalizada. Os grupos que não hesitaram em lançar-se nessa grande aventura sociológica que é o sistema da troca generalizada, tão rico em promessas, de resultados tão fecundos, mas também tão cheia de perigos, permaneceram obsedados pela fórmula patrilateral, que não oferece nenhuma dessas vantagens, mas não acarreta os mesmos perigos. Não queremos dizer que a fórmula patrilateral seja mais primitiva que a outra, ou que as sociedades humanas tenham passado de uma à outra. Mas acreditamos, com base nos fatos reunidos nos capítulos anteriores, que as duas fórmulas constituem um par indissolúvel de oposições, os dois polos da fórmula simples da reciprocidade, e que não podem ser pensadas uma sem a outra, pelo menos inconscientemente. Quanto à realização, é outra coisa. Há sociedades, muito pobres no domínio da organização social, que puderam satisfazer-se com o casamento patrilateral e com as limitadas possibilidades, sem jamais sonhar com a aventura do casamento matrilateral. Porém, mesmo entre aquelas que se lançaram de maneira mais resoluta naquele tipo de casamento, nenhuma foi capaz de se livrar completamente da inquietação engendrada pelos riscos do sistema. De maneira às vezes obscura e às vezes categórica agarraram-se a este penhor de segurança oferecido, segundo os grupos, por um certo coeficiente, ou mesmo por um símbolo de patrilateralidade.

A este respeito a Índia mostrou-se menos audaciosa, porque o casamento patrilateral caminha ao lado do outro, e isso em duas formas. Esta patrilateralidade explícita é nela, ademais, envolvida por uma franja difusa, assinalada pelo papel do tio materno – e sobretudo do tio materno da noiva – na cerimônia do casamento. Os Gilyak aderem rigorosamente ao casamento matrilateral. Contudo, o direito que o tio materno da noiva tem de receber uma parte do preço do casamento, em forma de uma irmã ou de uma filha[19], coloca esta tribo siberiana no limite da patrilateralidade. Os grupos do Assam e da Birmânia, que praticam o casamento com a filha do irmão da mãe, oferecem também, conforme devemos estar lembrados, a fórmula mais completa e mais sistemática. Mas mesmo entre eles, embora de maneira mais reservada, a obsessão patrilateral faz-se sentir na participação, que de outro modo seria inexplicável, do tio da noiva nas vantagens das prestações matrimoniais[20]. Assim a aparente anomalia que durante todo nosso estudo da troca generalizada apresentou-a misturada a

---

**19.** Cf. cap. XVIII.
**20.** Cf. caps. XVI e XVII.

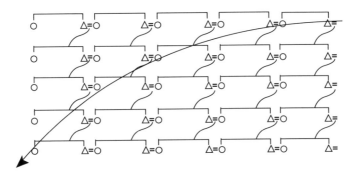

**Figura 85a**
*Casamento com a filha do irmão da mãe (ciclo longo)*

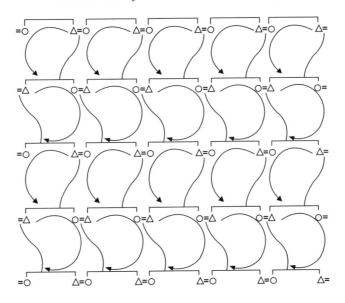

**Figura 85b**
*Casamento com a filha da irmã do pai (ciclo curto)*

um obscuro elemento que parecia, à primeira vista, depender da troca restrita[21] reduz-se na verdade a um caráter típico da estrutura dos sistemas de troca generalizada. Já definimos este caráter ao dizer que existem sistemas simples de troca generalizada, mas que estes sistemas nunca são puros. Pode-se, sem dúvida, conceber de maneira ideal um sistema puro. Mas as sociedades humanas nunca chegaram a este grau de

---

21. [Não foi preciso, portanto, esperar Lane (*Southwestern Journal of Anthropology*, 1961) para perceber os aspectos "restritos" da troca generalizada. Mas não tiramos desse fato as mesmas extravagantes consequências que este autor.]

abstração. Sempre pensaram a troca generalizada em oposição à fórmula patrilateral – e, por conseguinte, ao mesmo tempo associada a ela. A fórmula patrilateral tem uma intervenção latente e uma presença subjacente que oferecem àquelas sociedades um elemento de segurança, tal que nenhuma se mostrou bastante audaciosa para dele se libertar completamente.

Se esta interpretação é exata, dela é possível extrair duas conclusões. Primeiramente, as aparências da troca restrita que nos embaraçaram em nosso estudo dos sistemas da Índia, Birmânia, Assam, Tibete, China, Mongólia e Sibéria não dependem, na verdade, dessa forma de troca. A bilateralidade é um resultado secundário, produto da convergência de duas formas de unilateralidade, sempre presentes e sempre dadas. A crítica das organizações pseudodualistas da Índia já nos tinha feito prever este resultado. Em segundo lugar, e também como consequência, o problema da anterioridade relativa da fórmula da troca generalizada e da troca restrita na Índia e na China é um problema ilusório. Porque se a fórmula matrilateral é a única que exerce uma ação positiva, a fórmula patrilateral existe sempre, em forma negativa, ao lado da primeira, como segundo termo de um par correlativo. É possível dizer que, desde toda a eternidade, as duas fórmulas são coexistentes. Todas as hipóteses históricas que quisermos imaginar não conseguirão nunca oferecer outra coisa senão a transfiguração, incompleta e aproximativa, de um processo dialético[22].

Ninguém invoca impunemente os espectros. Ao se apegarem ao fantasma do casamento patrilateral, os sistemas de troca generalizada ganham uma garantia, mas se expõem também a um novo risco, porque o casamento patrilateral, contrapartida do casamento matrilateral, é ao mesmo tempo a negação deste último. Nos sistemas de reciprocidade, o casamento com a filha da irmã do pai – ciclo curto – está para o casamento com a filha do irmão da mãe – ciclo longo – como o próprio incesto está para o conjunto dos sistemas de reciprocidade. Falando a linguagem dos matemáticos, o incesto é o "limite" da reciprocidade, isto é, o ponto em que esta se anula. O que o incesto é para a reciprocidade em geral, a forma de reciprocidade mais baixa (casamento patrilateral) é também com relação à forma mais alta (casamento matrilateral). Para os grupos que, com o casamento entre filho de irmã e filha de irmão, chegaram à forma mais sutil, porém também mais frágil, da reciprocidade, o casamento entre filha de irmã e filho de irmão constitui o perigo sempre presente, mas também a irresistível tentação de um "incesto social", mais perigoso, ainda, para o grupo do que o incesto biológico, que nunca chega a comprometer a segurança do sistema, porque não pode ser concebido como solução. Compreende-se, portanto, que, em todas as fórmulas anteriormente citadas, os dois tipos de casamento achem-se associados, embora sejam ao mesmo tempo opostos. Compreende-se que a excelência de um tipo seja proclamada pela mesma razão que o horror ao outro e, finalmente, que estas fórmulas sejam literalmente as mesmas que as utilizadas pelos textos arcaicos, como o *Kojiki* e o *Nihongi*, para difamar o incesto. "Fazer arrozais na montanha, fazer corre-

---

**22.** [Estas observações respondem, por antecipação, à crítica feita a nós por Leach, de nos comprazermos em fazer reconstruções históricas].

rem os canais contra o declive, hoje meu corpo junta-se sem dificuldade com o da irmã mais moça [...]"[23] Porque casar-se com a filha da irmã do pai ou coabitar com a irmã é, com o mesmo caráter, para um sistema de troca generalizada inverter um ciclo de reciprocidade, o que equivale a destruí-lo, é "fazer retroceder a água para a fonte", em uma palavra, é o incesto.

Como espantar-se, depois de tudo isto, com a violência demonstrada por certos povos que praticam o casamento matrilateral, na condenação do casamento patrilateral? Um não é somente o contrário e a negação do outro, mas traz também a nostalgia e o pesar do último. Frazer e Thurston[24] citaram, como curiosidade de antiquário, um texto de *Kanyaka Puranam*, livro sagrado dos Komati, que, pelo tom apocalíptico, oferece a melhor prova da ambivalência já sugerida pela análise teórica. Trata-se do sacrifício solene de cento e dois *gotra* que preferem lançar-se nas chamas do que admitir que a maravilhosa Vasavambika fez um casamento destinado a salvar o reino, mas contrário à regra sagrada do *menarikam* (casamento entre filho de irmã e filha de irmão). Os cento e dois *gotra*, tendo à frente Vasavambika, marcharam altivamente para cento e três fogueiras, não sem ter feito seus filhos prometerem "dar sempre suas filhas em casamento aos filhos das tias paternas, mesmo se fossem de pele negra, grosseiros, zarolhos, estúpidos ou viciosos, e mesmo se os horóscopos não fossem favoráveis e os augúrios ameaçadores". Avisaram-nos que, se faltassem a esse dever, perderiam seus bens, e que a desgraça cairia sobre suas famílias. Ainda mais, a casta recebeu plenos poderes para excomungar os delinquentes, impedindo-os de atravessarem os limites da cidade. Quanto a Vasavambika, ela prometeu aos que violassem o costume sagrado "filhas atarracadas, com bocas enormes, pernas desproporcionadas, grandes orelhas, mãos aduncas, cabelos vermelhos, olhos afundados com globos dilatados, olhares desvairados, narizes largos e narinas escancaradas, corpos peludos, pele negra e dentes projetados para a frente". Estas maldições lançadas contra os que preferem filhas de irmã a filhas de irmão não representam nenhuma inconsequência, mas exprimem com incomparável vigor diferenças de estruturas decisivas, e de natureza tal que a escolha feita pela sociedade entre elas compromete, para sempre, seu destino.

---

23. *Kojiki*. Kobé, 1932, p. 358 [trad. Chamberlain]. *Nihongi*, vol. 1, p. 323-324.
24. FRAZER. *Folklore in the Old Testament*, op. cit., vol. 2, p. 111-112. • THURSTON, E. *Castes and Tribes...*, op. cit., vol. 3, p. 317-318.

# Conclusão

*"A vida futura será a repetição da vida terrestre, exceto todos os homens conservarem-se jovens, serem desconhecidas a doença e a morte e ninguém casar-se nem ser dado em casamento".*
Mito Andaman, segundo E.H. Man, *On the Aboriginal Inhabitants of the Andaman Islands*. Londres, s.d. (1883), p. 94-95.

# CAPÍTULO XXVIII
## Passagem às estruturas complexas

Neste trabalho evitamos constantemente as reconstruções históricas. Procuramos seguir o preceito de Rivers – tão mal observado por ele – segundo o qual "a natureza do sistema de parentesco depende da forma da estrutura social, mais do que das diferenças de origem da população"[1]. Ou, falando uma linguagem familiar ao linguista, procuramos definir áreas de afinidade, e não itinerários de migração. Por isso adquire um valor tanto mais significativo o fato de nossa tentativa nos ter conduzido, sem intenção prévia nem consciência antecipada desse resultado, a nos limitarmos à consideração de uma região do mundo, sem dúvida vasta, mas contínua, de fronteiras facilmente definíveis. Na direção norte-sul esta região estende-se da Sibéria Oriental ao Assam, na direção oeste-leste vai da Índia à Nova Caledônia.

Foi tão pequena nossa intenção de reservar para nós este território que constantemente, conforme o leitor deve ter podido perceber, tomamos de empréstimo exemplos a regiões diferentes. Não pensamos, portanto, em pôr em dúvida a existência de estruturas de parentesco elementares nas outras partes do mundo, sobretudo na África e na América. Nos dois continentes, o casamento dos primos cruzados e outras formas de união preferencial acham-se abundantemente representadas. Entretanto, no estado atual de nossos conhecimentos, a troca generalizada só aparece em sua forma simples nos limites da área mencionada, que a documenta mediante vários exemplos. Ainda mais, entre essas diversas ocorrências contemporâneas, geograficamente limitadas, pudemos estabelecer uma série contínua de tipos intermediários, que fundam a hipótese de uma extensão arcaica muito mais vasta e inteiramente excepcional dessa forma de troca.

No que diz respeito à troca restrita, a situação não é talvez tão manifesta. Na África a troca das esposas é um traço característico da sociedade dos Pigmeu. Aí se encontra também, tal como na Polinésia, pelo menos elementos de organização dualista, sendo esta última brilhantemente representada na América do Norte. Sabemos, desde alguns anos, que sua localização na América do Sul não é menor. Contudo, é preciso fazer restrições. Desde muito tinha sido notado que os sistemas de metades são praticamente ausentes na África. Em outros lugares sua verdadeira natureza, e sobretudo sua homogeneidade, foram objeto de acirradas discussões por parte dos especialistas da Polinésia e da América[2]. Nem a África nem a América oferecem nada comparável em precisão e

---

1. RIVERS, W.H. *The History of Melanesian Society*, op. cit., vol. 2, p. 10.
2. Cf. cap. VI.

nitidez aos resultados do estudo das sociedades australianas. Sobretudo, não é indispensável considerar as primeiras, salvo em caráter excepcional, e para ilustrar este ou aquele detalhe de um costume ou de uma instituição. A superfície a que a marcha de nossa análise espontaneamente nos limitou apresenta excepcional densidade de sistemas de parentesco que correspondem à definição das estruturas elementares, permitindo examinar todos os tipos, e fornecendo, para cada um destes, vários exemplos, que são também os mais ricos, os mais claros, os que mais se aproximam das exigências de uma demonstração teórica. Achamo-nos, pois, diante de uma área privilegiada, cujo aspecto geral não podemos nos dispensar de examinar.

Consideramo-la primeiramente em função da troca generalizada. Nossa segunda parte levou-nos a definir um eixo da troca generalizada, orientado na direção sudoeste-nordeste, cujas extremidades são ocupadas respectivamente pelas duas formas simples encontradas em nossa pesquisa, os sistemas Katchin e Gilyak, da Birmânia Ocidental à Sibéria Oriental. Na vizinhança das pontas, encontramos sistemas híbridos, notavelmente análogos até no detalhe de sua estrutura, os diversos sistemas Naga no sul, os sistemas Toungou e Mandchu no norte. Entre estes últimos, a região média do eixo é inteiramente ocupada pelo sistema chinês, a respeito do qual tentamos mostrar que, depois de uma evolução muito complexa, permite ainda perceber – às vezes de forma espantosamente viva – uma estrutura arcaica de troca generalizada, a qual explica pelo menos alguns de seus aspectos atuais. Vários sistemas intermediários que vêm se colocar no eixo ou na sua imediata vizinhança, exatamente no lugar exigido pela análise teórica, confirmam a exatidão deste esquema.

Que acontece de um lado e de outro do eixo? A oeste encontramos, até na Ásia Central, traços característicos da estrutura dos sistemas setentrionais, como por exemplo a periódica extinção da regra da exogamia, que também pusemos em relação com o ritmo de reprodução dos clãs e dos subclãs na sociedade Naga. Uma observação de Constantino Porphyrogeneta, que devemos à amável atenção de Roman Jakobson, permite-nos, talvez, deslocar para mais longe a fronteira. Os Petchenegue eram divididos em oito temas, cada qual comandado por um chefe, que tinha por sucessor um primo ou um filho de primo, "para evitar que as funções de chefe se perpetuassem em uma única família de um clã, e para assegurar a herança e a transmissão das honras aos colaterais" (capítulo 37). Esta singular regra seria facilmente explicada se o ritmo de extinção exogâmica, que acompanhamos até os Kazake[3], já existisse entre os Petchenegue, sem comprometer a autoridade política do clã primitivo. Enquanto este perderia o caráter exogâmico em proveito dos subclãs descendentes dele, o comando permaneceria sendo apanágio da unidade principal, exercido, sucessivamente, por cada um dos subclãs, primos entre si. A falta de informação sobre a antiga organização da família e das regras do casamento na Ásia Central e Ocidental só permitem, neste ponto como em outros, fazer hipóteses. Finalmente, e sempre na região situada a oeste do eixo, a Índia ofereceu-nos exemplos de sistemas nos quais a troca generalizada aborta, se assim é possível dizer, na patrilateralidade.

---

**3.** Cf. cap. XXIII.

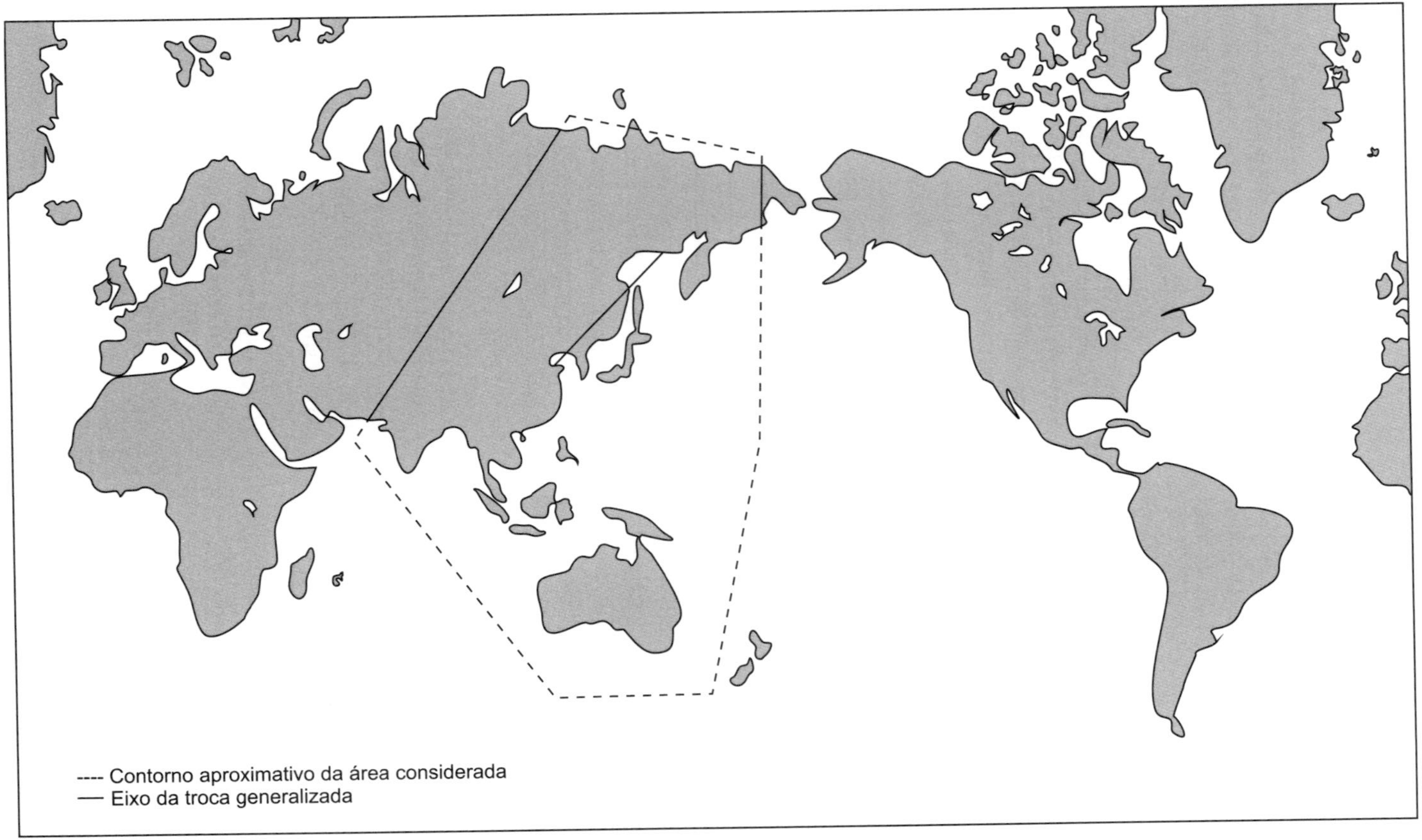

Figura 86

—————— Contorno aproximativo da área considerada
———— Eixo da troca generalizada

A leste do eixo estende-se uma zona de migrações, invasões e conquistas, que não permite esperar encontrar no local sistemas antigos. Contudo, nenhuma dúvida é possível no que se refere a uma vasta parte da Indonésia. Aos Batake e aos Lubu matrilaterais – os primeiros com uma curiosa extinção da proibição patrilateral no fim de três gerações, o que lembra os fenômenos periódicos mencionados no parágrafo precedente – é preciso acrescentar várias populações das seguintes regiões: Nias, Geram, Tanimbar Kei, Flores, Sumba e Molucas, onde o casamento com a filha do irmão da mãe é claramente comprovado[4]. Mas atingimos logo a seguir a fronteira além da qual começa a troca restrita. Observam-se formas de casamento bilateral em Endeh e Manggarai, Flores, Keisar, Aru, Leti, Moa, Lakor[5]. Foi postulada para Java, antes da conquista hindu, a existência antiga de classes matrimoniais de tipo Aranda, com troca de irmãs. Estas classes sobreviveriam ainda – ao menos como vestígios – em Sumatra, na Indonésia Oriental, e teriam assim podido apresentar, outrora, uma distribuição contínua até a Nova Guiné. Sua presença antiga continuaria demonstrada pela organização social bilateral, embora desprovida de clã, em toda a área considerada, sobretudo em certos distritos de Flores e de Alor. Em Bornéu e nas Célebes subsistem sempre enclaves onde se afirma ora a predominância matrilinear, ora a patrilinear[6]. Estas tentativas de reconstrução devem ser acolhidas com grande prudência.

O sistema fidjiano contribui, em todo caso, com uma preciosa indicação. Foi durante muito tempo considerado como exemplo característico do casamento entre primos cruzados bilaterais, mas os estudos recentes limitam e definem melhor esta interpretação. As relações entre grupos patrilineares *mbito*, na parte ocidental de Viti Levu, sugeririam muito a troca generalizada. Contudo, e de modo geral, o casamento dos primos cruzados seria mais raro do que pareceu outrora, e ocorreria sobretudo com a prima patrilateral[7]. Como o crescente patrilateralismo acompanha o declínio da troca generalizada na Índia, poderia acontecer que a mesma manifestação em Fidji marcasse a fronteira oriental da área ocupada predominantemente por esta forma de troca.

Temos grande tentação de situar na base do eixo da troca generalizada, e perpendicularmente a ele, um eixo de troca restrita, orientado no sentido noroeste-sudoeste, estendendo-se do sul da Índia à Nova Caledônia, passando pela Austrália. Para que esta sedutora construção fosse viável, seria preciso, entretanto, que os sistemas india-

---

4. LOEB, E.M. Patrilineal and Matrilineal Organization in Sumatra. *American Anthropologist*, vol. 35, 1933.

5. Ibid.

6. Ibid. • BERTLING, C. Tj. Huwverbod op grond van verwantschapsposities in Middel Java. *Indisch Tijdschrift van het Recht*, vol. 143, n. 2, 1936. • KENNEDY, R. *A Survey of Indonesian Civilization*. In: *Essays in the Science of Society Presented to A.G. Keller*. New Haven, 1937, p. 290. • The "Kulturkreislehre" Moves into Indonesia. *American Anthropologist*, vol. 41, 1939.

7. CAPELL, A. & LESTES, R.H. Local Divisions and Movements in Fiji. *Oceania*, vol. 11-12, 1940-1942, p. 319. • *Kinship in Fiji*, op. cit., vol. 14, 1945, p. 171.

nos fossem bilaterais, e vimos que seu bilateralismo aparente é um caráter pseudo-mórfico, isto é, as organizações com metades encontradas na Índia se assemelhariam exteriormente às da Austrália, mas sendo, na realidade, de outra natureza. Além do mais, só a Austrália oferece formas puras de troca restrita, e os grupos do Assam, que têm organização dualista, apenas apresentam a troca restrita em manifestações híbridas. A região que engloba o sul da Índia, o Assam, uma parte de Sumatra e a Austrália não pode, portanto, ser tratada como eixo da troca restrita, no sentido em que falamos de eixo da troca generalizada. É somente a zona onde a troca restrita apresenta mais forte densidade.

Porém, será verdadeiramente assim? Os polos extremos dessa zona – isto é, o sul da Índia e a Austrália – compartilham entre si significativas semelhanças, mas a semelhança estabelece-se precisamente nos lugares em que a troca restrita desaparece. Os sistemas indianos dotados de metades diferem dos sistemas de metades australianos. Em compensação as duas regiões têm, em comum, o sistema patrilateral, na forma do sistema Munda na Índia e – se é exata a interpretação que propusemos – do sistema Mura-Anula, na Austrália. Além disso, há numerosas indicações em favor da existência do casamento entre gerações não consecutivas na Índia Antiga – seja com uma "avó", seja com uma "neta" – cujos paralelos australianos e melanésios são conhecidos. Mas estas formas relacionam-se com as estruturas mais afastadas da troca restrita, dos sistemas até agora classificados como "aberrantes" relativamente aos anteriores, e cujo exame nos impôs progressivamente a noção de troca generalizada. Portanto, longe desta aproximação conduzir, se assim é possível dizer, a "australizar" a Índia, ela nos obrigaria de preferência a "desaustralizar" a própria Austrália, isto é, a dar ainda mais atenção do que fizemos até agora a este resíduo feito de sistemas aparentemente heteróclitos, cuja importância tentou-se minimizar porque eram rebeldes a qualquer redução aos tipos Kariera e Aranda. São estes últimos tipos, pelo contrário, que devem figurar numa classificação mais complexa e, desta vez, heurística[8].

Vê-se em que medida a distinção, metodologicamente indispensável, entre troca restrita e troca generalizada força os dados da experiência. Há um território privilegiado da troca restrita, que é a Austrália e seus prolongamentos asiático e melanésio. Há também um território privilegiado da troca generalizada, que é o eixo birmano-siberiano. Mas, assim como o casamento matrilateral, forma simples da troca generalizada, sempre nos apareceu como afetado por uma espécie de corrupção patrilateral, assim também vemos agora que a troca restrita, se pode existir em formas simples, também ela nunca é pura. Mesmo na Austrália, acha-se envolvida por um contexto de sistemas matrilaterais ou patrilaterais.

Devemos, por conseguinte, recusar, até o fim, qualquer interpretação histórico-geográfica, que faria da troca restrita ou da generalizada a descoberta desta ou da-

---

8. [O que Radcliffe Brown fez em seu artigo do *American Anthropologist*, 1951.]

quela cultura particular, ou de determinado estágio do desenvolvimento humano. Em todos os lugares onde existe a troca restrita, esta é acompanhada pela troca generalizada, a qual nunca está livre de formas alógenas. A diferença provém de que a contaminação da troca generalizada aparece como propriedade intrínseca dessa forma de troca. Manifesta-se, no interior de cada sistema, por costumes e instituições que lhe são contraditórios. Estas anomalias conduziram observadores tão diferentes quanto Hutton, Sternberg e Junod – para citar apenas estes – a colocar, diante dos mesmos fenômenos, a mesma questão de saber se sociedades patrilineares não passaram outrora por uma etapa matrilinear, respondendo à pergunta exatamente da mesma maneira. Esperamos ter contribuído para dissipar esta ilusão[9]. A contaminação da troca restrita exprime-se mais em forma extrínseca, isto é, cada sistema apresenta-se simples e coerente, mas sempre atacado por outros sistemas, fundados em princípios que lhe são estranhos.

Será possível mostrar a razão dessa diferença? Sim, sem dúvida, se, mantendo-nos fiel às ideias que enunciamos no capítulo VIII, considerarmos que as três estruturas elementares da troca, a bilateral, a matrilateral e a patrilateral, estão sempre presentes no espírito humano, ao menos em forma inconsciente, e que o espírito não pode evocar uma delas sem pensá-la em oposição – mas também em correlação – com as duas outras. O casamento matrilateral e o casamento patrilateral constituem os dois polos da troca generalizada. Mas opõem-se entre si como o ciclo de troca mais curto ao ciclo de troca mais longo, e ambos opõem-se ao casamento bilateral como o caso geral ao caso particular – porque o estudo matemático confirma que, em toda combinação com vários participantes, o jogo entre dois deve ser tratado como caso particular do jogo entre três[10]. Ao mesmo tempo, o casamento bilateral possui, em comum com o casamento patrilateral, o caráter de alternância, ao passo que se aproxima do casamento matrilateral pelo fato de ambos permitirem uma solução global, e não um conjunto de soluções parciais, conforme acontece com o primeiro. As três formas de troca constituem, pois, quatro pares de oposições (Figura 87).

Resta, contudo, um problema que depende, por uma parte ao menos, da história cultural. O estudo de uma área limitada do mundo, abrangendo a Índia, o Extremo Oriente e a Austrália, é, ao mesmo tempo, necessário e suficiente para definir as leis fundamentais do parentesco e do casamento. É necessário, porque nenhuma outra região reúne todos os casos possíveis, nem ilustra tal ou qual dentre eles por exemplos tão claros. É suficiente, porque, se o resto do mundo reproduz alguns casos simples, e sobretudo apresente situações mais complexas, estes casos simples são geralmente

---

**9.** Cf. JUNOD, H.A. *Moeurs et coutumes des Bantous*. 2 vols. Paris, 1936, p. 271ss.; e para Sternberg e Hutton, os caps. XVI e XVII deste trabalho.

**10.** Von NEUMANN, J. & MORGENSTERN, O. *Theory of Games and Economic Behavior*. Princeton, 1944, p. 47 [Vê-se que desde 1949 eu anunciava esta redução da troca restrita à troca generalizada, cujo alcance foi um tanto exagerado por Maybury-Lewis e Leach (1961).]

menos favoráveis do que os utilizados por nossa demonstração, e as situações complexas podem ser todas reduzidas às três formas elementares, independentemente transformadas ou combinadas entre si, que procuramos definir.

Esta prioridade lógica corresponde a um privilégio histórico? É ao historiador das culturas a quem incumbe procurar a resposta. Para nós, que nos limitamos à análise estrutural, bastará justificar rapidamente a proposição que acaba de ser exposta, segundo a qual as estruturas de parentesco complexas – isto é, nas quais não há determinação positiva do tipo de cônjuge preferido – explicam-se como resultado do desenvolvimento ou da combinação das estruturas elementares, embora possamos consagrar posteriormente às primeiras um estudo especial e mais desenvolvido. Examinaremos, sucessivamente, o oriente e o ocidente da área privilegiada, isto é, o mundo da Oceania e da América, de um lado, a África e a Europa, de outro.

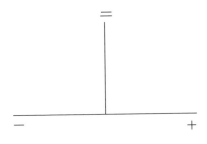

= Casamento bilateral; ciclo nulo; fórmula: A ←→ B.
- Casamento patrilateral; ciclo curto; fórmula: A → B. A ← B.
+ Casamento matrilateral; ciclo longo; fórmula: A → B → C.

**Figura 87**

Em um sentido estrito, os sistemas com seis classes do tipo Ambrim-Pentecostes[11] incluem-se no estudo das estruturas elementares. Reservamo-los para outro trabalho, embora admitam a determinação positiva da classe do cônjuge preferido, por motivo de sua grande complicação, que lhe confere caráter de limite. O exame, mesmo superficial, mostra o resultado da combinação neles de duas regras de reciprocidade, uma dualista e outra tripartida, que houve quem quisesse fazer coincidir. Isso foi possível ao preço de extremas dificuldades de aplicação e de novas contradições, de agora em dian-

---

11. DEACON, A.B. The Regulation of Marriage in Ambrym. *Journal of the Royal Anthropological Institute*, vol. 57, 1927, e os artigos posteriores de Radcliffe-Brown, B.Z. Seligman, T.T. Barnard, etc.

te inerentes a estes sistemas. Como a combinação dos princípios da troca restrita e da troca generalizada parece-nos estar na base dos sistemas americanos chamados Crow-Omaha (que nem sempre admitem a determinação do cônjuge prescrito), preferimos fazer começar no sul da Melanésia a área oriental das estruturas complexas.

Uma nova razão leva-nos ainda a essa atitude. É que a Melanésia, em conjunto, parece-nos ser infinitamente menos caracterizada pela organização bilateral do que geralmente tem sido afirmado. A Nova Guiné e as regiões vizinhas apresentam em grau excepcional um fenômeno que Williams descreveu com o nome de "afiliação sexual", isto é, uma diferenciação de condição social entre o irmão e a irmã, seguindo um deles a linha paterna e a outra a linha materna[12]. É impossível interpretar esse fenômeno em função da troca restrita, mas torna-se muito claro quando o examinamos pelo prisma da troca generalizada, porque no casamento matrilateral, assim como no casamento patrilateral, o irmão e a irmã seguem destinos matrimoniais diferentes. O estudo dos fenômenos de afiliação sexual, sem casamento dos primos cruzados, permite, portanto, definir em todo o mundo melanésio uma espécie de falha da troca generalizada, cuja significação aparece ainda maior quando se observa que margeia esta vasta zona de desmoronamento das estruturas de parentesco, que constitui o mundo polinésio. Toda a área oriental, "oceano-americana", como é possível chamá-la, forma, portanto, uma espécie de teatro, onde se encontram a troca restrita e a generalizada, ora opondo-se, ora combinando-se. Se esta hipótese é exata, a questão do casamento bilateral na América do Sul deverá ser atentamente reexaminada.

Por oposição à área oriental, caracterizada pela justaposição das duas formas elementares da troca, a área ocidental, isto é, o conjunto euro-africano, parece dar livre curso a formas desigualmente evoluídas, as quais, porém, prendem-se todas exclusivamente à troca generalizada. Isto é rigorosamente verdadeiro para a Europa, onde não acreditamos que se possa descobrir sequer traços de bilateralismo. A África oferece, sem dúvida, manifestações esporádicas de troca restrita, Pigmeu, Hehe, certos povos de língua Banto, Nuer, Lobi, etc.[13] Mas, além dessas manifestações serem frequentemente embrionárias, e de exigirem em cada caso ser atentamente examinadas, sabemos bem que a África é o terreno de eleição de um tipo de casamento que ainda não encontramos em sua forma mais característica, a saber, o casamento por compra.

O estudo dos Katchin e dos Gilyak ensinou-nos que o casamento por compra não é incompatível com sistemas de troca generalizada. Mostrou-nos também que a fórmula da compra fornece solução a certas dificuldades inerentes à troca generalizada, permitindo superá-las. Resta provar que, em sua própria essência, o casamento

---

12. WILLIAMS, F.E. *Sex Affiliation and its Implications*, op. cit., cf. cap. VIII de nosso trabalho.
13. Cf. cap. VIII.

por compra depende dessa estrutura elementar, constituindo, de certa maneira, uma forma flexível e desenvolvida dessa estrutura.

São conhecidas as discussões a que deu lugar na África, principalmente entre os Banto, o problema levantado pela natureza do preço da noiva ou *lobola*. O *lobola* não pode ser um dote – porque não acompanha a noiva, mas é recolhido à família desta – nem um pagamento. Com efeito, a mulher nunca é objeto de apropriação, não pode ser vendida nem condenada à morte. Permanece colocada debaixo da proteção ciosa de sua família e, se abandona o marido por motivo justo, este não poderá pretender a restituição do *lobola*. Que é então o *lobola*? Na África do Sul consiste sobretudo em gado, e para os Banto "o gado é o intermediário essencial de todas as relações rituais entre os grupos humanos"[14]. Assume este papel intermediário primeiramente entre os grupos vivos, em forma de compensação, e de purificação, por um homicídio. Em seguida, entre o grupo dos vivos e o dos mortos, em forma de oferenda sacrificial. Finalmente, entre os grupos que participam do casamento. Em obediência à proibição do incesto, a mulher não pode parir em seu próprio grupo. É preciso, portanto, ou que seja transferida para um grupo vizinho ou que um homem de outro grupo venha a ela. Quer a filiação seja matrilinear, quer seja patrilinear (e as duas possibilidades existem entre os Banto), os dois grupos nem por isso deixam de estar colocados, por força da proibição do incesto, em um estado de interdependência recíproca. A transferência do *lobola* não representa uma compra unilateral, mas, como contrapartida da filha, afirma a bilateralidade do vínculo.

Ao mesmo tempo, é ainda alguma coisa mais. O cumprimento dos ritos matrimoniais não determina o fim das obrigações recíprocas entre os grupos. A realidade da aliança é comprovada, durante toda a duração do casamento, por uma série de serviços oferecidos e de serviços retribuídos, de presentes reclamados e de presentes recebidos. Mas o *lobola*, ao ser recebido, faz começar imediatamente um novo circuito. A razão essencial pela qual não se pode ver nele um pagamento é que não será nunca consumido, exceto ocasional e parcialmente, para fins sacrificiais. Logo depois de recebido será objeto de reinvestimento, em forma de esposa, para o irmão ou o primo da jovem casada. Como o fio que corre através do tecido, o *lobola* estabelece, portanto, uma série indefinida de conexões entre membros do mesmo grupo e entre grupos diferentes. Seligman descreveu este caráter de prestação total do preço da noiva em uma outra região da África. "Um rapaz que não possui irmã seria pobre". E ainda: "Todo jovem Shilluk está interessado no casamento de sua irmã e da filha da irmã de seu pai, porque recebe gado proveniente do preço da noiva, e sem gado ele próprio não poderia casar-se [...] Um homem tem cem razões para desejar que sua irmã se case e para que este casamen-

---

**14.** HOERNLÉ, A.W. *The Importance of Sib in the Marriage Ceremonies of the Southeastern Bantu.* South-African Association for the Advancement of Science. *Report of the Annual Meeting*, vol. 22, 1925, p. 481.

to seja estável". Mas a multiplicação dos laços entre os grupos tem como contrapartida a consolidação dos laços no interior do grupo. Entre os Azande, "quando os rapazes desejam casar-se devem ser obedientes e trabalhar para os pais que lhes darão as lanças pagas para suas irmãs"[15]. O vínculo entre os pais e os filhos prende-se, portanto, ao que se estabelece entre as famílias aliadas. O noivo trabalha para os sogros, e na forma múltipla da cozinha e da jardinagem, da procriação dos filhos e das satisfações sexuais, recebe de sua mulher a contraprestação de seus donativos. Os serviços são trocados nos dois sentidos e segundo o ritmo alternado. A dupla circulação das mulheres e do gado assegura, através das idades, a união dos grupos e das gerações.

Um fato lança uma luz particularmente significativa sobre a verdadeira natureza do laço matrimonial nesses sistemas africanos. É a relação de especial respeito que, em numerosos grupos, existe entre o marido e a mulher do irmão da mulher, aquela que os Thonga chamam pelo nome solene de "grande mukonwana"[16]. Entre os Shiluk esta cunhada está compreendida na categoria dos ora (parentes por aliança, que devem respeito uns aos outros) e, diz Seligman, "parece que ela é considerada como estando em pé de igualdade com a sogra [...] Mas, acrescenta o autor, não pudemos descobrir nenhuma razão para este tratamento"[17]. Sabe-se, com efeito, que em numerosas populações primitivas os sogros são objeto de tabus especiais com relação à nora e, ainda mais frequentemente, com relação ao genro. Mas Junod acrescenta à sua descrição um novo detalhe, a saber, os Thonga não respeitam somente a "grande mukonwana", como se fosse uma sogra, porém, mais. A primeira interpretação dada por Junod, a saber, que a cunhada é uma sogra presuntiva (por causa de um privilégio matrimonial sobre a filha do irmão da mulher) não é, portanto, satisfatória, tanto menos quanto o marido goza de privilégio de familiaridade com relação ao irmão de sua mulher, que deveria ser considerado, pela aplicação do mesmo princípio, como um sogro presuntivo e tratado, por conseguinte, com respeito.

É numa outra observação de Junod que se acha a explicação procurada por Seligman. O lobola pago pela moça é imediatamente utilizado para adquirir uma mulher destinada ao irmão desta. A mulher do irmão da mulher foi, portanto, obtida por meio dos mesmos bois que esta última. Foi comprada com os bois do marido. Não é preciso procurar mais longe, segundo nosso modo de ver, as razões da atitude especial do marido em face de sua grande mukonwana. Todo contato, toda intimidade entre ele e ela, teria, do ponto de vista social, temível significação. O circuito do lobola seria encerrado prematura e irrevogavelmente, o desenvolvimento da série, teoricamente indefinida, das prestações e das contraprestações teria abortado, todo o sistema das conexões comprovaria seu malogro. Por isso, dessas relações difíceis entre o

---

15. SELIGMAN, C.G. & SELIGMAN, B.Z. *Pagan Tribes of the Nilotic Sudan*. Londres, 1932, p. 62, 72, 514.
16. JUNOD, op. cit., p. 228-229.
17. SELIGMAN, C.G. & SELIGMAN, B.Z. Op. cit., p. 60.

marido e sua cunhada resultam duas consequências. De um lado, as relações sexuais entre eles são proibidas e equiparadas ao incesto, e, de outro lado, por um aparente paradoxo, o marido tem a possibilidade de reivindicá-la como esposa, em caso de separação, se for reconhecido que a culpa cabe à mulher. Esta última possibilidade existe pelo menos entre os Ba Ronga[18]. Mas, diz Junod, só se recorre a esta solução desesperada na ausência de qualquer outra possibilidade, sendo considerada em toda parte como uma grande desgraça. Na maioria das vezes, a família da mulher fará esforços para substituir uma outra filha do grupo à grande mukonwana, e esta substituição chama-se "por um tronco de lenha atravessado no caminho". É raro não ser aceita pelo marido, porque "não se salta por cima de um tronco de lenha"[19].

Conforme se vê, a mulher do irmão da mulher encarna dois personagens, não sendo de espantar vê-la revestir-se deste caráter de coisa sagrada, de cuja natureza ela participa por sua ambiguidade. Este duplo papel aparece bem, se tentarmos isolar a letra do sistema, seu caráter de certa forma abstrato, sua aritmética, das realidades mais concretas subjacentes a ele. Do ponto de vista teórico, a mulher é adquirida por meio dos bois, os quais servem para comprar a cunhada. Esta última é o símbolo, o penhor dos bois. Pode, portanto, ser reivindicada, se a parte que toma mostra-se incapaz, por falta da mulher, de executar a parte do contrato que lhe incumbe. Isto é o aspecto formal do sistema do *lobola*, sua expressão mecânica e não humana. Não é inútil observar a este respeito que o *lobola*, de modo crescente, teve a tendência a tomar a forma de verdadeira operação de venda[20]. Mas a realidade profunda é outra. Obtive minha mulher transferindo os bois, e a mulher não me foi entregue a não ser porque sua família contava por sua vez, graças aos bois, receber uma nova esposa para um membro do grupo. Esta última – a grande mukonwana – é, portanto, de certa maneira, a causa final de toda a operação. Tudo se passa como se, em lugar de estar colocada no final do processo, estivesse situada na origem. Tudo se passa como se eu tivesse trocado a grande mukonwana pela minha esposa. Na verdade, troquei-a de fato, porque ela é meus bois, isto é, minha carne, e pelo menos simbolicamente pertence ao meu clã. Por isso, embora a legalidade abstrata me permita reivindicá-la como um bem, a moral me proíbe, pelo mesmo motivo que uma parenta, de me aproximar dela, e as relações adulterinas com ela são consideradas incestuosas.

Este caráter incestuoso da participação no gado é estabelecido, de maneira mais clara possível, pelas seguintes observações de Hoernlé, formuladas sem referência ao problema que acabamos de discutir: "Entre os Pondo, os Zulu e os Herero, os membros do grupo tribal não podem beber leite senão na companhia de seus parentes clânicos. Entre os Pondo e os Zulu, beber leite com um ou vários membros de outro clã

---

**18.** JUNOD, l.c.
**19.** Ibid., p. 229.
**20.** HOERNLÉ, l.c.

equivale ao estabelecimento de um pacto de fraternidade pelo sangue com o clã, tendo, como consequência, a impossibilidade de contrair matrimônio com uma mulher do clã". O mesmo autor acrescenta que, em várias tribos Banto do sudeste, uma mulher, imediatamente depois de seu casamento, não deve beber leite proveniente do gado de seu marido, do contrário causaria um mal não só a si própria, mas também à família do marido. Somente depois dos antepassados do marido terem manifestado a aceitação do novo membro do *kraal* é que ela pode, com toda segurança, receber sua parte. No intervalo bebe o leite de uma vaca que trouxe, e que forma um elemento essencial de sua bagagem de casada[21]. Junod indica que a mulher cedida em troca do gado e a que foi comprada por meio do mesmo gado são chamadas "gêmeas"[22]. Estas observações são capitais porque ilustram, sem o menor equívoco, esta arbitragem entre o parentesco e a aliança que a proibição do incesto constitui. No começo do artigo do qual acabamos de citar uma passagem, Hoernlé mostra que existe, no pensamento indígena, uma identidade substancial entre o clã e seu gado. Beber o leite é participar da natureza do grupo. Seria, portanto, para a mulher colocar-se de uma só vez na situação anormal da grande mukonwana e tirar partido da ambiguidade das posições da esposa – *que é trocada pelo gado*, mas é trocada opondo-se a isso (lembremos as contendas rituais da recusa do *lobola*) – e da irmã *que é o gado*, porque o próprio gado é o grupo. Vemos assim o *lobola* adquirir um significado novo, mais concreto, e provavelmente também mais profundo, a saber, significado não mais unicamente simbólico, porém real. Suponhamos, com efeito, o *lobola* prosseguindo seu circuito através dos grupos. Haverá necessariamente um momento em que o gado voltará, se é possível dizer, ao curral em que, de compra em compra, e de troca em troca, o gado que terei transferido para obter uma mulher voltará ao meu grupo para fazer sair dele uma moça. Nem mesmo está excluído – pelo menos teoricamente – que este processo de retorno se realize diretamente e sem intermediário. Noutras palavras, a grande mukonwana, que é minha esposa potencial, poderia não ser somente a encarnação simbólica de minha carne e de meu sangue, isto é, de meus bois, mas poderia também eventualmente – e dessa vez efetivamente – ser minha prima ou minha irmã.

Se nossa análise é exata, o *lobola* não constitui outra coisa senão uma forma, transviada e evoluída, do casamento por troca. Mais exatamente, representa uma das numerosas técnicas operatórias pelas quais pode exprimir-se, em uma sociedade numerosa e formada de muitos grupos, o caráter de troca que, em nossa concepção, deve ser reconhecido como inerente à instituição matrimonial. Quase não há necessidade de mostrar que o procedimento pelo qual a mulher fornecida em contrapartida é substituída por um valor simbólico acha-se, melhor que a troca direta, adaptada às condições de uma sociedade com forte densidade relativa de população. Com efeito, é possível con-

---

21. Ibid., p. 482.
22. JUNOD, op. cit., p. 66.

ceber duas fórmulas de troca real, a saber, ou a troca será feita diretamente entre os dois indivíduos, ou dois grupos restritos de indivíduos, e então o casamento corre o risco de nunca ligar mais do que dois grupos ao mesmo tempo, e de ligá-los em pares de famílias, formando cada um desses pares uma totalidade discreta no interior do grupo geral (troca restrita); ou então a troca será feita entre várias secções da comunidade, o que supõe a realização, intencional ou acidental, de uma estrutura global, que nem sempre é dada. Na ausência de uma estrutura desse tipo (metades exogâmicas ou classes matrimoniais), a prática do *lobola* funda um sistema flexível, porque as próprias trocas, em lugar de serem atuais e imediatas, são virtuais e adiadas.

O casamento por compra é, portanto, compatível com todas as formas de troca. Mas apenas a proibição da grande mukonwana basta para impedir a formação de um ciclo curto e para garantir que os bois, as lanças ou as enxadas realizarão um vasto circuito no qual várias famílias terão dado irmãs e filhas sem receber esposas. Que receberam em vez destas? A garantia, em forma de bens privilegiados, de encontrarem esposas. Bois, lanças e enxadas são, portanto, verdadeiramente, retomando a expressão Katchin, *mayu ni*, "doadores de mulheres". A única diferença é que estes "doadores de mulheres", em lugar de se definirem como uma secção concreta do grupo social, sobre as filhas do qual possui-se prioridade, são representados por valores simbólicos, *testemunhos*, ou, mais exatamente ainda, *créditos*, recuperáveis com relação a qualquer família, com a *condição de que esta família possa ordenar-se relativamente à minha em um circuito longo*. Na medida em que o casamento dos primos é autorizado, a compra reconstitui, portanto, simplesmente uma fórmula simples de troca generalizada, isto é, casamento com a filha do irmão da mãe, casamento com a filha do irmão da mulher, ou – em filiação matrilinear – com a mulher do irmão da mãe[23]. Se o casamento dos primos é proibido, a compra não contradiz a troca generalizada, mas prolonga e amplia a fórmula, impondo, pelo progressivo aumento dos graus proibidos, a formação de ciclos cada vez mais longos, e, teoricamente pelo menos, ilimitados. A substituição da compra da mulher pelo direito sobre a prima permite, pois, à troca generalizada desprender-se de sua estrutura elementar e favorece a criação de ciclos cada vez mais numerosos e também cada vez mais flexíveis e extensos. Ao mesmo tempo, a regra da circulação dos bens privilegiados impõe um ritmo a ciclos de agora em diante improvisados, fixa o rastro deles e comprova a cada instante o estado credor ou devedor dos balanços.

Acabamos de ver que a estrutura da troca não está ligada à prescrição de um cônjuge preferido. Mesmo que a multiplicação dos graus proibidos elimine os primos em

---

**23.** Sobre a frequência dessas formas de casamento na África do Sul, cf. EISELEN, W., Preferential Marriage Correlation of the Various Modes among the Bantu Tribes of the Union of South Africa. *África*, vol. 1, 1928; Junod, op. cit., passim.

primeiro, segundo ou terceiro graus do número dos cônjuges possíveis, as formas elementares da troca, que procuramos definir, continuarão ainda a funcionar. Uma sociedade suficientemente densa, na qual todas as famílias procurassem estender suas alianças, se organizaria espontaneamente em um ciclo longo. Na medida em que fosse possível, mediante uma estatística relativa a um grande número de casamentos, descobrir, pelo menos em certos casos, relações de parentesco afastado entre os cônjuges, estas relações seriam necessariamente de predominância matrilateral. Ao contrário, uma sociedade em crise, onde a política das alianças é dominada pela preocupação imediata de obter ou de manter garantias, ofereceria à análise elevado coeficiente de patrilateralidade, mesmo que esta não pudesse ser diretamente estabelecida, e só o fosse em certos casos e para graus distantes. Estas observações são essenciais para quem quiser estender ao mundo europeu os princípios gerais de interpretação estabelecidos neste trabalho. Hocart observou que a Europa Medieval oferecia uma espécie de esboço de sistema de gerações alternadas, com o costume de dar o nome do avô ao neto. Foi levado pelo menos a tentar inferir daí a existência de um antigo casamento indo-europeu entre primos cruzados bilaterais[24]. Nada autoriza esta hipótese. Mas sabemos que o sistema das gerações alternadas não está ligado àquele tipo de casamento, que pode perfeitamente resultar também do casamento patrilateral. Para compreender o fenômeno assinalado por Hocart basta imaginar que a sociedade medieval tenha tido, permanente ou temporariamente, a tendência a encurtar os ciclos de aliança, sem dúvida por motivo da instabilidade geral. Este encurtamento devia inevitavelmente elevar o coeficiente dos casamentos patrilaterais, mesmo que esta patrilateralidade se estabelecesse em um grau tão afastado que as famílias participantes dele não tivessem o menor conhecimento. Esse não era certamente o caso, no que diz respeito às alianças nobres ou reais, interessadas, em todo momento, no equilíbrio dos balanços. Mesmo fora da atividade consciente do grupo, uma elevada taxa de patrilateralidade deve impor progressivamente ao pensamento coletivo seu ritmo específico, que consiste na periódica inversão de todos os ciclos[25]. A alternância dos nomes pessoais explica-se facilmente como uma espécie de jogo ou de formação estética, fundados na inconsciente apreensão de um fenômeno de estrutura ainda frusto e mal esboçado.

Para traçar uma rápida interpretação da estrutura dos sistemas de parentesco europeus não temos, portanto, necessidade de reconstituir não se sabe que estado arcaico, durante o qual a sociedade indo-europeia teria praticado o casamento dos primos cruzados, ou mesmo conhecido a divisão em metades exogâmicas. Basta observar que a Europa apresenta, no estado atual ou num passado ainda próximo, um conjun-

---

24. "A forma primitiva poderia bem ser um sistema de gerações alternadas no qual avô = neto, e este sistema parece, de maneira obscura, estar ligado ao casamento dos primos cruzados." HOCART, A.M. The Indo-european Kinship System. *The Ceylon Journal of Science*, Secção G, vol. 1, parte 4, 1928, p. 203.
25. Cf. caps. XXVI-XXVII.

to de traços estruturais reveladores do que chamamos troca generalizada. O estudo das formas simples desse tipo de troca permite sempre observar as relações funcionais. Quais são estes traços?

Em primeiro lugar vem a classificação germânica dos parentes e aliados em "speermagen" e "schweitmagen", de um lado, e "spillmagen" e "kunkelmagen" de outro, isto é, paternos e maternos, "parentes pela lança e pela espada" e "parentes pela roca e pelo fuso". Encontramos aqui a distinção indo-oriental entre "parentes do osso" e "parentes da carne", entre "doadores de esposas" e "tomadores de mulheres". Dissemos a razão pela qual esta classificação, segundo nosso modo de ver, só é compatível com um sistema de troca generalizada. Somente nesse sistema é que em face dos paternos os maternos são maternos e nada mais do que isto, e os paternos ocupam, com relação aos maternos, uma posição igualmente unívoca. Em sistema de troca restrita, ao contrário, os dois grupos possuem simultaneamente os dois atributos, um relativamente ao outro[26]. A recorrência dessa classificação típica, da Germânia até o País de Gales, justificaria, por si só, a inclusão da Europa na área da troca generalizada.

O estudo das formas simples da troca generalizada na Birmânia e no Assam permitiu-nos estabelecer uma correlação entre estas formas e o aparecimento de uma divisão da sociedade em grandes grupos unilaterais, provavelmente originários de clãs, mas dotados de caracteres especiais, tal a diferença das posições sociais acompanhada de particularidades étnicas, linguísticas, funcionais ou de hábitos. Estes grupos são exógamos e sua distribuição hierárquica obriga-os a praticar a hipergamia. A mitologia Katchin representa-os como descendentes de irmãos, quer por unidade, quer por par[27]. Interpretamos as castas indianas, e talvez também as "classes sociais" iranianas, como produtos de uma estrutura do mesmo tipo. Mas os fatos permitem postular a existência dessa estrutura em uma área muito mais vasta. Heródoto (IV, 5-6) descreve-a, entre os citas, com caracteres (irmãos fundadores, secções gemelares, etc.) que lembram até nos detalhes a mitologia Katchin. Dumézil, que menciona a este respeito paralelos na Índia, conseguiu seguir a expansão dela até o Cáucaso[28]. Se acrescentarmos que o mesmo texto de Heródoto refere a herança do caçula entre os citas, e que até na Irlanda encontra-se um costume análogo com a prática do *geilfine*, ou do "rapaz de cabeça branca", que designa o quinto filho, herdeiro privilegiado – do mesmo modo que entre os Katchin – da propriedade da família[29], deveremos reconhecer a existência, desde o eixo sibério-birmanês até a Europa Ocidental, de um conjunto

---

26. Cf. cap. XXIII.

27. Cf. cap. XVI.

28. DUMÉZIL, G. La préhistoire iranienne des castes. *Journal asiatique*, 1930, p. 125-126. • *Naissance d'archanges*. Paris, 1945, p. 146ss.

29. É a situação social de Bergette na peça de John Ford *This Pity she's a Whore* (publicada com introdução e notas por Havelock Ellis. Londres, 1888, p. 114), e não é indiferente observar que acrescenta um elemento dramático à situação incestuosa entre sua noiva Annabella e o irmão desta.

notavelmente homogêneo, cujo sentido só é possível penetrar mediante a noção de troca generalizada.

Há mais, porém. A relação excepcionalmente estreita entre o tio materno e o filho de sua irmã, já descrita por Tácito entre os germanos, e que encontra, dez séculos mais tarde, na Canção de gesta, notável vitalidade, propõe o mesmo problema da presença de um traço pseudomatrilinear no regime de direito paterno. Fomos levados progressivamente à solução desse problema pelo estudo das sociedades birmanesa, siberiana e indiana[30]. Os grandes caracteres estruturais, dos quais a distinção entre "osso" e "carne", "espada" e "roca" são o sintoma tópico, excluem completamente a hipótese, que legitimamente seduziu Hocart e Dumézil, de uma antiga organização dualista. Trata-se sempre da relação ambivalente que une entre si os maternos, que são apenas maternos, e os paternos que recebem esposas sem fornecê-las, pelo menos aos mesmos parceiros. Desde nosso estudo do sistema Katchin, vimos surgir como corolário da troca generalizada a afirmação dos direitos femininos, tão típica também das instituições germânicas e celtas. Finalmente, até os *sumri* Katchin e os *šagund* Gilyak, "bens preciosos" de uns, e "nervos vitais" de outros, em ambos os casos protetores do lar, recebidos, pelo marido, e dados pela família da mulher, encontram seu equivalente na Europa Antiga. Entre os germanos, como retribuição pelo preço da noiva que compreende um boi, um cavalo selado, um escudo, uma espada e uma lança, a noiva traz certos bens para seu marido. Tácito indica que estes bens são considerados como algo que estabelece o vínculo mais solene e possuem um valor sagrado, que faz deles verdadeiramente "os deuses casamento"[31].

Mas para reduzir as regras europeias do casamento a uma estrutura de troca generalizada não basta constatar as semelhanças com formas simples. É preciso explicar também as diferenças, isto é, a evolução que conduziu progressivamente os sistemas europeus de uma provável etapa arcaica, na qual as alianças se estabeleciam em função de ciclos orientados com 2 + *n* parceiros (fórmula simples de troca generalizada), à indeterminação moderna que chega a um resultado da mesma natureza por meio de um pequeno número de prescrições negativas. Sem tratar aqui o problema a fundo, indicaremos rapidamente em que sentido deve ser procurada a resposta.

Uma conclusão foi imediatamente extraída do estudo das formas simples da troca generalizada, a saber, que estas formas, mantidas em estado simples, não são viáveis[32]. A troca generalizada conduz à anisogamia, isto é, os participantes dos grandes ciclos intercambiantes adquirem progressivamente – e em razão da própria fórmula da troca – diferenças de condição, e só podem receber como cônjuges parceiros que ocu-

---

30. Cf. cap. XXVII; separamo-nos, portanto, da interpretação dualista proposta por Dumézil (Le Festin d'Immortalité, *Annales du Musée Guimet, Bibliothèque d'Etudes*, t. 34. Paris, 1924, p. 277).

31. *Germânia*, cap. 18.

32. Cf. cap. XVI.

pam um lugar superior ou inferior na hierarquia. Lembramo-nos que o aparecimento desta fase crítica é ainda comprovada no que respeita à Índia Antiga. Tomemos, por exemplo, o caso que é o mais frequente, no qual a regra impõe o casamento com uma mulher de condição imediatamente inferior. Como as mulheres da classe mais alta conseguirão casar-se? Ora, em um sistema de troca generalizada a continuidade do vínculo está assegurada por um único ciclo de troca, que associa como parceiros todos os elementos constitutivos do grupo. Não pode acontecer nenhuma interrupção em um ponto qualquer do circuito, sem que a estrutura global, fundamento da ordem social e da segurança individual, corra o risco de desmoronar. O sistema Katchin mostra a troca generalizada chegando ao momento exato em que este problema dramático aparece.

É preciso uma solução para este problema. Já encontramos uma, que consiste nos grupos unidos entre si por um ciclo de troca generalizada subdividirem-se – frequentemente por pares – em formações mais restritas, começando a trocar dois a dois. A evolução dos sistemas do Assam e da China e dos sistemas Tungu e Mandchu ilustram diversamente este processo. Sistemas locais de troca restrita começam a funcionar no interior de um sistema global de troca generalizada e, progressivamente, o substituem. O grupo renunciou a uma forma *simples* de troca generalizada para adotar uma forma igualmente *simples* de troca restrita. Mas pode também salvar o princípio da troca generalizada, com a condição de renunciar à forma *simples* em proveito de uma forma *complexa*. É a evolução europeia.

Consideraremos em primeiro lugar o caso no qual a contradição, inerente à regra anisogâmica, imobiliza, de certo modo, o ciclo de troca generalizada. O circuito fica interrompido, a cadeia indefinida das prestações e contraprestações emperrada. Os parceiros ficam tolhidos, e, colocados na impossibilidade de cumprir os deveres de prestatários, retêm suas filhas casando-as com seus filhos, até que um milagre faça novamente pôr em marcha toda a máquina. É inútil dizer que este procedimento é contagioso, atingindo progressivamente todos os membros do corpo social e transformando a anisogamia em endogamia. Somente a Índia adotou sistemática e duravelmente esta solução. Mas toda a área oferece esboços dela, formas temporárias ou aproximadas. Assim, a atitude eclética do Irã, que associa uma endogamia de classes muito flexível ao casamento esporádico entre parentes próximos[33], ou a prática egípcia dos casamentos consanguíneos. Mas, se a interpretação por nós proposta para o último caso for exata[34], este encontra eco, no Irã e na própria Grécia, no costume da epiclera [herdeira única, com a qual o parente mais próximo estava obrigado a casar-se, de acordo com o direito

---

**33.** BENVENISTE, E. *Les Classes sociales dans la tradition avestique*, op. cit., p. 117, 125. Aly-Akbar Mazahéri, *La Famille iranienne aux temps anté-islamiques*, Paris 1938, p. 113, 131.

**34.** Cf. cap. I.

ateniense, a fim de manter os bens na família – N. do T.], casada, na falta de herdeiro masculino, com um parente próximo. De fato, o casamento egípcio ou polinésio com a irmã mais velha, excluindo a mais moça, revela-se somente como uma forma extrema de epiclerismo. Na Europa Ocidental também, a literatura patrística e, mais tarde, o teatro elisabetano, mostram a extensão e a duração das flutuações da consciência pública na questão dos casamentos consaguíneos.

Mas uma outra solução é igualmente possível, e foi ela que impôs definitivamente sua marca ao sistema europeu. Uma vez que a troca generalizada engendra a anisogamia, e esta conduz ou a soluções regressivas (troca restrita, ou endogamia), ou à paralisia total do corpo social, será introduzido no sistema um elemento arbitrário, uma espécie de *clinamen* sociológico, o qual, todas as vezes que o sutil mecanismo da troca for bloqueado, virá, como um *Deus ex machina*, dar a última demão indispensável para fornecer um novo impulso. Este *clinamen* é uma ideia que a Índia concebeu claramente, embora tenha finalmente enveredado por um caminho diferente, abandonando a outros o cuidado de desenvolver e sistematizar sua fórmula. É o casamento *swayamvara* ao qual é dedicada uma secção inteira do Mahābhārata[35]. Sabe-se que consiste, no caso de um personagem que ocupa uma posição social elevada, no privilégio de dar a filha em casamento a um homem de qualquer posição, que tenha realizado uma façanha extraordinária ou, ainda melhor, livremente escolhido pela própria moça. E como haveria ela de proceder de outra maneira, uma vez que, sendo filha de rei em um sistema hipergâmico, a regra social, estritamente observada, lhe proibiria todo cônjuge? Sem dúvida o casamento swayamvara, tal como é descrito pela poesia épica e pelo folclore, do Assam à Europa Central e Ocidental, é em grande parte um mito. Mas a transfiguração mítica recobre um fenômeno real, e provavelmente também instituições positivas. Ainda na Idade Média, o direito galês distinguia duas formas de casamento, *rod o cenedl*, "por dom de parentela", e *lladrut*, "roubado, secreto, furtivo", um, cessão da mulher pela família, outro, dom da mulher por ela própria[36]. Não será possível reconhecer na provável justaposição de ambos durante um longo período o ponto de partida e o ponto de chegada – lógicos e talvez também históricos – da evolução da troca generalizada?

É interessante observar que interessado no estudo de problemas muito afastados dos que estudamos aqui, G. Dumézil foi também levado a estabelecer a conexão entre o casamento *swayamvara* (ou dos costumes muito próximos) com a estrutura hipergâmica da sociedade indo-europeia. Compara a lenda escandinava do casamento de Skadhi, que teve a liberdade de escolher um esposo entre vários candidatos ocultos

---

**35.** The Mahābhārata, Calcutá, 1883-1886, vol. 1 [trad. Protrap Chundra Roy].
**36.** ELLIS, T.P. *Welsh Tribal Law and Custom in the Middle Ages.* 2 vols. Oxford, 1926, vol. I, p. 393.

a seus olhos, e que indicou, por erro, um velho, com uma narrativa do Mahābhārata (III, 123-125), segundo a qual a princesa Sukanya, casada por dever com o velho asceta Cyavana, tendo recebido o privilégio de uma nova escolha entre três candidatos indistinguíveis, igualmente jovens e belos, encontra entre eles aquele que foi primeiramente seu velho marido. Dumézil interessa-se sobretudo pelo fato de, nas duas versões, a cerimônia da escolha ser maquinada por personagens divinos, que identifica aos patronos da terceira função social, "aqui candidatos lamentavelmente repelidos, e no outro caso candidato comicamente eleito". Levanta nesta ocasião a pergunta: "Existirá talvez um antigo vínculo entre esta terceira função e um tipo de casamento no qual a mulher escolhesse livremente o esposo?"[37] Seria, sem dúvida, arriscado lembrar aqui esta outra seção do Mahābhārata (Swayamvaraparva) onde a Princesa Krishna, posta em concurso pelo pai e pelo irmão, é arrebatada a todos os príncipes guerreiros que a disputavam por um brâmane de alto nascimento, disfarçado sob uma aparência ordinária. Porque a enraivecida exclamação dos concorrentes vencidos, de que "o swayamvara é para os Xatria", acompanhada de um apelo à mais venerável tradição[38], parece ter aqui um sentido claramente diferente, de todo impregnado de um espírito endógamo. E, contudo, o swayamvara, casamento feito ao acaso, por mérito ou por escolha, só tem verdadeiramente sentido se entrega uma moça de classe superior a um homem de classe inferior, dando a garantia, pelo menos simbólica, de que a distância das situações sociais não comprometeu irremediavelmente a solidariedade do grupo, e que o ciclo das prestações matrimoniais não será interrompido. São, pois, as classes subordinadas as que têm maior interesse no *swayamvara*, uma vez que são elas que recebem um penhor de segurança. Por isso defendem ciosamente a regra do jogo, e até no folclore contemporâneo, o drama – ou a comédia – do casamento *swayamvara* serão alternadamente colocados, conforme o ponto de vista do narrador, na ocasião oferecida aos donativos naturais, ou na mensagem dos grandes no sentido de transformar a lei.

Sem dúvida o casamento *swayamvara* encontra base nas instituições gerais ou anteriores. Seu aparecimento teria sido inconcebível sem o conflito latente entre a orientação, ostensivamente matrilateral, dos sistemas de troca generalizada e esta saudade patrilateral que secretamente atua neles. Em outras palavras, sem o sentimento inconsciente da segurança que se liga a sistemas com ciclos curtos, presentes a cada instante, e atuando no interior de sociedades empenhadas na aventura dos sistemas de ciclos longos. Vimos, com efeito, desde nosso estudo do sistema Katchin, que esta contradição interna se exprime pelo surto das linhagens femininas e pela afirmação, sancionada pelo uso, dos direitos femininos. Não é menos verdade, contudo – reto-

---

37. DUMÉZIL, G. *Naissance d'archanges*, op. cit., p. 179.
38. The Mahābhārata, op. cit., Adi Parva, CLXII; edição Dutt, CXCI-7.

mando a expressão galesa –, é de maneira "furtiva, secreta" e quase fraudulenta que com o casamento *swayamvara* introduzem-se os três caracteres fundamentais do casamento europeu moderno, a saber, a liberdade de escolha do cônjuge no limite dos graus proibidos, a igualdade dos sexos em face dos votos conjugais, e finalmente a emancipação da parentela e a individualização do contrato.

# CAPÍTULO XXIX
## Os princípios do parentesco

Assim, é sempre um sistema de troca que encontramos na origem das regras do casamento, mesmo daquelas cuja aparente singularidade parece poder justificar-se somente por uma interpretação simultaneamente especial e arbitrária. Em todo este trabalho vimos a noção de troca complicar-se e diversificar-se. Apareceu-nos constantemente em outras formas. Ora a troca apresentou-se como direta (é o caso do casamento com a prima bilateral), ora como indireta (e neste caso pode corresponder a duas fórmulas, contínua e descontinua, referentes a duas regras distintas de casamento com a prima unilateral). Ora a troca funciona em um sistema global (é o caráter, teoricamente comum, do casamento bilateral e do casamento matrilateral), ora provoca a formação de um número ilimitado de sistemas especiais e de ciclos estreitos, sem relação entre si (e, nessa forma, ameaça, como risco permanente, os sistemas de metades, e ataca, como inevitável fraqueza, os sistemas patrilaterais). Ora a troca aparece como uma operação à vista, ou a curto prazo (com a troca é explícita e, ora implícita (conforme vimos no exemplo uma operação a prazo mais dilatado (como nos casos em que os graus proibidos englobam os primos em primeiro grau e às vezes em segundo grau), ora, a troca das irmãs e das filhas, e o casamento avuncular), ora, como do pretenso casamento por compra). Ora a troca é fechada (quando o casamento deve satisfazer a uma regra especial de aliança entre classes matrimoniais ou de observância de graus preferenciais), ora é aberta (quando a regra da exogamia reduz-se a um conjunto de estipulações negativas, deixando a escolha livre além dos graus proibidos). Ora é caucionada por uma espécie de hipoteca sobre categorias reservadas (classes ou graus), ora (como no caso da proibição do incesto simples, como é encontrada em nossa sociedade) repousa sobre uma garantia mais larga e de caráter financeiro, a saber, a liberdade teórica de pretender qualquer mulher do grupo, mediante a renúncia a certas mulheres determinadas do círculo da família, liberdade assegurada pela extensão a todos os homens de uma proibição semelhante à que afeta cada um deles em particular. Mas, seja em forma direta ou indireta, seja em forma global ou especial, mediata ou postergada, explícita ou implícita, fechada ou aberta, concreta ou simbólica, é a troca, sempre a troca, que aparece como base fundamental e comum de todas as modalidades da instituição matrimonial. Se estas modalidades podem ser reunidas sob a designação geral de exogamia (porque, assim como vimos na primeira parte deste trabalho, a endogamia não se opõe à exogamia, mas a supõe), é com a condição de perceber, atrás da expressão superficialmente negativa da regra da exogamia, a finalidade que tende a garantir, pela proibição do casamento nos graus interditos, a circulação total e contínua desses bens do grupo por excelência que são as mulheres e suas filhas.

O valor funcional da exogamia, definida em sentido mais amplo, foi com efeito sendo determinado e afirmado nos capítulos precedentes. Este valor é a princípio negativo. A exogamia fornece o único meio de manter o grupo como grupo, de evitar o fracionamento e a divisão indefinidos que seriam o resultado da prática dos casamentos consanguíneos. Caso houvesse o recurso a eles persistentemente, ou apenas de maneira demasiado frequente, estes casamentos não tardariam em fazer o grupo social "explodir" em uma multidão de famílias, que formariam outros tantos sistemas fechados, mônadas sem porta nem janela, cuja proliferação e antagonismos não poderiam ser impedidos por nenhuma harmonia preestabelecida. Este perigo mortal para o grupo, a regra da exogamia, aplicada em suas formas mais simples, não basta inteiramente para afastá-lo. Tal é o caso da organização dualista. Com a organização dualista o risco de ver uma família biológica erigir-se em sistema fechado fica sem dúvida definitivamente eliminado. O grupo biológico não pode mais estar só, e o vínculo de aliança com uma família diferente assegura o domínio do social sobre o biológico, do cultural sobre o natural. Mas outro risco aparece imediatamente, o de ver duas famílias, ou melhor, duas linhagens, isolarem-se do *continuum* social em forma de um sistema bipolar, de um par intimamente unido por uma série de intercasamentos, bastando-se a si mesmo indefinidamente. A regra da exogamia, que determina as modalidades de formação desses pares, confere-lhes caráter definitivamente social e cultural, mas o social poderia não ser dado senão para ser, logo em seguida, fragmentado. Este perigo é evitado pelas formas mais complexas de exogamia, como o princípio da troca generalizada, e também as subdivisões das metades em secções e subsecções, onde grupos locais, cada vez mais numerosos, constituem sistemas indefinidamente mais complexos. Dá-se, portanto, com as mulheres o mesmo que com a moeda de troca, cujo nome frequentemente elas recebem, e que, segundo a admirável expressão indígena, "figura o jogo de uma agulha de coser os tetos, que, estando uma vez fora e outra vez dentro, leva e traz sempre o mesmo cipó que fixa a palha"[1]. Mesmo na ausência desses procedimentos, a organização dualista, reduzida a si mesma, não é impotente. Vimos como a intervenção dos graus de parentesco preferidos, mesmo no interior da metade – por exemplo, a predileção pela verdadeira prima cru-

---

1. LEENHARDT, M. *Notes d'Ethnologie néo-calédonienne*, op. cit., p. 48 e 54.

zada, e mesmo por um certo tipo de verdadeira prima cruzada, conforme acontece entre os Kariera –, fornece o meio de atenuar os riscos do funcionamento demasiado automático das classes. Diante da endogamia, tendência a impor um limite ao grupo e a criar discriminações no interior deste, a exogamia é um permanente esforço no sentido de maior coesão, solidariedade mais eficaz e articulação mais flexível.

É que, com efeito, a troca não vale somente o que valem as coisas trocadas. A troca, e por conseguinte a regra de exogamia que a exprime, tem por si mesma um valor social. Fornece o meio de ligar os homens entre si e de superpor aos laços naturais do parentesco os laços daí em diante artificiais, porque libertados do acaso dos encontros ou da promiscuidade da existência familiar, da aliança governada pela regra. A este respeito o casamento serve de modelo a esta "conjugalidade" artificial e temporária que se estabelece em certos colégios entre jovens do mesmo sexo, fato que Balzac observou profundamente, mostrando que nunca se superpõe aos laços de sangue, mas os substitui. "Coisa bizarra! Nunca, em meu tempo, conheci irmãos que fossem parceiros. Se o homem vive apenas pelos sentimentos, talvez julgue empobrecer sua existência misturando uma afeição nova a uma afeição natural"[2].

Algumas teorias da exogamia, criticadas no início deste trabalho, encontram neste novo plano um valor e uma significação. Se a exogamia e a proibição do incesto possuem, conforme sugerimos, valor funcional permanente e coextensivo a todos os grupos sociais, como as interpretações que lhe foram dadas pelos homens, por mais diferentes que possam ser, não possuiriam todas uma sombra de verdade? Assim, as teorias de McLennan, de Spencer e de Lubbock têm, pelo menos, um sentido simbólico. Lembramo-nos que, quanto ao primeiro, a exogamia teria encontrado origem em tribos que praticavam o infanticídio das filhas, sendo, por conseguinte, obrigadas a procurar fora esposas para seus filhos. De maneira análoga, Spencer sugeriu que a exogamia deve ter começado entre tribos guerreiras, que raptavam mulheres nos grupos vizinhos. Lubbock apresentou a hipótese da oposição primitiva entre duas formas de casamento: o casamento endogâmico, no qual as esposas são consideradas propriedade comum dos homens do grupo, e o casamento exogâmico, que equipara as mulheres capturadas a uma espécie de propriedade individual do vencedor, dando assim nascimento ao casamento individual moderno. É possível discutir este detalhe concreto, mas a ideia fundamental é justa, isto é, a exogamia tem um valor menos negativo do que positivo, afirma a existência social de outrem, e só proíbe o casamento endógamo para introduzir e prescrever o casamento com um grupo diferente da família biológica. Certa-

---

**2.** "A conjugalidade que nos ligava um ao outro e que exprimíamos chamando-nos parceiros" (BALZAC, H. de *Louis Lambert. Œuvres Complétes*. Paris: Pléiade, 1937, t. X, p. 366 e 382).

mente não é porque algum perigo biológico se ligue ao casamento consanguíneo, mas porque do casamento exógamo resulta um benefício social.

Assim, pois, a exogamia deve ser reconhecida como um elemento importante – sem dúvida como, de muito, o elemento mais importante – desse conjunto solene de manifestações que, contínua ou periodicamente, asseguram a integração das unidades parciais no interior do grupo total, e exigem a colaboração dos grupos estrangeiros. Tais são os banquetes, as festas, as cerimônias de diversas espécies que formam a trama da existência social. Mas a exogamia não é apenas uma manifestação incluída no meio de muitas outras, pois as festas e as cerimônias são periódicas, e a maior parte delas corresponde a funções limitadas. A lei da exogamia, ao contrário, é onipresente, atua de maneira permanente e contínua, e, ainda mais, refere-se a valores – as mulheres – que são os valores por excelência, tanto do ponto de vista biológico quanto do ponto de vista social, e sem os quais a vida não é possível, ou pelo menos fica reduzida as piores formas de abjeção. Não é portanto exagerado dizer que essa lei é o arquétipo de todas as outras manifestações com base na reciprocidade, que fornece a regra fundamental e imutável mantenedora da existência do grupo enquanto grupo. Entre os Maori, conforme nos relata Eldson Best, "as mocinhas de categoria aristocrática, e também os rapazinhos de mesma classe, eram casados com membros de tribos poderosas e importantes, pertencentes mesmo, talvez, a grupos inteiramente estrangeiros, como meio de obter a assistência dessas tribos em ocasião de guerras. Vemos aí uma aplicação deste provérbio dos antigos tempos: *He taura taonga e motu, he taura tangata e kore e motu* (um vínculo estabelecido por presentes pode ser quebrado, mas não um vínculo humano). Dois grupos podem unir-se mediante relações amistosas e trocar presentes, embora disputem e combatam entre si mais tarde, mas o intercasamento liga-os de maneira permanente". Mais adiante cita este outro provérbio: "*He nono tangata e kore e motu, kapa he taura waka, e motu*: um laço é indestrutível, mas o mesmo não acontece com o cabo de embarcação, porque pode romper-se"[3]. A filosofia contida nestas frases é tanto mais significativa quanto os Maori não eram de modo algum insensíveis às vantagens do casamento no interior do grupo. Se as duas famílias brigam e se insultam, dizem, isto não será sério, mas apenas uma questão de família, e a guerra estará evitada[4].

A proibição do incesto é menos uma regra que proíbe casar-se com a mãe, a irmã ou a filha do que uma regra que obriga a dar a outrem a mãe, a irmã ou a filha. É a regra

---

**3.** BEST, E. The Whare Kohanga (the "Nest House") and its Lore. *Dominion Museum Bulletin*. Wellington, 1929, p. 24 e 36.
**4.** Id. *The Maori*. Wellington, 1924, vol. 1, p. 447.

do dom por excelência. É realmente este aspecto, frequentemente demasiado desconhecido, que permite compreender o caráter dela. Todos os erros de interpretação da proibição do incesto derivam da tendência a ver no casamento um processo descontínuo, que tira de si próprio, em cada caso individual, seus limites e possibilidades.

Assim é que se procura em uma qualidade intrínseca da mãe, da filha ou da irmã as razões que podem impedir o casamento com elas. Quem assim procede é então infalivelmente arrastado a considerações biológicas, porque somente de um ponto de vista biológico, e não certamente de um ponto de vista social, é que a maternidade, a sororalidade ou a filialidade – se assim é possível dizer – são propriedades dos indivíduos considerados. Mas, do ponto de vista social, estas qualificações não podem ser admitidas como definindo indivíduos isolados, e sim relações entre estes indivíduos e todos os outros. A maternidade é uma relação não somente de uma mulher com seus filhos, mas desta mulher com todos os outros membros do grupo, para os quais não é mãe, mas irmã, esposa, prima ou simplesmente estranha no que respeita ao parentesco. O mesmo se dá com todas as relações familiares, que se definem, simultaneamente, pelos indivíduos que englobam e também por aqueles que excluem. Isto é tão verdadeiro que os observadores muitas vezes se impressionaram com a impossibilidade que os indígenas demonstram de conceber uma relação neutra, ou mais exatamente a ausência de relação. Temos o sentimento – aliás ilusório – que a ausência de parentesco determina, em nossa consciência, esse estado. Mas a suposição de que possa ser assim para o pensamento primitivo não resiste ao exame. Cada relação familiar define um certo conjunto de direitos e de deveres, e a ausência de relação familiar não define nada. Define a hostilidade. "Se alguém quiser viver entre os Nuere, deverá proceder à maneira deles. Deverá tratá-los como uma espécie de parentes, e eles tratarão também a pessoa como uma espécie de parente. Direitos, privilégios, obrigações, tudo é determinado pelo parentesco. Um indivíduo qualquer deve ser ou um parente real ou fictício, ou então um estranho, com o qual não se está ligado por nenhuma obrigação recíproca, e que se trata como um inimigo virtual"[5]. O grupo australiano define-se exatamente nos mesmos termos. "Quando um estranho se aproxima de um acampamento que nunca visitou antes, não penetra no acampamento mas conserva-se a uma certa distância. Depois de um momento, um pequeno grupo de anciães aborda-o e a primeira tarefa a que se entregam consiste em descobrir quem é o estranho. A pergunta que mais frequentemente lhe é feita é esta: Quem é teu *maeli* (pai do pai)? A discussão prossegue sobre questões de genealogia, até que todos os interessados se declaram satisfeitos quanto à determinação exata da relação do estranho com cada um dos indígenas presentes no acampamento. Chegado a este ponto, o estranho pode ser recebido

---

5. EVANS-PRITCHARD, E.E. *The Nuer*. Oxford, 1940, p. 183.

no acampamento, sendo-lhe indicados cada homem e cada mulher, com a relação de parentesco correspondente entre ele próprio e cada um [...] Se sou um indígena e encontro um outro indígena, este deve ser ou meu parente ou meu inimigo. Se é meu inimigo, devo aproveitar a primeira ocasião para matá-lo, com receio de que ele me mate. Tal era, antes da chegada do homem branco, a concepção indígena dos deveres para com o próximo"[6]. Estes dois exemplos apenas confirmam, em seu significativo paralelismo, uma situação universal. "Durante um tempo considerável e em um grande número de sociedades, os homens se aproximaram em um curioso estado de espírito, de temor e de hostilidade exagerados, e de generosidade igualmente exagerada, mas que só são insensatas ao nossos olhos. Em todas as sociedades que nos precederam imediatamente, e ainda nos cercam, e mesmo em numerosos costumes de nossa moralidade popular, não há meio-termo. É preciso confiar inteiramente ou desconfiar inteiramente, depor suas armas e renunciar à magia de que se dispõe, ou então dar tudo, da hospitalidade fugaz até as filhas e os bens"[7]. Ora, não há nesta atitude nenhuma barbárie, e mesmo, propriamente falando, nenhum arcaísmo, mas somente a sistematização, levada ao extremo, dos caracteres inerentes às relações sociais.

Uma relação não pode ser isolada arbitrariamente de todas as outras, e também não é possível que o indivíduo se mantenha aquém ou além do mundo das relações. O meio social não deve ser concebido como um quadro vazio no interior do qual os seres e as coisas podem ser ligados, ou simplesmente justapostos. O meio é inseparável das coisas que nele habitam. Em conjunto constituem um campo de gravitação onde as cargas e as distâncias formam um conjunto coordenado, e onde cada elemento, ao se modificar, provoca a alteração do equilíbrio total do sistema. Fornecemos uma ilustração, ao menos parcial, deste princípio quando analisamos o casamento dos primos cruzados. Mas vemos como seu campo de aplicação deve ser ampliado a todas as regras de parentesco, antes de outra qualquer a esta regra universal e fundamental que é a proibição do incesto, porque é o caráter total de todo sistema de parentesco (e não há sociedade humana que não o possua) que faz a mãe, a irmã, a filha serem, desde toda a eternidade, se assim é possível dizer, conjugadas a elementos do sistema que não têm com elas nem a relação de filho, nem de irmão, nem de pai, porque estes indivíduos acham-se eles próprios conjugados a outras mulheres, ou outras classes de mulheres, ou elementos femininos definidos por uma relação de outra ordem. É porque o casamento é uma troca, porque o casamento é o arquétipo da troca, que a análise da troca pode ajudar a compreender esta solidariede que une o dom e o contradom, o casamento aos outros casamentos.

---

6. RADCLIFFE-BROWN, A.R. *Three Tribes of Western Australia*, op. cit., p. 151.
7. MAUSS, M. *Essai sur le don*, op. cit., p. 183.

B. Seligman contesta, é verdade, que a mulher seja o instrumento único ou predominante da aliança[8]. A autora invoca a instituição da fraternidade de sangue, tal como se exprime pela relação de *henamo* entre os indígenas da Nova Guiné. A instauração da fraternidade de sangue cria, com efeito, um laço de aliança entre os indivíduos, mas ao mesmo tempo, equiparando os interessados a irmãos, acarreta a proibição do casamento com a irmã. Não nos passa pela cabeça pretender que a troca ou o dom das mulheres seja nas sociedades primitivas o único meio de estabelecer a aliança. Mostramos em outro lugar como, entre alguns grupos indígenas do Brasil, a comunidade podia exprimir-se ao mesmo tempo pelo termo "cunhado" e pelo termo "irmão". O cunhado é o aliado, o colaborador, o amigo. É o nome que se dá aos homens adultos do grupo com o qual foi contraída a aliança. Quando se trata, no interior do mesmo grupo, do cunhado potencial, isto é, do primo cruzado, é aquele com o qual, quando adolescente, praticam-se brinquedos homossexuais, que deixarão sempre um vestígio no comportamento mutuamente afetuoso dos mais velhos.[9] Mas, ao mesmo tempo que utilizam a relação de cunhado, os Nhambiquara sabem recorrer à noção de fraternidade. "Selvagem, não és mais meu irmão!", exclama o indivíduo durante uma briga com alguém que não é parente. Os objetos encontrados em forma de série, por exemplo, os barrotes da cabana, os tubos da flauta de Pan, etc., chamam-se "irmãos" uns dos outros, ou são chamados "outros" em suas relações respectivas, detalhe terminológico que merece ser aproximado da observação de Montaigne segundo a qual os índios brasileiros, encontrados por ele em Rouen, chamavam os homens "metades" uns dos outros, assim como nós dizemos "nossos semelhantes"[10]. Mas vemos também a diferença que há entre os dois tipos de vínculos, a qual será definida de maneira suficientemente clara se dissermos que um desses tipos verifica uma solidariedade mecânica (irmão), enquanto o outro invoca uma solidariedade orgânica (cunhado ou compadre). Os irmãos são próximos uns dos outros, mas são tal por sua semelhança, assim como as estacas ou os tubos das flautas. Ao contrário, os cunhados são solidários porque se completam e possuem, um para o outro, uma eficácia funcional, quer porque desempenham o papel do outro sexo nos brinquedos eróticos da infância, quer porque a aliança masculina com eles na idade adulta é sancionada pelo fornecimento a cada um daquilo que não possui – uma esposa – graças à renúncia simultânea ao que um e outro detêm, a saber, uma irmã. A primeira forma de solidariedade não acrescenta nada, não une nada. Funda-se num limite cultural, que se satisfaz

---

**8.** SELIGMAN, B.Z. The Incest Taboo as a Social Regulation. *The Sociological Review*, vol. 27, 1935.

**9.** *La Vie familiale et sociale des Indiens Nambikwara*, op. cit.

**10.** *Essais*, livro I, cap. XXXI (Des cannibales).

pela reprodução de um tipo de conexão, cujo modelo é fornecido pela natureza. A outra realiza uma integração do grupo em um novo plano.

Uma observação de Linton sobre a fraternidade de sangue nas Ilhas Marquesas ajuda a situar as duas instituições (fraternidade de sangue e intercasamento) em suas perspectivas recíprocas. Os irmãos de sangue são chamados *enoa*. "Quando uma pessoa é enoa de um homem tem os mesmos direitos que este sobre suas propriedades e está com relação a seus parentes no mesmo grau de parentesco que ele."[11] Mas ressalta claramente do contexto que o sistema dos *enoa* é apenas uma solução individual que desempenha o papel de substituto, quando a solução verdadeira e eficaz das relações entre os grupos, isto é, a solução coletiva e orgânica dos intercasamentos, com a fusão consecutiva das tribos, torna-se impossível por motivo da situação internacional. Apesar de estarem em curso vendetas, a instituição dos *enoa*, questão puramente individual, pode assegurar um mínimo de ligação e de colaboração, quando o casamento, que é uma questão de grupo, acha-se impedido de operar.

De maneira ainda mais direta, a teoria indígena confirma nossa concepção. Os informantes Arapeshe de Margaret Mead sentiram de início dificuldade em responder suas perguntas sobre as eventuais infrações às proibições do casamento. Mas seu comentário, quando conseguiram formulá-lo, revela claramente a origem do mal-entendido. Para eles, a proibição não é concebida enquanto tal, isto é, pelo aspecto negativo. É apenas o reverso ou a contrapartida de uma obrigação positiva, a única viva e presente na consciência. Acontece que um homem coabita com sua irmã? A questão é absurda. Não, certamente não, respondem eles. "Não coabitamos com nossas irmãs. Damos nossas irmãs a outros homens e estes outros nos dão suas irmãs." A etnógrafa insiste. Mas se esta eventualidade, por impossível, se realizasse, que pensariam? Que diriam se um de nós dormisse com sua irmã? – Que pergunta! – Mas suponha que isto aconteça... Com a continuação, e tendo o informante dificuldade em se colocar na situação, que para ele é quase inconcebível, na qual deveria discutir com um companheiro culpado de incesto, obtém-se esta resposta ao diálogo imaginário: "Mas como! Quererias casar com tua irmã? O que há contigo? Não queres ter um cunhado? Não compreendes que se te casares com a irmã de outro homem e um outro homem se casar com tua irmã terás pelo menos dois cunhados, enquanto se te casares com tua própria irmã não terás nenhum? E com quem irás caçar? Com quem farás as plantações? Quem irás visitar?"[12]

Sem dúvida, tudo isto é um pouco suspeito, porque é provocado. Mas os aforismos indígenas recolhidos pela mesma pesquisadora, e que citamos como epígrafe da

---

11. LINTON, R. Marquesan Culture. In: KARDINER, A. *The Individual and its Society*. Nova Iorque, 1945, p. 149.

12. MEAD, M. *Sex and Temperament in Three Primitive Societies*. Nova York, 1935, p. 84.

primeira parte deste trabalho, não são suspeitos, e seu sentido é o mesmo. Outros testemunhos corroboram a mesma tese. Para os Chukchee, uma "má família" define-se como uma família isolada "sem irmão e sem primo"[13]. Por outro lado, a necessidade de provocar o comentário (cujo conteúdo em todo caso é espontâneo), e a dificuldade de obtê-lo, revelam o mal-entendido inerente ao problema das proibições do casamento. Estas só são proibições em caráter secundário e derivado. Antes de serem uma proibição que afeta uma certa categoria de pessoas são uma prescrição que visa a outra categoria. Como a teoria indígena a este respeito é mais clarividente do que tantos comentários contemporâneos! Nada existe na irmã, na mãe, nem na filha que as desqualifique enquanto tais. O incesto é socialmente absurdo antes de ser moralmente culpável. A exclamação incrédula arrancada ao informante: *Mas então não queres ter cunhado?* fornece a regra de ouro do estado da sociedade.

Não existe, portanto, solução possível para o problema do incesto no interior da família biológica, mesmo se supusermos esta última já situada em um contexto cultural que lhe impõe suas exigências específicas. O contexto cultural não consiste em um conjunto de condições abstratas, mas resulta de um fato muito simples, que o exprime por inteiro, a saber, que a família biológica não está sozinha, mas deve recorrer à aliança com outras famílias para se perpetuar. Sabe-se que Malinowski esforçou-se por defender uma concepção diferente, segundo a qual a proibição do incesto resultaria de uma contradição interna, no próprio seio da família biológica, entre sentimentos mutuamente incompatíveis, por exemplo, as emoções ligadas às relações sexuais e o amor pelos pais, ou "os sentimentos naturais que se travam entre irmãos e irmãs"[14]. Estes sentimentos, entretanto, só se tornam incompatíveis por motivo do papel cultural que a família biológica é levada a desempenhar. O homem tem de ensinar a seus filhos, e esta vocação social, exercendo-se naturalmente no meio do grupo familiar, estaria irremediavelmente comprometida se emoções de outro tipo viessem perturbar a disciplina indispensável à manutenção de uma ordem estável entre as gerações. "O incesto equivaleria à confusão das idades, à mistura das gerações, à desorganização dos sentimentos e a uma inversão brutal de todos os papéis, no momento exato em que a família representa um agente educativo de primeira importância. Nenhuma sociedade poderia existir em semelhantes condições"[15].

É lastimável, para esta tese, que não exista praticamente nenhuma sociedade primitiva que não lhe inflija uma contradição flagrante sobre cada ponto. A família pri-

---

**13.** BOGORAS, W. *The Chukchee*, op. cit., p. 541.
**14.** MALINOWSKI, B. Prefácio a H. Ian Hogbin, *Law and Order in Polynesia*. Londres, 1934, p. 66.
**15.** MALINOWSKI, B. *Sex and Repression in Savage Society*. Nova York, 1927, p. 251.

mitiva termina sua função educativa mais cedo que a nossa, e desde a puberdade – e muitas vezes até mesmo antes – transfere para o grupo a carga dos adolescentes, cuja preparação é entregue a casas de solteiros ou círculos de iniciação. Os rituais de iniciação sancionam esta emancipação do jovem ou da jovem da célula familiar, e sua definitiva incorporação ao grupo social. Para chegar a esta finalidade, estes rituais apelam exatamente para os processos cuja eventualidade só é lembrada por Malinowski para denunciar os perigos mortais que acarreta, isto é, desorganização afetiva e troca violenta dos papéis, troca esta que pode chegar até à prática, na pessoa do iniciado, de usos muito pouco familiares por parentes próximos. Finalmente, sabe-se que os diferentes tipos de sistemas classificatórios cuidam muito pouco de manter clara distinção entre as idades e as gerações. Não é menos difícil, contudo, para uma criança hopi do que seria para uma das nossas aprender a chamar um velho "meu filho", ou qualquer outra assimilação do mesmo gênero[16]. A situação, pretensamente desastrosa, que Malinowski se esforça por pintar para justificar a proibição do incesto não é, em suma, senão um quadro muito banal de qualquer sociedade, quando o consideramos de um outro ponto de vista diferente do seu próprio.

Este egocentrismo ingênuo é tão desprovido de novidade e de originalidade que Durkheim tinha feito uma crítica decisiva dele, muitos anos antes de Malinowski lhe ter dado uma temporária recrudescência de vitalidade. As relações incestuosas e os sentimentos familiares só aparecem contraditórios porque concebemos estes como excluindo irredutivelmente os outros. Mas se uma longa e antiga tradição permitisse aos homens unirem-se a seus parentes próximos, nossa concepção do casamento seria inteiramente diferente. A vida sexual não se teria tornado o que é. Possuiria um caráter menos pessoal, daria menos lugar ao livre jogo da imaginação, aos sonhos, às espontaneidades do desejo. O sentimento sexual teria sido moderado e amortecido, mas por isso mesmo se aproximaria dos sentimentos domésticos, sem que houvesse dificuldade alguma em conciliar-se com estes. Terminaremos esta paráfrase por uma citação: "Sem dúvida, a questão não se levanta, uma vez que se supõe o incesto proibido. Porque a ordem conjugal, sendo desde então excêntrica à ordem doméstica, devia necessariamente desenvolver-se em um sentido divergente. Mas não se pode, evidentemente, explicar esta proibição por ideias que manifestamente derivam dela"[17].

Não será preciso ir ainda mais longe? Numerosas sociedades praticam, por ocasião do casamento, a confusão das gerações, a mistura das idades, a inversão dos papéis e a identificação de relações aos nossos olhos incompatíveis. E como estes usos lhes parecem em perfeita harmonia com a proibição do incesto concebida às vezes de

---

16. SIMMONS, L.W. *Sun Chief*, op. cit., p. 69.
17. DURKHEIM, E. La Prohibition de l'inceste, op. cit., p. 63.

maneira muito rigorosa, é possível concluir, por um lado, que nenhuma dessas práticas exclui a vida da família, e, de outro lado, que a proibição deve se definir por caracteres diferentes, que lhe sejam comuns através de suas múltiplas modalidades. Entre os Chukchee, por exemplo, "a idade das mulheres trocadas em casamento pouco é levada em consideração. Assim, no Rio Oloi, um homem chamado "QImIqäi casou seu filho, de cinco anos de idade, com uma moça de vinte anos. Em troca deu sua filha, que tinha doze anos, e esta casou-se com um jovem de mais de vinte anos. A mulher do menino desempenhava o papel de ama, dava-lhe de comer e punha-o na cama [...]" O autor cita também o caso de uma mulher casada com uma criancinha de dois anos, e que, tendo tido um filho de um "companheiro de casamento", isto é, de um amante oficial e temporário, dividia seus cuidados entre as duas criancinhas. "Quando dava de mamar a seu bebê, dava também de mamar a seu marido-bebê [...] e neste caso o pequeno marido tomava com satisfação o seio de sua mulher. Quando pedi que me explicassem o comportamento da mulher, o Chukchee respondeu: Quem sabe? Talvez seja um meio mágico para assegurar o futuro amor de seu jovem marido." É certo, em todo caso, que estas uniões na aparência inconcebíveis são compatíveis com um folclore de exaltado romantismo, cheio de paixões súbitas, de príncipes encantados e de belas adormecidas no bosque, de belezas ciumentas e de amores triunfantes[18]. Conhecem-se fatos análogos na América do Sul[19].

Por inusitados que possam parecer, estes exemplos não são únicos, e o incesto à maneira egípcia constitui provavelmente apenas o limite deles. Encontramos casos análogos entre os Arapeshe da Nova Guiné, onde os noivados infantis são frequentes, crescendo as duas crianças como irmão e irmã. Mas desta vez é em favor do marido que se estabelece a diferença de idade. "Um rapaz Arapesh educa sua mulher. De acordo com o hábito do pai funda seu direito não sobre o fato de ter dado nascimento ao filho, mas sobre o fato de havê-lo alimentado. Igualmente, o marido Arapesh exige de sua mulher atenções de devotamento, não invocando o preço que pagou por ela, ou seu direito de proprietário, mas em virtude da alimentação que lhe forneceu durante seu crescimento e que se tornou o osso e a carne de seu corpo". Ainda aqui, este tipo de relações, na aparência anormais, fornece o modelo psicológico do casamento regular. "Toda organização social funda-se na analogia estabelecida entre os filhos e as esposas, que são considerados como um grupo mais jovem, menos responsável do que a sociedade masculina, e que por conseguinte é necessário dirigir. Por definição, as mulheres entram nesta categoria infantil [...] com relação a todos os homens, mais velhos do que elas, do clã onde devem casar-se."[20]

---

18. BOGORAS, W. *The Chukchee*, op. cit., p. 578-583.
19. MEANS, P.A. *Ancient Civilizations of the Andes*. Nova York, 1931, p. 360.
20. MEAD, M. *Sex and Temperament in Three Primitive Societies*, op. cit., p. 80-81.

De maneira semelhante, entre os Tapirapé do Brasil Central, os fenômenos de depopulação generalizaram um sistema de casamento com meninas. O "marido" vive na casa de seus sogros e a mãe da "mulher" assegura os trabalhos femininos[21]. O marido Mohave carrega nos ombros a menina com quem se casou, ocupa-se com os cuidados domésticos e, de maneira mais geral, atua simultaneamente como marido e *in loco parentis*.

Os Mohave comentam a situação com cinismo, e perguntam, às vezes mesmo na presença do interessado, se o homem não teria se casado com sua própria filha. "Quem é que carregas nas tuas costas?, perguntam. Será tua filha? Quando os casamentos deste tipo se desfazem, não é raro que o marido tenha um ataque de loucura."[22]

Nós próprio assistimos, entre os Tupi-Kawahibe do Alto Madeira, no Brasil Central, às núpcias de um homem de cerca de trinta anos com uma criancinha de dois anos, que a mãe carregava ainda nos braços. Nada mais comovente do que a emoção com a qual o futuro marido seguia os brinquedos pueris de sua pequena desposada. Não se cansava de admirá-la e de fazer os espectadores partilharem de seus sentimentos. Durante anos seu pensamento seria ocupado pela perspectiva de montar um lar. Sentir-se-ia reconfortado, pela certeza de crescer a seu lado em força e em beleza, de escapar um dia à maldição do celibato. Desde já, sua nascente ternura exprimia-se em inocentes presentes. Este amor, dilacerado, segundo nossos critérios, entre três ordens irredutíveis, a paterna, a fraterna e a marital, em um contexto apropriado não oferecia qualquer elemento de perturbação, e nada podia levar a adivinhar nele uma tara, que pusesse em perigo a futura felicidade do casal, e menos ainda a ordem social inteira.

Contra Malinowski, e contra seus discípulos que procuraram manter em vão uma posição obsoleta[23], devemos dar razão aos autores que, como Fortune e Williams, continuando o modo de pensar de Tylor, encontraram a origem da proibição do incesto em suas implicações positivas[24]. Conforme diz com razão um observador, "dá-se com o casal incestuoso o mesmo que com a família avara: Isola-se automaticamente do jogo que consiste em dar e em receber, ao qual se reduz toda a vida da tribo. Nesse corpo coletivo, tornam-se um membro morto ou paralisado"[25].

---

21. WAGLEY, Ch. The Effects of Depopulation upon Social Organization as Illustrated by the Tapirape Indians. *Transactions of the New York Academy of Sciences*, ser. 2, vol. 3, 1940.

22. DEVEREUX, G. The Social and Cultural Implications of Incest among the Mohave Indians. *Psychoanalytic Quarterly*, vol. 8, 1939, p. 519.

23. SELIGMAN, B.Z. The Incest Barrier: its Role in Social Organization. *British Journal of Psychology*, vol. 22, 1931-1932.

24. FORTUNE, R.F. Incest. In: *Encyclopaedia of the Social Sciences*, op. cit.. • WILLIAMS, F.E. *Papuans of the Trans-Fly*. Oxford, 1936, p. 169. • TYLOR, E.B. *On a Method of Investigating the Development of Institutions...*, op. cit.

25. DEVEREUX, G. Op. cit., p. 529.

Um casamento não poderia, pois, ser isolado de todos os outros, passados ou futuros, que ocorreram, ou irão realizar-se, no grupo. Todo casamento é o término de um movimento, o qual, uma vez chegado a esse ponto, deve inverter-se para se desenrolar em novo sentido. Se o movimento parar todo o sistema de reciprocidade ficará abalado. Ao mesmo tempo que o casamento é a condição para que se realize a reciprocidade, a cada lance põe, por conseguinte, em risco a existência da reciprocidade, pois que aconteceria se uma mulher fosse recebida sem que uma filha ou uma irmã fosse restituída? É preciso correr este risco, no entanto, se quisermos que a sociedade continue. Para salvaguardar a perpetuidade social da aliança é preciso comprometer-se com as fatalidades da filiação, isto é, em suma, da infraestrutura biológica do homem. Mas o reconhecimento social do casamento (isto é, a transformação do encontro sexual com base na promiscuidade em contrato, em cerimônia ou em sacramento) é sempre uma aventura angustiante. Compreende-se que a sociedade tenha procurado defender-se contra os riscos que acarreta pela imposição contínua e quase maníaca de sua marca. Os Hehé, diz Gordon Brown, praticam o casamento dos primos cruzados, mas não sem hesitação, porque se permite manter o vínculo clânico, ao mesmo tempo faz correr o risco de destruí-lo em caso de mau casamento. Os informantes indicam que, "por causa disso, muitas pessoas se recusam a ele"[26]. Esta atitude ambivalente dos Hehé, com relação a uma forma especial do casamento, é a atitude social por excelência diante do casamento em todas as suas formas. Ao reconhecer e sancionar a união dos sexos e a reprodução, a sociedade impõe-se à ordem natural, mas ao mesmo tempo dá à ordem natural sua possibilidade, sendo lícito dizer, a respeito de todas as culturas do mundo, o que um observador relatou a propósito de uma delas. "A mais fundamental das noções religiosas é a que se refere à diferença reinante entre os sexos. Cada qual é perfeitamente normal à sua maneira, mas o contato deles mostra-se carregado de perigo para ambos."[27]

Todo casamento é, pois, um encontro dramático entre a natureza e a cultura, a aliança e o parentesco. "Quem deu a noiva?", canta o hino hindu do casamento. "A quem pois a deu? É o amor que a deu, é ao amor que foi dado. O amor deu, o amor recebeu. O amor encheu o oceano. Com amor aceito-a. Amor que esta mulher te per-

---

26. BROWN, G.G. *Hehe Cross-cousin Marriage, l.c.*
27. HOGBIN. Native culture of Wogeo. *Oceania*, vol. 5, 1935, p. 330.

tença."[28] Assim, o casamento é uma arbitragem entre dois amores, o amor dos pais e o amor conjugal. Mas todos dois são amor, e no momento do casamento, se considerarmos este instante isolado de todos os outros, ambos se encontram e se misturam, "o amor encheu o oceano". Sem dúvida, só se encontram para se substituírem um ao outro e realizam uma espécie de contradança. Mas o que, para todo o pensamento social, faz do casamento um mistério sagrado, é que, para se cruzar, é preciso, ao menos por um instante, que se juntem. Nesse momento, todo casamento tangencia o incesto, ou melhor, é incesto, pelo menos incesto social, se é verdade que o incesto, entendido em sentido mais largo possível, consiste em obter por si mesmo e para si mesmo, em lugar de obter por outrem ou para outrem.

Mas, uma vez que é preciso ceder à natureza para que a espécie se perpetue, e com ela a aliança social, é preciso ao menos que a contradigamos, ao mesmo tempo em que cedemos, e que o gesto realizado em direção a ela seja sempre acompanhado de um gesto que a restringe. Este acordo entre a natureza e a cultura estabelece-se de duas maneiras, pois dois casos se apresentam, um no qual a cultura deve ser introduzida porque a sociedade é todo-poderosa, o outro em que a natureza deve ser excluída porque desta vez é ela que governa. Diante da filiação, pela afirmação do princípio unilinear, diante da aliança, pela instauração dos graus proibidos.

As múltiplas regras que proíbem ou prescrevem certo tipo de cônjuges, e a proibição do incesto, que as resume, esclarecem-se a partir do momento em que se estabelece ser necessário que a sociedade exista. Mas a sociedade teria podido não existir. Não teremos, portanto, julgado resolver um problema senão para lançar todo o peso dele sobre outro problema, cuja solução parece ainda mais hipotética do que aquela a que nos dedicamos exclusivamente? Na verdade, observemos, não estamos diante de dois problemas, mas de um só. Se a interpretação que propusemos é exata, as regras do parentesco e do casamento não se tornaram necessárias pelo estado da sociedade. São o próprio estado da sociedade, remodelando as relações biológicas e os sentimentos naturais, impondo-lhes tomar posição em estruturas que as implicam ao mesmo tempo que outras e obrigando-as a sobrepujarem seus primeiros caracteres. O estado de natureza só conhece a indivisão e a apropriação além da mistura dessas ao acaso. Mas, conforme já Proudhon tinha observado a propósito de outro proble-

---

**28.** Apud BANERJEE, G. *The Hindu Lato of Marriage and Stridhana*, op. cit., p. 91. Sobre o casamento considerado como limite do incesto, poderá comparar-se, com uma orientação inteiramente diferente: "Um sentimento profundo (entre marido e mulher) teria parecido extravagante e mesmo "ridículo", em todo caso, inconveniente. Chocaria como um aparte sério no curso geral de uma conversa leve. Todos estão obrigados a se consagrarem a todos, e seria isolarem-se os dois. Quando se está em companhia de outras pessoas não se tem o direito ao colóquio" (BESENVAL, p. 49, 60, apud TAINE. *Les Origines de la France contemporaine*. Paris, 32. ed., s.d, vol. I, p. 206-207).

ma, não é possível superar essas noções senão colocando-se em um novo plano. "A propriedade é a não reciprocidade e a não reciprocidade é o roubo [...] Mas a comunidade é também a não reciprocidade, porque é a negação dos termos adversos. É ainda o roubo. Entre a propriedade e a comunidade eu construiria um mundo."[29] Ora, que é esse mundo senão aquele do qual a vida social procura inteiramente construir e reconstruir sem cessar uma imagem aproximada e nunca integralmente perfeita, o mundo da reciprocidade, que as leis do parentesco e do casamento, por sua própria conta, fazem laboriosamente brotar de relações que, sem isso, estariam condenadas a permanecer ou estéreis ou abusivas?

Mas o progresso da etnologia contemporânea seria insignificante se tivéssemos de nos contentar com um ato de fé – sem dúvida fecundo e, em seu tempo, legítimo no processo dialético que deve inevitavelmente fazer nascer o mundo da reciprocidade, como a síntese de dois caracteres contraditórios inerentes à ordem natural. O estudo experimental dos fatos pode ir ao encontro do pressentimento dos filósofos, não somente para comprovar que as coisas passaram-se realmente assim, mas para descrever, ou começar a descrever, como se passaram.

A este respeito a obra de Freud oferece um exemplo e uma lição. A partir do momento em que se pretendia explicar certos traços atuais do espírito humano por um acontecimento ao mesmo tempo historicamente certo e logicamente necessário, era permitido, e mesmo prescrito, tentar reconstituir escrupulosamente a sequência dos fatos. O malogro de *Totem e tabu*, longe de ser inerente ao propósito do autor, prende-se mais à hesitação que o impediu de se prevalecer até o fim das consequências implicadas nas suas premissas. Era preciso ter visto que fenômenos que se referem à estrutura mais fundamental do espírito humano não teriam podido aparecer de uma vez por todas. Repetem-se inteiramente no interior de cada consciência e a explicação de que dependem pertence a uma ordem que transcende ao mesmo tempo as sucessões históricas e as correlações do presente. A ontogênese não reproduz a filogênese, ou o contrário. As duas hipóteses conduzem às mesmas contradições. Só se pode falar de explicação a partir do momento em que o passado da espécie torna a representar-se em cada instante no drama indefinidamente multiplicado de cada pensamento individual, porque sem dúvida ele próprio não é senão a projeção retrospectiva de uma passagem que se produziu porque se produz continuamente.

Do ponto de vista da obra de Freud esta timidez conduz a um estranho e duplo paradoxo. Freud explica com êxito não o início da civilização, mas seu presente. Tendo partido à procura da origem de uma proibição, consegue explicar não por que o incesto é conscientemente condenado, mas como acontece que seja inconsciente-

---

29. PROUDHON, P.-J. Solution du Problème social. *Œuvres*, vol. p. 131.

mente desejado. Já foi dito e repetido o que torna *Totem e tabu* inadmissível, como interpretação da proibição do incesto e de suas origens, a saber, a gratuidade da hipótese da horda dos machos e do assassínio primitivo, círculo vicioso que faz nascer o estado social de atividades que o supõem. Mas, como todos os mitos, o que é apresentado, com tão grande força dramática, por *Totem e tabu* admite duas interpretações. O desejo da mãe ou da irmã, o assassínio do pai e o arrependimento dos filhos não correspondem, sem dúvida, a qualquer fato, ou conjunto de fatos, que ocupam na história um lugar definido. Mas traduzem, talvez, em forma simbólica, um sonho ao mesmo tempo duradouro e antigo[30]. O prestígio desse sonho, seu poder de modelar, sem que se saiba, os pensamentos dos homens, provêm justamente do fato dos atos por ele evocados nunca terem sido cometidos, porque a cultura sempre e em toda parte se opôs a isso. As satisfações simbólicas nas quais, segundo Freud, se expande o sentimento do incesto não constituem, portanto, a comemoração de um acontecimento. São outra coisa e, mais do que isso, são a expressão permanente do desejo de desordem, ou, antes, de contraordem. As festas representam a vida social às avessas, não porque tenha sido tal outrora, mas porque nunca foi nem poderia jamais ser de outro modo. Os caracteres do passado só têm valor explicativo na medida em que coincidem com os do futuro e do presente.

Freud sugeriu às vezes que alguns fenômenos básicos encontravam explicação na estrutura permanente do espírito humano, mais do que em sua história. Assim, o estado de angústia resultaria da contradição entre as exigências da situação e os meios de que o indivíduo dispõe para enfrentá-la, num caso particular, pela impotência do recém-nascido diante do afluxo das excitações exteriores. A ansiedade apareceria, portanto, antes do nascimento do superego. "Não é inconcebível que fatores de ordem quantitativa, por exemplo, uma dose excessiva de excitação, e a ruptura das barreiras que se opõem a ela, sejam a causa imediata da repressão primitiva"[31]. Com efeito, a susceptibilidade do superego não guarda de modo algum relação com o grau de severidade que sofreu. A inibição daria prova, assim, de uma origem interna e não externa[32]. Estas concepções parecem-nos ser as únicas capazes de responder a uma questão que o estudo psicanalítico das crianças levanta de maneira muito perturbadora. Nas crianças jovens o "sentimento do pecado" parece mais exato e melhor formado do que deveria resultar da história individual de cada caso. A coisa se explicaria se, conforme Freud supôs, as inibições, entendidas em sentido mais amplo (repugnância, vergonha, exigências morais e estéticas), pudessem ser "organicamente determi-

---

**30.** KROEBER, A.L. *Totem and Taboo in Retrospect*, op. cit.
**31.** FREUD, S. *Hemmung, Sympton und Angst*. Viena, 1926, p. 31 e 86.
**32.** Id. *Civilization and its Discontents*. Londres, 1929, p. 116.

nadas, e ocasionalmente produzidas, sem o concurso da educação". Haveria duas formas de sublimação, uma derivada da educação e puramente cultural, outra, "forma inferior", atuando segundo uma reação autônoma, e cujo aparecimento se colocaria no início do período de latência. Poderia mesmo acontecer que nesses casos, excepcionalmente favoráveis, continuasse durante toda a existência[33].

Estas audácias relativamente à tese de *Totem e tabu* e as hesitações que as acompanham são reveladoras. Mostram uma ciência social como a psicanálise – porque é uma delas – ainda flutuante entre a tradição da sociologia histórica que procura, conforme fez Rivers, em um passado longínquo a razão de ser de uma situação atual, e uma atitude mais moderna e cientificamente mais sólida, que espera da análise do presente o conhecimento de seu futuro e de seu passado. É realmente esse, aliás, o ponto de vista do prático. Mas nunca é demais acentuar que, ao aprofundar a estrutura dos conflitos de que o doente é palco, para refazer a história dele e chegar assim à situação inicial em torno da qual todos os desenvolvimentos ulteriores se organizaram, o prático segue um caminho contrário ao da teoria, tal como é apresentada em *Totem e tabu*. Em um caso, remonta-se da experiência aos mitos, e dos mitos à estrutura. Em outro, inventa-se um mito para explicar os fatos. Em resumo, procede-se do mesmo modo que o doente, em lugar de interpretá-lo.

Apesar desses pressentimentos, entre todas as ciências sociais só uma chegou ao ponto em que a explicação sincrônica e a explicação diacrônica se reúnem, porque a primeira permite reconstituir a gênese dos sistemas, fazendo a síntese deles, enquanto a segunda evidencia sua lógica interna e apreende a evolução que os dirige para um alvo. Esta ciência social é a linguística concebida como estudo fonológico[34]. Ora, quando consideramos seus métodos, e mais ainda seu objeto, podemos perguntar se a sociologia da família, tal como foi concebida neste trabalho, refere-se a uma realidade tão diferente quanto se poderia crer, e se, por conseguinte, não dispõe das mesmas possibilidades.

As regras do parentesco e do casamento apareceram a nós esgotando na diversidade das modalidades históricas e geográficas todos os métodos possíveis para garantir a integração das famílias biológicas no grupo social. Constatamos também que certas regras, na aparência complicadas e arbitrárias, podiam ser reduzidas a um pequeno número. Só há três estruturas elementares de parentesco possíveis. Estas três estruturas constroem-se por meio de duas formas de troca, e estas duas formas de tro-

---

**33.** Id. Infantile Sexuality. In: *Three Contributions to the Theory of Sex* (*The Basic Writings of Sigmund Freud*. Nova York, 1938, p. 583-584).

**34.** TRUBETZKOY, N. *La Phonologie actuelle*. In: *Psychologie du langage*. Paris, 1933. • *Grundzüge der Phonologie*. Praga, 1939.

ca dependem de um único caráter diferencial, a saber, o caráter harmônico ou desarmônico do sistema considerado. Todo o aparelho imponente das prescrições e proibições poderia ser, no limite, reconstruído *a priori* em função de uma pergunta, e de uma só: qual é, na sociedade em questão, a relação entre a regra de residência e a regra de filiação? Porque todo regime desarmônico conduz à troca restrita, assim como todo regime harmônico anuncia a troca generalizada.

A marcha de nossa análise é, portanto, vizinha da seguida pelo linguista fonólogo. Porém há mais. Se a proibição do incesto e a exogamia têm uma função essencialmente positiva, se sua razão de ser consiste em estabelecer, entre os homens, um vínculo sem o qual não poderiam elevar-se acima da organização biológica para atingir a organização social, então é preciso reconhecer que linguistas e sociólogos não somente aplicam os mesmos métodos, mas se dedicam ao estudo do mesmo objeto. Deste ponto de vista, com efeito, "exogamia e linguagem têm a mesma função fundamental, isto é, a comunicação com o outro e a integração do grupo". É possível lamentar que depois desta profunda observação seu autor mude repentinamente e equipare a proibição do incesto a outros tabus, como a interdição das relações sexuais com um rapaz não circunciso entre os Wachagga ou a inversão da regra hipergâmica na Índia[35]. Porque a proibição do incesto não é uma proibição igual às outras, mas a *proibição*, na forma mais geral, aquela talvez a que todas as outras se reduzem – começando pelas que acabam de ser citadas – como casos particulares. A proibição do incesto é universal, como a linguagem. Se é verdade que temos maiores informações sobre a natureza da segunda do que sobre a origem da primeira, é somente seguindo a comparação até o ponto final que poderemos esperar descobrir o sentido da instituição.

A civilização moderna chegou a um tal domínio do instrumento linguístico e dos meios de comunicação, e faz deles um uso tão diversificado, que estamos por assim dizer imunizados à linguagem, ou pelo menos julgamos estar. Não vemos mais na língua senão um intermediário inerte e privado por si mesmo de eficácia, o suporte passivo de ideias às quais a expressão não confere nenhum caráter suplementar. Para a maioria dos homens a linguagem apresenta sem impor. Mas a psicologia moderna refutou esta concepção simplista. "A linguagem não entra em um mundo de percepções objetivas acabadas, para associar somente a objetos individuais dados e claramente delimitados uns com relação aos outros, 'nomes', que seriam sinais puramente exteriores e arbitrários. Mas a linguagem é um mediador na formação dos objetos, em certo sentido é o denominador por excelência"[36]. Esta concepção mais exata do

---

**35.** THOMAS, W.I. *Primitive Behavior*. Nova York/Londres, 1937, p. 182ss.

**36.** CASSIRER, E. *Le Langage et la construction du monde des objets*, em *Psychologie du langage*, Paris 1933, p. 23.

fato linguístico não constitui uma descoberta ou novidade. Apenas substitui as perspectivas estreitas do homem branco, adulto e civilizado, no âmbito de uma experiência humana mais vasta e por conseguinte mais válida, na qual a "mania de denominação" da criança e o estudo da profunda revolução produzida, nos indivíduos retardados, pela súbita descoberta da função da linguagem corroboram as observações feitas no terreno. Daí resulta que a concepção da palavra como verbo, como poder e ação, representa realmente um traço universal do pensamento humano[37].

Alguns fatos tomados da psicologia patológica tendem já a sugerir que as relações entre os sexos podem ser concebidas como uma das modalidades de uma grande "função de comunicação", que compreende também a linguagem. Um desses fatos é, por exemplo, a conversa ruidosa, que parece ter para certos obsedados a mesma significação que a atividade sexual sem freio. Não falam senão em voz baixa e num murmúrio, como se a voz humana fosse inconscientemente interpretada como uma espécie de substituto da potência sexual[38]. Mas, mesmo se não estivermos dispostos a acolher e utilizar estes fatos senão com restrições (e só recorremos aqui à psicologia porque permite, assim como a psicologia infantil e a etnologia, o alargamento da experiência), devemos reconhecer que certas observações de costumes e atitudes primitivas dão-lhe impressionante confirmação. Bastará lembrar que na Nova Caledônia a "má palavra" é o adultério, porque "palavra" deve provavelmente ser interpretada no sentido de "ato"[39]. Alguns documentos são ainda mais significativos. Para várias populações muito primitivas da Malásia o pecado supremo, que desencadeia a tormenta e a tempestade, compreende uma série de atos na aparência heteróclitos e que os informantes enumeram confusamente, a saber: o casamento entre parentes próximos, o fato do pai e da filha ou da mãe e do filho dormirem demasiado perto um do outro, a linguagem incorreta entre parentes, as conversas imprudentes, os brinquedos ruidosos das crianças e a manifestação de uma alegria demonstrativa por parte dos adultos nas reuniões sociais, a imitação do grito de certos insetos ou pássaros, o rir-se de sua própria cara contemplada num espelho e, finalmente, implicar com os animais e, mais particularmente, vestir um macaco como homem, e zombar dele[40]. Que relações pode haver entre atos reunidos de modo tão extravagante?

---

**37.** Id., op. cit., p. 25. • *An Essay on Man*. New Haven, 1944, p. 31ss. • LEENHARDT, M. Ethnologie de la parole. *Cahiers Internationaux de Sociologie*, vol. 1. Paris, 1946. • FIRTH, R. *Primitive Polynesian Economics*, op. cit., p. 317.

**38.** REIK, Th. Ritual. *Psychoanalytic Studies*. Londres, 1931, p. 263.

**39.** LEENHARDT, op. cit., p. 87.

**40.** SKEATS, W.W. & BLAGDEN, Ch. O. *Pagan Races of the Malay Peninsula*, op. cit., vol. II, p. 223. • SCHEBESTA, P. *Among the Forest Dwarfs of Malaya*. Londres, 1929, passim. • EVANS, I.H.N. *Studies in Religion, Folklore and Customs in British North Borneo and the Malay Peninsula*. Cambridge, 1923, p. 199-200. • *The Negritos of Malaya*. Cambridge, 1937, p. 175.

Façamos aqui um breve parêntese. Em uma região vizinha, Radcliffe-Brown recolheu uma única dessas proibições. Os indígenas das Ilhas Andaman acreditam que se provoca a tempestade matando uma cigarra ou fazendo ruído quando ela canta. Como a proibição parece existir em estado isolado, e o sociólogo inglês evita todo estudo comparado, em nome do princípio segundo o qual cada costume se explica por uma função imediatamente aparente, quis tratar este exemplo numa base puramente empírica. A proibição decorreria do mito do antepassado que mata uma cigarra, fazendo-a gritar, e a noite aparece. Este mito, diz Radcliffe-Brown, exprime, portanto, a diferença de valor que o pensamento indígena atribui ao dia e à noite. A noite mete medo, este medo traduz-se em uma proibição. Como não se pode agir sobre a noite, é a cigarra que se torna o objeto do tabu[41].

Se quiséssemos aplicar este método ao sistema completo das proibições, tal como foi por nós reconstituído anteriormente, seria preciso invocar uma explicação diferente para cada uma delas. Mas, nesse caso, como se compreenderia que o pensamento indígena as agrupe sob o mesmo título? Ou este pensamento deve ser julgado incoerente ou devemos procurar o caráter comum que torna, em certo sentido, estes atos, aparentemente heterogêneos, a tradução de uma situação idêntica.

Uma observação indígena irá colocar-nos na pista. Os Pigmeu da Península Malaia consideram um pecado zombar de sua própria face vista no espelho. Mas, acrescentam, não é pecado zombar de um ser humano verdadeiro, porque este pode defender-se. Esta interpretação aplica-se também evidentemente ao macaco vestido, que é tratado como se fosse um ser humano quando o irritamos, e parece um ser humano (como o rosto no espelho), embora realmente não o seja. Podemos estendê-la também à imitação do grito de certos insetos ou pássaros – animais "cantores", sem dúvida, como a cigarra de Andaman –. Ao imitá-los, tratamos uma emissão sonora que "tem a aparência" de uma palavra, como se fosse uma manifestação humana, quando não é isto o que acontece. Encontramos, portanto, duas categorias de atos que se definem como uso indevido da linguagem, uns do ponto de vista quantitatitvo, como brincar ruidosamente, rir demasiado alto, manifestar com excesso seus sentimentos, e outros do ponto de vista qualitativo, por exemplo, responder a sons que não são palavras, tomar como interlocutor um indivíduo (espelho ou macaco) que apenas tem aparência de humanida-

---

**41.** RADCLIFFE-BROWN, A.R. *The Andaman Islanders*. Cambridge, 1933, p. 155-156 e 333.

le[42]. Todas estas proibições reduzem-se, portanto, a um denominador comum, a saber, constituem um *abuso da linguagem*, e são, por este aspecto, grupadas com a proibição do incesto ou com os atos evocadores do incesto. Que significa isso senão que as próprias mulheres são tratadas como sinais, das quais se *abusa* quando não se lhes dá o emprego próprio dos sinais, que é serem *comunicados*?

Assim, a linguagem e a exogamia representariam duas soluções para uma mesma situação fundamental. A primeira atingiu alto grau de perfeição, enquanto a segunda permaneceu aproximada e precária. Mas esta desigualdade não deixa de ter um contrapeso. Era da natureza do sinal linguístico não poder permanecer muito tempo na etapa a que Babel pôs fim, quando as palavras eram ainda os bens essenciais de cada grupo particular, valores tanto quanto sinais, preciosamente conservados, pronunciados com conhecimento de causa, trocados por outras palavras, cujo sentido desvendado ligaria o estrangeiro, como a pessoa se ligaria a si própria ao imitá-lo, porque, ao compreender e fazer-se compreender, o homem entrega alguma coisa de si e adquire influência sobre o outro. A atitude respectiva de dois indivíduos que se comunicam adquire um sentido que de outro modo não possuiria. De agora em diante os atos e os pensamentos tornam-se reciprocamente dependentes, e a pessoa perde a liberdade de se equivocar. Mas, na medida em que as palavras puderam tornar-se propriedade de todos e em que sua função de sinal suplantou o caráter de valor, a linguagem contribuiu, com a civilização científica[43], para empobrecer a percepção, despojá-la das implicações afetivas, estéticas e mágicas, e para esquematizar o pensamento.

Quando se passa do discurso à aliança, isto é, a um outro domínio da comunicação, a situação inverte-se. O surgimento do pensamento simbólico devia exigir que as mulheres, tal como as palavras, fossem coisas que se trocam. Era, com efeito, neste novo caso, o único meio de superar a contradição que fazia perceber a mesma mulher por dois aspectos incompatíveis, de um lado, objeto de desejo próprio, por conseguinte, excitante dos instintos sexuais e de apropriação, e ao mesmo tempo sujeito,

---

**42.** Pode-se incluir na mesma definição todos os atos classificados pelos dayakes como *djeadjea* ou proibidos: dar a um homem ou a um animal um nome que não é o seu ou não lhe convém; dizer dele alguma coisa que seja contrária à sua natureza, por exemplo, dizer do piolho que dança, do rato que canta, da mosca que vai para a guerra, de um homem que tem por mulher ou por mãe uma gata, ou qualquer outro animal; enterrar animais vivos dizendo "enterro um homem", etc. (HARDELAND, *Dajackisch-Deutsches Wörterbuch*; apud CAILLOIS, R. *L'Homme et le sacré*. Paris, 1939). Mas acreditamos que estes atos ligam-se à interpretação positiva por nós aqui proposta, mais do que à interpretação, fundada sobre a desordem ou a "contraordem", expressa por R. Caillois (op. cit., cap. 3). "A homossexualidade mística" parece-nos uma falsa categoria, porque a homossexualidade não é o protótipo do "mau uso de comunicação", mas um de seus casos particulares, do mesmo modo (mas em sentido diferente) que o incesto e todos os outros atos que acabamos de enumerar.

**43.** "É a civilização científica que tende a empobrecer nossa percepção" (KÖHLER, W. Psychological Remarks on Some Questions of Anthropology. *American Journal of Psychology*, vol. 50, 1937, p. 277).

percebido como tal, do desejo de outro, isto é, meio de ligá-lo aliando-se a ele. Mas a mulher não podia nunca tornar-se sinal e nada mais que isso, porque em um mundo de homens ela é de todo modo uma pessoa, e na medida em que é definida como sinal ficamos obrigados a reconhecer nela um produtor de sinais. No diálogo matrimonial dos homens, a mulher nunca é puramente aquilo de que se fala, porque se as mulheres, em geral, representam uma certa categoria de sinais, destinados a determinado tipo de comunicação, cada mulher conserva um valor particular, proveniente de seu talento, antes e depois do casamento, de desempenhar sua parte em um dueto. Ao contrário da palavra, que se tornou integralmente sinal, a mulher permaneceu, portanto, sendo, ao mesmo tempo que sinal, valor. Explica-se, assim, que as relações entre os sexos tenham preservado esta riqueza afetiva, este fervor e mistério que sem dúvida impregnaram na origem todo o universo das comunicações humanas.

Mas o clima ardente e patético no qual brotaram o pensamento simbólico e a vida social, que constitui a forma coletiva do primeiro, aquece ainda nossos sonhos com uma miragem. Até nossos dias a humanidade sonhou apreender e fixar este instante fugitivo em que foi permitido acreditar ser possível enganar a lei da troca, ganhar sem perder, gozar sem partilhar. Em todo o mundo, nas duas extremidades do tempo, o mito Sumério da idade de ouro e o mito Andaman da vida futura correspondem um ao outro. O primeiro colocando o fim da felicidade primitiva no momento em que a confusão das línguas tornou as palavras propriedade de todos, e o segundo descrevendo a beatitude do Além como um céu no qual as mulheres não serão mais trocadas, isto é, lançando num futuro ou num passado igualmente inatingíveis a doçura, eternamente negada ao homem social, de um mundo no qual se poderia viver entre *si*.

## COLEÇÃO ANTROPOLOGIA

– *As estruturas elementares do parentesco*
Claude Lévi-Strauss
– *Os ritos de passagem*
Arnold van Gennep
– *A mente do ser humano primitivo*
Franz Boas
– *Atrás dos fatos – Dois países, quatro décadas, um antropólogo*
Clifford Geertz
– *O mito, o ritual e o oral*
Jack Goody
– *A domesticação da mente selvagem*
Jack Goody
– *O saber local – Novos ensaios em antropologia interpretativa*
Clifford Geertz
– *O processo ritual – Estrutura e antiestrutura*
Victor W. Turner
– *Sexo e repressão na sociedade selvagem*
Bronislaw Malinowski
– *Padrões de cultura*
Ruth Benedict
– *O Tempo e o Outro – Como a antropologia estabelece seu objeto*
Johannes Fabian
– *A antropologia do tempo – Construções culturais de mapas e imagens temporais*
Alfred Gell
– *Antropologia – Prática teórica na cultura e na sociedade*
Michael Herzfeld
– *Arte primitiva*
Franz Boas
– *Explorando a cidade – Em busca de uma antropologia urbana*
Ulf Hannerz
– *Crime e costume na sociedade selvagem*
Bronislaw Malinowski
– *A vida entre os* antros *e outros ensaios*
Clifford Geertz
– *Estar vivo – Ensaios sobre movimentos, conhecimento e descrição*
Tim Ingold
– *A produção social da indiferença – Explorando as raízes simbólicas da burocracia ocidental*
Michael Herzfeld
– *Parentesco americano – Uma exposição cultural*
David M. Schneider
– *Sociologia religiosa e folclore – Coletânea de textos publicados entre 1907 e 1917*
Robert Hertz
– *Cultura, pensamento e ação social – Uma perspectiva antropológica*
Stanley Jeyaraja Tambiah
– *Nove teorias da religião*
Daniel L. Pals
– *Antropologia – Para que serve*
Tim Ingold
– *Evolução e vida social*
Tim Ingold
– *Investigação sobre os modos de existência – Uma antropologia dos Modernos*
Bruno Latour
– *O crisântemo e a espada – Padrões da cultura japonesa*
Ruth Benedict
– *A lógica da escrita e a organização da sociedade*
Jack Goody
– *Antropologia e/como educação*
Tim Ingold

## CULTURAL
Administração
Antropologia
Biografias
Comunicação
Dinâmicas e Jogos
Ecologia e Meio Ambiente
Educação e Pedagogia
Filosofia
História
Letras e Literatura
Obras de referência
Política
Psicologia
Saúde e Nutrição
Serviço Social e Trabalho
Sociologia

## CATEQUÉTICO PASTORAL
**Catequese**
Geral
Crisma
Primeira Eucaristia

**Pastoral**
Geral
Sacramental
Familiar
Social
Ensino Religioso Escolar

## TEOLÓGICO ESPIRITUAL
Biografias
Devocionários
Espiritualidade e Mística
Espiritualidade Mariana
Franciscanismo
Autoconhecimento
Liturgia
Obras de referência
Sagrada Escritura e Livros Apócrifos

**Teologia**
Bíblica
Histórica
Prática
Sistemática

## REVISTAS
Concilium
Estudos Bíblicos
Grande Sinal
REB (Revista Eclesiástica Brasileira)

## VOZES NOBILIS
Uma linha editorial especial, com importantes autores, alto valor agregado e qualidade superior.

## VOZES DE BOLSO
Obras clássicas de Ciências Humanas em formato de bolso.

## PRODUTOS SAZONAIS
Folhinha do Sagrado Coração de Jesus
Calendário de mesa do Sagrado Coração de Jesus
Agenda do Sagrado Coração de Jesus
Almanaque Santo Antônio
Agendinha
Diário Vozes
Meditações para o dia a dia
Encontro diário com Deus
Guia Litúrgico

CADASTRE-SE
www.vozes.com.br

**EDITORA VOZES LTDA.**
Rua Frei Luís, 100 – Centro – Cep 25689-900 – Petrópolis, RJ
Tel.: (24) 2233-9000 – Fax: (24) 2231-4676 – E-mail: vendas@vozes.com.br

UNIDADES NO BRASIL: Belo Horizonte, MG – Brasília, DF – Campinas, SP – Cuiabá, MT
Curitiba, PR – Fortaleza, CE – Goiânia, GO – Juiz de Fora, MG
Manaus, AM – Petrópolis, RJ – Porto Alegre, RS – Recife, PE – Rio de Janeiro, RJ
Salvador, BA – São Paulo, SP